勒布朗·詹姆斯、杰里·韦斯特、奥斯卡·罗伯逊和卡美洛·安东尼。他们分别在1960年和2008年美国奥运代表队中担任共同队长

波尔萨利诺帽——或许是NBA历史上影响最深远的帽子

最好地诠释了篮球之“秘密”的电影……是这一部?

1968—1969赛季，兼任主教练的拉塞尔在布置战术

里克·巴里。你应该能理解这位老兄为什么会试图戴假发登场比赛了吧

对比尔·拉塞尔来说，每场比赛都是挑战……但我更倾向于把篮球当作一场游戏，而非生死抉择……生命中有太多别的美妙之物了——食物，汽车，姑娘，朋友，海滩，自由——没必要那么全身心专注于篮球。——威尔特·张伯伦

1970年总决赛第5战，威利斯·里德受伤离场。
他此时还不知道，这次伤病会是自己生涯中最传奇的部分

HAWKS
HAWKS
22
HAWKS
15
HAWKS
16
HAWKS
11

圣路易斯老鹰队在1958年初的合照
前排左起：主教练亚历克斯·汉纳姆，克利夫·黑根，杰克·科尔曼，队长查利·沙尔，鲍勃·佩蒂特，沃尔特·戴维斯，埃德·麦考利。后排左起：球童马克斯·沙皮罗，斯莱特·马丁，温·威尔福纳，杰克·麦克马洪，梅德·帕克，弗兰克·塞尔维，训练师伯尼·埃伯特
他们后来获得了那个赛季的总冠军。这是史上最后一支全白人的总冠军球队

哈基姆·奥拉朱旺与大卫·斯特恩。1984年选秀大会的传奇性表现在很多方面。比如说，状元秀的着装

皮特・马拉维奇与厄尔・门罗。NBA控运技术方面的超前者与革命家

拉里·伯德与“魔术师”·约翰逊。1984年总决赛——史上最伟大总决赛

朱利叶斯·欧文与凯文·麦克黑尔。1981年东部决赛——史上最伟大系列赛

大卫·汤普森。1976年ABA全明星扣篮大赛——史上第一届扣篮大赛

译者序

实际上，如果你是刚拿到书的新读者，很可能跟我当初第一次买回原作一样，直接翻到金字塔的那一部分，从自己喜欢的球员看起。说真的，原书的序和前言，我自己都是在买书一年多之后才翻看的。

不过，如果你是个循规蹈矩的传统读者，习惯从勒口读起，连版权页都要扫上一眼，那么，很幸运，这篇文字有机会早早被你读到，或许也能对你的阅读和理解产生一定的帮助。

比尔・西蒙斯（Bill Simmons），1969年出生，波士顿人。从小就是波士顿各大职业俱乐部的疯狂粉丝，尤其钟爱篮球。大学时，西蒙斯在圣十字学院读政治科学，大一开始就为学校的报纸和电台工作，有了自己的体育专栏。读完本科后，决心走上体育媒体道路的西蒙斯成为波士顿大学出版新闻专业研究生。毕业后，他在《波士顿先驱报》（*Boston Herald*）工作，报道高中体育。三年后，他因为始终未能争取到自己的专栏，也看不到希望，于是选择辞职，试图成为自由撰稿人。但三个月内，他一份工作都没有找到，只得去酒吧打工，当了一整年的酒保。

1996年，即使在美国，互联网也还未普及。西蒙斯偶然间得知了一个名为Digital City Boston（数码城市之波士顿）的网站，其中有个人的代号是“波士顿电影男”，这给了西蒙斯以启发，他决定要成为“波士顿体育男（the Sports Guy）”。一番软磨硬泡之后，他终于取得了网站主编的同意，开始拥有自己的专栏。

西蒙斯当时做了一个十分独特的决定：自己不要像传统体育媒体那样

写作，而要以普通球迷的视角去写。换句话说，西蒙斯既没有机会去跟球迷做面对面的采访，也不甘于写那种隐去主观态度、尽量中立的无性格报道；如果文章能让读者觉得，这是一个身份跟自己同样普通，只是对体育有着极度热情，外加有着幽默文笔和疯狂毒舌的深度球迷在侃天说地，那就是他想要的效果。

网络专栏让西蒙斯获得了一些知名度，但他仍然未能进入主流视野，梦想仍未实现。年过三十的西蒙斯已经准备放弃了。就在这时候，ESPN网站的约翰·沃尔什读到了他的专栏文章，大生兴趣，雇用了他。2001年，西蒙斯终于登上了梦寐以求的顶级平台。他性格鲜明的专栏文章立刻引起了极大反响，令他名声大噪，并成为最早的、面向全国读者撰写文章的专栏作家。“波士顿体育男”变成了全美闻名的“那个”体育男。

之后他曾离职到洛杉矶，加入著名脱口秀节目《吉米鸡毛秀》的编剧团队。后来又回到ESPN网站，除撰稿外，还担任ESPN下属体育博客网站Grantland的总编辑，同时拥有一档视频播客节目《BS报告》[BS是比尔·西蒙斯的首字母缩写，也是“扯淡”（Bull Shit）的缩写]。他还是ESPN《30 for 30》系列体育纪录片的执行制片人，甚至执教了某年的NBA全明星周末名人赛。

2015年，ESPN宣布不与西蒙斯续约。随后西蒙斯宣布将加盟HBO电视台。

近十几年来，腾飞的网络在体育传媒领域发挥了越来越大的作用，冲击并改变了体育传媒的格局。西蒙斯很幸运地抓住了这样的机会，他身上那些与传统纸媒相去甚远的特质，在网络时代却成了最抓人眼球的亮点。反过来，他本人也成为了新时代体育媒体领域最富代表性、绝对绕不开的人物。

《篮史通鉴》，原书名为*The Book of Basketball*，直译为《篮球之书》，是比尔·西蒙斯的第二本著作。2009年，精装本付梓，随即登上全美最知名的畅销书排行榜——纽约时报畅销书排行榜非虚构类第一名，占据榜首两周时间。2009—2010赛季[①]结束后，作者又对内容进行了小幅更新，出版了平装本，亦即修订本。读者手上的中文版就是根据平装本翻译的。

在美国，西蒙斯的博客每个月有140万次的点击量；而在中国，他同样人气爆棚。虎扑——中国最大的体育/篮球论坛——2005年起就有人开始尝试翻译他的作品；几乎每一篇西蒙斯博客文章的翻译都会被推送上首页的重磅头条。西蒙斯对中国球评人的文风和篮球观有着重大影响。他毫无疑问是在中国人气最高的美国篮球专家。

《篮史通鉴》同样在中国久负盛名。2010年开始，虎扑翻译团的Little Spark、雅痞三等人曾合作翻译过本书，陆续在论坛上发布。本书的中文名就定于彼时（当时称为“篮史通贱”）。译文饱受好评，可惜的是，这项工作只进行了十分之一左右。2013年开始，又有一些翻译爱好者摘译了球员传记的一些部分，同样反响很好，有的单篇点击量甚至超过20万次。在本书出版前，比尔·西蒙斯和《篮史通鉴》，早已通过网络在中国球迷心中确立了经典地位。

在中国，打球的人不少，谈论篮球的人也不少。虎扑的“湿乎乎的话题”板块，休赛期一天也有10000多回帖，常规赛在20000以上，季后赛更多。对篮球迷来说，最有兴趣的话题莫过于：不黑不蜜，某某跟某某，谁的历史地位更高？平心而论，某某年和某某年的总冠军打一轮系列赛，谁会获胜？

但讨论的前提，必然有一定的知识储备。无论是在虎扑，还是在知乎，看到很多人提出的疑问或观点，我的第一反应都是，某本书或某篇文章里就有论述。读书是一种迅速汲取信息的上佳途径。想得太多，读得太少，这是很多人——也包括我——的通病了。但在NBA方面，我们能读到

---

① 译注：本书中，NBA赛季均以“1997—1998”形式表示，并可依惯例简写为“1998年”或“1998赛季”。如1998赛季是指1997年10月至1998年6月。

的好书本就不多。

对初中时的我来说，NBA历史人物的启蒙读物，是篮球杂志上的考古栏目，是张佳玮的文章，但更重要的，是一本叫作《谁更好谁更强》的书，作者埃利奥特·卡尔布素有“数据先生”之称。这本书让我对很多NBA历史人物有了基本的了解。遗憾的是，2006年出版的该书中文版，并没有在读者中产生多大的反响。

我知道自己当初读《谁更好谁更强》时的如饥似渴，这也是我动手翻译本书的初衷。中国篮球迷需要这样的好书。

至于怎么读，我认为有几点是值得注意的。

每个球迷都会为自己喜爱的球队和球员辩护。但真正的篮球迷，会逐渐把感情转移到篮球运动的整体上，建立更理性的篮球史观，这就需要不让屁股指挥脑袋。自然，没有一个球迷能做到绝对的客观和中立：即使尽量秉持公正，也往往会高估了自己喜爱的球员；这不是主观的护犊子，而是因为信息的不对等，你对他比对其他球员更了解。西蒙斯的可贵之处就是在写作中时常反思自己的中立性。他花了一章来分析拉塞尔为何强于张伯伦；但在张伯伦的章节，他又特别邀请了一位张伯伦球迷来代写。他在书里毫无节操地调戏贾巴尔，但仍把贾巴尔排在了金字塔中很高的位置，毫无保留地为他辩护。他把自己最爱的伯德排在了“魔术师”之后。这种忠实于篮球的态度，值得很多球迷好好学习。

书中的观点，肯定有读者不赞同的地方。我希望各位在读到金字塔部分时，不要太执念于谁排在第几。篮球没有正确答案。《谁更好谁更强》排的历史前三是奥尼尔、张伯伦、乔丹，这简直太疯狂了，但并不影响它是本好书。重要的不是一吕二马三典韦的排名，而是如何论证。每个球员，西蒙斯都奉上了大量材料，可供你了解许多之前不清楚的信息，这些内容比排名更重要、更有营养。

中文篮球圈子有很独到的地方。像“卡尔·马隆的背身在同档次球星中偏弱的原因是他不善于用背部感受防守人的重心变化”这样细致的观点，在西蒙斯这里很难看到。他对场上技术、战术的描述，所占比例非常小。无需为尊者讳，这确实是本书的一个不足。

但另一方面，与这种原子主义篮球观相反的是，西蒙斯总是把篮球放到社会历史的大图景当中去。对中国球迷来说，NBA，尤其是20世纪90年代之前的NBA，几乎只等于数据、荣誉和录像。但在本书中，篮球变得更活生生起来：斗殴、工会、吸毒、NBA与ABA之间的恶性经济竞争，这些都是美国职业篮球史中不可分割的一部分，而种族主义、民权运动、电视发展史，同样对篮球有着莫大的影响。希望这本书能帮助各位，抛弃过去那种简单地通过冷冰冰的数据来臧否人物的篮球史观，学会更好、更立体地、带着人文关怀去理解篮球。

说到数据，其实，西蒙斯对数据有相当辩证的看法，但没有很系统地整理出来。比较集中的论述主要是在昂瑟尔德一节中，观点这里就不赘述了。希望读者能有意识地带着“如何借助数据更好地认识篮球”的思考进行阅读。

西蒙斯在书中说，自己本来预想的书名是“一个白人眼中的黑人运动”。对于中国读者来说，这本书不仅可以帮助你了解篮球这项黑人运动，也展示了美国主流白人的生活图景。你会了解到詹妮弗·洛佩兹的屁股有多大，谁是喜剧界的乔治·迈肯，美国人在单身夜怎么嗨，甚至可能会因为西蒙斯的大力推荐而去看一看《不羁夜》。这本书可能是最有趣、最接地气、最包罗万象，也最没有预设立场的一本美国流行文化百科全书，相信我，比那种标着“带你认识一个真正的美国”的书要真实得多。

中国不乏篮球发烧友，但读书时最好还是抱着好学的态度，如果只抓住某些小地方，洋洋得意地嘲弄，那就未免因小失大了。但也没必要奉之为金口玉言。书中还是有一些失之印象流的描述，不符合事实，这里不多举例。

希望这本书能成为球迷读者了解篮球史的起点，而不是终点。

最后，有几个关于本书翻译的说明。

国内的NBA人名译名，有很多的错误。两年前，译者有幸参与到了虎扑的NBA新秀、新球员译名的确认工作中去。而对之前许多累积承袭的错误，本书中都做了改正，标准基本参照《世界人名翻译大辞典》。更正的名字主要有三种：一是非英语人名未按母语翻译的，如Varejão旧译瓦莱乔，今更正为瓦雷让；Türkoğlu旧译特克格鲁，今更正为特尔科卢。二是英语人名考音有误的，如Hayes旧译海耶斯，今更正为海斯；Auerbach旧译奥尔巴赫，今更正为奥尔巴克。三是一些音同音近的选字，均按照译音表进行了标准化，如Malone旧译马龙，今更正为马隆；Havlicek旧译哈弗里切克，今更正为哈夫利切克。部分有讹误的译名，如Battier旧译巴蒂尔，实应为巴蒂埃，Horry旧译霍里，实应为奥里，为方便读者，仍保留一贯译名。

原书所用单位，遵照NBA习惯，均保留英制（唯华氏度，直接折算为摄氏度）。英尺、英寸等单位，均略为尺、寸。如乔丹身高，记为6尺6寸，不换算成1.98米。后附长度及重量方面的英制—公制换算表。

书中有很多细枝末节的数据错误，比如1990年MVP之争，乔丹的票数跟分数对不上，按推算，应该是第二选票少了一张。这类数据，我在翻译过程中核对、勘正了一部分，没有特殊情况均不标出。

在虎扑，很多译者选择了相当本土化的翻译方法。其中的原因很复杂，这里不加说明了。本书走了另一个极端，希望能最忠实地表现原作，语言也更加欧化，这是我深入思考后做出的选择。

球员履历表部分，原书有的用2009年数据，有的用2010年数据，我统一改成了2010年数据。

这是我个人翻译的第一本书。我这人有点儿毛病，爱在虎扑上指出其他译者的错误。天道好轮回，这次换到自己了。虽然有些战战兢兢，但更欢迎各位能大方地指出我的翻译错误以及没能正确理解的典故。书中一些数据错误，也可以反馈给我。我在虎扑论坛的用户名是“三猎BERUS”，读者也可以发邮件到z_c_berus@hotmail.com。

三　猎

2016年10月，北京

序 言

你现在可能站在一家书店里，可能靠在谁家房子的沙发上，可能坐在马桶上。可能在泡澡，可能在某家一元店里买东西；在沙滩上，在开车，或是在网上阅读电子书的免费预览。你可能在图书馆，或是坐在某家星巴克（Starbucks）里，好奇两张椅子之外的那个家伙是不是正在用iPad看毛片。你可能正在计划用这本书作为钝器杀人——说真的，这完全能行——动手前想先读上几页。无论如何，你肯定在想下面四件事之一：

1.这本大部头是畅销榜第一？一本800多页的讲篮球的书？这怎么可能？

2.我都忘了比尔·西蒙斯还会写作！现在他只顾着跟丹·勒巴塔德（Dan LeBatard）一起主持那些糟糕的ESPN节目了，不，你们错了！这书卖得很不错嘛。

3.有个亿万富翁老板喜欢这本书，所以他聘用了西蒙斯来当GM[①]，结果成了一场灾难！我记得他们现在还在互相诉讼呢吧？我一直很想读读这本书。

4.等等，我已经买过精装本了……现在他想要我再买一本平装本？这浑蛋想钱想疯了。

我听到你们说第4句话了。我也是那么想的。如果我不能让平装本比

① 译注：特指负责球队篮球事务的总经理。

精装本更好，那就没必要出版它。[1]这就是为什么我精简了一部分（砍掉了30页），修订了所有事实错误（都无伤大雅，但还是有必要），然后额外增添了些新材料和70条新脚注。我增加了两条新的“如果……会怎样”。我更新了名人堂金字塔，改变了一些顺序[最大的赢家：德韦恩·韦德（Dwyane Wade）]，重写了科比（Kobe Bryant）、勒布朗（LeBron James）、韦德和霍华德（Dwight Howard）的章节。页数不变，内容更佳。另外，我们的虚拟说明书（www.bookofbasketball.com）还让你可以跟进平装本中提到的所有杂志文章、比赛、具体回合、YouTube视频和轶事，只有一个例外：格雷格·奥登（Greg Oden）的老二。

最终定稿的时候，我一直在跟出版社抗争。他们希望我能在2010年总决赛后搞定；我想要等到勒布朗做完决定。我的一切本能都在告诉我说：“有什么奇怪的事情要发生了。”确实如此。这就是关于《篮史通鉴》最有趣的东西——它总是在不停地重新书写着自我。在勒布朗选择迈阿密（Miami Heat）后，我意识到，这本书是永远写不完的。为了我自己的神志着想，我也该停笔了。5年之内，不会再出新版本了。我保证，我说话算话。[2]

比尔·西蒙斯

2010年12月1日

---

① 原注：我跟格拉德韦尔说，我花了8周时间在平装本上，他大笑起来，说：“你在开玩笑吗？*没有人会为一本平装本而增订内容的！*”说得没错，但我还是这么干了。

② 原注：嗯，在2015年之前都不会。除非发生了一些跟NBA有关的疯狂的事情，那样我就不得不再写一遍。又或者我破产了。实际上，最好忘掉我的一切承诺。

前　言

马尔科姆·格拉德韦尔[①]

1

不久前，比尔·西蒙斯决定应聘明尼苏达森林狼（Minnesota Timberwolves）的总经理职位。如果你是比尔的忠实读者，你肯定知道这件事，因为他会时不时地在专栏里说起自己的竞选活动。不过，如果你是比尔专栏的忠实读者，你肯定也很清楚，不必太拿他的所谓“候选人资格”当真。说到底，比尔是个幽默感很足的家伙。他喜欢调戏人，就像他当初调戏以赛亚·托马斯（Isiah Thomas）那样，当时托马斯恰好得了一种罕见的精神疾病，分不太清楚埃迪·库里（Eddy Curry）和比尔·拉塞尔（Bill Russell）。即使当我听说明尼苏达的管理层收到了大约12000封球迷的邮件支持“体育男”当选，我仍然相信，这是个精心设计的玩笑。听着，我了解比尔。他住在洛杉矶（Los Angeles）。当他走下从波士顿（Boston）出发的飞机时，他跪倒在地上，亲吻了洛杉矶的柏油地面。他绝对不会离开洛杉矶的阳光，跑去明尼苏达吹冷风。另外，比尔只是个撰稿人，是吧？他只是个球迷。他不过是从电视上看看比赛而已，他能了解到的东西你们都能从电视上了解到。但当我读完你们手上这本相当令人难忘的书后，我意识到自己错得有多离谱。西蒙斯很了解篮球。他是认真的。森林狼最好也应该认真考虑考虑。

① 译注：Malcolm Gladwell，畅销书作家，《纽约客》（*New Yorker*）撰稿人。

2

比尔·西蒙斯是个怎么样的人？这可不是什么无关紧要的小问题，因为这能说明很多事情，能告诉你为什么《篮史通鉴》会写成这样。长话短说，比尔就是个跟你我一样的人。他是个球迷——一位非常“执迷”的球迷，请以最大的善意去理解这个词。我有个朋友，他儿子伴随着全盛期的洋基队（New York Yankees）长大，想当然地认为每个秋天都意味着一枚新的世界大赛[①]戒指。而当里韦拉（Mariano Rivera）搞砸那次救援时[②]，他震惊了。他痛哭不已，几天都不说话。他所认识的世界在此刻崩塌了。这是个真正的球迷，而西蒙斯也是如此。当然，区别在于，像你我这样的普通球迷，我们的执迷有着限度。我们有工作，有女朋友或妻子。每次我邀请我的朋友布鲁斯（Bruce）来我家看橄榄球，他总是说必须先问问女朋友，看自己还有没有足够的“薪金空间”。我猜想所有的成年人都会有类似的约束。但比尔没有。为什么？因为看体育比赛是他的工作。我们不妨暂停一下，好好想一想他的完美处境。“亲爱的，今天晚上我得熬夜加班”的意思是，湖人队（Los Angeles Lakers）的比赛打到了三加时。“今晚不行，工作扰得我情绪不佳”的意思是，爱国者队（New England Patriots）[③]在最后几分钟被射门得分。这家伙的办公室里有5台平板电视。很难说这件事情最让人震惊的是哪一方面：他可以同时看5场比赛，还是他管一个可以同时看5场比赛的地方叫“办公室”。

关于球迷的另一件事是，球迷总是局外人。从这个意义上说，大部分体育写手并不能算球迷。他们会利用跟运动员接近的机会。他们昨天晚上跟科比聊了聊，科比说他的手指没大问题。他们在3月里花了3天时间陪布雷特·法夫（Brett Favre）[④]钓鱼，布雷特说他肯定还会再打一个赛季。

---

① 译注：“世界大赛”是MLB（职业棒球大联盟）总决赛的称呼。

② 译注：纽约洋基队在1998—2000年连续3次赢得世界大赛；2001年世界大赛第7战，救援投手马里亚诺·里韦拉在9局下半救援失败，被对方打出安打，洋基队一分惜败。

③ 译注：波士顿的NFL（国家橄榄球联盟）球队。

④ 译注：NFL全明星四分卫，一直出战到41岁。

用这样的方式去跟体育打交道，自内到外，都没有任何可指摘的。但这么做有局限性。局内人不可避免地会产生偏见。他会减少自己的批评声音，就减少那么一点点，因为如果他不这么做，嗯，要是科比不再接他的电话了怎么办？而这本书的作者不是局内人，而是一个在“办公室”里有5台电视的家伙，对1986年东部半决赛第5场有着论述详尽的看法，因为他在1986年看了1986年东部半决赛第5场，后来——为了确认自己的记忆没有欺骗自己——又找来了录像带，在去年春天某个星期二的早上再看了3遍。你我都没法这么做，因为我们没有薪金空间。这就是为什么我们需要西蒙斯。

3

现在，你肯定已经注意到了，《篮史通鉴》非常厚。我可以很有把握地说，这是我从大学毕业之后读完的最长的书。请不要为此感到紧张。要是小说的话，你就不得不一次性把它读完，否则就会忘了故事情节。[等等。莎莉丝特（Celeste）和安布罗斯（Ambrose）结婚了吗，还是他们只是在假日旅店共度一晚？]但这本书不是小说。毋宁说，这是一系列松散地连接在一起的评论、自由发挥、榜单和轶事，你随时可以拿起来读，也随时可以放下。这就像是比尔·詹姆斯（Bill James）[1]在20世纪80年代写的那些《棒球文摘》（*Baseball Abstracts*）的篮球版。这本书很长，因为它就得那么长——因为它的目标是帮助我们理解很多事情之间的联系，比如说，埃尔金·贝勒（Elgin Baylor）与迈克尔·乔丹（Michael Jordan），而想要做到这一点，你必须先对贝勒其人有深入的了解。还因为，比尔并不只想排出史上前10的球员，或前25，因为那些都是我们熟知的人物。他想要给历史前96的球员排名，还提到了那些差点儿入选的人，并对每个人为什么会排在这个位置上做了解释——有理有据，且不失风趣。在你读这本书的时候，你会意识到，现在你不仅学会了用一种此前从

---

① 译注：棒球历史和数据专家。

未想到的方式去理解篮球，而且从来没有一本关于篮球的著作写成这样。所以，慢慢读吧，花上几个礼拜。你不会弄混角色的，这些角色你都知道。你不知道的是，伯纳德·金（Bernard King）有多好，皮彭（Scottie Pippen）又为什么应该入选历史最佳球队。（顺便说一句，一定要读那些脚注。没人知道为什么，但西蒙斯就是个脚注大师。）

最后一点，这本书的目的并不是想引发争论。举例来说，我现在依然震惊于他把艾弗森（Allen Iverson）排得那么高，又或者，为什么凯文·约翰逊（Kevin Johnson）很勉强才挤进金字塔。我可依稀记得，巅峰时的K. J. 不可阻挡。不过，再说一遍，我只能依赖于自己的记忆力。而西蒙斯在某个周二的下午，在我们都在埋头工作的时候，重看了那些录像带。这个幸运的浑蛋。

目　录

CONTENTS

序章　一张4块钱的球票

1973年夏天，“水门事件”端倪渐露，威利·梅斯（Wille Mays）则重新定义了什么叫“老态龙钟”[①]，与此同时，我父亲正在买一辆新摩托车还是一张凯尔特人（Boston Celtics）季票间摇摆不定。国税局刚给了他一笔数额不菲的退税，200块（老爹记得的数字），又或是600块（母亲记得的数字）。但有件事是他俩记忆一致的：老妈威胁说如果他买摩托车就离婚。

我们当时住在马萨诸塞州（Massachusetts）马尔伯勒（Marlborough）的一间小公寓里，离波士顿只25分钟路程，父亲当时一边在萨福克大学法学院（Suffolk Law School）读书，一边给女子寄宿学校上课，晚上还要当酒保。虽说那笔退税可以用来解决经济问题，但父亲平生第一次想要给自己买点儿什么。他的生活糟透了。他想要辆摩托车。在这个想法被老妈枪毙后，他给凯尔特人队打了电话，得知一张客队板凳席后的季票只要每场4美元。今天，看4场付费点播（PPV）拳击赛或买个iPod都不止150美元。可那时，这笔钱就够买下波士顿花园（Boston Garden）客队板凳席后第5排的座位了，近得可以看到卡里姆（Kareem Abdul-Jabbar）头上正蔓延开来的秃斑。[②]

父亲当晚就扣下扳机，把这消息告诉了母亲。对话大概是这样子的：

老爹：好消息，亲爱的，我买了张凯尔特人的季票。一年会有35个晚上我要待在花园，[③]还不包括季后赛，所以这些晚上你要单独在家带小比

---

① 译注：威利·梅斯，史上最伟大的棒球运动员之一，于1973年9月退役。

② 原注：这是本书中300多次毫无逻辑地强黑卡里姆中的第一次。先给你个提醒，卡里姆就是个傻瓜。

③ 原注：凯尔特人每年要在哈特福德（Hartford）打6个主场，错误地以为这能扩展他们在新英格兰的球迷基础。这项实验在20世纪80年代末终于停止，因为他们终于意识到了三件事：球员们讨厌每年在外打47场；主场比赛他们可以赚得更多；还有最重要的一点，那是该死的哈特福德。

利了，因为我们没钱雇保姆。还有，我几乎把退税全花完了。我抵御不了这个诱惑——我觉得他们今年能夺冠！

老妈（沉默良久）：你是认真的吗？

老爹：嗯……我觉得我也能带小比利去看个几场。他可以坐在我大腿上。你说呢？

老妈：要我说，我们的婚结得太早了。

如果她真的说了这话，那她确实说中了。我父母在5年后离婚。现在回想起来，可能买摩托车的话他们会分得更快。总之，我的童年差一点儿就不能在花园[①]度过了。如果老妈同意买摩托，或许老爹会被撞死，变成第二个加里·布西（Gary Busey）[②]。或许我们会错过5个冠军赛季。或许我就不再那么关心篮球了。或许你就不会因为心疼买这本书的钱而生自己的闷气了。多么奇妙啊，人生。

我们在最完美的时间点加入了“荣耀凯尔特人”[③]：他们刚打出了68胜赛季，不过不幸地倒在了1973年季后赛末尾，因为约翰·哈夫利切克（John Havlicek）在一次打挡拆时撕裂了投篮手肩膀，于是波士顿最终输给了实力不如他们的尼克斯。虽然错失冠军，还要跟有着超高人气的棕熊队（Boston Bruins）[④]共享花园，但凯尔特人还是在本地大受欢迎，这全靠哈夫利切克和当季MVP戴夫·考恩斯（Dave Cowens），后者顶着一头炽烈的红发，与球迷们的契合程度是比尔·拉塞尔一辈子都赶不上的。即便在拉塞尔的惊人统治（1957—1969赛季13年11冠）期间，凯尔特人的比赛都还很少能填满球馆；但突然之间，他们在这座臭名昭著的

---

① 原注：我们会用“花园”指波士顿花园，麦迪逊广场花园则是“MSG”。为什么？因为这是我的书。[译注：麦迪逊广场花园（Madison Square Garden），纽约尼克斯（New York Knicks）的主场球馆。]

② 译注：演员，曾提名奥斯卡最佳男主角；1988年驾驶摩托车时遭遇车祸，大脑永久受损。

③ 译注：《荣耀凯尔特人》（*Celtic Pride*）是一部篮球喜剧电影。

④ 译注：波士顿的NHL（国家冰球联盟）球队。MLB、NFL、NBA、NHL并称为北美四大职业联盟。

种族主义城市爆红了。这是因为他们最好的两名球员都是白人吗，还是像老爹这样的生于婴儿潮、因奥尔巴克（Red Auerbach）凯尔特人和霍尔兹曼（Red Holzman）尼克斯的无私风格而爱上篮球、看着张伯伦（Wilt Chamberlain）和拉塞尔两头巨兽每周日的决战长大、为UCLA的连胜①和马拉维奇（Pete Maravich）在LSU②的魔法所深深吸引的球迷的数量激增造成的，还是说考恩斯就是要比高深莫测的拉塞尔更招球迷喜欢?

正确答案? 以上都是。③这座城市在20世纪50和60年代或许可以接受一位黑人体育英雄——事实上它接受了不止一位——但不会是拉塞尔这般复杂又固执的人。他在记者们面前喜怒无常又阴沉冷漠，跟球迷保持着生疏冷淡的距离，在种族主义话题上大胆出语、直言坦率，他的肤色和困苦都带着挑衅的意味。拉塞尔只关心成为一名超级好队友、一名骄傲的黑人，从来不把自己当作娱乐明星或篮球大使。非要说什么的话，是他自己拒绝了后两个角色：他想打篮球，想胜利，想作为一个球员、一个人被尊重……他还希望能让他单独待着。甚至当1966年奥尔巴克任命他为史上首位黑人职业篮球教练时，拉塞尔也对这一创举的重大意义毫不关心，只不过是因为当时没有更适合这个位置的人了。多年之后，球迷们才会意识到这位勇敢的汉子是除穆罕默德·阿里（Muhammad Ali）④外对黑人运动促进最大的体育人物。多年之后，我们才真正学会同情这样一位身为篮球明星时听遍欢呼、身为一个人时却饱受歧视的伟大球员的苦痛与惶然。多年之后，拉塞尔言行举止中的提防和冷漠才终于被世人所理解。

与拉塞尔不同，考恩斯并不背负任何东西。没有需要猜测的东西，没

---

① 译注：UCLA，加利福尼亚大学洛杉矶分校，曾在20世纪70年代初打出88连胜。

② 译注：路易斯安那州立大学。

③ 原注：波士顿根深蒂固的种族主义情结在一年后终于浮出水面，一项跟波士顿众多公立学校有关的积极提议造成了分歧，引发了之后种种丑陋事件。但是，现在回头看去，雷吉·史密斯（Reggie Smith）和吉姆·赖斯（Jim Rice）是红袜队（Boston Red Sox）大概40年中仅有的黑人，大家却都没觉得有问题，或许这就是一个危险信号了。（译注：指波士顿校车危机，公立学校校车合用的规定遭到了大量白人家长的反对，在十余年中引发了大量暴力冲突。波士顿红袜是MLB球队。）

④ 译注：史上最伟大拳击手，曾因反对越战和支持黑人运动而在巅峰期被禁赛5年。

有需要解开的谜。这个大红头会奋力争夺每个地板球，快攻时全速飞奔，疯抢每个进攻篮板，用尽自己的每一分天赋。他不满裁判的怒吼声连花园最上面一排都听得到。他抢篮板时嘴里大声地嘟囔，还在空中踢来踢去。当他踏进中圈，要跟高耸入云的阿卜杜勒-贾巴尔——他的天敌兼联盟当时最好的球员——跳球时，考恩斯总像一个准备跟重量级选手过招的次重量级选手。这组对位表现出明显的不公平，仿佛我们的正牌中锋因病缺席了。然而比赛开始后，我们会发现这根本不是错位。考恩斯会用18尺跳投把卡里姆调离篮筐，让密尔沃基（Milwaukee Bucks）失去他们最好的盖帽手和篮板手。防守端，考恩斯会不断纠缠卡里姆直到他筋疲力尽，让他的每次出手都不轻松，以此弥补身高上8英寸的差距。我们一次又一次地看到他们俩推推搡搡的双人舞：贾巴尔溜到低位自己最喜欢的位置上，怒目圆睁的考恩斯则用胸膛猛撞卡里姆的背，寸土不让，像真人秀《电视明星大决战》（*Battle of the Network Stars*）最后决战时的选手般拼尽全力。或许从纸面上看，他们算不上死敌，但他们确实像弗雷泽（Joe Frazier）[①]和阿里那样逼出了最好的对方——考恩斯很享受能跟这项运动中最具统治力的中锋过招的机会，卡里姆则没法偷懒，因为考恩斯不给他这样做的机会——1974年总决赛成了他们的马尼拉激战[②]。凯尔特人7场险胜，大红头在最后一战中得到28分14个篮板。关于所谓的“错位”就说这么多。[③]

最考验恩斯的时刻发生在迈克·纽林（Mike Newlin）假摔造成他进攻犯规时。你不能对考恩斯做这种事情；没有人比他更重视比赛的神圣尊

---

① 译注：弗雷泽，重量级拳王，曾于20世纪70年代与阿里打了著名的三次大战。

② 译注：阿里-弗雷泽的第三战亦即最后一战，在菲律宾马尼拉举行。

③ 原注：在第6战中两人各有一个代表性时刻：卡里姆在第2个加时中命中绝杀天勾，挽救了密尔沃基的赛季；考恩斯破坏了奥斯卡·罗伯逊（Oscar Robertson）的进攻，在地板上滑行20英尺去抢球。没有哪个片段能比这更好地定义一名球员了；可能要除掉文斯·卡特（Vince Carter）的340次（数字仍然持续增加中）在人群中像中枪般倒地。顺便说一下，如果你觉得卡里姆要在这本书里被黑惨了，别急，还有文斯呢。

严。[1]他在篮下正色厉声地责备裁判，不满意裁判的回应，又朝裁判喊了几句，转过头来，发现纽林正在运球过前场。怀着一腔怒火，他从背后45度冲向纽林，像橄榄球安全卫那样沉肩发力，把纽林撞得飞上了中场的技术台。当场目睹这一幕（我正好在现场），实在是一段太恐怖的经历了，就像在潘普洛纳（Pamplona）[2]在10英尺外亲眼见证一头发怒的公牛撞向一位茫然无知的路人。这还不是最棒的部分呢。就在纽林像一个砸碎的小猪扑满那样散落在拼花地板上时，考恩斯已经转向了那位裁判，大吼："这才叫犯规！"所以，没错，考恩斯是白人，拉塞尔是黑人。但就算考恩斯是紫人他也值4块钱一场。哈夫利切克也一样。就是因为他们，我父亲相当意外地买下了一张凯尔特人季票，从此一路走下去，再没有回头。

我们的第一个赛季恰好遇上了凯尔特人后拉塞尔时代的第一个总冠军以及突然之间变得充满希望的西蒙斯时代。不过我当时还没什么记忆。第二年我们搬到了栗树山（Chestnut Hill，离花园只有15分钟路程），老爹开始更经常地带我去看比赛了。我们坐席区的人都认识我，一个体育小百科全书，一头散发、爱咬指甲、人生围绕着波士顿各支职业体育球队旋转的小不点儿。在比赛前，花园的领位员会允许我站在场边的篮筐后面，在那里我可以接到三不沾的球，再用力掷还给我的英雄们。我现在还记得自己站在那儿，咬着指甲，祈祷来一个三不沾或投偏的跳投，祈祷球会滚过来，我就可以抢到球，扔回给某个凯尔特人球员了。我要说这种事对小朋友来说真的很刺激……我是说，你不会懂的。这就像一年去40次迪斯尼乐园，还从来不用排队。我后来终于鼓起勇气走向波士顿的板凳

---

① 原注：1976赛季后，考恩斯离开了一段时间，在本地的赛马场找了份工作，有自己的办公室和各种东西。然后他在32场比赛后回来了，仿佛什么都没有发生过。后来，还有人爆料说，1977年季后赛时，考恩斯曾有一个晚上在波士顿开出租车，到处载客。有趣的事情是，你现在读到时肯定觉得我在开玩笑。不。我们真应该让考恩斯的生涯在这个互联网时代重现——想象一下，论坛帖子有着这样的标题："昨天晚上戴夫·考恩斯开着出租车载我了！"

② 译注：西班牙斗牛胜地。

席，[1]跟幽默风趣的教练们——汤米·海因松（Tommy Heinsohn）和约翰·基利利亚（John Killilea）——小聊上几句，结果就是在一场对布法罗（Buffalo Braves）的季后赛前，《先驱美国人报》（*Herald American*）的摄影师拍下了一张我痴痴凝望受伤的约翰·哈夫利切克（身穿浅蓝色便装，拄着拐杖）的照片，这幅图第二天就登上了体育版的第1页。等到我6岁的时候，你可以猜猜发生了什么：我把自己当成了波士顿凯尔特人队的一名成员。这造成了我一年级时的种族认知危机（在我那本红袜队的书[2]里有详述），我给自己取了个穆斯林名字——贾巴尔·阿卜杜勒-西蒙斯（Jabbar Abdul-Simmons）。我实在想不出更好的了。我希望为凯尔特人效力，而大部分NBA球员都是黑人。此外，我跟他们还有很多的共同点——我最喜欢的运动是黑人运动，我最喜欢的球员[查利·斯科特（Charlie Scott）]是黑人，我最喜欢的喜剧演员都是黑人[弗利普·威尔逊（Flip Wilson）、吉米·沃克（Jimmie Walker）、雷德·福克斯（Redd Foxx）]，我最喜欢的电视节目[《桑福德和儿子》（*Sanford and Son*）、《杰斐逊一家》（*The Jeffersons*）、《好时光》（*Good Times*）、《卧底侦缉队》（*The Mod Squad*）]大部分都是黑人出演，我甚至在1975年让母亲带我去罗克斯布里（Roxbury）[3]看基思·威尔克斯（Keith Wilkes）[4]演过的唯一一部电影《"玉米面包"、厄尔和我》（*Cornbread, Earl and Me*）[5]。我是白人这件事让我很生气。所以我逼着一年级老师叫我"贾巴尔"，在家庭作业和考试里写的名字也都是"贾巴尔"，画画时给自己的脸上色，就是这样。

---

① 原注：是的，很久很久以前，小孩子可以在赛前走进场内，站在主队板凳席边上，跟教练和球员们说话。唉。

② 译注：指比尔·西蒙斯在红袜队2004年夺冠后所著的《现在我可以平静地去死了》（*Now I Can Die in Peace*）。

③ 译注：波士顿的传统黑人社区。

④ 译注：贾马尔·威尔克斯（Jamaal Wilkes）改信伊斯兰教前的原名。

⑤ 原注：威尔克斯饰演"玉米面包"，一个高中球星，在片中遭枪杀。看到他被谋杀后我号啕大哭起来，但这让我妈松了一口气，因为她之前担心我们可能没法活着走出电影院。她声称所有人在看到我们两个白人出现时都很生气。我那时太小，完全不记得这些事了；她的讲述中我唯一不相信的部分是她说我在男厕所里玩骰子。

与此同时，1976凯尔特人[1]正在努力对总冠军做最后的追求。赛拉斯（Paul Silas）和哈夫利切克都已经老了。老得不行了的唐·尼尔森（Don Nelson）——没错，就是后来执教密尔沃基和达拉斯（Dallas Mavericks）的那家伙——挺着个大肚子上场打球，像极了大概10部20世纪70年代情景喜剧中都有的老爹形象。每个关键球员[包括考恩斯和乔乔·怀特（Jo Jo White），我们队里最好的俩人]都已经过了数据上的巅峰，我们也没有可以从板凳席上站起来的年轻球员，因为奥尔巴克反常地搞砸了几个选秀权。金州（Golden States Warriors）似乎最被看好，然而卫冕冠军在西部决赛第7战中自爆了，当时的奇葩状况是：比赛刚开始几分钟，菲尼克斯（Phoenix Suns）的里基·索伯斯（Ricky Sobers）突然袭击勇士球星里克·巴里（Rick Barry），给了他几记老拳，然后被队友们拉开。[2]半场时，巴里（一个臭名昭著的混蛋）看了录像，发现他的队友没有冲上来帮他。他火冒三丈，怀恨在心，在下半场绝大部分时候拒绝出手——没瞎说，他拒绝出手——把队友传来的球都当成烫手的山芋。42胜40负的太阳就这样在卫冕冠军的主场下克上掀翻了他们，晋级总决赛，全靠对方最好的球员精心打出了一场“队友们，你们去死吧”的比赛。

这对凯尔特人来说是个好机会。另一个好机会是：这是ABA/NBA合并[3]前的最后一年，联盟自迈肯（George Mikan）时代以来天赋最弱的一个赛季。在将近10年中，ABA一直在支付超高的薪水给高中和大学天才，包括朱利叶斯·欧文（Julius Erving）、莫里斯·卢卡斯（Morris Lucas）、摩西·马隆（Moses Malone）、大卫·汤普森（David

---

① 译注：“1976凯尔特人”“76凯尔特人”或“76波士顿”等形式均指1975—1976赛季的波士顿凯尔特人队。“92乔丹”的形式指1991—1992赛季的乔丹。全书后文中数字加球队/地名/人名的形式均与此同理。

② 原注：超棒的支线剧情：那个赛季巴里戴了一顶假发（那时候你可以做这样的事情而不会在网上被嘲笑）。在那场架后，巴里看上去并不关心索伯斯为什么会打他，反而更在意调整自己的假发。如果你有勇士队的媒体手册，注意观察每个赛季巴里的头发是如何逐渐稀疏下去的，到了1976年的球队合照上，他突然有了一头的头发，然后在1977年球队合照上又变秃了。现在他植发了。别问我为什么喜欢这些事儿。

③ 译注：ABA，美国篮球协会。1976年夏天，成立9个赛季的ABA（4支球队）并入NBA。本书中的“合并”，默认即指此事件。

Thompson）和乔治·格文（George Gervin），都是些运动能力惊人、本可以把僵硬刻板的NBA推向更激动人心的方向的人物。两个联盟都有着对方缺乏的东西：纪律严明、身体对抗激烈、以其球员的无私表现为亮点的风格（NBA）vs无约无束、难以预料、公然颂扬个人表现力的风格（ABA）。两个联盟的合并带来了3年的混乱篮球——球队第一的球员们和自我第一的球员们尴尬地并肩作战——之后，种种纠结情形才逐渐化解，①联盟增加了三分线，伯德（Larry Bird）和"魔术师"（Magic Johnson）驾到，这项运动终于找到了比较好的处境。1976凯尔特人在合并后就显得太老、太慢了，但我们当时并没有意识到。我们也没意识到像尼尔森这样的白人更适合把进攻时间吃掉、消化，再拉出来，而不应该去防守欧文和汤普森等人。篮球运动正在发生改变，可当时没人知道。

波士顿和菲尼克斯在总决赛的前4场平分秋色，第5战在9点开打，这是CBS的意思，那是一家对联盟毫不关心、完全不介意延时录播季后赛或把比赛调到奇葩时间开打的电视台。你知道把比赛推迟到那么晚开始，在一个任何人都买得起NBA总决赛球票的时代，疯狂的波士顿球迷们会干什么吗？你会看到史上最吵闹、最疯狂、最酒气冲天的波士顿球迷。赛前先边畅饮边等待了4个小时，再看3小时的球，人群血液中的酒精度达到了无法超越的高度，比赛也同样如此。我也想多告诉你们一些，但是我躺在老爹和他两侧的人的身上睡着了，睡过了第4节，睡过了菲尼克斯令人难忘的大反扑，睡过了前两个加时。②我在第二个加时还剩7秒时醒了过来，凯尔特人正落后1分，所有人都站着观看最后一球。（实际上，这就是我醒来的原因，因为我们坐席区的所有人都站起来了。）我正好赶上了看到哈夫利切克接到界外发球，直杀向篮筐（更不用说是用左手运球），不知

---

① 原注：同时产生了两个我们之后会再深入细节的新问题：第一，有的球员不再对比赛上心了，因为他们已经赚到了大合同。第二，可卡因在数年中风行一时，人们之后才反应过来："嘿，等等，这药又会上瘾又有破坏性又贵得要死，根本没任何好处！"我们此前都不知道这是个问题，直到1979年的一场掘金队（Nuggets）比赛，大卫·汤普森居然想在罚球线上抽上两口。

② 原注：父亲现在还会拿这事取笑我。我的辩词是，我那时才6岁。他的辩词是，那可是NBA史上最著名的一场比赛。

怎么就在时间走完前命中了一记起跳腿都踩错的打板跑投，于是就有了我幼小人生中最恐怖的时刻：上千名极度兴奋的球迷涌入场内，大部分都是从我们坐席区的人头上跃过、强冲进去的。这就像是一次监狱暴动，只不过大家都很开心。而这一切发生的时候我还半睡半醒着。

剩下的你都知道了：裁判们判定还剩下一秒钟，一个喝醉的球迷攻击了裁判里奇・鲍尔斯（Rickie Powers），太阳队叫了个非法暂停从而得以在中场发球，乔乔投进了技术犯规罚球，加尔・赫德（Gar Heard）命中了把比赛拖进第三个加时的神奇转身跳投（我记得自己当时觉得这球有50英尺），凯尔特人靠着乔乔和无名替补格伦・麦克唐纳德（Glenn McDonald）在比赛最后的神勇表现涉险逃脱。虽然我睡过了许多精华部分，但第二天，贾巴尔・阿卜杜勒–西蒙斯还是成了学校里最酷的小孩——不只是因为我在现场观看了史上最有名的篮球比赛，更因为我父母居然允许我1点半还不睡①。

两天之后，我们在菲尼克斯拿下了队史第13座总冠军。此后，我们在两年之内迅速变成了联盟最倒霉的球队，但这对西蒙斯父子倒不一定是坏事：不仅是因为老爹（刚刚好）能凑够钱买第2张季票，而且由于花钱买票的球迷大量流失，他们就把我们的位置升级到中场位置，紧挨着南茜・帕里什（Nancy Parish）纪念通道（这个名字我后面会解释的），球员、教练和裁判们进出球场都要从这里经过②。我的位置在老爹前面两排——我们买不到坐在一起的位置，除非不坐通道边上，但我们压根不愿意那样——不过我可以在暂停时从栏杆下钻过来，站到通道旁跟他讲话。更棒的是，有很多奇奇怪怪的受伤球员、退役球员和媒体人员会聚在通道里看上个一两节，于是就有了我最美好的童年回忆之一：老得不行了的马

---

① 原注：我们回家后，老爹和我兴奋得睡不着，我们弄了点儿吃的，然后看了会儿电视。电视上正在重播《霹雳娇娃》（*Charlie's Angels*）——这剧几周前才开播——我记得自己当时想："所以大半夜不睡就会有这个？你就可以看讲述半裸女侦探们跑来跑去的电视节目？"朋友们，一个未来的夜猫子就此诞生了。

② 原注：我在三观塑形期里都可以张着右手，跟著名球员击掌。你能在电视上伯德时代大半的经典比赛里看见我。我在ESPN经典频道上出现的时间比斯克拉尔（Sklar）兄弟还多。[译注：斯克拉尔兄弟曾主持ESPN经典频道的喜剧节目《便宜位子》（*Cheap Seats*），四季后被砍。]

文·“坏消息”·巴恩斯（Marvin “Bad News” Barnes）就站在离我18英寸的地方，假装身上有伤，穿着件貂皮大衣，靠在我身边的栏杆上。每隔几分钟，凯尔特人打出个好球，他就会朝我点点头，脸上带着一副“瞧瞧这个，小白人佬”的微笑。那时我还没走出种族认知危机，所以我就那么一直盯着他的貂皮大衣，希望他能收养我。但这事儿没成。不过我们还是做了以下交流：

我（3节过后终于鼓起勇气）：巴恩斯先生，您什么时候能复出？

“坏消息”（友好地）：Wrgrghjsdhshs nmdmakalkm nbbd jsjajajp ldksaksjhj，lil'man！①

“坏消息”只给我们打了38场比赛，但是那次交流足以代表一切。“凯尔特人荣耀”在24个月不到的时间里完全消失了。尼尔森和“洪多”②退役。赛拉斯和乔乔在令人难以接受的情况下被交易走。痛苦不堪的考恩斯身上那股曾让他与众不同的火焰也逐渐黯淡了下来。海因松在被解雇后跑去展示自己体育解说史上倾向性最严重的潜力了。③最糟糕的是，奥尔巴克差点儿跳槽去了尼克斯，因为老板约翰·Y. 布朗（John Y. Brown）轻率地拿3个首轮换来了鲍勃·麦卡杜（Bob McAdoo），而且没有事先知会“红头”。在过去，巴恩斯和麦卡杜这样的脑残货是绝对不会出现在凯尔特人的。我们变成了这个挣扎的联盟中又一支挣扎的球队，一支做着绝望的操作的绝望的球队，苦苦寻求一个身份。然后，突然之

---

① 原注：这是我1978年最爱的两个时刻之一，另一个是小伙伴里斯（Reese）和我发现，只要我们中的一个抓住另一个的脚，我们就可以够到栗树山大道的喷泉底部，偷走那里的硬币去买冰球球星卡。好时光啊！

② 译注：Hondo，哈夫利切克的绰号。

③ 原注：我有个读者开玩笑说：“汤米解说凯尔特人比赛时的主观性就像聊到O. J. 时的弗雷德·戈德曼（Fred Goldman）。”[译注：O. J. 辛普森（O. J. Simpson），大学/职业橄榄球名人堂成员；1994年涉嫌谋杀其前妻妮可·布朗·辛普森（Nicole Brown Simpson）和前妻的男友罗纳德·戈德曼（Ronald Gloldman），但是在刑事审判中被判无罪。弗雷德·戈德曼是罗纳德·戈德曼的父亲。]

间，一切又发生了改变。奥尔巴克在跟约翰·Y. 的权力斗争中取胜，[①]在1978年选秀中摘下了有参选资格的大三学生拉里·伯德，甘愿花一年时间等待伯德从印第安纳州立大学（Indiana State University）毕业[②]。[③]虽然球队都快烂到地狱里去了，但我们还有一位即将到来的可能的救世主。在一番激烈的合同谈判后，伯德签下了一份创当时纪录的5年325万美元的合同，进入训练营[④]，在几周之内就把一支29胜的笑柄球队变成了一支60胜的强队。重建计划比斯韦泽（Patrick Swayze）把双骰酒吧（the Double Deuce）重新扶上正轨的速度还快[而且我们都不需要雇佣萨姆·埃利奥特（Sam Elliott）[⑤]]。我们又一次变得举足轻重了。“传奇拉里”会带来三座总冠军和三座MVP，帮助拯救NBA，并成为史上最受欢迎的波士顿运动员。就在这一时期，我进入了青春期，读完了高中和大学，开始在波士顿自力更生。伯德生涯结束的1992年，我的人生才刚刚开始。

现在……

想想这概率。从我学会走路起，我对参与和关注体育的热爱就胜过了一切。我与篮球有着特别的感情，这都是因为父亲在摩托车生涯被母亲否

---

① 原注：约翰·Y原来是勇敢者队的老板，然后把球队跟凯尔特人做了“交易”，涉及7位球员、两名选秀权[其中一个后来选中了丹尼·安吉（Danny Ainge）]和现金。波士顿的前老板欧文·莱文（Irvin Levin）把勇敢者迁到了圣迭戈（San Diego），将其更名为快船队（Clippers）。所以如果约翰·Y逼走了“红头”，他就要为西部的快船和东部的快船都负直接责任了。我们可能还会拿伯德的签约权去跟纽约换托比·奈特（Toby Knight）和乔·C. 梅里韦瑟（Joe C. Meriweather）。（译注：凯尔特人老板莱文和勇敢者队老板布朗在1978年交换了球队；莱文得到勇敢者后，把球队迁往了自己的家乡加利福尼亚，变成了圣迭戈快船队。在交换球队之前，双方先做了一笔互换核心球员的大交易。）

② 译注：NBA规定，只要年满22周岁就自动获得参选资格（未到22周岁的需要提前宣布参选）。伯德曾在印第安纳大学（IU）读书，但是不到一年就退学，之后才去了印第安纳州立大学（ISU）。所以伯德在ISU读完大三时，已经自动具备参选资格；但是他宣布要读完大四再进NBA，导致一些球队没有选他。

③ 原注：在伯德再次进入选秀之前，我们有12个月时间可以与他签约；所以当伯德把全胜的槭树队（Sycamores）带入1979年NCAA总决赛时，新英格兰的所有人都选择支持印州州立。那年他们在新英格兰的人气比波士顿学院（Boston College）和圣十字学院（College of the Holy Cross）都高。

④ 译注：特指NBA每年开赛前一个月开始的全队合练。

⑤ 译注：萨姆·埃利奥特和帕特里克·斯韦泽主演的电影《威龙杀阵》（*Road House*）中的情节，两人共同整顿了双骰酒吧。

决后买了一张篮球季票。我们的头三年得到了两个总冠军，此后球队遭遇了一连串的祸事，吓走了许多球迷，于是老爹和我一跃可以享受到世界上最好的篮球馆中最好的位置，如果这还不够的话，我们的座位在史上前五伟大的球员加入球队前又一次升级了。这不只是“一连串的好运气”能概括的；这就像连中了三次彩票大奖，或者还不止，简直像贾斯丁·丁伯莱克（Justin Timberlake）能连续泡到“小甜甜”布兰妮（Britney Spears）、杰茜卡·比尔（Jessica Biel）、斯嘉丽·乔汉森（Scarlett Johansson）和卡梅伦·迪亚兹（Cameron Diaz）一样，还要再加上林希·洛安（Lindsay Lohan）、安吉丽娜·朱莉（Angelina Jolie）和凯蒂·霍姆斯（Katie Holmes）①。我的三观塑形期都在伯德教授的指导下研究篮球，享受着其中的微妙差别。观看一个总想着再多传一次的人打球是件很有感染力的事。潜移默化地，他的队友都变得同样无私了，甚至包括那些本有着黑洞倾向的家伙，比如麦克黑尔（Kevin McHale）和帕里什（Robert Parish）。这就像是一群幽默感匮乏的人跟一个相当搞笑的家伙待得久了，那个搞笑男总能提升每个人的喜剧智商。②当你花了足够长时间观看伯德时，你会看见那些他在看的角度；你想到的不再是刚发生的事，而是开始对即将发生的事有反应。*麦克黑尔要切向篮筐了，我看到他了，给他球，好的……上篮！*伯德给了我们共同的第六感，这是一种更精妙的欣赏这项运动的方式。一份礼物。便是如此。

这也是为什么你现在在读这本书。我看着人们打正确的篮球长大。人人都在找谁处于空位。人人都在再多传一次球。人人都拼尽全力，总能在关键时刻死里逃生。伯德退役时，我已经取得了篮球领域的博士学位。在你的三观塑形期，你的主队得到了一名超凡脱俗的球员——“魔术

---

① 原注：我在这里提到凯蒂是为了怀念旧时光。汤姆·克鲁斯（Tom Cruise）把她变成了一个时装模特，这不是她的错。（译注：凯蒂与汤姆·克鲁斯于2005年开始恋爱，2006年奉女成婚，2012年离婚。）

② 原注：我为《吉米鸡毛秀》（*Jimmy Kimmel's Show*）工作时，我们称此为亚当·卡罗拉（Adam Carolla）定律。卡罗拉在任何事上都能发现幽默的角度。到最后，所有人都变得更加幽默，努力跟上他的节奏。

师”在湖人，M. J. 在公牛（Chicago Bulls），埃尔韦（John Elway）①在野马（Denver Broncos），格雷茨基（Wayne Gretzky）②在油人（Edmonton Oilers），诸如此类——这种经历真的*就像是*中了彩票。甚至20年后，我还能飞快地说出伯德的经典时刻，就像我在历数自己的人生一样。比如那次他爆砍60分，亚特兰大（Atlanta Hawks）的替补们甚至在板凳席上相互击掌③；或是他在“J博士”头上不到3节时间就得到42分，气得“博士”对他老拳相向，两人在中场互掐脖子。④这样的故事我有100个。伯德最伟大的时刻也成了我人生中最赞的时刻。体育能变成这样，也是蛮好笑的。我发现自己越来越经常地怀念起那些嗡嗡作响的伯德时刻，花园里的每个人在那一刻都会不约而同地意识到：“啊哦，有些神奇的事情就要发生了。”球馆里突然想起了一片低语声，仿佛是摇滚演唱会或拳王争霸赛即将开始前⑤会有的那种兴奋感。只要你听到了这片嗡嗡声，你就知道有些特别的事情正在发生。你可能觉得我在故弄玄虚，但我告诉你，任何真的去过现场看比赛的人都会知道我在试图描述什么。你可以在空气中感觉到：*拉里要接管了。*

在他的头两个赛季（1980和1981赛季），伯德和波士顿球迷之间隔着一段几乎难以察觉的距离，像是一堵围绕着他的墙，我们没法穿过。伯德在媒体前表现得苦恼而羞涩，对长时间的鼓掌致意感到明显的不安，他就像那种老学究，在篮球上有着惊人的天赋，别的方面却一窍不通。这是一个不介意自己的绰号是“弗伦奇利克来的土包子”⑥的人。我们都想当然地认为他很沉默，以为他不会表达自我，不关心球迷，只希望能一个人待着。这些印象直到东部决赛第7场的终场时刻——对费城（Philadelphia

① 译注：职业橄榄球名人堂成员，曾率丹佛野马两夺超级碗（NFL总决赛/总冠军奖杯）。

② 译注：被誉为史上最伟大的冰球运动员，率埃德蒙顿油人建立了NHL最后一个王朝。

③ 原注：这不是我编的。那场比赛（1985年3月12日）的下半场有4次，老鹰队替补高举双手、激动地跳跃，或是一脸不敢相信地瘫倒在对方身上，或是相互击掌。

④ 原注：这是体育史上最惊人、最不可思议的一架，就发生在我面前20英尺。永生难忘，简直像看到圣诞老人与复活节兔子扭打在一起。

⑤ 原注：我本来想说“就像是单身夜派对上女同表演开始前两分钟”，想想还是算了。

⑥ 译注：“The Hick from French Lick”。弗伦奇利克是伯德的故乡。

76ers）经典的连扳三局的最后一幕——才发生了改变。无需含糊其辞，无需多加疑问，这就是史上最伟大的一轮系列赛；两支60胜的球队互为死敌，双方都有着强大的阵容①，史上最伟大的前锋之二首发对位，4场比赛打到最后一球，凯尔特人最后3场连胜只赢了4分。这一切的巅峰发生在第7战，一场对抗极度凶猛的决战，裁判们都吞掉了哨子，任由比赛不可思议地变成篮球与橄榄球的混合体。你知道有句老话叫“这两支球队之间没有任何一丝爱”吗？第7战就是这样。如果你突向篮筐想要上篮或扣篮，你会像跑到中路的外接手那样被狠狠撞飞。如果你偷偷从背后接近一个大个子，想要掏掉他抢到的篮板，你会被一肘击中肋部。如果你坚持在人群中运球，希望能讨到一声哨子，那就只能祝你下次好运了。这是一场男人的比赛。今天你再也看不到这样的事了。永远不会了。

与此同时，球迷们也不再是球迷了，更像是在圆形竞技场里为角斗士们欢呼的古罗马人。最后时刻领先1分，费城的道金斯挤向篮筐，被帕里什和麦克黑尔放倒，甩出了一记丑陋的投篮，砸中篮板，然后摔倒在地。伯德在人群中抢到了篮板，从无数具肉体中杀将出来[包括3人倒在地板上，就像《疯狂轮滑》（*Rollerball*）的最后一幕]，带球到前场，突然急停，命中了一记15英尺的打板投篮，几乎让屋顶都被掀翻了。费城叫了暂停，而拉里则昂首阔步——高举双臂，享受着欢呼——然后是一记夸张的、用力的挥拳。伯德从来没有感谢过观众；这是他第一次流露出情绪。他终于甩给了我们一根骨头。我们当时彻底疯狂了，在整个暂停期间都在大呼小叫，淹没在这片咆哮声中，等到呼唤球员们上场的号角声响起

---

① 原注：伯德和欧文（4座MVP），罗伯特·帕里什（NBA五十大），凯文·麦克黑尔（同前），“小个子”·阿奇博尔德（Nate “Tiny” Archibald，同前），莫里斯·奇克斯（Morris Cheeks，那个十年最好的控卫之一），安德鲁·托尼（Andrew Toney，那个十年最被低估的球员），博比·琼斯（Bobby Jones，他那一代的最佳第六人），塞德里克·马克斯韦尔（Cedric Maxwel，1981年总决赛MVP），达里尔·道金斯（Darryl Dawkins），考德威尔·琼斯（Caldwell Jones），M. L. 卡尔（M. L. Carr），杰拉尔德·亨德森（Gerald Henderson），里克·罗比（Rick Robey）……这仅仅是一轮季后赛系列赛！永远的教训：扩军毁掉了一切。

时，我们才发现自己已经嘶哑了。[①]费城笨拙的空接失败了，凯尔特人获胜，大伙儿都冲进了场内，伯德一直待在中场附近，像个小女生一样上蹦下跳，不敢相信地抱着自己的脑袋，球迷们则蜂拥着他。在伯德时代所有伟大的胜利中，这是唯一的一场非冠军战让波士顿球迷在比赛结束后仍在花园外待上几个小时，狂按喇叭，相互击掌、拥抱，高唱“费——城垃圾”，把堤道街（Causeway）变成了波旁大街（Bourbon Street）[②]。我们希望伯德会成为下一个拉塞尔，下一个奥尔（Bobby Orr）[③]，下一个哈夫利切克。第一次，他似乎真的可以做到。

之后的事情都不再令人意外：伯德在1981赛季夺得第一冠；1984赛季首获MVP；东部半决赛第7场令人难忘地痛揍伯纳德和尼克斯；然后在1984年总决赛中在湖人头上取胜，其中有一场拉里的代表作，第5战，室外温度36度，而没有空调的花园里足有136度。观众席上的球迷们纷纷晕倒，打扮得体的全职太太们擦拭着被汗弄糊的妆容，[④]穿着绿色凯尔特人T袖的爱尔兰裔肥仔们腋下全是汗渍。甚至湖人队都已经脱水了，等不及要回加州（California）；卡里姆和沃西（James Worthy）在暂停时用氧气面罩吸气。当然了，伯德很喜爱这种恶劣的条件，狂砍34分、17个篮板，享受着快被烤熟的奴仆们的欢呼。伯德在第4节中大发神威，然后湖人叫了个暂停，M. L. 卡尔赶忙用毛巾给伯德扇风……拉里却把他赶走了，如同受了侮辱。仿佛M. L. 是在毁掉这个时刻。想象一下死亡谷（Death Valley）达到了43度，你被困在车里，车上还塞满了17个人。那晚的花园就有这么热，但我们不在乎。我们只知道伯德就是上帝，湖人萎

---

① 原注：前大屏幕时代最棒的细节之一：花园球迷会在暂停时一直起立鼓掌来嘉奖球队。这是我们的终极赞许。就像是“你们为我们做了那么多，这是我们为你们做的”。现在我们则忙着看“亲吻时刻”和啦啦队演出了。

② 译注：堤道街，波士顿花园所在地。波旁大街，新奥尔良（New Orleans）一条以一年一度的狂欢节而闻名的街道。

③ 译注：冰球名人堂成员，曾为波士顿效力10年。

④ 原注：我的位子边上是一位优雅的韦尔斯利/韦斯顿（Wellesley/Weston）女士，戴着漂亮的珠宝，看上去就像每周都要做4次美容，甚至她都在流汗。我觉得这是她人生中第一次使用汗腺。（译注：韦尔斯利，波士顿地区的一个镇，以著名女校韦尔斯利学院闻名。韦斯顿，波士顿收入最高的城镇。）

得像群女人，而我们是这件事的一部分。我们也在流汗。

在那些比赛里，伯德和花园就像列侬（John Lennon）和麦卡特尼（Paul McCartney）一样配合无间。你能想象他在TD北岸花园打球吗，在暂停时被轰鸣的舞蹈音乐和异常亢奋地用加农炮向观众们发射T恤的吉祥物给吓到？我也想象不了。伯德时代到达巅峰的1986年，是正确的观众与正确的球队的完美联姻：67胜的球队，主场50胜1负（包括季后赛）。还记得《火爆教头草地兵》（*Hoosier*）①中的那个场景吗？就在吉米·奇特伍德做完“我会比赛，教练会留下”的演讲、加入球队后，他们放了一段激动人心的“这支球队团结一心”的蒙太奇。那就是1986赛季的每个主场比赛给人的感觉。那个赛季的结尾是总决赛第6场，伯德用三双彻底摧毁了火箭（Houston Rockets），然后被换下场接受欢呼，他的球衣湿透了，观众们兴奋地尖叫着。太完美了。那个赛季的每件事都太完美了。再想想老爹本来准备买的那辆愚蠢的摩托车吧。

现在只剩下一个问题：伯德还能再打出多少令人难忘的赛季？在他巅峰的1986和1987赛季，他增加了垃圾话②（无人可及），开始在比赛里玩些杂耍[包括一次面对波特兰（Portland Trail Blazers），他决定全场都用左手得分]，就像是他有些玩得无聊了，需要打些赌来挑战自己。有一个著名的故事是关于第一届三分大赛的，他走进更衣室，问大家谁想拿第二。还有一次他明白地告诉西雅图（Seatle SuperSonics）的泽维尔·麦克丹尼尔（Xavier McDaniel）自己要在哪里投制胜球，然后遵守诺言，在“X战警”③面前命中跳投。这样的逸闻足可以拍出一整部纪录片；NBA娱乐④后来也确实是这么做的，制作了《拉里·伯德：篮球传奇》（*Larry*

---

① 译注：史上最经典的篮球电影。吉米·奇特伍德（Jimmy Chitwood）是片中主角。

② 原注：我个人最喜欢的：伯德一次在赛前跟印第安纳的查克·珀森（Chuck Person）说自己为他准备了一份圣诞礼物。比赛里，他在步行者板凳席前命中了一记三分，然后转向珀森：“圣诞快乐你个头！”

③ 译注：泽维尔·麦克丹尼尔的绰号。

④ 译注：NBA负责宣传、广告、出版DVD的部门，简称NBAE。

Bird: A Basketball Legend)[①]。随着绝杀球和传奇故事越来越多，33号最终进入了波士顿的总统山，与奥尔、威廉姆斯（Ted Williams）[②]和拉塞尔同列。我们觉得他无所不能。我们觉得他是个超级英雄。赛前念首发名单时，伯德总是最后一个，而他的介绍总是被淹没，因为有一条不成文的规矩，当我们听到“另一名前锋，来自印第安纳州立……”时，所有凯尔特人球迷都会用尽肺力，大声尖叫。而我们对他的欢呼还远比不上我们对他的尊重。

伦尼·拜厄斯（Lenny Bias）在1986年选秀大会后两天因吸毒暴毙，伯德于是失去了一名本能延长他的生涯、承担部分得分任务、减少他的上场时间的年轻队友。他的身体在生涯的后半段背叛了他，在太多次的冲撞、太多次的凶狠犯规和太多次的倒地救球中逐渐磨损。脚后跟受伤，背部损坏，再加上一波有运动能力的黑人前锋的出现，逐渐淘汰掉了凯利·特里普卡（Kelly Tripucka）和基基·范德魏（Kiki Vandeweghe）们[③]——顺便说一句，伯德过去总能把他们当成小菜——可怜的伯德只能拖着残废的身体上场。他完全在靠记忆和肾上腺素打球。在他的最后两个赛季（1991和1992赛季），他会错过3～4周，晚上在医院里做牵引来放松背部，然后带着笨重的背部支架归来，像是什么都没发生过。[④]即使如此，他依然还在给自己的ESPN经典频道履历增添佳作。比如著名的1991年对印第安纳（Indiana Pacers）的第5战，他的脑袋撞到了地板，然后像威利斯·里德（Willis Reed）一样归来，带领凯尔特人越过了步行者。还有全国电视直播中对开拓者的49分大爆发，观众们都在高呼：“拉——

---

① 原注：这部片子在IMDb上又名《耶稣传奇》（*The Passion of the Christ*）。

② 译注：棒球名人堂球员，为波士顿红袜队效力19年。

③ 原注：很遗憾伯德的巅峰期错过了斯科蒂·皮彭，史上最伟大的防守前锋，伯德的完美对手。等到皮彭成熟，伯德已经要离开了。这是我们球迷的损失。

④ 原注：伯德的背部支架让他看起来臃肿而畸形，就像《龙威小子3》（*Karate Kid 3*）里的拉尔夫·马奇奥（Raplph Macchio）一样。他在第2轮面对92骑士（Cleveland Cavaliers）时无法移动，但还是用外线传球统治了不赢球就回家的第6战（16分、14次助攻）。然后骑士在第7场前意识到：“等等，他没法运球；我们需要做的就是在他得球时追着他跑，在防守端攻击他！”他们最后赢了18分，59%的命中率。“传奇”的悲伤结局。

里！拉——里！”然后他用一记把比赛拖进加时的压哨三分球满足了大家。这就像在看伯德唱卡拉OK。一切的最高潮发生在对91活塞（Detroit Pistons）的一场主场季后赛中，伯德当时非常挣扎，怎么打都没有，就在这时，一只真的鸟从椽梁上飞了下来，停在球场当中，打断了比赛。观众们意识到了其中的象征意义，开始高呼："拉——里！拉——里！拉——里！"整个系列赛头一次，我们的跛足英雄活了过来。他开始不断命中跳投，许多跳投，然后凯尔特人拿下了一场艰难的胜利。在我们高兴地离开花园时，父亲问我："刚才的事是真的吗？"

是的。我想。

伯德最终在1992年退役，理由很正确：他的身体已经没法应对NBA赛程了。与"魔术师"不同，他从没有复出过，或自降身价去打什么名宿赛。[①]与乔丹不同，他不会在巅峰过后仍然待在一支平庸的球队里不肯走。他离开了，再没回来。凯尔特人则一蹶不振。实际上，这么说还是轻了。拜厄斯是让雪球开始滚动的人，但直到伯德退役后，凯尔特人才真正挂了。雷吉·刘易斯（Reggie Lewis）猝死[②]，麦克黑尔退役，花园被拆，M. L. 卡尔搞砸了一切，我们错过了邓肯（Tim Duncan）的乐透，然后里克·皮蒂诺（Rick Pitino）搞砸了一切，克里斯·华莱士（Chris Wallace）搞砸了一切，丹尼·安吉搞砸了一切，在这一段痛苦的旅程中，凯尔特人不再是凯尔特人了。在伯德收起自己的匡威武器[③]后，老爹曾经有3次想放弃价格猛涨的球场座位，但是都没能做到。在2007凯尔特人耻辱性地摆烂取得61负却还是没能得到凯文·杜兰特（Kevin Durant）或格雷格·奥登后，球队给他寄来了2007—2008赛季中场座位的账单，每张球票175美元。没错，1974年全年季票的钱，放在2008年连一场球都看不起。在经历了这么痛苦的一个赛季后，没有人会因为老爹不续订而责怪他；有一周，他几乎要扣下扳机了。但到最后，他还是无法离开。如果他

① 原注：甚至更糟，"魔术师"去打了一次全明星周末的传奇/名人三对三比赛。

② 译注：雷吉·刘易斯是1992年全明星。1993年夏天在训练中心脏病发，年仅27岁。

③ 译注：Converse Weapon，匡威的一款经典球鞋，伯德和"魔术师"的战靴。

放弃了那些球票，等到凯尔特人时来运转时，他绝对无法原谅自己。于是老爹更新了球票，连续第15个春天在祈祷能发生什么幸事来让我们重现辉煌，无论是一笔交易，还是一个选秀权，又或者是布赖恩·斯卡拉布里尼（Brian Scalabrine）在接触核反应堆后突然获得了超人之力。他在期盼能再看到一场如著名的伯德–多米尼克（Dominique Wilkins）对决[①]般的比赛；拉里在那场比赛中无数次化险为夷，以至于后来你都可以在奇迹发生之前就感受到它的到来。在那场体育比赛中的大师之作——真的，那真是一次人生体验——结束后，我们兴奋得不想直接回家，于是在韦尔斯利找了家名字叫贝利（Bailey）的冰淇淋店，要了两杯热乳脂糖圣代。我记得我们整整20分钟没有说话。我们就在那儿吃着冰淇淋，摇着头。你能说什么呢？你怎么能把这种东西变成话语呢？我们无言了。我们词穷了。我们是幸运的。

你没法离开，万一会发生更多的贝利时刻呢，即使此等幸事出现的概率很小。当联盟扩军到30支球队后，运气成了一个比过去更重要的因素。乐透需要运气，年轻球员需要运气，交易需要运气，一切一切你都需要运气。菲尼克斯得到阿马雷（Amar'e Stoudemire），不过是因为另外8支球队略过了他。波特兰在仅有5.3%概率抽中状元签的情况下得到了格雷格·奥登。达拉斯得到德克·诺维茨基（Dirk Nowitzki），因为密尔沃基觉得用他的签约权去交易罗伯特·泰勒（Robet Taylor）是个好主意。新奥尔良得到克里斯·保罗（Chris Paul），因为3支球队愚蠢地跳过了他。甚至奥尔巴克得到伯德也是因为运气。有5支球队本可以在波士顿之前选中他，但是他们都放弃了。这就是NBA。你需要智慧和运气。在拜厄斯悲剧性的死亡后7年，刘易斯也去世了，凯尔特人不再幸运，也绝对不再智慧了。但这没有阻止父亲每年夏天都坚定不移地更新球票，然后交叉着双

---

① 原注：1988年东部半决赛第7战：尼克（Nique）轰下47分，但是伯德在最后一节爆砍20分，包括其中有一段，他们连续命中了5个球，挽救了比赛，并得到了布伦特·马斯伯格（Brent Musberger）的“你现在在看的正是‘伟大’这个词所意味的一切”的评价。（译注：尼克是多米尼克的昵称。马斯伯格，著名NBA解说员。）

指[①]，希望事情能回到曾经的道路上。

这听上去很奇怪，但对一个篮球迷来说，经历过巅峰时代然后又失去，比从来没有经历过巅峰时代更痛苦。把篮球队想象成飞机——如果你从来没有坐过头等舱，你就不知道每次你挪进经济舱时自己错过了什么。但是如果你几年里都在坐头等舱旅行，可以一直躺倒在座位上，肆意地伸直双腿，喝着免费的高端饮料，吃着牛排和温热的巧克力屑曲奇，身边坐着名人和少奶奶们，感觉自己就像个王子，然后呢？再回到经济舱，你会觉得："哇哦，这烂透了！"嗯，这就是1973年的一笔收入税退税带给我父亲的：20年难忘的篮球，一大堆快乐的回忆，每年40～50个可能很精彩的夜晚，而当你觉得一切不能变得更好时，居然又有机会可以持续关注史上最伟大球员之一的整个生涯……此后，一切都衰落了，凯尔特人从头等舱降级成了经济舱。他只能心存一丝侥幸，希望这只是暂时的挫折，我们还会再升级回来的。即使这意味着每年要花头等舱的钱坐经济舱，我父亲仍然不在乎。他准备好了被重新邀请到飞机的前部。他时刻准备着。

决定已下：每年春天，他都会继续付账单。

无论情势如何。

对于任何没有见过巅峰期的伯德——或"魔术师"，或乔丹，或70尼克斯，或01湖人，或其他与球迷们产生共鸣的神奇球员或球队——的人来说，上面三段话的意义会很难理解，除非你亲身经历过。伯德的影响力受到了时间的侵蚀；一旦某名伟大运动员退役，这种事情就会不可避免地发生。[②]故事和逸闻会一直流传下去，还有YouTube视频和ESPN经典频道的录像，但是总的来说，这些都不够。2007年春天，我无意中看到NBA TV在重播哈夫利切克的告别战，那是一个周日的上午，在收看的人可能只有我和哈夫利切克一家人。这场比赛有两件事非同一般。第一，开场跳球被推迟了8分半钟，因为凯尔特人球迷在介绍"洪多"入场后一直欢呼不

---

① 译注：西方习俗，食指和中指相叠，表示祈求好运。

② 原注：伯德在1986年就预言道："我所知道的是，人们总会忘记过去那些伟大球员曾经有多么伟大。这事也会发生在我身上。"

停。想象一下这在2009年会发生在……没有人身上。①第二，根据CBS给出的老式半场信息，哈夫利切克在1978年4月9日的数据简历是这样的：

史上出场数最多（1269）

史上季后赛出场数最多（172）

唯一连续16个赛季得到1000分的球员

生涯总得分第三（26895分）

生涯总上场时间第二（46407）

30年后再看到这些数字，我被吓了一大跳。没错，我记得“洪多”带领我们拿下了1976年总冠军，我记得他是自己时代最好的球员之一，天生怪胎，每晚都习惯性地打上42到44分钟却毫不疲倦。在他的最后一个赛季，我记得每到一站，对手都会用礼品淹没他。②但是，得分第三、时间第二、出场数第一？约翰·哈夫利切克？我进行了一番深入挖掘，发现“洪多”连续13年入选全明星，4次NBA最佳阵容一队，7次二队；他曾为8支总冠军球队效力，是1974年总决赛MVP；他在1980年成为NBA35周年纪念之队11人中的一个。直到今天，他仍排在总得分第十，出场时间第八，季后赛总得分第七。不管怎么算，他都是史上最好的20名球员之一。但如果你找100个不到30岁的NBA死忠球迷，问他们心中的前20，有多少人

① 原注：8分30秒。这要长于《通往天堂的阶梯》（*Stairway to Heaven*）；浩克·霍根（Hulk Hogan）在MSG击败“铁酋长”（the Iron Sheik）的WWF冠军争夺战；爱国者队在第38届超级碗上完成最后一次进攻的时间（包括停球在内）；《本能》（*Basic Instinct*）里全部的性爱场景；史蒂夫·汪达（Steve Wonder）最长的一次格莱美（Grammy）获奖致辞；我们接受里奇·马丁（Ricky Martin）不是直男这件事所用掉的时间；《切维·蔡斯秀》（*Chevy Chase Show*）首集的第一幕；《洛基》（*Rocky*）的高潮打斗场景；大卫·贝克汉姆（David Beckham）让足球在美国重获关注的总时间；YouTube上任何一段杰夫·罗斯（Jeff Ross）的嘲讽秀。[译注：《通往天堂的阶梯》是齐柏林飞船乐队（Led Zeppelin）的名作。WWF，世界摔跤联盟，曾用名为WWWF，现改名WWE，即世界摔跤娱乐。格莱美，美国最重大的音乐奖项。]

② 原注：即将退役的球星的告别之旅是20世纪70和80年代的奇怪传统，以1986年的朱利叶斯·欧文为巅峰，止于卡里姆1989年退役之后。那两次我们都有着浓烈的情绪——对“博士”是因为我们会怀念他，对卡里姆是因为我们很高兴他终于滚蛋了。

会提到哈夫利切克？3个？5个？有多少人能写对“哈夫利切克”？

于是有了这个问题：伟大有保质期吗？

在哈夫利切克的电视节目后几周，年轻的勒布朗·詹姆斯在底特律头上砍下48分，单枪匹马地挽救了骑士对底特律的系列赛（还有奄奄一息的2007年季后赛）。显然，发生的是一件不朽的大事：不仅马夫·艾伯特（Marv Albert）称之为季后赛历史上最伟大的表演之一，而且有种感觉，这像是勒布朗生涯的一个引爆点，在这一夜他开始深入了解自己的天赋，把自己提升到了另一个级别。受访者、专栏作家、博客作家和球迷们竞相讨论这一夜的历史地位，夸张似乎被合法化了。不少人说什么“M. J. 很伟大，但他从未有过这样的一场比赛”，仿佛要对勒布朗的伟绩致以敬意就必须要贬低乔丹的卓越生涯。在我第二天的ESPN专栏里，我提到乔丹从未像勒布朗轰塌活塞那样对某位对手在肉体上实现如此统治，将此举与巅峰期大杀四方的博·杰克逊（Bo Jackson）①相比较。

到了周末，大家开始对“48分神作”冷静下来，我发现自己在回忆乔丹的一些杀戮时刻——他如何在1992年总决赛中冷酷地毁灭了德雷克斯勒（Clyde Drexler），他如何战胜莱利（Pat Riley）尼克斯的橄榄球战略，他如何不断冲击罚球线、从98步行者（Pacers）手上偷走抢七，他如何在犹他（Utah）用不可思议的上篮—抢断—跳投结束了芝加哥生涯——开始后悔自己跟几乎所有人一样，跌入了“让我们将老人们的历史地位降格、为新人们加冕吧”的陷阱。过去我总是发誓绝对不这么做。我最喜欢的书之一是《再等来年》（*Wait Till Next Year*），一位体育专栏作家[迈克·卢皮卡（Mike Lupica）]和一位剧作家[威廉·戈德曼（William Goldman）②]在书中对纽约体育特别疯狂的一年交换着看法。戈德曼从体育迷的角度来写作，在“直至死亡”一章中为威尔特·张伯伦留下的传奇交出了一份热情洋溢的辩护，这是我最喜欢的文章之一，也是全书最重要的一部分。按照戈德曼所说，伟大的运动员会从人们记忆中消失，并不

---

① 译注：NFL、MLB双料全明星。

② 译注：著名剧作家，剧本两获奥斯卡。

是因为他们被更好的球员超越，而是因为我们忘记了他们，或者我们的记忆被一些与他们生涯无关的事情污染了（就像比尔·拉塞尔是个糟糕的解说，或者O. J. 是个糟糕的前夫）。关键摘录如下："一个运动员经历的最重大的争斗，是与我们的记忆相搏斗。这件事是逐渐发生的。在你意识到其开始之前就已经开始，而结局将是毫不优雅的巨大骤降。这是一场不断延续、直至死亡的斗争。"

这段话在1988年出版，当时伯德和"魔术师"正处在各自超凡实力的巅峰，乔丹则处于跟底特律的勒布朗类似的重大突破期。戈德曼为我们某天终会对他们指指点点而感到遗憾，预言道："伯德和'魔术师'的时候快到了。现在做他们的球迷很容易。别急，等个10年再看。"然后他写了一整段话，模仿2000年的球迷如何对他们的比赛挑三拣四，抱怨"魔术师"防不住任何人，而伯德太过缓慢。这段戏仿是这样结束的："伯德当然很好，'魔术师'也是——但他们放到今天没法打球。"或许现实中的情况还不至于如此，因为他俩有着独一无二的球风、相似对称的生涯及"伯德与'魔术师'拯救了NBA"的神话（我们后面会说到）。但乔丹呢？这已经发生了。近在1998年，我们全都同意乔丹是我们能见到的最伟大的球员。但这没有阻止我们迅速开始找人来替代他，格兰特·希尔（Grant Hill，没能成功），科比·布莱恩特（没能成功），勒布朗·詹姆斯（正在用），然后又是科比（时不时又被拿出来用）。2007年所有人都愿意甩掉乔丹来捧勒布朗，这件事真的让人很困惑。没错，"48分神作"是非常重大的体育事件，但这与20岁的"魔术师"在费城代替受伤的卡里姆出任中锋、打遍5个位置、狂砍42+15+7、带领湖人拿下1980年总冠军相比就显得苍白了。这要是发生在今天，斯基普·贝勒斯（Skip Bayless）的脑袋会被切碎然后撒满布里斯托尔（Bristol）[①]。[②]

---

① 译注：贝勒斯所居住的城市。

② 原注：给2075年的读者的注解：贝勒斯是个电视人物，有着很高的职位，然而在2010年夏天被炒，因为勒布朗抛弃了克利夫兰，与热火签约，而贝勒斯口沫横飞，大骂勒布朗从背后插骑士球迷一刀的行为，然后短暂地变身为一条8英尺的喷火巨龙，在演播室里杀了17个人。你可以在YouTube上找到这个视频——直接搜"贝勒斯+龙"。

是什么让我们不断地以牺牲前人为代价而狂吹今人呢？戈德曼相信，每个时代都是“如此地骄傲和轻蔑”，这次他又说对了，虽说这种骄傲/轻蔑并非完全存心故意。我们更愿意相信我们现在的球星比以前看过的家伙更好。为什么？因为关于体育最好的东西就是未知。考虑*可能*发生的事情比考虑已经发生的事情更有趣。我们知道我们不会再看到下一个伯德或“魔术师”了；我们已经停止寻找了。他们太独特了。但乔丹……这家伙是可以想象的。我们的生命中可能还会再见到一个有着超强好胜心和不可思议天赋的得分后卫实现自己的潜力。我们有可能。所以我们并非希望勒布朗跟M. J. 一样好；我们需要他比M. J. *更好*。我们已经见过了M. J. 。谁愿意租同一部电影两次？我们希望勒布朗能将我们带往从未去过之境。正基于同一理由，我们才说服自己相信沙克（Shaq）比威尔特更好或纳什（Steve Nash）比库西（Bob Cousy）更好。我们并不确知这些事情。我们只是希望它们是真的。

我们为什么并不重视前人，还有一个更简单的原因。如哈夫利切克的电视节目向我证实的那样，如果你长时间不去想某事，它就很容易被忘记，哪怕是那些在你脑中根深蒂固的事情，比如“我最喜欢的篮球队在我还小的时候得到了史上最伟大的20位球员之一，我整个童年都在看他打球”。曾几何时，波士顿花园的球迷为“洪多”欢呼了510秒。而我就在那里。我就在那幢建筑里。我的欢呼没有遗漏这510秒中的任何一瞬，这是那个彻底稀烂的赛季中唯一美好的回忆。而关于这片噪音最有趣的一点：它终究还是停息了。

这就是这本书想要说的：留住那片噪声，打破所有的无聊言论，研究出哪些球员、球队、故事应该流传下去。我们还会讲到NBA，我们如何到的这里，我们又要向哪里去。这个想法的野心实在太大，我可能需要好好遵守大纲，但管他的——到书的结尾，一切都会变得合理。我发誓。只需要知道我正在变老，而体育记忆的贬值程度比我曾经预料过的更使我困扰……特别是在篮球中，一项无法仅靠数据去理解的运动。我希望能写下我的回忆、想法和意见，在我把它们遗忘之前，或在我被T袖加农炮杀死在某场快船队比赛中之前。不管哪件事先发生。

以伯德为例。从大图景上看，33号不过是一个长得挺高、特别协调的家伙，能把自己的工作完成得特别好。就这样。你不能称他为超级英雄，因为他并没有救人性命，或让世界变得更好。但与此同时，他具备英雄特质，因为新英格兰的所有人都相信他是不可征服的。他太多次地为我们化解险情。一段时间后，我们开始期盼他能化险为夷，而他*仍然*还能做到时，我们就永远地迷上了他。我知道这不是个好例子，因为我亲历过他的巅峰——我在你眼里是否拥有篮球思想者所应有的足够信誉，这一点取决于你[①]——但我可以告诉你，这就是波士顿球迷在1987年春天的感觉。不幸的是，你没法在《NBA官方花名册》上扫过伯德的生涯数据，找到“球迷希望他们最好的球员能化险为夷而他确实做到了的次数最多”的数据。所以下面是一个关于他最令人难忘的绝杀球的故事，一个没有进的球。

在赢下三座MVP后，“传奇”拉里在1987年春天有其生涯中最伟大的一段表现，单枪匹马把一支老迈的球队拖过了3轮艰难而持久的系列赛，即使麦克黑尔断了脚（英勇地继续比赛）、比尔·沃尔顿（Bill Walton）和斯科特·韦德曼（Scott Wedman）受伤（双双报废）、帕里什和安吉扭伤了脚踝（带伤作战）。呃，不过是全队最好的7个人中的5个嘛。当我们在东部决赛第5战的最后几秒钟快被干掉时，伯德用著名的对以赛亚的抢断拯救了赛季，那仍然是我人生中听到花园最吵闹的时刻，我记忆中唯一一次上排包厢真的在*摇动*，因为所有人都在极度的喜悦中上蹿下跳。那是体育中最伟大的事情：当你在祈祷一件不可能发生的事情时，5000次里有4999次它不会发生，但第5000次，上帝啊，它真的发生了。那就是伯德之偷。两场比赛之后，他连续命中了一系列神奇投篮，干掉了底特律，其中包括一记荒谬的、你不亲眼见到就不会相信的左侧15英尺打板。[②]在那时，我们相信伯德无可阻挡。他不断地把比赛提升到新的高度；他究竟

① 原注：这本书完全没有偏见，除了不断地挖苦卡里姆和文斯。即使像科比这样可能被称为任性、造作、不可爱、好色、令人不快的骗子的人，都会在此书中得到最大的尊重。我向你保证。

② 原注：我没看到这一场，因为高中毕业舞会前一天晚上在康涅狄格举行。我叔叔鲍勃（Bob）坐在我的位置上，还被CBS拍进去了好几次。还有，舞会那晚我没能有“收获”。手都没牵上。我后悔自己没有在周日早上早点儿起床，开车150分钟回去的次数：280975。

能达到多高？在必须拿下的总决赛第4战最后30秒落后1分时，凯尔特人尝试为伯德跑一个战术，但是詹姆斯·沃西罩住了他，抓着他的球衣不让他跑开。[①]然后球传了一圈，离开了伯德这一侧。沃西愚蠢地丢下了他，跳出去协防丹尼·安吉，让“传奇”在底角被防空了一秒。

（此处插入15000人大声喘气的声音。）

D. J. [②]把球挥传给伯德，他双脚立定，在湖人替补席正前方射出一记三分球。

（此处插入15000人的祈祷声：“三分恩恩恩恩恩恩……”）

唰。

（此处插入15000人的尖叫声：“啊啊啊啊啊啊啊啊啊啊啊！”）

如果他们就此结束比赛，然后广播说伯德将徒步穿越查尔斯河，我会带上照相机，第一个赶到那里。整个加时赛我们都站着，欢呼，尖叫，用力跺脚，完全没去想在见证了刚刚一幕后我们会输掉比赛。湖人打了他们专利性的“把球给卡里姆，裁判会保送他的”战术，把他送上了罚球线。他命中了第一罚，第二球不中，然后就是厄尔·斯特罗姆（Earl Strom）一次臭名昭著的不吹罚，迈克尔·汤普森（Mychal Thompson）冲撞了麦克黑尔和帕里什，导致他们把篮板球碰出了界。湖人球。这为“魔术师”的夺命小小天勾（如果麦克黑尔没有带着*严重受伤的脚*出战的话本可以盖掉的）打开了大门。（抱歉，但我现在仍难以释怀。）现在时间只剩下两秒，湖人队员在上蹿下跳，拍打着对方……但我们还有33号。球馆里的所有人都知道拉里会拿到球。球馆里的所有人都知道我们还活着。

然后发生了什么？湖人用两个人夹伯德。不知道怎么地，他在中场摆脱了防守（说真的，他是怎么做到的？），溜向底线，接住界外发球，用一瞬间控制住自己的冲力，踩准步点，花了一纳秒稳定上身，然后在湖人板凳席前投出了一记超大空位三分。就在那一刻，站在中场的座位前、尿

---

① 原注：裁判们去哪儿了？你懂我的。我最近又看了次这场比赛，为裁判们的糟糕吹罚尖叫了20次，导致我妻子（在厨房里听到了）困惑地问：“你不是已经知道比赛里发生了什么吗？”没错，但依旧如此。

② 译注：丹尼斯·约翰逊（Dennis Johnson）的绰号。

可能都滴在腿上了的我，愿意拿任何东西打赌，那球将直穿网心。我愿意拿收藏的棒球球星卡打赌。我愿意拿我的Intellivision①打赌。我愿意拿我的处男之身打赌。②我愿意拿我的性命打赌。甚至湖人队员都相信球会进。看录像的时候你会注意到湖人替补韦斯·马修斯（Wes Matthews）蹲在地上，在伯德身后尖叫，表现出全然、纯粹的恐惧，仿佛看到恐怖电影里有人要被谋杀了。你可以听到球迷们发出某种奇怪的、独一无二的尖叫的噪声，一种喘气声，大概可以翻译为："我的天哪，我们要见证篮球史上最伟大的一投了！"见鬼，你可以把球碰筐前的录像暂停，然后裱起来。看起来球就要进了。它就应该要进。

它没有。

在伯德出手的时候，他的身体正好处在我与篮筐之间；你可以给球的飞行方向画一条直线，经过伯德的头之后就能延长到我那里。20年后，我仍然能看见那球笔直地升上空中——完全是一条直线——立刻明白它有机会，而当球砸中了篮圈后沿时，我仿佛被迈克·泰森（Mike Tyson）朝身上全力打了一拳。伯德就差了一点点，可能就差一个指甲的距离。那球简直不能更近了。在所有没有命中的球当中，没有比这个球更接近命中的了。③

我印象最深的是什么？不是花园里的声音（从预期进球的尖叫声变成了拖长的呻吟声，然后是所能想象得到的最喧闹的寂静），④或是湖人队欢欣鼓舞地像刚中了一注12倍的强力球彩票那样跑出球场（他们知道自己有多幸运），甚至不是我身边人们震惊的表情（所有人都站在原地，瞠目结舌，不敢相信地盯着篮筐）。不。是拉里。球弹出去的时候，他也僵硬了一瞬间，不敢相信地盯着篮筐，即便湖人队就在他身后庆祝。就跟我们一样，他也无法相信。

---

① 译注：最古老的电视游戏机之一，类似小霸王。

② 原注：再说一遍，毕业舞会那一夜运气不佳。

③ 原注：在这10年制作的无数NBA纪录片之一中，沃西承认自己仍然会做这球进了的噩梦。他可是赢了那轮系列赛。

④ 原注：这一球是NBA史上观众们在两秒钟时间里能发出的最响亮的两个相反的声音：啊啊啊啊啊啊啊啊啊啊啊—哦哦哦哦哦哦哦哦哦哦哦哦，没有比这更响亮的啊啊啊啊啊啊啊啊啊啊啊—哦哦哦哦哦哦哦哦哦哦哦哦哦的时刻了。

这球就应该进的。

那一瞬间过去了，伯德走入混乱的人群，跟球员和教练们一起离开了球场。当他从我和父亲身边走过通道时，他看起来跟所有人一样困惑。① 我们剩下的人就坐在座位上，就像得了炮弹休克症，努力想要起身离场，无法理解凯尔特人已经输掉了比赛这件事。如果你是在电影院看的《拯救大兵瑞恩》（*Saving Private Ryan*），你还记得结尾字幕开始滚动时所有观众是怎样的目瞪口呆、动弹不得吗？当时的花园就像这样。人们没法动弹。人们像被捕蝇纸粘在了座位上。我们在两分钟内经历了从天堂到地狱，包括我的父亲，他瘫坐在椅子上，就像刚被刺杀了。他身上完全看不出任何要起身的征兆。甚至当我对他说了“嘿，老爹，我们走吧”，他还是没有动。

几秒钟过去了。终于，父亲看向我。

“那应该进的。”他呻吟地说，“那怎么能不进？”

那一夜已经过去了22年……这个问题我还是没法给他答案。对其他的一切，我都有答案。

我是这么认为的。

① 原注：你可以在这场比赛的结尾看到我，就在詹姆斯·布朗（James Brown）采访“魔术师”之前——我穿着蓝色的POLO衫，有点儿像《成长的烦恼》（*Growing Pains*）第二季的柯克·卡梅伦（Kirk Cameron）。还有，我看起来就像医生刚告诉我说我得了性病。

一 秘 密

我是在拉斯维加斯（Las Vegas）一处裸体游泳池边上晃荡时学到篮球的秘密的。就在我领悟秘密的时候，某对裸胸就在8英尺之外盯着我看。向我解释秘密的人是一位名人堂成员，曾经发誓要揍我一顿，幸好有格斯·约翰逊（Gus Johnson）为我担保，他才改变了主意。

（我要讲这个故事吗？是的。我要开讲这个故事了。）

跟我回到2007年6月。哥们儿霍珀（Hopper）在劝我陪他来一次说走就走的拉斯维加斯之旅，知道我不会让他失望，因为我有着多纳吉（Tim Donaghy）级别的赌瘾①。我需要得到怀有身孕的妻子的同意，她当时脾气特别糟糕，因为（1）在加利福尼亚炎热的几个月里怀着我们的第二个孩子，（2）2月份我在她背上换下守门员②的做法让她很不满。但这就是为什么说我是个邪恶天才：NBA夏季联赛碰巧正在进行，我不知怎么就让她相信了《ESPN杂志》（*ESPN The Magazine*）需要一篇关于我最爱的球队（凯尔特人）、我最爱的新秀（凯文·杜兰特）和两支洛杉矶球队（快船和湖人）的四巨头大聚首的专栏文章。“给我36小时，速去速回。”我跟她说。

她批准了，把怒气撒在了那本逼我在周末干活的杂志上。（我告诉过你，我可狡猾可狡猾了。）我迅速给编辑打电话，做了如下对话。

我：这星期的专栏我没有想法。我有点儿慌张。

---

① 译注：蒂姆·多纳吉，前NBA裁判，因赌球而入狱，引发了NBA的裁判信任危机。

② 原注：“换下守门员”指的是“去掉避孕措施，让小蝌蚪们自由地去往它们该去的地方”。一般来说，夫妻会在撤下守门员之前先讨论讨论……除非她是布丽吉特·莫伊纳汉（Bridget Moynahan）。说回到我，我当时决定加速计划，让孩子的数量增加到两个。这一做法并没有受到欢迎。我觉得我是第一个在车子开到每小时95码时得知验孕结果为阳性的人。[译注：布丽吉特，模特，曾意外怀上NFL著名四分卫汤姆·布拉迪（Tom Brady）的孩子。“换下守门员”本为冰球术语，指球队在孤注一掷时撤掉守门员，投入6人参与进攻。]

尼尔（Neil）（我的编辑）：该死。我不知道怎么说；这个月特别麻烦。（沉默了几秒钟。）

我：嘿，等等……拉斯维加斯现在不正在举行NBA夏季联赛吗？

尼尔：没错，我想是的。但你要干什么？

我：让我看看周五的赛程。（*接下去20秒我装作在登录NBA官网、寻找赛程。*）我的天——3点有快船，5点有凯尔特人，7点有杜兰特和超音速！你必须让我去！我可以写个1250字！（*尼尔没有反应。*）听我的吧——拉斯维加斯？凯尔特人和杜兰特？这篇文章它自己就能写出来！

尼尔（长叹一声）：好的，行，行。

我是否在意他听起来就像我刚刚逼着他捐一个肾？当然没有！我周五飞抵，看掉那4场比赛，然后跟霍珀碰头，边喝边通宵玩21点。[①]第二天早晨，我们按时起床，来了一顿“拉斯维加斯早餐”（16盎司咖啡，硬面包圈，大杯水），然后直奔永利的豪华室外21点区，那里有：

1.8张21点牌桌，围绕着一间方形室外酒吧，就像《鸡尾酒》（*Cocktail*）里布赖恩·弗拉纳根（Brian Flanagan）飞去牙买加后在那儿干活的那种。在室外赌博就像开敞篷车兜风，一旦经历过第一次，你的人生就再不相同了。

2.头上有机器在喷洒着凉爽的水雾，好让大家不觉得太热，这实在是一项重大创新，因为拉斯维加斯的炎炎夏日里天气常常有43度。

3.一座美丽的欧式游泳池就藏在牌桌旁。如你所知，“欧式”就是“在这里可以赤裸上半身”的花式说法。[②]

---

① 原注：这是个无耻的谎言——我们俩都在永利（Wynn）50块一局的桌上输了个精光，凌晨1点就双双上床睡觉了。我只是不想破坏这个故事。

② 原注：只要有“欧式”这个词，那绝对不会是件坏事——这个词总是跟裸体暴露或放荡声色联系在一起。

我想不到有什么事情比这样的经历更能增进男人之间的友谊了。一个月前的年度哥们儿聚会上，我们正好在室外区开放时（上午11点）赶到，一直玩到了晚饭时间。

不用多说，夏季联赛期间，就算野马也没法把霍珀和我从室外21点区拉走。我们玩了几个小时，没输没赢，这时我遇到了一位负责尼克斯队公关的旧相识，此外还有格斯·约翰逊，饱受喜爱的疯狂三月①及尼克斯队解说员，他很喜欢我，因为我很喜欢他。格斯跟我成功地来了个熊抱和一套复杂的花样握手，正当我准备让格斯来解说我的21点（“他要开翻倍停叫的牌了……*哦哦哦！一张10！*”）时，他却开口请我过去，见见他哥们儿以赛亚·托马斯。

呃。

在我人生中所有可能在某个时刻遇到的某个体育人物中，在那个夏天被介绍给以赛亚必须是“我的天哪，这太尴尬了”选秀大会的状元签。以赛亚是饱受嘲讽的尼克斯队GM，常常成为专栏文章的目标，还曾经威胁说，如果我们在路上相遇的话，要给我点儿“麻烦”瞧瞧。②而此刻应该能算“在路上相遇”吧。公关男和我向格斯解释了半天为什么西蒙斯-以赛亚的相见会是个超级吓人的想法，然后格斯自信地回应说：“别急，让我来，让我来，我来搞定。”说完他就走了，而我们惊骇万分的公关小伙伴则说：“我要离开这里了——祝你好运！”③

我心绪不宁地玩了几手21点，一边在思考如果以赛亚要冲过来泼我一身菠萝奶霜的话我该怎么为自己辩护。毕竟，多年来我不断地在专栏里黑

---

① 译注：指NCAA一级联赛篮球锦标赛，因在每年3月进行而得名。

② 原注：就在这次偶遇之后6个礼拜，阿努查·布朗·桑德斯（Anucha Brown Sanders）控诉以赛亚性骚扰，麦迪逊广场花园立刻成为了全国的焦点，这迅速断送了以赛亚在尼克斯的前景，故事在2008年10月迎来了伤感的最终章，以赛亚显然服用了过多剂量的处方药。无人知晓他是否是故意滥用的。你猜我的编辑有没有提醒我说“写这条脚注的时候要注意分寸”？

③ 原注：这下你知道我跟以赛亚的关系有多糟了吧，那个尼克斯公关男都决定：“比起待在这里等着目睹一起公关惨案，我还是像O. J. 和A. C. 那样逃去墨西哥好了。”我不怪他。[译注：指O. J. 汤普森和帮助他尝试逃亡去墨西哥的朋友A. C. 考林斯（A. C. Cowlings）。]

这个家伙。我黑他在球员时期的卑鄙行为，如在1985全明星赛中冰冻乔丹，或是领导了1991年公牛对活塞的横扫结束时的提前离场。我黑他在1987年季后赛后攻击伯德，先是支持罗德曼（Dennis Rodman）愚蠢的“如果他不是白人的话，就不过是另一个普通好球员”的说法，然后又装作自己是在开玩笑。（他不是。）我黑他在电视解说方面的失败经历，在担任多伦多（Toronto Raptors）GM时烂透了，把CBA[①]运营到破产，以及，特别是，执掌尼克斯时难以理解的低效表现。我不断地攻击着他（完全是公正的），于是以赛亚上了斯蒂芬·A. 史密斯（Stephen A. Smith）的电台节目，威胁说如果我们在街上遇到了，就要给我点儿“麻烦”看看。搞得就像是我的错一样。不知从何时起，以赛亚大概认为我对他有私人恩怨，这明显不是事实——我多次写到他是我见过的最好的纯控卫，是他的时代最被低估的球星。我甚至为他的选秀纪录辩护，还称赞他在那场丑陋的掘金—尼克斯斗殴事件[以卡梅洛·安东尼（Carmelo Anthony）臭名昭著的婊式扇脸/后退逃跑为亮点]后立刻为队员出头的做法。不是说我喜欢折磨这家伙。他只是恰巧很容易成为抨击的目标，一个笨拙的NBA总经理，不理解奢侈税、工资帽或如何做事先规划。就我的工作而言，开以赛亚的玩笑比在名人挖苦会上拿Flavor Flav[②]逗乐还要容易。难度系数：0。

总之，我更想玩玩21点，喝喝伏特加柠檬水，而不是思考如何用甜言蜜语哄骗一位被激怒的NBA名宿。当格斯一脸严肃地挥手让我过去时，我总算松了口气。（顺便说一句，本来不应该有哪个场景同时包括“格斯·约翰逊”和“一脸严肃”。我感觉自己不知怎么地辜负了美国人民。）格斯一手搂住我，跟我说：“听着，我把所有事情都搞定了，他愿意跟你聊聊，记住，他是个很敏感的人，他把这些都看成很私人的事

① 译注：CBA（大陆篮球协会）是美国最早的职业篮球联赛。在以赛亚拥有CBA的几年中，CBA的NBA小联盟地位被NBDL（发展联盟）代替，最终破产歇业。

② 译注：著名说唱歌手。

情。”①我懂。我跟着他走到裸装泳池边的一片椅子中，以赛亚正在喝什么东西，戴着顶白色的巴拿马帽，以此来遮挡烈日。我们走过去，格斯拍了拍我的后背，然后向一位女性朋友做了个手势，她飞快地离开了，就像我们是黑手党头目，要在某个意大利餐厅里就坐，而格斯在驱散所有服务生和侍者助手。*快滚开。你们不想待在这儿的。*这时，以赛亚从椅子上坐起身子，脸上挂着大大的微笑——他会是个超级政客的——简单地说了句："嗨，我是以赛亚。"②

我们握了握手，坐了下来。我解释了我的专栏文章的目的，我如何从球迷的角度来写东西，耍些小花招——我喜欢波士顿，讨厌所有与他们为敌的人，我装作自己比所有GM都要聪明，我觉得圣诞节应该改到拉里·伯德的生日——这使得以赛亚很自然地成为了我的对头。他表示理解。他认为我们两人都是娱乐者，暂时找不到比这更适合的词了。我们都让关注篮球变成一件更有趣的事。我写的东西里有两件事是他反感的：说他摧毁了CBA（他声称这不是真的），还有我在一篇流传甚广的戏仿文章《蠢蛋GM峰会》（*The Atrocious GM Summit*）里把他跟其他无能GM摆在了一起。③于是我们讨论起了他的每一笔操作和原因。他承认犯了两个错误——贾伦·罗斯（Jalen Rose）交易（他的错）和史蒂夫·弗朗西斯（Steve Francis）交易[不是他的错，是拉里·布朗（Larry Brown）坚持要求的，至少他是这么声称的]——并为剩下的所有交易辩护。奇怪

---

① 原注：在亲眼看到格斯·约翰逊之后，我现在完全相信他能在25分钟内平息任何不和、纷争或领土争议：鲜血帮–跛子帮，理查兹–洛克利尔，什叶派–逊尼派，TO–麦克纳布，加沙地带，维克–PETA，随便你说什么好了。他就像是奥巴马（Obama）、Jay–Z和《战士帮》（*The Warriors*）里的塞勒斯（Cyrus）的混合体。[译注：鲜血帮和跛子帮是洛杉矶两个对立的黑人街头帮派。丹妮丝·理查兹（Denise Richards）、希瑟·洛克利尔（Heather Locklear）均为演员，洛克利尔的前夫里奇·桑伯拉（Rickie Sambora）后来曾与理查兹在一起。TO，泰瑞尔·欧文斯（Terrell Owens），在NFL费城老鹰队（Philadelphia Eagles）效力时曾指责队友多诺万·麦克纳布（Donovan McNabb），后来因此被交易。迈克尔·维克（Michael Vick），原NFL球员，因非法组织斗狗而被判入狱；PETA，善待动物组织。塞勒斯是电影《战士帮》中平息了纽约各黑帮纷争的黑帮老大。]

② 原注：这件事中被彻底低估的部分："嗨，我是以赛亚。"就像有可能会搞错似的。

③ 原注：我让所有2006年的无能GM在一个虚拟的会议里齐聚一堂，相互建议对方该如何才能彻底毁掉自己的工作。最终的结局是以赛亚剽窃了所有人的讨论结果。

的是，不可思议地，所有解释听上去都很合理。比如说，他向我解释最近的兰多夫（Zach Randolph）交易（容我复述）：“所有人都在尝试变得更小、更快。我在反其道而行之。我想要变得更大，我想在低位捣碎别人。”我发现自己在不断地点头，就像《周六夜现场》（*Saturday Night Live*）[1]“斯纳特拉小组”（Sinatra Group）环节中的史蒂夫·劳伦斯（Steve Lawrence）和埃迪·戈尔梅（Eydie Gormé）一样。*说得好，主席！我爱死这想法了！你是个天才！*虽说后来，我们道别之后，我仔细地琢磨了一会儿，突然意识到他的策略是多么地必然失败——错的不是“变得更大”的部分，而是“靠着两个既防不住任何人也没法保护篮筐还贵得令人望而却步的脑残死胖子来变得更大”。你能通过麦克黑尔和帕里什，或桑普森（Ralph Sampson）和奥拉朱旺（Hakeem Olajuwon）来变得更大。你没法靠埃迪·库里和扎克·兰多夫来变得更大。[2]

但这不是我要跟你们讲这个故事的原因。在就他在职位上的表现艰难地达成休战后，我们开始回忆起20世纪80年代令人难忘的凯尔特人对活塞的争斗：他们相互间的憎恶有多么明显，这种竞争意识如何因为规则改变、金钱、AAU[3]训练营等东西而逐渐退出了联盟。今天的死敌在赛后相互拥抱，把“我爱你，哥们儿”这样的话当成惯例。他们就像是夏令营里结识的老朋友，后来各自成了CEO，多年后在信幸料理相遇。*真高兴见到你！我待会儿跟你聊聊——一起吃午饭吧！*当以赛亚的活塞对上伯德的凯尔特人时，“真高兴见到你”的话绝不会出现在日程上。他们想要摧毁对方。那些战役的激烈程度是当今没有的。我怀念那种激烈，以赛亚也一样。我们两

① 译注：美国最经典的脱口秀喜剧节目。

② 原注：现在回忆起来，他最搞笑的解释是关于骇人听闻的杰尔姆·詹姆斯（Jerome James）的签约。以赛亚辩解说，他签下詹姆斯来打中锋，几周后又有机会得到库里，于是就这么做了。不开心的詹姆斯感觉遭到了背叛，再也没有全身心地付出了。但是，嘿，以赛亚有机会得到像库里这样的年轻低位怪物，值得冒一次险。我发誓，他说这话的时候听上去很合理。他确实说服了我，以至于我都没想到讽刺地插上一句：“嘿，当你有机会用9000万美元锁定埃迪·库里和杰尔姆·詹姆斯并丢掉两支乐透签时，你就一定要去做。”

③ 译注：业余运动联合会。

人都能感受到这种激情，激情到——喘口气先——我们还聊得挺开心的。[①]

我跟他处得挺好，好到我必须要问问他“秘密”的事。

正是这一点让我赢得了以赛亚的心——不仅因为我问了他“秘密”，更因为我比他先提到了这件事。在底特律赢得1989年总冠军之前，他们连续两年春天败给了87凯尔特人和88湖人，这是季后赛历史上最无情的两次出局，因为他们的失败有着以下特性：对波士顿的系列赛中两次“为什么这一定要发生”的时刻[第5战伯德的著名抢断，第7战文尼·约翰逊（Vinnie Johnson）和阿德里安·丹特利（Adrian Dantley）脑袋相撞]，然后在1988年总决赛里又遭遇了一次（第6战以赛亚的脚踝扭伤）。89活塞重整旗鼓，赢得62胜，横扫湖人，夺得了第一座总冠军，也为备受争议的季中交易——送出丹特利和一个选秀权到达拉斯换马克·阿瓜伊尔（Mark Aguirre）——正了名。那个赛季被记录在卡梅伦·斯陶斯（Cameron Stauth）卓越的著作《球队》（*The Franchise*）中，该书详细记录了GM杰克·麦克洛斯基（Jack McCloskey）是如何打造出那支相当不同寻常的活塞队的。一个关键章节是在1989年总决赛前，以赛亚在接待记者，无意间提到了篮球胜利的“秘密”。下面是第310～311页他说的话，此处为了节省空间而有所删改，最重要的部分被加粗了。

这与身体技巧无关，比这要深远得多。我第一次来这里时，麦克洛斯基受到了许多人的责备，因为他选了一个小个子。但他知道，我们想要成为顶级球队的唯一途径是心灵的技巧，而非身高或天赋。他知道，我们能掌握这些技巧的唯一途径是观看凯尔特人和湖人的比赛，因为他们是两支年复一年地赢球的队伍。我还研究了西雅图，他们赢过一年，还有休斯敦，他们进过一年决赛。他们都在第二年自我毁灭了。这是怎么回事呢？我读了帕特·莱利的书《表演时刻》（*Show Time*），他提到了“贪

① 原注：再次证明我可以跟这个星球上的任何人聊得来，只要他们喜欢篮球。你可以让我穿上一身红衣，把我扔到跛子帮的地盘里，跟我说我只有12分钟时间来开启一次高水平的NBA讨论，否则就要挨枪子儿……那我也能活下来。（译注：红衣服是鲜血帮的象征。）

多症”（the disease of more）①。一支球队在某年取胜，第二年，所有队员都想要更多的时间、更多的金钱、更多的出手。这杀死了他们。我们的球队现在已经是第四年处在总冠军级别了。我们很容易自我毁灭。所以我读了莱利的书，吸取了教训。我不希望发生在西雅图和休斯敦身上的事情发生在我们身上。**但是不自私是件很难的事情。胜利之道会被数据弄得复杂，而数据又能给我们带来金钱。所以，你必须与之做斗争，找到一条能绕开它的路。我想我们做到了。**如果我们赢下了总冠军，我们会是史上第一支没有人场均超过20分的夺冠球队。第一支。史上第一。我们有12个人，都彻彻底底地为了胜利而交出自己。每晚，我们都能找到一个不同的人来为我们带来胜利。我有一次曾跟拉里·伯德提到过这事，几年前，全明星赛上。我们坐在一起，在篮球上签名，我跟他提到了“红头”·奥尔巴克和波士顿的球队，从他那里得到了这个想法。我不知道他知不知道我剽窃了他的想法，但我觉得他知道。因为在我问了他这个问题后，他就那么看着我，笑而不语。

哇。

几页之后，活塞队横扫了湖人，以赛亚则激动地称外人缺乏对底特律的尊敬：

从数据上看我们的球队，会是联盟中最糟糕的队伍之一。所以现在你必须找一套新公式来评价篮球了。有很多次，我对我们的做法心生过怀疑，因为你们所有人都一直在跟我说，这么做是绝对行不通的。数据上，让我看起来很糟糕。但我看着那些胜负战绩，还有我们是如何不断进步的，于是我告诉自己，以赛亚，你在做对的事情，所以要坚持，终有一天人们会找到一套不同的方法来评价球员的。他们不会拿起报纸，说，哦，

① 原注：“贪多症”跟“引爆点”以及尤因（Patrick Ewing）理论一样，是过去35年最伟大的理论之一。没有什么体育理论能跟它一样年复一年地被证明是正确的。患上“贪多症”的NBA总冠军全名单：67费城、71雄鹿、75勇士、77开拓者、79超音速、80湖人、92公牛、00湖人、04活塞。以及下列NBA总决赛球队：67勇士、81火箭、86火箭、93太阳、95魔术（Oralando Magic）、96超音速、99尼克斯、03篮网（New Jersey Nets）。

这家伙12投9中，8个篮板，所以他是本场最佳。很多时候，在我们队里，你说不出谁是比赛中表现最佳的球员。因为每个人都做出了贡献。正是这一点让我们变得如此之好。别的球队要担心的不是两三个人，而是八九个人。这是唯一的取胜之道。唯一的取胜之道。这项运动被发明出来时就应该是这样的。但还有更多事要做。你还要创造出一个不愿接受失败的球队氛围。

他——见鬼——压根没说。

在这两段语录中，以赛亚描述了想要赢得NBA总冠军你需要知道的所有事情，不过暂时先忘掉这个。我一直想知道“秘密”究竟是什么。你可能注意到了，*他压根没说*。更令人丧气的是，之后再没有人问过他。[1]而我从大学以来就一直想知道。现在我们坐在拉斯维加斯一处裸装泳池旁，他看起来很欣赏与我作伴，所以，管他的呢。此刻的场景还有机会再发生一次吗？我向他提出了这个问题。

以赛亚笑了。我敢说，他对我印象深刻。他戏剧性地暂停了一下。你可以说那一刻他甚至在等待掌声。

“篮球的秘密，”他对我说，“在于篮球之*外*也。”

篮球的秘密在于篮球之外也。

这不合理啊，是吧？这怎么说得通呢？

接下去几分钟里，以赛亚给我做了解释。在连续两年季后赛距离总冠军那么那么那么近之后，1989年球队中的化学反应出了问题，而这与天赋无关。查克·戴利（Chuck Daly）想要给丹尼斯·罗德曼更多的比赛时间，但是“导师”（丹特利的绰号，要发成一个讽刺的转调）不愿意接受。这成了个问题。罗德曼可以适应任何风格，防守任何类型的球员；他给了活塞队独一无二的灵活性，正如哈夫利切克既能打后卫也能打前锋的能力帮助了拉塞尔最后几年的凯尔特人队。这样的做法也有先例，就在几

---

① 原注：虽说这并不令人惊讶。体育记者们的提问在独创性方面的匮乏可谓骇人听闻。这些笨蛋中没有人想着去跟进“秘密”，但我打赌他们把“以赛亚，夺冠了你有多激动”之类的问题换了40种形式来问。问完他们就回媒体间跟最后四包奇多做斗争去了。（译注：奇多，一种膨化食品。）

个赛季前，约翰·萨利（John Salley）和乔·杜马斯（Joe Dumars）加入球队时，以赛亚和文尼·约翰逊给杜马斯腾出了上场时间，里克·马洪（Rick Mahorn）把时间给了萨利。但当罗德曼开始占据丹特利的关键时刻的上场时间时，“导师”开始生气了，甚至向一位当地记者抱怨。你不能说这是背叛，但是丹特利确实伤害了球队的无私气氛——这是他们在过去4年中小心翼翼地建立的，就像一堆叠得很高的积木——这需要球员们为了球队的整体利益而放弃数据。活塞队不能冒积木被丹特利弄塌的危险。他们迅速用他交易来了谜一样的阿瓜伊尔，一个反传统的低位得分手，同样能带来错位，但不会招惹麻烦，因为以赛亚（两人是来自芝加哥的童年死党）绝不会允许这事儿发生。或许丹特利是比阿瓜伊尔更好的球员，但阿瓜伊尔更适合89活塞。如果他们没有做交易，他们就不会夺冠。这只是个出于人事原因的交易，而非篮球的交易。①

这就是以赛亚从湖人和凯尔特人身上学到的：*秘密在于篮球之外也*。

那两支球队满是天赋球员，没错，但这不是他们成功的唯一原因。他们能成功，因为他们相互喜欢，知道各自的角色，不重视数据，把胜利看得比一切都重要。他们能成功，因为他们最好的球员做出了牺牲，来让所有人开心。他们能成功，只要所有人步调一致。同样地，如果这三个因素之一不满足，他们就会失败。75勇士在一年后自爆，因为巴里的恼人性格，以及两位年轻球星[威尔克斯和格斯·威廉姆斯（Gus Williams）]想要更好的数据来增加自己在自由市场上的资本。77开拓者分崩离析，因为比尔·沃尔顿的足伤，但也因为莱昂内尔·霍林斯（Lionel Hollins）和莫里斯·卢卡斯不爽自己工资太低。79超音速分崩离析，因为他们充满天赋的后场（丹尼斯·约翰逊和格斯·威廉姆斯）在工资和关键时刻出手权上陷入了气量狭小的争斗。81湖人衰落了，因为“魔术师”约翰逊的队友认为他得到了太多的关注，最为人所知的就是控卫诺姆·尼克松（Norm

---

① 原注：1988年季后赛，丹特利场均35.0分钟，罗德曼20.6分钟。活塞队轻取1989年总冠军时，阿瓜伊尔场均27.2分钟，罗德曼24.1分钟。丹特利/罗德曼组合在1988年场均26.5分、10.6个篮板。次年春天，阿瓜伊尔/罗德曼组合场均18.4分、14.4个篮板。所以他们每场牺牲了8分，换来了更好的防守、篮板和化学反应。这奏效了。

Nixon），他对必须分享球权感到十分不满。83凯尔特人被密尔沃基横扫，因为一个十分特别的原因：他们有太多好球员了，所有人都想表现。86湖人输给了休斯敦，因为卡里姆不再强大，而“魔术师”又不够自信去取代他。87火箭因为药物禁赛和合同之争而自爆。年复一年，至少有一名总冠军竞争者因为跟篮球没多大关系，甚至完全无关的事情而衰落。年复一年，总冠军球队因为气氛良好、人人在自己的角色上全力奉献出自己而获胜。这就是底特律需要的，这也是为什么丹特利必须走人。①

“所以这就是秘密，”以赛亚说，“与篮球无关。”

篮球的秘密在于篮球之外也。

这就是我在拉斯维加斯会学到的东西。

那天我跟以赛亚聊天的时候，他对那支活塞队的喜爱之情表现得淋漓尽致，就跟8英尺外裸露的上身一样引人注目。这并不令我惊讶。我还记得他在《NBA伟大比赛》（*NBA's Greatest Games*）②中的表现，当时他在跟ESPN的丹·帕特里克（Dan Patrick）一起观看1988年总决赛第6场。湖人不擅防守能自己运球创造出手机会的控卫，正如我们一年前所见证的“沉睡者”·弗洛伊德（Sleepy Floyd）单节29分的传奇。③如果“沉睡者”这种人都能给他们造成麻烦，你可以想象他们在面对只需要一场胜利就能夺得首冠的以赛亚·洛德·托马斯三世（Isiah Lord Thomas

---

① 原注：“导师”对交易完全没有准备。那个赛季后来，当他终于重新对阵底特律时，他在开场跳球前找到了以赛亚，靠向他，跟他说了什么话，搞得以赛亚惊慌失措。这是NBA版的“我知道是你干的，弗雷多（Fredo Corleone）”，他终其生涯没能赢得一枚总冠军戒指。但是，“导师”，你必须明白——这与篮球无关！［译注：《教父2》（*The Godfather Part II*）中，迈克尔（Michael Corleone）发现家族中的叛徒是亲生哥哥弗雷多后，掐住他的脖子说了这句话。］

② 原注：这是个20世纪90年代中期ESPN2台的节目：帕特里克会跟某场经典比赛的某位参与者一起观看那场比赛。我觉得我是这节目唯一的观众。

③ 原注：他们的另一个缺点：从1984年赛季的某一刻起，卡里姆停止了抢篮板。还有，他的护目镜、光头和瘦长丑陋的身材让他看上去像个货真价实的外星人。1988和1989赛季所有湖人队的比赛都应该以卡里姆从一架UFO里爬出来作为开场。不过这段话和正文无关。

III）时会多么挣扎。在论坛[①]，第3节，以赛亚闻到了血腥味，用一系列令人不可思议的投篮连砍14分，就像对《一对一》（*One on One*）最后的罗比·本森（Robby Benson）的完美模仿……然后他踩到了迈克尔·库珀（Michael Cooper）的脚，倒地不起。可怜的以赛亚一次次地想要起身，然而他的腿无法支撑他，他又一次次地倒下。那令人难受的几秒钟，仿佛是看到一匹赛马遭遇了腿伤，既不愿停下脚步，却又无法支撑自己。打过篮球的人都知道脚踝刚扭伤时的感觉：就像皮面人[②]在拿链锯对付你的腿一样。遭遇一次严重扭伤后你没法立即上场打球。该死，大部分时候你甚至都没法自己走下场。以赛亚站了不到90秒钟就被扶到板凳席上去了。你几乎可以看见底特律的总冠军希望消散在了空气中。

然而以赛亚不允许伤病阻挡自己。他紧咬着下唇，仿佛那是一大包烟草，尝试转移对疼痛的注意力。当湖人队把领先优势扩大到8分时，以赛亚一瘸一拐地回到了比赛中，打满了肾上腺激素，绝望地想要在脚踝肿胀之前留住底特律的总冠军。他投中一记单脚抛投。他在库珀头上命中一记失去平衡的打板投篮，同时造成对方犯规，还差点跌进第一排观众席里。他命中大号三分。他全力参与快攻上篮得分。在这节比赛的最后几秒，他又投中了一个底线22英尺转身跳投——一记简直是过分的投篮——让他得到了创总决赛纪录的单节25分，也让底特律重新领先。这是一次万神殿级的表现，无论胜败。CBS插入了广告，然后放了之前提到的那个上篮的慢动作重放：以赛亚没法用受伤的脚踝来停止自己前冲的势头，撞上了篮下的摄影师，然后在板凳席上队友的喝彩声中不屈不挠地一瘸一拐跑回后场。在“鸡皮疙瘩指数”上，这大概有9.8。我们总是听人说起威利斯·里德对阵湖人的抢七，1988年世界大赛吉布森（Kirk Gibson）面对埃克斯利（Dennis Eckersley）的一击[③]。而以赛亚的单节25分被人们遗

① 译注：大西论坛（Great Western Forum），湖人队1967—1999年间的主场球馆。

② 译注：《德州电锯杀人狂》（*The Texas Chain Saw Massacre*）中的杀人狂。

③ 译注：1988年世界大赛第1场，科克·吉布森因伤无法上场（双腿都在国联决赛中受伤，加上急性胃炎），但球队在九局下半无人可用的情况下将他换上。因为有伤，即使他打出一般的安打也无法跑上垒。但是吉布森面对名人堂投手丹尼斯·埃克斯利挥出了一记全垒打，结束比赛。

忘了，因为活塞最终输掉了比赛（以及整个系列赛）。[1]看上去有点儿不公平。没有人比以赛亚·托马斯更像战士了。现在回头看，这是他最大的问题：或许他有点儿太在乎了。如果这种说法能成立的话。实际上，这太能成立了。因为ESPN结束播放第3节时，他们切回到演播室，以赛亚·托马斯正在哭泣。他之前从来没看过录像。他控制不住。

之后发生的事情叫人窒息。记住，我看了所有这些节目。我看了每一期的《体育世纪》（*Sports Century*）、每一期《荣耀背后》（*Beyond the Glory*）、每一部HBO纪录片，一切的一切。我把这些都嚼透了。可能除了库兹（Cooz）[2]在比尔·拉塞尔那期《体育世纪》里的痛哭之外，没有哪个时刻能与帕特里克问了下面这个关于第6战的问题后发生的事情相提并论："这为什么会困扰你？"

这句提问凝固在了空气里。以赛亚说不出话来。他擦拭着双眼，终于挤出一个不好意思的微笑。那些回忆如潮水般涌来，好的，坏的。他被情绪淹没了。终于，他非常准确地描述了为总冠军球队打球是一种什么样的感受。这一切都是自然的即兴表达。

"我刚刚……我……我从来没看过这个，"以赛亚喃喃地说，用手帕擦着眼睛，"你们……你们不会懂的。"

帕特里克很聪明地没有接话。

以赛亚花了一秒钟来整理自己，然后他接着说："那种情绪，那种感觉，当你像那样打球时，你知道，你真的在拼命追求……你真的在*拼命*追求。你搭上了你的心脏、你的灵魂，你付出了你的一切，然后……"

他再次哽咽了。又花了一会儿来让自己镇静下来。

"回头看的时候，这就像去了解我们作为一支球队所经历的，所有那

---

① 原注：第6战是史上最令人难以接受却无法改变的一场败局。即使以赛亚在比赛末尾几乎无法行动，底特律仍然在最后60秒领先3分。暂停，洛杉矶的拜伦·斯科特命中急停跳投（102：101，52秒）。以赛亚耗尽了进攻时间，单脚后仰跳投不中（27秒，洛杉矶暂停）。卡里姆被一个可疑的吹罚[兰比尔（Bill Laimbeer）"冲撞"了他的天勾]保送上了罚球线，罚中两球，还剩14秒。暂停回来，杜马斯的跑投严重偏离。胜负不过一球。如果保持健康，以赛亚会改变第6战的最后一分钟。我很确定。但这就是篮球——你需要很好，还要很幸运。

② 译注：库西的昵称。

些人，那些友谊，其他的一切事情……你们不会懂的。”

他再次笑了。那是个奇怪的时刻。在其他任何情况下，他都不会表现出这种优越感。但他是对的：像帕特里克这些人，或者我，或者你们……我们都不会懂的。完全不会，无论任何情况。

以赛亚继续说了下去，现在他*希望*帕特里克能理解。

“你知道，就像你说的，看看丹尼斯，丹尼斯走过的路，看看文尼，看看乔，看看比尔，看看查克，你就知道我们所经历的一切，我们所为之奋斗的一切……我的意思是，我们不是湖人，我们不是凯尔特人，我们只是，我们*什么*也不是。我们是底特律活塞，想要在联盟中踏出自己的路，想要努力奋斗，挣得什么东西，你懂的，让人们明白我们是支好球队。我们不是他们想让我们成为的东西。”

帕特里克插嘴道：“你们不是‘表演时刻’，你们不是凯尔特人，你们是没有人愿意开口赞美的球队。”

“没错。”以赛亚点头称是。现在他知道了，他知道该说什么了：“再看到这个，再感觉到这个，再次经历所有这些情绪，我是说，作为一个球员，这是你为之奋斗的，这是你希望拥有的感觉。当12个人都像这样团结在一起，你知道，这……这……”

他艰难地搜索着正确的字眼。他找不到。然后，终于：

“你们不会懂的。”

他是对的。我们不会懂的。后来的结果也证明，甚至以赛亚也无法完全理解。他在2003年接手了尼克斯，却没能从当年的活塞队身上学到什么，5年之后被解雇。①在“托马斯错误”时期发生的所有不可思议的

---

① 原注：1985年季后赛被凯尔特人教训后，麦克洛斯基意识到，他有三个人需要保留（以赛亚、文尼和兰比尔），剩下的则都不具备跟波士顿抗衡的运动能力和强硬度。他在17顺位选中了杜马斯，送出凯利·特里普卡和肯特·本森（Kent Benson）换来丹特利，把丹·朗德菲尔德（Dan Roundfield）换成了马洪（一个粗野的前锋，可以保护兰比尔）。1986年选秀中，他在11位选择了萨利，在32位选到了罗德曼，希望底特律可以靠着板凳席上的年轻力量搞定伯德。同一年夏天，他从菲尼克斯偷来了替补中锋詹姆斯·爱德华兹（James Edwards）。这是NBA史上任何GM交出的最具创造力的12个月。麦克洛斯基在没有得到任何前十选秀权或交易掉任何重要资产的情况下围绕以赛亚打造出了一套未来的总冠军阵容。

事情中——季后赛从未取胜，性骚扰事件，两支白白送人的乐透签，连续4年支出超过9000万，最后一个赛季球迷在麦迪逊广场花园内外举行抗议——最无法解释的事情当属托马斯选择了去忽视那些曾经在他的活塞队完美奏效过的东西。如此机智的球员怎么会变成那么无能的总经理呢？一个曾经两次靠着化学反应和无私夺冠的人，怎么会在重建尼克斯时选择无视同样的因素呢？曾几何时，底特律找不到一个传统的背筐大个子来在进攻端帮助托马斯，于是GM杰克·麦克洛斯基聪明地在他身边堆满了反传统的矮个低位威胁、高效的角色球员和抽风投手。当麦克洛斯基意识到他们还是没法在得分上超越凯尔特人或湖人时，他换了一条路，打造出了一套最强硬、最具运动能力、最灵活的阵容。1987年季后赛，活塞拥有9名优秀球员的深度轮换，面对任何人都有答案。在纸面上看，这是1983—1993年期间超级强队中最弱的一支。但这就是篮球：你并非在纸面上打球。底特律夺得两冠，另外还有两次无比接近的经历。

再说一遍，以赛亚当时就在那里。他目睹了麦克洛斯基如何打造那支独特的球队。他知道对篮球来说存在着比数据和金钱更重要的东西，你想要赢球、不断赢球，你的球员就必须甘愿牺牲数据以换取更大的利益。那为什么要把球队的命运交到斯蒂芬·马布里（Stephon Marbury）——联盟最自私的球星之一的手上？为什么要送出两支有潜力的乐透签换来库里（一个不成熟的球员，一个无法成为篮板手或盖帽手的家伙），还付给他过高的工资来加剧错误？为什么要不停地增加大合同，就像他是在管理一支高价的范特西球队①？是什么让他相信兰多夫和库里可以共同生效，还有史蒂夫·弗朗西斯和马布里，甚至还有马布里和贾马尔·克劳福德（Jamal Crawford）？为什么每笔操作都要忽略给工资帽带来的后果？这不合理啊。他完全成了反面版的麦克洛斯基。每次我看到以赛亚最后一个赛季郁郁不乐地坐在尼克斯板凳席上，脸上戴着副铁一般的“我绝不会辞职，我不会自己从钞票旁走开，必须由他们来炒我”的面具，我都会想起

① 译注：范特西是一种半虚拟游戏，一般先通过选秀选出NBA中的球员组成自己的队伍，再通过所选球员当天在NBA中的实际表现来记分，判别胜负。

他坐在永利的室外游泳池边，对库里-兰多夫组合可以成功深信不疑。一个知道了“秘密”的人怎么还会搞砸一切？

此后我一直对这个问题无比痴迷。年复一年，90%的NBA决策者都无视了“秘密”，或者强行说服自己“秘密”并不重要。球迷们彻底小瞧了“秘密”，证据就是，你懂的，这成了个秘密。[这就是为什么我们活在一个10个篮球迷中有9个认为沙奎尔·奥尼尔（Shaquille O'neal）的生涯比蒂姆·邓肯更好的世界里。]没有人写到“秘密”，因为对篮球缺乏总体上的智慧；甚至篮球数据的最近一次“革命”也更关注将球员们相互比较而非记录他们对球队的影响。2009年2月，当迈克尔·刘易斯（Michael Lewis）给《纽约时报杂志》（*New York Times Magazine*）写了一篇《点球成金》（*Moneyball*）[①]式的文章，谈到沙恩·巴蒂尔（Shane Battier）不可否认的价值时，他列出了许多轶事和小技巧，还有适当的数据证据，来解释巴蒂尔在防守端，以及对火箭队整体的作用，然而，这仍然不够明白具体。（虽说刘易斯无意间提到了“秘密”的两条定律：第一，你不应该无条件地信任你的队友，因为每个球员的心中都有着想要独吞出手机会或篮板的自私心理；第二，篮球是这一点表现得最为突出的运动。）你无法量化巴蒂尔的影响，除非运用胜利、对位命中率、正负值差异、其他还没发明出来的数据[②]以及他在“每个同时代球员都希望自己球队能拥有的角色球员”的非官方榜单上的高排名。这就是为什么我最爱篮球。你一场棒球比赛都不看也能对棒球做出自己的判断；你可以像查克·诺兰（Chuck Noland）一样被困在荒岛上，[③]在岸边捡到一份随

① 译注：体育电影，讲述了一个MLB总经理通过数据打造球队并获得成功的故事。

② 原注：我们在第206页专门为他造了一个：细枝末节。巴蒂尔这样的人是超越数据的。我发现一件很有趣的事，就在刘易斯的赞美文章发布的同一周，（1）约翰·霍林格（John Hollinger）在ESPN网站上根据“球员效率指数”（PER）把巴蒂尔列为第53好的小前锋，全部322名球员中的第272名，（2）休斯敦正在兜售巴蒂尔。

③ 原注：《荒岛余生》（*Cast Away*）位列我的“21世纪00年代最值得在有线电视上反复重看的电影”总统山，另三个是《王牌播音员》（*Anchorman*）、《几近成名》（*Almost Famous*）和《无间道风云》（*The Departed*）。他们应该把《荒岛余生2》拍成惊悚片，查克·诺兰失去了理性，在跟妓女们做爱时逼她们顶着排球，最终杀害了她们，然后待在野外，通过第一部里的生存技巧来躲避警察。就像《第一滴血》（*First Blood*）和《沉默的羔羊》（*Silence of the Lambs*）的混合体。你肯定会掏钱在电影院看这部片子的。别撒谎。

机漂来的2010年《棒球简章》（*Baseball Prospectus*），贪婪地阅读每一页，最终可以准确地判断出哪些球员更重要。篮球？数据有帮助，但只是在某种程度上。你仍然必须看比赛。看看阿马雷·斯塔德迈尔，他在菲尼克斯每晚得22到25分，每节抢两个篮板，在防守端一次又一次地搞砸，笨拙地应对每次换防，没有让任何人得到提升，无法为任何人创造投篮机会，而且不觉得自己有责任扛起球队，虽然菲尼克斯给了他建队核心的工资。所以阿马雷有没有在纳什时代接近崩溃、太阳队比斯潘塞（Spencer Pratt）和黑迪（Heidi Montag）兜售他们的假结婚照更积极地到处兜售他时，仍然被球迷们投进了2009年全明星赛西部首发阵容？①当然咯。

球迷们不明白。实际上，还不止于此——我不确定到底有谁是明白的。我们用数据衡量球员，然而季后赛来临，赢得冠军的永远是那些团结一致、在防守端拼尽全力、牺牲个人成功、忽视数据的球队。2008湖人的赔率与波士顿是3：1，结果输掉了总决赛；直到今天，湖人球迷仍然把这次失败看成是某种偶然的失常。我们在对“团队协作胜于天赋”这件事的数据处理上一直有困难。圣安东尼奥（San Antonio Spurs）是后乔丹时代最成功的球队，没有人理解为什么。邓肯是后乔丹时代最伟大的球员，没有人理解为什么。但是现在：我们有答案了！我们知道为什么了！看看麦克洛斯基如何打造那几年的活塞。看看格雷格·波波维奇（Gregg Popovich）和R. C. 布福特（R. C. Buford）如何掌控邓肯时代。看看“红头”·奥尔巴克如何掌控拉塞尔时代。看看为什么那么多球迷（包括我在内）仍在怀念70尼克斯②和77开拓者。下面是我们确知的：

---

① 原注：给那些2025年之后的读者：斯潘瑟和黑迪是一对电视真人秀情侣，在这本书出版后曾短暂消失，因为当时撒旦心想：“这份工作我干不下去了。”然后把他俩拖到了地狱底层来代替自己。

② 原注：我的编辑（从现在起被称为“坏脾气老编辑”）补充道：“我看过一部关于‘克莱德’（Clyde）的MSG专题片，他提到自己对威利斯赢下1970年总决赛MVP（一事）很抓狂，因为弗雷泽认为自己才应该得，这当然是对的，如果你只看数据的话。但是他接着说道，在他想到这件事时，他意识到，如果没有威利斯的激励，他绝对无法打出自己在第7战中的表现。又一次，‘秘密’。”[译注：“克莱德”为沃尔特·弗雷泽（Walt Frazier）的绰号。]

1.你需要围绕一名伟大球员来打造可能夺冠的球队。他不一定是超级超级巨星，或者什么可以随心所欲得分的球员，只需要是一个以身作则、每天奉献全力、能唤起队友的好胜心、让他们变得更好的球员。伯德和“魔术师”进入联盟后的NBA总冠军队中的最佳球员名单如下：卡里姆（年轻版本），伯德，摩西，“魔术师”，以赛亚，乔丹，哈基姆，邓肯，沙克（年轻版本），比卢普斯（Chauncey Billups），韦德，加内特（Kevin Garnett），科比。这份榜单完全跟你预想的一模一样，只除了比卢普斯。①

2.你要在超级巨星身边放上一到两个精英级副手，他们要能理解自己在球队等级中的位置，不痴迷于数据，能填补一切空白。1980年后总冠军队中的最佳副手名单：“魔术师”，帕里什/麦克黑尔，卡里姆（老年版本），沃西，“博士”/托尼，DJ，杜马斯，皮彭/格兰特（Horace Grant），德雷克斯勒，皮彭/罗德曼，罗宾逊（David Robinson），科比（年轻版本），帕克（Tony Parker）/吉诺比利（Manu Ginobili），沙克（老年版本），皮尔斯（Paul Pierce）/阿伦（Ray Allen），加索尔（Pau Gasol）。你会想要这份榜单上的任何一人的……哪怕是年轻版科比，大部分时候。

3.在这个框架之上，你的核心还需要一流的角色球员和特色球员[太多了，数不过来，但想想罗伯特·霍里（Robert Horry）/德里克·费舍尔（Derek Fisher）]来完善补充，要清楚自己的地位，不犯错误，不会威胁到无私的文化，还要有一个致力于保持这种团队先于个人的价值观的教练组。

4.你需要在季后赛中保持健康，可能还要把握住一两次良机。②

以上就是你如何赢下NBA总冠军的方法。邓肯的马刺将这一公式又

---

① 原注：比卢普斯和04活塞恰处在一个混乱的赛季，规则修改得太有利于压制回合数、投射三分的精英防守球队。还有，沙克/科比时代在那个赛季完全自我毁灭了，球队上的一般人都被卷入了“我不要和那个混账东西说话了”的争斗中去……就算如此他们还是有可能夺冠，如果卡尔·马隆（Karl Malone）没有受伤的话。

② 原注：所有2004—2007年间的太阳球迷正在拿这本书狂拍脑袋。

推进了一步，只追求性格良好的家伙来担任角色球员，只有一次夺冠是带上了刺头的[2003年的斯蒂芬·杰克逊（Stephen Jackson），他在那年夏天就被抛弃了]。波波维奇在2009年这么向《体育画报》（*Sports Illustrated*）解释他们的哲学："我们选择那些只想着做好本职工作、干完就回家、对炒作活动不感兴趣的家伙。关键之一在于招来那些可以超越自我的球员。他们要么想证明自己能在联盟立足——要么就什么都不想证明。他们担任自己的角色，了解权力等级。我们有3位球员是球队中最好的，其他人都要去配合他们。"与此相关的是，在邓肯的生涯中，他的球队赢下了70%的比赛。这绝不是巧合。但是你如何记录"最佳化学反应""最无私"甚至"对队友们产生的效果最明显、最持久"的数据？这做不到。这就是为什么我们很难领悟职业篮球。你只能同时派出5人上场。这些球员总共只能打240分钟。这些球员如何共处，他们如何相互促进，他们如何接受这块240分钟的蛋糕的切分比例，他们如何相互信任，他们如何为他人创造出手机会，天赋/薪金/球队老大的等级如何保持秩序井然……这才是篮球。这就像谈恋爱。当事情变好时，你能知道；当事情变糟时，你能知道。各自曾为著名的无私球队效力过的比尔·拉塞尔[在《复苏之力》（*Second Wind*）中]和比尔·布拉德利（Bill Bradley）[在《此生路途》（*Life on the Run*）中]对其内部运作做了最好的描述：

拉塞尔："无论从建队意图还是实际天赋上说，凯尔特人队都算是一整队的专门型人才。跟其他领域的一整队专门人才一样，我们的表现依赖于个人的长处及我们如何团结协作。我们不需要刻意想着该如何相互补充对方的专门技能；这就是个简单的事实，我们都想要让我们的结合变得更高效……凯尔特人团结一致，因为我们知道这是取胜的最佳方法。"

布拉德利："一支团队冠军显示了个人英雄主义、自私自利、不负责任等做法的局限性。只靠一个人无法取得成功；实际上，反过来却是成立的：只要一个人就可以阻挠成功。集体的成功确保了个体的成功，但是反之则不然。但是这支球队也并非完美无瑕，因为人们虽然惊异于其无私和复杂的技巧，却仍然对其如何成功和谁是最重要的有着不同看法。一支篮球队伍中的亲密无间是无法大规模重建的。”①

拉塞尔：“明星球员在数据之外还有着更大的责任——扛起球队、振作其精神的责任。要想夺冠，你就必须这么做——尤其是当情况糟糕到你宁愿逃去其他任何地方时，你更应该做好这么做的准备。你必须通过说一些话、做一些事情，来让对手变糟，让你的队友变好。我总认为，我在一场比赛中打得多好的最重要的衡量标准，就是我能让队友们提升多少。”

布拉德利：“我相信，如果能意识到某种程度的无私团队合作，篮球可以成为‘合作’的一种终极象征。在这项运动中，成功——以总冠军为标志——需要集体的意旨战胜自私的个人冲动。一个超凡脱俗的球员也只不过是五芒星的一角。数据——例如场均得分、篮板或助攻——永远无法解释一支成功的职业球队中令人难忘的相互作用。”

从不同的角度，拉塞尔和布拉德利指出了同一点：球员应该用与其他球员的联结能力（而非数据）来衡量。任何人都能在某个赛季与队友达成联结。找到那种联结，加强它，赢下总冠军，保持联结，挺过那些不可避免的地雷，跟饥渴的劲敌做斗争，继续追求更多的成功……这才成了冠军。正如拉塞尔解释的：“卫冕总冠军要比夺一次冠难上很多。在你赢了一次之后，一些关键球员会对他们的角色滋生不满情绪，所以让球队把注意力集中在做能带来胜利的事情上要难得多。还有，你们已经做到过一次了，所以你们不能再依赖于那些促使人们第一次登上山峰的动力了；胜利不再是什么新鲜的东西了。还有，有种想法颇具诱惑力，相信卫冕冠军总能轻易地再次获胜。但你必须一场一场地打。此外，你们还变老了，更不情愿去忍受伤病和疼痛了……当你发现一个30或35岁的家伙仍然拥有战胜

---

① 原注：同样的事情也发生在军营或大一新生宿舍里：这种人与人之间的亲密无间是无法大规模重建的。

逐渐增加的疼痛和伤病的动力时，你就拥有了一位总冠军。”①

在这段话里我没有看见“数据”或“统计”。这只关乎胜利。你可以在季后赛之前看出，现在那支球队可能已经发现了“秘密”。凯尔特人在2007—2008年季前赛结束时就已经是一个相当紧密的集体了；已经从加内特/阿伦的交易中获得新生，在意大利的无手机集体旅行使他们用一种非传统的高效方式相互黏合。②他们策划了专属口号，“Ubuntu”，这个来自班图语的单词的意思是“团结”。他们甚至在回国后仍然一起活动；看电影或赛后会餐时从来不止3个人，人数总是接近9到10人。在每次开场跳球前，埃迪·豪斯（Eddie House）和詹姆斯·波西（James Posey）都会站在技术台边，迎接一个一个走出来的首发，③埃迪会进行精心设计的复杂握手，波西则会送上熊抱，在他们耳边悄声说着激励性的话语。板凳球员像预科学校球队中最白、最古板的高一生一样疯狂为首发鼓劲。当首发下场休息时，角色立刻调转。那个赛季就是这样度过的。对这种集体无私气氛贡献最大的球员（加内特）在MVP投票中仅位列第三，因为他的数据不及自己的平均水平；与此同时，凯尔特人从2007年的最差战绩一跃变成2008年的最佳战绩。此事可有数据统计？（该死的，我忘了：这项数据叫作胜利。）但就是这让篮球如此伟大。*你必须看比赛。你必须留意。你不能被数据和统计引诱。*甚至在我匆匆忙忙完结精装本时，我不能不注

① 原注：这一节的结尾如下：“你很少能看到什么运动员在整个生涯中没有胖上10到15磅的，但是更少见的是那些心灵上没有同样增加脂肪的人。这是大龄总冠军最大的杀手，因为这会影响到你的专注度和心理强度，此二者正是胜负的关键；这还会让你无法用内心力量来补偿逐渐减少的身体技巧。”我喜欢“心灵脂肪”的概念。这是不是说35岁的埃迪·库里会兼备身体脂肪和心理脂肪？那会是怎样一副光景？

② 原注：要赞美“博士”·里弗斯（Doc Rivers）聪明地在旅途中禁用一切移动设备。不过我觉得球员们仍然被允许在酒店房间里点播成人片。

③ 原注：虽说你可以把波西的拥抱描述为“无聊的”“同性恋的”“在性方面令人不快的”（尤其是当你坐在前几排时），但它们正是那支球队的团结的象征。那年夏天，黄蜂（New Orleans Hornets）用250万美元买走了波西，我看到波西偶尔也会给克里斯·保罗或大卫·韦斯特（David West）送上男人的拥抱；人生中第一次，我在观看两个男人相互拥抱时陷入沉思。那就像跟一个站街女跳了三支超棒的舞，感觉自己跟她有着心灵上的联结，结果45分钟后看到她在某个300磅的猥琐老兄大腿上卖力地扭着屁股。NBA：质疑自己的性取向之地！

意到勒布朗的09骑士也产生了Ubuntu式的化学反应，并不断为之极力赞扬——他们是多么喜欢对方，（随便哪个球员）在此前从来没有那么享受过打篮球，等等。说起来，他们眼中的神采就跟那些刚与新女友来过一次超级性生活的哥们儿是一样一样的：*太惊人了。我从来没有过类似的体验。*然后我想：“我在哪儿读过类似的话？”然后我想起来了。那是1974年12月《体育画报》关于勇士队的文章中的一段话：

这支球队中有一群超级棒的家伙，把球队置于自身之上的球员们。我觉得篮球是团队运动的缩影，而我们现在拥有许多愿意为了球队利益而相互帮助的球员。团队成功是这里的所有人所追求的。我从来没有见到谁因为自己的糟糕表现而沮丧，只要我们能取胜。在过去，他可能会更担心自己糟糕的命中率，就算我们碰巧获胜，他也不会高兴上一丁点儿。

你知道这话是谁说的？里克·巴里。没错，那个时代最浑蛋的家伙。那支勇士队中有种什么东西让他突然醒悟：他能感觉得到，他很愿意谈这事儿……没错，他在6个月后拿到了总决赛MVP奖杯。每当一名明星球员像巴里这样称颂他的球队时，你就会知道这支球队正在向正确的方向进发。你能知道。当然了，任何球队都能在一个赛季中达到集体的无私。但你在获得总冠军及随之而来的名利时要怎么保持呢？前蒙特利尔（Montreal Canadiens）守门员肯·德里登（Ken Dryden）解释说：

胜利成了一种思维状态，一种责任，一种期望；到最后，一种态度。完美。能跟最好的球员一起打球，能成为最好，这是非常罕见的机会。当你能拥有时，你不会希望放弃它。这并不容易，也从来不那么好玩……当你赢得像我们一样多时，你会获得一种失去的权利。你会失去记忆，忘记胜利是什么感觉。这是一场胆小鬼博弈。如果你任它离去，你将再也无法重新得到它。你可能会感到某种缺乏压力的舒适感，而这对于你的喜好来说是有着极高的代价的。今年我感到这种情况也在发生。如果我们今年能取胜，明天这种情况还会更糟。①

拉塞尔为了这种压力而活，通过他自己和其他人对这种压力的回应方式来评判所有人：

即使具备天赋、锐利的心灵、乐趣、自信、为了胜利而磨炼出的专注等一切，还是会存在这些全部打成平手时的竞争。于是压力堆积，对总冠军来说，这是心灵的测试……冠军的心一定与你的动力的深度有关，以及你的身心在应对压力时能表现得多好。这就是专注度——有能力在最大的痛苦和压力下做你能做的。②

所以说，真的，两连冠（或者三连，或者四连）取决于球队如何解决持续的恐惧（不想失去所拥有的）和压力（不仅要一次次地化险为夷，还要相信自己可以化险为夷）。要想搞定这些，你必须拥有一个优秀的框架，还要让你的超级巨星和他的帮手始终忠于这个框架。威尔特夺得了一次总冠军（1967赛季），14个月后就被交易了。他只关心赢下一座总冠军，卫冕并不那么有趣，所以他转向了另外的挑战（助攻）。与此同时，拉塞尔在自己的第13个赛季中仍然在大赛前仪式性地呕吐。他已经有了戴满双手的戒指，但这不重要。他完全不在意其他事情。他全神贯注于胜利。仅仅是待在拉塞尔身边，吸收他巨大的好胜心，他的队友们最终就能变得同样在乎。你没法靠运气就撞见那种集体氛围，但当它发生时——这种情况并不常见——你会做一切事情去保护它。正是这点让伟大球队得以伟大。

这就是为什么我们那么喜爱乔丹-皮彭的球队。让他们的传奇得以巩固的并非前五座总冠军，而是最后一座，当时他们已经累得冒烟，完全

① 原注：这一段来自《比赛》（*The Game*），德里登的完美著作，讲述他在蒙特利尔加拿大人队——这是一支属于“全国冰球联盟”的球队——的最后一个赛季。

② 原注：我匆匆忙忙地要赶在悬于头顶的最后期限之前写完精装本时也有同样的感觉。你觉得拉塞尔在11冠的征程中有使用烟、酒、咖啡、普拉提，还有一张2000美元的靠背椅来不断缓解压力吗？还是说只有我是这么做的？这本书花了我太长的时间来完结，以至于我都开始重新抽烟（只在写作时每天抽两到三支，纯粹是为了获得尼古丁兴奋）然后重新戒烟，本来都应该是十年前的事了。

只靠尊严和乔丹不屈不挠的意志才撑了过来。我最喜欢的一段是东部决赛——第7场，最后6分钟，落后3分——疲倦不堪的公牛已经到了极限，那支相当棒的步行者似乎已经做好了将他们赶出局的准备。还记得乔丹在跳球中战胜了7尺4寸的里克·斯米茨（Rik Smits）吗，或是皮彭在最后几分钟的一个关键无主球中抢在雷吉·米勒（Reggie Miller）之前争到球吗？还记得那一夜公牛如何冲击进攻篮板，①做了一切能带来胜利的事情吗？还记得乔丹如何跟麻木的双腿和无力的跳投做斗争，开始一次次地杀向篮筐，决心把自己送上罚球线，就像个一次次刷新进攻的跑卫吗？还记得乔丹和皮彭在最后几秒手扶着膝盖站在中场，彻底筋疲力尽，没有一丝能量来庆祝吗？他们不允许公牛输掉那场比赛。你没法在伟大球队或伟大球员胜利的时候读懂他们；你只有在他们艰难地想要留在顶级行列中时才能认识他们。与之相反的是，沙克/科比的湖人只赢得了3次总冠军，而这个数字本来应该接近8。在当时，看到他们自我毁灭实在是太令人惊诧了，我无法想象之后世代的球迷会怎么看。

等等，他们拥有当时篮球领域最好的三名运动员中的两个，却在一个联盟竞争力不足的时代里只赢得了三座总冠军？这怎么可能呢？

因为同样的原因，降级到阿瓜伊尔的行为让89活塞变得更好了。因为同样的原因，20世纪80年代的所有人都愿意付出犯罪的代价来跟伯德或“魔术师”做队友。因为同样的原因，过去12年中所有的球员都更愿意跟邓肯一起打球甚于其他任何人。这与数据和天赋无关，只关乎让队友变好和将球队置于你自身之上。②当一整队的天赋球员这么做时，他们会在一

---

① 原注：那场比赛的奇怪数据：乔丹-皮彭43投15中；芝加哥罚球41中17；罗德曼什么都没做（22分钟，6篮板）；印第安纳48%命中率（公牛：38%）。所以公牛是怎么赢的？他们有22个进攻篮板，26分二次进攻得分，他们还像在打冰球那样掌控了球权——从倒数7分13秒到31秒（他们锁定胜利时），他们控制了402秒中的270秒。其中还有20到25秒是进球后计时器继续在走但还没有发出球的。不可思议的比赛。

② 原注：奇怪的比喻：最好的摔跤选手的排名同样遵循这一标准。举例来说，里克·弗莱尔（Ric Flair）和肖恩·迈克尔斯（Shawn Michaels）被认为是他们各自时代最好的选手。为什么？因为他们能让对手变好。他们可以跟任何人都打出一场伟大的比赛，即便是浩克·霍根或“送葬者”（Undertaker）这样的四步杀选手。只有3项体育运动是这样的：篮球、冰球、摔跤。没错，我刚刚把职业摔跤称为一项体育运动。你有意见吗？*啊？*（译注：四步杀，国际象棋中一种只用4步就能取胜的虐菜走法。）

个赛季中无人可挡。当他们想要继续这么做，并能够为了整体利益而使利己的自我得到升华时，他们就会变得历史级地迷人。

考虑到本书的写作目的——差不多可以描述为“评价为什么某些球员和球队要比另一些更重要”①——我没法只借助数据去找到答案。我需要让自己浸入到这项运动的历史中去，尽可能多地去阅读和看录像。有5种不同天性类型的球员会不断涌现：精英球员，能让自己和其他所有人变得更好；精英球员，一心只为自己；精英球员，在上述两种心理中犹豫不定，取决于哪个更适合他们的兴趣；②角色球员，身处重要球队的话其重要性会变为2～3倍；其他完全不重要的家伙。最后一组我们并不在意。中间三组我们当然会在意，而第一组我们非常、非常、*非常*在意。我在意那些在重大比赛前呕吐，或因为某次简单的重播就唤起多年之前的痛苦回忆而在电视节目上哭泣的家伙。我在意那些从一座（乃至更多座）眼见就要到手的总冠军边主动走开，因为他自私地想要用*自己*的方式取胜的家伙；我还在意那些甘愿放弃20%的上场时间或数据，因为这些牺牲能让球队变得更好的家伙。我在意泛黄的旧杂志上热情洋溢的语录，队友临死前仍满怀激情的赞扬。我在意我亲眼见证的东西，以及它们如何与我产生共鸣。而我最终极的决定是：当我们在历史情境中衡量不同的球队和球员时，“秘密”比其他任何东西都更重要。

最后一则轶事可以解释一切。就在拉塞尔的凯尔特人在1969年赢下最后一座总冠军时，一队朋友、雇员、老板和媒体成员冲进了波士顿的更衣室，期待会有喷洒香槟和欢呼拥抱等例行动作。拉塞尔命令所有外人离

---

① 原注：这句话绝对能在本书的巡回脱口秀和电台节目中骗来很多读者的。我觉得我需要撒点儿谎，装作书中有一章是对“乔丹的第一次退役是不是对其赌博的秘密禁赛？”“1985年乐透抽签作弊了吗？”“蒂姆·多纳吉还有队友吗？”“科比是不是真的干了？”“威尔特·张伯伦的20000个性伴侣传说是不是故意编出来掩盖他是同性恋的事实的？”等问题给出明确答案的。当他们追问的时候，我就说：“听着，你们得自己买来读。”然后剩下的时间我就用来闲扯巴里在1976年季后赛中戴了顶假发的事情。斯蒂芬·科尔贝尔（Stephen Colbert）肯定会深深着迷于这段故事的。[原注：我在2009年10月29日参加了科尔贝尔的脱口秀；结果他被科比/十八岁之狼的比较给迷住了。]

② 原注：科比警报！科比警报！

开更衣室几分钟。他解释说，球员们想要自己品味这一时刻，没有具体提到哪个人，“我们（大家互相）都是朋友”。房间被清空了，他们相互庆祝这珍贵的一刻。老天才知道他们说了什么，或这个时刻对他们来说意味着什么。正如以赛亚告诉丹·帕特里克的，我们不会懂的。我们就是不会。然后他们开了门，拉塞尔同意接受ABC电视台的杰克·特怀曼（Jack Twyman）的简短采访，后者开口问了一个典型的无意义问题，就是我们在这种时刻总能预见到的那种：“比尔，这对你来说一定是一次非常重要的胜利。”

拉塞尔高兴地回答：“杰克……”

剩下的话他没有说出口。他在搜寻能描述这种感觉的方法。他说不出话来。他用右手揉擦着自己的脸。还是没有声音。有几秒钟他终于撑不住了——不是哭泣，只是一个男人在此刻被感情淹没了。你知道他看起来像谁吗？《肖申克的救赎》（*The Shawshank Redemption*）结尾高潮处玉米地那一幕中的埃利斯·“莱德”·博伊德（Ellis“Red”Boyd）。还记得莱德读完安迪那封激动人心的“希望是个好东西”的信后，努力克制住喉咙的哽咽，两眼呆滞，无法应对刚刚发生的一切吗？那个时刻压倒了他。你就可以这么说拉塞尔。这个男人已经达成了体育领域中最高等级的成就：汗水、苦痛和香槟的完美混合，对发生过的所有一切事情的感激，与队友之间那可以永远珍藏的独特联结。拉塞尔知道，他的1969年的球队已经老得冒烟了，他们打了太多比赛，他们可能不应该获胜。但他们还是做到了。而这之所以能实现，其原因跟篮球彻彻底底无关。①

比尔·拉塞尔绝不会再参加职业篮球比赛了。他已经付出了一切代价，榨干了“秘密”，最终得到了11枚戒指，以体育史上最伟大的赢家的身份退役。他固守着秘密直到最后一刻。当他的旅程结束时，他擦拭双眼，抹

---

① 原注：跟以赛亚一样，他试图在球员岁月之后继续把“秘密”运用下去，却在西雅图和萨克拉门托（Sacramento Kings）都失败了。从来没有人能解释为什么同一位曾经全身心拥抱过“秘密”或至少理解过它的传奇球星没法把同一种秘密用在他们掌管的球队上。这跟性病正好相反——你没法把它传递下去。（拉塞尔、M. J. 、伯德、“魔术师”、库西、贝勒、麦克黑尔，仅举7例。）

去眼泪，搜寻着永远说不出的话语。他一言不发，却已经说出了一切。

大约30年之后，NBA娱乐的一队成员采访了威尔特·张伯伦，谈及他的生涯。他们提到了1969年总决赛的话题。

“我们不应该输给波士顿啊，”“大北斗”（The Big Dipper）一脸难以置信地抱怨道，“不可能啊。我是说……我到现在还是不知道我们怎么会输给波士顿的。”

他不自然地笑了，最后又补充道：“这对我来说是个谜。”

他当然不会懂。

二　拉塞尔，然后威尔特

NBA历史上最重大的辩题其实都算不上辩题。我觉得这很奇怪。比如说，你可能认为史上最伟大的电视剧是《黑道家族》，而我认为是《火线》（*The Wire*）。如果我们相互认识，某天晚上喝上几杯后聊到这个话题，那我会拒绝再跟你说一句话，直到你承认下面三件事之一：

1.你是对的，我是个蠢蛋，史上最伟大的电视剧是《火线》。

2.我不知道你是不是对的，但我保证回去就会尽快看完《火线》全部65集，然后我们再继续讨论。

3.你惹毛我了。我要走了。

我只能接受这三种结果。但这仍然是一个主观的观点：我可能认为《火线》无法被超越，但是说到底我没法证明此事，只能反复申明自己的观点。就是这样。但如果我们在争论的是NBA历史上最大的辩题——比尔·拉塞尔还是威尔特·张伯伦？——我可以证明拉塞尔更好。这是一个绝对的答案，来自于常识、第一手统计、相对数据以及那些观看了他们连续10个赛季争斗的队友、同时代球员、教练和训练有素的写手们的珍贵意见。①

说真的，你知道这像什么吗？这像O. J. 辛普森的谋杀案审判。在戈德曼和布朗被杀后几天，当“果汁”②尝试逃往墨西哥未遂时，绝大部分美国人都认为他有罪。然后他的刑事审判开始了，我们得知洛杉矶警察局中存在腐败和种族主义。我们发现大部分的血迹证据都遭到了不当对待。我们看到原告团队不可饶恕地搞砸了案子。但是这都不重要，*因为这家伙*

---

① 原注：仅供参考，你可以用同样的因素来证明没有人比写作《真的》（*Truly*）那天的莱昂内尔·里奇（Lionel Richie）被伤得更深。

② 译注：O. J. 辛普森的绰号。

肯定有罪。无论如何，他的血迹溅满了整个犯罪现场，他没有谋杀时的不在场证明，他在左手中指上有个神秘的伤口，与犯罪现场的血滴痕迹吻合，他有着威胁和殴打妻子的历史，没有别的嫌犯，那么多无能警察和法医要想在那么短时间内串通一气陷害某人是不可思议的。①

辩方团队机智地——或者更应该说是“应受谴责地”——打出了种族主义牌，这是他们让一个罪犯被判无罪的唯一机会，即使这意味着要分裂整个国家、伤害黑人和白人之间的关系——最终幸运地逃脱，因为在前《犯罪调查现场》（*CSI*）时代，大部分愚蠢的陪审员并不理解关键的DNA证据。出乎所有人的意料，O. J. 辛普森无罪释放了。一年后，面对更能胜任的检察官和较低级别的证据，“果汁”在民事审判中败诉，被判支付戈德曼/布朗家庭3000万美元的惩罚性赔偿。15年后，虽然再没有人因谋杀妮可·辛普森和罗恩·戈德曼而获罪——老天，我们都没有找到一个嫌疑犯——但越来越多的美国人相信辛普森是无辜的，或并非毫无疑问的有罪。要是再过15年，会有更多人相信他是被陷害的。到2035年，再没有任何40岁以下的人会记得细节，只知道O. J. 无罪释放了，而这可能，仅仅是可能，说明他无罪。但这不会改变O. J. 杀了两个人或以其他某种方式与这起龌龊事“有关”的事实。不可能再得出任何其他合理结论，除非你疯了。

拉塞尔–张伯伦的辩题同样如此。威尔特更有天赋；拉斯（Russ）②给了自己的球队更好的胜利机会。威尔特有着更大的数据影响力；拉斯对队友有着更大的影响力。威尔特的巅峰在常规赛；拉斯的巅峰在季后赛。威尔特在关键时刻退缩；拉斯在关键时刻愈发奋勇。威尔特输掉了几乎所有重大比赛；拉斯赢得了几乎所有重大比赛。威尔特有个赛季场均50分；拉斯在那个赛季被同时代的球员选为最有价值球员。威尔特生涯中两次被

---

① 原注：O. J. 在1994年成为了NBA轶事的一部分，我们在观看他驾驶白色福特野马在南加州飞驰（企图摆脱警察追捕未遂）的直升机镜头时，屏幕另一边正在播总决赛火箭对尼克斯的关键第5场。那年的总决赛就是这么糟糕：连尼克斯和火箭球迷都觉得飞车追逐更有意思。

② 译注：拉塞尔的昵称。

交易；拉斯在100万年内都不可能被交易。威尔特痴迷于数据；拉斯痴迷于胜利。威尔特关心球迷、写手和批评者们的想法；拉斯只关心队友的想法。威尔特在高中或大学从未夺冠，职业生涯只赢了两座总冠军；拉斯在大学两次夺冠，在NBA则是11次。威尔特无视了“秘密”；拉塞尔全身心地拥抱了它。我本不需要在他们身上花去一整个章节，因为两个无可争议的原因：拉塞尔的球队总是击败张伯伦的球队，威尔特被交易了两次。就是这样，结束了。说真的，这在拉塞尔1969年以史上最伟大篮球运动员身份退役时就已经结束了。

但是过了几年，然后又几年，又几年。张伯伦的数据似乎越看越不可思议。“辩题”再次变得沸沸扬扬。现在我不得不浪费一整章来粉碎张伯伦-拉塞尔之争中6个最常见的神话。

神话1：拉塞尔的帮手比威尔特更好

没有比篮球更容易理解的团队运动了：如果两位优秀的劲敌打了一轮7场系列赛，只要两边的天赋级别相对持平，那么更有统治力的球员就会取胜。我们有60年的硬核证据来支持这一观点。从1976年合并后，只有一次总决赛的结果在纸面上并不合理：04活塞击败了天赋要高很多（但是正静悄悄地内爆）的湖人[①]，这一结果给正在渐渐滑向低分比赛、少回合数、蜂拥挤压、强身体对抗的防守和相当低节奏的联盟敲响了警钟。只要两支球队的天赋相对持平，拥有最好球员的队伍会获胜。所以你要想用拉塞尔和威尔特的帮手这张牌，我们就要证明天赋的区别*并不相对*持平。很明显，这基本是不可能的，因为NBA直到1967年才扩军到10支球队，因此所有人都有着好的帮手（即使是那些烂队）。人们似乎认为拉塞尔身边

---

① 原注：规则在2005年修改：取消hand-check（让快速后卫更容易突破）；球通过中场的时间变为8秒（不再是10秒）；在一些情况下将进攻时间重调到14秒而非24秒；进攻单打战术的吹罚（不能在一侧堆积球员了）；对非法联防的放宽；以及一条隐晦的理解，现在可以在高位移动挡拆了（只要你在挡拆时不把脚或膝盖伸出去）。

全是名人堂成员，而可怜的威尔特则困在一堆挺着啤酒肚的流浪汉之中，必须扛着他们前进；这种看法不仅是错误的，从数字上看更是不可能的。想象一下现在的NBA，如果你把所有外国球员拿走，把黑人球员减半，然后把球队数从30支减到8支。结果每支球队都会拥有至少3名全明星和4～5名可靠的角色球员吗？当然。欢迎来到1956—1966年的NBA。

以下是拉塞尔进入联盟后各个赛季的情况：

1957 拉塞尔在墨尔本（Melbourne）奥运会后的12月中旬加入波士顿，然后凯尔特人在季后赛中先是从费城（Philadelphia Warriors）[拥有名人堂成员保罗·阿里津（Paul Arizin）和尼尔·约翰斯顿（Neil Johnston）]手上逃脱，再在总决赛里遭遇圣路易斯（St. Louis Hawks.）。波士顿有两名正值巅峰的强力后卫[比尔·夏曼（Bill Sharman）和57年MVP鲍勃·库西]和3名超赞的新秀[拉塞尔、海因松和弗兰克·拉姆齐（Frank Ramsey）]，而圣路易斯拥有鲍勃·佩蒂特（Bob Pettit）（两届MVP）、麦考利（Ed Macauley）（名人堂成员）和斯莱特·马丁（Slater Martin）①（名人堂成员，当季NBA最佳阵容二队），还有查利·沙尔（Charlie Share）、杰克·科尔曼（Jack Coleman）和杰克·麦克马洪（Jack McMahon）（3名评价颇高的角色球员）。考虑到波士顿在双加时后才赢下第7场，②完全可以说这两支球队天赋持平。

---

① 原注：我最喜欢的NBA名字之一：斯莱特·马丁。弥漫着20世纪50年代的感觉，不是吗？他跟怀蒂·斯库格（Whitey Skoog）、迪克·施尼特克（Dick Schnittker）、迪克·加梅克（Dick Garmaker）、维恩·米克尔森（Vern Mikkelsen）、卢·希契（Lew Hitch）、乔治·迈肯和埃德·卡拉法特（Ed Kalafat）同在56湖人。好一群白人球员！至少就我所知，这是NBA历史上唯一一支有俩迪克的球队。（译注：“迪克”在俗语中又指男性性器官。）

② 原注：我心中最被低估的NBA比赛：双加时，抢七。波士顿在最后1秒得分，然后圣路易斯的球员兼教练亚历克斯·汉纳姆（Alex Hannum）叫暂停，布置了一个从本方篮筐下开始的战术，他要传出一记跨越全场的橄榄球传球，砸中对面篮板后弹到罚球线位置的佩蒂特，他再迅速出手。然后发生了什么？汉纳姆把球扔了90英尺，击中篮板，正好弹给佩蒂特，他错失扳平比赛的投篮。这是真的。我们不能把格斯·约翰逊塞进时间机器，让他解说这一球吗？

1958　老鹰实现了复仇，靠着新人克里夫·黑根（Cliff Hagan）（NBA最佳阵容二队，名人堂成员），还有拉塞尔严重扭伤的脚踝。[①]又一次，两边天赋相等。

1959　波士顿开始给力：3位NBA最佳阵容一队成员（拉塞尔、库西、夏曼），两位有着良好前景的后卫[萨姆（Sam Jones）和K. C. 琼斯（K. C. Jones）]，最佳第六人（拉姆齐），以及最佳得分前锋之一（海因松）。即使这样，他们仍然需要7场比赛才过了雪城（Syracuse Nationals）[由NBA50大球员多尔夫·谢斯（Dolph Schayes）和哈尔·格里尔（Hal Greer）领衔]，然后轻松地横扫了埃尔金和湖人。三年两冠期间，拉塞尔和凯尔特人只有这次有着最多的天赋。

1960　波士顿6场击败费城，用了7场才战胜了拥有4位名人堂成员的老鹰[包括新秀伦尼·威尔肯斯（Lenny Wilkens）]。与此同时，新秀威尔特夺得MVP，身边有着阿里津（连续10届全明星）、汤姆·戈拉（Tom Gola）（连续5届全明星，名人堂成员），盖伊·罗杰斯（Guy Rogers）[②]（4届全明星）和伍迪·索尔兹伯里（Woody Sauldsberry）（1958年最佳新秀，1959年全明星）。波士顿火力更强，但差距没那么大。威尔特并没有像2007勒布朗那样困在埃里克·斯诺（Eric Snow）、德鲁·古登（Drew Gooden）、萨沙·帕夫洛维奇（Sasha Pavlovic）、拉里·休斯（Larry Hughes）之中。

---

① 原注：老鹰队的4场胜利总共赢了6分。我猜健康的拉塞尔会改变其中两场的结果。

② 原注：20世纪50年代体育史上又一个伟大的名字：盖伊·罗杰斯。实际上，我真的尝试过说服妻子给我们的儿子取名为盖伊[译注：盖伊（Guy）在英语中有“少年、小孩儿”的意思]，但她没法跟一个叫盖伊的小孩儿说些矫揉造作的话。我觉得这会很酷，因为我们可以说些什么“看看那个小盖伊”或“他真是个好盖伊”之类的话。无论如何，我们需要更多的盖伊。其他几个经典的20世纪50年代NBA名字，至少取给狗会不错：伍迪，阿奇（Archie），博，麦考伊（McCoy），哈里（Harry），克莱德，福里斯特（Forest），阿尼（Arnie），埃尔默（Elmer）。

1961　我们将连续两年见到史上阵容最强大的NBA队伍：波士顿轻松击败雪城和圣路易斯夺得第四冠。与此同时，费城被实力弱于自己的民族队横扫，威尔特在赛季结束后出卖了他的第一位教练。①

1962　依旧天赋满满的波士顿仍然需要7场比赛来击败威尔特的勇士，总决赛中抢七加时才击败了贝勒、杰里·韦斯特（Jerry West）和湖人。我告诉过你，那时候人人都有一支好球队。②

1963　困难的首个征兆：夏曼退役，库西和拉姆齐在下滑，新秀哈夫利切克还没成为“洪多”。波士顿需要7场比赛来战胜辛辛那提（Cincinnati Royals）[由名人堂成员奥斯卡·罗伯逊、杰克·特怀曼和韦恩·恩布里（Wayne Embry）领衔]，然后用6场击败湖人。③与此同时，费城迁去了旧金山（San Francisco），在拥有威尔特、罗杰斯、汤姆·梅谢里（Tom Meschery）（全明星）、阿尔·阿特尔斯（Al Attles）（跟KC·琼斯同样的防守阻截者）和威利·诺尔斯（Willie Naulls）（4届全明星）的情况下31胜49负，错过季后赛。但是，嘿，如果他们想要多赢几场，或许威尔特那赛季就没法场均44.8分了。④

1964　库西退役，凯尔特人无人入选NBA最佳阵容一队，但这没有阻止波士顿击败阵容良好的辛辛那提[奥斯卡和年度新秀杰里·卢卡斯（Jerry Lucas）领军]，在总决赛中轻松搞定威尔特的勇士[现在还有未来名人堂成员内特·瑟蒙德（Nate Thurmond）]。波士顿那个赛季在没有

---

① 原注：威尔特出卖过的教练：尼尔·约翰斯顿，多尔夫·谢斯，亚历克斯·汉纳姆，弗兰克·麦圭尔（Frank McGuire），布奇·范布雷达科尔夫（Butch van Breda Kolff）。

② 原注：奇怪的事实：拉塞尔赢得了MVP，但没有入选NBA最佳阵容一队。

③ 原注：拉塞尔时代波士顿最伟大的成就之一：从没有输给过拥有巅峰韦斯特和贝勒的球队。大家都轻易地忽略了这件事。

④ 原注：在《最后的吼声》（*The Last Loud Roar*）中，鲍勃·库西写道，辛辛那提用尽了全力来对付波士顿；他进入1963年总决赛时还觉得会被湖人击败。X因素是汤米，他在季后赛前几周戒烟，减了14磅，在总决赛里毁灭了鲁迪·拉鲁索（Rudy LaRusso）。你不能不爱那个NBA总决赛的决定性因素是“某个人戒了烟”的时代。

控卫或大前锋的情况下夺冠——除了拉塞尔，他们没有能排进前20的篮板手，或助攻超过5的球员——但我们还是要最后一次在“最有天赋”方面给他们打勾。①

1965　拉姆齐退役，海因松在自己的最后一个赛季明显衰老。但凯尔特人不屈不挠地打出了拉塞尔时代的最佳战绩（62胜18负），在总决赛中解决了洛杉矶，这全靠三巨头及萨奇·桑德斯（Satch Sanders）怪兽般的一年。至于勇士，他们自我毁灭了，连败17场，然后把1美元的威尔特交易到费城换来30美分。②于是威尔特的球队第一次有了可以跟波士顿相比的天赋，拥有得分后卫哈尔·格里尔（连续10届全明星）、卢修斯·杰克逊（Lucious Jackson）（全明星大前锋，当季篮板榜第8）、翼侧球员切特·沃克（Chet Walker）（7届全明星）、控球后卫拉里·科斯特洛（Larry Costello）（6届全明星）和两位优秀的角色球员[戴夫·甘比（Dave Gambee）和约翰尼·科尔（Johnny Kerr）]。这就是为什么76人对凯尔特人的系列赛会拖到花园抢七的最后一个球，最终哈夫利切克抢断界外发球，约翰·莫斯特（John Most）③高喊：“哈夫利切克抢断啦！哈夫利切克抢断啦！”

1966　海因松咳出了一头15磅重的牡蛎④，随后退役，K. C. 琼斯正迅速衰老，凯尔特人被迫在奥尔巴克的最后一个赛季依赖于大龄老兵[诺尔斯和梅尔·康茨（Mel Counts）]⑤和被其他队裁掉的家伙[唐·尼尔森

---

① 原注：拉塞尔时代被遗忘的事实：K. C. 琼斯的进攻超级烂。K. C. 在库西退役后每场比赛出场30到32分钟，场均7.8分、5.3次助攻，39%命中率，在15英尺外无需防守。一个打了9年、首发4年、没有入选过一次全明星的纯防守专家是如何入选名人堂的？他比阿尔·阿特尔斯更好吗？他有丹尼斯·约翰逊哪怕一半好吗？

② 原注：他们一度10胜34负。健康的M. J. 会打出10胜34负吗？健康的伯德或健康的“魔术师”呢？

③ 译注：凯尔特人传奇解说员，凯尔特人为其退役了麦克风图案球衣。

④ 译注：“咳出牡蛎”，指大量吸烟喝酒导致的早起后咳出浓痰。

⑤ 原注：拉塞尔时代被低估的一件事：5位大龄老兵与波士顿签约，希望能拾得一枚戒指[诺尔斯、卡尔·布龙（Carl Braun）、韦恩·恩布里、克莱德·洛夫莱特（Clyde Lovellette）和伍迪·索尔兹伯里]。放在今天，这些家伙会直接因为气候原因而跟菲尼克斯或迈阿密签约。

和拉里·西格弗里德（Larry Siegfried）]来协助三巨头。他们在拥有拉塞尔后第一次没能打出联盟最佳战绩，被费城超越（55胜对54胜）。跟往常一样，这不重要——波士顿5场击败费城，总决赛中面对洛杉矶以2分之差赢下抢七。这个赛季的费城有着更多天赋。纸面上就是如此。

1967　K. C. 退役，另一位被裁的老兵加入[未来名人堂成员贝利·豪厄尔（Bailey Howell）]，拉塞尔在担任球员兼教练职务的第一年里相当挣扎。①从第一天起，这就是属于费城的一年：在增添了新秀比利·坎宁安（Billy Cunningham）的额外火力后，威尔特突然间意识到自己不一定需要得分来帮助球队获胜（用了一秒钟顿悟），于是76人打出了著名的68胜赛季，5场干掉凯尔特人，6场击败勇士，拿下威尔特的第一冠。这对威尔特来说是完美的爆发——他队友最强的一年遇上波士顿最弱的一年。

1968　威尔特在助攻上领跑联盟，费城比凯尔特人多赢了8场。老迈的凯尔特人在东部决赛中在1：3的情况下逆转晋级，然后打败了一支相当棒的湖人，夺得拉塞尔的第十冠。赛季后，费城把威尔特交易到了洛杉矶，用1美元换了40美分。②

1969　拉塞尔与琼斯已经老得开始冒烟了，凯尔特人在东部排名第四，因此所有人都给他们打了个叉。在第1轮，他们5场击败更被看好的76人。第2轮，他们6场击败更被看好的尼克斯——同样的班底夺得了1970年

---

① 原注：拉塞尔在当球员兼教练方面准备不周，一个典型的问题：他会忘记让球员休息或换他们上场，差不多可以说是烂透了。第二年，拉塞尔把权力委任给了队友，任命哈夫利切克和琼斯为自己事实上的助教，让球队变成了一支职业的校园球队，球员就自己安排轮换，在暂停时商量战术。这成功地带来了两座总冠军。当然咯，1979年之后就再没有NBA球队这么做过了。

② 原注：威尔特在巅峰期被交易了两次：一次换保罗·诺伊曼（Paul Neumann）、康尼·迪尔金（Connie Dierking）、李·谢弗（Lee Shaffer）和现金，一次换阿奇·克拉克（Archie Clark）、达拉尔·英霍夫（Darrall Imhoff）和现金。提到这件事时威尔特的拥护者们总会结结巴巴起来。

总冠军，被纽约媒体吹了25年的史上最强球队。总决赛中，他们面对双方赔率9：5的湖人，在大比分0：2的情况下完成逆转，在洛杉矶赢下了抢七。

所以最后得分如下：在10年时间里，拉塞尔的球队有4个赛季比威尔特的球队明显拥有更多天赋（1961、1962、1963和1964赛季），在威尔特的第一个赛季（1960赛季）有一丝领先。1965赛季，费城和波士顿双方平手。从1966—1969赛季，威尔特在更强的球队效力，所以最后的比分是拉塞尔5胜4负1平。10个赛季中有6次，你可以称双方的天赋为“持平”或“基本持平”。那年夏天拉塞尔退役后，70湖人在总决赛抢七中输掉了著名的威利斯·里德之战；71湖人遭遇了埃尔金·贝勒的因伤赛季报销，负于最终冠军雄鹿；72湖人69胜，拿下威尔特的第二冠；73湖人输掉了与尼克斯的总决赛再聚首。在威尔特退役之前10年，他输掉了1964年总决赛，*接下去9年中每一年*都在为拥有夺冠天赋的球队打球。关于拉塞尔幸运地拥有更好的帮手的说法就到此为止。如果威尔特这边想要有更合理的抱怨，那应该是拉塞尔非常幸运，能被奥尔巴克执教10年。但再说一遍，“红头”公开表示过，自己绝对不会执教威尔特这样的大小姐脾气。如果你还要自己计分的话：拉塞尔有4位队友入选过NBA50年50大球员（哈夫利切克、库西、夏曼和萨姆·琼斯）；威尔特有过6位（贝勒、韦斯特、格里尔、坎宁安、阿里津和瑟蒙德）。拉塞尔的队友在1957—1969年间26次入选全明星，而威尔特的队友在1960—1973年间24次入选。我们再别提什么拉塞尔和张伯伦的帮手问题了。谢谢。

神话2：拉塞尔不是个优秀的进攻球员

历史并没有公正地对待拉塞尔。我们赞美70尼克斯慷慨的分享球，韦斯·昂瑟尔德（Wes Unseld）独一无二的长传，沃尔顿在77开拓者的无私表现，但约翰尼·科尔才是联盟第一个伟大的传球中锋，拉塞尔是第二个。还记得1977赛季波特兰的进攻是如何围绕着沃尔顿的传球展开的吗？[①]在库西退役后，凯尔特人的所有半场进攻战术都从拉塞尔发起，因为他们缺少一名真正的控球后卫。当你在录像带里看拉斯的比赛时，他的传球跟他的防守一样引人注目——他不仅精通传球给空切队友上篮的技巧，而且能轻易地在盖帽或篮板后直接找到飞奔的队友发起快攻。哈夫利切克在1977年自传《“洪多”》（*Hondo*）中写到了拉塞尔退役后的第一个赛季：“你没法计算我们在多少方面怀念他。人们想到他时会想到防守和篮板，但他也是我们进攻的关键。他送出的妙传比我合作过的任何人都要多。这对尼尔森、豪厄尔、西格弗里德、桑德斯和我都非常重要。我们都不是一对一选手……拉塞尔让我们成为了更好的进攻球员。他作为传球手、挡拆者和进攻总决策者的能力一直被忽视了。”

那为什么拉塞尔没有因为传球而得到赞誉呢？***因为沃尔顿是白人而拉塞尔是黑人！*** 这只是开玩笑；我刚刚不过是在模仿斯蒂芬·A. 史密斯[②]。实际上，拉塞尔没有得到赞誉的原因跟人们相信他13个赛季每年都跟8个名人堂球员一起打球或他的球队总是比威尔特的更具天赋的原因是一样的：因为人们什么都不懂，也因为人云亦云比亲眼考察要容易得多。在录像带上看拉塞尔时，有4件事特别突出：他的传球（超级棒），盖帽（无与伦比），全场冲刺的速度（令人惊叹），以及超乎预期地抢到篮板后像控卫一样发动快攻的天赋（必须亲眼见到才能相信）。拉塞尔就像一个无限理智版、左撇子的丹尼斯·罗德曼，同时兼备沃尔顿的传球天赋、大卫·罗宾逊的运动能力和迈克尔·乔丹的狂热动力，而且整个赛季都像约什·史密斯（Josh Smith）在WNBA打球那样狂送大帽。

（你会喜欢跟这样的球员一起打球吗？我觉得会。）

---

① 原注：沃尔顿在1977年季后赛场均5.5次助攻。拉塞尔有7年季后赛场均5次助攻以上，包括1965季后赛场均6.3次助攻（那还是个助攻更难得到的时代）。拉塞尔的生涯季后赛场均助攻（4.7）比任何打了超过30场季后赛的中锋都要多。

② 原注：给那些2030年以后的读者：斯蒂芬·A. 史密斯是一个ESPN名人，巧妙地回答了“如果有人讨论体育时一直使用***加粗加斜体字***会是什么样子”的问题。

神话3：数据上，威尔特碾压了拉塞尔

威尔特前9个赛季的进攻前无古人后无来者。他新秀时场均37.6分、27.6个篮板；然后38.4+27.2；50.4+25.7；44.8+24.3；36.9+22.3；34.7+22.9；1966赛季33.5+24.6+5.3次助攻；1967赛季24.1+24.2+7.8、创纪录的68.3%命中率。终其生涯，他常规赛场均30.1分，22.9个篮板，4.4次助攻。纸面上看，这是很惊人。①拉塞尔的生涯进攻数据除篮板外都无法与其相比——他场均15.1分，22.5个篮板，4.3次助攻，巅峰为1960年（18.2分，24.0个篮板）和1964年（15.0分，24.7个篮板，4.7次助攻）。在他们面对面的对位中，威尔特在数据上干翻了拉斯，虽然奥尔巴克和老凯尔特人队友都发誓说，拉斯会在前3节装死，让威尔特刷会儿数据，然后再在第4节闷死他；他会在大局已定时放松，任由威尔特去刷不重要的无意义数据（清楚威尔特对数据很痴迷）。拉塞尔在他生涯的后10年打了911场比赛，其中对阵威尔特的比赛是惊人的142场（15.6%）。人们都同意，拉斯一直对威尔特采用了“倚绳战略”（rope-a-dope），就像在扎伊尔（Zaire）的阿里那样，先任由福尔曼（George Foreman）向自己出拳，再在拳赛末尾干掉他。②拉斯把自己对付威尔特的大部分花招都留到了重要比赛和关键时刻里。

这是他们142场比赛（包括季后赛）的面对面数据：

---

① 原注：鲍勃·库西没怎么被震惊到。他在1964年的《最后的吼声》中写道：“篮球是项团队运动。一旦这成了单兵作战，就像费城的张伯伦那样，那绝对行不通。你不能指望其他9个家伙为了你一个人就把自己和自己的能力都藏起来。特别是，假如这个大家都给他喂球的人在自己有机会反过来帮助别人时却不这么做，那就更行不通了……可能会有人觉得张伯伦不过是受困于糟糕的帮手。如果你们队有人能命中一半以上的投篮，就会有人争论到，你干吗不在任何时候都尽力把球给他呢？根据这个逻辑，我不得不反问一句，那你们干吗不干脆让队上其他人完全不出手好了？不，数据在篮球中什么意义都没有。”阿门，库兹！有名人堂成员认同我的观点时我总会特别开心。

② 译注：阿里和另一位拳王乔治·福尔曼在扎伊尔（今民主刚果）的金沙萨进行了一场名为“丛林之战”的著名比赛。阿里采用“倚绳战略”，先诱敌深入耗尽其体力，最终在第8回合击倒对手（KO）取胜。

威尔特：28.7分，28.7个篮板

拉斯：14.5分，23.7个篮板

现在，你在想："得了，西蒙斯，这太疯狂了。你没有任何机会。"好，下面是更多的数据：

威尔特对阵拉塞尔的战绩：58胜84负

拉斯对阵威尔特的战绩：84胜58负

稍等，我们才开始呢。看看他们的季后赛数据：

威尔特：160场，22.5分，24.5个篮板，4.2次助攻，47%的罚球命中率，52%的命中率

拉斯：165场，16.2分，24.9个篮板，4.7次助攻，60%的罚球命中率，43%的命中率

呣呣呣呣呣呣。拉塞尔的数据提升了，威尔特的数据则在关键场合出现了戏剧化的缩水，虽说威尔特通常是球队的头号得分选项，而拉斯是第四或第五。当然了，威尔特每场能多进3个球，但是其他的都打平了，而拉塞尔恰好还是一个超棒的防守队员、队友、篮球思想家和关键先生。于是我们就有了以下数据：

威尔特的分区决赛和NBA总决赛战绩：48胜44负

拉斯的分区决赛和NBA总决赛战绩：90胜53负

还有这个：

威尔特的抢七战绩：4胜5负

拉斯的抢七战绩：10胜0负

还有这个：

威尔特在球队即将被淘汰的比赛中的战绩：10胜11负

拉斯在球队即将被淘汰的比赛中的战绩：16胜2负

还有这个：

威尔特：2座总冠军

拉斯：11座总冠军[①]

所以，没错，无论如何考量数据，威尔特·张伯伦都是NBA史上最伟大的常规赛球员。我承认这一事实。但季后赛？就没那么伟大了。

再看看这个：考虑到凯尔特人不需要他得分，拉塞尔把自己的能量都放在了保护篮筐、协防、控制篮板、为队友创造好的投篮机会及参与快攻中去了。在这个过程中，他成了史上最具统治力的防守球员——实际上，甚至没有人能拿来与他比较——而数据无法衡量他在防守端的效果。[②]拉塞尔总能扫荡篮筐周围区域，搞定突破者，并展示出一种令人难忘的、将盖下来的球留在比赛中的技巧。威尔特以充满戏剧性效果的排球扣杀式大帽闻名，而拉塞尔则把球盖到队友手上，瞬间发动快攻；那些封盖里外里价值4分，而且奥尔巴克的凯尔特人就是*建立*在这些里外里4分上的。这就是他们如何应对得分潮的，这就是你在看他们打球时会注意到的，这就是为什么他们能一直、一直胜利下去——他们有完美的中锋来发动快攻，有完美的帮手来终结它们。对手最终放弃了对拉塞尔的挑战，安于外线投篮，这听上去没什么大不了的，然而那可是个外线投射烂得臭名昭著的时

---

① 原注：夺下后两冠时还兼任着教练职务。为什么这从来没被当作一个重要因素？想象一下乔丹作为球员兼教练在犹他夺下后两冠。

② 原注：在特里·普鲁托（Terry Pluto）的《奇闻异谈》（*Tall Tales*）中，海因松宣称拉塞尔的防守相当于场均60～70分。记得把这句话撒上一把盐、去掉点儿水分再看，要知道说出这话的家伙还曾经拿利昂·波（Leon Powe）跟摩西·马隆相提并论过。

代。[1]所以即便拉塞尔没有扇出大帽，他仍然影响了每个回合，就像一间乱哄哄的酒吧来了个保镖，在前几个礼拜踢遍了所有人的屁股，之后只要露面就能把闹事率降到0。如果这还不够，波士顿的得分手们还以在防守端可以节约能量而闻名，因为他们背后有拉塞尔来解决所有问题，所以库西、夏曼、海因松和萨姆·琼斯等攻强守弱的球员们就进入了只用考虑得分的完美处境中了，就是这样。

你能把这种影响力用数据记录下来吗？显然不能。他们直到1973年才开始记录盖帽数据，因此没有任何可以定量地证明拉塞尔的防守统治力的方式；这就像是在不记录个人得分的情况下尝试判断张伯伦的进攻统治力，于是我们被迫依赖于写手、队友和对手们讲的故事，比如："有次在宾夕法尼亚州（Pennsylvania）赫希镇（Hershey）有场比赛，威尔特真的对尼克斯动了真格了。我发誓，他绝对得了100分！"[2]威尔特拥有可以跟拉塞尔相比的篮板数，可能比除拉塞尔外的所有中锋都盖了更多帽，但他的防守无法与其相提并论，因为两个原因。第一，他并非拉塞尔那样能在瞬间起跳、一个回合能连续多次起跳的天然弹跳怪。（威尔特有着更大的体重，他被迫要先立定屈膝，然后再起跳，就像要发力跃过一辆飞车一样。很多对手学会了估计他起跳的时间，在他头上送出抛投。[3]在拉塞尔面前你没有这么奢侈的时间选择。）第二，威尔特对一项奇怪的连续纪录有着长时间的痴迷——不知出于何种原因，他希望整个篮球生涯都不被

---

① 原注：那时还没有三分线、篮球训练营和美如画的跳投，球队们无数次出手，无数次打铁。在那些在20世纪50年代达到巅峰的伟大后卫中，库西的命中率是37.5%，夏曼42.6%，斯莱特·马丁36%，鲍勃·戴维斯（Bob Davies）37%，盖伊·罗杰斯38%，里奇·盖林（Richie Guerin）42%，迪克·麦圭尔（Dick McGuire）39%。只有在萨姆·琼斯、杰里·韦斯特和哈尔·格里尔出现后，二号位的雏型才开始形成；长距离投篮专家直到20世纪70年代中期才开始留下印记。所以能保护篮筐的人在那个时代有着更为巨大的影响力。

② 原注：拉塞尔很有可能在季后赛中场均8～15个盖帽。在写作这章的过程中，我找到20世纪60年代有3场季后赛有记者或解说很淡定地提到拉塞尔盖了12个帽。

③ 原注：萨姆·琼斯把这变成了一门艺术，每次进球后都会调戏上一句"跳得太晚了哟"或"不好意思啦，威尔特"。有次威尔特发飙了，撵着他满花园跑，最后萨姆抢了一个摄影师的家伙什儿来招架。如果这发生在2010年，我非常确定这会上《传球操练》（*Around the Horn*）的头条。（译注：《传球操练》为ESPN一档体育讨论类节目。）

罚出场，所以他会在四犯或五犯后停止干扰对手投篮，即使这么做会伤害他的球队。这可不是我编的。

（说认真的，这不是我编的。）

（等等，你不信我？哈夫利切克在《“洪多”》里是这么说的：“威尔特最与众不同的一点是他没有被罚出场过。他从来没有在任何一场高中、大学或职业比赛中被罚出场过，他下定决心保住这一纪录。当他得到第4次犯规时，他的比赛会产生改变。我不知道有多少次他在陷入犯规麻烦后不再努力打球从而伤害了球队并输掉了本可以胜利的比赛。”）①

翻译一下：比起胜利，威尔特更关心数据。如果他们在20世纪60年代记录盖帽，“大北斗”会变得痴迷于这些数字（尤其是当人们拿他跟拉塞尔相比时），放弃从未被罚出场的连续纪录，十分偶然地、在无意间变成一位拥有防守统治力的球员，可能会赢得5或6枚戒指而非两枚。但是那时没有防守数据。所以威尔特安心刷着进攻数据，扇着排球扣杀大帽，保持着疯狂的不被罚出场纪录。直到1966—1967赛季，威尔特才意识到，如果自己专心于篮板、传球和防守，他的球队会变得更好。看看他在自传《威尔特：一个普通的邻家七尺黑人百万富翁》（*Wilt: Just Like Any Other 7-Foot Black Millionaire Who Lives Next Door*）②（好一个标题！）中如何描述这次顿悟的吧：

> 1966—1967赛季开始时我正好30岁，变成了一个成熟的男人，意识到如果我想要球队获胜，让队友们保持开心就很重要。

---

① 原注：“洪多”对拉斯的评价：“从没有一位球员能像他一样在防守端控制比赛。你可以看到投手们每次进入他的区域时都战战兢兢。有时他开局非常强势，试图让对手彻底泄气。有时他又会让对手先进几个球，然后，当对手在关键时刻想故技重施时，他会发现拉塞尔正在阻止自己……比赛末尾才是真正属于拉塞尔的时间。在比分胶着的比赛里，他有着不可思议的活力。”

② 原注：这是本很精彩的书，讲了些威尔特在飞机上与空姐之间的风流韵事。这一回威尔特是真的没有得到足够的赞誉。他真应该赢一次普利策奖，或者至少一次国家图书奖。（译注：Pulitzer，美国最重要的新闻和文学奖项。）

[就顿悟而言，这大概排在皮特·罗斯（Pete Ross）①承认自己有赌博问题和约翰·霍姆斯（John Holmes）②看着自己的下半身，意识到自己应该试试拍成人片之间。晚意识到总比不意识到要好，我是这么想的。）

我不仅开始多传球，少得分，而且特别注意把队友们挑出来称赞一番——公开和私下都如此。

（哇哦！多么大的牺牲！多了不起的人！所以等等……如果你想要赢得篮球比赛，难道就应该做个无私的好队友，而不是当毒瘤、在失败后指责所有人？谁说的？我们有证据吗？）

我意识到正是这种东西使得O. J. 辛普森的南加州大学（USC）和比尔·沃尔顿的UCLA如此成功。乔·内默斯（Joe Namath）③的喷气机也同样如此。

（呃……威尔特？比尔·拉塞尔也同样如此……你知道的，就是那支每年春天在季后赛里干掉你的凯尔特人队里的6号？）

O. J. 比尔和乔总是赞美他们的队友。他们记得每个做出关键阻挡、送出漂亮助攻或精彩防守的关键球员的名字，他们会跟那个球员——还有媒体——说起这些事。这没什么帮助，但能让那个球员下次更努力地尝试，而不会在潜意识里感到失望，因为他已经厌倦了遭到忽视，听到的全是关于你有多伟大的事情。④

---

① 译注：皮特·罗斯是MLB生涯总安打数、出场数、打击数、出局数纪录保持者。因在辛辛那提红人队（Cincinnati Reds）效力和担任总经理期间参与赌球而被MLB终生禁赛。

② 译注：史上最著名的成人片男演员。根据他的生平拍成了著名的电影《不羁夜》（*Boogie Nights*）。

③ 译注：职业橄榄球名人堂成员，率领纽约喷气机（New York Jets）获得过一次超级碗。

④ 原注：后来，威尔特在《毁灭者科南》（*Conan the Destroyer*）里完美地表现了这一心理，使之变成了20世纪80年代除《体操卡塔》（*Gymkata*）外最蠢最好笑的动作片。甚至在当演员的时候，威尔特都在破着纪录。

（我不知道，威尔特——这听起来太疯狂了。我还以为篮球是项个人运动呢。他们不会为你赞美队友的次数记录数据的。我觉得你做得不对。）

我在1966年学到了这一课，这体现在了我的数据里。

（“的确，我浪费了生涯的前几年，每个人都讨厌跟我一起打球，但你必须要称赞我——我终于还是学到了这一课。”）

我不再每场得40分了，取而代之的是我们拥有了超棒的得分平衡。哈尔·格里尔场均22.1分，切特场均19.3分，比利场均18.5分，卢克·杰克逊和瓦利·琼斯（Wali Jones）同样场均得分上双。这正是波士顿过去总是拥有的平衡。

（威尔特进联盟的前7年凯尔特人全部夺冠。到了1967年他才明白他的球队应该模仿最好的球队的成功做法？是的。没人告诉过我威尔特脑子动过手术啊。）①

在张开双臂接受“无私”并夺得第一个总冠军后，威尔特又开始了典型的威尔特式做法，失去了对胜利的兴趣，开始执着于刷助攻。突然之间，威尔特开始把大好的投篮机会传给队友，每场比赛反复询问技术台，在认为某个助攻没算时生气抱怨，谴责队友搞砸了自己的传球，为领跑1968年联盟助攻榜而无比高兴（他最喜欢吹嘘的纪录）。②跟他做的所有

---

① 原注：如果这本书是《好人寥寥》（*A Few Good Men*），那现在就是审讯那一幕，克鲁斯从凯文·贝肯（Kevin Bacon）手上抢走了规则手册，再命令诺阿·怀尔（Noah Wyle）找到去食堂吃完饭的那一段。换句话说，我应该为自己深入地挖掘了这些威尔特的语录而得到赞誉。更棒的是，我还必须再读一遍威尔特与空姐的故事。

② 原注：摘录自比尔·利比（Bill Libby）出版于1977年的、非常好读的威尔特传记《歌利亚》（*Goliath*）：“有些时候他会走向手感火热的队友，告诉他自己会只给他传球，因为别人都在浪费自己的传球，那样自己就不能赢下助攻王了。”多棒的团队球员啊，威尔特！在书里，利比还提到了威尔特这位讨女人喜欢的男人的一桩轶事：“有多得惊人的球员和记者说起过，他们从来没有见过威尔特跟女人在一起。”别瞎扯了，威尔特不可能是同性恋！他一辈子都没结婚，他喜欢衣服，他喜欢猫！怎么会有他是同性恋的传闻？

事一样，威尔特没能保持住正确的平衡，而养成了太过无私的坏习惯，在对波士顿的抢七下半场、队友们正挣扎不已时只出手了两次。深受看好的68费城浪费了3：1的领先，第7场在主场大掉链子，但正如威尔特在书里指出的："哈尔25投只8中。瓦利22投8中。马蒂（Matty Guokas）10投2中。切特22投8中。这4个家伙占据了我们大部分的出手，只命中了不到1/3。人们却都归咎于我。"

关于沃尔顿、内默斯和辛普森的教训就到此为止。我们从拉塞尔、张伯伦和数据中学到了什么？嗯，威尔特的球队围绕着他的进攻展开，拉塞尔的球队围绕着他的防守展开。威尔特能与自己的队友共存；拉塞尔让自己的队友变得更好。威尔特必须事先制定计划才能打得无私、表现得像个靠谱的队友；拉塞尔的存在就意味着无私和团队篮球。最终，拉塞尔的球队赢下了总冠军，威尔特的球队输掉了它们。

拉塞尔11，张伯伦2。只有这两个数字才有意义。[①]

神话4：威尔特是个好人

在机场遇到威尔特时，他是个好人吗？绝对的。在杂志和脱口秀采访时，他是个好人吗？肯定是。熟识他的人有许多关于他的精彩故事吗？毫无疑问。他对金钱慷慨吗？当然。如果你是位空姐，他会是你想要在飞机上跟他亲密接触的人吗？显然如此。一件很奇怪的事是，作为一个这么好的人，威尔特是个烂透了的队友。他完全不理解"队友"这个概念。在他生涯的前6年，他是个球霸，迷恋得分纪录，要求得到跟其他队友不同的待遇。在65勇士分崩离析后，《洛杉矶时报》（*L. A. Times*）的传奇专栏作家吉姆·穆雷（Jim Murray）写道："威尔特可以做好一件事——得分。他把球队变成了男仆代表大会，基本功能就是让自己在篮下接到球。

---

① 原注：不过，再说一遍，《毁灭者科南》是一部非常棒的电影。

他们荒废了技术，他们衰退了欲望。像威利·诺尔斯这样训练有素的球员们来到勇士队，开始在窗户上留言，或者扔出漂流瓶，想传达的信息只有一个词：‘救命。’”[①]甚至当威尔特变得无私、模仿拉塞尔的打法时，他还是没法坚持这么做超过一年。他与每位教练都公开起过冲突，只有两人例外——弗兰克·麦圭尔（随便他想出手多少次就出手多少次，于是有了单场100分）和亚历克斯·汉纳姆（因为汉纳姆跟他打了一架才让他听话）。[②]他在输球后指责队友和教练，与本能帮助他的队友产生矛盾（最出名的，1969赛季的埃尔金），通过在媒体面前贬低对方球员来让自己看起来好一些。他有着在最糟糕的时机困扰自己球队的糟糕习惯——比如1966年东部决赛对波士顿，《体育画报》在第5战前发了一篇饱受争议的张伯伦特别报道，他在文中谴责教练多尔夫·谢斯，于是毁灭了球队的斗志。[③]

有人相信威尔特过早地实现了太多成绩，他之所以不能理解团队协作的意义，是因为他从高中起就是人们关注的中心（毫不夸张）。约翰·泰勒（John Taylor）在自己关于张伯伦–拉塞尔的著作《对决》（*The Rivalry*）中写道，奥尔巴克认为勇士队老板埃迪·戈特利布（Eddie Gottlieb）“严重地毁掉了威尔特。很多时候，威尔特甚至不跟他的队友们一起旅行。他不受控制。奥尔巴克怀疑自己能不能执教威尔特……威尔特在环游者队（Harlem Globetrotters）[④]待了一年，尝过了金钱和明星身份的甜头，他开始认为自己比教练和队友们更重要。戈特利布害怕失去这件宝贝，便任由他逍遥自在。张伯伦开始相信，现场观众们都是来看他的，所以，每场比赛的重点就是让他来扮演明星。这确实是一种票房逻辑，但在奥尔巴克看来，这让张伯伦变得无法执教，而当他无法执教时，

---

① 原注：就是这个威利·诺尔斯一年后来到了凯尔特人，跟着拉塞尔夺了三冠。哟哟哟哟哟。

② 原注：威尔特在14年里有过9个教练。我爱这个数据。

③ 原注：甚至威尔特都承认此事，写道：“这篇文章造成了相当的混乱，我不确定76人在季后赛里有没有从中恢复过来。”不过，威尔特还是按照典型的威尔特式做法抱怨杂志没有等一等再发这篇文章。

④ 译注：著名花式篮球队。

他所在的球队就不可能成为真正的赢家。”①

如果你还在好奇威尔特在联盟中的名声如何，看看这个终极故事吧：旧金山（San Francisco Warriors）在1965年兜售他时，湖人产生了足够的兴趣，老板鲍勃·肖特（Bob Short）让球员们投票表决是否要买下张伯伦的合同。投票的结果？9：2……*反对*。

9：2反对！

怎么还会有人觉得这是史上最伟大的篮球运动员？在他生涯的绝对巅峰，一支具备季后赛竞争力、连年倒在总决赛、面对拉塞尔没有答案的球队有机会不付任何代价就得到威尔特……*球员们却投票反对！*②他们会投票反对交易拉塞尔吗？严肃地说，100万年以内，他们会投票反对交易拉塞尔吗？

（注：如果这是对O. J. 的审判，那么这最后一段就相当于O. J. 在试戴血渍手套③。）

神话5：要是如何如何，威尔特本可以赢得跟拉塞尔一样多的总冠军

几乎每个NBA总冠军在季后赛中都经历过这样的关键时刻，他们需要一个关键球，重要的是，他们打进了那些球。但是这没能阻止威尔特的拥

---

① 原注：一件不应该归咎于威尔特的事：1965年一场在波士顿进行的比赛中，76人老板艾克·里奇曼（Ike Richman）因突发心脏病而死在费城板凳席旁的媒体席上。如果你要选一位超级球星，他的老板死于某场重大比赛中，那你一定会选威尔特，是吧？这件事最奇怪的一部分：他们把里奇曼抬了出去，比赛则继续进行。这是有多无情？放到现在，我觉得我们会把比赛延期进行，哪怕死掉的是马卢夫兄弟中的一个。虽说估计人们要在一节比赛后才能看出来。（译注：马卢夫兄弟，前萨克拉门托国王老板，以常年想让国王队搬离萨克拉门托和对球队不上心而闻名。）

② 原注：这故事最精彩的部分？我在威尔特的自传里找到的。他似乎没那么怀恨在心，解释说：“我猜埃尔金·贝勒和杰里·韦斯特等人在害怕我降临洛杉矶，夺走他们的荣光。”是的，威尔特，我很确定就是这样。

③ 译注：O. J. 辛普森案审判中，他当场试戴凶案现场找到的沾染血迹的手套，然而手套太小戴不进去。这戏剧性的一幕成为了O. J. 被判无罪的关键因素。

护者无视这一事实，为他的每一次毫厘之失寻找借口：1960年东部决赛（威尔特在第4战中出拳打人伤到了右手）；1962年东部决赛第7场（一次富有争议的干扰球判罚改变了结局）；1965年东部决赛第7场（拉塞尔差点就要成为千夫所指[①]，但哈夫利切克拯救了他）；[②]1968年东部决赛第1场[就在马丁·路德·金（Martin Luther King）被刺杀后，76人主教练亚历克斯·汉纳姆没有让球队投票决定是否要参加比赛，据说这伤害了球队的士气，虽说他们赢下了第2、3、4场]；1968年第7场（威尔特的帮手手感冰凉）；1969年总决赛第7场（威尔特在关键时刻膝盖“受伤”）；1970年总决赛第7场（威利斯·里德的回归点燃了MSG观众，沃尔特·弗雷泽摧毁了韦斯特）。没问题。你只需要知道，威尔特的球队在关键时刻表现糟糕，是因为*威尔特在关键时刻表现糟糕*。在重大比赛中，对失败的恐惧总是笼罩着他。他害怕被犯规，因为他的罚球糟糕透顶，于是他把球当成烫手的山芋，安心于他的招牌后仰投篮（导致他离筐15英尺，远离篮板球），而且如果他犯规到了4或5次，他就不会对任何人犯规，因为，你懂的，那会妨碍到他可笑的连续不被罚出场纪录。这让他在比分胶着的比赛中几乎毫无用处，就像一个更别扭版本的2002—2007赛季的沙克，而且害怕对任何人犯规，还有着被迫害妄想症。

NBA伟大球员里克·巴里在自传《一位篮球流浪儿的告白》（*Confessions of a Basketball Gypsy*）——拥有史上体育书籍中最烂的封面[③]——中写

---

① 原注：最后5秒，威尔特让波士顿的领先优势只剩下1分。拉塞尔在发底线球时砸中了篮筐上方的绳子，这桩稀事被自动算作失误，差点儿葬送了波士顿的赛季。威尔特后来很喜欢提这事，反复指出拉塞尔跟其他所有人一样也会掉链子。这就像是某天晚上林希·洛安听说达科塔·范宁（Dakota Fanning）在婚礼上喝了香槟，然后大叫：“看到没，看到没，我不是唯一一个搞砸了一切的人！”（译注：林希·洛安，好莱坞女星，有着大量的负面新闻和严重的酗酒丑闻。）

② 原注：第7战的隐藏剧情：“洪多”后来说自己跳向切特·沃克去抢断入界发球，部分原因在于自己已经在等着了；他知道威尔特不会接球，因为威尔特从来不希望在关键时刻被犯规（所以他们不可能给他布置战术）。

③ 原注：那是一张巴里站在机场的图片，拿着一个包和一个篮球。他甚至都没有看向镜头。他看起来很出戏。这张图片就像是拍给某个不知道他是谁、只想随便搞张高个白人的照片的亚洲旅客看的。真是十分独特。

到威尔特时是这么说的：

我会说，如大部分球员认为的那样，威尔特是个失败者……他在重大比赛中一塌糊涂。他知道自己会失败，还会被指责输掉比赛，所以他非常担心，这你可以从他眼睛里看出来；任何跟他一起打过球的人都会同意我，无论他们是否愿意公开承认。在一场艰难的比赛、重要的比赛的最后几分钟，他不想拿到球，他不想要任何压力。所谓的伟大本来应该是在这种时刻产生的，但威尔特却不想要。你没法将他与比尔·拉塞尔或杰里·韦斯特这样的职业球员相提并论……他们是真正的关键球员。

我的天哪！多么严厉的话啊，来自一位4年之后戴着假发打了整个NBA赛季的家伙。但是再看看1968、1969、1970赛季的3场抢七吧。第1场，威尔特在中场休息后只出手了两次，坚持不懈地给手感冰冷的队友们传球，接着在赛后指责他们没有命中投篮。第2场，威尔特撞到了膝盖，在比赛还剩5分钟时申请下场，惹怒了范布雷达科尔夫（他拒绝让张伯伦重新上场，虽说这让湖人队付出了总冠军的代价）和拉塞尔（他反常地在那个夏天全力抨击威尔特，导致两人之后接近25年的交恶）。第3场，威利斯一瘸一拐，命中了前两记跳投，而张伯伦却没有意识到："等等，防我的人只有一条腿，或许我应该在进攻端打爆他！"[①]他就是不懂。威尔特从来不知道如何获胜；如果非要说什么的话，失败更符合他的性格。比尔·布拉德利在《此生路途》中是这么描述威尔特的：

威尔特打球时，仿佛在向从来没见过篮球的人证明自己的价值。他把数据上的成就当作衡量他能力的特别标准，它们确实如此；但是对于那些了解篮球的人来说，数据不说是毫无用处，至少也是不那么重要的。比赛

---

① 原注：里德在第5战早早地一瘸一拐离场后，威尔特却不知怎么地被明显矮得多的戴夫·德布舍尔（Dave DeBusschere）和纽约的高压防守防死了，让尼克斯完成了16分大逆转。威尔特得到22分，但下半场只出手3次。3次？而他第6场的45+27只会让这件事显得更糟。

的关键点并非个人能做得多好，而是球队胜利与否。这是这项运动最美丽的内核，调和各人的个性，为了团队的成功而各自牺牲……我有一种印象，威尔特在输球后非常安心。失败后，他会小心翼翼地用他的成就来保护自己，表现得宽容大度……威尔特对个人成就的看重没能让他被公众喜爱，也没能给他更多胜利的机会。与此同时，这也保证了他的失败。①

换个角度来看：很少有关于威尔特·张伯伦的关键时刻的故事。他最棒的3个时刻可能是对阵65凯尔特人的第7场，威尔特虽然输球但是狂轰30分、32个篮板；67波士顿对费城系列赛的终结战，他用令人不可思议的三双撕裂了波士顿（29分、36个篮板、13次助攻）；还有1972年总决赛最后的第5战，他用准四双毁灭了阵容矮小的尼克斯（24+29+9，8个盖帽）。就是这个人曾经向《体育》（*Sports*）杂志解释说：“在某种程度上，我更喜欢输球。比赛结束了，我可以往前看，看向下一场比赛。如果我们赢了，就会有压力，我就会开始担心下一场比赛。”拉塞尔会说出这种话吗？你觉得呢？下面是一些著名的拉塞尔的关键比赛：②

1957年总决赛第7场　新秀拉塞尔砍下19+32，完成了人们公认的他生涯中最不可思议的一个球——在常规时间将近结束时，他在命中扳平比分的一球后因惯性冲进了人群中，随后起身，不知怎么从后面追上了杰克·科尔曼，盖掉了科尔曼的绝杀上篮。这个球在“我多么希望我们过去也能有全天覆盖的体育电视节目啊”级别上排得老高了。

1960年总决赛第7场　拉塞尔得到22分，狂抢35个篮板，大胜老鹰队。吼吼。

---

① 原注：布拉德利著作的157～160页对威尔特的失败者人格做了一份心理报告。这不是玩笑。

② 原注：你接下来要读到的数据都要感谢埃利奥特·卡尔布（Elliott Kalb）内容翔实的著作《谁更好，谁更强》（*Who's Better, Who's Best in Basketball*）。如果你是个NBA迷，就去买这本书。非常棒。虽然我反对其中大部分观点，而且他大大地高估了沙克。

1962年东部决赛第7场 这是威尔特场均50分那年，拉塞尔在抢七中把他压制到22分（自己得到19分）。

1962年总决赛第7场 拉塞尔得到30分，17罚14中，抢下破NBA季后赛纪录的40个篮板，在加时赛中战胜湖人[弗兰克·塞尔维（Frank Selvy）之战①]。大家都同意这是拉塞尔的代表作——在常规时间结束时，波士顿阵容中的所有前锋都被罚出场了[海因松、桑德斯和洛斯科托夫（Jim Loscutoff）]，所以拉塞尔必须保护篮筐，还要自己控制篮板。不可思议：*30分加40个篮板?*

1965年东部决赛第7场 虽然全靠哈夫利切克拯救了拉塞尔不被人责备，但他自己还是交出了准三双（15分、29个篮板、9次助攻），如果他们那时候记录盖帽的话就是准四双。②

1966年总决赛第7场 凯尔特人2分击败洛杉矶；拉塞尔25分，32个篮板，以及天知道多少个盖帽。

1968年东部决赛第7场 拉塞尔只得12分，但是把威尔特防到14分……另外，他还是获胜球队的教练。

回头看，威尔特在1968和1969赛季拥有更强队伍的情况下有过5次把拉塞尔赶出季后赛的机会——包括两次主场抢七——只需要一场怪物级表现就能把拉塞尔搞定。但每一次，他都失败了。每一次，拉塞尔所在的较弱的队伍都获胜了。每一次，威尔特都在事后抱怨。如果杰里·韦斯特是关键先生（Mr. Clutch），那威尔特就是掉链子先生（Mr. Crutch）。

---

① 译注：塞尔维在常规时间还剩5秒时投丢了一个难度不大的10英尺跳投，湖人最后加时赛惜败。

② 原注：于是有了一个问题：为什么他们那时候没有记录盖帽数据？那能有多大难度？别慌，这才是我79次抱怨的开始。

神话6：当时的球员和教练对谁更伟大意见不一

你必须信任我：在写作这本书的时候，我读了能读到的每一本NBA著作。没有一粒小石子会被遗漏——2007年夏天到2008年夏天，我花在阿贝购书网上的时间比阿贝他自己都多。在研究那些书的过程中，我寻找了针对拉塞尔-张伯伦之争的各种真知灼见，对每位球员、教练和媒体成员的看法做了记录。（你可以在本书末尾找到这些书的名单。）我不确定哪一点更惊人——有那么多人赞美拉塞尔，还是有那么多人痛斥威尔特（包括跟他打过球和执教过他的人）。考虑到人们赞美拉塞尔的无私、好胜、关键的语录可以填满这一本书，我们就只摘录6条跟威尔特有关的语录来解释一切吧：

布奇·范布雷达科尔夫（《奇闻异谈》）："拉塞尔与威尔特的区别在于：拉塞尔会问：'我需要做什么来让队友们变得更好？'然后他会去做。威尔特则认为，球队最好的取胜办法是为自己提供最好的配置。他会问：'对我来说，最好的位置是什么？'"①

杰里·韦斯特（《歌利亚》）："我不想责备威尔特，因为我认为威尔特所做的一切都让我很尊敬，只不过拉塞尔做得更好。但我还是要说，威尔特不会去适应你，必须是你去适应他。"

杰里·卢卡斯（《奇闻异谈》）："威尔特对纪录太着迷了：成为第一个领跑全联盟助攻的大个子，或是创下命中率纪录。他会完成一个目标，然后去做下一个。而拉塞尔只会问一个问题：'我怎么做才能让我们胜利？'"②

---

① 原注：布奇在1969总决赛抢七的最后5分钟把威尔特按在了板凳上，他知道如果湖人输了，自己就会被炒鱿鱼。但他还是这么做了。他对威尔特就是这么厌恶。

② 原注：我已经没法再不让臭脾气老编辑插嘴了。他对卢卡斯的评价："卢卡斯还真好意思说——他就没有自己不想刷到死的数据。"

杰克·凯瑟（Jack Kiser）（《歌利亚》）：“拉塞尔对张伯伦设了20世纪最大的一个骗局。他欢迎威尔特来到联盟。他扮演了父亲的角色。他跟他说：‘你会打破我所有的纪录，但你还要继续学习，而我会教你的，因为我喜欢你。’①他跟他交朋友。他对威尔特是如此之好，以至于威尔特担心会让他难堪……威尔特憎恶失败，但他是那么喜欢比尔，不介意输给他。威尔特在状态激奋时能摧毁拉塞尔。但他非常克制，于是被击败了。他试图战胜拉塞尔，但他的动力并没有像对阵他不喜欢的球员时那么强烈。我要指出，拉塞尔在退役前从来没有说过威尔特一句坏话，但从退役那一晚起，他就没有停止过对他的批评。”

比尔·拉塞尔（《复苏之力》）：“对我来说，威尔特似乎经常迷茫于自己希望从篮球中得到什么。一个在生涯中多次改变打球特色和风格的人肯定会对自己到底希望实现什么成就感到犹豫和矛盾。一位球员的第一选择很有可能是胜利之外的东西——金钱、纪录、个人名声、一人独占成就——我经常觉得威尔特热切地、有意地做了许多选择。”

威尔特·张伯伦[《威尔特》（*Wilt*）]：“对比尔·拉塞尔来说，每场比赛——每场总冠军比赛——都是挑战，是对他人格的测试。他对比赛是如此认真，几乎每场比赛前都会在更衣室里呕吐。但我更倾向于把篮球当作一场游戏，而非生死抉择。我不需要得分王或NBA总冠军来证明自己是个人。生命中有太多别的美妙之物了——食物、汽车、姑娘、朋友、海滩、自由——没必要那么全身心专注于篮球。②我觉得比尔了解我的想法，我觉得他对我的态度是又嫉妒又怨恨。一方面，我认为他也希望自己

---

① 原注：据《体育画报》的弗兰克·德福特（Frand Deford）所说，拉塞尔一次告诉过威尔特：“我可能是这颗星球上唯一了解你到底有多好的人。”我非常确定马里奥·洛佩兹（Mario Lopez）从来没有这么跟马克-保罗·戈斯勒（Mark-Paul Gosselaar）说过。[译注：马里奥·洛佩兹、马克-保罗·戈斯勒，电视剧《救命下课铃》（*Saved by the Bell*）中的两位主演。]

② 原注：这句话完全可以用作文斯·卡特高中年鉴的题词。

能学会放轻松点儿；另一方面，我觉得他可能知道，凭借我的能力和努力的意愿，如果我像他那样为胜利献出全部身心，我的球队可以每年都夺下NBA总冠军……我希望我能赢下全部冠军，但我真的觉得我在失败中比拉塞尔在胜利中成长了更多。”

这可能是真的。但我更希望自己的球队中有那个厕所呕吐怪，他所在时代最被爱戴的队友，总能在比分胶着的比赛中站在胜利一方的家伙，以体育史上最伟大赢家的身份结束自己生涯的家伙，一心只关心让队友变得更好、做一切能带来胜利的事情的家伙。我更希望能拥有比尔·拉塞尔。所有脑子正常的人也都那么想。

辩护完毕。

三　我们是怎么到这个鬼地方的?

在尝试回顾NBA60多年历史的过程中，总有一个问题不断地出现在我脑海里：*我们要怎样看待每一件事？*如果威尔特一个赛季场均50分，这到底意味着什么？他在现在能场均40分吗？30分？20分？如果72湖人来到2009年，他们能取得33连胜吗？96公牛是历史上最强的球队，还是只是最成功的？如果不结合那些复杂的背景，我就没法回答这些问题。当我告诉你，奥斯卡·罗伯逊的赛季三双并没有看起来那么震撼，你千万要相信我，因为这关系到1946到1984年间的各种规则改变、创新、天才过剩或匮乏、奇异数据、大图景上的错误和修正。为什么到1984年为止？因为从那时起——先不论这是好事还是坏事——总之，NBA变成了现在的联盟。不管是从数据、创造性、基本功还是天赋的角度看，你都可以随意调换从1984—2010年间的任意好球员或球队，一点问题都没有（有时甚至变得更好）。

把NBA想成是美国喜剧，一切就很容易理解了。看过米尔顿·伯利（Milton Berle）、鲍勃·霍普（Bob Hope）、锡德·西泽（Sid Caesar）等人在50年代最受好评的表演吗？做着夸张的怪相，简单的笑话，变装，再来一串怪相，成吨的自损，然后又是更多的怪相。很难理解他们在当时会被视为天才。但这是事实，没有谁比他们好了。（有点像乔治·迈肯和多尔夫·谢斯，是吧？）到了20世纪60年代，伦尼·布鲁斯（Lenny Bruce）、伍迪·艾伦（Woody Allen）、鲍勃·纽哈特（Bob Newhart）、斯马瑟斯兄弟（the Smothers Brothers）们把喜剧推上一个新的台阶——敏锐的观察，超机智的点子——他们被视为是更高档次的天才。（有点像奥斯卡、埃尔金、威尔特和拉塞尔，是吧？）但你知道吗？如果你在YouTube上观看他们巅峰期的表演，你不会觉得有多好笑。只有到了福特（Gerald Ford）的总统任期①，喜剧才开始向现在的模样转变：理查德·普赖尔（Richard Pryor）基于黑人体验的酸涩嘲讽，乔

① 译注：1974—1977年。

治・卡林（George Carlin）犀利的即兴表演，《周六夜现场》勇敢地重新定义了电视喜剧，史蒂夫・马丁（Steve Martin）有意滑稽的栋笃笑，甚至还有杰伊・莱诺（Jay Leno）和大卫・莱特曼（David Letterman）等受到卡林和布鲁斯影响的年轻喜剧演员。（有点儿像朱利叶斯・欧文、鲍勃・麦卡杜和"小个子"・阿奇博尔德重新定义了NBA速度和运动能力的极限。）1977—1982年间的经典电影取得了同样的进步，比如《小小球童》（*Candyshack*）、《动物屋》（*Animal House*）、《杂牌军东征》（*Stripes*）和《福禄双霸天》（*The Blue Brothers*），非常好笑，同时又充斥着毒品滥用、鲁莽冒失和个人主义。[有点儿像皮特・马拉维奇、乔治・格文、大卫・汤普森和迈克尔・雷・理查德森（Micheal Ray Richardson）主导下的NBA。]然后就是20世纪80年代了，喜剧进入新时代：爆表的幽默，尖锐的讽刺，"你有没有注意到……"一类的笑话，不管此事是好是坏，这些笑话直到现在都还能让我们发笑。莱特曼在NBC的创造性的节目，霍华德・斯特恩（Howard Stern）同样创造性的电台节目，埃迪・墨菲（Eddie Murphy）在《周六夜现场》的滑稽表演和栋笃笑，一个名叫《神秘科学剧院3000》（*Mystery Science Theater 3000*）①的小小有线电视节目，杰里・宋飞（Jerry Seinfeld）和萨姆・基尼森（Sam Kinison）的栋笃笑，层出不绝的搞笑电影，比如《运转乾坤》（*Trading Places*）、《比弗利山超级警探》（*Beverly Hills Cop*）、《夜迷情》（*Night Shift*）、《古灵侦探》（*Fletch*）和《春天不是读书天》（*Ferris Bueller's Day Off*），这些都是可以一直延续到今天的表演。

20世纪80年代中期，喜剧世界已经解决了一切问题，抵达了自己想去的地方。但这件事并非就这么*自然而然地发生*的。民权运动，三桩刺杀案（JFK，RFK，MLK②），逐渐增强的反越战情绪，这些都阉割了20世

① 原注：《神秘科学剧院3000》和莱特曼创造了无心喜剧的流派：戏仿一些最初本身不含搞笑目的的行为。大约15年后，我在ESPN.com上公布了无心喜剧等级表，迪肯贝・穆托姆博（Dikembe Mutombo）的嗓音得到了满分100分，至少20位职业高尔夫球手拿到0分[因为一条少有人知的规矩：在获得职业高尔夫巡回赛（PGA）资格之前必须接受至少6次电击治疗]。

② 译注：JFK，约翰・菲茨杰拉德・肯尼迪（John Fitzgerald Kennedy），1960年任美国总统，1963年遇刺；RFK，罗伯特・弗朗西斯・肯尼迪（Robert Francis Kennedy），肯尼迪总统之弟，1968年参与总统竞选时遇刺；MLK，马丁・路德・金，黑人民权运动领袖，1968年遇刺。

纪60年代的喜剧；人们变得更严肃，更缺乏信任，更倾向于探讨严肃问题，进行争论。这就是伍迪和伦尼的结局。70年代被一场评价两极分化的战争和“水门事件”所毁，幻想破灭的美国人被推向了愤世嫉俗、直言无讳和放浪自在的方向（药物，性自由，等等），这种精神很快就在喜剧中显现了出来。70年代末和80年代初的喜剧演员向前人学习——哪些会有效果，以及，更为重要的，哪些没有效果——形成了更为严肃、深思、老练的态度，之前时代的努力最终塑造出了他们的观念。不管此事是好是坏，总之这种观念此后再没有发生改变。现在我们到了。1984年的伯德和“魔术师”比现在的勒布朗和韦德更好吗？这是个有趣的辩题。1984年的埃迪·墨菲比现在的克里斯·罗克（Chris Rock）更好笑吗？这是个有趣的辩题。但如果你问我，1967年的某集《糊涂侦探》（*Get Smart*）是不是比2009年的某集《南方公园》（*South Park*）更好笑，不，这根本不是个辩题。

所以，重要的是历史的前后环境。每一年（对于NBA来说就是每一个赛季）的潮起潮落都会影响我们的记忆，以及我们如何评价它们。如果我们要找出史上最好的球员和球队——别急，我们会说到的——我们就必须检查1946（元年）到1984（三十九年）的每一个赛季，看看有哪些关键性的进步帮助我们抵达了这里。你可以把它看成是一部简短而偶尔带点偏见的历史，关于NBA如何成为NBA。①

---

① 原注：这差点儿成了本书的标题：“一部简短而略有偏见的NBA史”。其他我非常喜爱（但最终没有选择）的标题：“有霍里的周二”“篮球耶稣的私生子”“告诉我我的书尝起来怎么样”“普利策发生之地”“我写过的最伟大的篮球著作”“马尔利和我”“篮球自白”“黑人也能跳”“史上第二好的篮球著作”“我爱这项运动”“我多想是个黑人”“篮球圣经”“一个白人对一项黑人运动的看法”“来自拉斯维加斯裸体泳池的秘密”“协会”“伯尼·比克斯塔夫家的周末”。

最棒的题目当属“有霍里的周二”，但我当时没有胆量去用它。等到这本书不可思议地登上《纽约时报》畅销书榜非虚构作品的第一名时，你猜第二名是谁？好好猜猜……米奇·阿尔博姆（Mitch Albom）。真该死。

[译注：“有霍里的周二”，盖因总决赛第6战多在周二举行，且罗伯特·霍里多次进入总决赛，故有此说。“我爱这项运动”是NBA20世纪90年代的宣传口号。小说家、体育记者米奇·阿尔博姆曾出版过畅销书《相约星期二》（*Tuesdays with Morrie*）。]

1946—1954：成长的烦恼

1954年夏天，所有人都觉得NBA快完蛋了。他们这么想有5个理由。

理由1　由于缺乏可以限制故意犯规、拖延时间和斗殴骚乱的规则，联盟的场均得分跌到了令人震惊的79.5分。每场比赛打得都像是20世纪90年代中期热火-尼克斯的季后赛大战。你只能看到笨重的白人球员，杵在篮筐附近，传着缓慢的高吊球，互相在对方背后推推搡搡，一次又一次地走上罚球线。如果你想要保持领先优势，那么就让你的控卫不停地到处运球，等着被犯规。如果你想要对谁故意犯规，就得给他来一记狠的，好让他知道你不是吃素的。球员们像冰球暴徒那样大打出手，球迷们不时向场内扔东西，没有人知道如何阻止这一切。观众们对拖延时间/犯规战术的反感程度，无论怎么说都不算夸张。就是在这一时期，韦恩堡（Fort Wayne Pistons）和湖人队（Minneapolis Lakers）打出了著名的19：18的比赛。罗彻斯特（Rochester Royals）和印第安纳波利斯（Indianapolis Olympians）打了一场六加时的比赛，其中每一个加时，赢得跳球的一方都一直抱着球等着时间走完，然后才尝试着投一记制胜球，这导致罗彻斯特主场球迷不断地发出嘘声，最后在比赛还没结束时就开始集体离场。1953年季后赛平均每场有不可思议的*80次*罚球。1954年总决赛的比分是毫无亮点的79：68，62：60，81：67，80：69，84：73，65：63，87：80。你懂我的意思吧。

理由2　联盟出了第一桩赌球案，韦恩堡的新秀杰克·莫利纳斯（Jack Molinas）因为在自己球队身上下注而被捕。①虽然莫利纳斯很快被禁赛，总裁莫里斯·波多洛夫（Maurice Podoloff）也宣布禁止一切与NBA比赛有关的赌博活动，但是伤害已经造成了，NBA在体育博客和电台

---

① 原注：真不敢相信波士顿学院没有给莫利纳斯一个荣誉博士学位。（译注：波士顿学院在1978—1979赛季爆出过一桩非常著名的赌球案。）

节目里被骂了个狗血淋头。[①]

理由3　因为有个愚蠢的“我们不如让各个分区的前3名先打6场单循环赛”的提议，1954年季后赛完全变成了一团糟。尼克斯在一场比NFL比赛还长的全国直播比赛中输球。根据伦纳德·科佩特（Leonard Koppett）的说法：“这场比赛包涵了‘抢球然后抱住’篮球哲学的所有丑恶特征。比赛总共打了3个小时，打到最后双方只差一分的时候，电视网居然切掉了信号。关于裁判的争议永无休止，而且满是人身攻击。此前数年中无数比赛里发生的一切，就这么赤裸裸地展现在了全国观众眼前。”[②]

理由4　由于所有球队的出行工具都是火车或者大巴，所以整个联盟也就是波士顿到明尼苏达那么大，其中只有3个“主要”电视市场（波士顿，费城，纽约）和7个较小的市场[明尼阿波利斯，雪城，巴尔的摩（Baltimore），罗彻斯特，韦恩堡，印第安纳波利斯，密尔沃基]。这么说吧，1954年明尼阿波利斯和雪城之间的总决赛完全无法威胁《我爱露茜》（*I Love Lucy*）的尼尔森收视率冠军地位。[③]

理由5　这个纯白色的联盟迫切需要，呃……我们该怎么说呢……呃……我希望能做到政治正确……你知道，特别是在艾穆斯（Don Imus）

---

① 原注：1954年是没有博客和电台节目的。我只是想确定你真的在认真看书。不过说起来，如果能在当时读到一些取着“库西的大舌头”名字的黑子博客专栏，那也是挺有趣的。

② 原注：科佩特的著作《24秒：NBA的诞生和神奇发迹史》（*24 Seconds to Shoot: The Birth and Improbable Rise of the NBA*）对这一章有着巨大的贡献。他已经去世了，但我还是要向他致谢。

③ 原注：1954年最火的5个节目：《我爱露茜》，《警网擒凶》（*Dragnet*），《阿瑟·戈德弗雷达人秀》（*Arthur Godfrey's Talent Scouts*），《赌上性命》（*You Bet Your Life*），有鲍勃·霍普的《雪佛兰秀》（*The Chevy Show*）。如果55年后有人回首2010年最火的5个节目时说：“《美国偶像》（*American Idol*）是个什么玩意儿？”你会不会觉得很奇怪？就像我现在在想：“《阿瑟·戈德弗雷达人秀》是个什么玩意儿？”

/罗格斯大学（Rutgers University）事件[1]后……我们要说得尽量谨慎一点……呃……这么说吧……*联盟需要更多的黑人！*

1954—1955：救星

雪城老板丹尼·比亚索内[2]（Danny Biasone）灵光一现想出的24秒规则其实没什么大不了的，不过就是增加了攻防回合数，杜绝了拖延时间，把联盟球队的场均得分提高了13.6分，再顺便拯救了联盟而已。他为什么选择24？比亚索内研究了一下那些他觉得好看的比赛，发现这些比赛中，两支球队差不多都投了60个球。然后，60+60=120。所以比亚索内觉得至少120次投篮才能让比赛从“让我看一场NBA比赛还不如杀了我”变成可以接受。而如果一场比赛48分钟，每24秒投一次篮，那就是……准备好了吗……120次投篮！比亚索内在1951年想出了这个主意，然后用3年时间向其他老板兜售这个想法，甚至在1954年8月搞了一场有进攻时间限制的表演赛来证明其可行性。于是我们就有了24秒进攻时间。当然咯，春田镇（Springfield）的那群逗趣的人要到2000年才想起来把他选进了名人堂；这事儿还挺感人的，要不是可怜的比亚索内在8年前已经去世了。说真的，发明了进攻时间、拯救了职业篮球，这样的成就真的需要等上41年才能进篮球名人堂吗？等到这本书的后面，你就会知道为什么我现在那么光火了。在我个人看来，我觉得应该发行24美元的纸钞，上面印上比亚索内的头像。

命运之神也给了比亚索内以回报，雪城抢七战胜韦恩堡，拿到了1955

---

① 译注：唐·艾穆斯2007年在节目中评论NCAA女篮决赛时，称罗格斯大学队员为“卷发妓女”，其中“卷发”和“妓女”分别是对黑人和文身的歧视性用语。

② 原注：关于比亚索内有4件很精彩的事：他出生在意大利，然后来到了埃利斯岛（译注：Ellis Island，美国移民管理局原所在地）；他靠着一家保龄球馆发家致富；他穿的是双排扣长外套，戴的是博尔萨利诺帽；他抽带过滤嘴的香烟。我不知道博尔萨利诺帽长啥样，但这听起来帅爆了。

年总冠军[1][史上评价第二低的体育赛事，仅优于福克斯的《名人拳击》（*Celebrity Boxing*）第二季]。巧合吗？我不觉得。1958赛季起，场均得分终于破百。一年之后，波士顿在一场比赛中创纪录地173：139击败明尼苏达，库西得到了31分和破纪录的29次助攻。NBA从此再不相同。

另外一项产生了永久影响的变化：犯规规则修改了。球队犯规数有了限制（每节6次，此后每次要罚两球）；进攻犯规算作球队犯规，但是不会追加罚球，除非进攻方做得太过；在后场的所有犯规都会被算作球队犯规。第一项改变防止球队不计后果地满场犯规；第二项加快了比赛速度；第三项让那些喜欢在球场上到处犯规的球队付出代价。这听上去像三条简单的、有逻辑的、“为什么他们不早这么做”的小小调整，是吧？联盟用了整整*8年*才想出了这几条规则来。我愿意把NBA的头8年和成人片的头8年（1972—1980）做比较——是的，是有一些好东西，来自那个时代的人都对那段岁月有着不错的回忆，但是我们终究还是找到了一个好得多、合理得多、赚得多的方向。成人片工业直到有了录影带当载体才开始腾飞；NBA则在有了进攻时间之后才开始腾飞。[2]

1955—1956：迈肯第二季：机械舞

56湖人打出了糟糕的5胜15负开局，上座率一塌糊涂，于是“大乔治”[3]辞去总经理职务，进行了一次注定会失败的复出，[4]完全无法适应

---

① 原注：另外一条值得一书的：厄尔·劳埃德（Earl Lloyd）和吉姆·塔克（Jim Tucker）成为最早夺冠的黑人球员。

② 原注：把这个比喻扩展一下，鲍勃·库西就是西卡（Seka），多尔夫·谢斯是玛丽莲·钱伯斯（Marilyn Chambers），乔·富尔克斯（Joe Fulks）是哈里·里姆斯（Harry Reems），“红头”·奥尔巴克是杰拉德·达米阿诺（Gerald Damiano），乔治·麦肯妥妥的就是约翰·霍姆斯了。

③ 译注：“大××”一般是对中锋的昵称，如“大乔治”即乔治·迈肯，“大卢”即卢·阿尔辛多（Lew Alcindor），“大韦斯”即韦斯·昂瑟尔德，“大麦克”即鲍勃·麦卡杜。

④ 原注：把刚才那个迈肯-霍姆斯的比喻继续下去，这次复出就像是约翰尼·瓦德（Johnny Wadd）的最后两年，他成了个瘾君子。

提速后的比赛。按照科佩特所说，迟缓的迈肯“对24秒还完全没有准备好。油漆区的扩大是他可以搞定的；但连续不断地奔跑是他搞不定的”。就这样我待会儿还要把迈肯排进历史前三十？联盟在迈肯离开后的空缺由鲍勃·佩蒂特填补上，他赢下了联盟首座MVP奖杯，在得分和篮板上双双领跑联盟。他效力的老鹰队在那个赛季前刚刚从密尔沃基迁往圣路易斯——考虑到20年后《欢乐时光》（*Happy Days*）①的大获成功，这次搬迁对他的生涯来说实在不是个好消息。②

1956—1957：拉塞尔

波士顿的“红头”·奥尔巴克在1956选秀大会上送出未来名人堂成员埃德·麦考利和克里夫·黑根换来拉塞尔的签约权。为什么？因为他需要一名“现代”中锋，可以控制篮板，保护篮筐，迅速出球为身边的快腿后卫创造快攻机会。“红头”在1956年就准确地预测到这项运动——当时位处一个三岔路口——会向哪一个方向发展，这算得上是他最伟大的成就。好吧，再加上他一直吃中式快餐、狂抽雪茄还能活到了80多岁这一条。对凯尔特人来说，拉塞尔扛着他们夺下了1957年总冠军。对NBA来说，拉塞尔引入了此前大家完全陌生的“弹跳”“扣篮”“盖帽”和“黑人”的概念。终极双赢。

1957—1958：球星卡

鲍曼公司（Bowman）1948年推出的系列球星卡曾在球迷中引起轰

---

① 译注：20世纪70年代最成功的情景喜剧之一，剧情发生在密尔沃基。

② 原注：如果老鹰队还留在密尔沃基的话，我们肯定会看到里奇·坎宁安（Richie Cunningham）穿着老鹰队的T袖和运动衫，可能还会有一集回忆剧情，佩蒂特和克莱德·洛夫莱特戴着难看的假发，扮演年轻20岁的自己，克莱德还会对阿诺德（Arnold）餐厅的黑人厨师骂骂咧咧，然后被方齐（Fonzie）怒踢一顿屁股。

动，时隔10年，托普斯公司（Topps）终于推出了他们的首个NBA系列。80位球员（包括库西和谢斯这样的老将）都突然间拥有了自己的“新秀卡”。60年后的今天，已经基本无法找到十品或接近十品的这种卡了，部分原因很明显（那个系列卖得不好），部分原因则不那么明显（大部分的卡片都切割得不好，或者没有印正，而且要么印得太多要么太少）。[①]拉塞尔的新秀卡印数很少，在史上最有价值篮球球星卡排行榜上仅次于1948年鲍曼给迈肯出的新秀卡（接近全新的卡现在价值9000美元以上）。4年之后，弗利尔公司（Fleer）也跳进了这个注定失败的球星卡领域，发行了一套现在很珍贵、很难找到的1961—1962系列，为威尔特、韦斯特和奥斯卡等人设计了新秀卡（同时可能是有史以来设计最缺乏兴奋点的球星卡）。三个系列，三次失败。直到1969—1970赛季，才出了新的篮球球星卡，托普斯公司放出了一套共99张的“高个男孩”系列，出了卡里姆、“洪多”、威利斯、“珍珠”[②]、弗雷泽和坎宁安等人的新秀卡。

这件事到底哪里重要呢？从1946年到1970年的所有新秀卡都出自48鲍曼、58托普斯、62弗利尔和70托普斯系列中。如果这本书能像NBA著作中的《达·芬奇密码》（*The Da Vinci Code*）一样大卖，我就会拿这笔意外之财买下这4个系列的全套全新品。剩下的钱要用来买套曼哈顿（Manhattan）海滩的临水豪宅，当个有场边专座的快船队小股东，弄辆敞篷的宝马M6，叫几个花姑娘，雇一帮离婚律师，再买一家好莱坞制作公司，不停地开会和找人共进午餐，但从不真正出什么影片，最后还要搞几件可以好好秀一秀胸毛的杰尼亚衬衫。唐·斯特林（Don Sterling），快挪个地儿——城里来了新老大啦。

---

① 原注：佩蒂特的卡印了四版，到现在都还是最容易找到的。想想看，他们把佩蒂特（白人）的卡印了四版，拉塞尔（黑人）的只有一版。我确信这只是巧合。拉斯的新秀卡现在的价格根据品相在500～15000美元不等。

② 译注：厄尔·门罗（Earl Monroe）的绰号。

1958—1960：上色

在拉塞尔之后，湖人队新秀埃尔金·贝勒为联盟引入了滞空时间、爆炸力和半空中的创造性表演；同时，威尔特也结束了与环游者队为期一年的合作，[①]计划在来年加入费城。（勇士队在1955年用地域选秀权摘下了还在读高三的威尔特。别问我为什么。）联盟在他加入之前抢先出台了进攻干扰球规则，俗称威尔特·张伯伦规则，禁止进攻球员把篮圈上方的球点进去。适应这条规则花去了几年时间，因为在威尔特1962赛季单场73分的比赛录像中，他把许多队友投出的跳投在沾筐之前就点进了篮圈，这在今天是非法的。他们不得不在20世纪60年代中期再次调整了规则。顺便说一下，如果有人用你的名字命名了一条规则，你就知道自己的人生太赞了。[②]

"大北斗"在新秀赛季超越了所有人的期待，场均破纪录的37.6分，包揽最佳新秀、MVP和MLBHC[最吸引辣妹奖（Most Likely to Bang Hot Chicks）]，甚至刺激NBC把电视转播增加到了周六和周日下午两

---

① 原注：一旦NBA开始从环游者队偷走黑人球星，环游者队的转型就只是时间问题了——他们变成了一支娱乐观众的杂耍篮球队，吊打将军队（Washington Generals），还在《体育大世界》（*Wide World of Sports*）中有过一段漂亮的经历。你知道谁爱死他们了吗？小贾巴尔，没错。（译注：华盛顿将军队，杂耍篮球队，在40年中对环游者队6胜、超13000负。《体育大世界》，ABC的体育故事连续剧节目。）

② 原注：其他以NBA球员或人物名字命名的规则和词语：泰德·斯特平（Ted Stepien）规则，"魔术师"·约翰逊规则，特伦特·塔克（Trent Tucker）规则，乔丹法则，砍鲨战术（Hack-a-Shaq），拉里·伯德条款，阿兰·休斯敦（Allan Houston）规则，尤因理论。[译注："魔术师"·约翰逊规则，指身上有暴露的、出血的伤口的球员不得留在场上，因一些球员在"魔术师"想要复出时质疑可能会出现血液接触感染HIV而得名。特伦特·塔克规则，指比赛（或进攻时间）还剩0.3秒以下时，发球入界、接球投篮得分不算（指常规投篮至少需要0.3秒，但是碰一下、点一下球等不算常规投篮），以1990年尼克斯在还剩0.1秒时发球给特伦特·塔克绝杀公牛（赛后回放显示超时）而得名。乔丹法则，指20世纪80年代末活塞队防守乔丹的策略。砍鲨战术，指不断对对方罚球不好的球员进行无球犯规的做法，以老尼尔森用此招对付沙克·奥尼尔而闻名。伯德条款，指球队在续约本队球员时可以超出工资帽，起因为刚施行工资帽规则后凯尔特人无法续签伯德，故向联盟申请。阿兰·休斯敦规则，2005年劳资协议中的一个特赦条款，每支球队可以在2006赛季开始前特赦一名球员的合同，不计入球队名单和奢侈税（计入工资帽）；起因是尼克斯想摆脱已经因伤退役的休斯敦的大合同。泰德·斯特平规则和尤因理论后文有述。]

场。[1]另一方面，威尔特被小个子对手们的不断冲撞搞得情绪低落，甚至在1960年春天短暂地退役。库西等其他球星们则开始抱怨冗长的赛程[2]（还有连续的旅行、低廉的工资、残暴赛程对身体造成的伤害，以及联盟拒绝保护他们不参加背靠背比赛），突然之间，NBA面临了第二次危机：来自球星们的公然不满。这一点在4年之内还勉强没有完全显现。之后？就跟个失足妇女一样，彻底暴露啦！

1960—1961：得分爆炸

未必是件好事。为什么？没有人在认真防守，所有人的比赛都像是杂乱的全明星赛，或者甚至更糟一点儿，像是一场大家前一晚都在啤酒派对上喝多了、没有人回防的大学篮球友谊赛。61凯尔特人在得分上领跑联盟（场均124.5分），场均出手119.5次，罚球33.5次。与之相参照，2008凯尔特人场均76次出手，罚球26次。太疯狂了。比赛变得如此糟糕，NBC甚至在一年后砍掉了NBA，即便1962年总决赛精彩得令人难忘。[3]后一个赛季（1963赛季），总裁莫里斯·波多洛夫强行拼凑出了一支团队来"转播"全明星赛和NBA总决赛，然后打包卖给全国各地的地方电视台，就像是《骗子》（*Cheaters*）或《史蒂夫·威尔科斯秀》（*Steve Wilkos Show*）。太不可思议了。

因为高得反常的回合数，1958—1962年间的数据需要好好撒上一整把盐，出来的水分都足够建个盐水太妃糖厂了。

在5个赛季内，场均得分增长了18.6，每节的出手次数增加了超过4

---

① 原注：你知道真正奇妙的是什么吗？他们在1959年最好的解说团队是马夫·艾伯特和休比·布朗（Hubbie Brown）。

② 原注：球队一般要打25～30场季前赛，还有72场常规赛，还有季后赛，而且当时负责赛程安排的那个家伙显然患有严重的脑残。细节稍后奉上。

③ 原注：另一个原因：所有的NBA新球星都是黑人。嗯……嗯！后来为了弥补这一明显的种族主义行为，NBC给《科斯比秀》（*Cosby Show*）《茶煲表哥》（*The Fresh Prince of Bel-Air*），甚至没人能看得下去的《不同的世界》（*A Different World*）都大开绿灯。

次，每支球队多出了18个篮板球可抢，命中率也增加了，得益于球队的防守越来越差。

年份	比赛数	出手数	篮板数	命中率	场均得分
1956—1957	72	6809	4494	38.0%	99.6
1957—1958	72	7333	5160	38.3%	106.7
1958—1959	72	7368	5043	39.5%	108.4
1959—1960	75	8151	5513	41.0%	115.4
1960—1961	75	8642	5789	41.5%	118.1

然后进入了1962赛季，发生了以下事件，

1.威尔特场均50分。

2.奥斯卡场均三双。

3.沃尔特·贝拉米（Walt Bellamy）场均32+19。

4.拉塞尔场均23.6个篮板，然后还是比篮板王威尔特场均少两个。

很难按表面价值去看待这些数字，对吧？而且我们还要考虑到进攻干扰球（在当时合法）、缺少有运动能力的大个子（很重要）、糟糕的训练情况（于是没有人好好防守）。我看了威尔特对纽约的73分之战的DVD，有两件事最为突出：第一，他看起来就像是麦当劳全美之队①的中锋在跟初中生打球一样；没有人拥有足够的身高或力量，哪怕*想尝试*限制他都不可能。第二，因为比赛速度提到了极限，威尔特每节比赛获得的触球次数简直多得数不清。威尔特的50分赛季，场均出手接近40次，还有17次罚球。40年后，沙克和科比每场比赛用差不多的合计出手/罚球次数得到合计52分。②一旦球队们开始认真对待防守，事情便逐渐趋于稳定——虽说降速用了整整10年才完成——数据终于（至少有点儿）像我们现在看到

① 译注：麦当劳全美赛，高中篮球最过硬的荣誉之一。

② 原注：1987赛季M. J. 场均37.1分时，他场均仅仅出手27.8次，罚球11.8次。好吧，或许我们这里不该用“仅仅”这个词。

的样子了。以下是1962年之后每4年的概况。注意回合数、总篮板和总得分是怎么开始回落的；投篮命中率是怎么向上攀升的；还有，从1962到1974到1986到1994到2004到2008的数据是怎样变动的。①

年份	比赛数	出手数	篮板数	命中率	场均得分
1961—1962	80	8619	5713	42.6%	118.8
1965—1966	80	8195	5458	43.3%	115.5
1969—1970	82	8147	4336	46.0%	116.7
1973—1974	82	7697	3955	45.9%	105.7
1977—1978	82	7615	3863	46.9%	108.5
1981—1982	82	7236	3565	49.1%	108.6
1985—1986	82	7268	3572	48.7%	110.2
1989—1990	82	7146	3538	47.6%	107
1993—1994	82	6924	3526	46.6%	101.5
1997—1998	82	6536	3407	45.0%	95.6
2003—2004	82	6545	3461	43.9%	93.4①
2007—2008	82	6683	3442	45.7%	99.9

再比较比较1962赛季和2008赛季的数据。奥斯卡的三双或威尔特的50+25仍然令人铭记吗？当然……但没那么印象深刻了。

1961—1962：一号对手

阿贝·萨珀斯坦（Abe Saperstein）的美国篮球联赛（ABL）很快就

① 原注：1994—2004赛季的数据降低是因为过度执教、超强防守、极低的回合数、过度扩军、更多身体对抗以及明显的精英天赋匮乏（要感谢糟糕的选秀、高中生的涌入及年轻球员过早地赚了大钱）。

② 原注：这个赛季烂透了。我们那年甚至有阿尔·迈克尔斯（Al Michaels）在ABC做解说，一副“我会在这里完全是因为他们给了我一大笔钱”的样子。（译注：阿尔·迈克尔斯，NFL著名解说员。）

失败了，但在此之前他们种下了两颗未来NBA构想的种子：更宽的禁区（16英尺），三分线。ABL还把赌注压在了NBA“黑名单”球员身上，包括康尼·霍金斯（Connie Hawkins），他为匹兹堡（Pittsburgh Rens）砍下场均28+13，赢得了联盟唯一一座MVP。在唯一一届ABL总决赛中，克利夫兰风笛手（Cleveland Pipers）在后来的尼克斯球星迪克·巴尼特（Dick Barnett）的带领下，3：2击败堪萨斯城阉牛队（Kansas City Steers）。ABL在第二个赛季进行到一半时解散，战绩联盟第一的阉牛队于是宣布他们“夺冠”。一条重要的经验法则：如果你的职业体育联盟中有一支球队叫堪萨斯城阉牛队，那么你很有可能失败。如果你有一支球队叫夏威夷酋长队（Hawaii Chiefs），你几乎肯定会失败。如果你用“文艺复兴”的缩写给一支球队命名（匹兹堡文艺队），你*绝对失败*定了。①

1962—1963：空缺

随着鲍勃·库西在赢得第6枚戒指后退役，联盟失去了最受欢迎的球员，一位在文化角度上可以与米基·曼特尔（Mickey Mantle）和约翰尼·尤奈塔斯（Johnny Unitas）②并列的人物。库兹在最后一个赛季进行了告别巡回之旅，以及史上第一个超级动情的退役仪式：库兹激动得几乎崩溃，一些大嗓门的球迷尖叫着：“库兹，我们爱你！”谁能填补上库兹留下的联盟最受爱戴白人的空缺？韦斯特可以吗？卢卡斯呢？没错，联盟正变得越来越黑……对于一家正在考虑购买其版权，在这个心怀偏见的国家播放的电视台来说，这可不是件好事。

[另一方面，伦尼·威尔肯斯（Lenny Wilkens）在老鹰队风生水起，奥斯卡则执掌辛辛那提，所以那些“黑人的智力不足以指挥一支橄榄球或

---

① 原注：还有，NBA中黑人球员的数量增至全联盟96人中的25人（26%）。阿尔·阿特尔斯在《奇闻异谈》中说：“我在1950年进入联盟，当时有一种说法，每支球队最多只能有4名黑人。”在今天，只有新英格兰的预科学校球队才这么想。

② 译注：米基·曼特尔/约翰尼·尤奈塔斯，和库西同时代的NFL/MLB偶像球星。

篮球队”的陈旧刻板印象开始显得有些蠢了……虽然这种偏见从来没有真正消失，甚至成为了2007年《胜利之光》（*Friday Night Lights*）第一季的一条关键剧情线。][①]

1963—1964：静坐罢工

1964年1月14日，马萨诸塞州波士顿。

（我们需要通过换行和括号来营造出剧本的气氛。不好意思，我是这么想的。）

报酬太低，旅途太多，缺乏养老金计划，失望的1964届全明星球员们做出了职业体育史上最大胆、最聪明的决定之一，在全明星赛开始前两小时告知总裁沃尔特·肯尼迪（Walter Kennedy），如果没有达成养老金协议，他们就将罢赛。比赛转播方ABC威胁肯尼迪说，如果球员们敢在黄金时段放他们鸽子，就不要再考虑什么电视合同的事了。最终，肯尼迪在跳球前15分钟同意将跟老板们一起推进养老金协议。阿蒂卡（Attica）！阿蒂卡！阿蒂卡！[②]

为什么这个夜晚没有变成一部HBO体育电视台拍摄的艾美奖获奖纪录片，这始终是我人生中最大的困惑之一。那夜的波士顿风雪大作。几乎所有的凯尔特人球员（现役的和退役的）都在球馆里，包括整支1946—1947凯尔特人，还有许多退役的联盟球星在正赛前进行名宿赛。全明星赛中有

---

① 原注：那是非常惊人的两集，一位老助教点燃了种族主义的火药桶，说斯马什·威廉姆斯（Smash Williams）比起四分卫更适合当跑卫。如果《胜利之光》是M. J. 的生涯，莉拉·加里蒂（Lyla Garrity）打架那集就是波士顿的63分之战（一举成名），斯马什的两集就是1991年总决赛（实现了其具备的巨大潜力），兰德里（Landry）和泰拉（Tyra）杀掉尾行客的部分就像M. J. 的棒球生涯（牵强，纯粹浪费时间），第三季和第四季就像乔丹的后3个冠军赛季（巩固了其最伟大体育作品的声望）。一吐为快，好爽。

② 译注：1971年，美国阿蒂卡监狱发生暴乱。最终州警察采用暴力手段平息了暴乱，造成39人死亡。当时正逢美国政府公信力低谷，公众对暴力的解决手段十分不满。影片《热天午后》（*Dog Day Afternoon*）中，阿尔·帕西诺（Al Pacino）带领群众高呼：“阿蒂卡！阿蒂卡！阿蒂卡！”这成为对极权不满的标志性口号。

史上最伟大球员中的5位（威尔特，拉塞尔，韦斯特，奥斯卡，贝勒）都正处巅峰，还有其他许多响亮的名字（卢卡斯，哈夫利切克，海因松，伦尼·威尔肯斯，萨姆·琼斯，哈尔·格里尔），以及史上最伟大教练（奥尔巴克）执教东部。在更衣室里为球员支招的是拉里·弗莱舍（Larry Fleisher），一位强大的律师，此后对球员们产生了重大的影响。[①]这是美国体育史上首次有一群职业明星冒着断送生涯和支票的危险去做一件伟大的事。最终，这带来了现代体育第一份养老金计划，体育史上球员工会第一次真正取得胜利。[②]除掉这些，那倒是个挺无聊的夜晚。

哈尔伯斯塔姆（David Halberstam）在写作《比赛间隙》时披露了两条经典的趣闻。第一，“我们罢赛吧”运动的领导者是海因松、拉塞尔和威尔肯斯。投票结果显示出意见的分裂（哈尔伯斯塔姆的估计：11赞成比9反对），一些有影响力的球星希望先比赛再谈判……其中包括威尔特·张伯伦。甚至在这次影响深远的劳资纠纷中，威尔特仍然做出了最利己的选择。经典。第二，就在反对派似乎就要说服所有人去比赛时，湖人老板鲍勃·肖特捎来一封口信到更衣室，命令韦斯特和贝勒马上换好衣服、抬起屁股到场上去，于是整间更衣室进入了“大爷今儿个不比了”模式。就是这样。自由球员制度和大合同的种子都在那一晚种下了。再说一遍，你真的要跟我说这不会成为一部HBO好纪录片吗？列夫·施赖伯（Liev Schreiber）[③]人呢？叫人给他灌杯咖啡，把他带来录音房！

总体而言，NBA正在往更健康的方向改变。沃尔特·肯尼迪接替波

---

① 原注：弗莱舍的脚注在精装本中不小心消失了。他是NBA历史上一位被遗忘的英雄（或者罪人，如果你痛恨飞涨的门票价格的话）——这位智多星推动成立了球员工会，实现了自由球员制度，最终为每一份8位数的合同奠定了基础。我认为他在NBA史上最重要的非球员中排第五，次于丹尼·比亚索内、“红头”·奥尔巴克、大卫·斯特恩和道格·克里斯蒂（Doug Christie）的老婆。（译注：道格·克里斯蒂以妻管严著称。）

② 原注：库西在1954年成立了球员工会，虽说最初目的不过是抗议无休止地巡回表演赛，为参赛的球员争取个人报酬。直到20世纪60年代中期，他们才开始在医疗计划、养老金计划和保留条款等方面取得进展。我们的头两位工会主席？都是圣十字校友！谁还说圣十字不配跻身常春藤（Ivy League）？

③ 译注：好莱坞男星，以为纪录片配音而闻名。

多洛夫成为联盟第二位总裁（众人也希望他能做得比前任更好）。[1]凯尔特人成为第一支固定使用五黑人阵容的球队，其他球队也开始效法他们的激进做法——全场追着球防守，保持一名中锋在篮下保护篮筐，其他人蜂拥而上，大量夹击。随着进攻端难度的升高，一些球员的运动能力开始显现。即使白人球星匮乏，观众数仍然增至接近250万，ABC则砸下了5年400万合同，你从这里就可以知道真的*有事情*在发生。

电视台把工作交给了鲁恩·阿尔莱奇（Roone Arledge），一位很有创新意识的年轻策划人，此后曾用《周一橄榄球之夜》（*Monday Night Football*）、《体育大世界》、奥运会、大学橄榄球，甚至《夜线》（*Nightline*）[2]（同类型节目中的第一个）等节目不断为电视业带来革命。[3]据哈尔伯斯塔姆所说："阿尔莱奇相信，ABC需要向心怀疑虑的全国大众证明，这并非一队傻大个把球扔进篮圈的简单游戏，而是一项充满狂热强度的、展示力与美的运动。他是一个艺术家，理解并抓住了这项运动的艺术性。他不断地使用重放镜头，或展示球场上的芭蕾，或表现对位的强度……他尽全力去挖掘传统宿敌的价值，那是联盟拥有过的最好的东西之一，真正的宿敌对决能让球员们全力投入。那些宿敌对决，波士顿-费城，纽约-巴尔的摩，不需要大肆宣传；运动员们自己有着不言而喻的骄傲，对他们来说没有比击败对手更好的事了，尤其是在全国直播中。那时候，他们的动力显然更多源于尊严而非金钱，而镜头则欣然记录下了他们的骄傲。"第一次，NBA跟电视台产生了良好的关系。[4]

---

① 原注：这也是我们最后一次见到名叫莫里斯的白人名人。

② 译注：深夜新闻节目。

③ 原注：我很高兴阿尔莱奇带来了《超级明星》（*Superstars*）和《电视明星大决战》，我小时候最爱的两个节目。要不是他，我绝不会看到盖布·卡普兰（Gabe Kaplan）和罗伯特·康拉德（Robert Conrad）的"百码冲刺大战"（电视真人秀中的"美国队4，苏联队3"时刻）。（译注："美国队4，苏联队3"，指1980年冬奥会冰球决赛，由业余选手组成的美国队4比3逆转击败常年垄断该项目金牌的苏联队，被称为"冰上奇迹"。）

④ 原注：你不得不赞美我，我刚刚摘录了一段哈尔伯斯塔姆的话，而他是个很明显比我要好的写手。我没有自我主义。我就像拉塞尔——我从不在乎数据。

1964—1965：大交易

深陷麻烦的勇士队把威尔特（和他的超大合同）送回了费城，得到了康尼·迪尔金、李·谢弗、15万现金、波罗的海大街（Baltic Avenue）、两条铁路和三项豁免权；这笔交易让费城和旧金山的NBA生命都得到了重生——两队都在3年内打进了总决赛——并成为了一次真正的新闻事件。实际上，“张伯伦被交易了”可能是NBA第一次在突发情况下闯入主流视野。这么说吧：沃尔特·克朗凯特（Walter Cronkite）绝不会在《CBS晚间新闻》（*CBS Evening News*）中提到NBA，除非是“凯尔特人传奇球星鲍勃·库西今天退役了”之类的。我称之为“老妈测试”。我母亲从来不是个体育迷，所以如果她说了“嘿，说到迈克·泰森，你敢信他咬了那个谁的耳朵吗”之类的话，你会知道这是个巨大的体育时刻，因为连那些不是体育迷的人都在关注。总之，威尔特的交易绝对能通过“老妈测试”。

（那年另一件大事：汤米·海因松在赛季后退役，于是奥斯卡·罗伯逊接替他成为球员工会主席。真高兴我们生活在一个汤米居然一度领导过劳工运动的世界里。*埃尔金，我跟你讲，我超级喜欢你的牙医计划的主意！梆，梆，梆！贝先生，汤米给你加一分！*[①]）

1965—1966：“红头”的最后一站

我非常喜爱“红头”·奥尔巴克在1966赛季开始*前*宣布将要退休的做法，他希望这能成为队员们的动力，并让整个国家都对这个“好，给你们最后一次击败我的机会”的赛季产生了兴趣。一如既往地，他又一次成功

① 译注：“梆，梆，梆！（Bing，bang，boom！）”是汤米·海因松解说时的口头禅；海因松还会在解说时给自己喜欢的球员加上“汤米分”。

了：波士顿在“红头”大张旗鼓的告别仪式中击败湖人，①获得八连冠，另一个惊人的消息是奥尔巴克在总决赛第1场后宣布拉塞尔将接替自己的位置，成为职业体育史上第一位黑人主教练。②跟“红头”做的其他事一样，这一动作一举两得：波士顿重新振作，赢下了1966年总冠军；拉塞尔最终成了最完美适合拉塞尔的教练（虽然并没有马上显现出效果）。

“红头”的退休标志着那些不需要助教、骂起裁判来像在骂贴单子的交警一样、拳击对手老板和狂热球迷、从不用板子画战术、带着一张说明书就上场的老派教练的离开。他掌控了凯尔特人队的每一个方面，亲自执教球队，签自由球员，交易和裁人，选秀，物色大学球员，开着球队大巴去客场，操控球队的经济事宜和旅行计划。1946—1966年的联盟就是这样运转的。“红头”还是个表演高手，在事情不向着波士顿时顿足大闹，挑衅裁判和对手，在比赛结束前点燃胜利雪茄。在威尔特夺下总冠军之前，“红头”是联盟的头号公敌，人人都爱恨他，但也都承认他让联盟变得更好玩了。

当球员们终于赚到了大钱、在主流媒体那里获得了声誉之后，球员跟教练相互作用的方式就改变了——很难再像隆巴迪（Vince Lombardi）③那样吼球员或让他们玩命飞奔直到跑不动为止，这是肯定的——工资的增长则导致很难再让一支伟大球队长期维持稳定的阵容。④过去，奥尔巴克会压低球员的工资，让他们相信钱可以从季后赛奖金里挣回来；他明白，如果他们这么想，他就无需再为他们的积极性担心了。而一旦工资涨到了一定高度，你就很难再用季后赛奖金这招了。跟过去一样，奥尔巴克完美

---

① 原注：最后40秒时领先10分，于是“红头”点燃了胜利雪茄，然而此后就是超级大反击——湖人连追8分，凯尔特人险险地熬到了时间走完。想象一下奥尔巴克时代的结局是体育史上最大的掉链子*和*不祥的最后一根胜利雪茄。

② 原注：在当时，他们称拉塞尔为首位“黑鬼”教练。这个说法最终消失了，让大家都大松一口气，尤其是文尼·德尔尼格罗（Vinny Del Negro）。（译注：Negro，“黑鬼”是一个带有非常非常非常强烈的种族歧视色彩的禁忌词。）

③ 译注：首个超级碗教练，职业橄榄球名人堂成员。

④ 原注：威尔特在1966赛季前签下了10万美元合同；拉塞尔则得到了100001美元（没错，故意的）。从声望/赞誉角度看，这些合同让NBA看起来跟NFL和MLB一样稳定可靠了。*看看，我们的人也能赚大钱！*你不能不爱我们生活的这个一度把运动员赚大钱当作好事的世界。

地判断出了联盟的未来，在最完美的时刻离开。在比亚索内发明进攻时间限制之后，“红头”预测出了这项运动的发展方向，张开双臂欢迎黑人球员浪潮，并完美地掌控了如谜一般难解的拉塞尔；他是一名好胜到残暴的竞争者，一位懒于训练的球员，一个太过敏感的灵魂，被各种自己无法控制的东西所影响：黑人运动员的困境，在波士顿的不受欢迎，劳工协议的缺失，威尔特的工资，甚至是民权运动和自己在其中的位置。除掉穆罕默德·阿里，拉塞尔是20世纪60年代最重要的运动员，无法想象他会为别的人打球，“红头”也从来没有给我们这样的机会。他们是完美的搭配，一个来自布鲁克林（Brooklyn）的小个子犹太人，一个来自路易斯安那（Louisana）的高个黑人，相互激发出了对方身上最好的部分，统治联盟整整10年，并改变了篮球的打法。还会再有一位职业篮球教练产生那么大的影响吗？不。不可能。

1966—1967：二号对手

美国篮球协会（ABA）在1967年2月成立，宣布将在10月开始第一个赛季。联盟建立者的意图并不清楚：他们是要跟NBA竞争呢，还是想通过促成合并获利？几个月内，他们任命乔治·迈肯为总裁，宣布有11座城市会拥有球队[纽约①、匹兹堡、印第安纳波利斯、明尼苏达、奥克兰（Oakland）、阿纳海姆（Anaheim）、肯塔基（Kentucky）、达拉斯、新奥尔良、休斯敦和丹佛]，并承诺会（1）签下NBA的现役球员和未来新秀（做到了）；（2）搞到一份电视合同（没做到）；（3）使用彩色的篮球和三分线（做到了）；（4）鼓励球员留与重力作对的爆炸头、尽可能

① 原注：这支球队后来迁去了长岛（Long Island），因为他们没法在纽约市内预约到足够多的场次。怪不得他们要让“J博士”留爆炸头。

多地扣篮、尝遍人间百毒（做到了）。[1]对手的存在是难免的，但NBA老板们却没有接受这一事实，惊慌失措地开启了扩军计划，在接下去的3年内增加了5支球队[芝加哥、圣迭戈（San Diego Rockets）、西雅图、密尔沃基和菲尼克斯]，1970—1971赛季又添3支（波特兰、克利夫兰、布法罗）。正如一位ABC高层在《间隙》中开玩笑说的那样，当他们在1965年电视合同中增加一条一旦任何NBA球队解散，ABC就可以取消合同的条款时，他们本应该想到相反的方面，该给扩军球队的数量加以限制。毕竟，想要毁灭一个联盟，没有比过度扩军、稀释球队和让宿敌对决消失更便捷的了，是吧？[2]再加上对球员的竞争、可能的反垄断诉讼、新球员工会对保留条款的挑战，突然之间，对国家篮球协会（NBA）来说，事情似乎不那么妙了。只是当时大家还没有意识到。

1967—1971："破镜子"

这指的是斯潘塞·海伍德（Spencer Haywood）。他就是坏运气[3]，给所有人带来了坏运气。当然，你会在某种程度上遇上个人的坏运气，而这一次，20世纪60年代后期的NBA放任工资过于迅速地增长。1966年，尼克斯新秀卡齐·拉塞尔（Cazzie Russell）（状元秀）签下了一份3年25万美元的合同，让联盟进入了"好的，伙计们，你们不再需要在夏天另外找一份工作了"时代。第二年，大学球星埃尔文·海斯（Elvin Hayes）

---

① 原注：我夸张了。说到爆炸头，我每一次换车，都会把奥斯卡·甘布尔（译注：Oscar Gamble，MLB球员，实力平平，却以巨大的爆炸头而知名）1976的那张棒球卡放到副驾驶的杂物箱里；那是个幸运符。有一次我超速被抓，在翻驾照和注册表的时候，那张甘布尔的卡掉了出来。我注意到警察同志忍不住在微笑，所以我就咕哝了几句"这张卡总能惹我大笑"之类的话。然后那个警察就放我走了，只警告了几句。这则故事的重点在于：人人都爱爆炸头。

② 原注：加里·贝特曼（Gary Bettman）无视这一教训，在NHL尝试了类似的策略，几乎使其毁灭。而且他还来自NBA！我爱死职业体育界了。（译注：加里·贝特曼原来是NBA资深副总裁；1993年至今执掌NHL，任期内3次停摆，包括2005赛季完全取消。）

③ 译注：破镜子在西方象征着坏运气。

放弃了ABA的报价（以及在休斯敦打球的机会），选择了圣迭戈火箭的35万美元合同。吉米·沃克（Jimmy Walker）（贾伦·罗斯的老爹）无视了ABA的兴趣，跟底特律签下了大有油水的25万美元合同，成为了最早的几个因为有人太早给了他们太多钱而没有实现潜力的NBA年轻天赋球员之一。勇士队球星里克·巴里改换了联盟，跟奥克兰（Oakland Oaks）签约，成为第一个反抗合同中的保留条款（此条款允许球队在球员合同结束后一年内保有其签约权）的职业运动员。这次法律挑战并不顺利，巴里浪费了一个赛季在奥克兰的电视解说上。从生涯规划上看，这一举动堪与大卫·卡鲁索（David Caruso）放弃《纽约重案组》（*NYPD Blue*）①和安迪·里奇特（Andy Richter）②离开科南·奥布赖恩秀（Conan O'Brien's Show）相比。但从光明的一面来看，总要有人去挑战保留条款，是吧？③

出乎意料的是：虽然金钱首次开始污染职业篮球，NBA的整体状况却好得不能再好。1967—1968赛季，湖人开始使用联盟第一座高新技术球馆（17000座的洛杉矶论坛），观众数超过440万，收视率从6.0（1965年）增长至1969年的8.9，ABC甚至在黄金时段播放了几场季后赛（包括5月扫掠④时的1969年总决赛抢七）。但结果是，所有人都开始变得贪得无厌：球员、老板、经纪人，随你说好了。你知道这最终会带来什么结果。

回到"破镜子"。海伍德与卢·阿尔辛多（Lew Alcindor）⑤同时开始职业生涯，所以我们可以责怪他的坏运气改变了那一年的NBA状元签归属：菲尼克斯对"大卢"来说会是更好的市场，但密尔沃基在掷硬币中取

---

① 译注：卡鲁索曾靠《纽约重案组》获金球奖，提名艾美奖；但在前两季后离开剧组，之后很长时间内在电视剧领域无所作为。

② 译注：喜剧演员里奇特曾在多个脱口秀节目中充当奥布赖恩的副手，单飞后并不成功。

③ 原注：棒球运动员柯特·弗勒德（Curt Flood）被人们赞颂为给新的体育合同时代开拓了道路的"那个人"，但是巴里在两年前就做过同样的事情了。所以为什么没人称赞他？因为里克·巴里是个笨蛋。我早就告诉过你了！

④ 译注：尼尔森公司会在每年2、5、7、11月各进行为期一周的收视率调查，称为"扫掠"。电视台会在扫掠期间播放收视率较高的节目。

⑤ 译注：卡里姆·阿卜杜勒-贾巴尔信仰伊斯兰教、改名前的原名。

胜，太阳只好在第二位选了尼尔·沃克（Neal Walk）①。海伍德成为了第一位没有读大四就进入职业篮球的球员，跟ABA的丹佛火箭（Denver Rockets）签下了一份“贫困特例”，无意间给了ABA一项巨大的优势：现在ABA可以抢先接触非大四生和高中生，因为NBA仍然坚持过时的4年选秀资格规则。所以你可以把后来在20世纪90年代差点毁掉NBA的低年级生参选狂潮都归咎于海伍德；还有，为了阻止更多的危险的海伍德式签约的出现，NBA在1971年5月计划同意合并。NBA会接受10支ABA球队[只除掉弗吉尼亚（Virginia Squires）]。作为回报，ABA会撤回反垄断诉讼，每支ABA球队都要在10年内支付125万美元，在1973年之前无法得到电视合同分红。NBA球员工会迅速提起诉讼来阻止合并，声称合并会造成垄断，还会保护违宪的保留条款。接下来的法律纠纷（又叫奥斯卡·罗伯逊诉讼案②）又拖拖拉拉地扯了5年。现在回头看，很难想象1972年的NBA要如何处理28支球队，所以诉讼案的时间点看起来就像是天神的旨意。但不管怎样，我还是要责备“破镜子”（海伍德）使得这件事有了可能。

在新秀赛季赢下3个ABA奖项后（MVP，最佳新秀，全明星赛MVP），③海伍德迅速逃去了1970—1971超音速，因为他意识到，自己所谓的丹佛3年45万美元合同只能让他每年拿到5万美元，剩下的则从他40岁开始每年给他1500块，共20年。他成了一个名叫多尔戈夫（Dolgoff）计划的完美ABA圈套的受害者，他们会开出欺骗性的大数字合同，但交易的大部分都要拖到未来。他们是如何让这种诡计奏效的呢？按照《无主之球》（*Loose Balls*）里的说法，他们会例行公事地贿赂经纪人，让他们的客户

① 原注：我看过一场太阳和老鹰的1970年圣诞大战，沃克绝对是NBA史上毛最多的球员：胸毛，颈毛，肩毛，随你说。那么，一个超级多毛的、名叫尼尔·沃克的白人中锋成为全明星的概率是多少？我会说是0.000000004%。

② 译注：奥斯卡·罗伯逊是当时的球员工会主席。

③ 原注：海伍德赢得全明星MVP时还获得了一辆1970年道奇挑战者和一台2000美元的彩色电视。真棒！这可能是我最喜欢的礼品设置——不仅是体育赛事，还包括所有游戏竞赛节目、抽奖之类种种。你觉得8年后斯潘塞去洛杉矶的典当行卖掉彩电的时候开的是这辆挑战者吗？

同意签约。[①]（最大的问题在于，NBA的球星会借助这些伪造的高数字来有理有据地索要大合同，这导致了工资爆炸，最终改变了NBA，往坏的方向。好吧，除非你喜欢观看富有的、嗑药的、缺乏激情的篮球，那你就该激动了。）海伍德最终与西雅图签约，成功地争取到了NBA的贫困特例，导致此后许多潜力球员早早提出申请，声称有经济“困难”，虽说几乎所有人大学时都已经在桌底下拿钱了。[②]

海伍德是这项正逐渐变得混乱的运动的象征：过早地获得了金钱和权力，只关心自己，巅峰期发生在一个球队太多、年轻球员们太太太太太早收获太多金钱和责任的时代。这就是为什么70年代变成了“太多，太滥，太早”的时代。“破镜子”成了这个时代的代表性人物，巅峰期来得太早，飞快地赚走了一大堆钱，飞快地花掉了一大堆钱，每隔几年就要改换球队（总是让前任失望），参与毁灭了后布拉德利时代的尼克斯，让超音速主教练/GM比尔·拉塞尔对职业篮球失去了信心，娶了一位名人[模特伊曼（Iman）]，养成了超大的毒瘾，甚至还卷入了NBA史上最精彩的可卡因故事中（我们后面会提到）。斯潘塞·海伍德在1982—1983赛季后退役，联盟立刻开始腾飞，这绝对不会是巧合。绝不是。

1971—1972：连胜

为什么没有人拍一部72湖人的纪录片？你可以拍联盟最被爱戴的悲情形象——杰里·韦斯特——在一支69胜的球队中获得了自己的第一座总冠军。你可以拍埃尔金在赛季开始两周后退役，成为史上第一位退役时手上没有戒指的超级巨星，丹·马里诺（Dan Marino）[③]、查尔斯·巴克利

---

① 原注：如果你觉得现在的经纪人很卑鄙，那20世纪60和70年代的经纪人还要卑鄙上10倍。这让你好奇斯科特·波拉斯（Scott Boras）是不是从过去穿越来的。（波拉斯，MLB著名经纪人，运用各种手段为球员争取利益的做法为很多体育迷所不齿。）

② 原注：ABA老板发明了“贫困特例”这个词，来让海伍德的签约更容易被外人接受，使之仿佛具备了一个法律框架。换句话说，这个词什么意义都没有。太棒了。

③ 译注：职业/大学橄榄球名人堂成员。

（Charles Barkley）、卡尔·马隆和其他没能夺冠的球星的先行者。你可以拍威尔特打出了一切我们一直希望他打出的篮球。你可以拍越来越多的好莱坞名流来到洛杉矶论坛球馆观看湖人的主场比赛，这股潮流最早可以追溯到20世纪60年代初的多丽丝·黛（Doris Day）。而最棒的是，你可以拍湖人的33连胜，虽然这发生在一个竞争力不足的联盟里，但仍然足够震撼，因为此前的纪录不过是20连胜（71雄鹿）。我要把我对72湖人的观点留到“凯泽·瑟泽（Keyzer Söze）”一章中再说，但是我们可以先把这一纪录和其他NBA史上无法打破的纪录放在一起做个排名。以下是我的前十名：

1.威尔特的场均50分　恰当的时代，恰当的球员，恰当的规则，再加上恰当的球霸，才有了这样的完美风暴。我们可能都不会再见到一次场均40分了，更不用说50分。

2.威尔特的单场55篮板　考虑到过去20多年中都没有人逼近这个纪录的20个篮板以内，再考虑到现在一支球队都很少单场抓到55个篮板，我非常确定这项纪录很安全。上一个距离这一纪录20个以内的家伙？（准备好了吗……准备好了吗……）1988年的查尔斯·奥克利（Charles Oakley）。

3.拉塞尔的11枚戒指　现在有太多的球队，太多的运作，太难把一支伟大的球队的阵容保持在一起多年。我无法想象有谁能拿到12个总冠军。就算谁有着罗伯特·霍里般的生涯，15年中以角色球员身份辗转于多支有总冠军竞争力的球队之间，一次又一次地出现在最正确的处境中，他能拿到12个总冠军吗？霍里的时间把握和运气比所有人都好，而他也只拿了7枚戒指。有谁能比“大心脏”①再幸运上55%？我不相信。②

---

① 译注：“大心脏鲍勃”“大心脏罗布”（Big Shot Bob/Rob），罗伯特·霍里的绰号。鲍勃、罗布都是罗伯特的昵称。

② 原注：我的生涯高光时刻：鲍勃·库西给我发了一条非常之真诚的评论，说自己有多么喜欢《篮史通鉴》。他抱怨了一件事：他认为拉塞尔的11枚戒指应该在这里排第一，写道：“在美国团队运动的职业史上，最伟大的成就当属凯尔特人从1957—1969年的统治。13年11座总冠军，这永远无法超越。”说得好。

4.洛杉矶的33连胜 就像鲍勃·比蒙（Bob Beamon）在墨西哥的一跳，只是相当于他跳了39英尺而非29英尺①。事情是这样的：你们球队的核心全是老兵，经验丰富，天赋超群，已经在一起合作多年，而你要扫荡的联盟因为扩军和ABA的影响而经历了太多的球员变动，导致除了密尔沃基和巴尔的摩（Baltimore Bullets）外普遍竞争力低下。从1969—1972年的3个赛季中，我们见证了史上最长的13次连胜中的4次：33连胜，20连胜，18连胜，16连胜（又是71雄鹿）。巧合吗？不可能。

个人关于33连胜的奇妙理论：那年，比尔·夏曼接手了湖人，成了史上第一个“真正”的NBA教练。想当年，NBA比赛日是这样的：球员会在比赛前一小时出现，到处闲逛侃大山，教练给出的建议都是“让威利斯远离篮板”和“别让门罗干掉我们”之类的，与此同时大家都在抽红万宝路。夏曼是个狠抓细节、训练和反复练习的人——都是些现在这一代习以为常，但二十世纪五六十年代所有人都忽略的东西——逼迫他的球员每天做拉伸，命令他们健康饮食和戒烟，制定每天的投篮训练计划（于是球员们可以更熟悉篮筐和在不同场地投篮），要求他们看比赛录像，基本上做了所有现代教练要做的事情。对于湖人这样的老兵球队，这些小事让他们提升到了一个新的等级。他还比所有其他教练都更好地控制了张伯伦，第一个说服威尔特接受拉塞尔式的篮板/盖帽程式。他甚至用了绝地控心术②，整个赛季都在影响威尔特的意见和想法，让威尔特感受到正在发生的一切。③“大北斗”牺牲了大量出手，但是全身心地接受了无私/团队协作，④这是让他的球队变得如此伟大的最重要原因。所以，没错，在纸面上，72湖人要胜于69湖人这回事儿讲不通……但是当你考虑到联盟竞争力

---

① 译注：比蒙在1968年墨西哥城奥运会上跳出了8.90米（29英尺2.5英寸），将原纪录提高了55厘米。

② 译注：指《星球大战》（*Star Wars*）系列电影中绝地武士操控对方心灵的情节。

③ 原注：不开玩笑：我采纳了夏曼的策略，作为养育我女儿的策略。不让她堕落！我不会让她堕落的！

④ 原注：1971赛季，威尔特场均20+18+4，54.5%的命中率。1972赛季，威尔特场均15+19+4，64.9%的命中率。他在1971赛季出手了1226次，罚了669个球；1972赛季则分别掉到了764次出手和524次罚球。所以他确实做出了牺牲。

低下、夏曼的影响和威尔特的重生等因素，一切就都合理了。

5.乔治·麦金尼斯的单赛季422次失误 免责声明：这发生在ABA。麦金尼斯把持着历史单赛季失误榜的第一（422）、第二（401）和第三名（398），让他成了失误界的张伯伦。[①]NBA到1978赛季才开始记录失误数据，让我们丧失了乔治重要的两年，然后他在1978年312次失误，1979年惊人的346次。这么多年来谁的失误更多，乔治·麦金尼斯（George McGinnis）还是瑞秋·雷（Rachael Ray）[②]？我们还会再见到谁场均5个多失误却没有被按在板凳上或被球迷杀掉的吗？如果我在20世纪70年代中期就有专栏，我肯定会不停地讽刺乔治：他的停球习惯，丑陋的单手跳投，情绪化的态度，对防守的厌恶，乔治是所有“超级巨星”中把最多东西撤下桌面的。你没法相信麦金尼斯到底有多烂，直到你看了他在1977年总决赛上的臭弹演出。我知道他的巅峰在那之前两到三年（最出名的是1974年的单场52分、37个篮板），而且那轮系列赛打得糟糕透顶，但是你还是不能跟我说，一个如此马虎、容易防守的家伙属于一支总冠军球队。[③]我无法想象谁能打破乔治神一般的422纪录，或是像他在1975年那样场均四乘五（29.9分，9.2个篮板，6.3次助攻，5.3次失误）。凯文·波特（Kevin Porter）和阿蒂斯·吉尔摩（Artis Gilmore）在1978赛季同时获得创NBA纪录的360次失误。阿伦·艾弗森曾在2005年一度迫近这一纪录，最终344次失误；2000年代没有其他人超过320。乔治，你的纪录很安全。未来的世代会记住你的，四乘五俱乐部的唯一成员。

6.威尔特的单场100分 科比的81分让这项纪录看起来似乎有些被破

---

① 原注：真遗憾张伯伦打球时我们没有记录失误——那是又一项他会努力打破的纪录。你难道想象不出奇克·赫恩（Chick Hern）的声音吗：“我的天，‘大北斗’在干什么？他刚刚第10次故意把球传到了观众席上！”（译注：赫恩，湖人传奇解说员，入选名人堂，湖人为其退役了麦克风图案球衣。）

② 译注：美国电视烹饪节目女王。

③ 原注：公平地说，乔治曾是73步行者的得分王，那年他们夺得了总冠军，然后他又带领75步行者打进了总决赛，18场季后赛场均惊人的32+16+8，还有让人吓掉下巴的111次失误。乔治在1974年ABA全明星赛上有8个失误。要是没人去接的话，这家伙都没办法把自己的车钥匙交到服务生手上。

的可能。正确的外线球员，在他生涯的正确时间点，再加上正确的吹罚，还有三分线的帮助，绝对可以挑战这一纪录。在81分一战中，科比打了42分钟，两分球33中21，三分球13中7，罚球20中18，对手是一支稀烂的多伦多。[那一晚科比的关键：多伦多的外线防守者是贾伦·罗斯、迈克·詹姆斯（Mike James）、莫里斯·皮特森（Morris Peterson）、乔伊·格拉厄姆（Joey Graham）和老得不行了的埃里克·威廉姆斯（Eric Williams）。这群人连流着鼻血的大卫·汤普森[①]都防不住。]所以稍稍调整一下这些数据，让他再毒瘤一点儿，再准一点儿。如果他打个46分钟，两分球37投24中，三分15投10中，罚球24罚22中，那就是正好100分。再看看这两组数字；第二组跟第一组的差距有那么大吗?

7.芝加哥的赛季72胜 正确的时代（联盟竞争力最虚弱的时候）、正确的球队（一支被激怒的公牛队，决心要重新夺回王座）、正确的老大（从"棒球假期"和一次耻辱性的季后赛失利中归来的无比渴求的乔丹）带来的完美风暴。我无法想象有谁能一个赛季输球少于10场。太不可能了。

8.斯科特·斯凯尔斯（Scott Skiles）的单场30助攻 一些完美的因素混合体，因为这项纪录对阵的是保罗·韦斯特黑德（Paul Westhead）的荒唐的91掘金，他们想要复制洛约拉马里蒙特（Loyola Marymount University）的跑轰战术[②]，最后明确地失败了。无论这项纪录是否会被破，我们都可以同意，我们再也不会见到一个秃头白人老兄送出30次助攻了。[③]

9.拉希德·华莱士（Rasheed Wallace）的单季41次技术犯规 仅仅77场比赛！换句话说，希德（Sheed）在2000—2001赛季场均惊人的0.53次技术犯规；这一体育纪录简直就像"球赛"泰迪的40.6%的打击

---

① 译注：流鼻血是食用可卡因后的典型表现。

② 译注：韦斯特黑德曾靠着跑轰战术，将名不见经传的洛约拉马里蒙特大学（LMU）连续3年带入NCAA锦标赛，并连续3年场均得分NCAA第一。

③ 原注：皮特·马拉维奇拥有白人的得分纪录（68）；篮板纪录属于杰里·卢卡斯（40）；盖帽是马克·伊顿（Mark Eaton）；抢断是约翰·斯托克顿（John Stockton）（9）；三分是丹·马尔利（Dan Majerle）/雷克斯·查普曼（Rex Chapman）（9）。佩贾·斯托亚科维奇（Peja Stojakovic）单场进过10个，但我不把欧洲人看作真正的白人。这只是我的个人观点。

率[①]，但是还要凶残上两倍。[②]

10.何塞·卡尔德龙（Jose Calderon）的98.1%的罚球命中率 这事才发生不久——卡尔德龙在2009赛季154罚151中，打破了卡尔文·墨菲（Calvin Murphy）1981赛季似乎无法超越的95.8%（随后他们就修改了三罚两中规则[③]）。墨菲215罚206中，保持着出手200次以上的纪录。拉里·伯德拥有出手300次以上（93%，343罚319中）的纪录。德克·诺维茨基拥有出手400次以上的纪录（91.5%，586罚536中）。无论如何，我不为墨菲感到难过，因为他仍然拥有体育史上最伟大的纪录之一：跟9个女人生了14个孩子；就我所知，这是运动员的非官方繁殖纪录。了不起，卡尔文！怪不得人们都叫他"口袋火箭"[④]。

1972—1973：背叛

在与ABC的4年合同的最后一年——这家电视台曾帮助职业篮球在主流世界中产生影响——NBA跟CBS商定了一份合同，要求最后中标的电视台*必须*在周六下午1点到2点之间开播NBA比赛。ABC不愿舍弃10月和11月的大学橄榄球关键比赛，于是怀恨在心的鲁恩·阿尔莱奇只好放弃了优先选择权，并下定决心要摧毁CBS的NBA转播。他确实这么做了。轻而易举。阿尔莱奇疯狂地推销大学橄榄球周六的比赛，在收视率上击垮了

---

① 译注：泰迪·威廉姆斯1941年轰出40.6%的打击率，此后再也没有人达到过40%。

② 原注：希德是唯一一位在麦当劳全美赛上被驱逐出场的球员。这是真的。2009—2010赛季前，他来到了波士顿，在常规赛期间完全不出力，导致我在3月份怒写了一篇3600字的专栏文章，称他为我最不喜欢的凯尔特人（我老爹也这么想）。然而希德后来勉强弥补了他屎一样的赛季表现，随着季后赛的深入逐渐恢复到不错的身材。6月中旬时，他38D的胸已经减到了36B，他甚至在总决赛第7场里打了35分钟还没有死掉。这给了他加分。我要感谢他，他当选了我的2010年度"我们这些关心职业体育的人都是白痴"这一冷酷事实的最佳提醒奖。

③ 译注：三罚两中规则，指获得两次罚球时，可以罚三次，但最多算两个。最终在1982赛季开始前取消。

④ 译注：口袋火箭，一方面指卡尔文·墨菲是个身材矮小、袖珍的火箭队球员；另一方面在俚语中也有电动振动棒的意思。

NBA，很快就让NBA只能选择在周日电视上转播。然后他又在周日推出了《体育大世界》，刷出了让人大开眼界的12.0的收视率，每周都像继父对待拖油瓶一样吊打NBA。如果这还不够，他还推出了一些垃圾体育节目，比如《超级明星》和《世界大力士比赛》（*World's Strongest Man*），甚至这些节目也能击败NBA。一年之内，NBA的收视率下降了25%（从10.0变成8.1），而随着NBC的大学篮球开始腾飞，突然之间，NBA变成了每周日的第三选择。正如哈尔伯斯塔姆在《比赛间隙》中写的："整条麦迪逊大道①的人都知道这是鲁恩的复仇。"

为什么老板们要这么对待一家拯救了联盟的电视台？显然，新加入的老板们对ABC给NFL的巨额合同和《周一夜橄榄球》得到的巨大关注眼红了，觉得自己在ABC的深度图上落后于职业橄榄球和业余橄榄球，绝无可能比老三的位置更高了。我想提一提这件事：整整30年来，NBA是最糟糕的一个联盟。这些家伙都不知道怎么正确地划分赛区、取消每节比赛前的跳球，所以他们当然会愚蠢地破坏跟ABC的联盟，挑衅当世最强大的电视决策人。据哈尔伯斯塔姆所说，NBA中只有一个声音反对背叛：奥尔巴克，他欣赏ABC的努力，提出了一个引人注目的问题："你们真的认为鲁恩·阿尔莱奇这样的人会甘心接受失败吗，嗯？"所有人都无视了"红头"，选择了倒向CBS，为接下来10年发生的一切铺平了道路：呈自由落体运动的收视率，没有电视转播的抢七战，延时录播的总决赛，以及公众广泛的不感兴趣。②

1973—1974：打不赢的战争

两军对阵，一般来说，会有一个赢家、一个输家。当ABA和NBA争斗时，所有人都是输家。ABA失控般地疯狂砸钱，换起总裁来就像他们不过

---

① 译注：美国媒体业和广告业的中心。

② 原注：永远的教训：别惹报应之神。

是星巴克的咖啡师，[①]而NBA则在5个不同方面受到伤害。一个个来看：

1.价格战争和注水合同伤害了新一代的NBA球员。悉尼·威克斯（Sidney Wicks）、海伍德、海斯、沃克、萨姆·莱西（Sam Lacey）和奥斯丁·卡尔（Austin Carr）从一开始就受困于此；麦卡杜、麦金尼斯（1975年改换联盟后）、马拉维奇和阿奇博尔德则逐渐受困。这些球员本应该在20世纪70年代末期进入他们的巅峰期，然而最终只有海斯一人在为总冠军竞争队伍效力。我们还会看见球员赚的钱大大多于他们的教练的滑稽场面，造成了许多问题，如海因松在他的获奖自传《吃我一勾》（*Give 'Em the Hook*）中出色地解释道：

达里尔·道金斯是最完美的例子。这家伙本来可以变成一头怪兽，应该变成一头怪兽，但没有人能控制他。获得一份长期合同后，达里尔的收入有了保障。我见过这种情况很多次……造成伤害的不仅是合同的长度，更是获得保障的生活方式的长度。除非你谈论的是那些真心把全身心献给这项运动的球员，否则这些家伙只愿在安全受到威胁时出力。我曾经跟库西讨论过这事，就在我接手波士顿那年，他同时也在辛辛那提开始执教国王。一天晚上他开始跟我说起萨姆·莱西，他的新秀中锋——说自己对他有多么悲观，因为萨姆不愿意做这个，萨姆不愿意做那个，而且完全不喜欢训练。“库兹，”我说，“我不知道你在期待什么。你们的人刚刚跟萨姆签约了好大一笔钱，不是吗？所以很显然，他肯定觉得管理层对他的评价相当高。他老婆觉得他很伟大。他老妈觉得他很伟大。他的经纪人觉得他很伟大。你是唯一一个说他并不伟大的人。所以，库兹，你觉得他会听谁的？”库兹点头称是，然后看着我在两小时内干掉了7杯威士忌和一包红万宝路然后开车回家。我模糊地记得自己撞上了一个停车标记，还撞了个流浪汉。但警察放我走了，因为我是汤米·海因松。要给这些家伙好好

---

① 原注：总共有过6位ABA总裁：迈肯，杰克·多尔夫（Jack Dolph），鲍勃·卡尔森（Bob Carlson），迈克·斯托伦（Mike Storen），托德·芒恰克（Todd Munchak），戴夫·德布舍尔。一条不错的经验法则：如果你新创立的联盟在9年里有6位总裁，你就不大可能成功。

加上几分汤米分！梆，梆，梆！[1]

2.ABA不断地用无法拒绝的教父合同招揽NBA的顶级裁判们，偷走了最好的6位裁判中的4位[约翰·瓦纳克（John Vanak）、乔·加舒（Joe Gushue）、厄尔·斯托罗姆和诺姆·德鲁克（Norm Drucker）]，提升了ABA比赛的质量，也让NBA陷入了窘境。[2]到了1976赛季，正如休比·布朗告诉特里·普鲁托的那样："ABA末期的裁判工作就跟球员一样——高得不可思议的天赋，简直让人震惊。但没有人知晓此事。他们的裁判是比球员们更大的秘密。"不过大概也只有休比在谈到ABA裁判时会使用夸张手法吧。

3.NBA得分从1970年的116.7降到了1974年的102.6。你可以把这种减少部分归功于更好的防守和更好的训练；弗雷泽、乔乔、宾（Dave Bing）、古德里奇（Gail Goodrich）和诺姆·范利尔（Norm Van Lier）等老后卫故意设立了较慢的节奏；总体进攻天赋的匮乏；以及太太太太太太太太多名叫唐和迪克的家伙了。70赛季的球队场均116.7分，出手99.9次，命中率46.0%。1975赛季的球队场均102.6分，出手91.2次，命中率45.7%。罚球出手数基本相同（1970年各队24.5次，1975年25.0次），所以1975赛季的每场比赛要比1970赛季少上17个回合。你想问，为什么？

（你真的要我说吗？）

（好，那我说。）

太多白人了！懂了没？行了吧？我说了！这个联盟需要更多黑人！ABA偷走了太多黑人了！这是个很严重的问题！行了吧？

---

① 原注：最后5句话是我编的。不好意思，汤米。顺便说一句，他是唯一一个经常在文中使用"北鼻[译注：英文（baby）的谐音]"这个词的NBA作家，比如："卡里姆很棒，但是考恩斯更赞，北鼻！"奇怪的是，20年后，这一用法在托尼·西拉古萨（Tony Siragusa）大量运用在NFL解说时变得完全难以忍受。

② 原注：这是ABA最被低估的成就之一，能与之相比的是威兰诺瓦大学（Villanova University）和西肯塔基大学（Western Kentucky University）被迫上缴1971年NCAA锦标赛奖金并取消成绩，因为ABA总裁杰克·多尔夫在1971年全明星赛上开着他的公文包，让眼尖的记者们在其中发现了跟霍华德·波特（Howard Porter）和吉姆·麦克丹尼尔斯（Jim McDaniels）签订好的合同。我提名此事为史上最愚蠢的总裁时刻，连加里·贝特曼都无法超越这个。

公平地说，说是“黑人”，倒不如说是“年轻运动员”。下面是1971—1975赛季对各个新秀的争夺情况：

1971：奥斯丁·卡尔，悉尼·威克斯，埃尔莫尔·史密斯（Elmore Smith），弗雷德·布朗（Fred Brown），柯蒂斯·罗（Curtis Rowe），克利福德·雷（Clifford Ray），迈克·纽林，兰迪·史密斯（Randy Smith）（NBA）；朱利叶斯·欧文，阿蒂斯·吉尔摩，乔治·麦金尼斯，拉尔夫·辛普森（Ralph Simpson），汤姆·欧文斯（Tom Owens），约翰尼·诺伊曼（Johnny Neumann），约翰·罗克（John Roche）（ABA）。

1972：鲍勃·麦卡杜，保罗·韦斯特法尔（Paul Westphal），吉姆·普赖斯（Jim Price），凯文·波特，劳埃德·尼尔（Lloyd Neal）（NBA）；[①]乔治·格文，詹姆斯·赛拉斯（James Silas），吉姆·乔恩斯（Jim Chones），布赖恩·泰勒（Brian Taylor），唐·布斯（Don Buse），戴夫·托齐克（Dave Twardzik）（ABA）。

1973：道格·科林斯（Doug Collins），厄尼·德格雷戈里奥（Eanie DeGrogorio），迈克·班托姆（Mike Bantom），克米特·华盛顿（Kermit Washington），凯文·库纳特（Kevin Kennert）（NBA）；拉里·凯农（Larry Kenon），斯文·内特（Swen Nater），约翰·威廉姆森（John Williamson），考德威尔·琼斯（ABA）。

1974：比尔·沃尔顿，贾马尔·威尔克斯，汤姆·伯利森（Tom

① 原注：这就是1972届选秀所有职业生涯超过350场、场均超过10分的球员了。在拉吕·马丁（LaRue Martin）（状元秀）和麦卡杜（榜眼秀）之后被选中的7人：德怀特·戴维斯（Dwight Davis），科尔基·卡尔霍恩（Corky Calhoun），弗雷迪·博伊德（Freddie Boyd），拉斯·李（Russ Lee），巴德·斯托尔华斯（Bud Stallworth），汤姆·赖克尔（Tom Riker），鲍勃·纳什（Bob Nash）。我发誓这些名字不是我编的。

Burleson），斯科特·韦德曼，汤姆·亨德森（Tom Henderson），坎皮·拉塞尔（Campy Russell），布赖恩·温特斯（Brian Winters），“卡车”·罗宾逊（Truck Robinson），约翰·德鲁（John Drew），菲尔·史密斯（Phil Smith），米基·约翰逊（Micky Johnson）（NBA）；摩西·马隆，马文·巴恩斯，莫里斯·卢卡斯，比利·奈特（Billy Knight），博比·琼斯，伦·埃尔莫尔（Len Elmore）（ABA）。

1975：格斯·威廉姆斯，阿尔万·亚当斯（Alvan Adams），达里尔·道金斯，莱昂内尔·霍林斯，朱尼尔·布里奇曼（Juniore Bridgeman），比尔·罗宾津（Bill Robinzine），乔·布莱恩特（Joe Bryant），里基·索伯斯，凯文·格雷韦（Kevin Grevey），劳埃德·弗里（Lloyd Free），博比·格罗斯（Bobby Gross）（NBA）；大卫·汤普森，马文·韦布斯特（Marvin Webster），M. L. 卡尔，丹·朗德菲尔德，马克·奥尔伯丁（Mark Olberding）（ABA）。

这5年放在职业拳击赛中的得分会是：10∶8，ABA胜；10∶9，ABA胜；10∶9，ABA胜；10∶9，NBA胜；10∶10，平手。从比赛质量的角度看，ABA夺走了几乎所有有运动能力的篮板手和激动人心的外线得分手，迫使NBA每天晚上都得让迪克·吉布斯（Dick Gibbs）和唐·福特（Don Ford）这种人上场散步。①如果让HBO的哈罗德·莱德曼（Harold Lederman）②来裁决，他可能会说：“好嗷嗷嗷嗷嗷的，吉姆（Jim Lampley）——我必须把这一局判给ABA。可能NBA得到了更多的角色

---

① 原注：20世纪70年代中期缺乏运动能力的白人小前锋的数量多得惊人：光1976赛季一年，我们就有唐·尼尔森、福特、吉布斯、比尔·布拉德利、迪克·斯奈德（Dick Snyder）、汤姆·范阿斯代尔（Tom Van Arsdale）、迪克·范阿斯代尔（Dick Van Arsdale）、斯科特·韦德曼、杰克·马林（Jack Marin）、基思·埃里克森（Keith Erickson）、拉里·斯蒂尔（Larry Steele）都场均超过20分钟[还有公牛队的肯尼·里夫斯（Kenny Reeves）]。如果你在某一个位置上有两个唐和三个迪克，而你的联盟还希望具备娱乐性的话，这很有可能不是件好事。

② 译注：《HBO世界拳击冠军赛》（*HBO World Championship Boxing*）的裁判。

球员和边缘首发，但是，吉姆，在1971—1975年最好的20个新秀中（欧文、格文、威克斯、麦卡杜、凯农、韦斯特法尔、摩西、内特、巴恩斯、吉尔摩、麦金尼斯、沃尔顿、赛拉斯、威尔克斯、卢卡斯、汤普森、科林斯、奈特、布斯和博比·琼斯），ABA得到了其中14人，包括5位能让你激动地站起身来的球员。他们轰出了最强的冲拳，偷偷塞信封给高中生们，抢走了NBA几乎所有激动人心的运动员！我判ABA胜，49：46！”

考虑到NBA当时有18支球队，他们新晋的天赋确实是相当之短缺，不是吗？这就是为什么我很难把1975—1976赛季的数据太当真——特别是那些与总体得分下降相违背的夸张得分/篮板数据——因为那么小的一个天赋池要分散到28支球队和两个联盟中去。想象一下，如果你把所有外国球员都从2009年的NBA中拿出去，命令东部和西部联盟的球队各自比赛，然后连续5年让天赋最高的新秀中的75%都去其中一个联盟。这么一来，难道数据不会被影响吗？你难道不会拿另一个联盟的冠军不大当回事儿吗？

4.朱利叶斯·欧文绽放为最激动人心的篮球运动员，是天然的票房保障，拿下1974年MVP和季后赛MVP，跟“胡椒博士”汽水签下了广告合同，并赏光出现在了《体育画报》3月15号的封面上：一幅朱利叶斯扣篮的图片，他的脑袋把滑稽而简单的标题——“咋的了？J博士”——分成了两段。即使球迷们没法在电视上看到他，但“博士”身边的各种流言已经使他比任何NBA球员都要酷了。湖人和尼克斯已经衰落，NBA年轻球星没能与大众产生共鸣，于是ABA终于第一次拥有了NBA所需要的东西，合并似乎从来没有那么接近发生过。唉，奥斯卡·罗伯逊诉讼案却还在阻止着此事。NBA就像一个离了婚的富翁，与一位少妇（ABA）堕入情网，还跟她的孩子（“博士”）关系不错，想着要娶她，即使这可能会是个错误……只是他必须等个5年，先理清各种离婚事务，同时还在怀疑再婚到底是不是个好主意。我觉得这个比喻很合理。我相当确定。

5.1974年春天，犹他（Utah Stars）选中了高中生摩西·马隆，并用一纸4年56.5万的合同把他从马里兰大学（University of Maryland）偷了出来。没错，高中生参加职业篮球的禁令取消了。可怜的摩西最终遭遇了前所未有的生活方式大改变，在敏感脆弱的19岁从弗吉尼亚搬到了犹他，开始了一个人的生活，虽说他连完整地说一句话的能力都还没有。就像《长大》（*Big*）[①]里的约什·巴斯金（Josh Baskin），只是身边有更多摩门教徒，而且口齿不清。[②]对NBA来说，这是一次巨大的挫折：摩西本应在马里兰成为家喻户晓的名字，逐步发展出自己的节奏，然而这位卡里姆之后前景最被看好的中锋却去了一个挣扎着的联盟，在那儿养成了坏习惯。犹他在一年之后破产，摩西只好去了圣路易斯精神号队（Spirits of St. Louis），跟马文·巴恩斯成了队友，可算不上是什么理想导师。[③]

[那个赛季的唯一亮点：圣迭戈（San Diego Conquistadors）诱惑威尔特参加ABA，但是NBA阻止了这一交易，威尔特只好当了一个赛季的西班牙征服者队教练。威尔特大概认真了一个月，然后变得不大认真，到了赛季中点时，比赛时已经见不到他了。圣迭戈的上座率联盟垫底，每场不到1900人。威尔特对此的辩解是，他们当时没有记录教练数据，所以自己没法找到个人目标。]

1974—1975：种族观念的进步……吗

1975年NBA总决赛创造了体育界的历史：第一次，冠军战出现了两名黑人主教练——金州的阿尔·阿特尔斯和华盛顿的K. C. 琼斯——如果这还不够的话，他们还穿着超时髦的20世纪70年代便装！[应该要有人创

---

① 译注：影片《长大》讲述了主角约什·巴斯金一夜之间梦想成真，从12岁长大到了30岁，开始体验成人世界的故事。

② 原注：听好，你在讨论早期摩西时不能不提这事，正如很多人声称的，他最初基本上是用咕哝声来进行表达的。一个标志性的摩西故事：在他的第2个ABA赛季里，摩西的脚受伤了，训练师却找不到有哪里出了问题。摩西不同意他的看法，简单地说："脚，伤。"他是对的。

③ 原注：好消息是，摩西最后没有去75精神号队：他们拥有疯劲儿正处巅峰的马文·巴恩斯、纽约校园传奇"阿飞"·威廉姆斯（Fly Williams）、传奇脑残货乔·考德威尔（Joe Caldwell），还有摇摆人古·肯尼迪（Goo Kennedy）。没错，"坏消息"、弗莱和古在同一支球队！真遗憾他们没有签下斯普卢奇·辛普森（Splooge Simpson）。

立一个“我最喜爱的100套阿尔·阿特尔斯迪斯科西装”的网站。每次镜头切到板凳席上的他时，他都像《不羁夜》里路易斯·古兹曼（Luis Guzman）的俱乐部前排队的家伙。]琼斯备受批评，因为CBS的实时镜头一直拍到他在暂停期间顺从地蹲着，任由助教伯尼·比克斯塔夫（Bernie Brickerstaff）画着战术，似乎他才是执教球队的那个人。那么，如果比克斯塔夫正好也是黑人又如何？这只能证明黑人不适合执教NBA球队。什么的。可怜的K. C. 一年后被炒，直到1983年才再次得到了一份主教练工作。①

你知道吗？关于1974—1975赛季，我们可以写得更有趣一点儿。我最喜欢的支线剧情当属奥斯卡进入了“伟大球员转职为糟糕到不可思议的电视评论员”领域。我不清楚为什么CBS会觉得拥有“缺乏幽默感”“难以相处”的（他应得的）坏名声的奥斯卡能跟电视观众产生默契。或许他们只是想要个响亮的名字。但是奥斯卡是如此之差劲，最后他们放弃了他，找来了前裁判门迪·鲁道夫（Mendy Rudolph）。门迪·鲁道夫？这，可真太侮辱人了。真正吸引我的事情是：在史上最伟大的25名球员中，在电视节目中表现糟糕的人数达到了惊人的8位，但这没有阻止电视台继续接受“嘿，他有着响亮的名头，他能干好的”的理论，不断聘用新退役的传奇球员，直到现在才终于放弃了这一轻率的想法（虽说我们还会在NFL中继续见到这种情况）。下面是“从NBA传奇转职为烂透了的电视人物”的正式年代表：

埃尔金·贝勒（1974） 他在CBS的首个NBA转播赛季中与布伦特·马斯伯格和“跑车”·亨得利（Hot Rod Hundley）搭档，然而埃尔金表现得非常之挣扎，最后被电视台在1974年季后赛*进行期间*抛弃了。在勇士队被淘汰后，他们立刻裁掉了他，找来里克·巴里解说分区决赛。②

---

① 原注：看看你能不能找到一份比K. C. 琼斯更奇妙的执教履历：布兰代斯大学（Brandeis University）（主教练，1967—1970赛季）；洛杉矶湖人（助教，1972赛季）；圣迭戈征服者（主教练，1973赛季）；子弹（主教练，1974—1976赛季）；凯尔特人（助教，1979—1983赛季；主教练，1984—1988赛季）；超音速（主教练，1990—1991赛季）；ABL女篮的新英格兰暴风雪（New England Blizzard）（1997—1998赛季）。我头都大了。

② 原注：对埃尔金来说，这种侮辱简直是翻倍——不单被炒了，而且被里克·巴里代替了！这就像是你大学里的女朋友弃你而去，重新找了校划艇队的头号蠢蛋。

我们能在YouTube上找到埃尔金在CBS的解说吗？有人能为我做到这件事吗？

奥斯卡·罗伯逊（1975） 因为几个原因而烂得脱颖而出。第一，他从来不看镜头。从来。就好像镜头是太阳而他不想被亮瞎一样。第二，他完全说不出任何话，所以他只能在比赛进行时结结巴巴地发出一些不职业的声音：你懂的，就像"哦哦哦哦哦"和"漂亮"，这让奥斯卡听上去总像是在CBS的香槟间里看大腿舞似的。电视台在赛季后忙不迭地甩掉了他；如果奥斯卡的时代持续太长的话，我们难免某天会看到"'大O'你够了"的标题。[①]

里克·巴里（1975—1981） 会在勇士被淘汰后兼职担任季后赛的色彩解说[②]，就像是你超级碗派对上那个打了一年大学橄榄球，觉得那段经历让他有权对场上发生的一切批评和挑毛病的恼人家伙。退役后，巴里在1980—1981赛季正式加入CBS。他的电视生涯在总决赛第5战的一个不可思议的时刻轰然崩塌，当时CBS展示了一些1956年奥运代表队成员的照片（其中包括在咧嘴大笑的青年拉塞尔），于是有了以下对话：

加里·本德（Gary Bender）：里克，你觉得图上这人是谁？

巴里（尝试讲人生中第一个笑话）：我不知道，左边那人看起来像个蠢货，呃，笑得跟个西瓜似的[③]。[④]

---

① 原注：现在管理"糟糕解说词"博客的老兄没有活在那时候，这真是个大遗憾。

② 译注：美国的NBA解说大致可以分为两种：一种解说场上情况，即实况解说；另一种辅助补充专业知识、内幕故事等，即为比赛"增添色彩"的色彩解说。

③ 译注：美国民间有一种偏见，认为黑人特别喜欢吃西瓜；因此这事也带有种族主义色彩。

④ 原注：我把这个视频给"体育娘"看，她为巴里辩解道："他并不是那个意思。看看他的笑脸，就像半个西瓜一样。我真的不觉得他是那个意思。可能他不知道这么说意味着什么。他被解雇了吗？"呃，是的。他被炒了。

（CBS从照片切到了惊呆了的拉塞尔，此时“笑得跟个西瓜似的”的声音还停留在空气中。他前后看了看加里·本德和巴里，脸上一副“他刚才真的说了我听到的话了吗”的表情。极度尴尬的3秒钟过去了。）

本德（还在强颜欢笑，虽说他估计已经尿出来了）：这人是谁？（停顿）是你，比尔，你没有认出这张照片吗？

拉塞尔（面无笑容）：没有。

就这么结束了吗？不不不！就在15秒后，拉塞尔还在气头上时，巴里尝试着想让气氛轻松一点儿，在镜头前把照片递给拉塞尔。巴里不停地追问：“你真的不想要吗？”而火冒三丈的拉塞尔把整个身子都转向了本德，背朝巴里。本德则试着想缓和气氛，跟里克说：“你可能可以不说这个了。”而巴里*还在*继续问，直到拉塞尔终于冷冷地回答：“不，我不想看。”毫无疑问，这是史上除乔·内默斯和苏齐·科尔伯（Suzy Kolber）①之外最尴尬的体育电视时刻。就算你亲眼看着它发生，你也无法相信。不用说，巴里的合同没有续约。这还是不夸张的说法。[当然了，如果这事件发生在今天这个人手一台电脑的时代，巴里会从地球上迅速消失，就跟迈克尔·理查兹（Michael Richards）②一样。]巴里最后在TBS重新得到了工作，担任1985年东部决赛的实况解说，他的搭档是——你不会相信的——比尔·拉塞尔！是哪个天才想出这主意的？这就像让泰森出狱③之后马上去担任1996年全美黑人小姐比赛的主持。

约翰·哈夫利切克（1978）　在1978年总决赛中加入了马斯伯格-

① 译注：2003年12月的一场NFL比赛中，解说嘉宾、前NFL球员内默斯在全国直播中两次对ESPN女记者苏齐说：“我想亲亲你。”内默斯后来道歉，承认自己当时有酗酒问题。

② 译注：著名脱口秀演员。2006年，他不断地大骂一位反对者为“黑鬼”，引起哗然。之后他迅速宣布退休，从此在喜剧界消失。

③ 译注：拳王迈克·泰森曾在1992年因强奸罪入狱。

巴里的团队。[①]“洪多”一言不发，死了整整7场比赛。这真的令人惊讶吗？我爱“洪多”，每个波士顿球迷都爱“洪多”，但他可不是那种你想要他当你的伴郎、在你婚礼上代表发言的人。[②]我记得自己一次在凌晨3点钟左右在NBA TV上看了其中一场总决赛，一开始看到主持人在介绍“洪多”时我感到非常激动，可后来我就开始猜测他可能生病了什么的，因为我们接下去45分钟都没有听到他说话。一句话没有。他就坐在那里。你甚至都没法给他打分，只能写上“残障”或“可能已昏厥”。

比尔·拉塞尔（1980—1983） 拉塞尔在70年代的第一次电视生涯饱受好评，但是第二次，他却没有准备好/没有兴致/没有______（随便填个什么跟生活有关的褒义词好了），在巴里被解雇后无法独自扛起这份工作。实际上，他听起来就像我老爹，总会在红袜队的比赛时睡过去，然后在最后几回合突然惊醒，咕哝道：“等等，贝凯特（Josh Beckett）怎么了？他出局了吗？”这就是整整3年中的拉塞尔。不过你不能责怪他，因为他曾经跟巴里共事过。他当时可能还要遵医嘱继续服药。

摩西·马隆（1986） 好吧，这里我们作弊了——CBS在1986年总决赛第4战中让摩西担任赛前/中场/赛后的演播室嘉宾；这是场超棒的比赛，而美中不足就在于，CBS认为让摩西在电视直播上即兴发言是个不错的主意。他的搭档是马斯伯格和朱利叶斯·欧文（在“糟糕的电视解说”方面也是一条好汉），但跟摩西一比，“博士”就像是埃迪·墨菲和杰西·杰克逊（Jesse Jackson）[③]的混合体。不知道CBS在这里是怎么想的。我的意思是，马隆在那几年中也没有口齿变清的意思啊——我们

---

① 原注：那还是个电视台习惯性地使用全白人转播团队而不考虑种族主义暗示的时代。现在我们走向了另一极——一个直播间里你只能上两个白人，就这么多。你听到我的话了吗？只能两个！

② 原注：关于“他在电视上能否表现良好”问题的一条经验法则：你觉得他能做一次幽默的伴郎演讲吗？如果不能，就别雇他。这可以证明我的观点：我愿意参加任何一场婚礼，只要有查尔斯·巴克利来做伴郎演讲。你肯定也会愿意的。

③ 译注：黑人民权运动领袖，演说极富感染力。

离他“Fo fo fo”的预言[①]才过了3年，他还在联盟中有着“咕哝”马隆的绰号。这事儿我越琢磨越觉得是不是CBS的某个人打赌赌输了——就像：“好的，如果你赢了，我们的苏格兰高尔夫之旅的钱就让我来掏，但要是我赢了，你*必须*要让摩西·马隆上电视解说一场总决赛。”不管原因如何，这是NBA史上唯一可以关掉人物说明的电视解说。[②]

“魔术师”·约翰逊（1992—1997） NBC在“魔术师”退役后随即与他签约，这看起来就像一记上篮那么简单。没有人比“魔术师”更有风度、更招人喜欢，是吧？于是电视广播开始了。“魔术师”在比赛中总是毫无缘由地咯咯傻笑，不停地打断马夫·艾伯特和迈克·弗拉泰洛（Mike Fratello），把每个回合或每件事都跟他为湖人打球时的某件事扯上关系。你不大能真正听懂他，因为，不知道为什么，他听上去总是像在嚼一块火腿三明治。当然了，我爱看“魔术师”出现，因为他就像一出永不停止的《周六夜现场》小品。尼克斯会在尤因的一记投篮后领先，然后公牛和乔丹会进球回应，突然，“魔术师”开始大叫：“帕特里克在他那边说：‘我要赢下这场球。’迈克尔回过来说：‘啊啊，大家伙，你在我的地盘上可没法赢！’”[③]听“魔术师”为比赛增添色彩有着一种无可否认的娱乐性，就像看到某个路人或你的哥们儿在单身夜派对上吐了自己一身一样搞笑。当NBC大发善心，把“魔术师”移到演播室后，情况就不一样了；他变得很烦人，讲不出什么话来。奇怪的是，“魔术师”离开了一段时间，后来在TNT回归，成了肯尼（Kenny Smith）和查尔斯相当靠谱的助手。我对此没有合理的解释。没有。

---

① 译注：摩西·马隆在1983年季后赛前表示他们将会一场不败地三轮横扫夺冠。他本应该说的是“Four，four，four”（指“四场、四场、四场”），但口齿不清地说了“Fo fo fo”。

② 原注：每张NBA的DVD都应该配备三种解说：英语，西班牙语，摩西·马隆。我人生中绝不会为这些马隆的笑话而道歉。这家伙不会说英语，看起来也不想学着说几句试试。你还想要我怎么说？

③ 原注：“魔术师”超喜欢“胜利时间”这个词。每个关键时刻他都会提到“胜利时间”，比如：“迈克尔知道现在就是胜利时间！”

朱利叶斯·欧文（1997） 毫无疑问，史上最烂的演播室解说。这个评价很厉害。就在此前两年，乔·蒙塔纳在NBC的NFL转播中登场，大概死在了节目当中，这事儿我们都知道。我还记得自己在每次进广告前都等着看乔纳森·西尔弗曼（Jonathan Silverman）和安德鲁·麦卡锡（Andrew McCarthy）进来把蒙塔纳的尸体从电视屏幕上抬出去。不过蒙塔纳的渣表现并不令人惊讶——我们不喜欢他的性格，他只知道跟热辣的金发美女上床和赢下超级碗。我们的期望值并不高。但是“博士”可是少数能在“口齿伶俐的发言人和大使”与“生来就为了在别人头上扣篮的狡猾老兄”之间成功找到微妙平衡的NBA球星之一。我们无法理解“博士”在电视上的表现会如此糟糕。看着他在直播时笨拙地结结巴巴，说些“伟大的球员打伟大的球”的胡言乱语，总是慌乱无措得像一只车头灯下的鹿，这实在让人预料不到。每当镜头对向他，你真的可以感觉到演播室里的紧张气氛。看得见，摸得着。在一场休斯敦对犹他（Utah Jazz）的季后赛前，“博士”做了件可以载入史册的事情，预测道：“我觉得休斯敦的关键在于，当哈基姆得到球后，他能否尽快决定投篮、运球还是传球。”这句语录是真的。我记得老室友杰夫（Geoff）和我当时花了15分钟，努力研究哈基姆在篮球场上还能有什么别的选项，最后断定有这些：（1）失误；（2）叫暂停；（3）晕倒；（4）猝死。这是个难忘的时刻，证据就是，我现在还能想起我是在哪里看的比赛。可怜的“J博士”。有的人天生就是不适合上电视。①

以赛亚·托马斯（1998—2000） NBC为聘他开了一份大合同，因为，你懂的，以赛亚是位伟大的球员，这意味着他会成为伟大的电视人物，是吧？（哎哟，我忘了——这两件事没有关系。）嗯，他不怎么说话——这完全没关系，因为搭档鲍勃·科斯塔斯（Bob Costas）在22年

① 原注：没错，我也是。

的实况解说生涯后已经变得无比生硬，把每场比赛都当成电台广播[①]——你几乎听不见以赛亚，因为只要现场观众有一丝丝的激情，就会把他温顺而尖细的声音给淹没。当底特律在季中炒掉道格·科林斯后，NBC签下了他，组成了三人小组（科斯塔斯、科林斯和以赛亚），这有个问题，因为科林斯要比以赛亚胜任大概一万倍（虽然他有着里克·巴里的毛病）。于是以赛亚完全插不上嘴了，就算他说了句话，我们也听不到。等到总决赛开始时，你几乎可以听见NBC制片人在苦苦哀求科林斯在直播中带一带以赛亚。去YouTube[②]一下1998年总决赛，看看有多少次科林斯说话时是这样开头的："以赛亚，你比所有人都清楚，你的运球不是天生就会的。"或是："我不觉得在乔丹打成这样的情况下爵士还能搞定芝加哥……"——然后稍作停顿，因为NBC制作人正在科林斯耳边狂吼——"……是吧，以赛亚？"我的天哪，这太尴尬了。这可能是史上最糟糕的三人组。接下去两年，NBC把以赛亚移到了演播室，他在那里还是无话可说，大部分时间都在疯疯癫癫地傻笑，就像《谍海军魂》（*No Way Out*）里吉恩·哈克曼（Gene Hackman）的副手自杀前那样。但是这一切都在2000年总决赛的赛后庆典上得到了回报：彼得·韦切伊（Peter Vecsey）做了一次经典的、"我不在乎你们会不会解雇我"的大爆发，表现得比克劳德·勒米厄（Claude Lemieux）[③]更贱，把可怜的以赛亚黑了个措手不及，当电视直播在复盘时跟他说："我才发现你是下一任步行者主教练！"可怜的以赛亚不知所措；自从1987年季后赛被伯德抢断后，他从未表现得如此狼狈。最精彩的部分是，韦切伊站在那儿，脸上一副挑衅的假笑，而以赛亚在全国电视观众面前结结巴巴地说不出话来。现象级的

---

① 原注：鲍勃的第一年听上去是这样的（用急迫而吵闹的声音说出来）："斯科蒂向左边运球……穆林（Chris Mullin）在防他……斯科蒂传球给乔丹……乔丹做了个动作往左边……运了两下球……交给库科奇（Toni Kukoc）……库科奇拿球……库科奇突破！……*球进啦！……公牛18：16！……库科奇为公牛得到6分！……现在杰克逊在把印第安纳的球带过半场……*"如此之类。我讨厌话说得太多的实况解说。我们有电视机。我们长着眼睛。

② 原注：没错，我把"YouTube"当作动词在用。对不起，我就有这种感觉。

③ 译注：前NHL球员，曾被评为"史上最脏的10位NHL球员"第二。

一幕。这让整体无比糟糕的以赛亚电视时代变得物有所值了。[①]（不幸的是，电视台策划人们此后变得智慧了。我们不仅再也没有在电视台上见到韦切伊，而且再没有见过任何“NBA传奇转职为糟糕的电视人物”了——虽说总有一丝可能性，ABC会愚蠢到在沙克最终退役后聘用他。我现在正交叉着手指。）

1975—1976：扣篮大赛

那个混乱的赛季中发生的大事包括卡里姆去往洛杉矶、两名总裁被聘用、两名高中生被NBA签约、3支ABA球队破产、费城和纽约就乔治·麦金尼斯打了一场激烈的官司、合并的威胁悬在所有人头上、举世闻名的三加时大战（菲尼克斯对波士顿），以及现在已经成为传奇的ABA扣篮大赛。这次扣篮大赛让大卫·汤普森为大众所知晓，让“博士”上升为半神半人，并给NBA全明星周末的创立打下了基础。如果你想给1970—1976年间的两个联盟各挑出一个代表性的镜头，你应该选择考恩斯1974年总决赛在地板上的一路滑行，还有“博士”在扣篮大赛上的罚球线扣篮。一个联盟带着激情在打球，做好所有细节，而另一个联盟选择去拥抱比赛的运动元素，但是不管在哪边，你都能看到球迷们从座位上激动地跳起来。篮球的纯正主义者仍然会对ABA嗤之以鼻，因为没有人在防守，所有人都在追求个人数据，所以这个联盟的代表性时刻发生在扣篮大赛上也是件很正常的事情。

“博士”的罚球线扣篮肯定是篮球世界中发生在正式比赛之外的最令人兴奋的时刻。首先，此前没有人曾经看过这类比赛，所以人们不知道在期待什么；一旦扣篮开始，球迷们就像是第一次打开成人片的13岁少年，

---

① 原注：我当时这么写道：“真遗憾韦切伊不能去当奥斯卡奖的场边记者，那样他就可以采访些人，比如马特·达蒙（Matt Damon）什么的，然后说：‘我猜这就是为什么你跟朋友说你想要甩掉薇诺娜·赖德尔（Winona Ryder）！’韦切伊不断造成对方惊愕/害怕/恶心/尴尬/认命的表情的能力不应该只在体育世界里发挥影响力。”

眼花缭乱，目不暇接。你会看到10年中最令人难忘的球员面对一个早熟的后起之秀的挑战：汤普森在“博士”之前出场，用一个超赞的双手暴扣点燃了观众，然后用一个在当时不可思议的360度扣篮作为结束，就像是一支充满天赋的年轻乐团，好到没法当暖场乐队。[就像是斯普林斯廷（Bruce Springsteen）在1975年给滚石乐队（Rolling Stones）唱开场歌曲。①]你还会看到“博士”非常戏剧化地用脚步丈量两个篮架之间的距离，观众们完全不知道在期待什么，好奇他到底在干什么，最后终于意识到：“等等，他是要从罚球线起跳扣篮吗？”然后你会看到那记扣篮：欧文大步跑向篮筐，从罚球线起跳，他的超级大手让篮球看起来就像个高尔夫球，抓球，抓球，然后把球*劈扣*进篮筐，所有人都激动炸了。“博士”的那一扣是独一无二的，包含了原创性、充满悬念的戏剧性、巨大的重要性，还有持续不散的影响力，虽说他很愚蠢地没有把那个扣篮留作最后一扣。正确的球员，正确的地点，正确的时间，正确的时刻。篮球正开始走上上升的道路——毫不夸张——这绝不是件坏事。②

1976年夏天：合并

我心目中的史上最伟大的夏天：第二百个独立日，蒙特利尔奥运会，李高中的兰迪·“平克”·弗洛伊德（Randy“Pink”Floyd）所在的班级正在欺凌高一新生③，马克·菲德里奇（Mark Fidrych）的巅峰④，还有ABA与NBA的合并，这些都发生在3个月当中？简直了。合并过程中出了点小问题，然后ABA聘任了一位名叫弗雷德·富尔斯（Fred Furth）的超级给力的反垄断辩护律师，做了一些世界级的谈判工作，而他的对手是前

① 译注：斯普林斯廷，美国摇滚巨星；滚石，摇滚史上最重要的乐队之一。

② 原注：现场观看扣篮大赛的感觉比在电视上看要好上100倍。就算整晚只有一个难忘的扣篮，也值得在那儿坐上3个小时，忍受各种白痴项目。德怀特·霍华德2008年的超人之扣时我在现场，那可真是个*大时刻*。

③ 译注：1993年电影《年少轻狂》（*Dazed and Confused*）中的情节。

④ 译注：1976年MLB最佳新秀，然而因为伤病5个赛季后就早早退役。

途一片光明的NBA总裁助理——准备好了吗……准备好了吗——大卫·斯特恩（David Stern）先生！①他们最后的妥协结果如下，我会在括号中附上评论：

1.丹佛、纽约、圣安东尼奥和印第安纳每队要支付320万美元的加盟费。这些球队不会得到前3年的电视收入，不会参加1976年大学选秀，将被称为“扩军球队”，但是他们有权保留自己的球员。篮网还要为侵犯尼克斯的地域权利而在10年内向对方支付480万美元。

我的想法：有点儿打劫的意思，不过很高兴看到尼克斯有更多钱可以砸给烂球员了。我最感兴趣的是NBA在很有深度的1976年选秀中将ABA球队排除在外，于是约翰尼·戴维斯（Johnny Davis）（第22）、亚历克斯·英格利希（Alex English）（第23）、朗尼·谢尔顿（Lonnie Shelton）（第25）和丹尼斯·约翰逊（第29）都掉到了第2轮。这可以说明ABA在当时的影响力有多小。

2.肯塔基老板约翰·Y. 布朗解散了球队，得到300万美元的赔偿，然后用赔偿费的一半买下了布法罗。所以说，并入NBA的4支ABA都遭遇了巨大的财政问题，而布朗买下了一支球队，还赚了150万？哈？与此同时，圣路易斯的老板挖到了职业体育史上最大的一条矿脉，解散了他们屎一样的球队，得到220万美元的补偿，此外还获得了4支还存在的ABA球队的电视收入的各1/7——这笔钱没有时限。换句话说，他们每年都会获得相当于一支球队电视合同份额的4/7的钱，*直到永远*。到2009年，各球队的电视合同份额已经达到1.5亿美元。就像是天上掉钱下来，如此一年一年一年一年又一年。②

---

① 原注：《无主之球》里与巴恩斯无关的轶事中我最喜欢的一则：那年夏天，ABA拖欠了给富尔斯的报酬，于是当一位高管提到他们会尽快搞定这笔费用时，富尔斯告诉他：“我知道你们会的，因为如果周五我的桌上没有你们的25000块，朱利叶斯·欧文就得来为我们打扫花园了。”太经典了！富尔斯万岁！

② 原注：你说从1984—2010年，斯特恩有多少次召集高级律师开会，努力想要找到甩掉圣路易斯合约的办法，失败，然后爆出一大堆脏话，冲会议室里的每个人大发雷霆？我说盘口必须是39.5次。

我的想法：篮网队有两个总冠军，还拥有“博士”，他是联盟唯一的招牌球员、合并得以进行的一个重要原因，然后他们就被坑得要在1977赛季前卖掉“博士”来维持球队。精神号队有着一支糟糕的球队，不管怎么样总是要解散的——没有球迷基础，没有能跟“博士”相比的球员，城市无法吸引NBA市场——但他们还是不知怎么就骗来了一份比新泽西好上100倍的合同。想想看吧。

3.解散的ABA球队的队员会在解散选秀中被拍卖，每位球员都明码标价，芝加哥抢到了第一顺位（于是他们可以签下阿蒂斯·吉尔摩）。剩下的选秀权则按照1976赛季最终排名的倒序分配，然后亚特兰大把2号签送去了波特兰交易杰夫·皮特里（Geoff Petrie），于是波特兰抽中了最大的两份奖品（第二位的莫里斯·卢卡斯和第五位的摩西）。①另外，底特律支付给了马文·巴恩斯惊人的50万美元，分明是逼着鲍勃·拉尼尔（Bob Lanier）去上吊。

我的想法：在“这些事如果发生在现在会变得好玩得多”方面，你难道想象不到ESPN在比如周二下午2点钟的时候直播ABA解散选秀，里克·布赫（Ric Bucher）会宣布波特兰与亚特兰大刚完成的交易，查德·福特（Chad Ford）会感叹缺少欧洲球员，杰伊·拜拉斯（Jay Bilas）会花上10分钟讨论马隆的篮板技巧和二次弹跳能力？太遗憾了。

4.NBA同意废除保留条款，允许老将们在合同到期后变为自由球员。这是一个最关键的转折点——老板们想要补偿制，球员们不愿意——这本来会再扯皮上几年，幸好NBA球员工会领导杰夫·穆林斯（Jeff Mullins）灵机一动：先给老板们4年的补偿制，因为反正案子都需要那么长的时间才能上到最高法庭。所有人都同意了，就是这样。如果两支球队在补偿上达不成共识，就由奥布赖恩（Larry O’ Brien）的办公室裁定。

我的想法：这是实行进攻时间限制之后NBA最关键的一个时刻。球员

---

① 原注：波特兰还拥有那年选秀的5号签，愚蠢地跳过阿德里安·丹特利选择了沃利·沃克（Wally Walker），这是一个典型的“我们选白人吧，可能他没有那个黑人好，但是我们的球迷会喜欢他的”的20世纪70年代操作。他们本来可以在同一个夏天得到丹特利、摩西和卢卡斯；他们交易走了摩西，搞砸了沃克的选秀权，但还是赢下了1977年总冠军。

的挣钱方式和球队的建队模式从此全都改变。很难说这是好是坏。而从头几年来说，这基本上是坏的。

于是就有了NBA历史上球员换队最奇葩的一个夏天。芝加哥和休斯敦都围绕建队核心中锋（吉尔摩和马隆）获得了重生。波特兰为沃尔顿找到了篮板帮手。篮网以300万的价格把“博士”卖去了费城，然后用布赖恩·泰勒和两个首轮签交易来了“小个子”·阿奇博尔德。①费城突然间同时拥有了1975年ABA的两位MVP（“博士”和麦金尼斯）。摩西被转手了两次，最终去了休斯敦。尼克斯从布法罗购来了麦卡杜，大方地送上了一份5年250万的合同，于是扼杀了他到1982年前的所有积极性。盖尔·古德里奇成为了自由球员制度中的杰基·罗宾逊，同时不小心杀死了新奥尔良（New Orleans Jazz）整整20年的职业篮球（后面还会详述）。“红头”·奥尔巴克拒绝支付保罗·赛拉斯市场价，把他送去丹佛换来了柯蒂斯·罗，然后从波特兰买来了悉尼·威克斯（在这一过程中杀死了“凯尔特人荣耀”）。1976赛季前五的球队（金州，菲尼克斯，波士顿，洛杉矶，克利夫兰）全都没有变得更好。考虑到可卡因的兴起、自由球员制度、日益增加的薪金，你需要在情绪上准备好迎接接下去NBA史上最奇怪的3年。

1976—1977：抱膝跳水

听好了：这可能是体育史上首次出现一个职业体育联盟扩军得还不够的情况。NBA从18支球队变成了22支，但天赋池里增加了28位优秀球员，包括4位建队核心（欧文、格文、吉尔摩和汤普森）和一位有潜力

① 原注：这必须供在“愚蠢连续操作”的万神殿里：你卖了“博士”然后把未来押在了“小个子”·阿奇博尔德身上？哈？那两个选秀权最终变成了连续两年的榜眼签[菲尔·福特（Phil Ford）和奥蒂斯·伯德桑（Ortis Birdsong）]。以及，从此刻起，篮网30年的地狱期开始咯！

成为建队核心的家伙（摩西）。[1]再加上一届高质量的选秀[约翰·卢卡斯（John Lucas）、丹特利、英格利希、D. J. 帕里什、米奇·库普恰克（Mitch Kupchak）、沃尔特·戴维斯（Walter Davis）……]，平均每支球队都有了两位高质量的新人。突然之间，我们有了一大堆在球队老大（麦卡杜-海伍德，欧文-麦金尼斯，巴恩斯-拉尼尔）和互斥风格（学院派对街头风）方面摇摆不定的队伍，一些球队快速崛起成为竞争者（波特兰和丹佛），一些则迅速陨落（波士顿、菲尼克斯、克利夫兰、金州），球迷们或为ABA带来的运动能力感到欣喜，或因高薪球员表现得如此自私而大为震惊。如果这还不够的话，可卡因和快克[2]正以风暴之势席卷联盟。再说一遍，史上最纷乱的年头——简直像在马登NFL（Madden NFL）[3]里把所有队伍的阵容打乱混合，重启一个赛季，然后随机让25%的球员沾染毒瘾。就连战绩都能反映出这种混沌：没有球队超过52胜，只有一支球队低于28胜（篮网）。与此同时，“ABA是一个优秀的联盟”的观念成为了主流，因为其中9人入选1977年全明星赛，5位在1977年总决赛中扮演了重要角色。ABA注入的血液让联盟速度变快，深度增加，运动能力大幅度地提升；除比尔·沃尔顿外，联盟中最令人兴奋的球员都是ABA的人（“博士”、“冰人”[4]、汤普森和摩西）。尼尔森挺着大肚子在总决赛中占据大幅出场时间的日子已经一去不返了，典型的例子就是菲尼克斯留下了所有关键球员却只打出了34胜48负。无论如何，这都是一次大变革。就像有人抱膝跳水后池子里不断激荡涌动的水波一样。

---

① 原注：其他人：5位全明星[罗恩·布恩（Ron Boone）、唐·布斯、丹·伊塞尔（Dan Issel）、博比·琼斯、比利·奈特]，4位未来的全明星（拉里·凯农、莫里斯·卢卡斯、丹·朗德菲尔德、詹姆斯·赛拉斯），14位有价值的轮换球员[麦克·卡尔文（Mack Calvin）、ML·卡尔、唐·钱尼（Don Chaney）、路易·丹皮尔（Louie Dampier）、考德威尔·琼斯、斯文·内特、马克·奥尔伯丁、汤姆·欧文斯、比利·波尔茨（Billy Paultz）、拉尔夫·辛普森、布赖恩·泰勒、戴夫·托齐克、约翰·威廉姆森、威利·怀斯（Willie Wise）]和一个高薪脑残（马文·巴恩斯）。

② 译注：快克，一种加热后吸食的可卡因。

③ 译注：EA公司推出的橄榄球游戏系列。得名于著名橄榄球教练、解说员约翰·马登（John Madden）。

④ 译注：乔治·格文的绰号。

池水的震荡一直延续到了下个夏天，前18个选秀权有11个被交易走，有两个还转手了两次。交易选秀权是相当新近的趋势；就在1971年，所有人都还在按照自己的顺位选秀。一切都在1977年改头换面，密尔沃基通过两笔交易得到了一届非常好的选秀中的状元、探花和11号签——当然，他们搞砸了其中两个[肯特·本森和厄尼·格伦费尔德（Ernie Grunfeld），那时候球队还可以把两支前12顺位的签浪费在行动缓慢的白人身上而不会在网络和广播中被骂得狗血淋头]。但不管怎么说，他们都是第一支说“我们要通过多个选秀权进行重建”的球队，这在当时的联盟中是一个非常大胆的操作，因为几乎所有球队都在亏损，都在担心跟球迷之间不稳定的关系。①我们还在1977年迎来了第一个成熟的自由球员之夏，贾马尔·威尔克斯（湖人）、格斯·威廉姆斯（西雅图）、“卡车”·罗宾逊（新奥尔良）、博比·丹德里奇（Bobby Dandridge）[华盛顿（Washington Bullets）]、吉姆·克利门斯（Jim Clemens）（纽约）和EC·科尔曼（E. C. Coleman）（金州）都改换了球队。②一般来说，球队会自己决定补偿，最著名的例子发生在1979赛季，波士顿签下了底特律的M. L. 卡尔，这笔签约最终膨胀成一笔大交易：卡尔和两个未来的首轮签换麦卡杜（一年后得到了帕里什和麦克黑尔）。而当那年夏天圣迭戈签约沃尔顿时，两支球队无法达成一致，最后交给了联盟裁决。而史上最古怪的自由球员交易永远都会是1979年快船签约丹佛的布赖恩·泰勒，然后送出两个次轮签、4公斤可卡因和他们最好的毒贩联系方式作为补偿。③

虽然经历了前所未有之大变革，抱膝跳水后的第一次总决赛（波特兰对费城）还是让所有人都很开心：CBS（史上收视率最高的总决赛），NBA（比尔·沃尔顿不负“伟大白人希望”的炒作），布伦特·马斯伯格[给沃尔顿取了“山人（Mountain Man）”的绰号，试图变成他的科塞

① 原注：这激起了3年的交易狂潮，于是有了以下的惊人事实：1979年选秀中，芝加哥（榜眼签）是选秀权前十五的球队中唯一手握自己的选秀权的队伍。

② 原注：科尔曼在1977年入选最佳防守阵容一队，18个月后就离开了联盟。就我的看法，这是世上发生过的最难以预料的事情之一。

③ 原注：诚实一点儿，你还是有点儿愿意相信这是真的。

尔（Howard Cosell）[①]，篮球纯洁主义者（很高兴波特兰“拯救”了联盟）和恶毒的种族主义者（很享受主流媒体“分析”这个系列赛的方式）。76人被描绘成一支缺乏组织的校园球队，是ABA及其“快来看我”文化的产物，一群从不关心让队友变好的高薪黑人。他们的球员有着“软糖豆”[②]和“世界”[③]的绰号，他们的列队上篮比他们的胜利更出名，又因为所有人都被妖魔化了，“博士”就被不公平地视为最华而不实的一个。与此相对，波特兰的风格就像拉塞尔的老凯尔特人，快攻和转移球打得风生水起，而一切都围绕着沃尔顿10年一见的技艺展开。他们首发了3个白人，他们最好的球员一头红发，他们的控卫理着个平头。他们欣喜若狂的球迷填满了球场的12666个座位，让每场比赛听上去都像20世纪60年代中期的披头士演唱会。他们粗鲁却可爱的秃头教练大声吼着命令，看起来应该去管理一所《死亡诗社》（*Dead Poets Society*）式的寄宿学校。所以当开拓者横扫湖人，接着在0∶2落后的情况下连赢4场击败费城时，他们一下子解决了NBA最大的两个“问题”：卡里姆（最阴沉乖戾的超级巨星，引起了所有人的审美疲劳）和“没教养的、溢价的黑人正在毁灭这项运动”的明显偏见。这就是为什么波特兰对篮球的“拯救”让收视率如同被施了魔法。只要沃尔顿和开拓者还在到处踢那些自私的黑人的屁股，大众白人球迷就会持续关注NBA。

（如果开拓者没有继续踢那些自私的黑人的屁股呢？NBA就有麻烦了。）[④]

---

① 译注：有史以来最伟大的体育解说员之一，以解说阿里的比赛著称。

② 原注：乔·“软糖豆”·布莱恩特，或者如我们现在所知，科比的老爹。他是一个不知感激的浑蛋，1977赛季的大部分时间都在要求交易。俗话说得好，苹果总落在苹果树的3寸之内。

③ 译注：劳埃德·B. 弗里，后来改名为沃尔德·B. 弗里（World B. Free），名字谐音“世界和平”。

④ 原注：我说的是人们的看法，并非事实。真遗憾我不得不澄清这一点。顺便说一句，贾巴尔·阿卜杜勒–西蒙斯可能是在费城之外唯一在1977年总决赛中支持76人的美国白人。“博士”的每记扣篮都让我达到“电视上在放《吉利根的岛》（*Gilligan's Island*）”级别的激动。我还被劳埃德·弗里和他的跳投所深深吸引；当他后来把名字改成沃尔德·B. 弗里、在圣迭戈场均30分时，我感到自己那么早开始喜欢弗里是正确的。那种天赋与疯劲儿的结合是小学的我苦苦追求的。

1977—1978：爆胎

如果说1977赛季是NBA最疯狂的赛季，那1978赛季就是对其伤害最大的一个赛季。让我们把各种问题从伤害最小到最大按顺序列出。

危机1：开拓者的突然中枪 就在波特兰打出50胜10负纪录、激起他们可能是史上最伟大球队的讨论声时，沃尔顿突然倒下了。一下子，NBA失去了招牌球队、最明显的白人球星、最吸引人的故事线和最具观赏性的队伍，而且不只是1978赛季，还包括1979和1980赛季。想象一下乔丹在芝加哥72胜赛季中途摔断了脚，接下去3年都没有出现。1996年热火对超音速的总决赛会吸引你吗？1997和1998连续两年印第安纳对犹他的总决赛呢？懂我的意思了吗？沃尔顿的受伤对联盟产生了几乎致命的打击，直到拉里和“魔术师”出现。①

危机2：可卡因 此时无处不在……而且没人知道这东西是不好的。我不需要跟你详述。看看《不羁夜》就行。反正这片子你也该看。我已经提到它10次了，还可以轻轻松松再提30次。快去租来看吧。这是一部真正的电影，少年。

危机3：连续两年的子弹-超音速对战 你有没有意识到1978和1979年总决赛是过去半个世纪中仅有的没有明显超级巨星或大市场球队的总决赛？1978年总决赛为了照顾CBS而拖长到令人难熬的19天；昂瑟尔德赢下了总决赛MVP和一辆新车，虽然颁奖仪式中出现了煞风景的一幕，CBS的某个脑残问他能否借用昂瑟尔德的车在里头自杀。坏运气在沃尔顿倒下后继续蔓延：联盟错过了76人对掘金的1978年总决赛（“汤普森对阵‘博士’！”）和具备超级观赏性的马刺对太阳的1979年总决赛（“戴维

---

① 原注：假设沃尔顿保持健康，波特兰赢下三连冠。我们的1980年分区决赛对阵：费城对波士顿和波特兰对洛杉矶，有沃尔顿、伯德、“博士”、卡里姆和“魔术师”。哇哦。

斯和韦斯特法尔大战‘冰人’！”）。如果斯特恩在1978和1979赛季已经在运营联盟的话，你会看到那个时代的迪克·巴韦塔（Dick Bavetta）或本内特·萨尔瓦托（Bennett Salvatore）吹罚马刺对子弹、76人对子弹和掘金对超音速的一些关键场次。你知道这不是胡说。①

危机4：CBS问题 谈判在春天升温，结果是一份4年7400万美元的合同，电视台方面甚至在签订的最后一刻还想过要退出。作为协议（我们用这个词用得很勉强）的一部分，CBS获得了随意延时录播季后赛、调整季后赛比赛日期或时间、适当缩减周日转播数量的特权。有线电视当时还没有兴起。哇。

危机5：斗殴 长期以来，斗殴一直都被认为是篮球的一部分，是身体对抗激烈的运动不可避免的结果（就像冰球）。威利斯·里德凭借单挑干翻67湖人而名噪一时。莫里斯·卢卡斯靠干倒吉尔摩挣得了名声。丹尼斯·奥特里（Dennis Awtrey）能在联盟中存活10年，不过是因为他是“曾经击倒卡里姆的那个人”。里基·索伯斯通过偷袭巴里改变了1976年勇士–太阳系列赛的走势。卡尔文·墨菲有着联盟中最出名的拿破仑情结，经常与比他高的球员大打出手，还击倒过6尺9寸的悉尼·威克斯。所以1977年总决赛第2战开拓者与76人之间丑恶的大乱斗发生时，没有人真的*那么*惊讶。事情的开端是达里尔·道金斯试图给博比·格罗斯一拳（却打中了队友道格·科林斯），没料想背后着了卢卡斯一记飞肘，②接着两人就摆出了20世纪20年代无拳套拳击手对打的架势，然后所有人都加入了

---

① 原注：4场完美候选：西雅图客场对丹佛，1978年（第5战，2：2平）；费城客场对华盛顿，1978年（第6战，子弹3：2领先）；西雅图客场对菲尼克斯，1979年（第6战，菲尼克斯3：2领先）；华盛顿客场对圣安东尼奥，1979年（第6场，马刺3：2领先）。这4场都由更不性感的球队获胜。

② 原注：这是一个经典的“我要为我的队友站出来”时刻，足可以与1954年北部分区决赛上弗拉奇（Flatch）的所作所为相媲美；他当时狠狠地给了对吉米·奇特伍德下黑手的家伙一拳，然后被人摔了出去，撞倒了奖杯柜，割伤了肩膀。*靠这种手段去赢球是卑鄙无耻的！靠这种手段去赢球是卑鄙无耻的！*（译注：《火爆教头草地兵》中的情节。）

战场。在被驱逐出场后，道金斯在费城的更衣室里砸坏了好几个马桶。有人没禁赛吗？当然没有！我不想让自己听起来像臭脾气老编辑，但那就是20世纪70年代的篮球，而且我们*爱死这样了*！波特兰横扫了后4场比赛，所有人都同意卢卡斯的飞肘是系列赛的转折点。那在当时是一个完美的NBA之夜——没有人受伤，惊人的电视节目，以及关于要为队友出头的珍贵的一课。①

快进到10月：《体育画报》的NBA前瞻文章以“执行者”②为主题，将卢卡斯的狰狞面目作为封面，并大加赞许地起了个“没有人，没有人，可以伤害我的队友”的不祥标题。现在回头看，这篇文章读来实在不可思议；杂志给每位执行者都配上了吓人的图片，仿佛他们是WWF摔跤手似的，而克米特·华盛顿（吸气）裸着上身，摆着拳击手的造型。每幅图片边上都有文字，把这些好斗分子描述得像克林特·伊斯特伍德（Clint Eastwood）和查尔斯·布朗森（Charles Branson）③的结合体。举个例子：“克米特·华盛顿，6尺8寸、230磅的湖人壮汉，是一个安静的好人，喜欢举重，有时候也会把别人的脑袋从肩膀上扯掉。去年11月发生在布法罗的一场令人难忘的比赛中，华盛顿跟约翰·舒梅特（John Shumate）起了点小冲突，他用一组勾拳加重击结束了战斗，把对面那位6尺9寸的前锋干翻在地。‘舒梅特被打散成了好几块儿。’一位目击者说道。”

哇哦，打人从来没有听起来那么酷过！考虑到《体育画报》是当时体育界最具影响力的声音——记住，我们那时候没有ESPN、《今日美国》、有线电视或互联网——这篇文章的基调，再加上前一个赛季对墨菲和卢卡斯的赞美，可能刺激了随后的许多暴力事件。卢卡斯是一位很有价值的球员，但还没有好到可以登上《体育画报》的封面，除非是因为别的

---

① 原注：NBA在1977年总决赛后修改了打架的处罚，将罚款的最高金额翻倍（10000美元），并去掉了对禁赛的限制。

② 译注：原指NHL中各队负责打架的球员。

③ 译注：伊斯特伍德，著名西部片演员，曾两获奥斯卡最佳导演，多次提名奥斯卡最佳男主角。布朗森，著名动作片演员。

事情……比如打人，你懂的。可以朝别的球员的脸抡上一拳吗？实际上，按《体育画报》的说法，没问题。只要你的理由够充分。

再快进到新赛季第一夜：肯特·本森贱兮兮地偷偷肘击卡里姆的肚子，卡里姆被打得弓起了身子，摇摇晃晃，明显痛苦不堪。被激怒的卡里姆站起身来，从背后用力冲撞本森，对他一顿暴击，打碎了他的下巴。①跟过去NBA的众多丑陋事件不同，这一次，全国各地的新闻广播都在播放一个黑人攻击一个白人的视频，而且这个黑人还是联盟20世纪70年代的招牌球员。啊喔。联盟决定不对卡里姆实施禁赛，认为他因打人时手受伤而休战两个月已经是足够的惩罚了。

再快进到12月：克米特在一个罚球后被休斯敦的凯文·库纳特攻击，于是两人开打。卡里姆切入战场，从背后抱住库纳特；克米特给了库纳特几拳（后者捂着脸倒在了地上），②转过头来，发现鲁迪·汤姆贾诺维奇（Rudy Tomjanovich）正在向他跑来，于是挥出了一记后来湖人队助教杰克·麦金尼（Jack McKinney）所说的“人类历史上最强力的重拳”，鲁迪的脸被立刻打碎了，颅骨在倒地时也裂了。卡里姆后来描述那一拳，说那听上去就像有人把西瓜砸在混凝土地面上。鲁迪满地打滚，捂着自己的脸，双脚乱踢，血流满地，大家都被吓呆了。最终伤势：两周的重症监护，下巴骨折，鼻子断裂，脸被打碎，颅骨爆裂。

除了几乎杀了一个球员之外，还有4件事对克米特不利。加上两个月前卡里姆的那拳，这几次拳击事件使得一时间到处都是“NBA的暴力已经失控了！”的标题和评论（大家都忘了就在10周前《体育画报》还在颂扬同样的暴力）及“为什么我作为一个白人要关注一个允许黑人打白人的

---

① 原注：在《巨人的脚步》（*Giant Steps*）——一本你读完后对卡里姆的厌恶会提升25到30个百分点的书——中，卡里姆发牢骚说奥特里因为从背后偷袭他而收获了名誉，然后避而不谈他对本森做了同样的事情……后来又对自己给本森的一顿老拳自吹自擂。他还在1972赛季打过哈皮·海尔斯顿（Happy Hariston）（YouTube上有）。

② 原注：镜头错过了这一幕，但是库纳特确实被打倒了——甚至当他们把地板上的鲁迪抬走时，你还能看到库纳特在用毛巾擦自己脸上的血。然而10个月之后，库纳特和克米特在快船队成了队友，造成了NBA历史上最尴尬的“嘿，好久不见”时刻之一。

联盟”的疑问（没有人大声说出这一潜在的忧虑，除非你坐在某个乡村俱乐部里；但光是这种想法也够让CBS和球队老板们吓破胆了）。第二，存在的唯一一份回放里，克米特看上去就像是个无端发飙的、想尝尝白人的血是什么味道的疯子，镜头错过了库纳特最开始的肘击和他们间的打斗，只捕捉到了库纳特在卡里姆怀中倒地和鲁迪跑向克米特的画面。第三，《周六夜现场》在“周末升级”环节中很不正经地提到这次事故，把那一拳当成一个哏，播放了一次又一次，给予了其第二生命。①第四，收视率已经摇摇欲坠，上座率已经不断下降，联盟已经被“太多白人球迷，太多黑人球员”的问题搞得焦头烂额，说真的，你没法找到一个更烂的时间点了。这事在各个方面都是极端——篮球场上出过的最具毁灭性的一拳，最完美的出拳者，②最糟糕的结果，最糟糕的时间点（CBS的合同在那个赛季后结束），再加上最糟糕的肤色（一个黑人暴打一个白人）。克米特被罚停薪禁赛60天——没有听证会，没有上诉，什么都没有——损失了大概54000美元工资，并成为头号全民公敌。（这远不止几封死亡威胁。在克米特从禁赛中归来后，警察建议他不要在宾馆房间里叫东西吃，因为他们担心会有人给他下毒。）鲁迪最终要求联盟赔付300万，他的律师把克米特描绘成一头恐怖的、链子被主人疏忽地松开了的罗威纳犬。这次事故没有产生任何好的结果。没有。

湖人冷漠地在克米特的禁赛期内将他交易走，将他送到波士顿，换走了我当时最喜欢的凯尔特人球员——查利·斯科特。阿卜杜勒-西蒙斯生命中黑暗的一天。我还记得第一次去看克米特在凯尔特人的比赛，在一堆穿着训练服的人中寻找他，找到他后心想：“就是他，就是这个人。”然

---

① 原注：这件事在1977年非常重大，因为我们那时候没几个频道可看，《周六夜现场》平均有大约3000万～3500万人观看。在那个部分中，加雷特·莫里斯（Garrett Morris）为克米特“辩护”说：“什么事都怪在我们黑人头上。看看这个视频。他只是不小心擦伤了一只小猫咪。哎呀！我们换个角度看……”他为数不多的几个幽默时刻之一。

② 原注：在《间隙》中，哈尔伯斯塔姆称这是史上最灾难性的一拳——一个彪形大汉双脚立定，送出一记完美的右手直拳，打中一个全速向他跑来的家伙的脸上。或者如臭脾气老编辑所说——“巨大的意外”。10年前大战67湖人的威利斯·里德本来也很有可能会成为克米特。

后充满恐惧地看着他，就像他是迈克尔·迈尔斯（Michael Myers）[①]什么的。他可能是联盟中第一个贱民。但是克米特很快就赢得了波士顿球迷的心。这个悲剧性的孤独形象用无可否认的尊严支撑着自己，带着无限的怒气争抢篮板，成为赛拉斯之后第一个激起考恩斯斗志的人，把被压抑的情绪全部释放在了比赛之中。有时候，当花园变得很安静时——这经常发生，因为我们那年只赢了32场，球迷们都陆续流失了——你甚至可以听到克米特抢下篮板后的低吼：*啊啊啊啊啊*。克米特在场均短短27分钟内得到11.8分、10.5个篮板和52%的命中率。等到赛季末，克米特已经成了我最喜欢的凯尔特人球员了，我非常相信是鲁迪的脸打了克米特的拳头。

当然了，我们在夏天交易了他。想想看吧。[②]他去了圣迭戈，然后是波特兰，在那里，开拓者的球迷用跟波士顿球迷一样的方式热情地接纳了他。数年之后哈尔伯斯塔姆为他写了一篇优美的文字——真的，史上写给体育人物的最好的文章之一——认为克米特在某种意义上成了受害者，后来约翰·费因斯坦（John Feinstein）又在2002年为那一拳写了一整本书。[③]或许鲁迪是在错误的时候出现在了错误的地方，但克米特也是如此。跟他之前成百上千名NBA球员一样，克米特怀着不当的意愿挥出了愤怒的一拳……只是这一次打出了暴击。他遂成了联盟中的汉尼拔·莱克特（Hannibal Lecter）[④]，成了挥出“那一拳”、差点儿杀了人的那个人。NBA此后对待球场暴力变得更加严肃，规定打架者要被驱逐出场，给予其更长时间的禁赛，虽然有坊间传闻说是克米特的那一拳改变了一切。不，

---

① 译注：恐怖电影《月光光心慌慌》（*Halloween*）系列中的恐怖杀手。

② 原注：就是那一年，凯尔特人开始分崩离析，“洪多”退役。在欧文·莱文跟约翰·Y. 布朗对换球队、把勇敢者队迁往圣迭戈时，他把克米特也带走了。我彻底崩溃了。4个月内两度痛失挚爱。

③ 原注：那实际上是一篇长篇的杂志文章，但费恩斯坦把字数扩展了一倍，把许多故事重复了好几次，最终把它变成了一本书。费恩斯坦对《篮史通鉴》产生了很大的影响，因为他写书时仿佛等不及要赶去写下一本了。我希望我的书没有给你这种感觉。我希望你说：“我不仅觉得值回书价，而且说真的，我被西蒙斯耗费了大概9个月的时间，那本书本来可以缩减个200页的。”什么，你已经这么想过了？怎么个意思？我们都还没到一半呢！快去搞点咖啡什么的。

④ 译注：电影《沉默的羔羊》中的经典反派人物，好吃人肉。

联盟一直没有真正做出彻底禁绝斗殴的努力，直到1994年季后赛，尼克斯对公牛的一场丑陋群殴一直打到了观众席上，边上就是一脸惊恐的大卫·斯特恩。*那才*是转折点，不是克米特的那一拳。

1978—1979：苟延残喘

NBA正深陷麻烦之中的*看法*变得根深蒂固，原因包括季后赛的延时录播、下降的上座率、明星球员在比赛中打酱油、沃尔顿的继续缺席、布法罗迁往圣迭戈、欧文在费城令人大失所望的表现、75∶25的黑人–白人比例，以及众多报纸专栏，甚至包括《体育画报》的诽谤运动。1978和1979年的体育迷们都会接受《体育画报》上的信息，所以每个人都在想同一件事：“NBA有大麻烦了。”虽说事实并非真的如此。考虑到波士顿已经拥有了伯德的签约权，因此印第安纳州大的1979不败赛季就许给了NBA球迷们一个伟大的未来，事情后来的发展也确实如此。伯德似乎可能成为挣扎的凯尔特人的救世主，而当伯德在1979年NCAA决赛中对上“魔术师”的密歇根州大（Michigan State University）时，“魔术师”的救世主地位也被确立了。联盟最大的三个市场中的两个（洛杉矶和芝加哥）已经确保了1979年选秀的前两位。湖人赢得了掷硬币和“魔术师”，而芝加哥之后的混乱局面则让他们在5年后得到了乔丹。再加上波士顿签下了伯德，所有人都成了赢家！[①]一年之后，伯德拯救了凯尔特人，“魔术师”让卡里姆5年内第一次有了积极性，费城终于围绕“博士”找到了正确的角色球员们，3支队伍都取得了60胜以上并打进分区决赛，“魔术师”凭借总决赛最后一战的表现声名鹊起。

---

① 原注：公牛跳过了悉尼·蒙克里夫（Sidney Moncrief），用榜眼签选中了大卫·格林伍德（David Greenwood）。哎哟。在“魔术师”的书里，他提到杰里·韦斯特想要向下交易，想选蒙克里夫——要记得，他们已经在控卫位置上有诺姆·尼克松了——但是这被杰里·巴斯（Jerry Buss）博士否决了，因为他刚买下球队，而“魔术师”是一个名气更响亮的名字。

那年夏天，一个更大的救世主降临了：有线电视。在NBA与USA电视网签订了3年150万美元的每周四两场连播和季后赛前几轮比赛的合同后几周，1979年9月7日，ESPN打造了史上第一个24小时体育电视网，为未来的《体育中心》（*SportsCenter*）、充满观赏性的集锦和联盟有线电视转播权的一个重要竞争者都开辟了道路。有什么广告比得上精心包装过的比赛摘要呢，这里有每一记激动人心的扣篮、传球、关键投篮，同时去掉了所有上不了台面的东西。（你懂的，比如说打架，空空荡荡的座席，冷漠的观众，球员们在场上散步，让人觉得是花了冤枉钱来看的。）大卫·斯特恩相信，ESPN和有线电视的到来对拯救NBA产生的作用要大于伯德和“魔术师”，虽然他觉得“拯救”这两个字完全是夸大其词。[①]他说的可能是对的。要记得，达拉斯小牛队在1980—1981赛季加入NBA，支付了一笔1200万美元的扩军费，当季15胜67负，激起了许多“哟，他们可能应该让J. R. 尤因[②]来当主教练”之类的放在29年前能让人笑到抽的笑话。如果有钱人愿意为加入NBA而开一张1200万美元的支票，事情能糟糕到哪里去呢？

看看NBA/CBS的关系恶化到何种程度吧：即使1980年有两组非常吸引人的分区决赛（波士顿对费城，洛杉矶对西雅图），CBS仍然只直播了3场，再延时录播了3场，完全无视了剩下4场（包括在西雅图的关键第4战）。[③]而当总决赛中聚集了卡里姆、“魔术师”和“博士”时，他们又迫使湖人和76人在周六、周日打了第3战和第4战的背靠背，然后又让各地分公司选择是直播第6战（可能是最后一战）还是在深夜11点半延播录像。那恰好是5月扫掠的星期五，所以几乎所有的分公司都选择了重播《无敌浩克》（*The Incredible Hulk*）、《正义前锋》（*The Dukes of*

---

① 原注：我是怎么知道的？我打电话给总裁问他的。我们聊了35分钟。令人惊讶的是33年后，他还能记得当初的每个细节和数字。

② 译注：J. R. Ewing，20世纪80年代热播电视剧《朱门恩怨》中的主角；该剧的英文名即为“达拉斯（Dallas）”。

③ 原注：不可思议地，那4场比赛都没有留下录像带来，但《西蒙兄弟》（*Simon and Simon*）前两季的DVD倒是在网上买得着。有时候我真搞不懂这世界。

Hazzard）和《朱门恩怨》，只有费城、洛杉矶、波特兰和西雅图会直播比赛。这意味着史上最著名的篮球比赛之一（“魔术师”代替受伤的卡里姆出任中锋，带领湖人夺冠）在美国几乎所有城市都要在午夜过后的延时录播里才能看到。想想看可能会有多少小球迷为此事而终身耿耿于怀吧。另一方面，你能为此而责怪那些CBS分公司吗？我是说，《无敌浩克》《正义前锋》，再加上《朱门恩怨》？这简直是夺命三连击啊！在怒开谷歌搜索了3分钟后，我现在可以告诉你，《朱门恩怨》和《正义前锋》在1980年是最受欢迎的两个电视节目；《正义前锋》有大概2100万观众，《朱门恩怨》有令人不可思议的2700万。显然他们不可能不播这些剧而去播一集什么《嗑药溢价黑人大联盟》①。是的，没人能看到“魔术师”著名的42分之战的直播确实是件很恶心的事。但更恶心的是NBA不把比赛放到周六下午来让所有人都能看到的愚蠢做法。②

一年之后，发生了更难以想象的事：虽然费城对波士顿的系列赛球星云集，还是史上最伟大的分区决赛，但CBS只播了两边分区决赛可能的14场中的9场（其中6场延时录播），延时录播了6场1981年总决赛中的4场。另外，1981年总决赛的收视率是史上最低的（6.7），③而不合时宜的40胜42负的火箭对40胜42负的国王的西部决赛对阵则让CBS第一次考

---

① 原注：这是一种污蔑，并非事实。我们在1980年的电视节目前十：《朱门恩怨》《正义前锋》《一小时访谈》（*60 Minutes*）《野战医院》（*M*A*S*H*）《爱之舟》（*Love Boat*）《杰斐逊一家》《爱丽丝》（*Alice*）《妙冤家》（*House Calls*）《三人行》（*Three's Company*）《草原小屋》（*Little House on the Prairie*）。如果《巡警高速路》（*C.H.I.P.S*）都只能排在第25，你就知道这真的是电视节目竞争相当激烈的一年。

② 原注：如果第6场在周六举行，第7场就可以排到周二，正是CBS一周中最弱的一个晚上：某个节目的重放（我谷歌了半天没找到是什么节目），然后是“本周电影”。我还找到了一部名叫《加州狂热》（*California Fever*）的剧，占据晚8点到9点档，一直播到1979年12月10日。IMDB上的摘要：“文斯和罗斯是住在洛杉矶郊区的少年，喜欢迪斯科、冲浪、豪车和南加州的一切生活方式。”出演的明星？洛伦佐·拉马斯（Lorenzo Lamas）！我爱死70年代末了。

③ 原注：CBS从1976年到1990年的总决赛收视率：11.5（波士顿对菲尼克斯），12.7（费城对波特兰），9.9（华盛顿对西雅图），7.2（华盛顿对西雅图），8.0（洛杉矶对费城），6.7（波士顿对休斯敦），13.0（洛杉矶对费城），12.3（洛杉矶对费城），12.3（波士顿对洛杉矶），13.7（波士顿对洛杉矶），14.1（波士顿对休斯敦），15.9（波士顿对洛杉矶），15.4（洛杉矶对底特律），15.1（洛杉矶对底特律），12.3（波特兰对底特律）。

虑把一个延时录播节目再一次延时录播。[①]所以说，没错，NBA需要有线电视。非常急迫。

1979—1980：三——分——球！

你有没有发现三分线花了整整8年时间才正式确立了自己的存在？我们来快速看一下时间线：

1980年　“把脚趾伸进水里试试温度”的保守心理仍占主导。只有布赖恩·泰勒（239）和里克·巴里（221）出手了超过200记三分，只有12位球员尝试了超过100次出手，只有5人的命中率超过38%，NBA每场比赛平均出手不到6个三分。说到凯尔特人，我记得克里斯·福特（Chris Ford）是我们的“三分威胁点”（命中了43%），而且有种这个相当平庸的得分后卫突然之间对我们有了真正价值的感觉。每次他命中一记三分，观众们都会陷入疯狂。所以确实*有事情*正在发生，只是我们还不那么确定。

1981年　微微有点儿回落。联盟出手第一的迈克·布拉茨（Mike Bratz）只有169次出手；只有布赖恩·泰勒的命中率超过34%（准确地说是38.3%）；联盟平均命中率从28%跌至24.5%；每场比赛平均出手跌至4个。太奇怪了。不过我们有了第一个标志性的三分球：总决赛第6场，伯德命中一记翻身三分，锁定总冠军，然后做了一个帅气的挥拳动作，帅到让我在凌晨1点半看延时重播看得半睡半醒时精神一振。

1982年　还是没人上钩。只有4名球员出手了超过100记三分。不过我们在凯尔特人对子弹的系列赛第5场有了另外一个标志性时刻：弗兰基·约翰逊（Frankie Johnson）和杰拉尔德·亨德森在第4节打了一架，

---

① 原注：“韦德曼！邓利维（Mick Dunleavy）！欢迎观看CBS转播的西部决赛！”

异常恼怒的约翰逊之后连进3个三分（包括一个30英尺超远三分），把比赛拖进了加时赛，不过波士顿最终还是在双加时中获胜。那场比赛由USA全国直播，所以那是第一次有人在电视直播中进入三分球的“去死吧”暴走模式。①

1983年 没什么好说的。只有4人出手超过100次，联盟平均命中率是可怜的24%。在拥有排名资格的球员中，迈克·邓利维位列第一（34%），以赛亚·托马斯第二（28%），这相当讽刺，因为他是现代控卫中最糟糕的远投手。

1984年 有一件事很有意思：犹他的达莱尔·格里菲思（Derrell Griffith）在出手（252）、命中（91）和命中率（36.1%）上都是联盟第一。这难道不讽刺吗？三分球要靠一个绰号“扣篮肯斯坦博士”的家伙续命？

1985年 三分球攀升到了场均6.2个；联盟平均命中率回升到28.2%；15名球员出手100次以上；4人越过40%大关；随着伯德把三分纳入自己的常用武器库（42.7%的命中率，在他的60分之战中命中了两记令人印象深刻的三分），三分球变得很“酷”。

1986年 我们终于迎来了突破性的时刻，包括以下方面：

1.全明星周末举办了第一届三分球大赛，伯德在赛前就保证会夺冠，随后兵不血刃地获胜。②

---

① 原注：还记得过去那些球员们打完架还能留在比赛里的日子吗？然后发生了克米特拳击事件，一切于是改变了……哦，等等，不是这样的。

② 原注：更棒的是，他们在每个人进场时播的是《迈阿密风云》（*Miami Vice*）的主题曲。我在20世纪80年代中期的两大偶像是伯德和桑尼·克罗凯特（Sonny Crockett）——现在他们俩合体了？要是比赛结束后女朋友跟我出去开房的话，那就将是我当时16岁的人生中最美好的一个夜晚了。不过，首先，你得有个……

2.受到三分球大赛冠军的鼓舞，“传奇”开始把三分球变成了一门武器，在那个月接下去的连续10场比赛中三分34投25中。到赛季结束时，他在出手（194）和命中（82）数上都领先联盟，在命中率上排在第四（42.3%）。此外，“传奇”还成为第一个把三分球当作心理武器的人，在东部决赛波士顿横扫密尔沃基的比赛中在第4节命中4记三分，然后在1986年总决赛最后一战中完成了一次不可思议的“从油漆区里运球出来，运过3个人，在休斯敦的板凳席前找到位置，然后投出一记‘我的天哪’的三分”，差点儿导致花园的屋顶被观众掀翻。

3.三分专家开始出现，比如克雷格·霍奇斯（Craig Hodges）（45%）、特伦特·塔克（44%）、凯尔·梅西（Kyle Macy）（41%）、迈克尔·库珀（39%）和戴尔·埃利斯（Dale Ellis）（36%），他们会拉开空间，在低位变得拥挤不堪时在三分线外开火。

4.3记相当值得纪念的三分球：“博士”在一场全国电视直播比赛中用一记打板三分压哨绝杀了凯尔特人；达德利·布拉德利（Dudley Bradley）在一场季后赛中用一记难以想象的压哨三分绝杀了费城；杰夫·马隆（Jeff Malone）投中了一记疯狂的“冲刺追上快出界的球然后在身体飞出界外的情况下出手”的三分绝杀，这个球在“NBA……真的超级棒”的广告里被播了整整一年。①

1987年 哟哟哟！三分球出手升到场均近10次，联盟平均命中率升至30%以上，8人出手200次以上，20人出手125次以上。如果伯德投进了1987年总决赛第4场的制胜三分，我们可能就有了历史上最著名的一记三分。管他的，以上就是三分球如何进化为三——分——*球*！一个历时8年的过程。

---

① 原注：这是我第二喜欢的三分球，仅次于伯德砍下60分的比赛中没算的那个三分，他在投中后倒在了训练师的大腿上，而老鹰队员则在一旁欢呼。

进攻端的另一个新潮流：控卫时代。在1981年的22支NBA球队中，有一半拥有真正的控卫：“魔术师”·约翰逊/诺姆·尼克松，“小个子”·阿奇博尔德，莫·奇克斯，格斯·威廉姆斯，[①]凯文·波特，里基·格林（Ricky Green），约翰尼·戴维斯，埃迪·约翰逊（Eddie Jchnson），迈克尔·雷·理查德森，约翰·卢卡斯，菲尔·福特。再加上后一个赛季加入的以赛亚·托马斯和约翰尼·摩尔（Johnny Moore），这确实是相当数量的纯控卫，是吧？也难怪得分和命中率不断走高。1978赛季各球队场均108.5分，命中率46.9%；到1984赛季变成了110.1分和49.1%的命中率（要是大家不乱投三分球的话，这个数字还会更高）。过去那种77湖人在没有一个控球者的情况下差点杀入总决赛的日子已经一去不复返了；如果你有机会看一场1981年之后费城和波士顿的比赛，记得看看像是在做一台手术的“小个子”和奇克斯——他们俩知道如何发动快攻，如何掌控球，如何命中15英尺跳投，如何看穿他们需要看穿的东西。这是一种享受。

1980—1981：毒品

1980年，可卡因的使用从一种消遣方式变成了一件可能改变联盟走势的事。我为什么这么说？因为发生了下列事件：

·1980年总决赛前的一次训练中，湖人队正在进行拉伸，吸多了可卡因的斯潘塞·海伍德突然昏厥了。他被球队禁赛了季后赛剩下的部分。“破镜子”那么快就又一次应验了！真不敢相信克米特-鲁迪的那一击时他居然不在场上。

·1980年总决赛后一周，犹他的特里·弗洛（Terry Furlow）死于车

① 原注：严格来说，格斯并没有在执掌球队，因为他的经纪人霍华德·斯拉舍（Howard Slusher）愚蠢地建议他在1981赛季选择罢工，用这样一种错误的方式来索要一份新合同。我猜斯拉舍曾在2007—2008年编剧工会罢工期间私下给过他们建议。

祸。弗洛当时正在驾驶，从他血液中验出了可卡因和安定片的成分。嗬嗬嗬嗬。①

·1980年8月，理查德·普赖尔在一次抽快克时发生事故，点燃了自己，受此影响，《洛杉矶时报》发表了一篇关于名人文化中药物滥用的调查文章，报道说可卡因和快克在NBA中已经非常流行，时任亚特兰大的GM斯坦·卡斯滕（Stan Kasten）估计，涉猎毒品的球员大约在75%。百分之七十五！

·《体育画报》在1980年11月写到大卫·汤普森"做过去那个飞翔的自己"时，文章中反复提及前一个赛季传出的可卡因流言，汤普森对此也没有真正否认，只是说了一句套话："我所做的不比NBA中其他人做得更糟糕。"②

我们应该惊讶吗？看看20世纪70年代末、80年代初发生了什么：可卡因的使用在音乐/电影/电视工业、预备学校、迪斯科、夜店和所有体育联盟中都广泛地传播开来，③但大家都对NBA的困境印象最深，因为我们可以*看得见效果*（两眼惺忪，皮包骨头，缺乏耐力，无精打采）。没有比篮球更毫无遮掩的运动了。没有人可以否认，从1977年到1983年，一些本应到达巅峰的球星陷入了挣扎；一些年轻球星公开与个人问题做斗争；一些老兵球星的表现毫无稳定性，大量缺席训练，看起来劳累不堪，生涯在突然之间就结束了。我们借由戒断治疗和公开承认确认了其中一些人的

---

① 原注：前队友埃迪·约翰逊后来告诉《体育画报》说，弗洛，他最好的朋友，喜欢抽快克，"做了许多我不希望他做的事情。我尝试过让他改掉，但是特里感觉自己能征服一切"。两页之内你就会明白这段话有多么讽刺。

② 原注：丹佛要求汤普森为球队糟糕的1980赛季负责，让他还给球队20万美元，助其度过财政危机（后来丹佛在1983年又连本带利还回去了）。你能想象这要是发生在现在，球员工会会是什么反应吗？另外，他们无意间帮了汤普森多大的一个忙？那些钱他本来肯定要拿去抽可卡因的。

③ 原注：在同一时期，纽约的唐·默多克（Don Murdoch）因持有可卡因被NHL禁赛40场；棒球禁赛了史蒂夫·豪（Steve Howe）；NFL的"药物问题"出现在《体育画报》1982年的封面上；麦肯锡·菲利普斯（Mackenzie Phillips）甚至想在《一天一次》（*One Day at a Time*）的拍摄过程中嗑药。

身份——汤普森，沃尔特·戴维斯，约翰·德鲁，理查德森，约翰·卢卡斯，巴恩斯，伯纳德·金，埃迪·约翰逊——而对于其他人，我们会一直怀疑下去（包括那个时代最大的球星之一，在NBA圈子里以在使用可卡因后仍然精神焕发的神奇能力而闻名）。不管怎么说，在那个时间范围内，存在着数量多到反常的“他到底是怎么了”和“为什么他的生涯无缘无故就终结了”的球员；很难想象，这一切在弗洛之死和《洛杉矶时报》的报道后花了两年时间才逐渐结束。①

一些球队选择了交易麻烦分子，而不是帮助他们。尼克斯贱卖了理查德森，篮网贱卖了伯纳德，老鹰贱卖了德鲁；似乎他们想在这些家伙嗑药磕到被赶出联盟之前*随便*换点有价值的东西。81勇士将卢卡斯禁赛了最后8场比赛，即使当时他们正在争夺季后赛席位；他消失了6场比赛，错过了3次球队飞行和一大堆训练，让球队没什么选择的余地。②德鲁在1983年终于选择寻求帮助，向《纽约时报》承认，自己已经吸了3年快克，从1978年起就在嗑可卡因。你敢说他所在的球队们并不知晓？你敢说湖人没有意识到海伍德整个1980赛季嗑了一路？[同一篇文章中提到，巴克·威廉姆斯（Buck Williams）那年在某个颁奖晚会上估计嗑药的NBA球员的比例为“大概百分之二十或三十”，并补充说实际的数字可能比他想的要低不少。*低不少？*你认真的吗？]那对篮球来说是一个被严重浪费的时代；或许所有比赛都被延时录播也不是件坏事。

我能写进书里出版的最精彩的NBA可卡因时代轶事是哪一则？《体育画报》1982年的一篇文章中提到了老鹰队麻烦多多的后卫埃迪·约翰逊，提到亚特兰大曾经强行把他安置到一处精神诊疗机构，提到埃迪曾经从一个汽车贩子那里偷了一辆保时捷，提到他曾经因持有枪支和可卡因多次被

① 原注：1979和1980赛季的老鹰拥有德鲁、弗洛和埃迪·约翰逊。我花了20分钟在他们1980赛季的球队合照里寻找快克烟筒，结果失败了。

② 原注：1981年6月《体育画报》的一篇文章中，卢卡斯否认使用可卡因，声称自己受到抑郁症折磨，这一说法也在同一篇文章里被他的治疗师罗伯特·斯特兰奇（Robert Strange）医生——“史上最烂治疗师”——所证实。几年之后，卢卡斯承认生涯大部分时间都在嗑药。我太爱“《体育画报》存档”了。

捕，提到他曾经为了躲避向他开枪的毒品贩子而从公寓二楼跳下。[1][我支持让唐·奇德尔（Don Cheadle）在电影中扮演埃迪。]你知道吗？这还只是荣誉提名而已。我们的第一名大奖必须颁给尊敬的“破镜子”——斯潘塞·海伍德。海伍德在1988年的自传里说，在保罗·韦斯特黑德禁止自己参加1980年总决赛后，他曾经雇用过一位黑手党狙击手来干掉自己的教练，只是在最后时刻才改变了注意。我很肯定这本来会毁掉那年总决赛的。还有，这段坦白还引出了我最喜欢的可卡因时代语录：海伍德在书中回忆道：“那天晚上，我离开论坛球馆，开着我的劳斯莱斯回家，脑子里只有一个想法——韦斯特黑德必须死。”多棒的高中年鉴语录啊。

[那个赛季的一个好消息：自由球员补偿制被优先否决权代替，所以我们还没有真正拥有自由球员制度，但也差不多了。举例：洛杉矶签下了米奇·库普恰克，子弹队同意不匹配，然后华盛顿因为“没有否决”而得到了吉米·乔恩斯、布拉德·霍兰（Brad Holland）和一个1983年的首轮签。我喜欢优先否决权；真遗憾这制度不能延伸到前女友身上。“行，你可以跟她约会，但是你要先把你的iPod给我。”]

1981—1982：教练权力过大的风险

所有人都忙着大惊小怪地吹捧比尔·菲奇（Bill Fitch）（NBA总冠军）和科滕·菲兹西蒙斯（Cotton Fitzsimmons）在1981年季后赛中的卓越表现，于是，教练权力过大的时代开始了，《体育画报》很快就在NBA前瞻中探讨了前大学教练在NBA取得的成功。[2]突然之间，教练

---

① 原注：埃迪对《体育画报》的解释：“我在错误的时间去了错误的地方。我在那帮杂种的房子里，他们从门里冲出来。我不知道发生了什么。我只是恰好在那儿。然后他们开始向我开枪。”哦。

② 原注：猜猜文章中出现了哪位教练？韦斯特海德，在几周后因为跟“魔术师”的矛盾而被解雇。看到没？说到底，教练们还是不那么重要，除了个别例外。

们开始在暂停时疯狂地画着战术，钻研录像带直到天明，雇佣一大堆助教，谈论起体育来头头是道，自以为是亨利·大卫·梭罗（Henry David Thoreau），这一切在尼克斯雇用休比·布朗时达到了顶峰（我爱休比，但是他是那种“嘿，快来看我”型教练的终极版本），并为里克·皮蒂诺（Rick Pitino）在波士顿的5000万美元合同和埃弗里·约翰逊（Avery Johnson）2007—2008赛季在小牛聘用的至少375个助教铺平了道路。教练们的新浪潮使得防守在1981年变得非常精密，导致联盟发明了一条“非法防守”规则来打开通往油漆区的路。裁判埃德·拉什（Ed Rush）是这么对《体育画报》解释的：“我们已经变成了一个跳投联盟，所以我们去跟教练们说：‘你们用了不起的防守毁掉了比赛。现在快把它修好。’于是他们就这么做了。新规则可以让中路畅通，给伟大球员做动作的空间。像朱利叶斯·欧文和大卫·汤普森这些人，过去，他们过掉自己的对位防守者后还是要拔起跳投，因为他们面对的是双人包夹，而现在他们会有额外的4到5英尺来做动作切入。这正是这些人需要的。”

精彩！这个解释确实很有道理。但是，在教练们的自我意识膨胀的同时，球员们的自我意识也越来越强，他们不喜欢被吆来喝去。一个著名的年轻人，在自己的第2个赛季里一直被伤病困扰，然后在季后赛中投出了一记葬送系列赛的三不沾，导致球队令人震惊地被首轮横扫。而就在他进入第3个赛季时，球队老板交给他了一份体育史上最大的合同：25年2500万。然后球队的更衣室出了问题，那名球员跟记者说，他不能再给他的教练打球了，并要求交易。那名教练第二天就遭解雇。于是，这名年轻的球员名誉扫地，被认为是一个自私的垃圾，在主场遭嘘，并成为了这个“太年轻、太富有、太不成熟的NBA”的代表性人物。他的一个队友心生疑虑：“万一他对某个球员不满，那个球员是不是也会第二天就被炒掉？”《体育画报》称他为“贪婪的、任性的、可憎的22岁少年”，并下论断说，他已经“明显不可能成为一名了不起的球员。同样明显的是，他不会是一个了不起的人。”

这名球员？没错……埃尔文·“魔术师”·约翰逊（Earvin“Magic”

Johnson）。

也只有在1981年季后赛后，人们才开始相信教练们可以创造奇迹。而我故意在本书中忽略了这些教练们，原因如下：没有任何明确的证据表明他们可以产生真正的、持续的影响，除了个别的一些天才领袖[帕特·莱利，格雷格·波波维奇，菲尔·杰克逊（Phil Jackson），查克·戴利，拉里·布朗，杰里·斯隆（Jerry Sloan）]和超前的思想家[迈克·丹东尼（Mike D' Antoni），唐·尼尔森，杰克·拉姆齐（Jack Ramsay）]。有很多教练能理解“秘密”；只有几位能将之传达给球员；能做到让“秘密”在各种阵容和人员配置中都通用的就更少了。戴利引领着那支完美的坏孩子活塞，却无法在新泽西的两个笨蛋[德里克·科尔曼（Derrick Coleman）和肯尼·安德森（Kenny Anderson）]身上取得成功，之后更是在97魔术队中在暴躁任性的“便士”·哈达威（Penny Hardaway）身边遭遇了最烦心的时光。只有极少数教练能做到戴利在底特律取得过的成功，而这些人在遇到科尔曼、肯尼和“便士”时也都会失败。于是我有了这样的论点：除非你在一位精英教头边上配上非常强大的人员配置，否则，教练好坏根本没差别。你有几位顶级球员——一般来说每年有3到4个——然后剩下的球员水平一般都在功能性的、被高估的、可被替代的、无法胜任的、“老天，这货太烂了”和文尼·德尔尼格罗之间徘徊。他们中的大部分都无甚进步，或者提供跟正面支持差不多数量的负面伤害。

看看过去10年中有多少人被解雇好了：每年有8～10名教练被炒，很少有谁能坚持3～4年，每个赛季大概只有3～4个靠谱的教练。“博士”·里弗斯在16个月的时间段里先是收获了18连败，然后赢下了一座总冠军。休比的执教纪录是424胜495负，却莫名其妙地在这一过程中变成了一名值得纪念的好教练。保罗·韦斯特法尔把太阳带进了1993年总决赛；然而此后他赋闲在家整整8年无人聘用。K. C. 琼斯在波士顿5年4进总决赛，中间歇了两年，然后在西雅图只执教了118场比赛。我们有充足的证据表明，教练们完全是可有可无的——他们最多也就保持在他们的天赋的水平，只有少数例外。偶尔，他们会无意中找到正确的位置，但说到底，球员们赢得总冠军，而教练们输掉它们。我会不断提议重新恢复球员兼教练的做法。那有什么坏处吗？事情不顺时他仍然不会被炒？那跟现在的状况能有多大区别呢？“红头”·奥尔巴克知道自己在干什么，可他的战术本上只有7种战术，一个助教也没有。①

1982年的另一件事：如果你觉得教练们很蠢，你真得好好看看这一批新老板。唐纳德·斯特林花了1300万美元买了快船队，衣衫不整地观看了首场主场比赛，在比赛胜利后跳进教练保罗·赛拉斯怀中亲吻了他；然而就在几个月后，他不愿向球员们支付延期付款，拒绝为球队运营掏钱，负欠NBA养老基金和其他债权人超过50万美元。克利夫兰的泰德·斯特平给自由球员斯科特·韦德曼和詹姆斯·爱德华兹开出了溢价合同，在1982赛季亏损了510万美元，不停地送走首轮签，以至于联盟在斯特平出售球队后特意补偿了骑士几个选秀权。（他们还通过了斯特平规则——球队不能交易走未来连续两年的首轮签。有多少人有资格说自己拥有过一支NBA球队，还以自己的名字命名了一条规则？）费城的哈罗德·卡茨（Harold Katz）差点儿引发了球队老板们的暴动，因为他给了摩西一份创当时纪录的6年1300万美元合同，只还了休斯敦完全不匹配的一个首轮签加考德韦尔·琼斯。②这是之后28年里一系列愚蠢做法的开始，自那以后，球队们不断地愚蠢地给球员们开溢价合同，然后再警告球员工会需要做点什么来降低工资水平。为什么会有那么多那么蠢的有钱人？

---

① 原注：关于NBA教练你需要知道的：每次暂停，他们都会带着教练组走到离开板凳席15英尺的地方进行讨论，同时让球员们自己“思考”一会儿，然后在一分钟后走回来，带来一套奇葩战术或者几句指导。“嘿，伙计们，听着——我觉得我们刚刚找出了防住勒布朗的法子！”我希望看到有位老板炒掉了教练，让球员们自己负责，看看是否有区别……至于他们从教练身上省下的400万美元，他们可以用来降低季票的价格。我希望唐纳德·斯特林读一读这段话。

② 原注：你必须给哈罗德点赞——我的意思是，他们确实拿到了1983年的总冠军，是吧？

1982—1983：联结

这一年，大家都意识到了："嘿，或许我们得做点儿什么来赢回球迷！"这导致了以下的革新和奇思妙想：

1.在签下一份4年9300万美元的新合同后，CBS迫不及待地公布了一段异常抓人眼球的新片头，其中有电脑合成的球场图像、布伦特·马斯伯格的配音、过去比赛的剪影，还有一首标志性的哼唱乐曲，让我这一代人立刻就爱上了："哒哒哒哒，嘟嘟嘟嘟，嘟嘟嘟嘟，（嘟嘟嘟嘟，）哒哒哒，嘟嘟嘟——**哒哒嘟**！"

2.NBA成立了NBA娱乐，这个新部门迅速拍摄了一些"NBA……真是超级棒！"的商业广告。这成了一个转折点。*什么，你是说去现场看一场NBA比赛是很有意思的？*保罗·吉尔伯特（Paul Gilbert）和他的NBAE团队最开始的做法相当简单：欢快的20世纪80年代音乐，然后一些啦啦队的照片，欢呼的球迷，甚至还有一些人举着"我爱NBA"的牌子，再加上一些高速镜头照片，卡里姆的跳球，伯德的反篮，"魔术师"的鼓掌，"博士"的战斧扣篮。在唐·斯珀林（Don Sperling）接手NBAE后，广告到达了巅峰，其中有三则堪称经典：一则的背景音乐是波因特姐妹（Pointer Sisters）的《我好兴奋》（*I'm So Excited*），配上以赛亚用力跺脚转圈的镜头，伯纳德在板凳席上眨着眼，一个火辣的湖人啦啦队女郎向镜头抛来一个吻；一则播放了许多压哨绝杀，包括之前提到的杰夫·马隆的那记三分球（史上最伟大的绝杀，除非今后有人用"老二"进了个绝杀）；还有一则有着可以拿下奥斯卡的60秒蒙太奇剪辑，用了"霍尔和奥茨①"的《一对一》，放了一些漂亮的传球，杰罗姆·怀特黑德（Jerome Whitehead）来了一个汤姆·钱伯斯（Tom Chambers）式的扣篮，还有

① 译注：约翰·奥茨（John Oates）与达里尔·霍尔（Daryl Hall）组成的"霍尔与奥茨"组合，入选作曲家名人堂和摇滚名人堂。

一个詹姆斯·沃西在萨克斯独奏曲中完成超级360度上篮的慢镜头。[①]我没法强调得更多：在20世纪80年代，这些广告对我这样的孩子产生了一种激励的效果——它们让NBA看起来很酷，让我们还想多看一些，给人一种这个联盟将有什么事要发生的感觉。

[一条重要到不能只作为脚注的注释：《我好兴奋》同样在《迈阿密风云》的《卡尔德龙归来》（*Return of Calderon*）上下两集超长篇中出现过，当时克罗凯特和塔布斯（Rico Tubbs）以为他们已经找到了阿根廷刺客，从而引发了一场夜总会斗殴。这首歌还在《假期历险记》（*Vacation*）中出现过，当时克拉克·格里斯沃尔顿（Clark Griswold）正在和克里斯蒂·布林克利（Christie Brinkley）调情。这首歌在《贝弗利山超级警探2》（*Beverly Hills Cop II*）的一个关键镜头中同样出现过。它还在《救命下课铃》的一集中出现，当时杰西（Jessie）刚开始对咖啡因上瘾，然后就是那段经典的"我好兴奋……我好兴奋……我好……害怕"。本书中有着无数的夸大其词，但是下面这句话不在此列：从流行文化的角度来看，20世纪80年代没有哪首歌的成就能超越《我好兴奋》。看到没？这个注释真的很重要。]

3.马文·盖伊（Marvin Gaye）在全明星赛上的国歌演唱是全明星历史最佳时刻，毫无疑问；没有任何事情能接近它。当时在世的最酷的歌手。世界名流之都（洛杉矶）。边上是伯德、以赛亚、"魔术师"、卡里姆、"J博士"、摩西、杰克·西克马（Jack Sikma）、一头劲爆卷发的西克马等一众明星。非常高的期待。大家演唱这首歌时总是采用最传统的方式，但马文却选择了随意地漫步进场，戴着黑黑的、超大的"我可能嗑药

① 原注：如果给我一个放置20世纪80年代的时间囊，只能选择30分钟的材料，我会选《天下一家》（*We Are the World*）的MV，NBA的《一对一》广告，《洛奇4》（*Rocky IV*）最后洛奇穿着滑雪靴和普通风雪衣在俄罗斯攀爬25000英尺高峰的场景，麦当娜（Madonna）在1985年MTV音乐录影带大奖颁奖典礼上的表演，旅途乐队（Journey）的《不同的路》（*Separate Ways*）的MV，《龙威小子》（*The Karate Kid*）中"你是最棒的"的打斗蒙太奇，《超级碗大混战》（*The Super Bowl Shuffle*）的MV，还有《贝弗利山庄超级警探》中阿克塞尔·福利（Axel Foley）第一次驾驶经过贝弗利山庄的场景。关于20世纪80年代你需要知道的就是这些。都在这儿了。

了，可能没有”的太阳镜，在国歌里加入了他自己独特的小转音，绝对*征服*了观众。在歌的最后1/4部分，整个论坛球馆都在鼓掌、摇摆，仿佛这里是阿波罗剧院①。这次表演永远无法超越。正确的时间，正确的运动，正确的城市。你不可能在其他运动中拥有这样的150秒钟，你必须承认。②

1983—1984：我们到了

不管是好是坏，21世纪的NBA终于在职业体育史上最伟大的一个赛季——至少也是前五百——中成型了。具体看看各座里程碑吧：

工资帽　1983年3月，联盟出台了新劳资协议，避免了可能的停摆，球员们将会得到总收入的53%，作为交换，工资帽在下个赛季开始生效（360万美元，之后逐年增加），球员们和老板们从此成了分享收入的合作伙伴，很难说这是件好事还是坏事。③老板们为什么想要工资帽？因为这在不断攀升的薪水上加了盖，让他们的成本变得（相对）固定。球员们为什么想要工资帽？因为这迫使每支球队都要花钱；那个赛季，费城和纽约花的钱是步行者的五倍。多年过后，工资帽变得越来越复杂、越来越令人费解，增加了奢侈税，还让写了一篇详细解释全部工资帽、奢侈税规则和漏洞的4000个词的FAQ（常见问题解答）的拉里·库恩（Larry Coon）

---

① 译注：位于纽约市哈林区的音乐厅，以黑人艺术家的表演闻名。

② 原注：马文在14个月后被父亲谋杀。请记得把老马文·盖伊列入“最差名人老爹”的总统山中，跟瑞安·奥尼尔（Ryan O’ Neal）、霹雳上校和吉姆·皮尔斯（Jim Pierce）并列。[译注：瑞安·奥尼尔，演员，长期与前3个儿子疏远，还曾因攻击小儿子而遭指控。电影《霹雳上校》（*The Great Santini*）讲述了一个空军上校父亲对儿子进行军事化管理，造成父子矛盾的故事，主人公“霹雳上校”的原型是原著小说作者的父亲。吉姆·皮尔斯，两届大满贯女单冠军得主玛丽·皮尔斯（Mary Pierce）的父亲兼教练，曾因辱骂女儿和女儿的对手而被女子网球协会（WTA）禁赛一年。]

③ 原注：两个关键条款：球队在匹配他队报价时可以超出工资帽；退役、裁退、受伤球员薪金空间的一半可以用在其他球员身上。这些条款保证好球队可以继续好下去，如果你懂我的意思的话。

成了网络英雄。①再加上过度扩军（还要再等几年）的影响，有志竞争总冠军的球队纷纷手握9人深度轮换和两名建队核心的日子从此一去不复返了。只是我们当时并不知道。

药物政策 新的劳资协议让联盟进入了“三振出局”模式。第一次触犯会有罚款，如果球员自愿曝光的话还可以参加戒断治疗（联盟出钱）。第二次也一样，但是球队有权选择裁掉球员并清空其薪金空间。第三次触犯则是终生禁赛（每两年复审一次），无论球员自己是否愿意曝光。②理查德森、德鲁和卢卡斯在谁将第一个被禁赛的赔率上领跑，最终“甜糖”③在这场嗑药大战中先拔头筹（他在1986年被踢出联盟）。④一件有必要记住的事：不仅NBA保证会清除掉药物，球迷们也喜欢看到联盟这样做。超级巨星在场上无所事事、睡眼惺忪的日子基本结束了。至少到20世纪90年代他们开始抽大麻前都是如此。

大卫·斯特恩时代 他很合理地在1984年2月1日——联盟最重要的一年刚开始一个月的时候——正式接管。对斯特恩的功绩我们无需多说。只需要记住他是史上第一或第二的体育总裁[取决于你对皮特·罗泽尔（Pete

---

① 原注：你可以在www.cbafaq.com上看看。我坚信拉里·库恩是个化名。

② 原注：在任何涉及可卡因或海洛因的案件中被定罪或认罪都会立刻被禁赛。这条规则一直没有找到一只小白鼠；假设有人，比如说理查德·杜马斯（Richard Dumas），在球员生涯中因为贩卖30磅大麻而被捕的话，我们就可以称之为理查德·杜马斯规则了。

③ 译注：迈克尔·雷·理查德森的绰号，又称为“甜蜜的雷”。

④ 原注：被禁赛至少一个赛季的球员全名单：理查德森（1986年），刘易斯·劳埃德（Lewis Lloyd，1987年），米切尔·威金斯（Mitchell Wiggins，1987年），杜安·华盛顿（Duane Washington，1987年），克里斯·沃什伯恩（Chris Washburn，1989年），罗伊·塔普利（Roy Tarpley，1991年），杜马斯（1994年，两次触犯后被禁赛），斯坦利·罗伯茨（Stanley Roberts，1999年），克里斯·安德森（Chris Andersen，2006年）。多棒的九人轮换！首发：“甜糖”，劳埃德，杜马斯，塔普利和罗伯茨。教练：艾米·怀恩豪斯（Amy Winehouse）。（译注：艾米·怀恩豪斯，第一个获得5项格莱美大奖的英国歌手，长期酗酒吸毒，于27岁自杀。）

Rozelle）[①]怎么看]；对于这个职位来说他简直太过出色了（直到现在仍然如此）；不仅对联盟自己，他对NBA的市场、娱乐、法律、公司部门都有着戏剧化的影响力（老大从拉里·奥布赖恩换成斯特恩就好像从1A联盟一下跳进了大联盟[②]）；他几乎立刻成为了联盟的脸面（记住，这种情况从未发生过）；1989年12月，联盟跟NBC和特纳公司签下了4年合同，合计8750万美元；斯特恩是如此之成功，到世纪末时，联盟中绝大部分球员的工资都已经超过了他。如果这些都还不够，他还把1984—2010年每年选秀的娱乐程度提高了大概24.7个百分点。斯特恩可能不是让联盟起飞的那个人，但是他出色地让这架飞机飞得相当好。

全明星周末　当NBA市场顾问里克·韦尔茨（RickWelts）试图说服奥布赖恩把全明星赛变成一整个周末时，不难想到，总裁的答复是无礼而短视的。韦尔茨3年后对《纽约时报》回忆道：“我不能说这主意得到了干脆的支持。拉里说，第一，联盟从中赚不到哪怕5毛钱。我们回答说我们等着看好了。”（备注：如果有人要为奥布赖恩写自传——说真的，这事儿的赔率是1赔200——书的标题绝对不会是“预见性”或“远见卓识”之类的。）韦尔茨和他的市场团队很快就给扣篮大赛和名宿赛拉来了赞助，把这些比赛安排在丹佛的周六，说服TBS进行电视转播。事情接下去变得非常疯狂：球迷们对扣篮大赛自然非常兴奋，特别是在“博士”同意出战并将重现他伟大的1976年神奇表现（同样也是在丹佛）后。[③]名宿赛出人意料地有趣，来的都是传奇（“洪多”、“珍珠”、“手枪”皮特、巴里、昂瑟尔德、考恩斯、海因松，甚至还有约翰尼·“红头”·科

---

① 译注：前NFL总裁，成功地将NFL打造成北美第一体育联盟。

② 译注：棒球大联盟（MLB）下面有几个低级的小联盟，从高到低分别为3A、2A和1A。

③ 原注：我无法代表20世纪80年代中期的每个小孩，但我记得有两件事是我一天天掰着手指头倒数的：第一次扣篮大赛，还有一年后的第一届“摔跤狂热”。（译注：WWE一年一度的付费点播赛事；是“摔跤狂热”“皇家大战”“夏日冲击”“强者生存”四大赛事中第一个兴办的。）

尔），“手枪”18分钟内爆砍18分，东部教练“红头”·奥尔巴克在最后一分钟一个改变比赛走势的吹罚后发飙。[①]更棒的是，海因松没有咳出一个肺来，虽然拉斯维加斯真的为“汤米·海因松会在比赛中咳出肺来”开出了赔率。

扣篮大赛的参赛者有拉里·南斯（Larry Nance）、埃德加·琼斯（Edgar Jones）、多米尼克（赔率最高）、拉尔夫·桑普森（他们总是会找一个“搞个超级大高个儿来是想怎样”的选手）、克莱德·德雷克斯勒、奥兰多·伍里奇（Orlando Wool·idge）、迈克尔·库珀和两位博士（“扣篮肯斯坦博士”和“J博士”）。威尔金斯、南斯和两位博士进入了第2轮（欧文和尼克都表演了扣双球）；南斯在决赛中取胜，因为欧文扣飞了第一球。25年后在录像带上重看扣篮大赛，那些扣篮的原始程度让人震惊——只有“博士”的最后一记罚球线扣篮（一整只脚过线了）算得上让人难忘，南斯的橡胶人之扣（手大大超筐的长臂扣篮）看上去相当平庸。但在当时？太精彩了！如果你在YouTube上重看，最重要的时刻是在总决赛之前，“博士”蹲在边线旁，给两个小儿子和队友安德鲁·托尼画图解释待会儿要扣什么动作；这是一个NBA迫切需要的“哇哦，原来这些黑人也不是一直在嗑药的；他们还挺像正常人的”时刻，来吸引那个还暗地里有一点种族主义的美国。两年之后，他们增加了三分大赛（拉里·伯德戏剧性地夺冠），从此一发不可收拾。

另一条备注：全明星正赛非常精彩。“博士”砍下34分；以赛亚凭借22分15次助攻获得MVP；“魔术师”37分钟内送出22次助攻；东部以154∶145取胜，在当时创下比赛总分最高的纪录；[②]数量多得夸张的高

---

① 原注：比赛还剩59秒时，瑟蒙德封盖巴里，被很没道理地吹了个犯规，“红头”于是暴走了。他事后表示了不满：“我不介意被击败，但我的球员是为了尊严和胜利来这里打球的，但裁判诺姆·德鲁克却把这当成了一场玩笑。”“红头”是最棒的。名宿赛数年后因为诺姆·尼克松在比赛中严重受伤而取消。没有人希望在全明星周末上看到有人挂掉。哪怕死的是卡里姆。

② 原注：双方出手了惊人的241次，命中率53%。两名伟大的控卫能成就一场伟大的全明星赛，总是如此，而当伯德参与进来时，就更棒了。每个人都打了至少11分钟，除了不朽的凯利·特里普卡（6分钟，1分），他的头发、小胡子和牙齿都让他看起来像是约翰·奥茨的变异体。

质量球员们（12位金字塔球员，5位前二十五，你们大概会在100多页后搞懂这个数据是什么意思）都拼尽全力，奉献了一场竞争超级激烈的比赛。在1987年经典之战前，这一直是史上最佳全明星赛。再说一遍，1984年的全明星周末没有一点瑕疵。甚至连里克·巴里的新假发都很棒。

摆烂的诞生 在哈基姆和乔丹可能参加选秀的情况下，火箭（最后17战14败，最后10战9负）和公牛（最后23战19负，包括最后15战14负）双双心想："管他的，我们就让体育堕落了怎么样吧。"然后让关键球员休战，给路人大把上场时间，等等等等。事情的巅峰是火箭的第81场比赛，已经老得不行的埃尔文·海斯在加时输给马刺的比赛中*打满了全场*。因为其他烂队手上的状元签都已经送人了，所以只有芝加哥和休斯敦能控制自己的目标（亦即摆烂）。那时候，东、西部的两支垫底球队要扔硬币决定1号签的归属，所以29胜的火箭"赢得了"掷硬币，获得了状元签；26胜的步行者"输掉了"，将第二个参与选秀（由波特兰代替）；27胜的公牛成为第三（却赢得了最终大奖）。①这一不体面的事迹促使联盟在下个赛季发明了选秀乐透抽签。但那也没能完全解决摆烂问题；斯特恩的团队在25年里5次改革了乐透规则，而且我们可能很快就要有第6次了。我的解决方案：所有乐透球队的概率完全一致。让烂队一直烂下去，让中档球队有机会提升，这么做有错吗？这有什么不好的？你不能通过拥有烂队来拥有强队。如果这种想法令我成了NBA中的共和党员，那我就当一次吧。

1984年总决赛 或者，人们熟知的，NBA历史上最伟大的决战。在NBA为了让CBS直播总决赛而将赛季延长（同时带来了一个非常合理的、我希望你也质疑过的问题："等等，为什么NBA赛季那么长？"）之后两

---

① 原注：印第安纳的选秀权在1981年被拿去换波特兰的汤姆·欧文斯了；克利夫兰的选秀权在1981年被拿去换达拉斯的迈克·布拉茨了；快船则在1978年把他们的选秀权送去费城交易沃尔德·B. 弗里了。或许可卡因不仅影响了球员，还有老板和GM们。顺便说一句，骑士在第82场击败了华盛顿，收获第28胜，让他们的选秀权掉到了第四，导致达拉斯错失M. J. 。哎哟。

年，电视台终于同意了……当然，他们一下子中了收视率大奖。你不仅能看到联盟历史最悠久的一对宿敌再次交手，你还有：伯德大战“魔术师”第二季；东海岸大战西海岸；杰克·尼科尔森[①]（Jack Nicholson）大战“大胸甜心”[②]；[③]约翰尼·莫斯特大战奇克·赫恩；花园大战论坛；那个10年两支最好的传球球队；有着18位优秀球员（8位未来的名人堂成员）的强大阵容；奉献了4场ESPN经典频道级比赛（以及杰拉尔德·亨德森在第2战结尾时让球队免于陷入可能被横扫局面的关键抢断）的7场大战。第4场（波士顿129，洛杉矶125，加时）可能是到当时为止最引人入胜、最富戏剧性、身体对抗最凶狠、敌意最强烈、最激烈的总决赛比赛了，凯文·麦克黑尔对柯特·兰比斯（Kurt Rambis）的、改变了系列赛运势的晾衣绳犯规激起了一场异常激烈的大混战；卡里姆差点儿一肘子挥中伯德的脑袋，双方面对面问候了对方家人；“魔术师”不可思议地在最后时刻和季后赛里大掉链子；伯德错失了可以赢下比赛的绝望三分，麦克黑尔的补篮也没有进；加时赛中，伯德在“魔术师”头上命中了超高难度的转身投篮；马克斯韦尔在“大场面詹姆斯”[④]投丢了一个超级关键的罚球后横穿过三秒区，向沃西做出暗示掉链子的动作；还有M. L. 卡尔终结比赛的神奇抢断和扣篮。

下面是我们不会再见到这样一场篮球比赛的原因：规则不允许。在工资帽时代，你再也没法看到那么多伟大且优秀的球员在同一块场地上打球了；你也再看不到那种等级的敌意和激情了，因为现在有针对嘲讽挑衅和恶意犯规的规则。NBA，平淡乏味的娘炮篮球发生之地！如果你愿意听我的，我希望你这样：找个时候看看这场该死的比赛。它就有那么好。甚至当凯尔特人队员开心地离开球场时，麦克黑尔高举双手、亮出腋窝的场

---

① 译注：曾获奥斯卡最佳男主角、最佳男配角，以多年一直坐在第一排观看湖人主场的比赛而知名。

② 译注：“大胸甜心”，最早是凯尔特人主场看台上一位著名的女球迷，后来曾参加《美国达人秀》（*America's Got Talent*），表演用胸砸西瓜等。

③ 原注：“大胸”是本地的一位脱衣舞娘，后来成了伯德时代的莫甘娜（Morganna）。

④ 译注：詹姆斯·沃西的绰号。

景都像在说职业体育正在做出改变。波士顿赢下了同样充满戏剧性元素的第7战后，人们对联盟是否有太多黑人（以及联盟是否能发展壮大，毒品是否在毁掉体育界，联盟是否会失去电视合同）的疑问全部烟消云散。所以，嗯……没错。[1]

1984年选秀 NBA的1984年6月是一个体育联盟所能拥有的最重要的月份了。总决赛激起了这项运动的重生，世界欣然接受了斯特恩的小胡子的魅力，芝加哥跌跌撞撞地误闯进了职业篮球的未来（乔丹），而那届选秀中还有另外3位传奇（哈基姆、斯托克顿和巴克利）。同一个夏天，耐克用250万美元的当时的巨额合同签下了乔丹，伯德和“魔术师”拍了他们著名的匡威广告，NBA球员进入主流广告、打造属于自己的小品牌的大门从此打开了。乔丹带着他的海报、Air Jordan球鞋流水线和马尔斯·布莱克蒙（Mars Blackmon）[2]走在最前面；“魔术师”和伯德等人迅速照样学样。“那个太多黑人的联盟”变成了“那个赚走了超级多钞票的联盟”，此后的一切再也不同了。

总之，这就是我们如何一路走到现在的。是的，我们可能没有提及过度扩军，现场大屏幕，奢侈包厢，飞涨的票价，体育电台和范特西篮球的成长，外国球员的涌入，裁判增至3人，比赛视频开始流行，大一大二学生大爆炸，HIV恐惧，梦之队的影响（以及梦二队的反面影响），莱利篮球，乐透秀改革，新秀跳出条款，拉特雷尔·斯普里韦尔（Latrell Sprewell）的掐人习惯[3]，1999年停工，新秀工资等级体系，高中生禁

---

① 原注：1985年3月，《体育画报》发表了一篇关于体育节目收视率下降的文章，其中停止了对NBA一贯的抨击，甚至承认：“各个主要的体育联盟都遭遇了收视率的旱灾，除了职业篮球。”我的小宝贝终于长大了！我的小宝贝终于长大了！（译注：“我的小宝贝终于长大了！”是迪斯尼动画片《花木兰》中小龙木须的经典台词。）

② 译注：斯派克·李电影中的人物，由斯派克·李自己扮演。后来被耐克公司买下，用于Air Jordan系列的宣传。

③ 译注：1997年，斯普里韦尔在训练中与教练P. J. 卡列西莫（P. J. Carlesimo）发生冲突，掐住后者长达15秒，差点儿致死。斯普里韦尔被禁赛整个赛季。

令，ACL[①]手术的进步，操作薪金工作的艺术，文身和肥腿裤，大麻的流行（没错，流行），KG的1.2亿美元合同，马克·库班（Mark Cuban）和马卢夫兄弟，网络爆炸，巴克利的电视生涯，穆奇·诺里斯（Moochie Norris）的爆炸头，阿泰斯特（Ron Artest）大乱斗，着装令，ESPN的交易模拟器，多纳吉丑闻，在拉斯维加斯举办的全明星周末，防守效率提升、比赛节奏下降的可怕的1994—2004年，甚至是近年的经济萎缩，导致联盟变成了我在2009年2月的一篇专栏里所说的“缺乏本杰明联盟”[②]。但考虑到我们的目的——找出哪些事真正重要以及为什么——我们已经到了我们需要到的地方了。相信我。

---

① 译注：前十字韧带。ACL撕裂是常见的严重膝伤。

② 译注：No Benjamins Association，缩写也为NBA。“本杰明”指印有《独立宣言》起草者本杰明·富兰克林（Benjamin Franklin）头像的100美元大钞。

四　“如果”游戏

我们生命中相当多的时间都花在了“如果”游戏上。*如果我没有结婚会怎样？如果我去了哈佛（Harvard University）而不是耶鲁（Yale University）会怎样？如果我没有给我的老板脸上来一拳会怎样？如果我没有把一生积蓄都投资在伯纳德·麦道夫（Bernard Madoff）*①*身上会怎样？如果我没有不小心撞见我老婆和我的园丁偷情会怎样？*你没法回到过去，你也知道这一点，但你还是会不断地思考这些事情。

在我生命中，不算跟女人有关的事情，最重要的“如果……会怎样”有三个。第一个：“如果我去了西部或南部读大学会怎样？”这个问题长期困扰着我，而且会一直困扰我到死。我本来可以选一所有着温暖天气的大学，那儿会有无数超棒的联谊会女孩，而事实上我去了一所爱尔兰天主教学校，这鬼地方在伍斯特（Worcester）的山上，刮着零下7度的彻骨寒风，于是女生们都藏在厚厚的外套和完全遮盖住大腿的毛衣里，导致猜测她们体重时会有上下35磅的误差。这真是个好想法。②第二个：“如果我没有在1996年辞掉《波士顿先驱报》（*Boston Herald*）的工作，停笔一年，改行当了个酒吧服务员的话会怎样？”如果这事儿没有发生，你们就不会读到这本书了。我当时需要给自己重新充充电，刷夜到凌晨4点，跟错误的女人约会，想一些疯狂的点子。这些都是我当时最需要的。我不知道不这样做的话我的未来到底会有哪些不同。当然，还有第三个：“如果

---

① 译注：前纳斯达克主席，通过自己的对冲基金（麦道夫对冲避险基金）进行诈骗，令投资者损失500亿美元以上，被判150年监禁。

② 原注：高中生们，去西部或者南方吧：杜克（Duke University）、弗吉尼亚（University of Virginia）、范德堡（Vanderbilt University）、南加州、UCLA、罗林斯（Rollins College）、佩珀代因（Pepperdine University）、亚利桑那（Arizona University）、亚利桑那州立（ASU）、迈阿密（Miami University），还有我的最爱——加州大学圣巴巴拉分校（UC Santa Barbara）。待在暖和的地方。一定相信我。

我在写作这本又臭又长的破书的时候没有借助大量的白酒、可卡因、安非他命、镇静剂、万宝路特醇、咖啡和K粉会怎样？”这个决定到底是否奏效，还是交给你们来判断好了。

“如果”游戏存在于生活的每个领域中。举个例子，我在电影方面有3个最爱的“如果……会怎样”。从3到1……[①]

3.如果罗宾·威廉姆斯（Robin Williams）出演了《午夜狂奔》（*Midnight Run*）中的“公爵”会怎样？他当时已经签了出演乔纳森·“公爵”·马杜卡斯（Jonathan “the Duke” Mardukas）的合同，但在开拍前因为档期冲突取消了。制作人为谁来替代想破了头，最后选择了查尔斯·格罗丁（Charles Grodin），一个在当时不算炙手可热的演员。后面的事情就是历史了。或许威廉姆斯会带来更加喧闹的表演和更多庸俗的笑料——这够说明问题了，因为这部电影可正保持着最多冷笑话的纪录——但这样一来《午夜狂奔》就绝对不会成为一部佳作了。格罗丁把“公爵”*演活了*。冷面幽默，尖酸刻薄，从不畏首畏尾。而威廉姆斯会把这部片子搞砸的。我非常确信。如果你不同意，我可以送你一句话：闭上你的鸟嘴。[②]

2.如果莱昂纳多·迪卡普里奥（Leonardo DiCaprio）选择了出演《不羁夜》而非《泰坦尼克号》（*Titanic*）会怎样？小李子面对这一选择，考虑了一番，选择了《泰坦尼克号》……然后一跃成为主演，最终晋升为一名超级伪巨星。（顺便说一句，这部片子谁演都会火。）但是想象一下，如果他出演了德克·迪格勒（Dirk Diggler）。听着，我喜欢马

---

① 原注：我把这个问题抛给了威廉·戈德曼。他最有兴趣的两件事：乔治·拉夫特（George Raft）拒绝了《卡萨布兰卡》（*Casablanca*）中鲍嘉（Humphrey Bogart）的角色；《虎豹小霸王》（Butch Cassidy and the Sundance Kid）最开始找的是白兰度（Marlon Brando）和比蒂（Warren Beatty），最后才定了雷德福（Bob Redford）和纽曼（Paul Newman）。“没人了解好莱坞。”他在回信中写道，“永远别忘了这一点。”听上去跟NBA很像。

② 译注：片中罗伯特·德尼罗（Robert De Niro）饰演角色的口头禅。

克·沃尔伯格（Mark Wahlberg）在这部片子里的表演。一个坚实的B+，没有任何明显的缺陷。但是那本可以成为小李子生涯中最具代表性的部分。给过去15年中的新生代男演员排个名的话，小李子和拉塞尔·克劳（Russell Crowe）会是第一第二或者第二第一，第三是菲利普·西摩·霍夫曼（Philip Seymour Hoffman），马特·达蒙第四。①虽然我很喜欢沃尔伯格，但他还不是那个等级的。小李子本来可以把德克·迪格勒演到一个新的高度上，这可意义重大，因为《不羁夜》现在都已经是我最喜欢的十部电影之一了。我一直期待由他来说出那句“这是我的道场”。②

1.如果出演迈克尔·柯里昂的是罗伯特·德尼罗而不是阿尔·帕西诺会怎样？这差点儿成真了。弗朗西斯·福特·科波拉（Francis Ford Coppola）在拍摄时是那么地喜欢德尼罗，以至于在《教父2》（*The GodfatherII*）里还给他留了个年轻时代维托（Vito Corleone）的角色。这会是电影类“如果……会怎样”永远的头名，因为这个问题永远不会有答案：帕西诺在第一部里非常棒，在第二部里则交出了万神殿级的表演。德尼罗能超越他吗？有可能，是吧？这个角色是为他们俩量身定做的。我认为，他们两人谁更好这个问题就像是伯德-“魔术师”的争论，没有一个确定的答案，也永远不会有一个确定的答案。③朋友们，这，才算得上是一个伟大的“如果……会怎样”。

既然我们要把这个概念延伸到NBA上，我们需要先设立一些基本规则，比如要避开伤病类的“如果……会怎样”，因为伤病就是比赛的一部分。[“如果比尔·沃尔顿的脚从来不曾受伤会怎样？”听上去是个不错

---

① 原注：本来我应该在这个位置上放比利·克留达普（Billy Crudup）的，但他就像文斯·卡特——世界上所有的天赋集于一身，却偏偏不想要。

② 原注：我朋友克里斯·康奈利（Chris Connelly）并不同意，他认为小李子没有那么生猛，让他来饰演迪格勒没法令人信服。这还真是个嘲笑小李子是个娘炮的好说法。

③ 原注：我在2002年的一期邮包问答里尝试对这个问题做出回答，甚至都把我妈现在的老公扯进来了，因为他说自己看了25712遍《教父》。我们最后认为德尼罗稍好。就好上那么一丁丁丁丁丁点儿。

的假设，但是这绝对不可能发生在沃尔顿那双玻璃般的脚上。他就是会倒下，就像柯特·科本（Kurt Cobain）[1]就是会成为一个有着自杀倾向的嗑药狂。]我还要避免那些非常吸引人但不符合逻辑的“如果……会怎样”，就像“如果沙克和科比可以和谐共处会怎样”（他俩都有着巨大的自我，注定要起冲突[2]）；还要避免和选秀有关的“如果……会怎样”，除非正确的答案在当时就已经是一目了然但球队仍然选错了人。我还要避免“如果乔丹没有中途退役18个月会怎样”这样的问题，因为这一决定对后续的影响太多了——这就像是问：“如果阿里没有错过全盛期的4年会怎样？”或是：“如果肖恩·肯普（Shawn Kemp）用了避孕套会怎样？”此外，这个问题听上去好像他不是自愿退役的，是吧？（看到我的眼神暗示了吗？）剩下的问题都可以接受。

下面是NBA历史上最重大的33个“如果……会怎样”，从33到1：

33. 如果63皇家没有因为勇士迁往旧金山而被划归东部会怎样?

63皇家把拥有7位名人堂球员的波士顿拖入了抢七，然后在接下去的3个赛季里达到了巅峰（55胜、48胜、45胜），无奈他们总是无法越过拉塞尔的凯尔特人（后来是威尔特的76人）。如果在西部的话，皇家可能会连续5年打进总决赛（1963—1967赛季）；最少最少，他们可以打进1965年的总决赛，因为贝勒错过了那年的季后赛。而且你知道吗？这个看起来很小的决定对奥斯卡·罗伯逊的生涯的影响是难以估计的。他是NBA前35年中最好的控卫，史上最好的十位球员之一，但他从未在自己的全盛期打入总决赛，而这不过是因为他在最糟糕的时刻被换了分区。如果每年春

① 译注：涅槃（Nirvana）乐队主唱，1994年27岁时吞枪自尽。

② 原注：这就像列侬和麦卡特尼的问题——一支乐队或者一支球队容不下两个老大。他们会内乱的。就是会。

天我们能在ABC上看到他打总决赛的身影，我们对他的记忆会有多大的不同呢？万一奥斯卡在这个最大的舞台上击败了凯尔特人并夺下一个总冠军呢？他生涯的轨迹会不会因此而发生巨大的改变，就像乔丹夺下首冠后那样，突破了看不见的障碍，从此一发不可收拾？我们会不会把奥斯卡看成史上第一或第二伟大的球员，而不只是历史前十？

下面是*真正*让我抓狂的事情。1962年，东部有4支球队（波士顿、纽约、费城和雪城），西部有5支球队[洛杉矶、圣路易斯、芝加哥（Chicago Packers）、底特律和辛辛那提]。费城迁往旧金山后，联盟格局变得不平衡了，需要有一支西部球队划归到东部去。皇家队是一个合理的选择，因为他们确实比其他队都要靠东。我懂。但是一年以后，芝加哥迁去了巴尔的摩，却还留在西部。

帮我个忙，去拿张地图来。马上去。我等着你。

（我先抠会儿脚～）

（我再哼会儿歌～）

行了，你终于回来了。现在看看那张地图。我是说，什么玩意儿？都不需要争论！你怎么能把辛辛那提放在东部，而把他们东边1000里以外的巴尔的摩放在西部？这合理吗？合理吗？[①]再换一个常识的角度来看，为什么NBA高层不想让奥斯卡更容易地打进总决赛？那些短视的蠢货让我们失去了许多可能的季后赛精彩时刻，包括3～4次的奥斯卡-韦斯特季后赛巅峰对决，还有至少一次凯尔特人同皇家的总决赛。而这都是因为NBA的管理者中连一个会看地图的都没有。

[令人震惊的是，这还不是联盟历史上最大的地理错误。在ABA和NBA合并后，丹佛和印第安纳被送去了西部，圣安东尼奥和网队则加入了东部。于是，1977赛季，休斯敦和圣安东尼奥在东部，而密尔沃基、堪萨斯城（Kansas City Kings）和印第安纳则在西部。看看你刚才找来的那

---

① 原注：当扩军的公牛队在1967赛季加入联盟时，他们被放在了西部，巴尔的摩终于改归了东部。虽说他们还真的考虑过要让芝加哥留在东部、把波士顿划到西部。

张地图。谁要是能给我解释清楚这事儿有哪怕一丁点儿的合理之处，我给他1000美元。]

32. 如果尼克斯在1965选秀中选中了里克·巴里而非比尔·布拉德利会怎样?

布拉德利是一个令人难忘的大学球员，有着成为票房保障的潜力，但他从普林斯顿（Princeton University）毕业后要去英格兰（England）读两年书，因为他拿到了颇具盛名的牛津大学（Oxford University）罗氏奖学金[①]。花上两年时间等待一个队史级中锋（比如大卫·罗宾逊）和等待一个移动缓慢的小前锋还是很不一样的，是吧？我们不清楚布拉德利的潜力是否比巴里（迈阿密大学的得分机器）大；或许他的名头确实更大，而且尼克斯很需要一个明星球员，不过在我看来，那两年的等待期足以抵消布拉德利的所有优点。[②]如果尼克斯选择了巴里，他们气氛良好的1970冠军赛季可能永远不会发生，不过巴里可能就不会因为薪水太少而愚蠢地跳去ABA了（或许也就不会因为伤病和诉讼而在全盛期错过3年的比赛了）。

如果你想从技术角度分析，巴里是历史上传球第二好的前锋，仅次于“传奇”拉里；要是有谁能无缝融入当时的尼克斯队，那就是他了。事情会演变成下列两种极端之一：巴里要么会成为历史上最伟大的十二位球员之一，纽约的标志，要么会作为一个神经质而又烦人的笨蛋被载入史册，先是引来纽约人的众怒，然后因为在威利斯·里德没接住一记传球后甩去一个白眼而被威利斯一怒之下扔到MSG观众席的第15排于是被赶出了纽约城。只有这两种结局，二选一。

---

① 译注：全球最难申请的奖学金，被誉为“本科生中的诺贝尔奖”。

② 原注：据伦纳德·科佩特所说，球探们担心巴里太瘦了，没法适应职业比赛。即使那时候，球探们也还是一样蠢。

31. 如果底特律选择了卡梅洛·安东尼而非达尔科·米利契奇（Darko Milicic）会怎样?

活塞队拿到了2003年选秀的榜眼签，然后立刻瞄上了达尔科。他们在小前锋位置上已经有人了[泰肖恩·普林斯（Tayshaun Prince）]，同时迫切地需要一个大个子，因为要到8个月后丹尼·安吉才会把拉希德·华莱士打包好送过来。是的，很多人（包括我在内）都认为他们犯了一个足以改变球队历史的大错，于是就有了这个“如果……会怎样”的讨论。如果梅洛①去了底特律，你知道会发生什么吗？底特律会失去2004年的总冠军。他会破坏他们的化学反应，影响普林斯的自信心，而我们也就无法看到那支砍瓜切菜般做掉04湖人的活塞队了。布朗在2004年奥运会上成为了梅洛的教练，两人互相看不对眼，结果是梅洛的糟糕状态持续了整整一年。你觉得他们在活塞队有可能不发生冲突吗？不可能。你完全可以脑补出这样一幅场景：2004年季后赛的某场比赛里，梅洛对着板凳席噘着嘴，本·华莱士（Ben Wallace）困惑地站在一边，不知道该说些什么，最后干脆什么都没说就走开了。

更长远的影响：布朗辞职；梅洛或者普林斯其中一人被交易；以汉密尔顿（Richard “Rip” Hamilton）、比卢普斯、华莱士、华莱士为核心的底特律从没打进过总决赛；在达尔科生涯的前几年，他在一支乐透球队中得到充足的上场时间，最终混出个样子来，我也不会写什么“有没有人想过NBA娱乐应该出一张‘极限达尔科’的DVD，内容是他这赛季打的所有垃圾时间的比赛，再加上他最精彩的击掌和拍肩动作，然后再附上导演对达尔科、拉吕·马丁、萨姆·鲍伊（Sam Bowie）和史蒂夫·斯蒂帕诺维奇（Steve Stipanovich）的评价”的段子了。上错花轿嫁对郎，选秀时错误的选择帮助底特律赢下了一座总冠军。至于“如果他们选择了波什（Chris Bosh）或者韦德会怎样”的争论，事实上，那时候有明确的前三强（勒布朗，达尔科，卡梅洛），如果底特律在第二顺位选了别人，他们大概会被球迷串在签子上拿去烧烤。别的新秀在当时不具备同等的价值。

---

① 译注：卡梅洛的昵称。

我最近在翻查德·福特[1]2003年时对每个选秀的逐一分析[2]，这让我重新回忆起了一些事情：（1）迈阿密用5号签选走韦德的决定让所有人大吃一惊；（2）当时确实有过好一阵子争论，有人担心波什无法增重，最后只会变成下一个基恩·克拉克（Keon Clark）。所以我们不能假设底特律会选择韦德或者波什，除非你说他们会向下交易选秀权。总之韦德和波什都不可能成为榜眼。就是这样。[3]

30. 如果小牛在2004年与史蒂夫·纳什续约会怎样？

当时，我支持达拉斯放手让纳什走的决定，因为（1）他在之前两年的季后赛里都表现不佳；（2）6000万对一个31岁、背部有伤的控卫来说简直是个太变态的价格了。但我并没有为达拉斯其他的动作辩护：他们把这笔钱（还再添了点）付给了埃里克·丹皮尔（Erick Dampier）的7300万合同；PETA会监视小牛队的每一次训练，来保证丹皮尔不被虐待，因为他真的就是条狗。如果你实在想要乱花钱，也应该花在纳什而不是丹皮尔身上，是吧？[4]达拉斯还不幸地低估了规则改变带来的影响，纳

---

① 译注：ESPN的NBA选秀分析专家。

② 原注：摘录一些查德的原话："达尔科是独一无二的"；"让达尔科脱颖而出的是他在低位的强硬"；"卡洛斯·德尔菲诺（Carlos Delfino）让我想起了迈克尔·芬利（Michael Finley）"；"我不看好凯尔特人对肯德里克·珀金斯（Kendrick Perkins）的选择，我看不出他能对凯尔特人有什么帮助，无论是短期的还是长期的"。我爱死ESPN.com的存档工作了。只要不让我看到我自己的愚蠢预测就好。[把埃梅卡·奥卡福（Emeka Okafor）排在德怀特·霍华德之前，还有人记得吗？]那样我就会恨死存档功能了。

③ 原注：如果底特律向下交易然后选中了韦德，那就会影响到好几个总冠军的归属了。这个"如果……会怎样"并不合理。不管怎么说，在有勒布朗、韦德、波什和梅洛的情况下，仍然在前五中选中了达尔科，这就像一个纸袋子里有两张1亿美元的支票、两张1千万美元的支票和一张10美元的支票，结果抽中了10美元的那张。

④ 原注：达拉斯被一次教科书式的合同年大爆发给玩弄了：2004年的最后3个月，丹皮尔场均13+13，还有2个盖帽，最后一周更背靠背打出了19+21和16+25。去掉2004赛季的话，他生涯场均只有7+7。壮哉！

什在新规则下成为了两届MVP。如果他们留下了纳什和安托万・贾米森（Antawn Jamison）[拿去交易了杰里・斯塔克豪斯（Jerry Stackhouse）和德文・哈里斯（Devin Harris）]，然后继续做了安托万・沃克（Antoine Walker）/贾森・特里（Jason Terry）的交易，突然之间他们就有了一个怪物级的阵容[纳什，诺维茨基，贾米森，特里，约什・霍华德（Josh Howard），德萨甘纳・迪奥普（DeSagana Diop），自由球员老兵X，2月份时被买断的球员X]，同时还是联盟中最具观赏性的球队没有之一（再加上之后我们会说到的“如果……会怎样”13名）。现在回头看，马克・库班“因为财政的原因”对纳什说不，转头就不顾一切地把钱投在了丹皮尔这样的窃贼身上，这实在是太奇怪了。我对作为商人的库班和有着天马行空的想法的他充满了尊敬，但是无视纳什的后果就是让整个10年都打了水漂——小牛队只在2006年接近过一次总冠军，最终还被打劫了。而现在，总冠军的窗户已经关上，只留下9位数的薪金总额，还有一切都毫无转机的绝望感，除非在我们印刷这本书的时候贾森・基德被某个超级生长激素项目组抓去做实验了。太糟糕了。我生命中最渴望的体育目标之一，就是能看到一脸不爽的大卫・斯特恩把总决赛奖杯交给库班，而库班像《洛奇2》（*Rocky II*）结尾时的洛奇那样哽咽个不停。①

29. 如果约翰・汤普森（John Thompson）没有搞砸1988年奥运会会怎样?

随着时光流逝，对于那场失利，坊间逐渐有了“那支球队的天赋不够”的传闻，最终导致了1992梦一队的诞生。大错特错！他们有一

---

① 原注：在整个10年当中，达拉斯屡屡在季后赛中不给力，而库班则在指责除了自己球员外的所有人。我觉得他就像是个太过好心的父亲，把儿子送去贵族预科学校，送他太多的礼物，给他请太多的家教，太过热心地参与儿子的学校事务，每当他儿子出了点儿问题时他就找些“他在英语课上得了B都是因为老师不喜欢他”之类的借口。一般这种儿子到最后都会懦弱无能，等着爸妈来帮他擦屁股。季后赛里的达拉斯就像这样。

个超强中锋（大卫·罗宾逊），一个超强的前锋[丹尼·曼宁（Danny Manning），当年状元]，两个值得信赖的投手[米奇·里奇蒙德（Mitch Richmond）和赫西·霍金斯（Hersey Hawkins）]，还有两个运动能力出众、完美适合国际比赛的翼侧球员[丹·马尔利和斯泰西·奥格蒙（Stacey Augmon）]。但汤普森搞砸了一切，在控卫位置上选择了查尔斯·史密斯（Charles Smith）[他自己在乔治城大学（Georgetown University）的弟子][1]和宾博·科尔斯（Bimbo Coles），而略过了蒂姆·哈达威（Tim Hardaway）（我的天）、穆基·布莱洛克（Mookie Blaylock）、达纳·巴罗斯（Dana Barros）、罗德·斯特里克兰（Rod Strickland）、史蒂夫·科尔（Steve Kerr），甚至高中生肯尼·安德森。他故意牺牲了外围投射和突破分球战术（想要在国际比赛中获胜的两款最佳配方），同时采用高压防守，而这正合了俄罗斯人[2]之意（他们的长项在于转移球和空位三分）。避开了所有正确答案。机智啊！

这是一次罕见的所有人在崩盘发生之前就准备好去迎接它的情况。我是说，我们都很不放心。俄罗斯人在半决赛里干掉了我们，我们带着一块铜牌离开了汉城（Seoul），然后所有人都选择说："老天，我们需要派出职业球员！"而不是指责汤普森并反思："我们再也不应该给教练那么大的阵容选择权利了。"[3]但你知道吗？汤普森的无能反而催生出了梦一队——NBA的一个无与伦比的夏天，国际篮球的一个引爆点——以及之后的一切，包括我们的球员在2002世锦赛上无法原谅的糟糕表现，以及尴尬地被阿根廷队狠狠踢了屁股，迫使负责机构不再乱来，不再派出只堆砌全

---

① 原注：一年之后，查尔斯·史密斯成为了波士顿的一员，打出的铁连起来可以绕地球两圈。另一个被低估的错误：没有选择格伦·赖斯（Glen Rice）和肖恩·埃利奥特（Sean Elliott），于是当霍金斯在汉城（指韩国首都首尔）受伤后，里奇蒙德突然成了球队中唯一靠谱的投手了。除此之外，他们还没有选择科尔，而且还是在国际比赛三分线的情况下。大家一起来欢呼吧，约翰·汤普森！

② 译注：实际上，苏联队的首发主要是立陶宛人。

③ 原注：我们应该把这一句加在汤普森的名人堂铭牌上：**搞砸了1988年奥运会，让美国付出了金牌的代价**，就写在**在同时拥有莫宁（Alonzo Mourning）和穆托姆博的情况下却没能打进过精英8强**的下面。（译注：NCAA的4强、8强、16强分别称为终极4强、精英8强和甜蜜16强。）

明星却毫无目的性的球队。最终，这使得我们的队伍变得更好，而且，其他国家开始追赶我们，在德国、西班牙、阿根廷、立陶宛以及其他许许多多的地方，有多少初出茅庐的年轻人的生涯受到了这件事的激励？这一切的一切都是因为约翰·汤普森搞丢了金牌。真得谢谢你，约翰。我是这么想的。

28. 如果明尼苏达没有在2007年选秀前偷偷兜售凯文·加内特结果激怒了他会怎样？

事情会这样发展：凯文·加内特闷闷不乐地又一次回到糟糕的森林狼队中，待了几个月（或者更多），于是波士顿就有机会在2月份的保罗·加索尔争夺战中击败洛杉矶，于是组成一支加索尔加保罗·皮尔斯、拉让·朗多（Rajon Rondon）、雷·阿伦、阿尔·杰弗森（Al Jefferson）的队伍。不是一支总决赛级别的球队……但也不差，是吧？① 或许，凯尔特人也可以用同样的筹码在2月份交易来加内特，但这笔交易还会那么有效吗？记住，波士顿在得到加内特后立即用折扣价签下了詹姆斯·波西和埃迪·豪斯——如果没有那笔交易的话这是不可能的——而且在赛季中途双方人员名单都差不多满员的情况下是很难完成一笔六换一的交易的。再加上加内特对交易的反对态度，这笔交易直到夏天才有可能完成。那么凯尔特人就会转而追求加索尔或者……

---

① 原注：我最喜欢的克里斯·华莱士的愚蠢操作：连续3年用尽了波士顿的薪金空间，其中最大的一部分给了一个酒鬼[文·贝克（Vin Baker）]；在可以先保留2001年丹佛的11号签的时候，用其选中了凯德里克·布朗（Kedrick Brown）；用一个首轮签去交易胡安·卡洛斯·纳瓦罗（Juan Carlos Navarro）；用乔·约翰逊（Joe Johnson）和一个首轮签去交易罗德尼·罗杰斯（Rodney Rogers）和托尼·德尔克（Tony Delk），而他本来可以直接签下罗杰斯的；在托尼·帕克之前选中了乔·福特（Joe Forte）；给达尔科·米利契奇2100万的合同；清货贱卖了加索尔，换来了他的弟弟，这就像是在1988年交易走斯莱·史泰龙（Sly Stallone），换来3个年轻演员和弗兰克·史泰龙（Frank Stallone）；用30亿美元从马克·库班手里买下Broadcast.com。没错，我知道最后一件事儿他没做，不过这看起来像是他会做的事情。

（准备好了吗……）

（准备好了吗……）

科比。

还记得科比在2008赛季前大发脾气，导致湖人队到处兜售他，但是没有人能满足他们的问价（一个全明星加薪金空间再加选秀权）吗？如果凯尔特人没有交易加内特，他们可以用保罗·皮尔斯、西奥·拉特利夫（Theo Ratliff）的到期合同，他们自己的首轮签，还有一个明尼苏达的首轮签，来换科比加两个烂合同[布赖恩·库克（Brian Cook）和弗拉德·拉德马诺维奇（Vlad Radmanovic）]。波士顿会有科比、雷·阿伦、杰弗森、肯德里克·珀金斯和拉让·朗多的核心；湖人用科比换来了一位全明星和3个首轮（包括一个明尼苏达的首轮签，可能很有价值），还有拉特利夫和夸米·布朗（Kwame Brown，之前就在队里）的2000万到期合同可以用来追加内特或加索尔。考虑到皮尔斯在2008年总决赛里表现得比科比更胜一筹，你能否想象如果是皮尔斯（甚至还可能有K. G. ）在湖人而科比在凯尔特人，又会发生什么？

显然，我更喜欢现实中的剧情：加内特让篮球在波士顿得到重生，赢得了一冠；皮尔斯重新定义了自己的生涯；科比赢下了MVP，而后在总决赛里吃瘪；湖人队打劫到了加索尔，激怒了所有人（我直到现在还很生气，真的）；[①]菲尼克斯和达拉斯双双惊慌失措，做出了极富争议的"我要梭哈了"的沙克和基德（Jason Kidd）的交易（然后在季后赛中惨败）；迈阿密甩掉了沙克的合同，开始了2008摆烂大作战；肖恩·马里昂（Shawn Marion）成为史上第一个从70%胜率的球队转到20%胜率的球队还看起来很开心的职业运动员；湖人和凯尔特人相遇总决赛，ABC狂赚

① 原注：等等，我和华莱士还没完呢。有一次，我在ESPN.com上怒喷了贝克的交易，然后我和哥们儿豪斯冲进波士顿的一家酒吧，直接找他理论。他尝试解释其中的逻辑，他自己可能觉得很有道理——但这解释是如此无脑，以至于豪斯差点儿拍案而起，愤而离去。亮点：华莱士称沙蒙德·威廉姆斯（Shammond Williams）是这桩交易的关键部分。我问华莱士，为什么不直接向西雅图要接下去5年的首轮签——他们会这么做的，因为，你知道，他们想摆脱贝克都想疯了——于是华莱士脸上有了一副"天哪，为什么我没有想到呢"的表情。太超现实了。感谢上帝，我有豪斯在边上做见证。

3250亿美元。如果森林狼没有在2007年夏天激怒加内特的话，这一切都不会发生。

27. 如果罗恩·阿泰斯特没有冲进底特律的观众中去会怎样?

真不敢相信这本书写到这里居然都还没有对20世纪NBA最令人不可思议的事件表示过敬意。考虑一下：

·从1997年到2008年，这是唯一能让我在36小时里为之写作两篇专栏文章的体育事件。如果我们要建一所“我亲历过的让我惊掉下巴的电视之夜”的名人堂，第一批入选者将包括O. J. 的福特野马追逐[这一想法的贝比·鲁斯（Babe Ruth）①]，泰森–霍利菲尔德（Evander Holyfield）的第一次对战，戴安娜王妃（Princess Diana）的车祸，约翰·戴维·斯塔茨（John David Stutts）暗杀巴克威特（Buchwheat），②《细路仔》（*Diff'rent Strokes*）里戈登·江普（Gordon Jump）试图性骚扰达德利（Dudley）和阿诺德（Arnold）的那集，阿泰斯特大混战。以上是永远的六大天王，至少对我来说如此。

·这个片段被人们看了一遍又一遍，观看次数几乎堪比扎普鲁德（Abraham Zapruder）视频③。这段视频也是所有NBA相关视频中因为“侵犯版权原因”被从YouTube上移除次数最多的，仅次于湖人–国王系列赛的第6战的视频。④

·这件事，还有蒂姆·多纳吉丑闻，以及达赖厄斯·迈尔斯（Darius Miles）在2000年选秀时给斯特恩过分亲密的拥抱，是大卫·斯特恩担任

---

① 译注：棒球名人堂始建时入选的五人之一。

② 译注：某集《周六夜现场》中的情节。

③ 译注：达拉斯市民亚伯拉罕·扎普鲁德用家用摄像机拍摄到的肯尼迪总统被刺杀的视频。

④ 原注：那场比赛就像是NBA版的“水门事件”录音带中消失的18分钟。如果你执意要看它，你可能会像《午夜凶铃》（*The Ring*）里的角色一样惨死。

总裁期间精神最受伤的事件（甚至他自己后来都承认了），并永久性地改变了此后NBA球员–球迷互动交流的规矩。

· 从喜剧的角度看，阿泰斯特和斯蒂芬 · 杰克逊由此一跃进入“泰森领域”，让我们学会了一个新词“推了个阿泰斯特”，还激起了我们的想象：如果杰曼因 · 奥尼尔（Jermaine）能揍《明星伙伴》（*Entourage*）里的“乌龟”一拳的话世界又会变成什么样。杰克逊神奇地变得比那个首先冲进观众席的家伙还要疯狂，只身挑战活塞全队，在观众席中疯狂出拳，差不多成了最能定义“球场冲突中的那个疯子”的人。杰克逊离开球场的时候还像一个职业摔跤手一样向观众们挑衅地挥舞着手臂，而人们正往他身上泼啤酒，我打赌那一幕肯定打破了职业体育史上最多人惊呼“老天，这家伙真是疯了”的纪录。

· 从“我早就知道这事儿会发生”的角度看：如果你在2005赛季前遍览30支球队的阵容，然后自问：“哪两个队友最有可能发起一场观众席上的打斗，最终演变成NBA历史上最丑恶的事件？”最被看好的肯定是印第安纳的阿泰斯特和杰克逊，把排名第二的波特兰的扎克 · 兰多夫和鲁本 · 帕特森（Ruben Patterson）远远甩在身后。可能对电视转播来说，这是名人堂级的一夜，但是所有平时持续关注NBA的人都不会对自己说：“真不敢相信罗恩 · 阿泰斯特和斯蒂芬 · 杰克逊现在冲进了宫殿[①]的第三排！”

· 另一个被低估的、有点儿愚蠢的边际效应：这是体育范特西游戏史上最值得纪念的时刻。想象一下你刚用一支高顺位签选走了罗恩，接着在几周之后看到他冲进了观众席。等等，*罗恩………罗恩……不不不不不不不不！*

· 亚当 · 卡罗拉说过一件有趣的事儿：想象一下你是被阿泰斯特一开始打错了的那个人。你刚看了这群球员打了两个小时的球，你很兴奋，你很喜欢这么靠前的座位……接着武斗爆发了，现场变成了人间地狱，事情就这么发展着，突然之间，阿泰斯特被一个杯子打中，然后他开始

---

① 译注：奥本山宫殿（Auburn Hill Palace），活塞队主场球馆。

向你冲来。就像卡罗拉说的，这就像是刚看了两个小时的《胡克船长》（*Captain Hook*），突然之间，胡克船长从银幕上冲了出来开始攻击你。这么一想，你还会嘲笑那个家伙差点儿尿了裤子吗?

所以，你已经有了以上*那么多*的戏码，然后跟着一条“如果……会怎样”。在奥本山事件之前，步行者刚刚蹂躏了活塞，并成为了2005年的“终极BOSS”。而就在5分钟之后，一切都消失了……还有，如果你还记得的话，圣安东尼奥和底特律之间差劲透顶的2005总决赛在“等等，你确定这就是全联盟最好的两支球队了”程度上足可以跟1994年总决赛和1976年总决赛并列。虽然没办法证明，但我始终坚信印第安纳是2005年最好的球队，虽然他们很有内讧自爆的倾向。管他呢。从那一时刻起，印第安纳的职业篮球就被谋杀了。拉里·伯德可能觉得冲进观众席的阿泰斯特和杰克逊是打在自己身上。事情的经过差不多就是这样的。[①]

26. 如果格兰特·希尔没有跟斐乐签约会怎样?

如果你觉得球鞋公司只是签下NBA球星，给他们设计外形酷炫的鞋子，寄给他们，这就完了……那么你错了。实际上，在2009年11月参观耐克的邪恶博士实验室般的工厂之前，我也是那么想的。结果我看到了真正的科技。耐克会把旗下的运动员们带到俄勒冈（Oregon）的公司里，在拥有最高新科技的训练实验室里进行一系列复杂的压力测试，算出他们的奔跑机制和脚型结构（以及两者之间的关系），然后给他们设计出最适

① 原注：低潮一览：雷吉·米勒退役；奥尼尔变成了一个薪水过高、未能实现个人潜力、态度不佳的家伙，被送去了多伦多；杰克逊和贾马尔·廷斯利（Jamaal Tinsley）卷入了一场脱衣舞娘俱乐部的枪战；步行者球迷对这支经历过武斗的球队的厌恶是如此激烈，这使得球队感到恐慌，于是惊慌失措地把阿尔·哈林顿（Al Harrington）和杰克逊送去金州，接盘了迈克·邓利维（Mike Dunleavy）/特洛伊·墨菲（Troy Murphy）的合同；据报道，他们在2009年亏损了3000万美元，陷入了可能要迁离的危险。甚至“篮球耶稣”都无法拯救他们。（译注：“篮球耶稣”伯德时任步行者GM。）

合的鞋子。这就像是用一整个周末测量某人的说话和咀嚼数据，然后根据他的口腔结构为其设计特殊的烟斗，只不过对象换成了双脚。就在他们跟我解释种种过程、夸耀他们的成功和足、踝细节设计之间的关系的时候，一位耐克执行官随口说道："问问格兰特·希尔，他现在是否希望那时候是跟耐克签约？"

嗯嗯嗯嗯。1997年，斐乐和希尔签下了一笔巨大的8000万美元的合同，标志着他们要开始进入美国篮球鞋市场了。当时耐克和锐步早就瓜分了所有知名球员，于是斐乐策略性地改换方向，将其NBA预算中的一大部分砸向了联盟最招人喜爱的年轻球星。那时的希尔有多好？他跟贾森·基德分享了最佳新秀，连续两个赛季场均20+9+7（此后只有勒布朗接近过），①连续5年入选NBA最佳阵容一队或二队，受伤前的一个赛季场均25.8分，而且在媒体无来由地给他打上"下一个乔丹"的标签后仍然继续成长。实际上，希尔是下一个皮彭——一个更具破坏力的进化版本——直到他的脚踝在2000年季后赛碎裂，就在他成为自由球员之前两个月。那年夏天，奥兰多坚定不移地给了希尔一份9270万美元的合同，完全没料到他受伤的膝盖和脚踝还将迎来好几次手术、一块钢板和6颗钢钉。就这样，进化版皮彭2.0消失得无影无踪了。有可能是那些斐乐鞋造成了他的不幸吗？没错，希尔的伤病可能只是巧合。没错，斐乐肯定在给希尔的定制球鞋上非常用心。（你觉得我的律师会接受我用这样的措辞吗？）但是，这么说吧，你要花40万美元买一辆帅气的跑车。你会选一家刚刚进入豪华跑车领域的公司，接受他们的服务，还是选择法拉利，一家拥有雄厚财力、自古以来就在制造高档跑车的巨型企业？你会选法拉利，是吧？我们还有必要提一提格兰特·希尔现在穿的就是耐克……过去几年中都是如此。我总觉得这不是巧合。

---

① 原注：1996赛季，希尔场均得分排第19（20.2），篮板第13（9.8），助攻第15（6.8）。1997赛季，希尔得分第12（21.4），篮板第19（9.0），助攻第12（7.3）。他是最后一个连续两年在三项主要数据中都排在联盟前二十的球员。此后只有K. G.（2003季）曾完成过一次。如果希尔能保持健康，他会彻底改变T-Mac的生涯。[译注：T-Mac，特雷西·麦格雷迪（Tracy McGrady）的绰号。]

25. 如果M. J. 从没有为奇才队打过球会怎样?

从联盟大格局上看，这不是什么大事。但是想象一下，如果1998年总决赛第6场——M. J. 凭着自己的力量赢下了总冠军，用上篮—抢断—跳投三连击作为自己生涯的结束——是迈克尔·乔丹留给我们的最后的篮球记忆，那该有多酷。而在华盛顿（Washington Wizards）的复出让他变得更像凡人了，在我们的脑子里混入了一些不那么愉快的记忆，伤害了他的生涯的历史地位（虽然我们当时没有意识到），给接下来10年的“科比、勒布朗可能比M. J. 更好”的荒谬言论打开了大门。这让我想到了我著名的柯特·科本理论：涅槃乐队的历史地位之高，部分原因在于科本在最完美的时间点自杀了，就在《在子宫》（*In Utero*）和《纽约不插电》（*MTV Unplugged in New York*）专辑发行之后，那时他正嗑药成瘾，正慢慢地变疯。如果他还活着，我们可能会看到：几次强制戒毒所之旅；一些古怪的行为；与考特妮·洛芙（Coutney Love）的混乱、血腥、暴力的分手，会把他或她（或者他俩）送进监狱；至少两张支离破碎的专辑，虽然科本的脑残粉们会说“天才，哥们儿，真正的天才”；之后消失6年；然后上演一出德雷博士（Dr. Dre）[①]式的“明星归来”，到时候他肯定会和玛利亚·凯丽（Maria Carey）勾搭上。斯科特·韦兰（Scott Weiland）在他身边会显得比威猛乐队（Wham）成员还要无忧无虑。在目睹了他12到14年的可悲的堕落经历之后，我们还会把科本看成一个音乐天才，把他视为另类音乐之父吗？不可能！他会被看成又一位深陷药物、搞砸了自己的生涯的音乐人。[②]如果你不相信，看看在迈克尔·杰克逊去世之前我们是怎么说他的吧——怪人中的怪人，娱乐明星的反面寓言，耸人听闻的猥亵

---

① 译注：著名说唱歌手，1992年出了首张专辑，之后到1999年才重新归来。

② 原注：一个绝好的平行对比：比利·科根（Billy Corgan）在起步时和科本一样好；到2001年的时候，他已经成了一个自我中心的秃头男，做出来的音乐无人问津。没有人记得1994年的时候碎南瓜乐队（Smashing Pumpkins）和涅槃乐队孰优孰劣还是一个可以争论的话题，也没人关心碎南瓜最好的12首歌可能比涅槃最好的12首歌更棒。现实情况是，涅槃是先驱者，为后来人铺平了道路。这就像是比较大卫·汤普森和“J博士”。你可能可以得到数据的支持，但你就是不能这么做。

儿童（嫌疑）犯——虽然在不久前的1987年，我们都还同意杰克逊是史上最天才的流行艺术家。或者想想，如果埃迪·墨菲在1988年《美国之旅》（*Coming to America*）上映两个月后遭遇空难，他的历史地位又会变得如何。记忆会影响我们的认知，使之变得更好或者更坏。记忆确实有这么强的力量。科本留给我们的最后的记忆是那场MTV特别版演唱会，一个苦闷、迷人、难以抗拒的天才老兄带来了史上最好的不插电表演。这是他经久不衰的原因之一。而乔丹留给我们的最后的记忆，本该是对马隆的盗球和在布赖恩·拉塞尔（Bryon Russell）头上的跳投。呜呼。

24. 如果约翰·哈夫利切克没有在1973年东部决赛中受伤会怎样？

我知道，我知道……我是承诺过我们会避免与伤病有关的“如果……会怎样”。1973年凯尔特人最终68胜14负（史上第四好战绩），是考恩斯、哈夫利切克时代球队最具统治力的一年。“洪多”在对尼克斯的第三战中撕裂了投篮手的肩膀，缺席了那场比赛剩余的时间和下一场（波士顿两战皆墨），然后用左手打了后3场，凯尔特人队仍然打到了抢七，直到尼克斯终于意识到：“等等，‘洪多’是在用一只手打球——一旦他持球我们就紧逼他吧！”于是凯尔特人首次在花园抢七败北，而尼克斯最终在总决赛中击败了已经垂垂老矣的湖人。那个冠军奖杯本应该属于波士顿；考虑到“洪多”参加了所有可能参加的1475场比赛（包括季后赛在内）中的1442场，他生涯16个赛季中唯一一次重大伤病竟然发生在这个最重要的时刻，这实在是NBA历史上最大的偶然事件。后来，已经过了最高峰的凯尔特队跌跌撞撞地拿到了1976年的总冠军，简直就像是NBA之神把1973年从他们这儿抢来的冠军又还给了他们。①

---

① 原注：老爹到现在都还会抱怨1973年第4战的裁判，尼克斯在杰克·马登（Jack Madden）和杰克·奥唐奈（Jack O' Donnell）的帮助下填上了16分的大坑，最终在双加时中胜出。海因松在赛后冲进MSG的通道追杀裁判。后来，马登在1991年对底特律的系列赛中用一次进攻干扰球误判绝杀了凯尔特人，我老爹于是拍案而起：“杰克·马登恨我们！在你出生之前他就在黑我们了！”

记住，这是24秒时代中唯一最终改变了总冠军归属的偶然伤病。如果拉塞尔没有在系列赛中扭伤脚踝，58凯尔特人会击败老鹰吗？有可能……但我们不确定。如果以赛亚没有在第6场第3节扭伤脚踝，88活塞会击败湖人吗？有可能……但湖人有第6场和第7场的主场优势（还有全盛期的“魔术师”和沃西）。如果麦克黑尔没有伤到脚，87凯尔特人能干掉湖人吗？如果沃西没有伤到腿，83湖人能搞定费城吗？如果卡尔·马隆没有遭遇膝伤，04湖人能干掉底特律吗？如果伯德没有在酒吧冲突中弄伤投篮手，85凯尔特人能击败湖人吗？[①]如果诺维茨基没有受伤，03小牛有可能夺冠吗？还有少了尤因的99尼克斯？如果霍勒斯·格兰特没有在系列赛第1场上半场受伤，96魔术能战胜公牛吗？如果威尔特没有因为试图拳击汤米·海因松（结果打到了一名队友）而伤到手，1962赛季的76人能干掉波士顿吗？没有一定的答案。我们无法确定。但对于73凯尔特人，我们可以确定：他们有最好的球队，最好的球员（“洪多”），当季MVP（戴夫·考恩斯）。甚至在“洪多”只打了半个系列赛（而且是只有四成功力的“洪多”）的情况下，系列赛仍然进入了抢七。你能明白这意味着什么吧？

23. 如果1965年威尔特去了湖人而非76人会怎样?

我们在“威尔特–拉塞尔”那一章里已经提到过这件事了。（上一句

---

① 原注：这事儿一直折磨着我。伯德当时正处于自己生涯中状态最火热的时期：1月份的背靠背压哨，60分之战，在季后赛中令人难忘地狂踢克利夫兰和底特律的屁股。在对费城的系列赛的第3战前，他参加训练时右手食指上打着厚厚的绷带，然后开始打铁。“传奇”在第3战前场均30+10、52%的命中率，之后的9场季后赛21+7、40%的命中率。那个夏天，《环球报》（*Boston Globe*）和《先驱者报》都在调查和推断后报道说，在对费城系列赛的第2战和第3战之间，伯德在波士顿的切尔西（Chelsea's）酒吧参与斗殴，揍了一位名叫迈克·哈洛（Mike Harlow）的酒保（后来与之达成了庭外和解）。关于1985年总冠军就说这么多。迈克·哈洛离在这一章中得到属于自己的“如果……会怎样”只差那啊啊啊啊啊啊么一点点。

里的“我们”实际上指的是我。）[①]没错，威尔特、埃尔金和杰里本来可以比现实中早4年成为队友。而这事未能发生都是因为一个相当精彩的原因。先不提这会对之后的季后赛造成多大影响；你能想象性功能正处于巅峰的威尔特会对好莱坞造成多大伤害吗？他攻击范围堪比回力镖啊。我十分确信他会狠狠地抽伊丽莎白·泰勒（Elizabeth）和拉克尔·韦尔奇（Raquel Welch）的脸的。当然，这种事儿后来可能还是发生了。我们来看下一个问题吧。

22. 如果科比在2004年与快船队签约了会怎样？

快船当时非常坚定地相信科比要来——记住，就在这个夏天，科比因背叛了沙克和菲尔·杰克逊而被千夫所指——然而他在最后一刻改了主意，伤透了快船的心。除了湖人队给出的合同时间长一年、工资略多一点儿外，他们还另外开出了什么东西来阻止科比加入更年轻、更有天赋的快船吗？那些湖人队非法地向科比许诺在退役后给他一些球队股份的传言是真的吗？[②]2008赛季前，湖人不愿意接受其他球队对科比的报价，是否是因为2004年谈判中许诺了什么？这些都是假设，我们无从得知真相，只能等到科比退役，看他是否会跟“魔术师”一样，从巴斯博士手上得到折价出售的纪念股权。但是快船队管理层的所有人都隐约觉得，在合同数字之外，还另有一些*别的东西*击败了他们的出价。但他们就是不知道到底是什么东西。[③]

---

① 原注：我错误地使用了“第四人称单数”。这一招是威尔·利奇（Will Leitch）在担任“死亡转身”（译注：“死亡转身”，一家体育网站）的编辑时发扬光大的。我们不知道为什么他要那样写，但我们觉得这确实挺有趣的。

② 原注：证据：科比的经纪人罗布·佩林卡（Rob Pelinka）就是给卡洛斯·布泽尔（Carlos Boozer）精心安排了从克利夫兰到犹他的邪恶转会的人。

③ 原注：唱唱反调：可能只不过是科比突然意识到：“该死，我在干什么？这可是快船！我是不是脑残了？”

无论如何，这是快船队史上最重大的时刻，他们离偷走科比、彻底改变洛杉矶职业篮球的格局只有一步之遥。第二重大的时刻是他们签下了比尔·沃尔顿……他在6年里打了167场比赛，最多一年只有55场。第三是在2006年季后赛第2轮天王山，他们只需防住一球就能在系列赛中占得先手，迈克·邓利维在此时派上了一位名叫丹尼尔·尤因（Daniel Ewing）的、长期被冷藏的新秀去防守拉贾·贝尔（Raja Bell），葬送了他们在季后赛里再进一步的机会。第四是他们在1990年输掉了一场抢五[①]，15年后这场比赛在ESPN经典频道上播出。（没错，ESPN经典频道在放快船队的比赛！）马凯斯·约翰逊（Marques Johnson）、德里克·史密斯（Derek Smith）、诺姆·尼克松、肖恩·利文斯顿（Shaun Livingston）和丹尼·曼宁膝盖受伤的时刻并列第五。第六则是我在拍摄《E：60》[②]时在快船队的比赛里差点儿命中了一个半场投篮。快船队在加州的这30年可真是够没劲的。

21. 如果湖人在1982选秀中选中了多米尼克·威尔金斯而不是詹姆斯·沃西会怎样？

多亏克利夫兰做的脑残交易，卫冕冠军拿到了状元签。[③]湖人队当时非常需要前锋位置上的新鲜血液，而那届选秀对他们来说简直是完美——沃西、特里·卡明斯（Terry Cummings）、尼克分列一二三顺位——最终

---

① 译注：1961—1966赛季的分区半决赛和1984—2002赛季的季后赛首轮均为五战三胜。

② 译注：ESPN的体育新闻专题节目。

③ 原注：1980赛季，骑士队的愚蠢老板泰德·斯特平用布奇·李（Butch Lee）和1982年的首轮签去交易1980年的首轮签（简直愚蠢，因为湖人是当时联盟前四的球队）和唐·福特——一个平庸的翼侧球员，就像克雷格·埃洛（Craig Ehlo）和泰德·麦金利（Ted McGinley）的混合体。福特是除迈克·布拉茨之外，史上用一个能改变队史的首轮签换来的最烂的球员。（译注：骑士在1980年送出1984届选秀的首轮签，交易来迈克·布拉茨。这个选秀权后来成为1984届选秀大会4号签。）

他们放弃了尼克的潜力和劲爆，选择了沃西的全能和经验。[①]你知道最不可思议的是什么吗？这一选择在当时可不是主流意见。NBA球迷们一想到尼克（在当时是史上最令人震撼的大学球员之一）在拥有“魔术师”和尼克松的“表演时刻”湖人中担当侧翼的场景就开始流口水了。但是如果威尔金斯闹不开心的话，他可能会毁掉球队，湖人队不想冒这个险；他拒绝为快船（手握榜眼签）或爵士（手握探花签）效力的举动更印证了湖人队的担心。从马后炮的观点来看，确实很难想象尼克会放弃出手权，听从卡里姆，在防守中出哪怕一滴汗。不过，也有可能莱利和“魔术师”会改变他的做法（毕竟，他们拯救了麦卡杜的生涯，而他显然比尼克更自私），如果他们做到了，那么“表演时刻”湖人的上限还能再上一个台阶，因为尼克是一位极其令人激动的球员，一个不可阻挡的得分手。而且魔术师还能使他变得更好，他们会打破“彻底震撼全场的空接爆扣次数最多”的纪录。该死，甚至有这种可能，1985—1993年间，“乔丹-多米尼克”之争的核心议题会变成“谁更好”而不只是“谁扣篮更好”。

如果湖人队选择了威尔金斯，我们记忆中的他的生涯会变得不一样：可能更好，也可能更坏，但绝对会有所不同。我们可以就这点达成共识。我们也都同意，那样的话，沃西会变成最大的受害者：快船队会在第二位选他；犹他会在第三位选走卡明斯，因为他大前和小前都能打[实际上，第二年他们就是因为这个原因选走了瑟尔·贝利（Thurl Bailey）]。而现实中，沃西状元，卡明斯榜眼，可怜的犹他则不得不把3号签送去亚特兰大，换来约翰·德鲁、弗里曼·威廉姆斯（Freeman Williams）和75万美元现金。这笔交易在当时就已经被认为是够烂的了，更不用说德鲁在几个月后进了戒毒所，承认自己已经抽了整整3年的可卡因。（做好你们的前期工作，犹他！）对詹姆斯·沃西来说，83湖人和83快船可以说是最好和最坏的两种极端情况，历史上还有哪次选秀对球员来说是如此地天堂地狱

① 原注：沃西是北卡（UNC）的大四生，场均16+6，57%的命中率；威尔金斯是乔治亚大学（University of Georgia）的大三生，场均21+8，53%的命中率。尼克没能打进终极四强；沃西在决赛中爆砍28+17。

不过一线？如果沃西去了那支糟糕的快船，他绝不可能赢下3枚戒指、一座总决赛MVP，入选NBA50年50大巨星，而会被快船魔咒所笼罩，在3年里29次弄爆自己的膝盖，还会错过“魔术师”举办的所有赛后狂欢派对。我们也不会发明“大场面詹姆斯”的绰号。绝不会。①

20. 如果亚特兰大老鹰在2005选秀中用榜眼签选中了克里斯·保罗会怎样?

我们在当时就知道这算得上是一个阿蕾莎·富兰克林（Aretha Franklin）②那么大的错误，因为保罗是2005届选秀中最好的球员，而且，更重要的是，*亚特兰大迫切需要一个控卫！*③而随着保罗成为了一名队史级的球员、一个进化版的以赛亚，篮球迷们发现这一选择变成了穷人版的、这个时代的鲍伊/M. J. 事件，这个费解的决定随着时间流逝变得10倍、20倍地费解了。同时，考虑到老鹰队已经在各个位置上有了足够的天赋（乔·约翰逊、约什·史密斯，等等），你没法给保罗挑一个更好的去处了。真的不能。④可以放心地说，CP3[还有德龙·威廉姆斯（Deron Williams）]会在今后数年中一直像噩梦般缠绕着所有亚特兰大的球迷们。整整547人呢。

不过这还不够……

---

① 原注：沃西本来可以在83快船跟伪沃西（汤姆·钱伯斯）一起打球。我会在后面进行解释的。

② 译注：灵魂乐歌手，身材颇肥大。

③ 原注：是的，我那时候就这么写了。一次又一次。下面是写给2030年以后的读者的：亚特兰大选中的是一个叫马文·威廉姆斯（Marvin Williams）的前锋，他前一年在北卡甚至都打不上首发。这坏兆头够明显的了。

④ 原注：在连续两年的选秀中，老鹰队GM比利·奈特先是在保罗之前选中了马文·威廉姆斯，然后在布兰登·罗伊（Brandon Roy）之前挑中了谢尔登·威廉姆斯（Sheldon Wiliams）。我估计他现在已经被发配到亚特兰大什么地方当苦力了，刚才在博德斯书店或巴诺书店把这本书卖给你的人说不定就是他。高个子，40多岁，黑人，看起来愁眉苦脸的……是他吗?

19. 如果波特兰用探花签选中了克里斯·保罗会怎样?

哦哦哦哦哦哦哦……你忘记了这一茬，哈？波特兰把他们的3号签送去了犹他，换来了6号签[马特尔·韦伯斯特（Martell Webster）]、27号签[利努斯·克莱扎（Linus Kleiza）]和一个2006年的首轮签[30号签，乔尔·弗里兰（Joel Freeland）]。让我们假设，开拓者留下了他们的3号签，选中了保罗，这很合情合理，因为，你懂的，他就是那届选秀中最好的球员。接下来一个赛季，他们还会是一支乐透球队，不过可能没那么差；他们可能会拥有8号签，选走鲁迪·盖伊（Rudy Guy），而不是在第4位挑中阿尔德里奇。他们在2007赛季肯定会好上许多，可能是支季后赛边缘的球队，所以我们把奥登去掉，给他们个12顺位签[撒迪厄斯·扬（Thadeus Young）]好了。所以，如果你是波特兰球迷，哪组核心是你更想要的?

情况A：奥登，阿尔德里奇（LaMarcus Aldridge），韦伯斯特，罗伊，特拉维斯·奥特洛（Travis Law），贾勒特·杰克（Jarrett Jack），乔尔·普里兹比拉（Joel Przybilla），鲁迪·费尔南德斯（Rudy Fernandez）的签约权，高富帅保罗·阿伦[1]（Paul Allen）

情况B：保罗，罗伊，盖伊，奥特洛，普里兹比拉，杰克，扬，鲁迪·费尔南德斯的签约权，高富帅保罗·阿伦

呣呣呣呣呣。你可以拥有保罗和罗伊的后场组合6～8年？[2]两个都需

---

① 译注：微软创始人之一，开拓者队老板。

② 原注：我本可以说“下个10年”，但罗伊的膝盖韧带大约是用本书的第41和42页做的。

原注：在《篮史通鉴》的精装本里，上一条注释的结尾写道：“有98.5%的可能性，‘如果波特兰跳过奥登选择杜兰特会怎样’将会进入2016年的《篮史通鉴2》。”我错了6年和1.5%。两页之后你就懂了。

要有球在手的家伙能兼容吗？（有可能。）他们的阵容还会有足够的身高吗？（从上面的情况看，不会。）他们会改打更加开放的进攻吗，会成功吗？（以他们的天赋看，我觉得会。）不管怎么说，如果波特兰选中了保罗，那会带来一系列疯狂的连锁反应：新奥尔良选中了德龙·威廉姆斯来替代保罗；犹他失去了一位队史级的控卫；奥登和阿尔德里奇去了别的城市；在保罗身边当二当家的罗伊或许不再会变成一位建队核心后卫；又或许，保罗不再会因为被3支球队略过而感到愤怒，于是接下去几年里不会再对自己施加那么大的压力。[①]我还是比较喜欢现实中的情况。

18. 如果1976年尼克斯从篮网手上买下了朱利叶斯·欧文的合同会怎样?

ABA并入NBA后，篮网想和尼克斯做一笔有趣的交易：*只要你们免掉我们的地域权利赔偿金（每年48万美元，总计10年），他就是你们的了。*由于手上还有海伍德的大合同，尼克斯选择了拒绝交易，于是浪费了球队整整7年的光阴去重建。[②]费城用300万美元买下了“博士”；可怜的“博士”在接下去3年里不得不跟一群被高估的家伙、球霸、疯子、没能达到预期值的球员们做队友，还因为太高傲也太无私所以不愿和他们抢出手。如果这还不够糟，“博士”还在为76人效力期间上了一个白人女记者，等

---

① 原注：还记得德州人队（Houston Texans）跳过雷吉·布什（Reggie Bush）选了马里奥·威廉姆斯（Mario Williams），然后所有人都对此疯狂吐槽吗？这是威廉姆斯身上所能发生的最好的事情；他拼尽全力，要证明所有人都错了。NBA中类似的例子：保罗、卡尔·马隆、M. J.、保罗·皮尔斯、拉沙德·刘易斯（Rashard Lewis）和卡龙·巴特勒（Caron Butler）。最被低估的例子：汤姆·布拉迪。（译注：汤姆·布拉迪在第199顺位被爱国者队选中，最终成为了职业橄榄球历史上最伟大的球员之一。）

② 原注：更神奇的：赛季开始20场后，尼克斯从布法罗那里买下了鲍勃·麦卡杜，把本来可以付给“博士”的钱付给了他。哈？就在那个夏天，威尔特开玩笑似的准备在尼克斯来一次复出——也就是说，尼克斯本来可能排出一套威尔特、海伍德、“博士”、弗雷泽和门罗的阵容。

到16年后私生女成为网球明星时才第一次公开承认了这个孩子。

（嘿，等一下……）

另一件事：两年之后，篮网搞定了那笔赔偿金，他们用1978年选秀4号签（迈克尔·雷·理查德森）①和1979年的首轮签[后来在第九顺位选中了拉里·德米奇（Larry Demic）]去交换1978年的13号签[温福德·博伊恩斯（Winford Boynes）]、菲尔·杰克逊、菲尔·杰克逊的全部大麻和剩余的赔偿金债务。如果你还想多了解一些的话，这事儿还有另一层影响，因为在1983赛季之前，尼克斯想用5年450万美元的合同签下伯纳德·金，而金州也跟了这个价格，不过最终同意把金送去尼克斯，换来……（鼓点声，起）……迈克尔·雷·理查德森！②所以，或许没能得到“博士”确实是尼克斯搞砸了，但这却最终变成了迈克尔·雷非常狂野、极具娱乐性的两年，然后是一个“迈克尔·雷这小子出了什么毛病”的赛季，接着是伯纳德相当棒的一年，再然后是伯纳德人生大起大落的一年半。这结局不坏，是吧？

17. 如果波特兰选择了凯文·杜兰特而非格雷格·奥登会怎样？

2007年选秀时我们所了解的奥登是这样的：在篮板和盖帽方面有着尤因级的天赋……他在俄亥俄州立大学（Ohio State University）的大一赛季饱受腕伤困扰……整个赛季只打出了一场让人惊呼“哇”的比赛[2007年NCAA决赛：25分，12个篮板，4个盖帽，对阵乔基姆·诺阿（Joakim Noah）和阿尔·霍福德（Al Horford），最终负于佛罗里达（Universtiy of Florida）]……他的右腿比左腿长1英寸（红灯！预示着可能的膝、脚、

---

① 原注：这同样是一个伟大的“如果……会怎样”，要是你是个20世纪80年代早期的曼哈顿大麻贩子的话。什么，迈克尔·雷不在纽约了？

② 原注：这有点儿像是拿基德去换马布里，我是从“这家伙在和严重的嗑药、酗酒问题做斗争，他会让我们球队要么神化要么渣化”的俄罗斯轮盘赌角度说的。没错，金州的结局是渣化。他们在4个月后就把他贱卖给了新泽西，换来了“沉睡者”·弗洛伊德。

背伤）……公开承认自己并不热爱篮球，曾经想去当个牙医……在选前试训中表现得心神不宁，吓到了波特兰的所有人……面相和走路的姿势都像个36岁的老头。①

与此同时，篮球就像是杜兰特的生命和空气，他的得克萨斯（University of Texas）赛季是国家级的表现，在波特兰的试训几乎完美，②在进攻端完全看不到上限。再加上波特兰的玻璃中锋诅咒，我们越来越不理解开拓者为什么会一厢情愿地决定："别管那些很肯定的未来，我们就要那个两腿一长一短、在大学只打了一场好球的大个子。"但他们就是这么做了。当我们回头看那段历史的时候，发现人们一直用"别闹，每个人都会选奥登，你肯定要选一个队史级的中锋，只是他一直在受伤，这不是他们的错"来为开拓者老板保罗·阿伦和时任GM凯文·普里查德辩护。听上去仿佛奥登拥有很肯定的未来——就像卡里姆、尤因或哈基姆——而且完全忽视了在2007选秀之前的6个月里大家都在犹豫他到底行不行这一事实。和我一样，波士顿GM丹尼·安吉也觉得应该用状元签选杜兰特，原因很简单：杜兰特肯定能打出来，奥登则不。如果你一直在持续关注杜兰特的大学比赛（安吉看完后五体投地，我也一样），你会了解他的职业素养、领导力、人格魅力、得分本能。我觉得杜兰特是个天生怪胎：他就像特雷西·麦格雷迪和"橡胶人"③的结合体，他就是上帝造来命中投篮、冲击

---

① 原注：观察穿着日常服装的篮球运动员走路是件很吸引人的事情。他们的真人总显得更加高大，移动毫不费力，仿佛属于另一个物种。大部分高个子走路时都小心翼翼，他们的姿势丑陋，身上的一切都像在说："我希望自己没长那么高。"而NBA的顶级运动员们不会这样。他们从来不会显得笨拙。所以当我在2007年ESPY（译注：ESPY，即ESPN年度大奖）颁奖典礼的走廊上看见杜兰特毫不费力地来回移动时，我想："好啊，我是对的，这家伙生来就是打篮球的。"几小时后，奥登走过同一条走廊，看起来就像是《桑福德和儿子》（*Sanford and Son*）里的雷德·福克斯。他的姿势糟糕透了。如果你从背后看他，你会觉得那是个退役球员。光凭那个时刻，我就无法相信他会成为状元。奥登走路的姿势就像一个基础结构完全坏掉了的家伙。如果由我来主持波特兰2007年的选秀，哪怕只看到他穿过房间一次，对我来说事情就已经定了。伟大球员们总是像在滑翔。他们就是如此。

② 原注：普里查德（Kevin Pritchard）在杜兰特的试训后说："这是一次令人不可思议的试训……在这幢球馆里，我见过大概几百次的试训，而这次试训给人留下的印象比我在这里见过的任何一次都深刻。"

③ 译注：斯泰西·奥格蒙的绰号。

罚球线的。而奥登则需要你祈祷他能保持健康，祈祷篮球能变得对他意义更为重大，祈祷他状态起伏不定的大学赛季并非常态，祈祷他能开发出低位技术和杀手本能……只有一件事是肯定的，那就是你肯定需要做一大堆的祈祷。这和23年前的鲍伊/乔丹两难问题有什么区别？随着杜兰特成为史上最年轻的得分王并在2010年的MVP评选中位列第二——顺便提一句，奥登此时正因为膝伤第二次赛季报销①——波特兰的选择比预想的早了6年就进入“如果……会怎样”这章。

如果开拓者选择了杜兰特而不是奥登会怎样？他们会成为2010年代西部的新兴豪强[而不会轮到俄克拉荷马（Oklahoma City Thunders）]；波特兰很有可能会成为2010年勒布朗的落脚点；所有打破传统但最后取得成功的决定会被称为“普里查德”；波特兰的所有人会陷入永远的喜悦，以至于那儿都不会再下雨了。而在现实里，我们则要准备好迎接2029或2030年选秀，等着波特兰再次赢下乐透，发现他们又被困在了“拥有很肯定的未来的潜力超级巨星得分手X”和“可能很容易受伤的建队核心中锋X”之中，所有人会心想：“等等，我们又要再来一次？”一代又一代，总有一天开拓者会选对的。

16. 如果科比被判性侵犯罪名成立而不是用大笔钞票在庭外搞定起诉人会怎样?

啊哦，我忘了2005年的时候洛杉矶地区的所有人都说好要假装这事儿从未发生过。如果现在有人不小心提到（或者想要讨论）这事儿，大家都会表现得局促不安。我现在住在洛杉矶，所以很不幸，我必须紧跟这条行为规范。等哪天我重新搬回东部，我们会在下一版里更新这一节。敬请关注。

---

① 原注：奥登还在2009年冬天遭遇了一起令人尴尬的网络丑闻，某位前女友泄露了手机上奥登两年前自拍的裸照。不过“令人尴尬”这个词可能会造成误解，因为在见到奥登令人惊叹的身材的同时，所有人还都意识到，他的两条腿真的长短不一。重要注释：我没有看那张照片；整个2010年我都没有看一眼奥登的裸照或《阿凡达》（*Avatar*）。

15. 如果太阳没有用一些无比抠门和不合理的操作毁掉一个可能的纳什王朝会怎样?

我想要避免那些“如果管理层这么做而不是那么做会怎样”的问题，因为这实在有些主观，但菲尼克斯从2004—2008年间的糟糕球队规划必须得好好纪念一下。下面是细致的分析:

1.就在他们签下纳什的那个夏天，菲尼克斯把2004年选秀7号签[本可以摘得洛尔·邓（Luol Deng）或安德烈·伊戈达拉（Andre Iguodala）]送去了芝加哥，换来了300万美元和一个2006年的首轮签。一周之后，他们用6年4260万签下了昆廷·理查德森（Quentin Richadson），而他们本来可以直接选邓或伊戈达拉，还只用支付1/3于理查德森的年薪。他们用了理查德森一年，然后在2005年选秀中把大Q和21号签[内特·罗宾逊（Nate Robinson）]送去尼克斯换来柯特·托马斯（Kurt Thomas）。两年后的夏天，他们把托马斯再搭上两个首轮签贱卖给了西雅图，目的只是为了减少薪金空间避税。整个过程听起来就是那么令人震惊，布赖恩·科兰杰洛（Bryan Colangelo）最初所做的签下理查德森而非摘下邓或伊戈达拉的决定——顺便说一句，这个选择在当时看来就已经够烂了——最终花掉了他们4个首轮签！①

2.菲尼克斯给乔·约翰逊的报价简直低得像在侮辱人，以至于他要求他们不要匹配亚特兰大的7000万自由球员合同，结果菲尼克斯同意了，拿他去换了鲍里斯·迪奥（Boris Diaw）和两个未来的首轮签。此前，太阳队离2005年总决赛只差3场胜利，刚刚打造出标志性的跑轰体系；突然之间，他们交易走了一位24岁的未来全明星，完美适应他们体系的侧翼、致命的投手，甚至还能在第二阵容里出任控卫，结果只换来了一个替补球员和两个未来选秀权？手握纳什、阿马雷、马里昂和约翰逊，你可以掌握接

---

① 原注：等等，下面有更精彩的。2005年度最佳总经理？没错，布赖恩·科兰杰洛先生！我爱死NBA了。

下去的5年。给他们配上角色球员和被买断的老将，你可以一直保持竞争力直到纳什老去，到那时，你可以把进攻交给约翰逊来担任机会创造者。*你怎么能放走这家伙?* 但是这家伙感觉被侮辱了，不想回来怎么办? 他可以改变主意的呀！你可以付给他每年1400万，让他有机会在纳什身边打球啊！啊啊啊啊啊。①

3.他们本可以用2006年21号签（从芝加哥换来的）选中拉让・朗多，但他们把他的签约权送去了波士顿，换来了克利夫兰2007年的首轮签和190万美元现金。几周之后，他们给了马库斯・班克斯（Marcus Banks）2400万美元的合同。你觉得应该是应该选择朗多这样的便宜、上进而又有潜力的新秀，还是付5倍价钱给班克斯这样已经被证明是坨屎的球员? 确实是很艰难的抉择。如果你的脑子刚动完手术的话。②

4.那个夏天，他们给了迪奥一份5年4500万美元的合同，也就是说迪奥、班克斯两人加起来的年薪跟乔・约翰逊一样多。精彩。

5.于是那个邓、伊戈达拉、朗多的选秀权变成了2007年选秀的24号签，然后……很自然地，太阳用300万美元把它卖给了波特兰。为什么他们不直接选西班牙球星鲁迪・费尔南德斯（波特兰的选择）呢? 你不能拿奢侈税当借口，因为费尔南德斯至少一年之内不准备加入NBA，菲尼克斯完全可以把他当作一份储藏在欧洲的资产。然而现实是，老板罗伯特・萨弗尔（Robert Sarver）向球迷们表示："去你们的，我更想要300万，我要现金。"一年之后，费尔南德斯在西班牙大放光彩，变成一名选秀前十级别的球员；他甚至在2008奥运会上用尽全身解数来阻击"救赎之队"。

---

① 原注：我在这件事上完全没法理解约翰逊。虽然他们是有点儿侮辱了他。但当你可以跟史蒂夫・纳什一起打球的时候，你知道这意味着什么吗? *你在跟史蒂夫・纳什一起打球哎!* 除非万不得已，否则为什么要放弃这样的机会?

② 原注：朗多最终变成了一名激动人心的后卫——就像法特・利弗（Fat Lever）和某个外星人的混合体——在一轮季后赛系列赛（2010，次轮）中表现胜过勒布朗，成为一支总决赛球队中最好的球员。一般来说，这会把全菲尼克斯人都逼去尝试烈性毒品，但篮球之神给了他们一个令人愉快的2010赛季（西部决赛，完美的化学反应，十分有观赏性）。朗多在纳什身后绝对不可能绽放如斯。我们都成了赢家。

你该如何衡量这造成了多深的伤害？[1]

我不喜欢在上面这些糟糕操作都会相互产生连锁反应的情况下轻易踏进马蒂·麦克弗莱（Marty McFly）[2]领域，不过，想想看，如果2004年以来，铁公鸡老板萨弗尔没有做上述愚蠢操作的话，太阳队会是怎么一副模样。我们都很确定，他们可以拥有纳什、马里昂、斯塔德迈尔、约翰逊、莱安德罗·巴博萨（Leandro Barbosa）、邓/伊戈达拉的6人核心，从2004年一直保留到现在，不去动其中任何一人。我们还知道他们为了避税而卖掉了2005、2006、2008年的选秀权。就算他们只签下用这些选秀权选来的新秀、底薪老将和2月份被买断的球员来作为补充，其他什么也不去做，他们在接下去5年里的短期和长期状况也会比联盟中所有球队都要好。更大的问题：为什么你有钱买一支NBA球队，却还要斤斤计较？点在哪里？这样子好玩吗？就为了让人们可以在晚宴上指着你悄悄说，“嘿，这就是太阳队的那个吝啬鬼老板”？这事儿把我气疯了。多么好的机会啊，纳什的巅峰就这么被浪费了。

（给菲尼克斯球迷的备注：你们现在可以准备自焚了。）

14. 如果奥兰多留下了克里斯·韦伯（Chris Webber）的签约权而非交易他会怎样？

还记得魔术队在1993年乐透抽签中以1/66的概率中了大奖、连续第二年抽中状元签吗？这简直是NBA历史上最大的狗屎运。考虑到韦伯是沙克的完美补充（了不得的传球手，能打高位，能抢板，能下快攻，能保护篮板），我们花了好几个礼拜来讨论接下去10～12年里有谁能阻止沙克、韦

---

① 原注：他们从邓/伊戈达拉降级为朗多降级为费尔南德斯降级为两手空空……也就是说，他们用一个选秀大年的7号签换了490万美元，比他们2007赛季付给班克斯坐板凳的钱还要少。

② 译注：《回到未来》（*Back to Future*）三部曲的主人公。

伯、尼克·安德森（Nick Anderson）、丹尼斯·斯科特（Dennis Scott）和随便再加个什么人的阵容。魔术队GM帕特·威廉姆斯（Pat Williams）却有不同的想法：他被“便士”·哈达威选秀前的试训给征服了，事后他是这么描述的：“我从来没见过谁能走进球馆完成‘便士’在那次试训中做到的事情。”[①]在选秀日，威廉姆斯让所有人大吃一惊，把状元签送去了金州，换来了探花签和1996年、1999年、2000年的首轮签。这笔操作在当时饱受批评，在奥兰多几乎引起了一场骚乱。从来没有哪笔NBA交易受到过如此多的关注，在此后10年中造成了如此多的变数，激发了如此多的“如果……会怎样”。韦伯在新秀期间就与勇士队教练唐·尼尔森不断地发生冲突（韦伯想打前锋，老尼想让他打中锋），最终打到50胜，这还是在蒂姆·哈达威因为ACL扭伤而缺席了整个赛季的情况下。第二年，哈达威回归，再加上C-Webb[②]、拉特雷尔·斯普里韦尔（1994年最佳阵容一队）、克里斯·穆林（刚过巅峰）、罗尼·赛卡利（Rony Seikaly）、埃弗里·约翰逊、克里斯·加特林（Chris Gatling）……我想说，队里最好的7个球员是这7个人，这很棒，是吧？但韦伯对此毫不关心；他有一个跳出条款，想要离开。勇士队落到了非常蛋疼的局面，仿佛前方是死路而后方是肖恩·肯普的内裤，于是只好把他送去华盛顿，换来了汤姆·古格利奥塔（Tom Gugliotta）和3个首轮签，无意之间毁掉了韦伯的生涯。与此同时，哈达威超出了所有人的预期，把奥兰多送入了1995年总决赛，入选NBA最佳阵容一队——然后他跟沙克闹掰了（沙克跑去了洛杉矶），于是从一个无私的组织者变成了一个以自我为先的得分手，最终在菲尼克斯弄爆了膝盖。总之大家都不如意啊。

那么，如果奥兰多留下了韦伯会如何？沙克还会在1996赛季后离开吗？（不可能。）韦伯会成为沙克这个蝙蝠侠身边的罗宾吗？（我觉得会。）魔术队会把1994年给了霍勒斯·格兰特的那些薪金空间砸给谁呢？

---

① 原注：我哥们儿杰克·O. 和我多年以来一直在拿那次试训开玩笑。除非“便士”不断命中半场投篮，扣碎篮板，甩动他的生殖器如同套马索，否则没有任何（混账）理由仅凭一次试训就让魔术队放弃了韦伯/沙克组合。没有。

② 译注：韦伯的绰号。

[我的猜测：德特勒夫·施伦普夫（Detlef Schrmpf）和史蒂夫·科尔。]沙克、韦伯、斯科特、安德森、布赖恩·肖（Brian Shaw），再加上我猜的那两个自由球员，他们能打进1995总决赛吗？（我觉得会。）他们击败95火箭的机会会变得更大吗？（说实在的，会。）至于“便士”·哈达威，他会在之前提到的那支50胜勇士队中代替蒂姆·哈达威的位置。待在斯普里韦尔、穆林和欧文斯（Billy Owens）身边，他会在老尼尔森的进攻体系中大放光彩，有可能成为一名名人堂成员。请记住，C-Webb和“便士”都有着史上前四十的天赋，但却因为一些不令人满意的原因而未能实现自己的全部潜力。如果这笔交易没有发生，或许其中一人（甚至可能两人）可以实现自己的天赋。我们真应该把“如果……会怎样”全明星队的首发位置留给他们。

13. 如果安东尼·卡特（Anthony Carter）的经纪人没犯脑残会怎样？

NBA历史上一条被人遗忘的脚注：安东尼·卡特的经纪人[比尔·达菲[Bill Duffy]）忘了给迈阿密发一份执行卡特2003—2004赛季410万美元合同球员选项的传真。[1]在截止日过后，卡特变成了自由球员（天哪），而迈阿密突然有了足够的薪金空间来给拉马尔·奥多姆（Lamar Odom）一份6年6000万美元的合同。下一个夏天，他们把奥多姆、卡龙·巴特勒、布赖恩·格兰特和一个2006年的首轮签打包送去洛杉矶交易沙克。两个明显的结论：第一，如果达菲没有脑残的话，迈阿密绝对无法赢得2006年的总冠军。第二，如果没有达菲，迈阿密就没法换到沙克，而湖人队*必须*交易他，那么，沙克又会去哪儿呢？[2]达拉斯能不能用迈克尔·芬

---

① 原注：可怜的卡特最终与圣安东尼奥签下了一份两年150万美元的合同，从迈阿密合同中损失的部分由达菲方面支付给卡特。我的十二大无法证实的NBA阴谋论之一：迈阿密付钱给达菲，让他“忘记”寄出那封信。

② 原注：那年夏天湖人续约科比时，合同上有那么一条秘密约定，要把沙克以最快的速度交易掉。我知道这是真的。这么说吧，我有次曾跟某个正确的人一起喝过那么几杯。

利、德文·哈里斯（Devin Harris）、阿兰·亨德森（Allan Henderson）的到期合同再加上一个首轮签换到他？丹佛会出马库斯·坎比（Marcus Camby）、内内·希拉里奥（Nene Hilario）和沃尚·莱纳德（Voshon Lenard）吗？公牛队会用埃迪·库里（赛季后将成为自由球员）、安东尼奥·戴维斯（Antonio Davis）（到期合同）和一个首轮签打劫到他吗？我觉得达拉斯的机会最大，也就是说，他们可以避免愚蠢的丹皮尔签约，得到沙克，还能保住球队中最好的4名球员（诺维茨基、霍华德、斯塔克豪斯和特里）。我们觉得这阵容能拿到多少个总冠军？两个？三个？去年夏天我就这事儿给库班写了一封E-mail（标题："突然想到个疯狂的问题"），他的回答是："（我）不知道我们能不能得到他，但我知道沙克确实想来我们这儿。"

你知道这说明了什么吗？如果我们列一个"那些导致我们错过了一脸不爽的斯特恩把拉里·奥布赖恩杯[1]交给激动不已的库班的场景的人"的名单，前五名（不记顺序）将是：德韦恩·韦德，比尔·达菲，本内特·萨尔瓦托[2]，唐·尼尔森，以赛亚·托马斯（他愚蠢地在马布里交易中接手"便士"的合同，于是次年夏天菲尼克斯有了足够的空间来签下纳什）。

嘿，说到以赛亚……

12. 如果尼克斯没有聘用以赛亚·托马斯会怎样?

我们来模仿NBA的"奇迹发生之地"（Where Amazing Happens）宣传片来拍一个"以赛亚发生之地"吧。

（钢琴伴奏，起。2008赛季我每次想睡觉时耳边都会响起这首鸟曲

---

① 译注：NBA总冠军奖杯。

② 译注：2006年总决赛第1场和第5场的当值裁判。

子。连听了整整6个月啊。）[①]

*图片：*05太阳在一场季后赛比赛胜利后庆祝。

*字幕：***菲尼克斯把斯蒂芬·马布里和“便士”·哈达威的烂合同交给一个毫不犹豫的傻帽于是一举重获竞争力**发生之地。

*图片：*07公牛在一场季后赛比赛胜利后庆祝。

*字幕：***芝加哥用埃迪·库里和他的硕臀就换来了两个乐透签和巨大的薪金空间**发生之地。

*图片：*07猛龙在一场季后赛比赛胜利后庆祝。

*字幕：***多伦多发现有个蠢货愿意接手贾伦·罗斯的合同、帮助他们重建**发生之地。

*图片：*圣安东尼奥的2005年冠军奖杯庆典。

*字幕：***圣安东尼奥摆脱了马利克·罗斯（Malik Rose）、换来一个物美价廉的中锋从而夺得总冠军**发生之地。

*图片：*史蒂夫·弗朗西斯闷闷不乐地坐在尼克斯的板凳席上。

*字幕：***奥兰多发现有人愿意接手弗朗西斯的超级大合同，于是解放了1500万的薪金空间**发生之地。

*图片：*08开拓者在一次绝杀后庆祝。

*字幕：***2008年的开拓者成为了NBA中最富青春气息的球队，因为他们成功地找到了愿意接盘扎克·兰多夫的人**发生之地。

---

① 原注：这一部分摘自2008年2月的一篇专栏。当时，发布后不到90分钟，一位积极的读者就自己动手制作了这则广告，发上了YouTube。我简直不能更自豪了。

*图片：*阿努查·布朗·桑德斯在法院台阶上庆祝。[①]

*字幕：***一笔难堪的1100万美元性骚扰赔偿费**发生之地。

*图片：*一辆白色的SUV。

*字幕：***卡车派对**[②]发生之地。

*图片：*超重的库里和兰多夫，看起来就像他们刚把内特·罗宾逊烤着吃掉了。

*字幕：***一个NBA前场组合中就有两个C罩杯**发生之地。

*图片：*犹他新秀戈登·海沃德（Gordon Hayward）。

*字幕：***2004年交易出去的一个首轮签在2010年成为了前十顺位**发生之地。

*图片：*空空荡荡的麦迪逊花园广场。

*字幕：***60年的职业篮球传统消失殆尽**发生之地。

*图片：*以赛亚坐在教练席上，脸上一副冷漠、空白的表情，就像他是个死人，或者是在准备在赛后杀掉更衣室里的所有人。

*字幕：***以赛亚**发生之地。

（结束语：在NBA历史上有哪个GM能直接地让7支球队的命运变好？波特兰、圣安东尼奥、菲尼克斯、多伦多、奥兰多、芝加哥、纽约……这

---

① 原注：布朗·桑德斯曾是尼克斯的一名雇员。她以性骚扰为由起诉以赛亚并胜诉。以赛亚本来可以达成庭外和解，但他连这笔协约都谈不成。

② 原注：在布朗·桑德斯上诉期间，人们又发现斯蒂芬·马布里曾经和MSG的一位名叫凯瑟琳·德克尔（Kathleen Decker）的女实习生在一家脱衣舞俱乐部外在他的SUV车上一夜风流。《纽约每日新闻》在头版登出了那辆SUV的照片，标题写着："卡车派对！"于是乎，我的2007—2008篮球范特西球队名就那么定了。此外，德克尔她爸还是2007年ESPY最吓人老爹奖项的得主。

*几乎是整个联盟的1/4！我们十分怀念他。29队GM留。）*①

11. 如果莫里斯·斯托克斯（Maurice Stokes）没有受伤退役会怎样？

这不算一个伤病类的“如果……会怎样”，因为从严格意义上来说，这位皇家队球星不是在打篮球时受伤的；他得的是脑炎，一种相当罕见的病，是由于细菌感染或脑部受伤没有及时得到处理从而不断恶化最终导致脑部损伤。可怜的斯托克斯在1958赛季对明尼阿波利斯的收官战中撞伤了头部，赛后连夜飞回辛辛那提，在接下去的3天里没有进行任何处理，随后又飞去底特律参加季后赛，在场上表现得力不从心，最后倒在了回主场的飞机上。一系列因素巧合地交织在一起——糟糕的治疗条件，多次的飞行（脑部损伤后最应该避免的事情），可怜的斯托克斯在身体不适的情况下仍想着拼命参加季后赛——最终导致了脑部损伤，严重地缩短了斯托克斯的寿命，并让他此生都只能在轮椅上度过。

斯托克斯有多好？在他仅有的3个赛季里，他场均17+16、16+17、17+18，是NBA第一个超越时代的大前锋，就像一个更高的查尔斯·巴克利，6尺7寸、275磅，能疯狂抢篮板，能运球过全场，在篮筐附近有些贝勒式的动作（铲式上篮、挑篮，诸如此类）。如果他能在30岁之前避免发福（这事儿你永远说不准），斯托克斯可以锁定NBA50年50人的一个位置。再加上皇家队一定会用一个未来的地域选秀权选中奥斯卡，我们可以放心地说，奥斯卡–斯托克斯的组合会改变20世纪60年代一次或两次总决赛的轨迹。从更大的图景上来看，NBA失去了20世纪50和60年代最富人格魅力的黑人球星。太遗憾了。如果要说整件事中还有什么光明的一面的话，那就是一段永垂不朽的、绽放着人性光芒的友谊，这事儿我们会在杰

---

① 原注：2010年的时候，尼克斯老板詹姆斯·多兰（James Dolan）差点儿就要再次雇用以赛亚出任顾问，于是一个尼克斯球迷问我：“如果有人能证明多兰在拥有尼克斯期间有精神病，NBA会感到同情，送我们一个状元签吗？”他是认真的。

克・特怀曼那节里再好好说一说的。①

10. 如果摘得勒布朗的是孟菲斯（Memphis Grizzlies）而非克利夫兰会怎样?

来，和我一起回到2003年的乐透抽签。克利夫兰和孟菲斯是最后两名。②如果孟菲斯抽到了榜眼签，这个选秀权就要交给底特律，因为他们5年前愚蠢地拿这个首轮签交易来了奥蒂斯・索普（Ortis Thorpe）（这个首轮签在2003年是状元保护）。③如果灰熊抽到了状元签，他们就能留住这个选秀权，选中勒布朗。突然间，我们面对的是职业体育史上最重大的中或不中时刻了——就像《成交不成交》（*Deal or No Deal*）节目里，你面对着两个箱子，有50对50的概率可以赢下5亿美元。有几秒钟，ESPN的摄像头对着杰里・韦斯特④，脸上一副阿甘（Forrest Gump）第一次看到珍妮（Jenny）胴体时的表情。如果杰里当场死在那里，大概也没人会感到惊讶。我们知道现实中的结果是什么样的：克利夫兰拿到了状元签，孟菲斯两手空空，心碎的韦斯特选择了退休，从地球表面完全消失，大概像《猎鹿人》（*The Deer Hunter*）里的克里斯托弗・沃肯（Christopher

---

① 原注："等等，书里还有单独一节讲杰克・特怀曼的？"你问道。你真是太聪明了，是有一节专讲杰克・特怀曼的！

② 译注：原文如此。实际上灰熊队是那年的倒数第六，只有6.3%的状元签概率（不过他们抽中了7.1%概率的榜眼签）。

③ 原注：你不能不爱一届两次进入"如果……会怎样"前三十三的选秀。我希望你们这些啥也不懂的GM能在这章里学到点什么：不要为了唐・福特和奥蒂斯・索普这样的家伙而交易掉5年后的首轮签。顺便说一句，做了上述交易、帮助杀死了温哥华（Vancouver Grizzlies）的职业篮球的人——斯图・杰克逊（Stu Jackson）——不可思议地被斯特恩聘用，令人费解地在过去4年中拥有了巨大的权力。我在NBA有两个互不相识的朋友，他们曾经不约而同地开过一个玩笑：如果斯特恩是迈克尔・柯里昂，斯图绝对就是弗雷多。但我要为弗雷多说句话，我觉得连他都不会让温哥华的篮球毁灭得那么快。

④ 译注：时任灰熊队GM。

Walken）那样在东南亚玩了好几年的俄罗斯轮盘赌。（请原谅我在这里连续用了好几个电影的比喻，不过这种情况确实需要至少两个才够。）我们现在来看看如果孟菲斯拿到状元签的话接下去5年里会有哪些多米诺反应：

1.勒布朗加入了一支阵容深厚的灰熊队[保・加索尔、沙恩・巴蒂尔、迈克・米勒（Mike Miller）……]，他们在2003年选秀一无所获的情况下也赢下了50场。这个开局总比从一支有着里基・戴维斯（Ricky Davis）、达赖厄斯・迈尔斯等一众脑残的乐透球队的开局要好一点吧，你说呢?

2.手握榜眼签，克利夫兰会选择卡梅洛，然后围绕梅洛、卡洛斯・布泽尔和卡洛斯・布泽尔的胸毛建队。考虑到丹佛GM基基・范德魏2002年的时候跳过阿马雷・斯塔德迈尔选了尼科洛兹・茨基季什维利（Nikoloz Tskitishvili），毫无疑问，基基还是会很愚蠢地用探花签越过克里斯・波什选择达尔科。接下来的选择大概都会差不多，虽然查德・福特会坚持尼克斯应该在第九顺位选择马奇克・兰佩。

3.勒布朗在他的新秀合同结束后留在孟菲斯的概率有多少? 我猜是介于0.000001%～0.009%之间。这可能还高估了。也就是说他会在2007赛季后成为自由球员，而无数可鄙的球队会把整个2006和2007赛季用来摆烂和清出薪金空间以迎接他。还有，以赛亚・托马斯会忘了事先进行操作，导致纽约早早退出勒布朗大礼包争夺者的行列，随后曼哈顿街头迎来了1977年大停电和“山姆之子”谋杀案以来最混乱的一个夏天①。此外，勒布朗的离开会轻易地毁灭孟菲斯的篮球，灰熊队会搬去英格兰，变身伦敦流氓队（London Hooligans）。（说真的，我在说什么呀? 这事儿现在还是分分钟可能发生。）2008—2022年的每一个总冠军都可能发生改变。便是如此。

① 译注：两件事均发生在1977年，“山姆之子”为当年一个臭名昭著的连环杀手。

9. 如果拉尔夫·桑普森参加了1980年选秀会怎样?

1980年4月，复兴的凯尔特人取得了61胜，正在准备与费城的东部决赛血战……与此同时，他们还在掷硬币中得胜，拿到了状元签（来自一年前的麦卡杜交易）。7尺4寸的桑普森刚刚在弗吉尼亚大学打出了被人热烈称颂的大一赛季（15+11，场均5个盖帽）；我们现在可能不记得了，但在当时，桑普森是跟沃尔顿、卡里姆、威尔特并列的“一定会进入NBA并大杀四方”的球员。①凯尔特人立刻开始了游说：*来我们这儿打球吧。你可以和伯德、考恩斯、马克斯韦尔、“小个子”一起，在拥有最伟大队史的球队里参与争冠。为什么还要冒可能受伤的危险？你和伯德可以统治这个联盟的下一个10年*。然而，令人不可思议的是，桑普森拒绝了他们，于是凯尔特人迅速转向B计划：用状元签（和13号签一起）去交易罗伯特·帕里什和3号签（凯文·麦克黑尔），由此在之后6年里赢下了3座总冠军。

如果有了桑普森，他们还能赢下那几个总冠军吗？这取决于你对桑普森的前景怎么看：他本可以跳过大学后3年——那3年中他毫无成长，因为他的队友都很糟糕，而且打着慢节奏的战术，还要时时应对3人包夹——直接成为一支夺冠赔率最低的球队中的一员。1980年的时候，奥尔巴克相信，桑普森具备成为第二个拉塞尔的运动能力和本能。我一直觉得桑普森就是后合并时代的卡里姆再减去一招天勾：同样的身高，同样的身材，在篮板和盖帽方面有一点点让人失望（但仍然相当扎实），兼具身高和敏捷，所以面对几乎所有人都是错位。后三年的大学生涯明显地伤害了他的上限。他没有开发出一招随取随有的得分招式；非要说有什么的话，他

① 原注：现在回顾起来，我们早就应该明白，一个叫“拉尔夫”的家伙绝对不可能成为史上最佳中锋之一。如果他接受穆斯林信仰，把名字改成卡巴尔·阿卜杜勒-桑普森（Kabbar Abdul-Sampson）或者拉希姆·桑普森（Raheem Sampson），他就会变得无法阻挡。看看那些史上最佳球员们的名字吧，都是些你愿意取给体育电影角色的超棒的名字：迈克尔·乔丹、比尔·拉塞尔、“魔术师”·约翰逊、杰里·韦斯特、拉里·伯德、摩西·马隆。你绝对不会给体育电影的主角取名为拉尔夫·桑普森或达尔科·米利契奇。

获得了“桑普森是个披着大个子皮囊的后卫”的评价，开始在篮筐20英尺外频繁出手，像奇行种版鲍勃·库西那样推快攻。再加上菜鸟赛季身处的那支糟糕透顶的休斯敦，在他最重要的塑型期内，有整整4个赛季被浪费了。他再也没能恢复过去的状态。想象一下，从1980—1984年，拉尔夫在波士顿学习各种技能，掌握篮板和盖帽诀窍，参加高强度的季后赛，在一支伟大的快攻球队里参与转换进攻，得到大量伯德喂来的轻松得分机会。从纸面上看，在NBA历史上，再没有比这更适合一位建队核心级中锋轻松成长的位置了。①他会变得比麦克黑尔/帕里什组合更好吗？这取决于你怎么看奥尔巴克的“下一个拉塞尔”的评价。在被桑普森拒绝后，“红头”公开发飙，怒称拉尔夫“被只知道阿谀奉承的人们欺骗了”，还说：“那些劝他留在学校的人以后会夜不能寐的。他们让他失去了继续发展潜力的机会，而这是无可挽回的。他们还忘了，如果他被车撞了，那一切就将化为泡影。如果他是个高智商天才，准备当一名外科医生，那就让他待在学校好了。”考虑到桑普森只打了4个健康的NBA赛季，几年之后就宣告破产，或许“红头”说的话确实有道理。（至于他是否正确估计了拉尔夫的天赋，那是另一个问题了。）但总之，拉尔夫选择了留校，于是有了下一个问题……

8. 如果86火箭没有分崩离析会怎样？

“魔术师”的湖人队赢下了1980年、1982年、1985年的总冠军，然后被86火箭轻松灭掉了。伯德的凯尔特人赢下了1981年、1984年、1986年的总冠军，还拥有1986年选秀的榜眼签，而且那还是个选秀大年。所以哪支球队会再赢得两个总冠军，成为20世纪80年代最佳球队？湖人队。为

---

① 原注：桑普森最具代表性的三个时刻里有两个与波士顿有关：1986年3月他骇人的重重一摔（发生在花园，这让人怀疑是否是鬼魂作祟），以及他在1986总决赛第5场给6尺1寸的杰里·西斯廷（Jerry Sichting）的一拳，引得波士顿球迷在第6战里用嘘声摧毁了他的自信心（拉尔夫·桑普森人生中第一次显露出“我希望自己能活着离开这儿”的表情）。

什么？因为这个榜单上排名第二的“如果……会怎样”（叹气），还有那个曾经前途一片光明的桑普森–哈基姆时代的不合时宜、不大恰当、不符常例、不能理解、不____（你随便填个什么褒义词好了）的倒掉。

我们常常听人说起那些20世纪80年代明星生涯晚期的悲剧故事，比如“博士”和达里尔（Darryl Strawberry）[①]、科里兄弟[②]、迈克·泰森、伦·拜厄斯和大概50个乐队或歌手，但是没有人记得把那支帕特·莱利口中的“属于未来的球队”也算进去。现在的历史把休斯敦对86湖人的“意外逆袭”看成一次不值得大书特书的侥幸事件；从1985年4月到1989年6月，在这50个月里，我们换了一任总统，看到了洛奇如何单枪匹马终结了冷战，开始对毒品和无安全措施的性爱产生恐惧，失去了生产优质音乐的能力，让一个前奥地利健身达人变成了当世最大的电影明星，伤心地见证了埃迪·墨菲如何失去了自己的幽默细胞，迈克尔·杰克逊又如何从这个星球上最大的明星变成了一个地地道道的怪胎和反面典型，为杰伊·莱诺和杰里·宋飞成为史上最富有的喜剧演员做好了准备，而在此期间，湖人队在季后赛的18轮系列赛里只输掉了其中一个……只输给了一支新贵火箭，而后者坠落地表的速度就跟当初崛起一样快。所以，很自然地，这肯定是个侥幸事件。是吧？

而事实是这样子的：火箭队输掉了第一场，随后完成绅士横扫，在论坛球馆赢下晋级战，而且哈基姆在比赛还剩6分钟时就因为与米奇·库普恰克打架而被罚出场了。（比赛的结局是桑普森著名的神奇压哨绝杀，迈克尔·库珀瘫倒在地板上、一脸不肯相信的表情，这进一步放大了“意外逆袭”的传说。）[③]如果你仔细看了那轮系列赛，你就会知道，休斯敦

---

① 译注：指德怀特·古登（Dwight Gooden）和达里尔·斯特罗贝尔，1986纽约大都会（New York Mets）夺得MLB冠军时的主力明星球员，后因滥用药物而迅速衰退。

② 译注：科里·费尔德曼（Corey Feldman）和科里·哈伊姆（Corey Haim），20世纪80年代炙手可热的少年明星、偶像，出演多部电影，后因滥用药物而迅速衰退。

③ 原注：这是史上第二好的压哨球，仅次于杰里·韦斯特1970年总决赛中的后场投篮。有多少系列赛能以一记发生在一秒钟之内的空中180度转体、随手一抛作为结束的？而且这球还是他们在聚商时设计出来的！[译注：聚商（huddle），原为橄榄球术语，指球员和教练们在死球时聚在一起讨论和布置战术。]

绝不比湖人队差。湖人最大的弱点是篮板球和对精英低位得分手的防守。桑普森-哈基姆的组合简直是湖人的克星。①看卡里姆“试图”（再说一遍：“试图”）防守敏捷到不可思议的哈基姆，就像是在看一个动作缓慢的35岁老线卫[比如雷·刘易斯（Ray Lewis）]在一对一的开放场合防守一个飞快的跑锋[比如达伦·斯普罗尔斯（Darren Sproles）]。简单地说，卡里姆这个蠢货毫无机会。如果他们换他去防守桑普森（在高位出没），他就会被调离篮筐，这样一来湖人就失去了自己唯一的盖帽手，还让拉尔夫有机会运球突破他……而且我们还没提到让库普恰克、A. C. 格林（A. C. Green）和詹姆斯·沃西这些或缺身高或缺运动天赋的前锋们去低位防守哈基姆是怎样一出悲剧。如果这还不够，休斯敦还幸运地有着许多瘦瘦高高、具备运动天赋的外线球员[罗伯特·里德（Robert Reid）、刘易斯·劳埃德（Lewis Lloyd）②、罗德尼·麦克雷（Rodney McCray）]，可以争抢篮板，给“魔术师”制造麻烦。非要说什么的话，休斯敦就差在赛后阻击湖人、给他们制造点儿麻烦了。休斯敦在这组对决中就是那么占尽优势。再算上飞速控卫约翰·卢卡斯（在季后赛前两个月毒瘾复发）的话，这支球队简直就是为击败80年代中期的湖人队而造的。

这还不够？哈基姆和拉尔夫是连续两年的状元秀（1983和1984），再加上波士顿的麦克黑尔/帕里什组合，这导致20世纪80年代中期的所有球队都陷入了恐慌，急着增加球队身高，直接导致了排名第一的“如果……会怎样”（稍后再说），让乔·克莱因（Joe Kleine）和乔恩·康卡克（Jon Koncak）在卡尔·马隆之前被选中，还使得乐透球队在克里斯·沃什伯恩和威廉·贝德福德（William Bedford）这样麻烦缠身的输家

---

① 原注：休斯敦获胜的第2、3、4场分别赢了10、8、10分，哈基姆在第3和第4场中总共砍下75分。帕特·莱利后来悲叹道：“我们试过了一切办法。我们派了4个人去包夹。我们从3个不同的角度去协防。他是个伟大的球员。”火箭队在4场胜利中狂虐洛杉矶的篮板球。正如《体育画报》的杰克·麦卡勒姆后来写的那样：“火箭队打入了总决赛，非常满意自己能参加并通过了湖人队的考验。所有人也都清楚这一点。”

② 原注：劳埃德在转换进攻中充满破坏力，高效得令人震惊：从1984—1986赛季。他场均16+4+4，53%的命中率。他还是“现在我正在ESPN经典频道上看这场20年前的比赛，我看得出他绝对通不过毒品药检——他的眼神太狂乱了”全明星队的首发二号位。

身上下了豪赌。突然之间，可怜的湖人成了一个大个联盟中的小球球队；再加上卡里姆的篮板/盖帽数呈自由落体状态，在休斯敦干倒他们之后，大家都觉得“魔术师”–卡里姆的时代已经结束了。我们都没想到，看上去前途一片光明的哈基姆–桑普森时代在那4场比赛中*已经到达了巅峰*。下一年，他们患上了“贪多症”（桑普森和哈基姆都想要新合同），把卢卡斯送去了密尔沃基（他需要一个新的开始），还遭受了劳埃德和米切尔·威金斯因服用可卡因禁赛的双重打击（这样一来，1987年全明星赛前，休斯敦失去了他们最好的3个后卫），与此同时，桑普森在1986赛季在波士顿花园的重重一摔的后果也逐渐开始显现：他当时伤到了背和臀部，[①]于是为了减少背部的压力改变了跑步姿势，最终扭伤了膝盖。金州在1987—1988赛季得到了他，只付出了乔·巴里·卡罗尔（Joe Barry Carroll）和“沉睡者”·弗洛伊德的代价。关于“西部下一支伟大球队”就说这么多。只有毒瘾复发和一系列偶然事件才能阻止他们。

我们不妨假设活塞队在1986季后赛后分崩离析，原因是以赛亚的膝盖背叛了他，而丹尼斯·罗德曼、文尼·约翰逊和约翰·萨利都因为使用可卡因被赶出了联盟。那么东部联盟会陷入怎样的空虚呢？至少至少，凯尔特人会再多进两次总决赛（1988和1989），还可能偷下其中一个或两个总冠军，因为他们不需要在与活塞的缠斗中消耗太多。或许乔丹会赢得8座总冠军而非6座。或许多米尼克和老鹰队能在某年摸进总决赛。或许开拓者会赢得1990年的总冠军，克莱德·德雷克斯勒的生涯于是彻底改变了。谁知道呢？而对湖人队来说，篮球之神帮他们干掉了火箭队——基本上让他们直接蒸发消失了——这份大礼堪比新奥尔良送来的1979年状元签。如果哈基姆能在20世纪80年代剩下的几年中代替卡里姆和湖人

① 原注：桑普森起身要扣篮，被盖掉，在空中别扭地扭成一团，重重地撞在地上，整个花园发出一片“噢噢噢噢”的声音，接着变得死一般的寂静。他完全是用头和背触地，就像睡觉时从上铺上掉了下来。他们把他抬了出去，担架短了1英尺，所以他的一双长腿只好就那么挂在外面。当时伤势看起来就有这么严重：我还清楚地记得自己是在哪里看的直播（我妈的卧室——她有一台超大的电视）。要是你能记起自己当初是在哪儿看的，你就能明白那肯定是个重大时刻。

队的位置，我们难道不会对他的生涯有着不同的记忆吗？如果他赢下了4到5座总冠军而非两座会怎样？那会让他超越卡里姆、成为史上第二伟大的中锋吗？我们可以很有把握地说，86火箭是NBA历史上最具代表性的“如果……会怎样”之队。[①]20年后，《休斯敦纪事报》（*Houston Chronicle*）的弗兰·布赖恩伯里（Fran Blinebury）写了一篇题为“失落的王朝”的专栏文章，里头引用了卢卡斯的话：“现在，每次听休斯敦人说起1994年和1995年的总冠军，我就会摇摇头。我跟他们说：‘你们要么是忘了，要么就没见过史上最强的火箭。我知道。我曾经是其中的一部分。而且我还是它最终失败的重要因素之一。’……看看其他像那支球队一样组建的球队，他们都有着8～10年的窗口期可以竞争总冠军。我们当时并不知道，属于我们的窗户已经打开，但很快就‘砰’的一声关上了。”

我最后再说一段拉尔夫，因为我们的“如果……会怎样”章节中绝不能少了他。在过去50年中，只有17位NBA新秀被认为是很确定能成为建队核心级球员的：埃尔金，威尔特，奥斯卡，卡里姆，马拉维奇，沃尔顿，伯德，“魔术师”，桑普森，哈基姆，乔丹，尤因，罗宾逊，沙克，韦伯，邓肯，勒布朗。[②]其中11位进入了我的名人堂金字塔（很快会提到）的前二十。只有桑普森和韦伯没进名人堂。只有桑普森和沃尔顿只打了不到4个优质赛季，但沃尔顿赢得过MVP和FMVP，后来还转型为一支顶级强队中的第六人。当你回头看拉尔夫的生涯，并将他跟其他我们很确定其未来的球员相比较，就会发现这实在是职业体育史上最大的偶然——是坏运气、差境遇和一点点的高估的集合。桑普森就像是一道一闪即过的白日焰火，有点类似博·杰克逊或德怀特·古登，而且都没留下什么坊间传奇故事来让自己的名字长存于史。他不仅消失了，连足迹都没有留下。他

① 原注：就我个人观点，湖人队应该给火箭的毒品贩子退役球衣号码，还有在1986年波士顿那场比赛里对桑普森犯规的凯尔特人球员。

② 原注：虽然我自己愿意拿任何东西赌杜兰特能成为史上最佳进攻前锋之一（除非受伤），但大部分人都在担心他的体格（皮包骨头）和防守（尤其要看他会打什么位置）。我当时这样反驳：如果某人的上限是10座得分王、某个赛季场均38分、生涯50-40-90的命中率，那他就拥有十分确定的未来。后来证明我是对的。真是难得。

只留下了一串海滩上的脚印。甚至从来没有过一部本可以轻松斩获体育艾美奖的“拉尔夫·桑普森身上发生了什么”纪录片为他而作。如果说这件事里有什么可以传世的教训，恕我无能，尚未发现。你只需要记住，在别人提到86火箭时，“魔术师”、卡里姆和莱利都会摸着额头，感叹一声：“呼！”

7. 如果朱利叶斯·欧文和皮特·马拉维奇成了队友会怎样?

哦，等等，他们确实当过队友！在两场表演赛里……在1972—1973赛季之前，欧文与亚特兰大签约，跳到了NBA，打了两场表演赛，然后ABA根据法律阻止了这次转会，迫使他在弗吉尼亚又打了一年。现在回头看，“博士”最大的错误在于他去了一支错误的球队；密尔沃基拥有他的NBA签约权，但是亚特兰大无视了雄鹿，签下了“博士”，导致了一场法律大战，两支职业球队分别对老鹰队提起诉讼。事情陷入了僵局，直到一年之后，篮网队老板罗伊·博（Roy Boe）给老鹰队和乡绅队分别付了一笔钱，把“博士”带去了纽约。①这里有4个很有趣的想法：

1.ABA的最后3个赛季没了“博士”？两个字：灾难。

2.在过去55年中，最无聊的三个NBA赛季是1974年、1975年和1976年。“博士”肯定会带来改变。

3.如果“博士”拒绝了亚特兰大，一心只想加入密尔沃基（并非不可能，因为“博士”当时还不是超级巨星，而且很多ABA球星都在跳往NBA），②他和卡里姆有可能在各自的26岁前就成为队友。不止如此，

---

① 原注：如果ESPN的法律分析专家罗杰·科塞克（Roger Cossack）当时在场该多好——他会到处出没，出镜频率比NFL选秀月时的小梅尔·基佩尔（Mel Kiper Jr.）还要高。

② 原注：查利·斯科特和梅尔·丹尼尔斯（Mel Daniels）在1972赛季中途中止了合同，改换联盟。ABA的法律资源只够他们去尽力阻止里克·巴里这样的大球星离开。（译注：原文如此，当为麦克丹尼尔斯而非梅尔·丹尼尔斯。）

队里还会有晚期的奥斯卡，还有博比·丹德里奇。别以为这只是改变了1973—1976年的NBA版图；只要"博士"能找到自我，74雄鹿可以在当时那个无力的NBA联盟里拿下70+的胜利。你怎么能不爱"如果……会怎样"的游戏呢？

4.如果一切顺利，"博士"本可以加入73老鹰，那是一支有着马拉维奇、路·赫德森（Lou Hudson）、沃尔特·贝拉米的46胜球队。想象一下再加上"博士"的话。再想象一下，年轻的"博士"和年轻的"手枪"身处同一支球队？我觉得领队会撤掉"禁止荒谬的空接"的规定的。"博士"–"手枪"的组合会把YouTube推上一个新的台阶，改变马拉维奇的生涯，让布伦特·马斯伯格在电视直播时当场情不自禁起来，并使亚特兰大成为联盟最大的票房保障。此外，ABA会在两年之内倒闭，再也不会和NBA合并。我们还将拥有无数的身处巅峰期、顶着大大蘑菇头发型的"博士"到处高飞的录像带，而不会像现在这样，只有现场亲历者的描述和一些亦真亦假的传说。真该死。

6. 如果新奥尔良留住了摩西·马隆的签约权会怎样？

你以为这一问会是"如果77开拓者没有交易摩西会怎样"吗？哈！那可太简单了。这个决定影响了6支球队的命运，改变了6次MVP票选和至少6个总冠军（可能还不止），让我们失去了一支有可能成为"史上最强"的球队，还为快船队接下去30年的众多徒劳之功奠定了基调。故事开始于1975年12月：考虑到即将到来的合并，NBA进行了一次补充选秀，对象是那些跟ABA球队签约但没有被NBA正式选中过的球员。天知道他们的规则是怎么定的，但最终有5名球员被选中[摩西、马克·奥尔伯丁、梅尔·本内特（Meil Bennett）、查尔斯·乔丹（Charles Jordan）、斯基普·怀斯（Skip Wise）]，其中两人用掉了球队的1977年首轮签（新奥尔良选了摩西，湖人选了奥尔伯丁）。后一个夏天，爵士又决定，他们更想要首轮签，而不想留住摩西的签约权，于是摩西进入了ABA/NBA解散选秀，标价35万美元。①

你要问了："等等，摩西才21岁。为什么爵士不留着他？他难道不比一个未来的首轮签要好吗？"可能当时他们没有意识到摩西有多好，因为前一个赛季他弄伤了脚，只打了43场比赛（场均14+10），但真正的原因比这令人无语得多。爵士倾心于自由球员盖尔·古德里奇，需要1977年的首轮签作为交易的一部分。打包送去洛杉矶。我们该怎么解释会有球队蠢到决定"我们要让一个28岁、完全没防守的得分后卫和一个33岁、完全不防守的得分后卫组成一队；我们可以得更多的分，球迷们会爱看这个的"？可那时的NBA就是这么做的。《体育画报》的杰里·柯申鲍姆（Jerry Kirshenbaum）在11月写了一篇关于这笔交易的专栏文章，其中有这样的片段："古德里奇刚刚被新奥尔良的管理层签下，这让主教练布奇·范布雷达科尔夫非常满意，他在20世纪60年代末短暂担任两年湖人教练时一度执教过古德里奇。范布雷达科尔夫认为古德里奇很对得起自己的这些年，这一点和他一样。这是他执教的第5支职业球队了，这位爵士队的老大有着尖锐而响亮的声音，比赛时总是穿着休闲服，精力异常充沛，正如他在不久前举行的54岁生日庆典上展现的那样。他在各家酒店前后串游痛饮了9个小时，中间只偶尔被篮球的讨论打断过几次。"

女士们、先生们，下面欢迎1976—1977新奥尔良爵士队！*考虑过盖尔·古德里奇已经33岁，在NBA打了11个年头了吗？他对得起自己的这些年！谁去给他一枪？*你有没有思考过为什么"红头"·奥尔巴克可以统治NBA30年之久；可能是因为他是唯一一个智商超过100而且没有整天

---

① 原注：你不能不爱NBA在20世纪70年代中期的运作方式。爵士队说："嗯，嘿，我们一直在想这个事儿——我们想在摩西的决定上反悔一次。"然后总裁奥布赖恩的办公室说："没问题——这是你们的状元签！"考虑到当时的管理是那么地混乱无章，你可能会怀疑事情是不是这样的：他们打电话给奥布赖恩，他在别的线上，他的秘书问电话打来要干什么，爵士告诉了她，她说了声"先别挂"然后把事情转告给了奥布赖恩，他冲她挥挥手，说："行，行，你就说没问题就行了。"然后继续在他的电话里跟本·布拉德利或沃尔特·蒙代尔聊天。[译注：布拉德利（Ben Bradlee），时任《华盛顿邮报》（*Washington Post*）执行编辑。蒙代尔（Walter Mondale），时任美国副总统。]

喝得醉醺醺的GM吧。古德里奇遭遇了跟腱伤病，只打了27场比赛，两年后退役。关于他对得起的那些年，我们就说这么多。还有一件事也很奇怪：爵士的内线要依靠里奇·凯利（Rich Kelly）、罗恩·贝黑根（Ron Behagan）和奥托·摩尔（Otto Moore），为什么他们会觉得马隆充满活力的双腿和疯抢篮板的能力对他们没用呢？记住，马隆的天赋可不是个秘密；他是大学招生史上最受关注的球员之一，然后在1974年成为第一个直接从高中跳入职业联盟的球员。但爵士队不在乎。我们不妨猜测，范布雷达科尔夫大概说了什么“我不在乎他是不是天才，据说这家伙和石头一样沉默寡言，我就要古德里奇”之类的话。

于是，爵士队不仅放弃了这位未来将三获MVP的家伙的签约权，他们还把1977、1978、1979年的首轮签和1980年的次轮签一起打包，换来了古德里奇和湖人的1978年首轮签。湖人队最终得到了1977年的6号签[肯尼·卡尔（Kenny Carr）]、1978年的8号签（送去波士顿以交易查利·斯科特）和1979年的（请稍等……请酝酿一下情绪……再酝酿一下）状元签（“魔术师”·约翰逊）。难以理解地，难以置信地，难以理喻地，难以想象地，这个一开始就已经够愚蠢的决定（当时已经老态初露的古德里奇根本不值那么多）到最后让新奥尔良付出了摩西*加*“魔术师”的代价。[①]

等等，我们还没完呢。波特兰在ABA解散选秀中在第5顺位挑中了摩西，但那纯粹只是为了交易的目的，因为他们压根不想要他的年薪30万美元的合同。根据《间隙》一书所说，摩西在训练营里非常挣扎，原因不难理解：波特兰在一位非常认真的教练手下打着超级高智商的进攻，而摩西从没有遇到过好教练；这是他3个赛季里的第3支球队；他当时的技能还非常生疏（一个纯粹的篮板手、打手，有着很快的脚步，仅此而已）；再加上他已经基本要被交易，还要当沃尔顿和莫里斯·卢卡斯的替补，摩西根本心不在焉。直到他最终可能要被贱卖，摩西才在一场表演赛中使出了全身力气，而球员和教练们这下才一致同意：“我的天哪！这家伙是个天

---

① 原注：没错，如果爵士队留下摩西的话，他们就不大可能会得到3年后的状元签，因为3年后的摩西已经是MVP了。“摩西加‘魔术师’”的说法只是为了看上去更夸张一点儿。你必须承认这么写确实有效果。

才！”但他们不知道球队已经完成了交易，把他送去布法罗换来1978年首轮签和23.2万美元，①于是有了下一个问题……

5. 如果77开拓者没有交易摩西·马隆会如何?

这么说吧：他们在没有他的情况下还是夺冠了，第二年在沃尔顿脚伤之前50胜10负。一年之后，沃尔顿跟快船队签约，他们的冠军之窗于是关闭了。如果他们留下摩西，可能沃尔顿不会带伤作战，可能他们不用让沃尔顿在1978年季后赛火线复出，可能沃尔顿的脚不会遭遇大伤，可能沃尔顿不会跟他们的医疗组彻底闹翻……总之，可能沃尔顿会因为摩西的关系而缩短上场时间，为波特兰再多打400～500场比赛。考虑到摩西在1977（场均30分钟，13+13）、1978（19+15）、1979（25+17，MVP）赛季一步一个台阶地成长，谁知道这将会改变多少个总冠军的归属？再想想看20世纪70年代末的NBA是多么缺乏竞争力——如果沃尔顿能保持健康的话开拓者能三连冠吗？四冠？五冠？《比赛间隙》一书又会变成什么样？哈尔伯斯塔姆会另选一支球队吗？这笔交易不仅改变了NBA总冠军的走向，还影响了“史上最伟大体育著作”的冠军归属！我头都大了。②

我们还没完呢。可怜的摩西在布法罗只待了6天，然后就被送去了休斯敦，换来了1977年和1978年的两个首轮签，让波特兰人觉得很不爽，因为布法罗基本上就是用一个首轮签换了两个首轮签。别担心，事情会往最糟糕的情况发展的。摩西只给布法罗打了两场比赛，总计6分钟，因为，嘿，如果你在大前锋位置上已经有了约翰·舒梅特和汤姆·麦克米伦（Tom McMillen），你难道还需要卢·阿尔辛多以来最受追捧的高中球

① 原注：这一段简直要了我的命。他们是怎么算出那个23.2万的？真应该有人写一本书，搞清楚1976年NBA的各种乱七八糟的细节。那大概得要1200页。

② 原注：布法罗的选秀权最终成了1978年的探花签：波特兰把它跟约翰尼·戴维斯一起送去了印第安纳，交易状元秀，选中了迈克尔·汤普森，作为沃尔顿的保险。或许汤普森不是个万神殿级的中锋，但他足够好到能获得自己的耐克专属海报：汤普森穿着夏威夷短裤，手上一只鹦鹉，坐在热带游泳池旁。其寓意是……我也看不懂。

员吗？[①]那个休斯敦的1977年首轮签最终落到了第18顺位[某个名叫韦斯利·科克斯（Wesley Cox）的家伙]，因为摩西点燃了火箭队，把他们带到了分区冠军。下一个赛季，火箭队十分挣扎（一半是因为摩西缺阵了23场比赛，一半是因为汤姆贾诺维奇/华盛顿事件的悲惨后果），他们最终只有24胜58负，让布法罗拿到了4号签——不过布法罗已经在一笔无比糟糕的“小个子”·阿奇博尔德交易中送走了这支签（再加上1979年的一个首轮）。[②]那个夏天，布法罗迁去了圣迭戈，所以，严格来说，他们白白送走摩西这件事可以看作他们的“贝比·鲁斯诅咒”[③]的开始；从那一天（1976年10月24日）起，他们身上发生的全是悲剧。这是他们应得的。而我不能理解的是：布法罗球星鲍勃·麦卡杜整个夏天都闷闷不乐地发着牢骚，想要一份新合同，那为什么在可能要交易走这位明星中锋的情况下不把摩西留下作为后手呢？摩西交易完成后6个礼拜，他们送走了“大麦克”，换来约翰·贾内利（John Gianelli）和现金，快船队接下去30多年的徒劳无为的种子就在此刻种下。[④]

也就是说，在5个月里，摩西就像个烫手的山芋一样被人扔来扔去，最终影响了6支球队的命运：新奥尔良（再也没能复苏，4年后搬迁），洛

---

① 原注：1977年1月25日，就在《体育画报》刊登“看看摩西如何助燃火箭”的文章后一周，泰茨·洛克（Tates Locke，在布法罗迅速抛弃了摩西的家伙）被解除了勇敢者队主教练的职位。这不是巧合。在《迷失》（*Lost*）粉丝看来，勇敢者、快船队30多年的噩运从他们解雇杰克、用洛克来代替他的那一刻就开始了。[译注：76勇敢者炒掉了杰克·拉姆齐，聘用了泰茨·洛克；杰克·谢泼德（Jack Shephard）和约翰·洛克（John Locke）则是美剧《迷失》中的两个重要主角。]

② 原注：新泽西把这支签交易了四次，带来了纽约的迈克尔·雷时代。遗憾的是，我的可卡因笑话已经用完了。我要疯了。

③ 译注：贝比·鲁斯在1920年被波士顿红袜队卖给了纽约洋基队，于是诅咒红袜永远无法再拿世界大赛冠军。这一诅咒持续了84年。

④ 原注：布雷克·格里芬（Blake Griffin）在2009年选秀前对快船诅咒的说法嗤之以鼻，随后我给他写了一封公开信（在专栏里），详细记录了自勇敢者队抛弃布法罗以来快船队经历的每一个疯狂、古怪、被诅咒的瞬间，结论是：“听着，哥们儿，你不明白你将要面临的是什么。”4个月后，格里芬在他们的最后一场季前赛中髌骨断裂（新秀赛季报销）。我感觉糟透了。与此同时，这件事比我们所有人都更重大。恐怖片里经常出现什么？印第安人的坟场。印第安人最神圣的动物是什么？水牛。你真的认为一支球队可以从背后捅水牛城一刀然后逃掉吗？[译注：“布法罗”（Buffalo）与“水牛”（buffalo）双关。因此布法罗有时也被译为水牛城。]

杉矶（得到“魔术师”，赢下5座总冠军），波特兰（失去了能顶替沃尔顿的人和不知道多少总冠军），休斯敦（在摩西的带领下杀入1981年总决赛，最终将他送去费城，开启了哈基姆–桑普森时代），费城（在1982年得到摩西，在他带领下赢得一冠）。我们还差点儿见证了史上最具天赋的球员之一的毁灭：总的来看，从1974—1976年，摩西辗转如此多的球队，导致他在到达休斯敦时几乎精神崩溃；火箭队花了一整个赛季才重新建立起他的信心。最终他成了名人堂球员，直到今天还折磨着3支球队夜不能寐。而以上的一切，最初的起因不过是布奇·范布雷达科尔夫觉得盖尔·古德里奇对得起他自己的那些年。

4. 如果1960湖人没有找到一块完美的玉米地降落会怎样?

1960年1月18日，湖人队在圣路易斯打了一场日赛，然后正要飞回明尼阿波利斯。他们坐的是自己的DC–3型客机。天开始下雪了。飞机失去了动力。热力不足。飞行员联系不上任何人。他们在大雪天中开了几小时，飞行员每隔几分钟就要打开一次舷窗，擦掉挡风玻璃上的雪以保持可见度。飞机大概还剩30分钟的油，找不到一处机场，于是他们最后决定在爱荷华州（Iowa）卡罗尔镇（Carroll）找一处最合适的玉米地降落。他们尝试降落，但是找不到不覆盖电线的地方，所以飞行员必须再把飞机拉上去，这样反复了好多次。这时候，警车、消防车，甚至镇上的丧葬工作者们都已经出动，尽全力追踪这架他们隐约可见的飞机。最终，飞行员找到了一块完美的、覆盖着积雪的玉米地，关掉引擎，平稳地降落在了4英尺厚的雪上。大家都欢呼了起来。直到今天，这仍是我们离失去一支职业体育队伍最近的一次。①

---

① 原注：现在我们有一条灾难规则：一次紧急扩军选秀，其余每支球队只能保护4或5名球员。此外，那支球队还会得到下一年选秀的状元签（再加上他们原来的选秀权）。知道这条规则的人并不多，这是件好事情，否则以赛亚时代可能会有某个绝望的尼克斯球迷故意去破坏球队的包机。

如果事情最终是坏结局，那将会成为NBA史上最大的悲剧，让当时已经处境艰难的联盟遭受沉重的打击。这还只是开始。我们会在史上最伟大的15名球员之一、那个时代最具运动能力的前锋、正在敲开“篮球也可以在空中打”大门的家伙（埃尔金·贝勒）的第二个赛季方至半途时就失去他。埃尔金/杰里时代不会发生。我们会看到成百上千的关于那一夜的纪录片、电视节目、书籍、报刊文章。[①]1960湖人要么马上破产，要么中止参赛，然后通过扩军球员和额外选秀权重新组队参加1961赛季……也就是说我们要重写1961—2010年的所有NBA历史，包括16次完全不同的总决赛。如果湖人解散的话，会有另一个老板抢走洛杉矶的市场。我们现在看到的会是洛杉矶勇士队吗？又或者（吸气）洛杉矶凯尔特人？这本书里最不夸张的一句话：我觉得那架飞机安全降落真是件好事情。

3. 如果ABA总裁乔治·迈肯没有搞砸卢·阿尔辛多争夺战会怎样?

1969年春天，阿尔辛多结束UCLA生涯后，他们家人找了许多经纪人和顾问组成一支团队，花了几个月时间讨论去ABA还是NBA。两个联盟都对他极度渴望：NBA是因为他是奥斯卡·罗伯逊之后最大牌的大学球星，ABA是因为“大卢”会让他们变成更有底气的联盟，帮他们搞来一份电视合同，在未来还会促成合并。还要说什么的话，ABA应该给阿尔辛多一份溢价合同，然后想办法从门票和电视转播费上把钱赚回来。

之后发生的事情让人抓狂。在还没有公开摊牌之前，阿尔辛多私下里就已经决定去ABA打球。密尔沃基手握他的NBA签约权，但“大卢”对效力篮网更有兴趣；他在纽约长大，喜欢在离家近的地方打球，认为这里的穆斯林社区人口更有吸引力，并理解大市场的意义。密尔沃基则什么招

---

① 原注：以及20世纪90年代末迪斯尼出品的一部烂片，萨穆埃尔·L. 杰克逊（Samuel L. Jackson）出演埃尔金，马修·麦康瑙希（Matthew McConaughey）出演“跑车”·亨德利，片名是《梦之玉米地》或《最后的飞行》。

揽工作都没做。这些我们从何得知？他自己在1983年的自传《巨人的脚步》[①]中承认的——我刚才跟你说的每一件事都是——而且1975赛季一结束他就逃离了密尔沃基。他想要在篮网打球。但他不想把整个夏天花在跟两个相互竞争的联盟打交道上，所以“大卢”的团队告诉了ABA和NBA同一件事：*我们会跟你们见一次面，听一份报价，就是这样。别低估我们。拿出你们最好的报价来。*然后那帮管理ABA的蠢蛋们居然想出了他们仅有的几个好主意之一：*当我们见到阿尔辛多的时候，不管最后出什么报价，都要当场拍给他一张100万美元的支票。这张支票不仅能证明我们有诚意，没有财政问题，还会让他忍不住大手大脚花起钱来，于是到最后他会答应我们的。*

你必须承认，这是个了不起的计划。绝望而疯狂，但是很了不起。

很好。NBA先跟他见了面，给了一份卡里姆后来在《巨人的脚步》里称之为“非常之好”的报价。然后迈肯去见了阿尔辛多的人。他们谈到了数据。他们谈到了让卢留在纽约，甚至说要给他再找几个UCLA队友。他们也谈到了钱，提了一个数字。但不知道为什么，迈肯没有把那张支票交给阿尔辛多。*它就待在他口袋里！*他要么是傻掉了，要么是忘掉了。没有别的情况。[②]更严重的是，他们大大低估了他，开出了一份屎一样的报价。见面会结束了，阿尔辛多的团队十分不解为什么ABA完全没有做好准备工作。阿尔辛多感到被侮辱了，发誓永远不会去ABA打球。ABA老板们在知道迈肯没有给他那张支票后都快疯了。密尔沃基一击即中，用创纪录的140万美元合同签下了阿尔辛多。迈肯一年之内就被辞退了。正如卡里姆后来写到的那样：“篮网队本来占据着内道，但他们浪费了机会。”

假如迈肯没有搞砸，“大卢”就会跟篮网签约。他可能会把纽约人的注意力从1970尼克斯那里偷走。篮网可能会在一年后交易来里克·巴里，

---

① 原注：我在网上花了6美元买了这本书；读了读，找了找我需要的各种信息，然后就在后院里用它点了堆篝火。用马夫·艾伯特的话说：“卡里姆·阿卜杜勒–贾巴尔正*热得发烫*！”

② 原注：现在回头看，那是除了以赛亚传球被“传奇”抢断（1987）和卡尔·马隆在乔丹最后一投前被偷袭（1998）之外，NBA历史上最大的失误。ABA没有让乔治·麦金尼斯拿着那张支票真是太糟糕了；他会马上把它交出去。[译注：“马上把它交出去（turn it right over）”和“失误（turn over）”双关。]

成为一支超级强队。合并可能会提早发生，篮网可能会成为20世纪70年代的主宰者，而卢/卡里姆可能再也不会去湖人跟“魔术师”做伴了。有3件事是确定会改变的：雄鹿不会赢下1971年总冠军，奥斯卡不会在雄鹿终老，1971、1972、1974赛季的NBA MVP不会叫作阿尔辛多或阿卜杜勒–贾巴尔。我是说，就算乔治·迈肯戴着护目镜出席《今夜秀》（*The Tonight Show*），当着电视直播的面约翰尼·卡森（Johnny Carson）上床，他对ABA造成的伤害都不会比不交出那张给阿尔辛多的支票要大。我开始头晕了。①

2. 如果伦·拜厄斯没有嗑药过量会怎样?

我至今都没有对这件事释怀。你们该如何计算这件事造成的短期和长期伤害？凯尔特人刚刚结束了NBA历史上最伟大的赛季之一，还要*再新*添伦·拜厄斯。对于那支球队来说，你找不到一个更好的年轻前锋了，他打得就像一个更强硬的沃西，但有着乔丹的运动能力，如果这么说能让你理解的话。（除了M. J. 和尼克，没有哪个20世纪80年代球员能像年轻的伦·拜厄斯那样攻击篮筐。）如果你在1986年6月19日——凯尔特人刚刚吊打休斯敦夺冠——列一个愿望清单，列出你心中1987凯尔特人最需要的完美新秀，你会有这5个愿望：可以打两个前锋位置的精英级运动健将；有着肮脏气质的、超级好胜的浑蛋；能在板凳阵容里撑起波士顿的进攻的得分手；能跟巴克利、马隆等年轻壮汉相抗衡的篮板手；以及，纯粹为了乐趣而言，能在主场跟伯德频频刷出空接的家伙。如果能选一个符合5条

---

① 原注：YouTube上爆出的一条跟卡里姆有关的疯狂的“如果……会怎样”：CBS的布伦特·马斯伯格报道说，1982年选秀掷硬币前，拉尔夫·桑普森（弗大大三生）正在决定是否参选，此时湖人（已经锁定是状元或榜眼签）疯狂地想要达成一笔4队交易，送出卡里姆到尼克斯，比尔·卡特赖特（Bill Cartwright）去犹他，迈克尔·雷·理查德森去不知名的第4支球队，卫冕冠军则会得到犹他的选秀权（掷硬币的另一面）和其他一些什么东西（他们会用状元签选桑普森，榜眼签选沃西）。马斯伯格说：“涉及那么多球员和经纪人，这交易很难成。”然后桑普森宣布不参选，卡里姆留了下来，湖人队又赢了3座总冠军。真该死。

中3条的前锋，你会觉得很满意；如果符合4条，你会激动得跟自己击掌；5条的话，你大概会兴奋得晕过去。

现实来得太美妙了一点儿。拜厄斯在选秀后48小时内就死亡了。可卡因。这是一条很容易看出其损失的“如果……会怎样”。你可以清楚地看到造成的伤害。一目了然。NBA失去了一名可能的招牌球员，并将面临其最大的毒品危机。凯尔特人用了21年才缓过来。从长期来看，这*太糟糕*了。从87公牛中拿走皮彭，从85爵士里拿掉马隆，或者从97马刺里拿掉邓肯——假设他们一场比赛都没打过——这就是拜厄斯之死的意义。[①]从短期来看，我们错过了可以见证87凯尔特人成为史上最强球队的机会。史上最强的3支球队之一，队中有着一名史上前五的球员和史上最强前场，再新添下一代最好的3位前锋之一？一大堆的“最伟大”和“最好”。从中期来看，伯德和麦克黑尔在没有拜厄斯的情况下必须要大量增加上场时间；在那个赛季用尽全力之后，他俩都再不复当年之勇。伯德的身体在一年后终于出了故障（先是脚后跟，然后是背）；麦克黑尔在1987年季后赛前伤了脚，不得不提前复出，因为球队实在没有别人了，然后又伤了一次脚，带着伤坚持打球，再也没能痊愈。拜厄斯本来可以替代大家出场，让所有人安心养伤，让比赛变得更容易……对伯德和麦克黑尔来说，这就像是一年坐经济舱旅行20万小时和坐头等舱旅行12.5万小时的区别。

其他我们错过的事情：拜厄斯冷笑着跟1987到1992年的坏孩子活塞队肉搏；引人入胜的巴克利、马隆、拜厄斯的3人竞争；拜厄斯跟开拓者和老鹰对飚开放进攻；伯德把拜厄斯当成自己珍贵的新玩具，给他送出数量达到人类极限的空接；[②]凯尔特人不可思议地变“酷”；一位站在乔

---

① 原注：记住，拜厄斯本来是要接拉塞尔、哈夫利切克、伯德代代传承的火炬的。他就有那么好。而且1986赛季的时候已经有了工资帽，也不会再有泰德·斯特平式的老板愚蠢地到处乱送首轮签了。想要提升球队，难度明显增加。真该死。

② 原注：我知道这件事我提了两次，但是这真的一直在折磨我。记住，伯德总是习惯性地在比赛中感到无聊，花上半场时间用左手投篮，还有一次，在一场1986赛季的比赛里，他和沃尔顿想弄清楚一个“伯德传内线给沃尔顿、然后切向篮筐、接沃尔顿的回传”战术到底能打出多少种花样来。他难道不会说：“我想试试今天晚上能不能给伦送出15个空接来。”我现在正在摇头。叹气。

丹面前既不会回避也不会害怕的东区球星。最后一点是最让人心痛的。拜厄斯身上有一种草莽之气，招摇、张扬，有着无人可比的街头气场。那还是紧身短裤和笨拙击掌的时代；只有个别球员很酷，而且他们（尼克、沃西、乔丹、伯纳德）大部分时候都抑制着自己的情绪。乔丹本来有可能全身心地接受那种街头风的举止，但是他去了北卡，在那里，迪安·史密斯（Dean Smith）禁止一切可能被当成挑衅对手的动作，虽说这段经历在某种程度上缓和了他的狂妄性格。或许乔丹赢得了球鞋广告和海报，但拜厄斯才是把街头带向大篮球场的那个人。他能在黑人球迷中产生像过去“飞鹰”①“珍珠”和“博士”那样的回响。

伦的街头式张扬在20世纪90年代变得风行一时——UNLV和密歇根五虎②带来了扣篮后的大吼、肥腿裤、垃圾话，等等——这种风格似乎是故意设计过的，就像有的球员这么做只是想说：“嘿，快来看我！”相信我，伦·拜厄斯身上没有一丝的刻意。他想方设法要在别人头上扣篮，不是因为这能让他看起来很酷，而是因为这是一条信息，能为比赛定下基调。他会在人群中抢到篮板，然后发出一声“啊啊啊啊啊啊”的大吼，只是想让所有人知道这里谁是老大。他用同样的方式去吼队友，吼裁判，吼对手。如果打客场比赛时球迷对马里兰大学报以嘘声，他会跟许多伟大球员一样，以这些噪声为食，想方设法让他们闭嘴，并在比赛结束时充满敬意的静默中茁壮成长。他带着激情和一颗跳动的心在打球。他有时会打得有一些肮脏，但绝不会让你觉得他不在乎比赛。他很容易就显得出类拔萃。如果拜厄斯晚出现个七八年，我确信他会跟所有人一样，穿着肥腿裤，大吼大叫，但这正是最美好的地方：不仅是因为拜厄斯将其发扬光大了，而且他完全不是刻意的。我们花了很多年来为乔丹寻找一位夙敌——就像阿里的弗雷泽，一个能逼出他身上一切最好的东西的人——说真的，这个人可能就是伦·拜厄斯。我们被老天劫掠了。还是凯尔特人也是？

---

① 译注：康尼·霍金斯的绰号。

② 译注：UNLV，内华达大学拉斯维加斯分校。密歇根五虎是以克里斯·韦伯为首的五位密歇根大学球员。

[好消息：拜厄斯的嗑药过量，再加上小罗伯特·唐尼（Robert Downey Jr.）在《零下的激情》（*Less than Zero*）里扮演的瘾君子牛郎，在几乎所有成长于1986—1994年间的美国男性的心中种下了对可卡因的恐惧。直到今天，我都没有试过可卡因，甚至想都没有想过。我猜这是大不幸中唯一的幸事。不开玩笑。）

1. 如果1984选秀大会重来一次会怎样?

哦，你还以为第一名只是简单的“如果波特兰选择了M. J. 而非鲍伊会怎样”吗？那届选秀大会是如此的群星璀璨，以至于休斯敦和芝加哥在常规赛里创造了“摆烂”的概念。休斯敦在掷硬币中取胜，锁定了哈基姆，对于其他队来说则是各种混乱。下面是我们知道的事实：

1.波特兰（榜眼签）和芝加哥（探花签）都想用自己的选秀权交易桑普森，虽说这筹码还不太够，因为桑普森是一个很被看好的菜鸟中锋，在那个夏天拥有联盟第三的交易价值，仅次于“魔术师”和伯德。①多年之后，杰克·拉姆齐博士告诉萨姆·史密斯（Sam Smith）：“我们必须有个中锋。我们很想做那笔交易。”我当然也希望如此。哈基姆在1996年的自传《人生大梦》（*Living the Dream*）中声称休斯敦差点儿就和波特兰做了那笔交易，②用桑普森换德雷克斯勒和榜眼签：“从1984年到今天，火箭队本来可以拥有一套我、克莱德·德雷克斯勒、迈克尔·乔丹的阵容，一起成长，一起打球，一起胜利。但是火箭队最终没有做那笔交

① 原注：我选出的前十：伯德，“魔术师”，桑普森，以赛亚，伯纳德，摩西，尼克，蒙克里夫，麦克黑尔，巴克·威廉姆斯（Buck Williams）。

② 原注：这条信息是我在网上找到的——我没有买《人生大梦》，因为听人说这本书烂透了。这说法非常可靠，因为消息源连汤米·海因松的《吃我一勾》都读下来过。（译注：“大梦”是奥拉朱旺的绰号。）

易。”先不论这说法是真是假，我并不责怪休斯敦的做法，因为新秀赛季的德雷克斯勒确实没有给NBA留下什么印记。不过，哈基姆、乔丹和德雷克斯勒整个生涯都在一起打球？我都吓死了。这就像想象一下如果微软和苹果在1981年就合并了会怎样。

2.烂队公牛的身边环伺着一群鲨鱼，都对乔丹蠢蠢欲动，这立刻激起了“波特兰显然搞砸了他们的选秀权”的讨论。达拉斯想用马克·阿瓜伊尔单换探花签。费城提出用老将“博士”单换探花签；他们还另备了一套5号签加安德鲁·托尼的方案。跟西雅图（杰克·西克马）和金州（乔·巴里·卡罗尔）的交易也曾被拿出来讨论。最终，公牛队开始觉得，怎么搞得像是他们赢得了状元签。事实确实如此。[①]

3.帕特里克·尤因差点就参加了选秀，但在最后一刻改变主意，回了乔治城。如果尤因宣布参选，他会成为状元，哈基姆榜眼（去波特兰）……然后——公牛GM罗德·索恩（Rod Thorn）曾跟弗利普·邦迪（Flip Bondy）表示，芝加哥对乔丹的评价要高于鲍伊，因为他们对后者的伤病记录非常担心。[②]显然，如果哈基姆去了波特兰，我们就真的进入了马蒂·麦克弗莱领域，从1985到1998年间的NBA的一切都会完全改变（不同的总决赛，不同的总冠军，没有尤因的纽约，等等等等）。我准备好好琢磨琢磨，但我的鼻子开始流血了。我觉得这预示着我应该打住了。

4.乔丹的潜力还并不那么清楚，因为他大学时在迪安·史密斯手下打球，而且当时还没有进攻时间限制。大家都知道他很棒，但多棒？他的上限直到1984年奥运会训练营才开始显现。乔丹当时展现了可怕的统治力，以至于美国队主教练博比·奈特（Bobby Knight）给自己的老友斯图·因

---

① 原注：费城的报价从来没有公开过。老板哈罗德·卡茨还想用“博士”去换特里·卡明斯，但是“博士”公布了这件事，费城全城都开始反对卡茨。这么说还是轻的呢。费城会因为我在这条脚注里拿他们打趣而开始反对我的。见鬼，又少了一站签售会。

② 原注：他们刚刚赌错了两支高位签：罗尼·莱斯特（Ronnie Leaster）（膝盖有问题）和昆廷·戴利（Quintin Dailey）（脑子有问题）。他们需要一个肯定能打出来的家伙。

曼（Stu Inman，波特兰GM）打电话，*跪求*他要选迈克尔。[①]因曼不同意，他说波特兰需要一个中锋。据说奈特尖叫了起来："那就让他打中锋好了！"我们还知道，耐克（总部位于波特兰）在乔丹一场NBA比赛没打之前就给他造了一整条球鞋生产线。所以假如有人想说"我们当时不知道乔丹有多好"，那并非事实。

5.波特兰"急切地"需要一个中锋这件事只是个神话。他们赢下了48场，有着很棒的中锋组合——迈克尔·汤普森（33.5分钟16+9）加韦恩·库珀（Wayne Cooper）（20.5分钟10+6）——他们还有着很多的交易筹码，比如德雷克斯勒、吉姆·帕克森（Jim Paxson，NBA最佳阵容二队，受限制自由球员）、法特·利弗（冉冉升起的控卫新星）、卡尔文·纳特（Calvin Natt，一位难缠的前锋）、库珀。他们真正需要的是一个篮板手；因为纳特和肯尼·卡尔在打大前锋的时候都偏矮。举例来说，圣迭戈整个夏天都在兜售得分手、篮板手特里·卡明斯，最终在选秀大会后用他交易了马凯斯·约翰逊。为什么波特兰不先跟快船做笔卡明斯的交易（打包送出德雷克斯勒和纳特，比如说），然后用榜眼签选择乔丹？你懂我的意思。[②]而现实中，他们把利弗、库珀、纳特还有他们1985年的首轮签打包送去了丹佛，换来了基基·范德魏，一名娴熟的得分手（1984赛季场均29.8分），顺兼联盟史上防守最烂的球员没有之一。这笔交易实在是目光短浅，亏了个彻底：丹佛一下从38胜变成了52胜，打进1985年西部决赛，全因这笔交易的功劳。而波特兰，他们可能在6月的第一周碰了碰头，讨论了一下两种可能的未来：

---

① 原注：试训持续了很长时间，涵盖了1984和1985届选秀中所有重要的名字；其中表现最好的两个球员？乔丹和巴克利。查克（译注：查尔斯的昵称）最后被刷了，因为奈特告诉他要减肥，而巴克利做了相反的事。其他被刷的：马隆、斯托克顿、乔·杜马斯和特里·波特（Terry Porter）。入选的：杰夫·特纳（Jeff Turner）、乔·克莱因、史蒂夫·阿尔福德（Steve Alford）和乔恩·康卡克。我猜奈特那年夏天的顾问是克里斯·华莱士和大卫·杜克（David Duke）。

② 原注：或者他们可以跟休斯敦换桑普森：2号签、德雷克斯勒和法特·利弗。

未来1：乔丹（10年以来最让人激动的大学后卫），利弗（23岁，两年后入选NBA最佳阵容二队），库珀（27岁，去丹佛后的两年场均13+8），纳特（1985年场均23+8），一个1985年的首轮签（最后为15号签）。

未来2：范德魏和鲍伊。

只要是脑子正常的人都会选择未来1，除非他们非常确信：（1）鲍伊未来肯定能打出来；（2）乔丹未来肯定不会让他们后悔。我觉得波特兰的高层肯定“非常确信”这两点。为了展示一下这股信心是多脑残、多愚蠢、多无法辩护，我们来复盘一下1984年选秀大会的前22分钟吧。前方解说？阿尔·艾伯特（Al Albert）和路·卡内塞卡（Lou Carnesecca），USA电视台。

0：02　艾伯特大赞本次选秀，声称有“六位真真正正的超级巨星”将会在今年被选中。显然他把296磅的查尔斯·巴克利算成了两个人。

0：03　卡内塞卡一边从他的黑色眼镜框上方往外看，一边心不在焉地玩着笔，他看起来不太适应，花了整整40秒说了一堆废话，同时一直尽力不去看镜头。他看起来就像是一个被警察盘问猥亵男童相关案件的牧师。真高兴看到他这副模样。

0：07　USA打出了整个第一轮选秀的顺序，伴奏是一些典型的20世纪80年代成人片音乐。然后大卫·斯特恩开始迈向主席台，这是他第一次主持NBA选秀大会。他留着1977季《欢迎归来，科特先生》（*Welcome Back Kotter*）里盖布·卡普兰（Gabe Kaplan）留的那种小胡子。快忘掉NBA TV吧——喜剧中心[1]为什么不重放这次选秀大会？

---

① 译注：喜剧中心，一个专门播放喜剧节目的电视频道。

0：10　坐在休斯敦选秀桌前的两人中的一个留着鲻鱼头和浓密的小胡子。太爱20世纪80年代了。在我们看着他们匆匆忙忙地打着各路电话时，发生了下列对话：

阿尔：火箭队的时间点实在是太完美了。去年的状元签有拉尔夫·桑普森；今年，休斯敦正好赶上哈基姆·奥拉朱旺决定提前参选。

（3秒钟的沉默。）

路（声音几乎听不见）：邮差真的按了两次铃。

0：11　哈基姆在第一位被选中，虽说他那时还拼成“阿基姆”（Akeem）。他留着杰里式烫卷头，戴着褐红色领结。太赞了。①

0：12　埃迪·墨菲在《美国之旅》里饰演的阿基姆王子的口音是从阿基姆跟鲍勃·杜塞特（Bob Doucette）做的选秀采访里学来的。我对此深信不疑。甚至那个角色都用了他的名字来命名。

0：16　斯特恩说出了NBA历史上最让人难忘的句子之一——“波特兰选择了来自肯塔基大学的萨姆·鲍伊”——而镜头显示坐在波特兰桌前的代表们脸上都是一副“该死，我希望我们没有搞砸这个决定”的表情。②然后鲍伊慢慢地走向主席台，阿尔做着旁白：“萨姆·鲍伊，这位年轻人曾经经历过左腿胫骨应力性骨折，休养两个大学赛季后，他又成功复出，在肯塔基大学强势归来。”

---

① 原注：你知道最有趣的是什么吗？休斯敦刚刚错过了史上最伟大的球员之一，但我还是觉得他们做了正确的选择。在一名确定能打出来的中锋和一名确定能打出来的后卫之间，你总是会选择前者。总是。

② 原注：在这年选秀中，斯特恩总是念出球队的全名，除了这次：他跳过了“开拓者”的部分，就像他想要尽快离开主席台似的。这不是他的错。

（所以一支6年前就曾因为建队核心中锋双脚反复应力性骨折而失去他的球队再次选择了一位因应力性骨折而缺席了两个完整大学赛季的中锋？而且他比将在之后一位被选中的、肯定能打出来的家伙要大3岁？听起来很令人振奋嘛！）

0：17 电视上放着一些不大吸引人的鲍伊集锦，这时阿尔再一次告诉我们，萨姆已经从应力性骨折中完全恢复了，然后无意间补充了一句："他拒绝了奥运会。"冷面幽默。所有的优秀大学球员都参加了试训，除了萨姆。看起来像是盏红灯吗？不不不不。

0：18 鲍伊集锦结束了，然后是一张鲍伊的照片，打着他1984赛季的数据：10.5分，9.2个篮板，52%的命中率，72%的罚球命中率。换句话说，他的大学数据还不如迈克尔·汤普森的NBA数据。多么棒的升级！①与此同时，阿尔和路进行了下列对话：

阿尔：路，对一个在成型时期休赛了两年然后恢复过来的年轻人，你想要说什么？

（我："别选他"？）

路：嗯，我觉得这展现出了他的坚韧不拔，说明他能承受一切苦痛，

---

① 原注：鲍伊那平庸得出奇的大学数据有没有让你想起另外一个人？我的答案是一位来自俄亥俄州立大学的状元中锋，面相看起来比他的实际年龄老20岁，最重要的是，他也在波特兰打球……

原注：上一条脚注是在精装本里写的。在《篮史通鉴》出版后一个月，奥登髌骨受伤，于是快船和开拓者球迷都把他们最好的年轻球员的因伤赛季报销归咎于我。你知道我有碎人膝盖的超能力吗？我也不知道呢。说到这里：我把我的地下室弄成了一个向1976—1986年的篮球（我最喜欢的NBA时代）致敬的地方，因为写作这本书的绝大部分时间我都待在那里。我收集并装裱了20多张那个时代的海报，包括一张罕见的耐克海报，微笑的、放大的萨姆·鲍伊与其他建筑一起组成了波特兰的天际线。如果我们在洛杉矶遭遇了地震，你知道那张装裱好的海报一定会从墙上掉下来、碎成五十片的。

然后重新回来，上场表现，看看他现在的处境吧。

（备注：没有比“坚韧不拔”和“能承受一切苦痛”更让球迷喜欢的词了。让那个叫乔丹的家伙和他的愚蠢扣篮一起滚蛋吧！）

0：18　杜塞特正在采访鲍伊，后者现在看来就像是一个悲剧形象；就像穿着沾满约翰·肯尼迪血渍的西装参加林登·约翰逊（Lyndon B. Johnson）的宣誓就职仪式的杰姬·肯尼迪（Jackie Kennedy）。他们的第一段对话：

杜塞特：萨姆，呃，勇气是你名字的一部分，你从非常艰难的逆境中走了出来，我知道有很多人，特别是你自己，非常高兴能看到今天的来临。

萨姆：是的，我因为腿伤而少打了两年球；如果没有莱克星顿（Lexington）社区和肯塔基州的支持，我不知道我能不能在没有他们帮助的情况下做到这一点。

（想象一下你是个开拓者球迷，在观看这一段。对萨姆来说，向命运的打击发起挑战，成功复出，这确实很了不起，但为什么要选择一个“敢于挑战命运的打击”的家伙，而不是一个板上钉钉、一定能打出来的家伙？为什么要冒这个险？为什么？为什么？*回答我！为什么？*）

0：19　事情越来越精彩了……

杜塞特：开拓者告诉我说，在做出选你的决定前，他们已经让你做了个非常详尽的体检。结果好吗？

萨姆（窘迫地微笑着）：嗯，我去了波特兰，他们给我做了个7小时的体检，没有漏过任何一点儿问题。所以，呃，我不知道这是否适用于比尔·沃尔顿的状况，我知道他有过应力性骨折，但是据我所知，我现在百分之百的健康。[1]

（稍等一下稍等一下稍等一下……*7小时*的体检？这就像目送兴登堡号[2]起飞一样。）

0：20　镜头切到芝加哥桌前的两位喜笑颜开的代表，[3]阿尔开始为3号秀做准备，戏剧性地暂停了一会儿，低下声音，最后说道："迈克尔·乔丹看来是下一个。"20分钟里第一次，路似乎终于睡醒了："嗯嗯嗯嗯，大家都很激动。他真的让人们浮想联翩。"再说一遍，这句话也可以用在7小时的体检上。

下面是真正精彩的部分……

阿尔：你知道，这里有一个问题，有可能，波特兰没有认真地考虑过选择了不起的、拥有不可错过的天赋的迈克尔·乔丹，他们选择了萨姆·鲍伊，他，呃，他当然已经从伤病中痊愈了，他说他很健康，波特兰已经给他做过7小时的体检了，但是问题是，鲍伊现在要面对的是82场比赛的赛程。

路（点头）：经过计算的风险。

---

① 原注：值得一提：萨姆非常优雅，举止非常得体。我真为这家伙感到遗憾。我是说，他们在乔丹之前选择了他，但这不是他的错，是吧？他健康的时候确实是个很优秀的中锋。虽说这只占了他生涯的54%。

② 译注：德国制造的史上最大飞艇，投入使用后第二年在新泽西发生空难。

③ 原注：如果你有机会看到这段视频，记得看看在为芝加哥打电话的那个家伙——他真叫一个眉飞色舞，就像身处的不是选秀大会而是天上人间。

（备注：这时候，每个1984年的开拓者球迷都已经在呕吐了。）

0：20　眩晕的斯特恩："芝加哥公牛选择了北卡罗来纳大学的迈克尔·乔丹。"

人们开始鼓掌，欢呼。他们早已经知道了。然后就是一大堆激动人心的乔丹早期集锦，阿尔告诉我们："这家伙不容错过。"突然间活过来的路补充道："你懂的，他会命中关键进球，他可以在人群中钻出来，他可以保持惊人的控制力，他是个非常、非常了不得的创造者，用的是'J博士'的模子，没那么大，但属于那个级别，迈克尔会成为非常、非常伟大的球员，他是那种你称为'人民的球员'的家伙，人们喜欢看这个小伙子表演。"阿尔用这句话作为结尾："他是个球星胚子，了不起的投手，超凡的运动能力，有很多球队想要跟芝加哥交易3号签。"

我是说……

再读一次0：16～0：20这一段。近年来，我们读到了很多修正主义历史，说选择鲍伊是可以理解的，因为那时候的NBA痴迷于身高。但是怎么会有球队面对"经过计算的风险""7小时的体检""休养了两年""逆境、勇气、坚韧不拔"等红灯毅然选择了赌一把，还略过了"不容错过的天赋""非常、非常伟大的球员""球星胚子""确定无疑""'J博士'的模子""非常、非常了不得的创造者""人民的球员"等绿灯？不能理解。完完全全、彻彻底底不能理解。

于是我们就有了这个额外附赠的"如果……会怎样"。在选秀日那天，如果波特兰拿主意的团队在最后时候深吸一口气，告诉对方："等等，我们是疯了吧？"然后重新考虑一遍的话会怎样？这就像《惊天大阴谋》（*All the President's Men*）的倒数第二幕，伍德沃德（Bob Woodward）和伯恩斯坦（Carl Bernstein）在半夜把《华盛顿邮报》编辑本·布拉德利弄醒，恳求他通过他们关于理查德·尼克松白宫期间贪腐的争议报道。他们怕布拉德利的房子被窃听了，于是把他拉到外面的草坪上跟他谈。[1]两人已经两天没合眼了；布拉德利穿着条浴袍，看起来很不高兴，因为这个故事他俩在几天前刚刚写砸过。最后布拉德利同意他们写这篇报道，但是先说了这样一段话：“你们大概很累了，是吧？嗯，这是理所当然的。现在回家去，好好洗个热水澡，休息一下，15分钟。然后摆正屁股，重新开始工作。我们承受着很多压力，你们知道的，这都是你俩带给我们的。但是其实这也不会影响什么，不过就是宪法第一修正案，新闻自由，可能还有这个国家的未来。不过这些都不打紧，但如果你俩再搞砸了，就别怪我发飙。晚安。”

如果本·布拉德利是开拓者1984年时的老板，他可能会让恐惧之神生长在每个负责决定选秀权的人心里，他们就会倾向于选择更确定的人。据报道说，开拓者老板拉里·韦斯伯格（Larry Weisberg）十分倾心乔丹，但他是个谦逊、低调的地产大亨，不会采用布拉德利那套恐惧策略。他们不害怕他，他们不害怕会造成什么后果。这就是为什么开拓者埋头直取萨姆·鲍伊……这就是为什么他们搞砸了。但是，嘿，其实这也不会影响什么，不过就是失去NBA的未来，少缴了数亿美元的税款，浪费了4～10个总冠军，丢掉了拥有史上最伟大篮球运动员的机会。

---

① 原注：凭借出演布拉德利，贾森·罗巴兹（Jason Robards）用我最喜爱的表演之一拿下了奥斯卡最佳男配角奖。在一部有雷德福和霍夫曼（Dustin Hoffman）的电影里，他仍然主宰了每一个场景。7年之后，他在《贵客光临》（*Max Dugan Returns*）里出演主角。我真搞不懂好莱坞。

五　最有价值章节

不管你心中的NBA是什么样子，都有15条特质和小细节使其区别于其他所有的职业体育（我指的是好的方面）。

1.超级好玩的选秀大会，非常有助于检测我的无心喜剧等级表的准确程度。过去几年的选秀大会没那么好玩了，因为经纪人和公关人员终于意识到了“或许我们不该让他穿得像个拉皮条的就跑去参加选秀大会”或者“或许被选中后不应该给大卫·斯特恩一个全身心的、亲密接触的熊抱”之类的事情，不过那还是我一年中最喜爱的电视节目之一，哪怕只为了看看杰伊·拜拉斯的絮絮叨叨和夸张臂展。

2.对受伤球员的着装令，经过了一段适应期后，终于成功地让衣着艳丽的替补队员在暂停时单脚跳进场内与队友们撞胸，击掌。我们在2008年季后赛里见证了“兴奋过头的第十三人”的大爆发；如果说沃尔特·赫尔曼（Walter Herrmann）是这一行为的杰基·罗宾逊，那么布赖恩·斯卡拉布里尼就是拉里·多比（Larry Doby），斯科特·波拉德（Scot Pollard）是唐·纽科姆（Don Newcome）[①]。还有别的地方能让你看到一件2000美元的鹿皮夹克在撞胸后沾满汗渍的吗？

3.场边座位区，有两个作用：第一，它们很难买到，除非你有关系，或者你花上6位数买季票。坐在这里就像是用一种奇怪的方式来证明你的人生很成功，虽说大概每个不坐在这里的人都会觉得你是个蠢蛋。（这种现象类似坐在头等舱里，看着那些走向商务舱的人一脸恶心地打量着你，不过是这的50倍。）第二，这是所有体育运动中最好的观赏位置。你就在

① 译注：杰基是第一个进入MLB的黑人，拉里和唐随后巩固了黑人在职业棒球中的位置。

场地边上，你能听见所有的命令、赌誓、玩笑、辱骂和脏话；如果你足够幸运能坐在板凳席边上，你还能听见他们在聚商时讨论战术。[1]其他任何体育观众体验都无法与之相比。我会说两边板凳席之间的12个位置——中线两边各6个，亦即俗称的尼科尔森座位——是一切职业体育中最佳的座位设置。

4.打扮得像妓女、表演像脱衣舞娘的啦啦队员们。令人终生难忘。

5.进入NBA时带着浓重口音的外国球员，在黑人堆里混了几个赛季后说话变得一口嘻哈腔。我称之为“德特勒夫综合征”，因为施伦普夫就是终极案例；在他生涯的中点，他听起来就像是《啤酒节》（*Beerfest*）里的德国佬和武当帮[2]（Wu-Tang Clan）的混合体。阿诺德·施瓦辛格（Arnold Schwarzenegger）在20世纪70年代不是在一个全黑人的健身房里训练的真是太可惜了；我们本来真的能看到一些神奇的东西。[3]

6.一个比德特勒夫综合征更诡异的现象：因为某些不知名的原因，不少记者在写作NBA相关专栏或文章时会“像黑人一样写作”。毫无疑问，这是新闻界过去20年中除博客直播之外最糟糕的趋势。我从来不能理解这种心理预设：*这项运动中有很多很多黑人；于是，我的文章必须接地气一点儿。*这是认真的吗？逻辑呢？我不能理解。懂？嘿。我在写的是本肥书，哟哟哟。收到收到。

7.球迷会被从观众席上叫出来投半场投篮，奖品是汽车、奖金或其他什么玩意儿。还有哪项运动允许球迷这样参与其中？当然，他们的投篮总是差得老远，因为存在着一条鲜为人知的规矩，即只有缺乏运动能力的人、女性或超过300磅的家伙才能被选中参加半场投篮。不过至少这还是

① 原注：要是湖人的比赛，你还能听到科比不断抱怨队友和教练！这让我想起了2008年总决赛的一个精彩时刻：马特·达蒙在第5战时在为凯尔特人叫好，然后菲尔·杰克逊转过头来说：“坐下，闭嘴！”如果凯尔特人赢了，我想我愿意赌一根小拇指，达蒙会进入心灵捕手（Will Hunting）模式：“嘿，菲尔，你喜欢苹果吗？……你觉得这苹果怎么样？”

② 译注：史上最伟大的黑人饶舌音乐组合之一。

③ 原注：另一个经典案例：奥拉朱旺听起来就像是《美国之旅》里的阿基姆王子在奥克兰（Oakland）市中心待了10年的样子。

很刺激。[1]

8.所有体育中最简单明了的数据：得分，篮板，抢断，盖帽，助攻，罚球，进球，三分，失误。过去10年中，棒球革命激发了一系列数据狂潮，给我们带来了许多费解的数据，但是，说真的，只要看一眼NBA数据表，你基本上就能判断出球员们的效率。1973年之后的数据表很少会说谎，虽说我们还可以再创建一些精细数据来做得更加完善。我们会在韦斯·昂瑟尔德那一节中深入这一话题。[2]

9.还有哪项运动里有“浪子”·汉密尔顿普及的那种保护鼻子的面具？这玩意儿在过去30年中如此盛行，我实在不敢相信我们没有为之取一个名字。几年前我发起过一次不成功的运动，将之命名为“Schnozzaroo”，没能流行起来。更奇怪的是，球员们对他们的赛后穿着、他们的形象、他们的鞋子是如此地关心，而这玩意儿却一直被人遗忘——他们就这么戴着简单的、朴素的橡胶面具，没有做什么打扮。难道他们不应该在上面画点什么吗，就像冰球守门员装饰他们的面具那样？又或者，在一场重要的季后赛里戴一个让人魂飞魄散的汉尼拔·莱克特式面具？在上面打广告怎么样（比如说耐克徽标）？我们真的应该好好打扮打扮Schnozzaroo们。你怎能不爱一个激发人写出上面这段文字的联盟呢？

10.休比·布朗的电视解说。这家伙在过去25年中熟练地运用虚拟第一人称复数，使之变成了人们日常对话中常用的技巧。如果我们的人生没有了休比会变得怎样？我多么希望保罗·托马斯·安德森（Paul Thomas Anderson）当年安排他在《不羁夜》中饰演杰克·霍纳（Jack Horner）

---

① 原注：半场投篮是我一生的挚爱。那只应该有一种投法——跨三步，从锁骨这里从下往上用力抛。15年来我一直看着球迷们用罚球或扔棒球的姿势来投它，后来我请求快船队让我投一次，作为ESPN节目的一个部分。那天早上，他们让我在斯台普斯中心练习，花了我20分时间来适应玻璃篮板和后面的观众席（你得比你脑中想的再多投两英尺）。比赛的时候，我做好了准备，但是由于分泌了太多的肾上腺激素，打板后弹回到了篮筐前沿上——再矮上1英寸我就能进球了。真人真事。我之所以告诉你们这故事的原因：如果你被选去投篮，用跨三步抛球式，比你脑中想的再多瞄两英尺。

② 原注：我相信这是第一次也是最后一次有人说出这个句子。

的副导演。

11.NBA独有的奇特现象：一名被交易的球员在新球衣里看起来会有戏剧性的不同。有时候他就像重获新生，有时候他像是终于找到了完美的颜色或款式，有时候他看来完全不好了，还有非常稀少的情况下，新球衣会让他看起来变矮了、胖了、更缺乏运动力了（就像加入太阳队时的沙克）。我记得夸米·布朗被交易到湖人队时，在他的新球衣里看起来棒极了：他的胳膊变得更壮，人看起来更让人难忘，他完全不一样了。我们当时的感觉是，他变成了杰曼因·奥尼尔。但是事实上，除了把奇才球衣换成了湖人球衣外，他的天赋和智力根本没有任何改变。我们很快就发现了这一点。因为夸米·布朗就是很烂。但最开始的几场湖人队比赛，他看起来确实很不错。很遗憾演员、政客和歌手们没法从新制服效应中受益；雅科布·迪伦（Jacob Dylan）、马特·勒布朗（Matt LeBlanc）、乔·拜登（Joe Biden）、亚当·杜里茨（Adam Duritz）本来可以重塑他们各自的生涯的。

12.大卫·斯特恩，我人生中见过的仅次于皮特·罗泽尔的霸道总裁，总能让联盟处于自己的完全控制之下，拥有如此巨大的权力和声望，以至于我们时常怀疑他是不是操纵了某些比赛或是在没有告知我们的情况下对某些巨星实施了禁赛，制造了一代的传奇巨星，引起了许多比尔·布拉斯基（Bill Brasky）[①]式的“你有没有听说斯特恩用缩写为CNMLGB的词语骂了______（你自己从过去25年任何公司、赞助商、电视台或联盟自身的高层中随便选填两位）整整20分钟”的轶事和传闻，留下了如此传奇的生涯，甚至激发了一位写手（也就是在下）在专栏里半严肃地讨论为什么大卫·斯特恩应该出任我们的下一任总统。正如再也不会有下一个“魔

① 译注：《周六夜现场》中的一个单元，布拉斯基的朋友会聊起他，说许多他的轶事。比尔·布拉斯基实际上只是一位虚拟人物。

术师”、迈克尔或拉里一样，再也不会有下一个大卫·斯特恩了。①

13.主场比赛时出现的妈妈们，狂热地支持她们的孩子，有时候甚至还会出点儿洋相。每次回想起艾弗森时代的76人的比赛，我都会感到嫉妒，因为我写书的时候不会有两万个观众为我欢呼，我妈妈也不会身穿印着西蒙斯的衣服坐在他们中间，一边大喊大叫一边举着块大牌子，上面写着：“我的宝贝就是那个‘体育男’，他就是一切！”

14.文身。无数无数的文身。再没有哪项运动能让你问出“我好奇这些汉字到底是什么意思”或“等等，那个控卫右胳膊上的是声名狼藉先生（Notorious B.I.G.）②的脸吗”的问题。我哥们儿杰克·O. 多年来一直坚持，每支主场球队都应该在发放比赛说明书的同时发放文身说明书，解释两队队员身上每个文身的典故（再配上图）。你难道不会在暂停的时候好好读上一番吗?

15.意义最重大的最有价值球员奖。

（突然的鸦雀无声。）

什么，你不相信我？你能个说出NFL过去10年的MVP吗？你不能。你能说出两个棒球联盟过去10年的MVP，然后明确地说出各年谁更强吗？不。甚至，先不要说过去10年的MVP，你知道NHL的MVP奖杯的名字吗？③不大可能，除非你是加拿大人。只有NBA完全发挥出了“最有价值

---

① 原注：我最喜欢的斯特恩轶事：在宣布2008年选秀的第30顺位前，他在后台耽搁了4分钟，怒斥ESPN官员[他们播出了达雷尔·阿瑟（Darrell Arthur）可能有肾脏问题的流言]，大概爆出了800遍缩写为CNMLGB的词语，让每个人都心生恐惧，然后冷静地慢慢踱上台，笑眯眯地宣布了波士顿的选秀。这家伙是真的举世无双。我第二喜欢的斯特恩轶事：2010年扣篮大赛结束后举办的总裁派对上，我的一个NBA圈内朋友一直没有吃前菜，因为他在等肠仔包。我朋友说，肠仔包是斯特恩最爱的食物；每次NBA派对都会有它们；而且都做得特别大只；最近有次NBA派对上它们没有出现，斯特恩差点儿气疯了。我朋友愿意赌“随便多少钱”说肠仔包肯定会上来的。几分钟之后？一个侍应生端着肠仔包出来了。无比美味。实际上，这有可能是我最喜欢的斯特恩轶事。我得好好想想我更喜欢哪个。

② 译注：史上最伟大说唱歌手之一，1997年被枪杀。

③ 原注：答案是哈特纪念奖，以大卫·哈特（David Hart）医生命名，他是塞西尔·哈特（Cecil Hart）（1924加拿大人队教练兼GM）的父亲。那年哈特医生把奖杯捐给了联盟，于是他们就用他的名字命名了。我没在开玩笑。

球员”这一概念的全部潜力：每个人都要跟每个人正面对抗，比较数据很容易，而且如果你看了比赛，你几乎立刻能看出谁最鹤立鸡群。你需要的只是持续关注整个赛季。如果你把MVP票选结果跟全明星、季后赛结果、各人的数据放在一起，基本上就能对那个赛季的NBA发生了什么有了靠谱的印象，就像奥斯卡四大主要奖项能合理地展示好莱坞各年发生了什么。

当然了，会有一些例外，查尔斯·巴克利赢下了1993赛季MVP，虽说乔丹才是最棒的，而且在总决赛里证明了这一点。你知道谁的名字会永远跟“1993年NBA MVP”同列吗？巴克利。这就是这东西的糟糕之处。一年之后，《阿甘正传》（*Forrest Gump*）击败了《肖申克的救赎》（*The Shawshank Redemption*）和《低俗小说》（*Pulp Fiction*）。如果你只能在这3部电影中选一部再看一次，你会选哪部？我打赌你不会选《阿甘正传》。如果你年纪足够大，回忆一下1994年看完这3部电影后，走出电影院，哪部让你感到最震撼？我打赌，仍然不是《阿甘正传》。我还记得跟当时的女朋友去看的《肖申克的救赎》的日场，[①]离开影院时简直难以置信，坐上她的车后进行了一番“真不敢相信这有多么多么多么精彩”的对话，在停车场聊了整整15分钟。我看完《阿甘正传》后绝对没有这样的事情。虽说我还记得自己当时在思考珍妮怎么会在艾滋病还没出现的时候就死于艾滋病。

那为什么《肖申克的救赎》没有获奥斯卡？因为它的名字太烂了。[②]如果他们取一个普通的好莱坞标题，比如《希望是件好事》或者《爬向自由》，可能会有更多观众能搞懂它要讲什么，然后再去看。如果你在1994年翻阅报纸上的电影排片表，你不会对一部有着奇怪名字、由蒂姆·罗宾斯（Tim Robbins）这样的蠢货主演的监狱电影感兴趣的。相信我，我差点就成了这些人中的一个。我还清楚地记得自己不想要去看《肖申克的救

---

① 原注：假如15年后你还能记得一部电影是在哪儿看的，你就会知道这片子是真的令人难忘。我在布伦特里看的《肖申克的救赎》，在索墨维尔的一家洛斯电影院看的《低俗小说》。（哦，有那种成人片音乐的配乐。）“蹿、擦、擦、蹦、擦、擦……欢迎来到洛斯……坐下来，放轻松……享*受电影*吧！”

② 原注：能比这名字更烂的只有称其为《被尿味笼罩的500码》了。

赎》，但是我爹（很早就爱上了《肖申克的救赎》）跟我说了一些疯狂的话：“听好了，如果你不在接下去48小时内看完这部电影，我就要赶过来斩断你的颈动脉了。”现在？这成了史上最伟大的电影标题之一。一个字我都不会动。虽说这让电影付出了失去750万美元和奥斯卡的代价。至于M. J.，他没有赢得1993年MVP，因为大家都厌倦了给他投票。这是唯一的理由。一个烂理由。

既然MVP在NBA的意义比在其他任何体育中都更加重大，而且我们将要在之后的若干页中通过一个埃及金字塔——没错，不是开玩笑——来评价历史上最好的球员们，我觉得有必要回头去更正之前MVP评选中发生的所有错误和不公正。我还要创造一个“季后赛MVP”，因为我们有常规赛和总决赛的MVP，却没有一个给包括总决赛在内的所有季后赛系列赛的奖项，这实在说不过去。举例来说，如果没有邓肯，2007赛季的马刺不可能赢下总冠军，他是球队全部的低位进攻、最好的防守者、最好的篮板手、最好的盖帽手和精神领袖。当时的邓肯已经打了将近800场比赛（包括季后赛），一侧膝盖有伤，因此他学会了在常规赛里打打酱油，只专注于防守和篮板，把进攻端的能量留到重大比赛及季后赛里。他打了80场常规赛，20+11+3，投篮命中率是生涯次高的54.6%，最佳阵容一队。然后在季后赛里他场均22+12，20场比赛共62个盖帽，马刺横扫克利夫兰夺冠。然后呢？一个法国佬（托尼·帕克）偷走了总决赛MVP，靠的是打爆了克利夫兰的一帮弱得不行了的控卫，4场比赛场均30+4、56.8%的命中率。[1]

想想看，60年后，你的曾孙们在回顾那个赛季。德克·诺维茨基是MVP，托尼·帕克是FMVP……而除了最佳阵容一队和坚实的季后赛数据之外，你又怎么能知道邓肯，很明显，就是2006—2007赛季最好的球队中的决定性球员呢？你不能。这就是为什么应该有一个常规赛MVP、一个总决赛MVP以及一个季后赛MVP，这也就是为什么我要搞出一个现实中不存

---

① 原注：克利夫兰的控卫：丹尼尔·吉布森（Daniel Gibson）、达蒙·琼斯（Damon Jones），还有埃里克·斯诺，2007年我是这么描述他的非凡投射的：“如果我的性命都系于一桩赌局，我要从NBA球员中挑出一个来投一记20尺跳投，要么他不进，要么我就得死，那我会选斯诺来投，然后开心地看着他巧妙地三不沾。”

在的季后赛MVP，创造出一套常规赛MVP的通用规则，还要纠正1956年以来的每个错误选择。不过在此之前，先要提一提MVP评选的3个缺陷。

缺陷1：1955—1956赛季，联盟开始评选MVP，当时由球员控制选票，而写手们负责评选最佳阵容一队和二队①。（唯一的规则：球员不能给自己队的球员投票。）考虑到20世纪50年代的种族主义气氛及对黑人球员进入联盟的抵触情绪，而联盟中有85%～90%的球员是白人，这种情况下谁会期望投票是公平的呢？你可以想想，如果现在也实行这种“由同时代的球员们来选出最好的球员”的规则，你就会发现其中有着天然的危险，而且很可能不怎么客观。评论家之所以是评论家是有原因的——他们的任务就是客观地评论。你没法指望球员们突然间化身为公正的评论员。举个例子来说，2008赛季的球员们都认为科比是个世界级的浑蛋、自大狂和水货。②在这种情况下，如果由他们来投出2008年的MVP，科比还有一丁点儿机会能从克里斯·保罗那儿抢走MVP吗？③而且，考虑到黄蜂队的球员们都很爱保罗，都希望他能赢，他们会不会把票投给一个路人，而不是勒布朗之类的真正有实力的竞争者？只有下面这些东西才应该由NBA球员们来投票：狐臭最浓的家伙，你最不希望自己的女朋友跟他单独相处的家伙，最没明星相的家伙，最强的扑克牌手，最丑的球员，还有最疯狂的、你最不想见到的无耻浑蛋。

缺陷2：从1979—1980赛季开始，一批记者和播音员们被精心挑选出来组成了一个委员会，拥有投票的权力。这造成更多的问题，有的很明显（有的人不一定会关注整个联盟，有的人会对他们每天晚上都持续关注的

---

① 译注：1989赛季联盟才开始评选最佳阵容三队。

② 原注：这是个假设性的举例。你懂的。

③ 原注：实际上，就NBA现在的状况而言——来自不同年龄段的球员要在同时参与比较，而其中有的人甚至从大学时代就已经认识了——完全有理由猜测，现在会有更多的政治活动。勒布朗—梅洛—C. P. 这代人互相之间关系相当好。他们会不会把票都投给保罗？老头子们会不会都投给K. G.？

球员带有偏见，有的人是蠢蛋），有的并不明显（已经被承认了的明星们会有优势，例如竞争者是一个没拿过奖的球员和一个前得主的情况下）。20世纪90年代初，一个更不易察觉的问题开始显现：一个全部由中年白人记者组成的群体，完全看不懂当下联盟的趋势，迷失了他们一度拥有过的正确方向，公开地蔑视新一代的这些以自我为先、爱捶胸、秀着文身、为商业而打球的溢价的球星们。我不得不说这是个问题。我曾经问一位著名的篮球写手是否有DirecTV的NBA赛季通行证①，他令人恶心地往后一缩，就像我在问他有没有去过性爱俱乐部一样。这是一个有着MVP投票权的家伙。我们真的能指望这一年龄在50岁以上、“我爱过NBA不过现在联盟已经是堆垃圾了”的人群做出正确的决定吗？

缺陷3：现在的投票者公开承认他们不知道投票的标准是什么，这主要是因为NBA联盟从来不给“有价值”下一个定义，从而故意增加其中的不确定性。他们喜欢电台主持人和写手们被这事儿弄得心烦意乱。他们想要投票人迷茫于这个奖项到底是给最好的球员的，还是给最有价值的，还是两方面兼备，还是前者占2/3比重、后者占1/3，或者其他任何一种可能的比例。我们只知道3件事情：

1.这个奖项是专门给常规赛的。

2.候选人至少要打55场比赛。

3.好吧。没有了。

明白我们为什么在这一年一度的选择上会有麻烦了吧？这就是为什么我对每一个赛季都进行了研究，确认每一年的选择是绝对合理的、相对合理的还是不合理的，还搞出了自己的MVP定义，这条公式我已经花了10年

① 译注：DirecTV是一家卫星电视台。NBA赛季通行证是一项可以观看任意球赛的付费服务。

时间去修修改改，终于在去年夏天用语言将它表述了出来。[1]我的定义由4个问题组成，从高到低依次如下：

问题1：如果你把每个MVP候选人换成同位置上的一个路人球员，会对他的球队造成什么样的影响？你没法更好地给"有价值"一个定义了。如果你在2009年的夏天把凯文·杜兰特换成了拉苏尔·巴特勒（Rasual Butler），2009—2010赛季的俄克拉荷马会变成什么样？他们能在竞争异常激烈的西部成为8号种子，完全要归功于杜兰特，他是这支全联盟最年轻球队的领袖、队员、发言人和关键杀手。把他换成巴特勒，估计僵尸超音速[2]只能拿下23胜59负，而不是50胜32负。如果只看这个问题来给2010年MVP候选人进行排位，勒布朗排第一，杜兰特第二，德韦恩·韦德第三，德怀特·霍华德第四，埃迪·库里垫底。

问题2：如果两个懂球帝要从全NBA的球员中各自挑出五个人来组队比赛，比赛的输赢将决定他俩的生死，就当季的比赛而论，谁会是第一个被挑走的球员？[3]换句话说：谁是这个赛季的联盟第一人（alpha dog）？总决赛很多时候能回答这个问题……不过不是每一次。我们曾经认为科比是2008赛季的联盟第一人，不过看了他在总决赛里的萎靡[4]表现后——与勒布朗带着一支弱爆了的骑士跟波士顿大战7场而且差点偷走抢七的表现相比——这就不好说了。而这个问题可以把事情变得很简单：我们要打一场11分的比赛，我需要这场胜利，我不能随随便便地做出选择，如果我没第一个选这家伙，他就会被激怒，然后踢爆我们的屁股。这

---

① 原注：这不是胡说。我花在这个MVP理论上的时间就跟乔纳斯·萨尔克（Jonas Salk）花在小儿麻痹症疫苗上的时间差不多。

② 译注：俄克拉荷马雷霆的前身是西雅图超音速。这次搬迁激起了很大的争议。西蒙斯拒绝使用"雷霆"这个称呼，而称其为"僵尸超音速"（Zombie Sonios）。

③ 原注：我觉得哈林区的洛克公园联赛就是这么搞的。我是认真的。

④ 原注：你觉不觉得"萎靡"（wilt）这个词的词源是威尔特·张伯伦（Wilt Chamberlain）？我是认真的。

么说吧，想一想在一场1997赛季的挑人比赛里，如果有人第一个挑的是卡尔·马隆，M. J. 的脸色会变成什么样子。就像《教父2》里迈克·柯里昂听到凯（Kay）说孩子已经被她打掉了时的表情，没错。

问题3：10年之后再说起这个赛季，谁会是第一个出现在你脑海中的球员？每一个赛季都在不同程度上属于某个人。为什么？就像政治媒体可以影响初选或大选一样，篮球媒体也会改变MVP争夺的结果。他们花上10个月的时间来准备各种争论和故事，把话题搞得湿乎乎的。最好的例子莫过于1993赛季：乔丹仍然是最棒的，但是充满争议的巴克利刚刚被交易到菲尼克斯，然后在1992年奥运会上将自己提升了一个等级，成为梦之队中个性最吸引人的家伙和第二好的球员。在他在费城的最后几年里，他被看成一个头脑发热、爱吵吵的笨蛋，开了太多的派对，而且有着极为糟糕的判断力——有一次他不小心朝一位小球迷喷了口唾沫，然后很快到处都是“巴克利向小球迷吐口水”的专题报道——但在突然之间，所有人都爱上了查克的幽默和坦率。当他把那支已经很不错的太阳队带上了另一个级别的时候，巴克利就变成的1992—1993赛季的*那个*故事，对麦迪逊大道造成了不可复制的轰动，并成为了一切体育运动中最富有人格魅力的一个。①

这种“转变”真的让他成为了1993年的最有价值的球员了吗？92太阳赢了53场，49.2%的命中率，每场得112.7分，丢106.2分。93太阳赢了62场，49.3%的命中率，每场得113.4分，丢106.7分。因为巴克利的存在，他们抢到了更多的篮板，但是防守上也更差了。可能93太阳总体上要更好一些，但是，他们的自由球员丹尼·安吉、新秀奥利弗·米勒（Oliver Miller）和理查德·杜马斯、三年级的塞德里克·塞巴洛斯（Cedrick Ceballos）、新教练保罗·韦斯特法尔，这些人就连一点点的功劳都没有吗？你也不能忘记那年西部联盟的情况：1992年的西部特别的

① 原注：那个赛季的NBA绝对需要来一针巴克利牌强心剂。看看M. J. 之外的精英老兵们：马隆、斯托克顿、尤因、哈基姆、杜马斯、德雷克斯勒、穆林、皮蓬、罗宾逊、布拉德·多尔蒂（Brad Daugherty）、马克·普赖斯（Mark Price）。都是好人，但你会愿意和他们中的任何一个去拉斯维加斯玩上一个周末吗？

强，4支球队50胜，9支球队胜率过半；而1993年只有6支球队胜率过半，季后赛的8号种子湖人队只赢了39场。巴克利在常规赛的影响，从纯粹的篮球角度来看，没有像每个人想的那么重大。必须承认，他给球队注入了一股霸气，他是一位已经被证明过的战士，是球队的内线力量，大大提高了主场上座率，使球队成为了冠军的最有力竞争者，把一只好球队提升到了另一个等级。一言以蔽之，这个赛季属于他。当你想到1992—1993赛季时，你第一个会想到巴克利和太阳；然后你会想到，“等下，那不是芝加哥撑过了查尔斯·史密斯（Charles Smith）之战[①]、M. J. 在总决赛里单手毁灭了菲尼克斯的那一年吗？”这个赛季属于谁，本不应该影响MVP的评选。但在1993年，确实有影响。

问题4：如果你选了某人为MVP，而你要向别人——他心中有另外的选择——解释为什么这么做，他是否至少会说“好吧，我不同意，但是我明白你为什么要这么选了”？这个问题是我在自己的2008年MVP专栏里遇到的，当时我选了加内特，没承想被无数其他竞争者的球迷写来的“你这个脑残蜜！鄙视你！”的邮件给淹没了。我知道自己的选择并不主流，但是有*那么*非主流吗？我重新思考了一遍，认为我自己的逻辑很正常、（看起来）很公正：就跟我2005年选择沙克的理由一样——也就是说，加内特彻彻底底地改造了凯尔特人队的防守，让球队发生了巨大的逆转，奉献了自己的领导力和生命力，让球队比上赛季多赢了创纪录的42场——还完成了很多“我当时可就在现场”的表演。但我仍然是不客观的：我几乎看了那个赛季凯尔特人队每一分钟的比赛，而黄蜂队和湖人队的比赛我只断断续续地看了25～30场。我对凯尔特人队的喜爱并没有影响我的选择，但我持续不断的关注影响了我的选择：我完全了解加内特是如何影响2007—2008赛季的凯尔特人的，因为我看了每一场比赛，读了每一篇报道，8个月的时间里每天都持续关注他们。我对克里斯·保罗如何影响黄蜂队有如

---

① 译注：指东部决赛第5战，客场作战的公牛队在最后时刻连续封盖了查尔斯·史密斯的篮下出手，最终一分险胜。

此的了解吗？[①]没有。如果我是一个黄蜂球迷，认真关注了他们奇迹般的转变，我最后不可避免地会赞扬保罗的优点。[②]关键点在于：任何湖人队的球迷都不会同意选保罗而非科比，但是至少他们能理解这里的逻辑。他们并不同意，但他们能理解。好吧，他们不理解选择加内特中的智慧。完全不理解。这确实是个问题。于是我们就有了问题4。

把这些问题像橡皮泥一样捏到一块儿，我们就有了一条值得信任的公式。理想的情况下，我需要的球员首先是没有人可以替代的，然后是联盟第一人，然后这个赛季在某种程度上属于他，然后这个选择即使是有很大偏见的团体也不会过分指摘……除了这些，这家伙还会在季后赛中踢爆别人的屁股，来证明我的选择没错。虽然读起来很合理，但是如你所见，真要做起来的话，这样的选择并不是每年都会靠谱。作为参考，下面我要列出24秒时代以来所有的联盟第一人、MVP获得者和我选择的季后赛MVP。用粗体字标出的MVP获得者，他们的荣誉无可置疑，这是我经过无数次的研究和思考所得出的。

第一人（1955）：多尔夫·谢斯

MVP：**鲍勃·库西**[③]

季后赛MVP：谢斯

第一人（1956—1957）：鲍勃·佩蒂特

---

① 原注：我总是要打“克里斯·保罗”，因为他的名字必须一块儿说。叫他“克里斯”或者“保罗”，总觉得怪怪的。从这个角度来说，他很像我的朋友尼克·艾耶塔（Nick Aieta）。

② 原注：同样的现象发生在父母们的身上：他们花了很多时间和自己的孩子们待在一起，于是他们就会想：“没有别的孩子能像这样！”“他比同年龄的别的孩子要好得多！”顺便提一句，你真该看看我女儿跑步的样子。飞快的步伐，现象级的平衡能力，比别的5岁的孩子要好得多。

③ 原注：他们这年没有这个奖，但库西场均21+8+6，得分榜第二，助攻榜第一。他就是想象中的MVP。

MVP：**佩蒂特（1956），库西（1957）**

季后赛MVP：保罗·阿里津（1956），拉塞尔（1957）

第一人（1958—1965）：比尔·拉塞尔

MVP：**拉塞尔（1958、1962、**1962、1963、**1965）**，佩蒂特（1959），**张伯伦（1960），罗伯逊（1964）**

季后赛MVP：佩蒂特（1958），拉塞尔（1959—1965）

第一人（1966—1968）：威尔特

MVP：威尔特（1966、1967、1968）

季后赛MVP：拉塞尔（1966），张伯伦（1967），拉塞尔（1968）

第一人（1969—1970）：韦斯特

MVP：韦斯·昂瑟尔德（1969），威利斯·里德（1970）

季后赛MVP：约翰·哈夫利切克（1969），沃尔特·弗雷泽（1970）

第一人（1971—1974）：卡里姆

MVP：**贾巴尔（1971、1972、1974）**，考恩斯（1973）

季后赛MVP：卡里姆（1971），韦斯特（1972），弗雷泽（1973），哈夫利切克（1974）

第一人（1975）：里克·巴里

MVP：鲍勃·麦卡杜

季后赛MVP：巴里

第一人（1976—1978）：空缺①

---

① 原注：1976年卡里姆和麦卡杜并列，1977、1978年卡里姆和沃顿并列。

MVP：**卡里姆（1976—1977）**，沃尔顿（1978）

季后赛MVP：考恩斯（1976），沃尔顿（1977），博比·丹德里奇（1978）

第一人（1979—1983）：摩西·马隆

MVP：**摩西（1979、1982—1983）**，**卡里姆（1980）**，欧文（1981）

季后赛MVP：丹尼斯·约翰逊（1979），卡里姆（1980），伯德（1981），“魔术师”（1982），摩西（1983）

第一人（1984—1986）：伯德

MVP：**伯德**

季后赛MVP：伯德（1984、1986），卡里姆（1985）

第一人（1987—1988）：伯德/“魔术师”（并列）

MVP：**“魔术师”（1987）**，**乔丹（1988）**

季后赛MVP：“魔术师”（1987—1988）

第一人（1989—1990）：空缺①

MVP：**“魔术师”（1989、1990）**

季后赛MVP：以赛亚·托马斯（1989，1990）

第一人（1991—1993）：乔丹

MVP：**乔丹（1991—1992）**，巴克利（1993）

季后赛MVP：乔丹（1991—1993）

第一人（1994—1995）：奥拉朱旺

① 原注：实在选不出1989—1990年里“魔术师”和M. J. 谁更好。真的做不到啊。

MVP：**哈基姆（1994），大卫·罗宾逊（1995）**

季后赛MVP：哈基姆（1994—1995）

第一人（1996—1998）：乔丹

MVP：**乔丹（1996、1998），**卡尔·马隆（1997）

季后赛MVP：乔丹（1996—1998）

第一人（1999）：海伍德·雅布罗姆（Haywood Jablome）①

MVP：马隆

季后赛MVP：邓肯

第一人（2000—2002）：沙克

MVP：**奥尼尔（2000），艾弗森（2001），邓肯（2002）**

季后赛MVP：沙克（2000—2002）

第一人（2003—2005）：邓肯

MVP：**邓肯（2003），加内特（2004），**纳什（2005）

季后赛MVP：沙克（2002），邓肯（2003、2005），本·华莱士（2004）②

第一人（2006）：科比

MVP：纳什

季后赛MVP：德韦恩·韦德

第一人（2007—2009）：不详

---

① 原注：我恨透了那个只有50场比赛的超短赛季，每个人都身材走形了。我拒绝选出第一人。你不能逼我做出选择。这就像是硬要在梅毒和肛门疣之间选一个。

② 原注：华莱士的表现：23场比赛，场均10.3分，14.3个篮板，100个盖帽/抢断，总决赛中对沙克的完美防守，超赞的爆炸头。

MVP：诺维茨基（2007），科比（2008），勒布朗（2009、2010）

季后赛MVP：邓肯（2007），保罗·皮尔斯（2008），科比（2009、2010）

于是我们夸张地有了17个赛季的MVP需要细细讨论：1959（佩蒂特），1962（拉塞尔），1963（拉塞尔），1969（昂瑟尔德），1970（威利斯），1973（考恩斯），1975（麦卡杜），1978（沃尔顿），1981（“博士”），1990（“魔术师”），1993（巴克利），1997（“邮差”），2002（邓肯），2005（纳什），2006（纳什），2007（诺维茨基），2008（科比）。[①]我们要把他们分成三类：可以质疑但是更可以接受的，有问题而且显得很弱智的，公然藐视正义、应该逮捕判罪的。在开始之前，我建议你可以给自己倒一杯酒，放上几首约翰·梅尔（John Mayer）的歌，甚至换上件吸烟服。

（准备好了吗……）

（准备好了吗……）

OK，开始吧。

第一类：可以质疑但是更可以接受的

比尔·拉塞尔（1962）

已经两获MVP（和1993年的M. J. 状况类似）的拉塞尔和很多人一样，在1962赛季到达了数据上的巅峰，场均19+24+5，帮助波士顿拿下60胜，为球队提供超人类的防守。如果是媒体投票，拉塞尔会因为“你已

① 原注：再一次，我无视了1999赛季。那年凯尔特人的大部分比赛都是我在看，因为我爸一场都不想看——停摆结束得太突然，联盟里3/4的球员身材都走样了。垃圾一样的赛季。一个奖都不该颁。顺便说一句，这真是个好奖项：“女士们、先生们，下面有请文斯·卡特先生。”

经拿过好几次了所以现在该轮到新人了”定律而落选，威尔特（50+25，NBA最佳阵容一队）或奥斯卡（联盟史上第一个场均三双）会当选。那个赛季最传奇的故事属于他们，此外还有弹球机般的快速攻防，以及埃尔金·贝勒去服兵役，只打了48场比赛——全都是在周末，全都没有和湖人队合练过——却不知怎么砍下超神的38+19+5。①

我会说，埃尔金的38+19+5比威尔特的场均50分和奥斯卡的场均三双更加不可思议。*这家伙根本没有训练！他只是在周末兼职打NBA而已！*威尔特的50+25是可以理解的，因为那时的对抗并不强，再加上他是个超级球霸。考虑到当时的比赛风格，奥斯卡的场均三双也可以理解。不过埃尔金的38+19+5完全讲不通啊。作为美国军队的后备军人，在工作日里埃尔金要在华盛顿州（Washington）服役，住在军营里，只有周末才可以开假条离开。就算有了假条，他也得坐二等舱，转好几次飞机去湖人队比赛的城市与他们会合，匆忙换上球衣，立马就去和NBA最好的球员们对战，然后还要经历跟来时一样复杂的线路，在周一清晨早早地赶回华盛顿。他过了6个月这样的生活。现代球员中唯一能与之相比的是科比的2004赛季，当时他被控强奸，②要在科罗拉多（Colarado）（听证会举行之处）和洛杉矶或湖人队比赛的城市之间反复奔走；那样的表现已经足以让所有人都感到震惊了，虽说他坐的还是包机，住的是最高级的酒店。你能想象科比复制埃尔金的1962赛季吗？这个世界都会被吓呆的。我们会给他个诺贝尔奖。对不起我跑题了。

在20世纪60年代，第一位选票记5分，第二位3分，第三位1分。你只能投3个人。1962赛季MVP票选结果如下：

拉塞尔297分（51–12–6）③，威尔特152分（9–39–17），奥

---

① 原注：这也向你展示了1962年的时候联盟是什么样子的——它甚至没能力暗中使力来让联盟中最令人激动的球员不服兵役。

② 原注：科比给了自命受害人一大笔钱，在案件进入审判之前就达成了庭外和解。之后我们再也没有听到她的消息。我们可以在科比和迈克尔·杰克逊之间来一场“史上代价最昂贵的风流一夜属于谁”的大讨论。

③ 原注：这些数字表示第一、第二、第三位的选票。拉塞尔的51–12–6表示他得到了51张第一选票，12张第二，6张第三。

斯卡135分（13–13–31），埃尔金82分（3–18–13），韦斯特60分（6–8–6），佩蒂特31分（2–4–9），里奇·盖林5分（1–0–0），库西3分（0–0–3）。

你不会相信的，不过我要说几句。第一，埃尔金的赛季实在是太惊人了，虽然他错过了40%的比赛，却仍然能排到第四（甚至还拿走了3张第一位的选票）。第二，威尔特的“传奇”赛季对同时代球员来说实在是印象深刻，以至于只有9位球员（联盟的1/10）把第一位选票投给了他，这也足以说明1962赛季的数据（以及威尔特的自私程度）有多么愚蠢。[①]第三，韦斯特、佩蒂特、盖林和库西得到的第一位选票加起来和威尔特一样多，此外还有12张第二位选票和15张第三位的。韦斯特场均30+8+5，甚至不是队上最好的球员；佩蒂特场均31+19，而鹰队只有29胜51负；盖林场均30+7+6，尼克斯同样29胜51负；库西打出了10年中最烂的一个赛季（16+8+4），场均只打28.2分钟。他们中真的有人能排进前3？你可以说，他们分掉了那些“我恨黑人、他们毁掉了我们的联盟”的人的选票。且不管这些，对拉塞尔的当选我还是感到满意的：统治力球队中的统治力球员。30年后的话，获胜的会是威尔特或奥斯卡，而老子会用生命喷死他们的。让我们继续吧。

比尔·拉塞尔（1963）

伟大的二人对决，一方是拉塞尔（17+24+5，超人类的防守，波士顿60胜），另一方是贝勒（34+14+5，湖人53胜）。两位大神都在各自的巅峰；这很有意义，因为在当时拉塞尔被认为比贝勒更有价值一点儿。[②]票选结果如下：拉塞尔341分（56–18–7），埃尔金252分（19–36–18），

---

① 原注：1962尼克斯被他得100分的那场比赛激怒了，尤其是看到威尔特如何不停地要球，还有勇士队员们在比赛快结束的时候不停地犯规来帮他拿回球权。可以相信尼克斯队员一票都没有投给他。

② 原注：我们是这样知道的：如果波士顿给洛杉矶打电话，提议用拉塞尔换埃尔金，洛杉矶会先想：“哇，可以交易拉塞尔了？”可能还会开一个会什么的。如果是湖人提议了这一交易，奥尔巴克会把他们全都吊死。

奥斯卡191分（13–34–21），佩蒂特84分（3–14–27），韦斯特19分（2–1–6），约翰尼·科尔13分（1–1–5），威尔特9分（0–2–3），特里·迪兴格（Terry Dischinger）5分（1–0–0），约翰·哈夫利切克3分（0–1–0），约翰·巴恩希尔（John Barnhill）1分（0–0–1）[①]，沃尔特·贝拉米1分（0–0–1）。上帝啊！1963赛季的NBA标识上肯定有一个大大的三K党标志。给迪兴格[26+8+3，只出场57次，芝加哥（Chicago Zephyrs）25胜]的那票简直是骇人听闻。就算有些票是有策略的——湖人队没人会投拉塞尔，凯尔特人队没人会投埃尔金，而皇家队的球员说不定埃尔金和拉塞尔谁都不投——也可以发现，那些莫名其妙的票总是投给白人球员的。

说回到埃尔金和拉塞尔。如果是现在，埃尔金会因为“他之前从来没赢过”“他早该拿的、我们欠他一个MVP”之类的混账理由而当选。同样的错误逻辑导致了不少次臭名昭著的MVP惨案（我们后面会提到的），还让马丁·斯科塞斯（Martin Scorsese）终于赢下了一次奥斯卡，靠的是一部以老鼠在阳台上爬过的镜头结尾的电影，就差用霓虹灯在背景上打出**“象征主义！象征主义！”**了。所以说我是不支持埃尔金的。话说回来，NBA历史上所有的“他早该拿的、我们欠他一个MVP”赛季中，1963赛季的埃尔金是做得最好的。他从来没有拿到MVP，这真是个遗憾。

（如果湖人赢下了1963年总决赛的话，我会站到他这边。但他们输了。）

卡里姆·阿卜杜勒–贾巴尔（1972）

具有超凡统治力的联盟第一人、MVP，场均34.6分（生涯最高）、16.8个篮板、4.6次助攻，球队63胜。这是1969—2008年间中锋打出的最佳数据；年轻的卡里姆同时也是那10年中除内特·瑟蒙德外防守最好的中

① 原注：巴恩希尔是圣路易斯的一名新秀后卫，场均12+5+4，没能入选1963全明星队，但是有人给他投了一张第三位的票。什么玩意儿。他的绰号是“兔子”。你难道不怀念那些运动员用动物名字当绰号的日子吗？

锋。所以我不会说这次票选有问题。不过我们应该提一下——重复一遍：仅仅是提一下——湖人队打破了两项纪录（69胜，33连胜），还拿下了杰里·韦斯特的第一冠。不幸的是，没人能搞清楚湖人队中谁才是真核心：韦斯特（26+4+10，联盟助攻王）还是威尔特（15+19+4，65%的命中率，联盟篮板王）？看看具体的投票吧，史上唯一一次有两位队友进入前三名：卡里姆581分（81-52-20），韦斯特393分（44-42-47），威尔特294分（36-25-39）。

于是有了一个有趣的问题：要不要为那些没有明确老大的球队设立一个"并列第一"的特殊选项？58凯尔特人（库西和拉塞尔）、70尼克斯（里德和弗雷泽）、72湖人（韦斯特和威尔特）、73凯尔特人（"洪多"和考恩斯）、97爵士（斯托克顿和马隆）、01湖人（沙克和科比）、05热（沙克和韦德）以及08凯尔特人（皮尔斯和加内特）都可以入选，而且能解决这一章中的不少问题。1972赛季就是个绝好的例子：卡里姆获得单人MVP，韦斯特和威尔特则是双人MVP。怎么样？（你们在对我摇头。）好吧。你们是对的。这个主意太蠢了。

比尔·沃尔顿（1978）

就连最不偏不倚的观察者都会承认，从1977年4月到1978年2月的11个月里，"山人"是当时最伟大的球员，把波特兰带到了超凡的高度上。[①]就在球队到达顶峰的时候，1978年2月13日的《体育画报》——我童年时最爱的几期之一，因为封面上有悉尼·蒙克里夫的超级战斧扣篮——刊登了一篇关于开拓者的专题长文，里克·巴里在文中称他们为"可能是史上存在过的最理想的球队"。这一切都以沃尔顿（19+15+5、3.5个盖帽）为中心，他是第二个拉塞尔，一个无私的大个子，能让队友们变得更好，甚至会和他们一起分享天使粉[②]。就在《体育画报》败完

---

① 原注：我可不属于不偏不倚的观察者。我们等到金字塔的章节再瞧吧；要知道，我什么东西都可能会拿来意淫，除了沃尔顿的1977年托普斯球星卡。

② 译注：一种迷幻剂。

他们人品后两周，这个红头发的大个子足部受伤，缺席了剩余所有的常规赛，直到季后赛才复出，然后在第二场中同一只脚再次骨折，杀死了波特兰夺冠的一切希望，最终还导致了他和球队并不和谐的分手。①

那么……

很难想象有人在缺席了25场比赛后还有资格竞选MVP，更不要说最终还把奖杯带回家了。不过我们在谈论的是一个特别烂的赛季，我们的篮板王（伦纳德·“卡车”·罗宾逊先生）和助攻王（唯一的、独一无二的，凯文·波特）就是明证。卡里姆在揭幕战上给了肯特·本森一拳，为此被禁赛20场，复出之后始终状态挣扎。欧文打出了一个低于平均水平（对他自己来说）的赛季。②最有力的竞争者是乔治·格文（27+5+4，54%的命中率）和大卫·汤普森（27+5+5，52%的命中率），两人都是队内得分王，球队都是各自分区第一，但两人也都不以防守见长。在那个时候，后卫们很难赢得MVP；这件事只有库西和奥斯卡曾经做到过，而“天行者”③和“冰人”虽然都是我们的爱，可他们毕竟还不是库西和奥斯卡。所以沃尔顿得到了最多的选票（96分），格文第二（80.5分），汤普森第三（28.5分），卡里姆第四（14分），一个来自威尼斯（Venice）、名叫曼尼（Manny）的老兄——联盟非正式的可卡因贩子——排名第五（10分）。④

支持沃尔顿的理由：他打了前60场比赛中的58场，开拓者总共50胜10负。他缺席之后的22场，开拓者队以8胜14负收官（注意，前方有一个巨大的“但是/还是”连击），但是，他们还是以58胜排名联盟第一，拥有整个季后赛的主场优势。没错，沃尔顿缺席了24场比赛，却仍然在常规

---

① 原注：“并不和谐”是轻描淡写的说法：沃尔顿要求交易，提起了行医不当的诉讼，失去了不少朋友，在1979年与快船队签约。体育史上最丑陋的分手之一。

② 原注：也就是这年他剪掉了他的爆炸头。大错特错。那个爆炸头让他看起来有6尺10寸那么高，还让他的弹跳至少增加了1英尺。

③ 译注：大卫·汤普森的绰号。

④ 原注：我搞不懂那年的计分方式，他们只给出了最后的总得分。我们只知道，球员们应该都是刚磕完一桶佳得乐那么多的可卡因后投的票。那个时代的可卡因真是个怎么都说不够的哏。

赛中有着无比巨大的影响力，前60场就取得了50胜，而全联盟最终只有另外两支球队在50胜以上：费城（55胜）和圣安东尼奥（52胜）。

反对沃尔顿的理由：借一个奥斯卡奖的例子，如果《老无所依》（*No Country for Old Men*）在倒数35分钟的时候突然莫名其妙地结束，你还会接受选它为最佳影片吗？[说实话，这是个坏例子——那将是这部电影最成功的地方。我恨约什·布罗林（Josh Brolin）死掉后的一切。[①]你休想说服我。过去我讨厌大学里的英文系学生，现在我讨厌英文系学生热烈吹捧、捍卫的电影。最后20分钟烂透了。打死我都不会改变意见的。]换个例子：如果《无间道风云》（*The Departed*）在倒数35分钟的时候突然莫名其妙地结束，你根本不知道迪卡普里奥和达蒙的结局是什么，你还会接受选它为最佳影片吗？不。

千言万语汇成一句话：即便这个赛季只有70%属于沃尔顿和开拓者，他们仍然拥有了它的全部。没有谁更突出了，除了卡里姆（暴打了本森）、克米特·华盛顿（拳击了鲁迪·T）、道金斯（扣碎了两块篮板）、汤普森/格文（收官日的飙分大战）、超音速队（5胜22负的开局，最后还是杀进了总决赛）和曼尼（前面提到的可卡因老兄，你懂的）。对我来说这已经够好了——我会选择万神殿级赛季的70%，而不是一个平淡无趣赛季的100%。就这么愉快地决定了。我们要给那些缺席的比赛破次例。仅此一次。

蒂姆·邓肯（2002）

2002赛季，联盟大肆渲染的是邓肯（生涯年：25+13+4，2.5个盖帽，超级防守）和贾森·基德（15+7+10，超级防守），而这个赛季属于

① 原注：如果我剧透了，抱歉——这片子都已经出来两年了。这让我想起了一件事：1995年的一次跨年派对上，我哥们儿杰克·O. 告诉我说，他没看过《非常嫌疑犯》（*The Usual Suspects*）；我心不在焉，脱口而出："凯文·斯佩西（Kevin Spacey）就是凯泽·瑟泽。"14年后他还在为这件事而生气。你知道吗？我不在乎。如果你从来没有向一位朋友剧透、把他气得火冒三丈，那你的生命中真是缺少了点什么。我跟你讲，我们可能花了一百个小时来讨论我对他剧透了《非常嫌疑犯》的事儿。即使到现在他还是很不爽。这感觉太棒了。

后者。前一个夏天，在被控实施家庭暴力几个月后，基德在一桩饱受争议的交易中与斯蒂芬·马布里互换东家，离开菲尼克斯来到新泽西。①受到这一交易的刺激，基德把万年鱼腩的网队带到了52胜，让纽约媒体都追在他屁股后头；他的无私和组织快攻的天赋都显得殊为突出，同样突出的还有他异常高调的妻子——朱玛娜（Joumana），她总是带着他们的小儿子去看球，似乎对每一个电视镜头在哪儿都了如指掌。②或许基德的2002赛季比不上他在菲尼克斯的2001赛季（17+6+10，41%的命中率），但是在所有人的默认下，基德成了那个史上最烂东部联盟中的招牌故事，③于是有了史上最接近（同时也是最愚蠢）的MVP票选之一：邓肯952分（57-38-20-5-3），基德897分（45-41-26-9-3），沙克696分（15-38-40-25-5），T-Mac 390分（7-5-28-45-10）。

呃……怎么会如此接近？邓肯打了超过3300分钟，得分2000+，篮板1000+，助攻300+，还有200+次的盖帽，把马刺队带到了西部第二，没有缺席任何一场比赛，在提升队友方面除基德外无人可及。看看他的帮手吧：布鲁斯·鲍文（Bruce Bowen），安东尼奥·丹尼尔斯（Antonio Daniels），托尼·帕克，马利克·罗斯，丹尼·费里（Danny Ferry），查尔斯·史密斯（Charles Smith），老态龙钟的大卫·罗宾逊，老态龙钟很久了的史蒂夫·史密斯（Steve Smith），老态龙钟很久很久很久了的特里·波特。这是一支58胜的球队？如果你把邓肯换成斯特罗迈尔·斯威夫特（Stromile Swift）之类的什么人，马刺队大概只能赢25场。此外，湖人队还在总决赛里横扫了网队，残暴程度堪比泰森虐斯宾克斯（Michael

---

① 原注：如果你交易了史上十佳控卫之一，而理由只有“他暴打了他老婆，我们赶快把他送走吧”这一个，我只能抱歉地说一句，这真是个狗屁理由。顺便说一句，这条脚注是艾克·特纳（Ike Turner）写的。（译注：特纳，美国摇滚巨星，因家暴而与妻子离婚。）

② 原注：这导致的结果就是基德在一次飞身救球时压在了自己儿子的身上，造成后者锁骨骨折。善恶终有报天道好轮回啊，不是吗？不该让小孩子们在篮球比赛时坐在场边或者前几排的位置上。这太危险了，所有靠谱的爸妈都应该明白这道理。出了这件事之后我就看朱玛娜很不爽。等等，我最好表现得宽容一点儿。

③ 原注：讽刺的是，2003赛季基德打出了生涯年（19+9+6、41%的命中率），却在MVP票选中只排第九，因为大家都觉得2002年的选择太蠢了。

Spinks）[1]、瑞安（Nolan Ryan）虐文图拉（Robin Ventura）[2]、《黑道家族》里任何一个人在对手戏中虐A. J.（Anthony Soprano Jr.）。到那时我们才意识到："我们知道东部很烂，不过我们没想到有那么烂！"一个在鱼腩东部拿到52胜的球队中39%命中率的家伙，差一点儿就在史上最伟大大前锋数据最好、球队58胜的赛季里偷走了MVP……你知道为什么我不相信MVP票选这一套了吧。

[顺便说一句，这个赛季的沙克仍然是联盟第一人，同时懒洋洋地度过了前82场比赛——部分是因为他很懒，部分是因为从这年起他和科比开始互相看不顺眼了——然后在季后赛开足马力，总决赛中场均36+12。此后，他把这个夏天花在吃东西上。说实话，我真的觉得他把韦恩斯兄弟（Wayans）[3]里的某个人烤完刷上烧烤酱吃了。]

第二类：有问题而且显得很弱智的

鲍勃·佩蒂特（1959）

再说一遍，如果在一个种族主义盛行、对黑人运动员无比仇视的年代，把MVP的投票权交到球员——其中绝大部分都是白人——手中，那这事儿肯定玩过头了。在20世纪50年代，联盟有着不成文的"一个球队最多只能有两个黑人"的规矩；即使到了1958年，鹰队还是连一个黑人球员都没有。所以佩蒂特（白人）能以极大的优势击败联盟中的统治力量兼最强球员（拉塞尔，黑人）而赢得1959年的MVP，把这事儿放在90%的投票都来自白人的背景下看，着实有些可疑。

看看1958年、1961年（拉塞尔获得MVP）和1959年（佩蒂特获得

---

① 译注：泰森只用91秒就KO对手，赚走了2000万美元。

② 译注：著名MLB斗殴事件。

③ 译注：著名喜剧演员家族。

MVP）这几个赛季的数据，再考虑他们的防守能力（佩蒂特平庸，拉塞尔超人），然后告诉我，除了白人的原因外，还有没有别的解释能说明为什么佩蒂特在1959年票选中的得分是拉塞尔的3倍。

数据如下：

球员	年份	得分	篮板	助攻	命中率	战绩	MVP票选	总决赛
拉塞尔	1958	16.6	22.7	3.2	44%	49–23	第一	总亚军[①]
佩蒂特	1958	24.6	17.4	2.2	41%	41–31	第四	总冠军
拉塞尔	1959	16.7	23	3.2	46%	52–20	第二	总冠军
佩蒂特	1959	29.2	16.4	3.1	41%	49–23	第一	西部亚军
拉塞尔	1961	16.9	23.4	3.4	43%	57–22	第一	总冠军
佩蒂特	1961	27.9	20.3	3.4	45%	51–28	第二	总亚军

1959年的票选结果令人震惊：佩蒂特317分（59–7–1），拉塞尔144分（10–25–29），埃尔金88分（2–20–18），[②]库西71分（4–11–18），保罗·阿里津39分（1–7–13），多尔夫·谢斯26分（1–6–3），肯·西尔斯（Ken Sears）12分（1–1–4），克利夫·黑根（1–4–0），杰克·特怀曼7分（0–1–4），汤姆·戈拉3分（0–1–0），迪克·麦圭尔3分（0–1–0），吉恩·舒（Gene Shue）1分（0–0–1）。

猜猜1959年季后赛里发生了什么：埃尔金带领下的33胜湖人，在西部决赛中干掉了鹰队，随后在总决赛中被凯尔特人横扫。

你知道真人秀《单身汉》（The Bachelor）的主持人吧，还记得他每次开场白时都要说的那句“来吧，这是史上最戏剧性的玫瑰仪式”吧？那么，这就是史上最种族主义的MVP票选年。佩蒂特以巨大的优势获胜（说真的，第一选票是拉塞尔的6倍？），有一半的人无视了埃尔金，库兹从

① 原注：拉塞尔在第3战中扭伤了脚踝，缺席了两场比赛，在那个系列赛中再也没能恢复。奇怪的事情在于，凯尔特人在13年的时间里只遭遇了一次重大伤病——在一个体育科学、训练习惯、装备和医生都不怎么发达的时代——而20世纪80年代的凯尔特人和湖人大概遭遇了合计9次致命伤病。

② 原注：埃尔金赢下了最佳新秀，场均25+15，但第一选票的数量跟西尔斯和谢斯加起来一样多。哈？

拉塞尔那里偷走了4张第一选票，另外4个白人球员（阿里津、谢斯、西尔斯和黑根）不知怎么都拿到了第一选票。你甚至都不能为佩蒂特打感情牌，因为他已经在1956年赢过一次了。如果你还不信这是种族主义的原因的话，再想想那个时代[还没有马丁·路德·金，还没有肯尼迪总统，还没有马尔科姆（Malcom X）①，还没有废除种族隔离]，那时的气氛[在棒球里，红袜队在1959年刚签下了他们的第一个黑人球员：不朽的潘普西·格林（Pumpsie Green）]，还有那些故事，比如下面这个，来自《奇闻异谈》一书。湖人队当时要在西弗吉尼亚（West Virginia）的查尔斯敦（Charleston）打表演赛。他们的3位黑人球员[贝勒、布·埃利斯（Boo Ellis）、埃德·弗莱明（Ed Fleming）]②找不到地方吃饭、睡觉，城市里所有的旅馆都拒绝他们入住，不给他们提供用餐，他们只能在灰狗巴士车站自己解决。“跑车”·亨得利和贝勒后来是这样回忆的。

亨得利：“去看比赛的人们希望我能跟埃尔金谈一谈比赛的事情。在赛前热身时，我走进更衣室，他还坐在那儿，没有换球衣。我说：‘他们对你做的事儿是不对的。我知道。但是我们是朋友，这里是我的家乡。为了我，去打这场比赛吧。’埃尔金说：‘“跑车”，你说得对，你是我的朋友。但是，“跑车”，我也是一个人。我所想要的，不过是像一个人那样被对待。’到那一刻，我才开始感受到他的痛苦。”

贝勒：“几天后，我接到了查尔斯敦市长打来的电话，他向我道歉。两年后，我被邀请去那儿打一场全明星赛，我出于礼貌去了。我们住在那个曾经拒绝提供服务的宾馆里。我们想在哪里用餐都可以。他们正准备整合不同种族的学校。一些当地的黑人领袖告诉我说，他们借我和其他黑人运动员在此的经历来给城市施压，以促成改革；这让我感觉很好。但是，

① 译注：美国黑人民权运动领袖。

② 原注：完全被低估的体育界绰号：“布”（Boo）。等我成了体育界的沙皇，我就会命令我们的运动员都要取下列绰号：“布”“古”（Goo）“深夜火车”“蓝月亮”“大鹅”“兔子”“酷老爹”“火鸡”和“坏消息”。

宾馆服务员对我们视而不见的那种侮辱，还有人们因为你是黑人就不卖三明治给你……这些事情你永远都不会忘记。”

是的，事情最终确实发生了改变；有一些改变在1959年就完成了。但是，在拉塞尔和贝勒把职业体育带往一个更好的方向的同时，他们的一些同时代的球员，呃，还在逆历史潮流而动。这是那次差距悬殊的投票的唯一解释。我并不想像《杀戮时刻》（*A Time to Kill*）里的萨姆·杰克逊（Sam Jackson）那样高声尖叫：“他们应该去死！我希望他们在地狱里燃烧！”但是事实是，偏见确实影响了1959年的票选。拉塞尔才是MVP。

韦斯·昂瑟尔德（1969）

昂瑟尔德是子弹队的新秀，有着能把人骨头撞散的挡拆和能直接发动快攻的精准长传，场均14+18，命中率47%，球队57胜。威利斯·里德在纽约尼克斯扮演的角色与此相似，场均22+14，命中率52%，球队54胜。不过昂瑟尔德的MVP分数是里德的两倍多（310：137），还抢走了最佳阵容一队的位置。1969年季后赛第1轮，里德的尼克斯横扫巴尔的摩，大家这才意识到自己有多蠢。①

问题来了：如果你要把MVP给一个场均篮板排在联盟第五、进攻端每场只贡献20分（在这里是14分+3次助攻）的球员，那他最好在防守端是拉塞尔和穆托姆博的混合体。可怜的昂瑟尔德只有6尺6寸，还故意弄了一个酋长头冠式的爆炸头来让自己看起来高一点儿——让人联想到汤姆·克鲁斯穿过一双内增高4英寸的鞋——怎么看也不像是个能保护篮筐、满场追着人盖帽的球员啊。非要说点什么的话，他的价值体现在不太容易为人所注意到的长传和掩护上。或许“大韦斯”是个超级棒的角色球员，一支有竞争力的球队中的完美基石，能让自己的球队变得更好（也同样善于让

① 原注：格斯·约翰逊在季后赛开始前膝盖受伤，子弹队的实力因此大大削弱。不过……MVP就是不应该在首轮被横扫，是吧？臭脾气老编辑说子弹队教练吉恩·舒决定让昂瑟尔德打控卫，负责带球过半场，这个愚蠢的想法废了子弹队。NBA历史上，教练毁掉的比赛和提供的帮助之比应该是8：1左右。

别的球队变得更好——他曾短暂地担任过史上最烂GM）。不过他从来都不是一个*有统治力*的球员，懂了吗?

好吧。那时候，大家都决定要为昂瑟尔德小朋友做点儿什么；这么说吧，他比其他所有人都更能吸引眼球。他的长传很好看，他的掩护很赞，他的篮板数据也足够漂亮，选他当MVP听起来并不会很蠢。但这并不意味着他就比威利斯·里德、比利·坎宁安（25+13，球队表现超出预期），甚至威尔特这样的数据怪兽（21+21，59%的命中率，更不用说盖帽）更有价值。这就像2005、2006两季的史蒂夫·纳什，典型的“没有什么特别突出的球员而我就爱看他打球……好吧就是你了”式投票。如果你投给了韦斯，这会让你自我感觉良好；你觉得自己是个知道关注“数据体现不出的作用”的懂球帝。第二年，韦斯的数据变得更好了（16+17，52%的命中率），子弹队也还是很棒，但他却没入选1970年的全明星，也没进最佳阵容。事实上，他再也没入选过最佳阵容，之后只进了4次全明星。这说明了什么？似乎每个人都觉得1969年的MVP投票有点不够冷静——就像第一次约会之后立刻送了女生一打玫瑰。①

投票结果是这样的：昂瑟尔德310分（54–14–8），里德137分（18–11–14），坎宁安130分（15–16–8），拉塞尔93分（11–8–22）。②我觉得坎宁安应该是MVP，原因如下：费城刚把威尔特贱卖给了洛杉矶，用1美元换来了45美分，但他们仍然拿下了55胜，在一个竞争异常激烈的分区中排名第二。这一切得以实现的关键？坎宁安。篮板狂人卢克·杰克逊在第25场比赛中膝盖报销，于是杰克·拉姆齐博士执掌的69费城欢快地打起了小球，坎宁安顶上大前，阿奇·克拉克和哈尔·格瑞尔搭档后场，切特·沃克负责侧翼，比赛中全场施压，尽可能地提速。他们的成败系于比

① 原注：大一的时候我犯过一个菜鸟级的错误：在跟贾宁·坎宁安（Janine Cunningham）接吻后没几天，我就送了她半打玫瑰花。她夺路而逃。可能送她一把放射性元素都会好一些。她真是个酷酷的萌妹子。我保证她肯定很乐意在这本里被提起。重点在于：对女人和MVP投票都应该尽量冷静一些。

② 原注：拉塞尔没能当选最佳教练，我真是义愤填膺。还有什么别的教练每场要打45分钟的吗?

利一身，他要用三号位的身高（6尺6寸）打四号位，尽可能多地待在场上（82场比赛全勤，共3345分钟），每晚和海斯、卢卡斯、约翰逊、德布舍尔肉搏。他成功地完成了这一切，得分榜排第三，篮板榜排第十。这个赛季正处于过渡期，没有谁是联盟第一人，坎宁安的上述表现就是联盟中最精彩的了。天知道为什么大家会更爱看韦斯·昂瑟尔德的掩护和挡拆。我投比利·坎宁安一票。

鲍勃·麦卡杜（1975）

史上前25的球员（里克·巴里）的常规赛巅峰（31+6+6，抢断和罚球命中率均为联盟第一），球队西部头名，总决赛中带领勇士队下克上击败华盛顿，表现华丽丽的（28+6+6，17场季后赛50次抢断）。史上前65的球员（麦卡杜）在同一个赛季达到巅峰（35+14，命中率52%，3539分钟上场时间），球队东部第三，首轮抢七输给华盛顿（后者后来被金州横扫）。[1]麦卡杜在进攻端可算领先于自己的时代，并打出了精彩的一季，但是巴里的传球、无私和总体感觉让他显得更加出众。不幸的是，我们仍然还抱着“看呀，大个子总是比别人更有价值”的想法，这种偏见因为奥斯卡和韦斯特在20世纪60年代没能夺冠而愈加深刻，直到伯德和“魔术师”出现后才有所转变。

但这种理由还不能完全显示当年MVP票选的糟糕程度。这次我们可以很有把握地说：“大家都恨某人。”看看前五名吧：麦卡杜547分（81-38-28），考恩斯310分（32-42-24），海斯289分（37-26-25），巴里254分（16-46-36），卡里姆161分（13-21-33）。巴里可是联盟中最好的球员啊，在季后赛中也得到验证了……他才第四？搞什么？巴里是联盟中最被厌恶的球员，抱怨每一声哨响，用各种白眼和“你怎么这都接不住”的耸肩动作出卖队友，还恬不知耻地参与了电视事业（为CBS电视

---

① 原注：公平地说，麦克打出了一个怪兽级的系列赛，场均37+13，惊人的327分钟，甚至还跟队友交流了两次。

台兼职）。我们不能忽视巴里身体里的邪恶血液：他跳去ABA打球，是个浪投狂，还有着不愿与黑人球员同场竞技的坏名声。[①]那么，如果他完全改变了自己的职业生涯，成了队长，在抢断和罚球命中率上领先联盟，得分为联盟第二，助攻数（492）为联盟前锋第一，除篮板外的每一项数据都为全队最高，人们又会怎么看呢？里克·巴里依然没有任何一丁点儿机会，只要还是由球员们投票。他们觉得他就是个白痴。这可能是事实，但在1975年，没有人比他更有价值。

朱利叶斯·欧文（1981）

这个赛季是同区对手欧文（25+8+4，费城62胜）和伯德（21+11+6，凯尔特人62胜，并在收官战中击败费城从而拥有主场优势）的两人慢跑赛[②]。“博士”成为了那个赛季更“性感”的一个故事，因为费城展现出了一种无私的气质，所以在赛季半程的时候人们就已经决定了：“OK，这是属于‘博士’的一年。”与此同时，这个赛季，伯德不声不响地大发神威，先是连续打出了许多双二十的比赛（做客费城36+21，做客芝加哥35+20，做客克利夫兰21+20，做客纽约28+20），率队打出了一波25胜1负的高潮，然后大腿受伤，带伤打了一个月后王者归来，在2月份的西海岸之旅中面对西雅图砍下23+17+8、4次抢断，24小时之内又在洛杉矶砍下36+21+5、5次抢断、3个盖帽（“魔术师”当时

---

① 原注：巴里在1974年12月的一篇《体育画报》文章中说了一段令人瞠目的话来为自己辩护：“我们喜欢对方，是因为我们是什么人，而非因为我们的肤色。有一天我跟查利·约翰逊（Charlie Johnson）开玩笑，说：‘别扯什么你们受到歧视。所有的伟大侦探都是你们，不是吗？波士顿·布莱基（Boston Blackie）、萨姆·斯佩德（Sam Spade）、魅影（The Shadow）……’当时的气氛棒极了。”天哪！快把他的麦克风切掉！想象一下如果今天有人说了这些话。ESPN会就此召开一个12小时的市政厅会议的。我觉得里克·巴里让这本书提升了3%的价值。我真的这么觉得。[译注：波士顿·布莱基、萨姆·斯佩德、魅影都是当时小说、电影中的著名侦探，而且都是白人。但“布莱基”（Blackie）与“黑色”（Black）双关，“斯佩德”（Spade）与“黑桃”双关，影子也是黑色的，因此巴里有这样的玩笑。]

② 原注：你真的不能称之为“竞争”，因为两个人都不在各自的巅峰。

因伤在场边观战）。到赛季的最后一个月时，我认为所有人都应该同意：（1）伯德和“博士”完全不分上下；（2）获得主场优势的家伙应该拿下MVP。可他们偏偏不那么想。收官战在波士顿举行，伯德砍下24分获胜，表现得无处不在——第1节就得到5次抢断——而欧文表现挣扎，只拿到19分。到了1981年的东部决赛，76人与凯尔特人相遇，费城在手握3：1领先优势的情况下自毁前程，而伯德在第7场用一记打板投篮赢下了比赛。那个系列赛，伯德27+13+5，“博士”20+6+4。两周之后，凯尔特人队在休斯敦夺冠。关于这“属于‘博士’的一年”，我们就说到这里。

是不是说伯德就是当时联盟中最好的球员？倒也未必。你完全可以说是摩西，从1979—1983年他都是联盟中最好的中锋，只不过摩西带领着一支低于标准水平的火箭队，1980年只拿到41胜41负，1981年40胜42负。（如果一个人没法把球队带到胜率过半，那真的很难去为他辩护说他有多大价值。）那么，如果我们必须把MVP给一个并非联盟第一人的球员，那么最好是给一个打出了生涯年的伟大球员——再说一遍，在1981年这事儿没有发生——也就是说现在应该使用那条久经时间考验的“最佳球队中的最佳球员”法则。那就是伯德。

现在，你可能会说：“管他的，那年没有一个脱颖而出的MVP，每个人都知道伯德以后肯定会拿到一座，所以我很高兴看到‘博士’能拿到一次，他对联盟可有着重大的意义。”首先，你这么想就说明你是个蠢蛋；我们会告诉“博士”他对联盟的重大意义的，那是在6年之后，他在退役之旅上收到了无数的礼物。第二，MVP奖杯并非是我们用来表达喜爱之情的东西——不是钻戒，也不是等离子电视或情趣内衣。MVP是什么？是一项荣誉，一项可以无可辩驳地表明“我们中的大多数人同意此人就是这个赛季中最重要的球员”的荣誉。等到1981年季后赛结束的4个月后，伯德登上了《体育画报》的封面，那篇专题文章的题目是“NBA综合能力最好的球员”。为什么他们没有在他狂砍双二十的时候就意识到这回事？如果伯德被认为是当时NBA综合能力最好的球员，那一年又没有一个绝对能拿MVP的家伙，伯德的球队还拿到了总冠军，可我们把MVP给了别人，那么我们就犯了一个大错，就是这样。[①]

德克·诺维茨基（2007）

下面一段文字来自我为2007年MVP写的专栏文章（因为空间的原因我稍微删减了一部分），指出诺维茨基不符合我的MVP三问[②]却最终当选的原因：

从数据上看，诺维茨基的最佳赛季是2005和2006赛季，他2007年的数据排在拉里·伯德第九好的赛季之后，查尔斯·巴克利第十好的赛季之后，卡尔·马隆第十一好的赛季之后。诺维茨基的投射命中率确实非常绚丽（50%的投篮命中率，90%的罚球命中率，42%的三分命中率），但是他的场均数据（24.6分，9.0个篮板，3.4次助攻）看起来就像汤姆·钱伯斯的某个巅峰赛季。如果你纯粹因为某人的进攻而把MVP给他，他最好是个杀神级的进攻球员。但你没法这么描述2007年的诺维茨基。

支持这个德国大个子的理由很简单：他是联盟中最值得信任的关键球执行者，一支66胜球队中最好的球员。当然，当97公牛赢下69场时你们本来也可以这么描述乔丹的……可他却排在了马隆的后面。再说一次，或许史蒂夫·纳什的连庄MVP已经把这个奖项变成了这么一个玩意儿：一场人气竞赛。这已经变得像是一场《美国偶像》了。既然今年人们都希望看到这个德国大个子获奖，那么他就会获奖。而极为讽刺的是，纳什今年打出了他最棒的一个赛季，但是所有人都无视了他而去关注诺维茨基……你可以把德克换成邓肯、K. G. 、波什、布兰德（Elton Brand）或其他任何精英大前锋，小牛还是能赢下55～65场。但是2007年的太阳队就像是一辆复

---

① 原注：得出这个结论所运用的事实、理论和经验法则，跟这一章中的每一英寸都是一样的。如果你还是觉得我是个偏心的主队蜜，那就滚蛋吧。PS：伯德的1981年总决赛MVP也被抢了；塞德里克·马克斯韦尔以6：1的票数胜出，情况就跟邓肯/帕克差不多。我觉得人们只是很激动能给某个绰号是“玉米面包”的家伙投票。

② 原注：问题3的答案是吉尔伯特·阿里纳斯（Gilbert Arenas）。问题2是科比。问题1是纳什、T-Mac，或勒布朗。就像我写的那样：“一般来说，最合理的MVP竞选人应该符合其中的两个问题（最理想情况下是3个）。这个赛季并非如此。”问题4当时还没有“发明”出来。

杂精巧的意大利赛车，有着十分独特的配置，而纳什是这个星球上唯一一个可以熟练地驾驶这辆车、不跟墙壁来个亲密接触的人。难度爆表啊。没错，今年是我心中纳什最好的赛季。

我有没有给他投票呢？勉强算是吧——纳什是我的票选第二位（我没法把我的第一位选票投给一个纯粹的防守漏勺），而球迷们是我的MVP，因为他们必须忍受这个历史上最不具观赏性的赛季。我知道，我知道，这很蠢。[①]我希望我们对待MVP、奥斯卡奖和艾美奖可以采取如下手段——如果某一年没有人有资格获奖，我们就把这个奖留到明年，颁一个价值两倍的大奖，就像高尔夫球逐洞赛中在某个洞打平时把奖金留到下一个洞一起算。奖项应该是自己挣来的，而非别人发出去的。

你知道德克惨案最后的结果吧：金州干掉了达拉斯，完成了NBA史上最大的下克上表演；当勇士队在第3场比赛中在疯狂的金州球迷面前屠杀了小牛之后，我们就对黑八的结果不再感到惊诧了。在第4战之后、第5战之前，我们都已经看清为诺维斯基先生的MVP的正确性作证是多大的错误，我当时写了这么一段话：

我们即将在10天之内见证NBA历史上最尴尬的时刻。剧情大概会如下：

[在第2轮某场比赛的中场时刻，我们会看见吉姆·格雷（Jim Gray）、大卫·斯特恩和诺维茨基尴尬地站在孤零零的一个镜头前。]

格雷：现在将要颁发2006—2007赛季最有价值球员奖。欢迎NBA总裁大卫·斯特恩。

斯特恩：滚。立刻。

---

① 原注：这么做一半是在抗议（对这个垃圾一样的赛季），一半是在戏仿[因为那年的《时代周刊》（*Times*）把年度人物颁给了“你”]。这是我人生中最二的一个主意。几乎在网上引起了骚动。到现在我还会收到为此而骂我的电子邮件。

（格雷遁走。）

斯特恩：好吧。德克，或许季后赛的结果和你预想的并不一样，但是在我执掌联盟23年里最烂的一个赛季中的82场毫无意义的比赛里，你确实是这个糟糕联盟中最好的球员。不幸的是，这个奖项的投票恰恰是在常规赛之后，所以这些选票没有把你在第一轮对阵金州时的隐身表现考虑进去。你不仅没有像一个MVP应该做的那样振作起来，整个系列赛中你都在抱怨和牢骚，让你的队友受辱，使你的球迷蒙羞。在大卫·哈塞尔霍夫（David Hasselhoff）之后，你是第一个让全美都感到异常尴尬的有着德语姓氏的人。我不知道是应该把奖杯交到你手上还是砸到你脸上。不过你很幸运，因为现在是电视直播，所以我只能把奖杯交到你手上，然后恭喜你获得了2006—2007赛季的最有价值球员奖。我得马上走了，我已经忍不住要吐了。

德克·诺维茨基（接过奖杯）：谢谢你，总裁先生。

（斯特恩恶心地对他摇头然后走开。）

咔！

现实差不多就是这样子。此前从未有一个在那么短的时间内刚被羞辱过的球员在如此尴尬的情况下接过这座奖杯。可怜的德克迅速闪去了澳大利亚，理了个安迪·杜弗伦（Andy Dufresne）之类的发型。现在回顾起这件事，如果你忽略我的逐洞赛建议，那么2007年MVP就应该给纳什，因为他本不应该在2005或2006年获奖（我们待会儿会说到）。所以，非常奇怪地，他得到了他应得的，虽然他实际上不应得。我知道这就像让一个指定打击[①]当选棒球MVP，但是我们没有别的选择了。你一定得

① 译注：指代替投手打击的球员，只在进攻时打击，防守时不需要守备。

相信我。[①]

第三类：公然藐视正义、应该逮捕判罪的

我们要从八到一进行排序：

8.科比·布莱恩特（2008 MVP）

他不停地抱怨和要求交易，在赛季开始前诋毁队友。最开始几周他打卡上班似的打打酱油，之后才渐渐“接受”了他的队友，直到加索尔交易完成后才真正打起精神。从那时起的整整两个月里，我们不管在哪儿都会听到人说，说这是属于科比的一年，说他终于“开窍了”，说他正打出个人最全能的表现，说他已经变成了场上和场下的领袖了，说他甚至开始和队友们一起吃晚饭，还学会付账了。这些修正主义童话在季后赛前三轮中变得越来越声势浩大，但最终在总决赛里统统灰飞烟灭；科比在总决赛里没有打出哪怕一场伟大的比赛，在必须拿下的第6战里打得很差（下场时是一副令人惊讶的温顺态度）。湖人迅速崩盘，这也证明了我长久以来一直坚持的观点：“科比是一个领袖”这件事还只处在进程当中。

奖杯应该是克里斯·保罗的——没有谁比他对自己的球队和城市意味着更多——如果不是他，也应该是加内特。我到现在还是不敢相信，所有人都愿意去买科比的狗屁账。正如事情后来发展的那样，他们的选择早了一年。

---

① 原注：纳什和太阳在季后赛中几乎击败了圣安东尼奥多纳吉队。顺便说一下，MVP之争本应该在3月中旬的一场达拉斯对菲尼克斯的比赛后就尘埃落定，纳什表现得更好，砍下32+8+16，在这场双加时的胜利中几乎打进了每一个关键球。我跟豪斯和杰克·O.一起看的比赛，我们都同意那是2007赛季的重大时刻；纳什比诺维茨基更渴望胜利。你看得出来。我还记得豪斯说道：“MVP争夺战到此结束了。”德克最后是怎么赢的？我不知道。唯一的好消息：2009年，德克跟一个37岁、拥有8个化名和惊人信用卡诈骗纪录的女人订婚了，得知此事后我花了整整一个礼拜在eBay上刷消息，看她有没有把他的2007年MVP奖杯挂出来。

7.史蒂夫·纳什（2005 MVP）

一个奇怪的选择，随着时间的推移而越来越让人不解。随着hand-check规则[1]的修改，我们进入了“让篮球重新娱乐起来”的时代，纳什在这时脱颖而出，这位菲尼克斯的四分卫带领球队打出了令人兴奋不已的进攻。所有人（包括我在内）都被他的表现搞得神魂颠倒，居然有人能像库西一样激发控球后卫这一位置的全部潜能；渐渐地，事情越搞越大，写手们把他设为MVP的竞争者。一开始，这事看起来有些荒谬，因为这是第一次——（1）一个纯组织者获奖，（2）一个非建队核心球员获奖，（3）一个防守漏勺获奖。这可是3个大缺陷。

纳什/MVP的鼓吹中暗含种族主义吗？有，但很间接。支持纳什是件很有趣的事。这个长发飘飘的加拿大老兄长得与凯利·利克（Kelly Leak）有几分相似，是一辆不带刹车的摩托，有许多老派的招式（比如他标志性的跑投），知道如何搞定快攻，让队友变得更好，而且在场上总是镇定自若。他的风格（独一无二，令人兴奋）和肤色（一个黑人数量占压倒性优势的联盟中的白人）使他显得尤为卓尔不群。除此之外，他还是联盟最重大的新话题，“看史蒂夫·纳什打球很有趣，他为什么不能是MVP呢”的专栏和电台新角度也应运而生。[2]从这里开始，一切都变得像滚雪球一样了。先是沙克受困于许多小伤小病，而德韦恩·韦德把自己提高到了“穷人版M. J.”的高度，沙克的MVP竞选活动因此出现了裂痕，于是纳什的大门打开了，媒体评论（专栏文章和电台）纷纷鼓吹说：“观看一个那么无私、举手投足那么有风度的家伙打球实在是太棒了！”这其实是“我很欣慰他不是那种身上大片文身、每打出一个好球后都要捶胸怒吼的自私黑人”的委婉说法。鼓吹纳什的浪潮就像激发理查德·金布尔（Richard Kimble）医生的那列失控的火车一样[3]横行开来。再加上

---

① 译注：Hand-check，指在防守对方持球队员时主动用手掌接触对方身体的技术动作，常见于防守突破时用手掌抵住对方的腰部。该动作从2004—2005赛季开始被禁止。

② 原注：这不是个种族主义问题。要是他长得像厄尔·博伊金斯（Earl Boykins），事情也会变成这样。人们总是偏爱处于劣势的人，尤其是那些发型不佳的家伙。

③ 译注：电视剧、电影《亡命天涯》（*The Fugitive*）中的情节。

NBA既得利益者对纳什的推动——记住，他被认定是这个12个月前刚被一桩强奸审讯搞得焦头烂额的联盟的未来——再加上评奖阶段风行开来的“再没有谁特别亮眼的了，我真还挺喜欢看这家伙打球……管他呢”逻辑，只有很少几个人觉得可怜的沙克被打劫了。①我们2004—2005的最终投票结果：纳什，1066（65-54-7-1-0）；沙克，1032（58-61-3-3-1）；诺维茨基（0-4-43-30-16）；邓肯（1-0-40-13-19）；艾弗森（2-4-20-20-23）。②

我支持沙克，因为一道跟两件无可争辩的事实有关的简单数学题：

1.湖人2004年57胜，2005年34胜。

2.迈阿密2004年42胜，2005年59胜。

我不是比尔·詹姆斯，但这些数字我还是算得来的：沙克里外里改变了40场胜负，改变了西部和东部的力量均衡，本可以拿下总冠军，只可惜韦德在东部决赛3：2领先时受伤了。正如我在当时写下的：“这一年非常特殊，人们现在终于*了解他*了——他打出了一个突破性的赛季，在我个人看来。现在，在体育界，没有一个比他更受喜爱、更具个人魅力、更娱乐性的运动员了。当我想起2004—2005赛季，我会第一个想到沙克……这是对一个MVP最好的定义。至少对我如此。”我现在仍然这么想。

6.“魔术师”·约翰逊（1990 MVP）

你可以在某个公共场合跑去找查尔斯·巴克利——21点牌桌、拳击

---

① 原注：沙克在为09太阳效力时成功复仇，据报道，本来纳什计划要拍一个跟其他伟大运动员在他们的领域中一较高下的真人秀，但这个点子被沙克剽窃了。纳什聘请了一名娱乐业律师，威胁要起诉沙克，最后得到了一个执行制作人的名号。而且这一过程中他们一直是队友！你不会相信的，但09太阳错过了季后赛。

② 原注：我最喜爱的2005年MVP票选细节：某个白痴把一张第一选票给了阿马雷·斯塔德迈尔，一个生涯完全因纳什而改变的家伙。这就像把诺贝尔医学奖颁给怪物弗兰肯斯坦而不是制造它的弗兰肯斯坦博士。

场、地下赌庄什么的——说起1990年的MVP之争，然后看他的反应。他会说："我的第一位选票最多！这是唯一一次出现这种状况！首先，我想知道为什么我得到的第一位选票最多却没能得奖！我觉得你们只能给一个人投票——我不知道为什么你们要分出个一二三四位。第一，他们在选奥斯卡奖的时候可不会这样。首先，要么你是最强的，要么你不是。所以第一，如果更多人觉得我是最强的，那么我就是MVP。所以第一，我应该是MVP。第二，'魔术师'应该把那个该死的奖杯还给我！"

3个竞争者的情况：

魔术师：22+12+7，79场，2937分钟，63胜，世界级的防守巨坑，因在卡里姆退役后仍然带领湖人队高奏凯歌而饱受好评，虽然弗拉德·迪瓦茨（Vlade Divac）/迈克尔·汤普森的组合其实更好用，最好的4位队友：詹姆斯·沃西、拜伦·斯科特、A. C. 格林、迪瓦茨，季后赛25+6+13，命中率49%（9场、第2轮出局），他三座MVP中最弱的一年。

巴克利：25+12+4，1.9次抢断，命中率60%，79场，3085分钟，53胜，平均水准以下的防守者，最好的4位队友：约翰尼·道金斯（Johnny Dawkins）、里克·马洪、赫西·霍金斯、迈克·格明斯基（Mike Gminski），季后赛25+11+6，命中率54%（10场、第2轮出局），截至当时总体表现最好的一年。

乔丹：34+7+6，2.8次抢断，命中率53%，82场，3197分钟，55胜，得分王、抢断王，最佳防守阵容一队，最好的4位队友：斯科蒂·皮彭、霍勒斯·格兰特、比尔·卡特赖特、约翰·帕克森（John Paxson），季后赛37+7+7，命中率51%（18场比赛、东部决赛出局）。

投票结果："魔术师"636分（27–38–15–7–4），巴克利614分（38–15–16–14–7），乔丹571分（21–26–30–8–5）。

所以人们都只记得巴克利被黑了，实际上乔丹被黑得更惨。看看他惊人的进攻数据，再想想：（1）他是联盟中防守最好的非中锋球员；（2）巴克利或“魔术师”防不住任何人。[①]为什么乔丹没能获奖？第一，媒体仍然在传播什么伯德和“魔术师”“知道如何赢球”、乔丹“还不知道如何赢球”的言论（简直是胡说八道）。第二，巴克利突然成为了一个有趣的选择，他扛着一支弱爆了的76人队前进，还在收官战中和底特律打了惊天一架。第三，M. J. 仍然被迫承受着“自私”的责难，虽然他的命中率高达53%。你难道不希望他再多投几个吗？在所有人都称他为球霸的1989和1990赛季，M. J. 场均7.2次助攻，出手23.1球，罚9.2球。到了1993赛季，所有人都说他已经完全接受了三角战术，信任他的队友，那季他场均5.5次助攻，出手25.7次，罚7.3球。在我看来，乔丹在1988赛季就已经到达巅峰了，而他用了整整3年来升级队友，以避免在每年春天被黑。他是我的1990年MVP。

5.戴夫·考恩斯（1973 MVP）

4个因素扰乱了这个赛季的评选：波士顿几乎打破了常规赛胜场纪录，68胜14负（于是大家都觉得应该投给一个凯尔特人球员）；卡里姆已经连拿了1971、1972两年的MVP（于是大家都觉得应该投给别的什么人）；联盟进入了一个“所有人都表现得配不上自己的薪水、对比赛毫不上心”的时代（于是考恩斯这样认真积极的人脱颖而出）；球员们（当时仍负责投票）没有意识到波士顿所在的分区有21胜61负的布法罗和9胜73负的费城，而密尔沃基在一个竞争更为激烈的赛区取得了60胜22负，场均得失分差比波士顿更高。此外，你很难在那支凯尔特人队中选出一个最好的球员——考恩斯（21+16+4，负责篮板）、约翰·哈夫利切克（24+7+7，负责关键球）、乔乔·怀特（19+6+6，负责控球）都同样

① 原注：湖人队在1990年季后赛中被菲尼克斯虐了，基本上就是被凯文·约翰逊撕成了碎片。这么说吧：如果你是一个1987—1991年间的速度型控卫，而你没法打爆湖人队，那你真的得好好想想了。

不可或缺。我很难相信考恩斯比哈夫利切克更有价值。最后的票选结果也能反映这个问题：考恩斯444分（67–31–16），卡里姆339分（44–24–27），内特·阿奇博尔德319分（44–24–27），威尔特123分（12–16–15），哈夫利切克88分（12–16–15）。

听起来我们需要给1973年的选票设置一个双人MVP的选择。与此同时，联盟中最好的球员（卡里姆）场均可以得到30+16+5，为困境中的雄鹿队（一堆伤病问题，瓦利·琼斯的状态一路走低最终被裁，①“大O”威风不再）提供超人的防守，并经历了一场个人悲剧：一个敌对的穆斯林教派组织闯进了他位于华盛顿特区的房子里，杀害了他的7位教友。（2月19日的《体育画报》甚至为他写了一篇题为“风暴中心”的文章。）然后呢？雄鹿队仍然赢下了60场。卡里姆的票数被阿奇博尔德分去了不少，后者是联盟历史上第一个同时获得得分王和助攻王的球员——此外还是上场时间（令人大跌眼镜的3681分钟）、投篮命中数、罚球命中数、投篮出手数、罚球出手数的第一——球队36胜，没能打进季后赛。如果你的球队输了46场比赛，你还真的会是“最有价值”吗？更不要说一个控卫场均出手接近27次、上罚球线10次这件事有多蠢。以赛亚本来也可以这样胡来；还有克里斯·保罗、凯文·约翰逊、膝盖受伤前的蒂姆·哈达威。但是他们没有这么做。为什么？*因为这会毁了他们的球队！他们是控卫啊！* 1973赛季之前和之后，我们都再没见过这样的表现了，这绝对是件好事。总而言之，卡里姆被打劫了。

4.查尔斯·巴克利（1993 MVP）

如果那4位在1993年把MVP第一位选票投给帕特里克·尤因的媒体人现在正在读这一段的话，请放下这本书，然后花上一个钟头想办法把脑

① 原注：雄鹿相信琼斯在嗑药，雇佣私人侦探跟踪他，因“体重和体力下降”而对他实施医疗禁赛，最终开掉了他。琼斯声称自己是无辜的，起诉雄鹿，要求拿回剩余的工资，最终得到了自己的钱，毕竟密尔沃基的“一旦有人减重且行为怪异那么他一定是嗑药了”说法的法律效力跟“是她自己说要的”差不多。

袋塞进你的屁股里。你们竟然还真的干了；我真想看看你们再干一次。你们是怎么和自己一块儿生活下来的？1993赛季的前3名球员的质量堪比1962、1963、1965赛季，还有1987、1988赛季的背靠背伯德-“魔术师”-M. J. 之争。[①]看看这些数字吧：

巴克利：835分（59-27-10-2-0）：26+12+5，命中率52%，62胜，综合表现最好的一季。

哈基姆：647分（22-42-19-12-2）：26+13+4，命中率54%，150抢断，342个盖帽（联盟第一），最佳防守阵容一队，55胜，截至当时综合表现最好的一季。

乔丹：565分（13-21-50-12-2）：33+7+6，命中率50%，221次抢断（联盟第一），最佳防守阵容一队，[②]仍然是联盟第一人。

没错，史上前二十球员中的3个都打出了标志性的一季！不幸的是，有86位投票人无视了乔丹和哈基姆是史上防守最强的球员之二而巴克利甚至防不住罗恩·科维奇（Ron Kovic）[③]这一事实。一支篮球队难道不应该有得分和阻止对手得分这两项任务吗？如果是在那时，我会投M. J. 第一，哈基姆第二，巴克利第三。而且事实会证明我的选择是正确的，因为

---

① 原注：我认为1987年是NBA现代最精彩的角逐。“魔术师”排名第一，打出惊人的24+12+6，从卡里姆那里接过了洛杉矶老大的位置。M. J. 场均37分，正式成为“下一个伟大的球员”，排名第二。伯德交出了生涯最好的赛季（28+9+8，53%的命中率，40%的三分命中率，90%的罚球命中率，超赞的金发爆炸头），仅仅排名第三的原因不过是因为所有人都已经厌倦了继续给他投票。如果这是史上最伟大的前锋和控卫的生涯年，还是史上最佳球员爆发的一年，那简直太棒了。

② 原注：这必须是史上最好的防守阵容一队了：皮彭、哈基姆、罗德曼、乔丹、杜马斯，都处在各自的巅峰。哇。如果选一个20世纪90年代的首发，你想靠防守打爆对手，这是个不错的选择。

③ 译注：越战老兵，著名反战人士，下肢瘫痪。

乔丹在1993总决赛里毁灭了太阳队。就是这样。

3.史蒂夫·纳什（2006 MVP）

在我2006年的MVP专栏文章里，我把纳什排在了第五："就上个赛季来说，他是个可爱的选择，因为没有别的特别突出的候选人，而且我也能理解为什么大家会被说服去投他。（就像是在酒吧里点了什么奇怪的外国啤酒，装在深绿色的瓶子里，名字有13个字母、完全不知道怎么念，只是别人都在喝，于是你对自己说：'哦，管他的，我不想再喝平时喝的那种啤酒了，让我试试新玩意儿。'）但是今年？我不是说应该无视他，但是如果你最终真的选了他，要么你看的球还不够多，要么你只是想看到一个白人赢下连庄MVP。"

在同一篇专栏文章里我写了选择科比的原因（有删减）：

你不知道这让我多么想死。但是"曼巴"通过了全部三个MVP问题……

问题3的答案

科比。这家伙对阵达拉斯时3节砍下了62分，几周之后面对多伦多拿下81分。他是NBA历史上第5个场均35分以上的球员（其余人是威尔特、M. J.、埃尔金、里克·巴里）。他与沙克和好了。他与菲尔和好了。他与耐克和好了。他出现在《灌篮》（*Slam*）的封面上，身上盘着一条曼巴蛇。除了没被《威尔和格蕾丝》（*Will and Grace*）拿来当哏，他已经做到了一切事情。没有谁比他被写手、播音员和电台主持人们黑得更多，但科比仿佛是以这些负能量为食。每当人们觉得他快累垮了，他就会再砍下一场50分迅速打脸。科比冷酷无情，不知疲倦。这是对他这赛季表现的最佳表述。①

---

① 原注：他的数据：35.4分，5.3个篮板，4.5次助攻，45%的命中率，27.2次出手。他赢下了45场比赛，而且是在斯马什（Smush）、夸米、布赖恩·库克、克里斯·米姆（Chris Mihm）们占据了大量的出场时间的情况下——湖人球迷当时称他们为屎味三明治。

问题2的答案

科比。他是联盟中综合能力最强的球员，最好的得分手，最强的竞争者，让所有人都对他恐惧。再加一句，如果你没有第一个挑他，他会把虐爆对手、打你的脸视为自己的使命。

问题1的答案

如果你把06湖人队中的科比换成一个平均水准的二号位（比如贾马尔·克劳福德），他们大概只能赢15～20场比赛。我用性命发誓。烂透了的球队。如果斯马什·帕克和夸米·布朗是你队上第三和第四好的球员，你绝不会认为能看到这支球队进入季后赛。给他们一个科比，于是湖人拿下了45胜。他价值25场胜利。至少。

下面是2006年的票选：纳什924分（57–32–20–8–6），勒布朗688分（16–41–33–23–7），诺维茨基544分（14–22–25–36–17），科比483分（22–11–18–22–30），昌西·比卢普斯430分（15–13–22–18–25）。

（结论：我给这帮大爷跪了。）

2.威利斯·里德（1970 MVP）

拉塞尔退役后的凯尔特人队陷入了挣扎，于是尼克斯队接过了东部的制霸权，赢下联盟最高的60胜，让曼哈顿陷入巨大的兴奋，成为了1970赛季媒体的宠儿。他们最好的两位球员是里德和弗雷泽：里德场均22+14，命中率50%，负责保护自己的队友；弗雷泽场均21+6+8，打理球队的进攻，防守对方的得分箭头，如果当时有记录的话会是抢断王。如果要有一个两人分享MVP的赛季，就应该是这个赛季了。那时人们还相信中锋总是比非中锋更有价值，于是里德（498分，61–55–28）击败了杰里·韦斯特（457分，51–59–25）。之后再没有人重新考量过这次票选的结果了。

再看一眼韦斯特的赛季表现吧。他场均31+5+8，率领湖人得到46胜，其中威尔特打了12场比赛后就扭伤了膝盖（缺席了剩下所有的常规赛），另外两位重要球员（贝勒和哈皮·海尔斯顿）加起来缺阵了55场比赛。剩下最好的4位球员？梅尔·康茨，迪克·加勒特（Dick Garrett），基思·埃里克森，里克·罗伯逊（Rick Roberson）。那年查尔斯·曼森（Charles Manson）[①]的队友都比韦斯特的要好。然而湖人队神奇地成为了西部第二，威尔特在季后赛归来后，他们成功打入了总决赛。从数据上说，这是韦斯特最好的一年：他是联盟得分王，助攻榜第四，50%的命中率，83%的罚球命中率。从整个赛季的角度上看，韦斯特独力扛着湖人队过了整个赛季，离最后的总冠军只差一场胜利。从联盟第一人的角度上看，如果你要在拉塞尔的退役和卡里姆的崛起之间选一个桥梁式的人物，你应该选择韦斯特。他是联盟历史上最好的8名球员之一，NBA标识的原形，然而他从没有得到过MVP。为什么不是这一年？因为纽约媒体已经丧心病狂了，他们不停地讲述那支确实挺优秀的尼克斯队。整整8个月的唠唠叨叨，大概写了17本相关的书。[②]最终，一个尼克斯球员拿到了MVP，就是这样。“Logo”失去了最后的机会。你只需记住奖杯本应该属于他。

1.卡尔·马隆（1997MVP）

这不是MVP竞选，这是犯罪现场。前一个赛季，乔丹场均30+7+4，球队72胜，得到了109张第一顺位选票，要不是有4个脑残把票投给“便士”·哈达威、哈基姆和马隆的话，他本来可以全票当选的。[③]到了1997赛季，乔丹的干货“减少”为69胜、30+6+4——换句话说，他有前个赛

---

① 译注：臭名昭著的罪犯，1969年领导着“曼森家族”连续杀人作案。

② 原注：04红袜的阴影：夺冠这件事本身最终被不断地对所有人说这件事有多伟大、疯狂地想要把一切事情都与之联系起来的媒体和球迷们超越了。顺便说一句，这里头也有我一份——我的红袜巨著《现在我可以平静地去死了》已经出至第三版，各大书店有售！

③ 原注：这是MVP投票应该公开的第25个原因：如果你做了那么愚蠢的选择，你就有责任进行解释。我抵制一切形式的匿名犯蠢。

季的98%那么好——然而马隆靠着27+10+5、64胜的爵士队偷走了MVP。当年的投票结果如下：

马隆：986（63-48-4-0-0）

乔丹：957（52-61-2-0-0）

听着，我经历过那个时代——这在当时是难以理喻的。我们会在后面的章节里再讨论马隆的缺陷，但我现在可以先给你打个绝妙的比喻：2008年，我的好哥们儿豪斯的单身派对，我们一群人在拉斯维加斯待了4天，其中一个晚上待在举世闻名的奥利匹克花园里。跟通常在脱衣舞俱乐部里的做法一样，我建议我们找一个角落，然后用大张椅子把我们围住——我称之为“椅子舰队”——这样就不会时不时地有长相低于平均水平的脱衣舞娘过来搭讪，想着“要是我直接倒在他大腿上，他可能就会觉得不好意思，然后买上一支大腿舞”什么的。但那次没有这样的角落，所以我们又多拉了几张椅子来，效果也很不错。由于没法一头扎进我们怀里，那些脱衣舞娘们只好不停地绕着我们转圈，想要吸引我们眼球。这一策略还是不错的，可惜她们大部分长得像希多·特尔科卢（Hedo Turkoglu）。其中一个大概在两小时里绕着我们走了20圈——我们谁都没有看她一眼——终于，在第21次时，我哥们儿蒙蒂（Monty）说了句“管他的”，放弃了其他选项，决定把她带走。然后他们两个就出去了。第二天早上我们拿他开玩笑，他就只说了一句：“那时候实在太晚了。”

这和卡尔·马隆有什么关系呢？跟蒙蒂的脱衣舞娘一样，“邮差”在MVP投票者周围转了整整10年，却从来没有进过前三。与此同时，NBA正变得越来越没有竞争力——扩军伤害了联盟，年轻球星们[肖恩·肯普、“便士”·哈达威、拉里·约翰逊（Larry Johnson）、克里斯·韦伯、肯尼·安德森、德里克·科尔曼]没能取得成功，哈基姆、巴克利、罗宾逊、德雷克斯勒和尤因已经过了各自的巅峰——这么一来，突然之间，犹他变成了西部的统治者，虽说1997年的爵士还不如1988年，甚至1992年的爵士。[①]1997赛季还缺乏一个有统治力的故事。所有人都在关注乔丹。“鲨鱼去了好莱坞”和“艾弗森来了”等故事没那么大影响力。“哈基姆、德雷克斯勒、巴克利3位未来的名人堂成员现在联手了”也没那么轰动。拉特雷尔·斯普里韦尔还没有掐P. J. 卡莱西莫的脖子（虽然他肯定已经那么打算了）。灰熊、马刺、凯尔特人等队在最后两个月里为了竞争邓肯而疯狂摆烂。到3月中旬，大家发现公牛队打不到73胜了，于是最后一点乐子都没了，大家开始无所事事地等待季后赛的到来。这时候，《体育画报》的杰姬·麦克马伦（Jackie MacMullan）在她3月19日的专栏里这样写道：

标题：爵士大师

副标题：马隆现在打得就像一个MVP——但是没有人注意到

第一句话：爵士前锋卡尔·马隆知道，迈克尔·乔丹会再一次赢下联盟MVP奖杯。

你懂这个意思吧。你不能责备杰姬，她只是从一个可爱的角度来看问题——她用了800个词来谈这么多年来马隆是多么不受人待见。（从某种

---

① 原注：要在这里提一提我最爱的理论之一：“引爆点朋友”。大学女生中的每一个朋友圈子都会由8～12个姑娘组成。在圈子里，可能有3或4个小团体，互相在背后捅刀子，但大部分时候姑娘们都会待在一块儿，一起叽叽喳喳地逛街，做晚饭，共度周末，等等等等。可能会有两个人早早地结婚，其他人则在二十五六岁时开始陆续脱离这个圈子，直到只剩下5个人——金发美女，还没找到男人的原因是她酗酒，或有厌食症，或者又酗酒又有厌食症；黑发美女，不幸招来的总是些混球；185磅的肥妞，要是瘦点儿倒还算漂亮；长得不太可爱，但很有幽默感的姑娘；爱挖苦人的老烟枪，胸很大，长得其实不那么可爱但还是钓上了不少人，全因为她的身材。在这个情境中，黑发美女会是“引爆点朋友”——只要有她在，在酒吧、俱乐部或别的地方，总会有小伙子们会找她们搭讪。但一旦她跟某个不是混球的家伙在一起了，现在全部的压力都在酗酒厌食姑娘身上了，如果她不行，那么那个身材丰满的姑娘就必须开始换上一些疯狂的短袖和衬衫，好展示三围。我的点在于：爵士队就像是那个丰乳肥臀的爱挖苦人的老烟枪，钓上了不少人，但从来没有找到一个真心的求婚者。到了1997年，他们的对手都走的走散的散，他们突然成了圈子里最热辣的姑娘。这说明他们很热辣吗？不！！！不！！！！！！！！！！看在上帝的分上，不！！！！！！！！！！

程度上说，这是事实。）这成了一切的开端，几周之内，这变成了一个特别推荐的可爱故事。为什么*不能*是“邮差”赢得MVP呢？我那时候还没有开始用博客，但是我记得我这么想：“为什么不能是他赢得MVP？因为联盟里有M. J.！这个理由怎么样？”我当时觉得这是史上最蠢的主意。我没法相信。然后季后赛开始了，有53名投票者成了奥林匹克花园里的蒙蒂：马隆一次又一次地走过他们身边，终于，这一次，他们耸耸肩，站起身，把他带进了VIP包间。以上就是迈克尔·乔丹1997年MVP被抢走的过程。幸运的是，他在总决赛里成功地复仇了（准备好了吗）卡尔·马隆和犹他爵士！在第1战中，马隆在最后20秒打平时投丢了两记可以取得领先的罚球，然后乔丹命中了压哨绝杀，转过身，做了一个坚定的挥拳动作；后来泰格·伍兹（Tiger Woods）从他那儿模仿走了这个招牌动作，没付版税。也就在那一刻，那些给“邮差”投票的人发现自己真的、真的、*真的*很蠢。我爱死那一刻了。

六　名人堂金字塔

现在你大概已经看出来了，我很爱篮球。如果你无条件地爱着某件事，那是否意味着它就是完美的呢？当然不是。我发现自己总是在想方设法改进我最喜爱的运动，不断追问："为什么他们不那么做呢？""为什么他们当初没有那么做呢？"下面就是我脑中关于改进NBA的33个建议。

1.我希望总决赛改回2-2-1-1-1形式。

2.我希望我们立一个契约，同意：（1）再也不会有下一个M. J. 了；（2）不要再拿任何人与他比较了。

3.我希望我们可以把NBA的交易截止时间改为全明星周末周日清晨4点钟，这样一来，我们每年都能看到至少一起在凌晨灌了20杯可口杰克[①]后完成的交易了。想象一下凌晨在ESPN上看到这样一条滚动新闻：*ESPN的里克·布赫报道，尼克斯GM唐·沃尔什（Don Walsh）和达拉斯老板马克·库班刚在达拉斯的丽思卡尔顿酒店的酒吧里喝了一圈帕特朗[②]，现在在让酒保上ESPN交易模拟器。*

4.从一个名叫迈克（Mike）的费城读者那儿借来的点子：我希望我们能废除那些可憎的赛中教练采访，原因不过是我不希望听到南希·利伯曼（Nancy Lieberman）在问完"你们该做什么来阻止对方最好的球员"的问题后被教练砸死的消息。他们总是在用各种方式表达："我没主意，南希。要是我能知道，我们就能赢球了！"[③]

5.说到这个，我希望我们不曾有过NBA边线记者。但是如果我们必须

---

① 译注：由杰克丹尼威士忌和可口可乐调制而成的鸡尾酒。

② 译注：墨西哥龙舌兰酒品牌。

③ 原注：如果我能在几年后执掌ESPN，我会恢复罗伊·费尔斯通（Roy Firestone）的半小时采访节目，交给南希主持。节目的名字会是"近距离接触南希·利伯曼：坐立不安"。你们肯定会爱上这节目的。

有的话——说真的，我想不出这有什么理由——我希望我们能让我妻子这样的女性伪球迷来担任。为什么？因为女性伪球迷总能在体育赛事中发现其他人不会关注的点。有一次，我哥们儿斯特里克（Strik）在快船比赛期间给我发了一条“布鲁斯·威利斯（Bruce Willis）在现场”的短信——我迅速转述给了体育娘，她马上像杰克·鲍尔（Jack Bauer）[①]在人山人海的购物中心追踪恐怖分子那样开始扫描球场的底层坐席区。10秒钟后，她找到了坐在我们右方的场边坐席区的布鲁斯，就像她脑子里有一个自动搜寻装置。接下去30分钟她都在观察他，跟身边的另一位女士交换一些“他看起来真帅”之类的评论。为什么不能让我妻子这样的人当边线记者？为什么要把这件事装得很严肃？我妻子会在开拓者聚商时这样报道：“格雷格·奥登看起来很忧伤，在我看来他似乎很悲伤，我希望一切都没事儿。”或是：“菲尔·米克尔森（Phil Mickelson）和他的妻子就坐在场边，我不喜欢她的靴子。”甚至是：“我仍然在疑惑为什么阿马雷·斯塔德迈尔要穿那件西装。青柠绿可不是他的颜色，我们都知道这一点。”[②]

6.我希望犹他和新奥尔良能互换队名，让新奥尔良能再次成为爵士[③]。让我们做正确的事情。

7.我希望WNBA的比分和交易信息从ABC和ESPN的滚动新闻中消失。我已经厌倦了在看到“菲尼克斯52，萨克拉门托44，全场”后心想：“等等，这是全场比分？”然后才反应过来这说的是WNBA。让我们在NBA TV里用粉红的字母播放他们的比分吧。而且只限于凌晨2点到早上7点半之间。

8.我希望我们能达成共识，搞出一个所有人都统一使用的范特西联盟

---

① 译注：反恐电视剧《24小时》（*24*）中的男主角。

② 原注：你知道赛马拥有最棒的赛后采访因为记者必须也骑着马对获胜骑师进行采访吗？要同时做这两件事可需要一些技巧，不是吗？我希望NBA也能想办法用上这一招。我还希望我们能让外国球员表现出他们各自国家的公式化形象来。比如说，如果米歇尔·塔福亚（Michele Tafoya）抓住了托尼·帕克，他就应该迅速地戴上贝雷帽，开始一根接一根地抽烟，对她说些放肆的话。

③ 译注：爵士乐诞生于新奥尔良，是该城市的一张名片。爵士队最早位于新奥尔良，后于1979年迁至犹他州盐湖城（Salt Lake City）。

记分系统。我的提案：必须是拍卖式选秀；只有8种数据，得分、篮板和助攻记双倍；总共50美元用于每周自由球员认领（价高者得）；阵容共12名球员，加一个伤病位置；你必须首发控卫、分卫、小前、大前、中锋各一名，剩下的4个位置给后卫、锋卫摇摆人、内线和一个第九人；现实中的NBA进入季后赛时，范特西会继续进行，把常规赛结束时的每周战绩相加（第一名拿走奖金的35%，第二名15%），前四名进入季后赛（同样的35/15比例），留下6名球员，然后从其他没有进入季后赛的范特西队伍中挑人填满名单（第一名每轮都第一个选）。我不仅在一段话中搞定了范特西篮球的规则，而且随着季后赛进行，球队逐渐退出，到总决赛时，那就会像《疯狂轮滑》的最后一幕：只剩下几个范特西玩家勇敢地滑来滑去，努力不被燃烧着的摩托车撞上。你有3个湖人球员，我有两个凯尔特人球员，来决一死战吧。这还让我们离作为球迷的终极目标更近了一步：一年365天都在玩范特西。是的，我们可以。①

9.我希望我们每个赛季可以在范特西里选择两名队员合体。我过去总是希望步行者的安东尼奥·戴维斯和戴尔·戴维斯（Dale Davis）可以在我的范特西联盟里合体成一个名叫超级戴维斯的怪物。现在我在想，每个赛季开始前，我们可以在ESPN网站上投票让一对队友合体，从而使范特西选秀变得更有趣。举例来说，奥登和乔尔·普里兹比拉可以变成“乔雷格·普里兹鲍登”，2009赛季场均14+16、2.4个盖帽。你难道不会为乔雷格·普里兹鲍登全力加油吗？②

10.我希望所有主要奖项和NBA最佳阵容的投票都能公开。再说一遍，我反对一切形式的匿名脑残。

11.我希望能销毁停摆赛季的所有镜头。还有20世纪90年代所有尼克斯对热火系列赛的录像带。还有2000年之后的活塞对篮网的季后赛。我反对用任何形式纪念糟糕的篮球。

---

① 原注：这套系统所解决的最大的问题：你不再会因为某人在4月份遭遇了什么愚蠢的伤病，或其他人的队伍比你多打4场比赛而输掉范特西季后赛。怎么样？

② 原注：普里兹比拉在2009—2010赛季早早地膝盖受伤。《篮史通鉴》就像《电锯惊魂》（*Saw*）里的拼图客一样大杀四方。

12.从拉希德·华莱士那儿偷来的想法：我希望卫冕冠军的教练每场比赛都戴着一条WWE式的冠军腰带。如果他的球队在赛季末丢掉了总冠军，他就得双手奉上腰带给获胜的教练[如果能像1984年全谷地空手道锦标赛结束时的约翰尼·劳伦斯（Johnny Lawrence）那样一边抽抽搭搭地啜泣着就更好了①]。

13.还记得我希望能有一个解释所有NBA文身来源的说明书吗？我还希望联盟能在每个NBA城市指定一家“官方NBA文身店”，在这些店里布满镜头，然后要求球员只能在这29家店里文身。为什么？这样我们就会有一档全新的NBA TV真人秀——《刺青发生之地》（*Where Ink Happens*）。这绝不容错过。“欢迎收看《刺青发生之地》，迈克尔·比斯利正在往脖子上文‘Beas Breeze’！”

14.我希望能禁止球队在比赛中播放音乐。我不需要在比赛最后两分钟马刺试图防住科比时听到《大白鲨》（*Jaws*）的配乐。我真的不需要。还有，如果你们的播音员觉得有必要在比赛中为了带动球迷情绪而说些什么“请大家站起来！”或者“让我听到你们的声音——防——守！防——守！”，你就不配拥有一支篮球队。就那么简单。

15.我希望我们能把NBA总冠军奖杯改回成冰球式的杯子形状（到20世纪70年代末都是那样的）。我还希望我们能不用拉里·奥布赖恩的名字来命名奖杯，这家伙可是短视到他的幕僚必须劝说他同意举行扣篮大赛。让他滚，让我们来做一个杯子，给其命名为大卫·斯特恩杯。反正奥布赖恩最后几年的工作也都是他在干。

16.你知道NHL冠军球队的每个队员都会在夏天单独拥有一天斯坦利杯的吧？我希望NBA冠军球队的每个队员都能单独拥有一天大卫·斯特恩杯。我们说的可是一件可能超级好笑的事情……你能想象某些NBA麻烦鬼会怎么对待斯特恩杯吗？奖杯回来的时候还能是完整的一块吗？他们会弄丢它吗？他们会用它来抽大麻吗？谁会是第一个把奖杯遗失了几小时的人？

---

① 译注：电影《龙威小子》中的情节。

17.我希望在NBA比赛的前三节里，所有中场线之后的投篮都算成四分球。给我一个不制定这样一条规则的理由。你找不出。

18.我希望我们能改造NBA选秀直播。所有滑稽有趣的部分（意外的选择，奇葩的着装，尴尬的球员信息缺失，结结巴巴的采访，抽泣的母亲们，兴奋得过了头的老板，比预想顺位低20位被选中、在等待的过程中脸慢慢变绿的新秀）在过去10年都逐渐消失，取而代之的是狡诈的经纪人、新兴的网络报道、全天无休止的新闻覆盖以及成长过程中目睹了每一届选秀如何激起无心喜剧等级表的大震荡从而学会表现得老练成熟的新一代球员。所以我们需要创造出一些喜剧来。我们要有3位热爱社交的老兵球员（我想到的是德怀特·霍华德、内特·罗宾逊和格兰特·希尔）来引导采访，让刚被选中的孩子们放松下来[就像NBA版的《访谈》（*The View*）]。我们要有两位搞笑的NBA球员[我想到的是贾里德·达德利（Jared Dudley）和克里斯·卡曼（Chris Kaman）]在选秀的过程中点评每个人的西装。我要在大卫·斯特恩的领带里放一个小摄影镜头（斯特恩镜头！）。我们要增加一名有着尖刻幽默感的ESPN解说，一个会跟杰伊·拜拉斯互动说“你对短臂展的憎恶就像林希·洛安憎恶尊严那样”的家伙。（好的，好的，这事儿我来做。算我一个。）我们要让罗恩·阿泰斯特当我们的边线记者。还有比他更渴望被关注的人吗？他难道会不喜欢在人群中走动，采访父母、球迷和教练吗？难道我们没有从2010年总决赛中学到“罗恩·阿泰斯特+直播话筒”是一条永远不会停歇下来的公式吗？

19.我希望能禁止NBA镜头放大到离某人的脸18英寸之内。我的人生中不需要看那么多烦人的白头发、痤疮斑痕和晃晃荡荡的鼻毛。

20.我希望阿伦·艾弗森能创立一家慈善机构，这样他就能举办一场慈善高尔夫球赛了。为什么？因为有什么能比首届阿伦·艾弗森名人高尔夫锦标赛更有趣呢？有吗？会有吗？想象一下比赛在早上9点开始，但A. I. 在5个小时之后才露面。他会怎么穿着？如果他打丢了一记4英尺推杆会是什么反应？或者想象一下凯尔·科沃尔（Kyle Korver）被分到跟

50分、罗恩·阿泰斯特和冰块[1]一组时会有多惊恐。又或者吉姆·南茨（Jim Nantz）会说："下面我们连线第16洞的维恩·朗德奎斯特（Verne Lundquist），那里显然又发生了一次枪战。"我愿意把我剩下的人生都花在推动这样一次比赛的举办上。如果迈克尔·道格拉斯（Michael Douglas）都能办一次名人高尔夫球赛，那阿伦·艾弗森为什么不行？[2]

21.我希望NBA联盟通行证能有一个组件，让我们可以在观看主队的直播时选择开通主队的播音员和当地的广告。每年在NBA或棒球上花费两百美元却不能每场都拥有自己人是怎么个意思？我希望能听到汤米·海因松在每个吹罚凯尔特人犯规的哨声后的嘶吼。我希望看到福克斯伍兹和巨型玻璃[3]的广告。*你不能把它们抢走！*

22.我希望如果有父母把尚幼的孩子带来坐在场边坐席区观看NBA比赛然后可怜的小朋友被飞身跃出线外救球的大个篮球队员踩到的话，他们就应该被剥夺父母权，把孩子交给安吉丽娜·朱莉或麦当娜来抚养。

23.我希望我们可以废除双方技术犯规。如果两位球员爆发了几乎要动手的口角，或者他们对骂个不停以至于必须有人把他们分开，比赛也无法继续下去……那我能理解。但现在NBA裁判看到两名球员在人群中多瞅了对方一眼就开吹双方技术犯规。[4]让这些好胜的精力散发出来有什么不对的？难道数量众多的垃圾话不正是NBA如此有趣的部分原因吗？

24.我希望我们能在NBA全明星周六有一场HORSE比赛[5]，一场半场

---

① 译注：50美分（50 Cent）、冰块（Ice Cube），黑人说唱歌手。

② 原注：道格拉斯的名人高尔夫球赛给我们带来了过去10年最有趣的瞬间之一：道格拉斯在命中一记关键推杆后跟长大了的黑利·乔尔·奥斯门特（Haley Joel Osment）击掌。跟他们一比，泰格·伍兹跟自己球童的击掌仿佛比勒布朗和莫·威廉姆斯（Mo Williams）的庆祝动作还要流畅。

③ 译注：福克斯伍兹，一家酒店赌场，位于新英格兰一处印第安人保护区内。巨型玻璃，一家新英格兰地区的快递公司。

④ 原注：莱利的尼克斯投入了巨大的精力在跟M. J. 的公牛飚垃圾话上，随后大家都开始照着他们那样做，于是斯特恩的团队不得不在史上第一次更衣室枪战发生前介入。现在球员们不再能骂娘了。太遗憾了。过去20年中困扰NBA的所有问题，无论巨细，都可以追溯到莱利的尼克斯身上。我对此深信不疑。

⑤ 译注：HORSE是一种相互模仿对方投篮方式的花样投篮比赛。

投篮比赛，还有一场篮筐跟跳高横杆一样不断上升的扣篮大赛。

25.我希望我们可以选择去掉“邪恶方框”。在过去20年间，除去伟哥和互联网，对婚姻关系最危险的发明当属“邪恶方框”——比赛时一直出现在电视屏幕角落里显示比分和时间的小方框。曾几何时，你可以跟老婆或女友说：“再等两分钟，比赛马上就结束了。”她会被轻易糊弄过去。那可能是第4节刚开始，但她不会知道，除非那个该死的时刻正要进广告，才会有巨大的比分图表不知道从哪儿冒出来。现在？当你用出“还剩两分钟”的惯用伎俩，她们马上会扫到“邪恶方框”，就知道你在说谎。这事儿太蛋疼了。既然科技已经发展到我们的网络服务都可以连到电视上，一切都只需要一个遥控器就能控制，那我希望能给观众们在想要把亲爱的女士糊弄过去时去掉“邪恶方框”的选项。①

26.我希望《南方公园》（*South Park*）的创作者[马特·斯通（Matt Stone）和特里·帕克（Trey Parker）]能买下一支NBA球队。我们需要联盟中有他们，纯粹为了喜剧的原因。让我们把掘金狠狠打个折卖给他们吧。②

27.从一个名叫贾森·威兰（Jason Willan）的路易斯维尔（Louisville）读者那儿借来的点子：在乐透抽签时，我希望每支球队能派一位完全不懂篮球但是跟城市或球队有某种联系的代表。*孟菲斯灰熊队的代表——丽莎·玛丽·普雷斯利（Lisa Marie Presley）*③*！新泽西篮网队的代表——乔·皮斯科波（Joe Piscopo）*④*！*⑤*迈阿密热火队的代表——*

① 原注：一条有趣的脚注：当一个少年跟姑娘说“比赛还剩两分钟”（其实还有15分钟）时，那相当于姑娘告诉少年“我5分钟后就准备好了”（实际上要15分钟）。

② 原注：马特的答复（通过e-mail）：“我们只买得起不足半数的股份，除非他们把灰熊给抵押了。而且我得说服特里，因为他更喜欢橄榄球。你还要知道，我们会比马克·库班还要坏得多，会张开大嘴叨叨裁判和其他一大堆问题，我们会平均每周被罚40万的。我和特里就是没办法闭嘴。这对联盟是好事，对我们的钱包来说就是坏事了。所以这不大可能发生。”那好消息呢？我猜我刚给了他们一个制作《球球向前冲2》（*BASEketball II*）的主意。

③ 译注：“猫王”埃尔维斯·普雷斯利（Elvis Presley）之女。“猫王”成长于孟菲斯。

④ 译注：喜剧演员，居住于新泽西富人区。

⑤ 原注：篮网在2002年总决赛时邀请了皮斯科波当他们的广播解说，于是有了我最喜欢的体育连续记录：还没有过一支在总决赛中用乔·皮斯科波当解说的NBA球队能拿到总冠军。

菲利普·迈克尔·托马斯（Philip Michael Thomas）[①]！[②]

28.我希望我们出台规则禁止球队在叫完一个暂停后再叫暂停，因为比赛的最后3分钟不应该打上25分钟。为什么不禁止球队在没有发球入界的情况下连叫两个暂停呢？这难道不是对好防守的嘉奖、对无能得布置不出好战术的进攻的惩罚吗？难道比赛不会因此变得更流畅吗？我还希望我们能有一条规则，禁止任何球队在时间只剩不到20秒、落后6分以上的情况下叫暂停。

29.我希望全明星赛改为以下形式：联盟中最好的两个球员单挑决定先后，然后分别挑选各自的球队，就像在街球场上那样。NBA季后赛也这样：你是你们分区的1号种子，你就可以选择第1轮的对手；然后2号种子选；然后3号种子。想想看这会造成多炽烈的怒气。

30.我希望NBA TV可以从《周六夜现场》那里买下小品“皮特曼裁判秀”的版权，然后邀请各位NBA裁判参加——半小时的节目，摄影现场的观众们向迪克·巴韦塔和本内特·萨尔瓦托提出一些严肃的、实事求是的问题，比如：“吹罚比赛时一直把脑袋放在屁股里是种什么感受？”还有：“我朋友和我都很好奇——我们都知道你已经把灵魂出卖了，但现在是什么占据了它的位置？”

31.我希望我们能颁发莫凯斯基（Paul Mokeski）奖，每年颁给联盟中最好的美籍白人球员。去年获奖的是……大卫·李？看，你会喜欢莫凯斯基奖的。

32.我希望我们能把常规赛减少6场，确定各分区的前6号种子，然后剩下的18支球队中通过一个双败淘汰锦标赛决出第7和第8种子。我的建议有5个理由。第一，这事好玩得要死。第二，我很确定我们能从中赚一笔冠名费。第三，前12的球队会得到奖励：两周的休息时间。第四，某支灰姑娘球队会打出几场下克上，抢到第8号种子，一路上赢得无数球迷。第

---

① 译注：演员，在《迈阿密风云》中饰演男二号塔布斯。

② 原注：无论如何，迈阿密真应该这么做。想象一下托马斯在乐透抽签时坐在乔·杜马斯和拉里·伯德中间，穿着白色亚麻西服，脸上挂着大大的微笑。

五，“好玩得要死的锦标赛”可以给所有球队机会，没有球队会为选秀权一路摆烂，因为那会对花了钱的观众造成不可挽回的侮辱。为什么我们买了全票来看整整48分钟的垃圾时间，还有个首发佯装受伤坐在板凳上？①

33.我希望我们可以炸掉篮球名人堂，从头再来一次。

我对第33个愿望看得比其他的都要重。为什么？因为我鄙视这样的评论：*别闹了，我们一直以来都是这么做的！*当这15个字成为保持某件事物稳定不变的唯一原因时，这就是一面比尼古拉·沃尔科夫（Nikolai Volkoff）所挥舞的更大的红旗②。改变是件好事。改变让冰球守门员们拥有了面具，让手提箱有了轮子，让小婴儿有了安全座椅，还带来了绿色怪物③上方的座位。改变带来了iTunes、《Madden NFL》、汤米·约翰（Tommy John）手术④，等离子电视、黑莓、播客和捷蓝航空⑤。改变让拉斯维加斯的赌场做出了诸如“如果我们在裸体游泳池边上设一块露天21点区会怎么样”之类的决定。若不前进，即是后退。

而在篮球名人堂上，我们没有前进。这地方就是产生不了效果。这地方已经失败了25年，这一数字还在不断增加。考虑一下这个真实的故事：在我所有的朋友里，只有我哥们儿豪斯对NBA的爱可以跟我相比。我们从大一就成了哥们儿，有过无数次说走就走的旅行，一起吃了上百顿饭，为体育打过几千通毫无意义的电话……该死，我们过去甚至还打过斯托克顿和马隆式的高位挡拆。我们可能是NBA球迷中最疯狂的那0.0000000000000001%，证据就是我写了这本书，而豪斯则拥有汤姆·古格利奥塔、马努特·波尔（Manute Bol）和博比·苏拉（Bobby

---

① 原注：这个主意获得了很多的支持，迫使NBA竞赛委员会在2010年春天为其召开了一个会议。结果负责那个会议的家伙不可思议地在开到一半的时候摔伤了髋骨，不得不被抬了出去。以上都是我瞎编的。

② 译注：尼古拉·沃尔科夫，WWE名人堂成员。夺旗赛是一种摔跤赛制。

③ 译注：指芬威公园的染成绿色的左外野本垒打墙。

④ 译注：尺骨附属韧带重建术，多用于棒球投手。汤米·约翰是第一位成功进行这项手术的职业球员。

⑤ 译注：美国一家以优质服务闻名的廉价航空公司。

Sura）的实践球衣。[①]如果曾经有过两个马萨诸塞州的大学生宣布："让今天的课程滚蛋，我们来一次说走就走的旅行去春田镇吧。"那肯定就是我们俩了。甚至，大学毕业后的10年，我都住在波士顿，豪斯每年会来我家两趟，而我们离春田镇只有短短90分钟的车程。[②]

那么，从1988年到2002年，猜猜我们一起去了春田镇几次？零。零！我们一次都没去！

你知道这说明什么吗？那儿的篮球名人堂完全不成功。库珀斯敦镇很成功，因为从纽约市往上开一路上风光壮丽，就像是回到了过去，让你觉得自己在开着一辆大众甲壳虫，身边就是雷·金塞拉（Ray Kinsella）和特伦斯·曼（Terence Mann）[③]。这段旅程很成功，因为想去那里没有别的容易的办法；最近的机场在一小时之外，这让名人堂变成了一个奖励，因为光是到达那里都要做出不小的牺牲。名人堂很成功，因为他们在奥特西戈（Otsego）市里建了巨大的酒店，边上还有一个超棒的高尔夫球场。那里很成功，因为那里有150年的棒球记忆和纪念物，还因为库珀斯敦之旅有着重大的代际意义。*我父亲曾带我去那里，因为他父亲带他去过那里，而现在我要带我儿子去那里了。*你懂的，就像《梦幻之地》。如果你有幸生个儿子，你会觉得不带他去库珀斯敦的话，自己就是个不称职的父亲。就好像你欺骗了他。

春田镇没有产生这样的效果。那里缺乏父子的角度，因为NBA流行的

---

① 原注：这可不是玩笑。豪斯人生中最后悔的事之一：没有赢得一件劳埃德·丹尼尔斯（Lloyd Daniels）实战球衣的拍卖。

② 原注：实际上是两小时车程，除非由我来开。随便问我的朋友好了：如果他们离某个目的地有两小时车程，要在90分钟内赶到，可以选择一个朋友来驾驶，他们一定会选我。我就是那个曾经只用2小时4分钟就从我爸在韦尔斯利的老屋开到我妈在斯塔姆福德（Stamford）的房子的人——那可是185英里，还有一个收费站和10分钟的乡间小路。我离成为那段路的罗杰·班尼斯特（译注：Roger Bannister，第一个在比赛中在4分钟内跑完1英里的人）只差4分钟。顺便说一句，那是我1995年的生活的高光时刻，其他还有舔了莉齐·贝克（Lizzie Baker）的脸，在《波士顿先驱报》的最后一页上发了篇故事，买了第一支水烟枪。不怎么给力的一年。

③ 译注：电影《梦幻之地》（*Field of Dreams*）中的人物。电影讲述了一个关于棒球梦想和父子关系的故事。

历史还没有那么久。那里没有美丽的路程，只有许多丑陋的高速路和一座破破烂烂、总被当成穷人版哈特福德的小镇。[①]名人堂本身一直在不断地翻新再翻新；因为它想要“纪念”篮球的历史、大学篮球的历史和职业篮球的历史，结果就像是把3件事安排在了同一个档期。2002年，他们搬进了老馆边上新建的一座造价4500万美元、80000平方英尺的建筑——据我所知这是第三座了——在周围修建了零售商店和饭店。这有效果吗？可能吧。我不知道。我没去过。那里有太多遗留下来的伤害了，就像一家多年来用无数坏饭菜赶走了全部顾客的饭店……现在他们可以请到这颗星球上最好的厨师，但这对我来说不会有任何差别。那为什么NBA不甩掉春田镇，造一座自己的名人堂？*因为我们一直以来都是这么做的！*于是就出现了这样一个问题：你接下去要读到的东西，无论出自什么意图或目的，都只是白日做梦。绝无可能发生。NBA不会这样做的——他们已经在春田镇这个地方投入得太多了，就像他们在WNBA上投入得太多了一样。[②]你离一所纯粹的NBA名人堂最近的地方：白日梦里。

那如何才能成功？恩，我们需要正确的地点。只有一个地方能产生效果。只有一个。

（好好想想。）

（继续想想，你能想到的。）

（嗯……时间到！）

印第安纳。

必须是印第安纳州，是吧？那是世界的篮球之都。《火爆教头草地兵》在那里拍摄。篮球耶稣在那里长大。博比·奈特在那里执教。那里有星球上最疯狂的篮球迷。如果你在寻找能让库珀斯敦成功的各种元素的话——超远的目的地，《梦幻之地》般的沿途风光，一种篮球比任何其他事情都更重要的氛围——那就是印第安纳了。从个人来说，我希望把它建

---

① 原注：在你说“跟你的春田镇签售会说再见吧”之前，我可以告诉你，我是支持春田镇的，我爹最好的朋友[超级英雄律师罗伊·安德森（Roy Anderson）]就住在那里。我永远支持春田和伍斯特（Worcester）。我只是觉得名人堂需要一个全新的开始。

② 原注：我们同样困在WNBA里甩不掉了。

在弗伦奇利克。那里是伯德长大的地方。那里已经有了一家赌场，[1]而且开车去一个叫弗伦奇利克的地方听上去就让人激动。那里就有种对的感觉。一切都是。印第安纳的心脏，篮球的心脏。那是NBA名人堂应该在的地方。

我们还需要一个噱头，能使这座名人堂大大区别于春田镇和此前其他各种名人堂。这让我想起了一个我最早在1997年专栏里提到的主意，那年棒球刚开始举行跨联盟的比赛，我开车去谢伊运动场（Shea Stadium）看史上第一场红袜对大都会的常规赛比赛，跟我一起的是我哥们儿格斯·拉姆齐（Gus Ramsay）和他爸沃利（Wally）（两个大都会队的终生死忠球迷）。在去比赛的路上，沃利突发奇想，希望为棒球名人堂注入新的生命。[2]理想的名人堂应该是这样一个地方，人们可以走进去，东逛西逛，待上几周时间，理解关于这项运动的一切；在他们离开的时候，他们已经了解了这项运动*所需要了解的一切*。库珀斯敦、春田和坎顿（Canton）[3]则更喜欢尽量展示各种藏品；甚至名人堂成员纪念铭牌都是乱摆一气，没有真正考虑过各个球员在历史上的位置。这就像弄一个模特名人堂，把吉塞尔·邦辰（Gisele Bundchen）和克里斯蒂·布林克利（Christie Brinkley）的铭牌跟某位在史上首个“减肥前/减肥后”广告中扮演“减肥前”的模特的铭牌摆在一起。难道不应该以某种方式去衡量人们各自的生涯吗？剩下一段路上，我们都在讨论应该有几级（最终确定为5级，第5级最高），讨论了许多“科法克斯（Sandy Koufax）是L4[4]还是L5”和“诺兰·瑞安（Nolan Ryan）能不能排到L2”之类的问题。在那时我就

---

① 原注：你知道陆上赌场只能建在内华达州（Nevada）、大西洋城（Atlantic City）和印第安人居留区，但只要在水上你就可以随便赌博吗？在弗伦奇利克，他们在赌场周围挖了个迷你人工湖；你要穿过护城河才能进去。你会觉得印第安纳人真是太蠢了。

② 原注：我们当时没有意识到，我们无意间借来了比尔·詹姆斯重新评定名人堂成员、衡量各人重要性的计划。但无论如何，我百分之百地支持，是沃利在那天发明了“金字塔”的概念。我添加了许多部分，使之看起来像是迷你的卢克索（译注：卢克索，拉斯维加斯一家金字塔状的酒店赌场。）。格斯则做了很多点头的工作。

③ 译注：职业橄榄球名人堂所在地。

④ 译注：L4即第4级，Level 4，下同。

知道“金字塔”的主意一定能行。如果一个点子能立刻让你们在租来的闷热破车里讨论得热火朝天，如果你们为此发明“L4”或“L5”那么酷的缩写，那你就知道你们这下真的发明了什么好东西了。所以——如果我们要从零开始建造一座NBA名人堂，那为什么不造一座5层楼的金字塔（就像拉斯维加斯卢克索赌场的迷你复制体，①不过地毯上没有烟头烙印），让伟大球员们不只被选进名人堂，还因为各自的能力而被选入某个具体楼层呢？

快去灌几口苏格兰威士忌，来一根廉价雪茄……很好。想象一下你飞到印第安纳，租了辆车，开上90分钟来到弗伦奇利克。你住进了拉里·伯德奢华高尔夫度假村，放下行李，直奔金字塔，花钱买票。他们把你领进了地下二层（所有人都从这里开始游览），你可以在这里看到NBA70年来各种各样的纪念物：旧球衣和展览品，老麦迪逊花园球馆的座椅，波士顿花园的拼花地板，数十年中用过的不同的篮球和球鞋，第一个24秒计时器，NBA电视游戏的进化，诸如此类的种种东西。这是整幢楼中最有历史感的一层。然后坐自动扶梯到地下一层，在那里你会看到伟大的比赛和季后赛比赛的特别专区，还有表彰五类球员的铭牌。他们不会被看成是金字塔球员，但是我们的名人堂中少不了他们。记住，我们的目标是让你尽可能了解关于NBA历史的一切：有哪些重要人物，发生过什么。②于是就有以下5组球员：

第一组：先驱

表彰那些在1946—1956年间开始生涯的伟大球员，联盟当时还没变成其最终的样子。比如乔治·迈肯、鲍勃·库西、乔·富尔克

---

① 原注：卢克索酒店真是把我激怒了。你怎么能把一座非常潮的埃及金字塔变成白人屌丝中心？他们有着史上第二好的赌场创意（仅次于恺撒宫），但是彻底玩砸了。

② 原注：这就是皮特·罗斯被库珀斯敦封杀时我暴怒的原因。那是个博物馆，目的是告诉人们棒球的历史。就在罗斯的名人堂铭牌上写上：**在担任红人队总经理期间参与赌球，玷污了我们的运动。**这有什么大不了的？（译注：1991年，棒球名人堂针对因赌博而被MLB禁赛的皮特·罗斯做出决定，任何被终生禁赛的球员不得入选名人堂。）

斯、比尔·夏曼、多尔夫·谢斯、鲍勃·佩蒂特、阿尼·里森（Arnie Risen）、乔治·亚德利（George Yardley）、维恩·米科尔森（Vern Mikkelsen）、迪克·麦圭尔、哈里·J·加勒廷（Harry J. Gallatin）、埃德·麦考利、巴迪·真内特（Buddy Jeanette）、拉里·福斯特（Larry Foust）、克利夫·黑根、尼尔·约翰斯顿、博比·万泽尔（Bobby Wanzer）、克莱德·洛夫莱特、阿尔·切尔维（Al Cervi）、汤姆·戈拉、斯莱特·马丁、约翰尼·科尔、吉姆·波拉德（Jim Pollard）、鲍勃·戴维斯、里奇·盖林、鲍勃·菲里克（Bob Feerick）和马克斯·扎斯洛夫斯基（Max Zaslofsky）。①

第二组：哈林环游者队和其他黑人先驱

我还没有黑到够资格写这一段。不过我是这么想的：向“甜水”·克利夫顿（Sweetwater Clifton）、查克·库珀（Chuck Cooper）、雷·费利克斯（Ray Felix）、克利奥·希尔（Cleo Hill）、唐·巴克斯代尔（Don Barksdale）、厄尔·劳埃德等先驱者致敬；一个“环游者队史”的纪念展区和放映室；奥巴马总统、查尔斯·巴克利、“魔术师”·约翰逊及其他人的全息讲话影像，谈论那些先驱者对他们的比赛和人生带来了哪些影响；24小时播放丹·克洛尔斯（Dan Klores）的纪录片《黑魔法》（*Black Magic*）。还有，我们或许可以聘用近况不佳的20世纪60、70、80年代球星——比如马文·巴恩斯和斯潘塞·海伍德——来作为讲解员，一个小时付他们50美元什么的。这肯定会是贾巴尔·阿卜杜勒-西蒙斯在金字塔里最喜欢的一层。

第三组：伟大的角色球员

纪念那些被低估的、有着独特才能、能为一支优秀的季后赛球队做出卓越贡献的球员。从下列26人开始：迈克尔·库珀、K. C. 琼斯、弗兰克·拉姆齐、霍勒斯·格兰特、博比·琼斯、乔治·约翰逊（Grorge

---

① 原注：其中一些同样进入了金字塔，成为了真正的名人堂成员。敬请期待。

Johnson）、唐·尼尔森、萨奇·桑德斯、阿尔·阿特尔斯、本·华莱士、埃迪·约翰逊、文尼·约翰逊、约翰·帕克森、比尔·兰比尔、比尔·布拉德利、柯特·兰比斯、保罗·普雷西（Paul Pressy）、里基·皮尔斯（Ricky Pierce）、布鲁斯·鲍文、史蒂夫·科尔、保罗·赛拉斯、德里克·费舍尔、鲁迪·拉鲁索、詹姆斯·波西、弗雷迪·“大号三分”·布朗和杰克·黑利（Jack Haley）。①我们可以每三年投出一名新成员。还有，鲍文的纪念铭牌边上要加一个小装置，不时绊路人一跤。

第四组：纪录保持者

斯科特·斯凯尔斯（单场30次助攻）、埃尔莫尔·史密斯（单场17个盖帽）、拉里·凯农（单场11次抢断）、弗兰克·莱登（Frank Layden），（单场58次抠鼻屎）、拉希德·华莱士（单季41次技术犯规）、威尔特·张伯伦（20000个性伴侣）们所应得的。

第五组：流星

本有潜力成为名人堂成员的家伙，无奈受严重影响生涯的伤病困扰，或者遭遇了个人问题，或情有可原的大环境问题，甚至死亡。我会从这18人开始：迈克尔·雷·理查德森、安德鲁·托尼、“便士”·哈达威、詹姆斯·赛拉斯、马文·巴恩斯、格斯·约翰逊、拉尔夫·桑普森、布拉德·多尔蒂、莫里斯·斯托克斯、约翰·卢卡斯、萨姆·鲍伊、特里·卡明斯、罗伊·塔普利、雷吉·刘易斯、格兰特·希尔、阿朗佐·莫宁、德拉任·彼得罗维奇（Drazen Petrovic）和蒂姆·哈达威。②我们排除掉了伦尼·拜厄斯，否则我就会悲伤地盯着他的纪念铭牌，放声大喊：“为什么？为什么？”这么喊上10～12个小时，直到被保安带走。

---

① 原注：黑利创造了“超级兴奋地助威、超级激动地击掌的第十二人”角色，后来在20世纪90年代和21世纪00年代成为了NBA板凳席的标配，最终导致有人觉得让马克·马德森（Mark Madsen）和布赖恩·斯卡拉布里尼成为百万富翁是个好主意。

② 原注：我喜欢这个主意：每当一名明星球员或候选新秀遭遇了个人问题，我们就可以开玩笑说：“他入选名人堂的唯一途径就是进入流星部分。”

行了，我们已经搞定了地下室。走过一楼的长廊——那里有一家大得过了头的NBA商店，本内特·萨尔瓦托新开的名为“这两发献给韦德”的牛排店，里克·斯米茨的荷兰式比萨店，休比·布朗开的一家名叫“无上咖啡厅”的NBA主题餐厅——我们要开始爬上金字塔球员所属的楼层了。敬请注意，因为下面的话非常非常非常重要。总共有5个等级。

Level 1（一楼）

勉强进入名人堂或再略好一些的球员，可以是因为大卫·汤普森因素（了不得的生涯，不够长）、丹·伊塞尔因素（一贯表现很好，从未伟大过）或马拉维奇因素（令人难忘的生涯，什么都没有赢得）。我们会在后面分别解释。

Level 2（二楼）

毫无疑问能进入名人堂的球员，因为下列5项原因之一而未能进入L3：从来没有以精英球员的身份夺冠；生涯总数据有所欠缺；没有过两三个能进入联盟前五的巅峰赛季；同时代至少有两三个同一位置上表现更好的球员；生涯因为伤病或迅速失去某些技能而大大缩短。为了填满这一层，我们要加上一个历史最伟大的12支球队的展区（由我们的名人堂委员会选出），还有一间供球迷们查阅我们馆藏丰富的视频图书馆的放映室。还会有一个超级大展区，里头有你想知道的关于ABA的一切。

Level 3（三楼）

毫无疑问能进入名人堂的球员，履历和数据都表明他们在一些年份里曾属于联盟中最好的一批球员；MVP获得者不会掉到第3级以下，除非有极其充分的理由。为了填满这一层，我们会给重要的教练、裁判、写手、老板和革新者们布置展区。没错，丹尼·比亚索内和博尔萨利诺帽终于得到了他们所应得的！或许我们可以免费发放一些印着比亚索内头像的24美元纸钞。说真的，我们这样做吧。我总是精心设想出一些精彩却永远无法实现的点子，一次又一次。

Level 4（四楼）

跟L3球员差不多，但是他们身上有一些更伟大的东西。合理的区分标准：他们是否一定会出现在某项“历史最佳”的讨论中？他们是否有着超凡的打法或令人难忘的时刻？他们是否一度具备过统治力？你是否会永远记得在现场观看他们比赛的经历，即使到你90岁的时候？他们是不是某些历史最佳的分界点？为了填满这一层，我们会准备展区给4位NBA总裁——肯尼迪、莫里斯·波多洛夫、奥布赖恩和斯特恩——此外还有斯科蒂·布鲁克斯·哈德伦（Scottie Brooks Hadlen）纪念图书馆及书店，里面放满了一切跟NBA有关的著作。包括这本。单独列一个架子，无数无数的副本。可能再立一个6英尺的纸板，印着我的剪影。什么，你不同意我在自己的点子里加上跟自己有关的部分？你好大的胆子！

万神殿（顶楼）

请做个深呼吸。我们现在处于名人堂金字塔的顶端，在抽象和具象两方面都如此。这里有史上最伟大的12位球员，强中之强……万神殿。①四面都会有窗子，有一些阳台，可能还可以环顾四周可爱的印第安纳风光。我希望有一个有座席的会议室，名人们可以在这里演讲或做展示，甚至进行问答，这样他们就能在广播里说：“女士们、先生们，提醒一下，埃尔金·贝勒会在3点钟在万神殿接受提问。”我们还需要一个酒吧，每天下午5点开张（哈皮·海尔斯顿时刻），最终会变成一个名叫“万神殿”的夜店，配备一台从底层直接来到万神殿的特别电梯（像棕榈赌场酒店的那台）。行了，我已经激动得快抽过去了。下面是我对金字塔模型最喜爱的地方：

·（我希望）球迷和写手们会争论哪个球员应该属于哪一级；这会变

① 原注：我想过让万神殿变成一套12人的名单，保持开放，这样我们有一天就可以把勒布朗加进去，再从原来12人里踢掉一个，就像《单身汉》一样。但这么做是不公平的。

成体育讨论中的“杰茜卡·比尔vs杰茜卡·阿尔巴（Jessica Alba）”①。沙克是L4还是万神殿球员？雷吉·米勒能超越L1吗？科比能冲出L4吗？从未夺冠的埃尔金应该排在哪里？还有奥斯卡呢，M. J. 和“魔术师”之前最伟大的后卫？库西足够伟大到排进L4吗？你懂我的意思的。

·在我们决定好有哪些金字塔球员后——还记得吗，我们把一些现在的名人堂成员放到地下室的“先驱”“角色球员”和“流星”展区去了——会有一个特别的选举委员会，给每位入选球员重新指定等级。假设这个委员会由50名知名退役球员、记者和解说组成。每人都要给每位名人堂成员的等级投票，从1（最低）到5（最高）；成员的平均得分（四舍五入）会决定他们的级别；每人都要投出12名万神殿级别球员（不能多，不能少）。这样一来就更有趣了，不是吗？尤其是我们要让选票公开。如果你是个给斯科蒂·皮彭投了L1、导致他只进了L3的白痴，那么有必要让大家知道你就是个白痴。

·金字塔结构*看起来*就很酷。不仅是说一座五层的、装满NBA历史上所有有价值的部分的、造型像埃及金字塔的建筑在审美角度上很棒，而且你想象一下在爬上各级的时候楼层变得越来越小……最终到了万神殿？光想到这个我都激动得发抖了。②虽说这在现实中永远不可能发生，但正好体现了白日梦的好处……就算只是在想象也很好玩，是吧？③我们接下去会介绍各级都有谁以及为什么，还有，如果你觉得我绕了那么一大圈之后

---

① 译注：都曾在不同的评选中被评为“世界上最性感的女人”。

② 原注：NBA不会把我的金字塔的冠名权卖给我的，因为他们的品位太差了。在现实中？你参观的会是“大众途锐NBA金字塔”之类的。杀了我吧。

③ 原注：白日梦的一个好处：有0.0003%的机会它们会成真。在20世纪90年代末，我忘了是什么引起的——可能是《老友记》（*Friends*）里的一集——但当时美国所有的夫妻和情侣都列了一个“如果我有机会跟某位名人幽会你一定要允许”的五人名单。蒂法尼-安伯·西森（Tiffani-Amber Thiessen）是我名单上的头一个。几年后我们搬去了洛杉矶，我妻子跟TAT的一个朋友成了朋友。我们结婚五周年的时候，她给了我一张TAT的签名照片，上面写着：“我听说我在你的名单上，真遗憾你已经结婚了。”我给TAT打了电话去谢谢她，一来二去，最后我们在梅尔餐厅缠绵了一夜，因为那是最像蜜桃深渊的地方。好吧，最后一部分是我编的。重点在于，你永远不知道白日梦最后会如何。

不会把NBA球员从96到1一一排个座次，那你就太不了解我了。排名将考虑到下列因素：

1.他对“秘密”理解得怎么样？

2.他是否让一支强队发生了改变？他是否在关键时刻变得更好了？如果你的生命寄于一场比赛，你愿意看到他在场上试图为你赢球吗？你是否会在生死战的最后两分钟毫无保留地信任他？简言之，如果NBA是一场战争，你是否愿意望跟他共赴战场？

3.跟他一起打球是一点乐趣都没有，有点意思，有趣，还是超级有趣？我们会在纳什那节中解释。

4.他是否曾在巅峰期被交易？如果是，为什么？这条对于第1级和第2级的球员并不怎么重要，但我需要一个*非常*好的理由才能原谅一名第3、4、5级的球员在巅峰期被交易。

5.因为个人偏好，比起优秀了很长时间的球员，我更珍视伟大过较短时间的球员。给我比尔·沃尔顿超凡的两年，而不是沃尔特·贝拉米平庸的14年。我没法靠贝拉米夺冠；靠健康的沃尔顿，我可以。所以我宁可要沃尔顿伟大的两年，剩下12年随便找点路人拼凑拼凑，也不要贝拉米的连续14年，如果这说得通的话。

[备注：贝拉米的生涯正是为什么我们需要金字塔的绝佳例子。他在头3个赛季场均29+17——1961—1963，联盟还没有改换肤色，缺乏身高——1964赛季之后却再也没有入选全明星了。他是仅有的9位生涯20000分、14000个篮板的球员之一，然而威尔特对他的统治达到了如此程度：“大北斗”一次在开场跳球前跟贝拉米握手，许诺说要打爆他，接着虐了他半场，然后在下半场跳球前告诉他：“行了，现在开始你可以得分了。”他的球队从来没有赢过——实际上，贝拉米的球队在季后赛里只赢过两轮系列赛，还两度在巅峰期交易了他。当68尼克斯拿贝拉米和豪伊·科米夫斯（Howie Komives）去交易戴夫·德布舍尔后，这笔交易迅速改变了球队，让他们连续6年具备总冠军竞争力。伟大的乔治·基塞达

（George Kiseda）[①]甚至这么写过：“沃尔特·贝拉米是20000分俱乐部的柜中骷髅。”很明显，贝拉米错过了自己的使命——如果他在30年后到来，他会受到范特西玩家们的追捧，用另一种方式被人铭记。杰里·卢卡斯也是如此。][②]

6.这家伙的数据有多大的欺骗性？伊塞尔的数据看起来棒极了，直到你回忆起他甚至防不住WNBA球队中最好的小伙子。[③]卡尔·马隆的华丽数据也无法反映出每场重大比赛的末尾他的脸都变得像被打了一针怪物肉毒杆菌。数据非常有用，它们填补了许多漏洞，但也仅止于此了。此外，这家伙的数据还在多大程度上受到了时代的影响？请回忆一下你在“我们是怎么到这个鬼地方的”一章中学到的东西。

7.他的比赛是否拥有至少两种令人难忘的、引人注目的特质？我们会在皮彭那节中解释。

8.他是一个伟大的队友，优秀的队友，普通的队友，还是一个彻底的浑蛋杂种？我们会在加里·佩顿（Gary Payton）那节中解释。

9.他是否在生涯中至少入选过一次NBA最佳阵容一队或二队？如果答案为否，我们需要一个讲得通的理由，比如说内特·瑟蒙德在这项上没有通过，是因为在他的巅峰期内，卡里姆、威尔特、考恩斯、昂瑟尔德和里德也分别达到了巅峰。我们把这条称为兰比尔定律，因为我一定要找一个理由把他拦在金字塔之外——毕竟，他是个世界级的贱货，而这是效果最好的理由。让他去死吧。[④]

---

① 原注：基塞达是第一个伟大的NBA写手；他报道了联盟的头20年，后来成了《洛杉矶时报》的体育编辑。悲剧的是，他从来没有写过一本内容扎实的NBA著作。更奇怪的是，下一位伟大的NBA写手[鲍勃·瑞安（Bob Ryan）]也没有过一本伟大的作品。但是，嘿，如果你可以把星期天花在跟米奇·阿尔博姆和迈克·卢皮卡在高清频道里聊天而不是写书上，我想你也肯定会这么做。[译注：指ESPN周日早上的体育脱口秀节目《体育记者》（*The Sports Reporters*）]。

② 原注：臭脾气老编辑：“沃尔特·贝拉米的脑袋是7尺长人中最小的。他的身材就像华盛顿纪念碑。打法也像。”

③ 原注：应该是“最好的姑娘”。只是想确认你有没有在认真阅读。

④ 原注：其他理由：他只有7个两双赛季；他不能传球，不能跑，不能跳，不能运球；还有，再说一遍，他是个贱货。但话说回来，如果他为凯尔特人效力的话我会爱死他的。

10.他是否能在数据之外激起其他层面的共鸣？他是否能在精神层面上，或“我人生中从没见过像他这样打球的人”的层面上与球迷紧紧联结在一起？他还能被复制吗？想想“珍珠厄尔”。

11.如果这名球员来自1946—1976年，他的比赛转换到现代会有多好？

最后一个问题非常重要。假设我们把1961赛季的威尔特带到2009年，让他跟各种有力量、有速度的现代球员对位，他们难道不会抑制住他，纠缠着他吗？他在现代可能会场均20+10，甚至25+14，但是面对更强的天赋、更聪明的防守、更复杂的执教策略和不利于他的规则改变，就算地狱会结冰，62威尔特也不会再单场100分了。[①]根据我看过的录像带，威尔特能砍下那些让人不禁皱眉的数据，主要是因为他是一个拥有超级运动力的大个子，对位的矮个笨蛋们都只是他的下酒菜。你可以说他在身体上领先于他的时代。我们要因此给他加分吗？我们要忽略2000沙克的数据可能比1962威尔特更强的事实吗？没有晚生10年是不是威尔特的幸运？拉塞尔能在2009年打出来的概率更大，因为他的好胜心和防守本能，虽说他的体格就像撒迪厄斯·扬。但他会像在1959年那样统治联盟吗？当然不会。你不能忘记，21世纪的球星是20世纪50和60年代最强的球员的进化版。比如史蒂夫·纳什和鲍勃·库西。（备注：请确认汤米·海因松阅读下面几行前身边已经准备好了一个医生团队。）纳什是一个好得多得多的投手，他身材更好，他更强硬，他在防守端更努力，他的技术更少瑕疵……他就是更好。但是他的生涯跟库西的不能比，他也没法比肩库西在同时代球员中的影响力（作为一个球员，一个人，一个赢家和一个革新者）。所以我们该如何判断谁更重要？说真的，这就像拿2009年的保时捷跟1962年的保时捷做比较：比速度的话，2009年的会轻易胜出，但1962年的是更具开拓性的车。所以纳什型在“谁是史上最具天赋的球员”中获胜，而库兹型则在“谁是史上最具开拓性的球员”中得胜。而

---

① 原注：臭脾气老编辑声称：“威尔特在今天会像那几个倒霉的乔治城中锋一样，不断打铁，奉上愚蠢的犯规（除非他已经4次犯规了，然后就会开始冬眠）。进攻端在离筐5英尺外就难有作为，他能拿到个12+9就算撞大运了。”说得好。

这两个问题都很重要。

这就是为什么我要做出以下决定：你无法有效地比较来自不同时代的球员，除非两人都在1976年后达到高峰，从那时起篮球完全变成了我们现在在观看的运动。少数早期球星在今天还会高效，但更多人会表现得举步维艰，以至于很难把他们提到第十一或十二人之上。比如多尔夫·谢斯，雪城1955年总冠军队伍中最好的球员，NBA25周年之队的成员。一个在篮筐之下打球、依靠一手致命的定点投篮为生的缓慢白人能在2010年的高水平比赛中取得成功吗？多尔夫在2010年会比史蒂夫·诺瓦克（Steve Novak）更好用吗？呃……我不知道。我真的不知道。在一番深思熟虑后，我把几乎所有前拉塞尔时代的球星都抛在了金字塔之外，原因有二。第一，篮球还没有真正变成篮球，直到1954年他们发明了进攻时间。第二，在20世纪50年代有一位名叫尼尔·约翰斯顿的中锋，拥有如下履历：

8个赛季，6个高质量赛季，6届全明星，1953、1954、1955、1956赛季NBA最佳阵容一队，1957赛季二队，一支总冠军（56勇士）球队中第二好的球员、20+14（10场），巅峰五季23+13，单季联盟第一：得分王（3次）、篮板王（1次）、出场时间（2次）、命中率（3次）

很不错，对吧？约翰斯顿是联盟头10年除迈肯之外攻守两端最高效的中锋：6尺8寸，210磅，在那个大家都在篮筐之下打球、你可以使出笨拙的勾手而不会被扇飞的年代里打得风生水起。然后拉塞尔出现了，毁掉了一切。萨奇·桑德斯开玩笑说，拉塞尔终结了约翰斯顿、哈里·加勒廷、埃德·麦考利、查利·沙尔（Charlie Share）和其他所有老式（翻译一下：白人）中锋的生涯。根据各种故事和逸闻，让拉塞尔出现在50年代中期，听起来就像是让德怀特·霍华德参加WNBA。（顺便说一句，这是唯一能让我看WNBA的情况，除非我女儿哪天也进了联盟。真的只有这两种情况。）把大卫·韦斯特或希多·特尔科卢之流塞进布朗博士的时间机器[①]

① 译注：《回到未来》三部曲中的情节。

送到20世纪50年代早期，他们可以四连MVP。各位60岁以上的读者，对不起，但这是事实。还有，记得别为1959—1967年间的得分和篮板数据而太过激动，也别忘了他们在1966年前都允许各种形式的进攻干扰球。（仅供参考：威尔特在62尼克斯头上砍下73分时，“大北斗”从进攻干扰球上就得了22分和13个篮板。）①从1970—1976年的所有信息（数据、全明星、NBA最佳阵容）都要先撒上三百撮盐，所以如果你在好奇为什么斯潘塞·海伍德（两次一队，两次二队，巅峰五季24+12）或路·赫德森（巅峰四季25+6+4、51%的命中率）没有入选，还有为什么鲍勃·麦卡杜和“小个子”·阿奇博尔德是L2球员……这就是原因。②

最后一点想法：这一版（精装本和平装本）中，我选择了96名球员入选，这样在2016年的《篮史通鉴2：圈钱之作》中，我就可以把金字塔扩展到正好100人。现役球星抢得这四个位置之一的赔率③：凯文·杜兰特，–700；保·加索尔，平；卡梅洛·安东尼，+250；德里克·罗斯（Derrick Rose），+300；德龙·威廉姆斯，+300；拉让·朗多，+350；昌西·比卢普斯，+400；马努·吉诺比利，+500；克里斯·波什，+750；阿马雷·斯塔德迈尔，+900；布兰登·罗伊，+1200；斯蒂芬·库里（Stephen Curry），+1500；泰里克·埃文斯（Tyreke Evan），+2500；里基·鲁比奥（Ricky Rubio），+1200；乔基姆·诺阿，+4000；布鲁克·洛佩兹（Brook Lopez），+5000；德马库斯·考辛斯（DeMarcus Cousins），+5000；姚明，+7500；格雷格·奥登的老

---

① 原注：相信我，我看了录像。尼克斯队的每个“大个子”看起来都像是史前版的布赖恩·斯卡拉布里尼。你觉得德怀特·霍华德能单场73分吗，如果允许进攻干扰球，让他出手50次、用史前斯卡拉布里尼防他的话？我会说可以。还有，我要给我的下一支范特西球队命名为“史前斯卡拉布里尼”。

② 原注：最艰难的落选者：沃尔特·戴维斯，米奇·里奇蒙德，格斯·约翰逊，兰比尔，赫德森，切特·沃克，昌西·比卢普斯，汤姆·戈拉，阿朗佐·莫宁，蒂姆·哈达威，杰克·西克马，保罗·赛拉斯，格斯·威廉姆斯。最最艰难的落选者：西克马。最容易的落选者：查克·内维特（Chuck Nevitt）。

③ 译注：美式赔率：正数表示100块本金的收益，如+400就是1赔5，即投入100块可以赚400块；负数表示100块收益的本金，如–400就是1赔1.25，即投入400块可以赚100块；平即1赔2。

二，+10000。

我会把本钱押在杜兰特（已经锁定）、加索尔（两连冠的二把手，当今最具进攻技巧的大个子）、朗多（最近38场季后赛16+8+10）和安东尼（生涯场均25.3分，历史第11）身上。（说真的，真遗憾我不能下注，因为金字塔就是我控制的。我很确定自己一定会赢。）而现在我们只确定了96位金字塔球员。下面让我们按倒序一个一个盘点过来，从最后一级开始，来吧。

七　金字塔：L1

96. 汤姆·钱伯斯

履历：16个赛季，10个高质量赛季，4届全明星，1989、1990赛季最佳阵容二队，1987年全明星赛MVP，巅峰两季27+8+3，巅峰两季季后赛24+9+3（28场），曾为1支总亚军（93太阳）球队效力，20000分俱乐部

名人堂让我恼火的又一件事：他们拒绝去量化每位入选者的影响力，所以就没有各个位置上的分界男——就是说这个人刚刚好可以入选名人堂，而其他人必须越过这道“墙”——于是你就不能在评价一位大前锋候选人时简单地问一句：“他比汤姆·钱伯斯要好吗？”大前锋钱伯斯会跟接下去4位球员一样，成为各自位置上的分界线。虽然他在20世纪80年代的发型让他看起来就像是保罗·“完美先生”·奥恩多夫（Paul“Mr. Wonderful”Orndorf）与1985—1989年间任何一个女垒队员的结合体，虽然他平淡无奇到从没有过一个绰号，①但钱伯斯可以在快攻中完美地填补翼侧，在半场进攻中高效地取分，在NBA历史上竞争最激烈的数年间打得风生水起（1986—1993赛季，这个时代有这份榜单上前24中的12位，前50中的19位），还在3支分区决赛球队中担任关键球执行者（87超音速、89太阳、90太阳）。在那支可能是联盟合并后未能夺冠球队中最强的93太阳队中，老胳膊老腿的他仍然占据着关键时刻的出场时间。先别管他臭名昭著的糟糕防守，②钱伯斯应该因为下面两件事而加分：

---

① 原注：我会称他为汤姆·“中分头”（“Middle Part”）·钱伯斯，简称“分头”（“Part”）。

② 原注：伯德以虐钱伯斯、亚历克斯·英格利希、凯利·特里普卡、基基·范德魏为乐。如果伯德20世纪80年代中期是在一支西部球队打球的话，光靠对位这4个人，你就可以给他场均加上3分。

1.他是“像黑人一样打球的白人球员”全明星队中的首发大前锋。历史上最好的10个实战扣篮中，钱伯斯是唯一一个入选榜单的白人球员：他在马克・杰克逊（Mark Jackson）头上完成了一记双手爆扣，像装了螺旋桨一样直升上天，把马克・杰克逊扣翻在地，篮筐看上去就像是降低了两英尺。①

2.钱伯斯在史上最伟大的全明星赛（1987）中拿到了MVP，砍下34分，超过了M. J. 、尼克、巴克利和哈基姆的总和；他和“魔术师”不断地打着挡拆，东部明星们对此毫无办法。我一直在想，如果钱伯斯可以在1982年与沃西互换球队，在“魔术师”身边打上10年的球，那会变成什么状况？他能拿下1988年的总决赛MVP，进入名人堂，踏上人生巅峰吗？想想还有些小激动呢，是吧？②

95. 乔乔・怀特

履历：*12个赛季，7个高质量赛季，7届全明星，1976年总决赛MVP，1975、1977赛季最佳内容二队，巅峰三季21+5+5，季后赛：22+4+6、83%的罚球命中率、42.9分钟（80场），2支总冠军（74、76凯尔特人）球队中第三好的球员*

乔乔是真正的季后赛球员，整个生涯的季后赛场均数据甚至好过他最巅峰3年的常规赛数据，还是两支总冠军球队和一支68胜球队中最好的后卫。除了季后赛的表现之外，他还有两件事值得一提。第一，他连续6个赛季常规赛上场时间超过3200分钟，而且从1972—1976赛季平均每年要

---

① 原注：在电视游戏《湖人大战凯尔特人》（*Lakers vs. Celtics*）里，他的人物拥有一招不可阻挡的扣篮动作，这件事可以为他加上……一些分数。说不好多少分。

② 原注：沃西生涯数据：17.6分，5.1个篮板，52%的命中率，77%的罚球命中率，两次NBA最佳阵容三队。钱伯斯生涯数据：18.1分，6.1个篮板，47%的命中率，81%的罚球命中率，两次NBA最佳阵容二队。我就那么一说。

打600分钟的季后赛。①从1972—1977赛季，乔乔场均40分钟，分别打了90、95、100、93、100、91场比赛。也就难怪他的腿很快出了问题，导致他少了两三年的高光赛季。第二，乔乔在那场史诗般的三加时大战中砍下33+9，打了可怕的60分钟，并命中了史上最富戏剧性的一个罚球。②在哈夫利切克用一记打板投篮“赢下”第二个加时赛后，球迷们冲进了场内，凯尔特人球员激动地跑回了更衣室。就在他们狂欢庆贺时，裁判们认定比赛还剩下1秒钟。这时候，乔乔已经脱掉了球衣，解下了脚踝上的绷带。当大家回到球场上时，保罗·韦斯特法尔想出了个绝妙的主意，叫了一个非法暂停，付出一个技术犯规的代价，换来了菲尼克斯前场发球的机会——也就是说，所有人都以为他们已经赢了，球员们离开了球场，一群醉汉冲进了场内，然后过了15分钟，已经完全冰凉下来的乔乔要重新回到场上，投一个必须命中的罚球。如果他罚丢了，加尔·赫德命中的那记奇迹般的压哨转身投篮就会使凯尔特人输掉比赛。没门儿。唰。考虑到以上种种因素，这就是史上最大心脏的一记罚球。乔乔还在第3个加时里命中了锁定胜局的罚球，虽然那时他已经无比疲惫，菲尼克斯队员罚球时他*甚至直接坐在了场上*。如果你命悬一线，你肯定希望乔乔会是你的伙伴。句号。

[现在想来，他最大的问题在于：很难想象一个叫乔乔的家伙会是他那个时代最伟大的球员之一。如果他叫作卢瑟·怀特（Luther White）或者朱利叶斯·怀特（Julius White），人们就会像记住沃尔特·弗雷泽那样记住他。可他的名字听上去就像《好莱坞女孩》（*The Hills*）里的某个妹子。]

94. 杰克·特怀曼

履历：11个赛季，7个高质量赛季，6届全明星，1960、1962赛季最

---

① 原注：在季后赛场数超过30场的后卫中，乔乔的42.9分钟是第二多的，仅次于阿伦·艾弗森。艾弗森场均超过45分钟，但是只有两个赛季打了10场以上季后赛。

② 原注：1974年对阵布法罗的第6场，最后时刻两队战平，乔乔博得压哨犯规，冷静地命中罚球，绝杀了整个系列赛。只有来自布法罗的队伍才会用这种方式输球。

佳阵容二队，单季联盟第一：命中率（1次）、罚球得分（1次），巅峰三季27+9+3，巅峰三季季后赛20+8+2（26场）

本书写作过程中我最喜欢的随机事件：花了整整一个小时比较克利夫·黑根和特怀曼这两位“20世纪50、60年代的白人前锋”谁应该占据分界点，最后决定黑根略好一点，因为他赢过总冠军，而且在1978年入选了名人堂，比特怀曼早上5年（虽然他比特怀曼晚4年退役）。说实话，我也只找得出这两个理由了。特怀曼最大的贡献来自场外：在队友莫里斯·斯托克斯遭遇断送生涯的病症后，特怀曼的家庭接受了斯托克斯，照顾他，为他筹钱，最终在1973年拍成了电影《莫里斯》（*Maurice*），还有一部超棒的特怀曼/斯托克斯视频在春田镇展出，我小时候每次去都会看。①考虑到种族主义（特怀曼是白人，斯托克斯是黑人）和当时的社会氛围，这必须是史上最让人感觉温馨的体育故事之一。那为什么大家都记得《布赖恩之歌》（*Brian's Song*）而没人记得《莫里斯》呢？好吧，一部电影有比利·迪伊·威廉姆斯（Billy Dee Williams）和詹姆斯·坎（James Cann）出演；另一部有伯尼·凯西（Bernie Casey）和博·斯文森（Bo Svenson）。这么说就够了。②特怀曼还是联盟首个退役后转行成为糟糕电视解说的知名球员——我的意思是，假如你是这份长长名单上的第一个，那你确实意义重大，是吧？这家伙给拉塞尔、“魔术师”、以赛亚和其他所有人开辟了道路。他确实很幸运地在1969年总决赛后采访到了拉塞尔，拉塞尔却没能回答上“现在感觉如何”的问题，光在那儿老泪纵横。除掉波士顿市长雷·弗林（Ray Flynn）的小儿子在1986年颁奖典

---

① 原注：20世纪70年代末的时候，那是名人堂里最好的展品，也是克里斯·康奈利给《体育中心》拍的那些苦情催泪故事片的先驱。希望我没有给康奈利什么点子。啊哦，他现在正开车去墓地准备采访莫里斯·斯托克斯的棺材……*快来人阻止他！*

② 原注：你可能还记得斯文森在20世纪70年代的动作片《势不两立》（*Walking Tall*）三部曲中出演治安官比福德·普瑟尔（Buford Pusser）。或许你不记得。我只是想把比福德·普瑟尔这名字写进书里而已。

礼进行到一半时突然冒了出来外，[1]这就是我最喜欢的总冠军时刻了，你必须为特怀曼能参与其中而给他加分。

93. 凯文·约翰逊

履历：*12个赛季，7个高质量赛季，3届全明星，1989、1990、1991、1994赛季最佳阵容二队，1992赛季三队，巅峰四季21+4+11（50%的命中率、84%的罚球命中率），巅峰两季季后赛22+4+11（28场），1支总亚军（93太阳）球队中第二好的球员，生涯季后赛场均助攻第6（8.9个、115场）*

在约翰逊的新秀季，老爹和我一起去看了一场骑士对凯尔特人的比赛，当时K. J. 就像一个在打大学联赛的初三学生，惊恐而且失败。考虑到他还是个七号秀，他在场上所表现出的无助——尤其是跟他的队友马克·普赖斯相比[2]——更是让我们震惊。几个月后，我们都觉得克利夫兰打劫了菲尼克斯，因为他们在一笔大交易中用K. J. 换来了拉里·南斯。*他们是怎么用这家伙就换来拉里·南斯的？*然而K. J. 只用了一年就把菲尼克斯变成了一支富有竞争力的季后赛球队，带队杀进了1989年西部半决赛和1990年西部决赛，展示了克里斯·保罗在过去4年里向我们展示的一切。老爹和我于是才明白，永远不要对年轻控卫轻言放弃。[3]有两件事使K. J.

---

① 原注：这小孩儿是现实生活中的斯鲍尔丁·斯梅尔斯（Spaulding Smails）。说不定当天夜里他就把家里的船开到查尔斯敦的某个码头区了。（译注：斯鲍尔丁·斯梅尔斯是电影《疯狂高尔夫》中的捣蛋鬼熊孩子。）

② 原注：要不是弄爆了膝盖，普赖斯本来有可能进入这个金字塔。即使这样，他还是入选了一次最佳阵容一队和三次三队，带领骑士离打入总决赛只差两场。他赢得了我的“最被低估的20世纪90年代球员”选票。

③ 原注：我生命中最后悔的事情之一就是没曾把这个故事讲给里克·皮蒂诺听，他在*50场烂透了的比赛*后交易走了凯尔特人的新秀昌西·比卢普斯。

的历史地位大大降格。第一，他没法留在场上，11个赛季有5个缺席了15场以上的比赛，甚至有传言说他那不给力的肌腱是纸做的。（重要备注：如果有一个为最失败的轮换球员而建的范特西名人堂，他将会是控卫位置上的那个人。在20世纪90年代中期，如果你在选秀的前5轮就选了K. J.，其他人将会公然地嘲笑你。只有菜鸟才会在范特西选秀的前10轮里就挑选K. J.，而且一选完，其他人就会心照不宣地泛起微笑。K. J. 就像个不检点的高中女生，跟橄榄球队里的每个人都在一起过……然后来了个转校生，开始跟她约会，于是队里的每个人都在挤眉弄眼、暗自发笑。K. J. 就像是这样。我们会在前面很多轮里跳过K. J.。我真的很怀念有他的日子，我们拿他开了好多玩笑。）第二，1993年总决赛里，他搞砸了太阳的前两个主场，从而丧失了夺冠的机会。第2场比赛的最后时刻，太阳队教练保罗·韦斯特法尔甚至不得不让他坐板凳而让*弗兰基·约翰逊*待在场上。等到K. J. 在第3场比赛里回过神来时，太阳已经挥霍掉了自己的主场优势，再没有任何逆转的可能——没有人可以在5场比赛中4次击败巅峰M. J.。

是的，是有很多人在总决赛里搞砸过[1994年的约翰·斯塔克斯（John Starks），1995年的尼克·安德森，1984年的“魔术师”，1975年的埃尔文，2006年的德克，等等等等]，不过我实在不记得还有谁砸到这种程度，简直像《火爆教头》里的托尼（Tony）一样[①]。考虑到这事儿发生在他球员履历中最重要的一段里，我们有必要为此而给他扣分。但是，另一方面，没有哪个控球后卫能像全盛期的K. J. 那样疯狂攻击篮筐，在大个子头上扣篮，用突破毁灭对手；倒不是说对手不想停留在他的前方，但他一做动作，他们就会本能地往后退。如果K. J. 的巅峰期发生在2004年之后——他们开始禁止hand-check，减少吹罚移动挡拆，后卫们因此可以更轻松地杀入禁区——他可以砍下30+15，抢走史蒂夫·纳什的连庄MVP，只要他的肌腱没有在这些发生之前先废掉就行了。

① 译注：指片中托尼在比赛里放水打假球的情节。

92. 鲍勃·拉尼尔

***履历**：14个赛季，8个高质量赛季，8届全明星，巅峰四季24+14+4，季后赛19+10+4（67场），全盛期只赢过一轮季后赛，20000分俱乐部*

拉尼尔和他21码[①]的大脚以毫厘优势挤掉了西克马[②]和他超赞的金爆卷发型，成为了中锋位置上的分界男，因为西克马很幸运地能在充满天赋的超音速和雄鹿打球，而可怜的拉尼尔在整个20世纪70年代都身处NBA地狱底特律。其中最糟糕的两年，他甚至要在向朋友介绍迪克·瓦伊塔尔（Dick Vitale）时说"这是我的教练兼GM"。[③]你知道人们看到被困在井里的孩子终于得救时是什么感觉吗，没错，这就是拉尼尔在1980年被交易到雄鹿时全联盟的感受。继续比较比较拉尼尔和西克马吧：他们都在全盛期过后被交易到了雄鹿，拉尼尔换了肯特·本森（1977年状元）和1980年首轮，西克马换了奥尔顿·利斯特（Alton Lister）和1987年、1989年的两个首轮。换句话说，拉尼尔能换来更多东西，虽然也没多多少。我们会记住拉尼尔强硬的左手勾手、有些偷偷摸摸的后仰跳投、超级大只的球鞋，以及接班威利斯·里德成为联盟头号"我是个好人，但是如果你过了我，就算万千人民群众雪亮的眼睛盯着老子，老子也要在众目睽睽下揍你一顿"中锋。

---

① 译注：大致相当于欧码的59码半。

② 原注：西克马的履历：14个赛季，10个高质量赛季，7届全明星，1支总冠军（79超音速）和1支总亚军（78超音速）球队中的先发，巅峰五季19+11+4，1979年季后赛15+12+3（17场），史上第四好的金发烫卷爆炸头，仅次于艾恩·齐尔林（Ian Ziering）、拉里·伯德和《坏小子》（*Bad Boys*）中"哔哔男"（Tweety）的一个朋友[险胜丹·格拉登（Dan Gladden）、沃利·巴克曼（Wally Backman）和西德·维舍斯（Sid Vicious）]。格伦·克洛斯（Glenn Close）在《大寒》（*The Big Chill*）里顶着一头金色卷发，对她的发型师说："给我来个西克马头。"赞啊。

③ 原注：迪基·V（译注：Dichie V，迪克·瓦伊塔尔的绰号）在凯尔特人历史上有着重要地位：1979—1980赛季前，他拿了两个首轮和M. L. 卡尔去交易麦卡杜。波士顿用这两个首轮和勇士完成了著名的帕里什/麦克黑尔交易。**啦啦啦啦啦！啦啦啦啦啦啦啦啦啦！这笔交易太棒了！啦啦啦啦啦啦！**

（重复一遍，我们的名人堂分界男是钱伯斯、乔乔·怀特、特怀曼、K. J. 和拉尼尔，所以他们就是分界五人组了。从现在起，请确定任何想要进入名人堂的成员都要比这5个人至少好上0.000001%。谢谢。）

91. 贝利·豪厄尔

履历：*12个赛季，10个高质量赛季，6届全明星，1963赛季最佳阵容二队，巅峰四季22+12+3，2支总冠军球队（68、69凯尔特人）的首发*

作为一个对抗粗野的小前锋（就像效率更高的罗恩·阿泰斯特，没那么疯），豪厄尔连续6年入选全明星，在拉塞尔波士顿最后两年的冠军队伍中扮演了轴心角色。在60年代（从1960—1969赛季）所有参加了400场以上比赛的球员中，豪厄尔在命中率上排第五（48.4%），得分第八（20.2），篮板第十三（10.7）。我在精装本里把他排得太高（第八十），深思熟虑了几个月，觉得不太妥，然后把他移到了这里。不过有件有趣的事，想象一下，贝利在书店里翻阅平装本，看到他的排名，然后尖叫："等等，我掉了十一名？我做错了什么？我都退役40年了！*去死吧，西蒙斯！去死吧！*"

90. 克里斯·保罗

履历：*5个赛季，4个高质量赛季，3届全明星，2008赛季最佳阵容一队，2009赛季二队，2008年比尔·西蒙斯MVP，2008年MVP票选第二，巅峰两季22+5+11、2.7次抢断、50%的命中率、助攻失误比4∶1，最佳防守阵容（2次）单季联盟第一：助攻王（2次）、抢断王（2次），2008年季后赛24+5+11、2.3次抢断、50%的命中率（12场）*

进化版以赛亚。虽说保罗在2010赛季过得挣扎又沮丧（低潮：半月板撕裂，教练被炒，出场次数减少，掉入乐透区），他的2008和2009赛季仍然是奥斯卡之后所有控卫中数据最好的两年。[①]保罗在他的位置上表现出了特别的潇洒，控制着每场比赛的节奏，到他想去的任何位置，送出数量恐怖的空中接力。[没有人比他对队友们意味更多。2008年保罗上过一次《吉米鸡毛秀》，当时其他的黄蜂队员都坐在观众席上。节目结束后，基梅尔（Jimmy Kimmel）让他录制一段喜剧小品，保罗同意了，他的队友们则都紧随着他，没有想着去好莱坞疯一晚。他们都留了下来。这是我希望我的金字塔成员们身上会发生的故事。]在当下的诸多球星中，他被困在了最艰难的位置上：糟糕的帮手，塞满了的工资帽，不稳定的球队，竞争激烈的分区……而他在2012年之前都没法逃离此地去寻找更青葱的牧场。在喧哗骚动的2010年夏天，有传言说，新奥尔良想将保罗搭上埃梅卡·奥卡福的超级大合同（就像是克里斯·保罗税）送去某个大市场球队，这或许能解放薪金空间，但也会让新奥尔良的职业篮球死得很快。他们最终聪明地选择了放弃。保罗也不能申请交易去一支有竞争力的球队，因为他的城市先被飓风袭击，后又遭遇了英国石油公司原油泄漏事件。他必须留在这里。进化版以赛亚需要一个进化版麦克洛斯基来拯救困难重重的黄蜂队。尽快。

89. 文斯·卡特

***履历：**12个赛季，10个高质量赛季，8届全明星，1999年最佳新秀，2001赛季最佳阵容二队，2000赛季三队，巅峰三季26+6+4，连续10年得分20+，季后赛23+6+5（56场），季后赛纪录：半场最多三分球（8）*

---

① 原注：2009年，C. P. 成为首位得分联盟前十的助攻/抢断王，只差12分就能成为第4位场均23分、11次助攻的球员。1974年以来，只有5位球员能在抢断和助攻上同时领跑NBA；他连续两年做到了。2009年，他甚至有50%的命中率和87%的罚球命中率。如果他保持健康，他可以拥有一个25+12、抢断王、50-40-90命中率的赛季。不在话下。

我从来都不喜欢那些充满进攻天赋却防不住任何人、被整座城市厌弃、扣篮大赛表现胜过季后赛表现的球星。说起来，文斯已经打了11年，却从没突破过第2轮。更神奇的是，他的表兄弟特雷西·麦格雷迪从来没有突破过第1轮。无怪乎有传言说他们一年一度的家族垒球赛总是只打6局就突然结束。但文斯的生涯还因为很多别的原因而让人不爽。他最出名的时刻？2000年奥运会上飞跃弗雷德里克·魏斯（Frederic Weis）的恐怖一扣。（假如有人的生涯最高光时刻跟弗雷德·魏斯有关，说真的，我还能说啥呢？）[①]他最突破性的季后赛季？2001年跟阿伦·艾弗森的大战，他们在第2、3、5战中分别得到50+，系列赛最终的结局是文斯在抢七里压哨三分不中。（文斯那天包了一架飞机，于是他可以一个人跑去参加北卡大学的毕业典礼，然后再飞回费城。这是一个完美的文斯·卡特故事——他把自己置于球队之上，然后他们输了。）他的长期特色？他面对伤病和冲突时的怂货表现无人可及，把"装作刚刚中了一枪"这个词带到了一个新的高度。（NBA历史上没有人被球迷们吼"快站起来"的次数比他多。没有人。）他留下的传说？他的时代最最"充满天赋，本应表现得要好得多"的家伙。

不管怎么说，以上这些都不是我终生厌恶他的原因。2005赛季，失望的文斯在多伦多用生命去摆烂——因为某种至今不明的原因而故意毁灭了自己的交易价值——猛龙被迫接受了新泽西的报价：阿朗佐·莫宁（不得不买断）、埃里克·威廉姆斯、阿龙·威廉姆斯（Aaron Williams）和两个非乐透的选秀权。你可以预见到之后会发生什么（顺便说一句，我预见到了）：多伦多既没有清理掉薪金空间也没有得到优秀的年轻队员或签位，这毁掉了球队的未来。[②]但他们当时就是这么绝望。鲜有职业运动员

---

① 原注：当前队友基恩·克拉克声称文斯被高估了，并指出02猛龙在没有他的时候打得更好（顺便说一句，这是事实）时，我们就知道我们有麻烦了。基恩可不是那种满世界开炮的家伙；毕竟他大部分时候都不太清楚自己在哪儿。这家伙在2002年夏天因持有大麻而被捕，于是有了所有你能想象得出的NBA场景中我最喜爱的一个：基恩的经纪人刚刚为基恩骗来了一份2000万美元的自由球员合同，就接到了他的电话，说："呃，这是警察允许我打的唯一一通电话，所以千万别挂……"

② 原注：你不会相信的，但GM罗布·巴布科克（Rob Babcock）很快就被解雇了。

对自己的球迷如此冷酷无情。

3个月后，文斯在新泽西复活，还坦承他在多伦多没有出力打球——没开玩笑，他真的承认了——目的大概是为了要求交易；这是体育界近年来爆出的最令人沮丧的内幕消息之一。①但不管怎么说，这也成了我想要写这本书的原因之一：我们不希望50年后会有某个NBA球迷随手翻了翻什么NBA手册然后认定文斯·卡特是一位有价值的篮球明星。他不是。②

这个故事倒有个好结局。每次文斯在多伦多打球时，他们就会狂嘘他，就像伯尼·麦道夫受邀回到纽约证券交易所摇铃一样。他们会嘘上一整场。他们一刻不停。无论如何，这带来了文斯身上最好的东西——他带着激情和骄傲去打球，甚至命中了不少制胜球。这是他生涯最完美的墓志铭——这家伙只会被积极反对他的球迷们激活——另外，文斯还从其他球员那里获得了数量巨大的尊敬，并非因为他所做的一切，而是因为他具备的天赋。同时代的球员，凡是在联盟中待了超过15年的，都会觉得文斯·卡特能做任何事情。嗯，除了持续不断地认真打球。你终有一天会后悔的，文斯。你会的。③

88. 肖恩·肯普

***履历：**14个赛季，8个高质量赛季，6届全明星，1994、1995、1996赛季最佳阵容二队，巅峰三季19+11+2+2、1.7个盖帽，1996年季后赛*

---

① 原注：就在季后赛之前，我这样写道："我哥们儿格斯有一天问我：'有没有人因为在同一个赛季中的表现而赢得年度最佳复出球员奖的？'我说，我们应该把这个奖颁给文斯，再加一个'我们这些关心职业体育的人都是白痴'这一事实的最冷酷提醒奖。"

② 原注：关于文斯的一切疑虑最终在10魔术（他待过的最好的球队）后全部消散。文斯挣扎了一整年，在东部决赛中消失，甚至激起了ESPN的杰夫·范甘迪（Jeff Van Gundy）的愤怒（他在于波士顿进行的第3战里怒黑了文斯一番）。文斯在对波士顿的系列赛里的表现是如此糟糕，一些ESPN网站上的读者甚至祈求我把他赶出金字塔。最终我选择了给他降了7位。

③ 原注：2009赛季，我跟哥们儿萨尔（Sal）去现场看了一场快船对篮网的比赛。文斯那天就像一个穷凶极恶的匪徒，砍下42分。有一刻，萨尔实事求是地说："哇哦，文斯今晚有在出力。"当球迷们看得出你有没有出力的时候，你百分之百没有实现你作为球员的潜力。

21+10+2、2个盖帽、58%的命中率，1996年总决赛23+10+2、2个盖帽、55%的命中率，1支总亚军（96超音速）球队中第二好的球员

我们曾经以为肯普会在30张不同的海报上留下名字。而他最终却成了一个令人反感的时代的代表人物，那个时代的特色包括：合同溢价，被过分吹捧的、在扣完篮后做出下流手势的黑人球星，盖完帽后嘲笑对手，掐教练喉咙，动辄离队，与一堆女人生下一堆孩子，似乎从未全力以赴。（重要提示：这只是带有偏见的笼统印象，而非事实。不过肯普这一代人确实赶走了不少边缘球迷。）20年后，当你提起肯普的名字时，绝大部分NBA球迷会记起他的强起爆扣，记起个人问题（嗑药、酗酒、缺乏自律）如何毁掉这位有潜力进入名人堂的球员的生涯，以及被爆出“在30岁前就与6个女人生下了7个孩子”（这消息在当时算得上一枚重磅炸弹，而且直到今天都算是个好哏）。①下面是他们不会记得的：

1.在摩西·马隆之后，14年过去了，终于又有一位没打过大学篮球的高中生球员在NBA取得了成功。②你可以说肯普为K. G.、科比、勒布朗和其他各种人铺平了道路。他甚至给恩杜迪·埃比（Ndudi Ebi）铺平了道路。

2.不算霍华德和年轻时的沙克这两个引人注目的例外，大自然中再没有任何力量能跟年轻时的肯普相媲美：他比任何大个子都更擅于下快攻，能从任何想得到的（和一些从未有人想过的）角度完成空接，把能看到的人都扣了个遍（1992年季后赛在奥尔顿·利斯特和克里斯·加特林头上的两记扣篮一直被供在扣篮万神殿里）。此前此后我们都没能看到谁能表现

---

① 原注：如果把肯普比作打破1英里跑4分钟大关的罗杰·班尼斯特，那么特拉维斯·亨利（Travis Henry）就把体育界的生孩子纪录带到了3分35秒：他和9个女人生下了9个孩子，孩子与性伴侣比率达1：1，是1973年Elias开始记录该数据以来最高的（7个孩子以上）。我非常想看到有人能达到10+10，那样的话我会给他记上一个两双。（译注：Elias是四大联盟的官方数据提供机构。）

② 原注：摩西在ABA停留了一年；肯普在社区学院待了一年，不过没有参加任何比赛。

得跟肯普一样。他还拥有过去30年中最好的绰号之一：“暴君”[①]。如果他想发行一盘自己的性爱录像带的话，这完全可以直接拿来当标题。[②]

3.肯普是那支从1993—1997赛季平均59胜的超音速队中的首席内线，其中1993年在分区决赛第7场中惜败，太阳队当场罚了68个球（多纳吉警报！），1996年拿下64胜，在总决赛中不敌公牛。1996年季后赛，他在球队横扫火箭的同时压倒了哈基姆，在和爵士的系列赛中表现胜过“邮差”，总决赛中在罗德曼的防守下依然出彩。随后，超音速以不可饶恕的、愚蠢的330万美元年薪签下了废物中锋吉姆·麦基尔文（Jim McIlvaine）。肯普当时拿着一份便宜得可怜的合同；他在春天刚刚突破到了新的高度，一脚踹开了名人堂的大门。可是超音速没有把薪金空间放在搞定肯普的签约上，反而用两倍的价格签下了一名替补中锋。可怜的肯普每天要跟比自己工资还高的麦基尔文一起打球，最终在药物、体重和恶劣态度的作用下日渐沉沦，促使超音速拿他去交易了文·贝克。[③]我怀疑肯普的毁灭是麦基尔文的合同一手造成的。不过说什么都没用了。

管他呢。找个时候看一场1996年总决赛的比赛吧。虽然场上还有垄断着总冠军的巅峰M. J.（1991—1993、1996—1998），肯普却随着系列赛的进行越打越好（还记得吗，西雅图赢下了第4场和第5场），甚至让超音速的主教练乔治·卡尔（George Karl）说出了下面这段话：“他就是场上最棒的那个人。没有谁会说不是。”所以说，如果我们可以给比尔·沃尔顿之类的球员一些特权，从“本来可以”的角度出发让他们进入这个金字塔，那么肯普也应该得到同样的待遇，虽然他最终还是会把事情搞砸的

① 译注：“暴君（Reign Man）”在英语里恰好跟1988年奥斯卡最佳影片的名字《雨人》（*Rain Man*）谐音。

② 原注：我刚成为了第一个在说到肖恩·肯普时用了“想得到”而没有提他的孩子的写手。谢谢。（译注：“想得到”的英文是“conceivable”。而“conceive”也有“怀孕、受孕”的意思。）

③ 原注：现在回头看，拿肯普换贝克就像是在2006年拿六旗公园的股份换美国在线的一样。浩劫。（译注：美国在线曾在2000年和时代华纳合并，2009年又分离，期间市值从1630亿美元缩水至34亿。）

可能性非常大。说真的，20世纪90年代后期的超音速本应该称霸西部，就像桑普森、哈基姆的火箭队本应该称霸20世纪80年代后期。但麦基尔文的签约让肯普陷入了沉沦，拥有巴克利和哈基姆的火箭从来没有团结过，沙克的湖人还没有准备好一切……突然之间，斯托克顿·马隆的球队就成了总冠军争夺者了。荒谬。肯普和佩顿本来应该连续四五年杀进总决赛。就是这些愚蠢的事实让我这时候还清醒着，凌晨2点半了还在看ESPN经典频道。①

87. 盖尔·古德里奇

***履历：**14个赛季，8个高质量赛季，5届全明星，1974赛季最佳阵容一队，巅峰三季25+3+5，巅峰两季季后赛25+3+5（27场），单季联盟第一：罚球次数（1次）、罚球得分（1次），1支总冠军（72湖人）和1支总亚军（73湖人）球队中第三好的球员，1968年扩军选秀中未受球队保护*

那个混乱的ABA/NBA时代出现了不少攻强守弱的后卫，这个狡猾的左撇子能在其中脱颖而出要归功于以下几点：他在那支69胜的湖人中扮演三把手的角色，在总决赛中痛打厄尔·门罗；像比自己更高的球员一样打球，爱打低位，尤其喜欢在低位凌虐比自己矮的对手；攻击起篮筐来就像发了疯的吉诺比利（有4个赛季罚球数超过550）。在他全盛期接近尾声时，新奥尔良爵士花了1977年和1979年的两个首轮来换他，与皮特·马拉维奇组成后场搭档。②湖人后来用1979年的那个首轮选中了“魔术

---

① 原注：可怜的肯普在开拓者表现得手足无措。我曾经在2001年12月这样描述过他：“肯普所有的古怪表情和姿势都像是求救的呼喊。你有没有过这样的经历：坐地铁时突然上来一个疯子，开始做一些疯子做的事情——大喊大叫，眼神狂乱，不知道在指指点点什么，诸如此类——所有人都逃到了地铁车厢的另一侧来躲避他？这就是开拓者比赛中的肖恩·肯普。他就像那个地铁里的疯子。”

② 原注：有过无数份糟糕的合同和自由球员签约，令人不可思议的是，我们总是无法超越这个：“放弃摩西·马隆于是我们就可以签下老得不行的古德里奇顺便送出两个选秀权其中一个最后选中了‘魔术师’”。

师”·约翰逊，也就是说，古德里奇帮湖人赢了6个总冠军。这里头还能扯上摩西·烫手·山芋。我有时觉得，我们之所以从来没有正视过古德里奇的历史地位，很大程度上是因为他的名字听起来像个女子高尔夫球手。不过如果我们要排一个历史最佳左撇子之队的话，他会挤掉吉诺比利的得分后卫位置。①

86. 康尼·霍金斯

***履历：**9个赛季，4个高质量赛季，5届全明星（其中1次ABA），ABA常规赛、季后赛MVP（1968年），1970赛季NBA最佳阵容一队，NBA巅峰两季23+10+5，1支ABA总冠军（68风笛手）球队中最好的球员、季后赛30+12+5（14场），单季联盟第一：得分王（1次，ABA）*

85. 阿维达斯·萨博尼斯（Arvydas Sabonis）

***履历：**7个赛季，1个高质量赛季，0届全明星，巅峰一季16+10+3，巅峰两季季后赛11+8+2（29场），生涯三分球：415中136（33%），苏联1988年奥运冠军队中最好的球员，4次欧洲年度最佳球员*

这里我们要讨论“本来可以发生什么”。霍金斯本来可以参加1964年的选秀，但他直到1969—1970赛季才进入NBA，原因是1961年发生的一起大学假球案，而NBA满怀戒心地采用了“零污点”政策，禁止所有

---

① 原注：好吧，我来排一个。首发，拉塞尔、大卫·罗宾逊、坎宁安、古德里奇、“小个子”·阿奇博尔德；第六人，克里斯·穆林；板凳，考恩斯、威利斯·里德、拉马尔·奥多姆、沙鲁纳斯·马丘利奥尼斯（Sarunas Marciulionis）、约翰·卢卡斯、马努·吉诺比利。我真的很希望有GM故意搞出个纯左手阵容来，因为在防守左撇子时大家总是会忘记自己在防守左撇子。光这一项每场比赛就可以多赚个25分。

可能有关的球员进入联盟（即使是霍金斯这样的可怜人，他根本没可能在任何比赛中放水）[1]。接下去几年，霍金斯只能混迹于行将倒闭的职业联盟、小联盟和野球场，之后成为了ABA的首位超级巨星，并对NBA的封杀行为提起控告。1969年，写手大卫·沃尔夫（David Wolf）[他后来写出了一本非常棒的书，《犯规！》（*Foul!*），讲述了康尼进入NBA前的10年漂泊]为《生活》（*Life*）杂志写了一篇描述霍金斯的困苦生活的文章，使得大众舆论完全倒向了霍金斯一方，于是联盟只好同意赔偿霍金斯100万美元巨款，然后让菲尼克斯签下了他，他也在那儿到达了巅峰，在1970年入选NBA最佳阵容一队。[2]虽然我们永远没法知道霍金斯本来可以有多好，但他确实是第一位兼具运动能力和身高的现代大前锋（比格斯·约翰逊和斯潘塞·海伍德早了7～10年），肯普和加内特们的原型，在膝盖受伤前可以在篮筐上打球。他的双手大得惊人，让他可以像握网球那样握着篮球；霍金斯会把球在头上方挥来挥去，然后给空切的队友甩出一记激光似的传球；当他突向篮下时，没有人能切掉他的球，因为球简直是嵌在他的巨手里。但由于缺少大学篮球训练，又生得皮包骨头（全盛期大概200～205磅重），康尼在职业生涯的每个阶段都遭遇了态度和防守的问题，因此他的球风没法在季后赛中取得成功，除非来一个像拉塞尔或瑟蒙德的盖帽手当队友。如果他能拥有一个完整的NBA生涯，那可能会类似阿德里安·丹特利或亚历克斯·英格利希：巨大的总得分数据，不少一轮游经历。即便如此，这仍然是一场悲剧。康尼的生涯就像是某一集《白影》（*The White Shadow*）[3]里的悲伤剧情。

如果你对霍金斯用了“如果……会怎样”，你就不能不提萨博尼斯，要不是腿伤，他本可能成为最伟大的中锋之一。1995年的萨博尼斯在“像木乃伊一样移动”指数上只排在阿蒂斯·吉尔摩一人之后。谢天谢地谢YouTube，我们还有机会看到年轻时健康的萨巴，他能扣碎篮板，命中

---

① 译注：霍金斯当时大一，没有出战NCAA。

② 原注：沃尔特·肯尼迪对这件事的处理简直骇人听闻。他们根本没有调查康尼在假球案中的“参与情况”（别人给了他200美元，他又还回去了）就盲目地认为他是个骗子。

③ 译注：20世纪70年代末的篮球主题电视剧。

三分，甩出不看人传球；怪不得所有人都把他比作有着25尺射程的沃尔顿。你可能还记得23岁的萨博尼斯带领苏联队赢得了1988年奥运会金牌（虽然他当时还在治疗断裂的跟腱），半决赛中击败大卫·罗宾逊，在攻守两端控制了比赛，立刻吸引了大众的目光，成了一个“好吧，原来他们在说他很厉害时不是闹着玩的”的家伙。波特兰在1986年选秀大会上用首轮签选中了他，然后花了无数的时间吸引他加入，但直到1995年才终于成功（而那时他的膝伤和足伤已经让他不再敏捷）。[①]萨博尼斯在场上移动时仿佛穿着混凝土做的耐克鞋，即便如此，他仍然在那支离总冠军只差一丁点儿的00开拓者队中扮演关键角色。考虑到他不能跑也不能跳却仍然十分高效，你可以想象一下全盛期的他有多厉害。实际上，这些内容差一点儿就写进了“如果……会怎样”那章：如果波特兰在1989年就签下了他——苏联解体后，萨博尼斯被允许出国，但他令人吃惊地去了西班牙而没有加入开拓者——会怎样？要知道，波特兰在1990和1992赛季都打入了总决赛，1991赛季63胜，而他们的首发中锋是凯文·达克沃思（Kevin Duckworth）。想象一下，把“鸭子”[②]换成那个时代最好的中锋之一。如果霍金斯凭着“本来可以”的假设进了这座金字塔，那我们就不能无视为冷战所阻碍的萨巴。[③]

84. 罗伯特·霍里

***履历：**16个赛季，0个高质量赛季，0届全明星，巅峰四季11+5+3，*

① 原注：NBA边缘球迷会记住萨巴的两件事：一，他的脑袋大得不可思议，让他看起来像是个职业摔跤手。二，在“监狱开拓者”（Jail Blazers）时代，他妻子两次因酒后驾驶被罚，于是有了“这支球队连球员的妻子们都爱惹麻烦”的哏。

② 译注：达克沃思的绰号。

③ 原注：迪诺·拉贾（Dino Radja）1995年时说：“如果没有受伤的话，萨巴会比大卫·罗宾逊更强。相信我，他就有那么好。1985年的时候，他就是一头野兽。他能像拉尔夫·桑普森一样满场飞奔。可以投三分，扣篮。他可以连续10年入选全明星。我告诉你，这是真的。”好的，迪诺，好的！别激动嘛。

巅峰两季季后赛12+7+4、39%的三分命中率、78记三分（45场），曾为7支总冠军球队（94、95火箭，00、01、02湖人，05、07马刺）效力，历史第一：季后赛出场数（244），所在球队10次55胜以上，8次70%以上胜率，仅一次不足47胜（97太阳，40胜42负）

如果我们以“秘密”为标准的话，就决不能把“大心脏罗布”放在金字塔之外。他最具代表性的比赛发生在2005年总决赛里，虽然在那之前他已经有过10场让我们以为会是他的代表作的比赛了。[那之前两年我就写过：“应该有人看一遍罗伯特·霍里的比赛，剪出所有的关键时刻表现和投篮，做成一个大概10分钟的片子，再用史密斯飞船（Aerosmith）乐队的《梦想》（*Dream On*）当背景音乐。”][1]如果说霍里当时完成的是“几个非常关键的三分球”或“一些拯救了比赛的表现”，那大概是对事实的侮辱。考虑一下当时的局面（马刺显出崩盘的势头），当时的情境（没有队友站出来），当时的对手（一支被认为防守非常之好，又在主场作战的球队），霍里的第5战（球队最后35分中的21分，5记三分）应该与M. J.的公牛最后一战、弗雷泽的1970年抢七以及其他超级关键的总决赛表现相提并论。霍里拯救了那个赛季*和*蒂姆·邓肯“史上第一大前锋”的称号。如果马刺队输掉了总决赛，所有人都会责备邓肯（20+14、42%的命中率、64%的罚球命中率）的糟糕表现。而现在，他成了一位传奇巨星，只不过是在错误的时间有过一段挣扎但无伤大雅的表现（实际上，就像2010年总决赛里的科比）。这就是“大心脏罗布”的威力。[2]

关于第5战我最喜爱的地方：第3节末段霍里命中那记反超比分的三分时，感觉就像是看到一位传奇扑克牌手花了几个小时在装死，然后突然之间把一大堆筹码推到了牌桌中央。*啊哦。他开始行动了。*在命中了几个三

---

① 原注：在此之后，霍里还完成了2007年太阳-马刺系列赛最关键的一个回合，在第4战行将结束时把纳什撞上了技术台，导致阿马雷·斯塔德迈尔和鲍里斯·迪奥被禁赛（擅自离开板凳席）。即使垂垂老矣，霍里依然还能改变一个系列赛的走势。

② 原注：邓肯的低迷发挥与活塞队（以及双华莱士）的防守表现有着极大的关系。除了第5战，那个系列赛的所有录像都应该被毁掉。立刻。

分和加时赛里的一记左手爆扣之后，所有人都有一种感觉，这场比赛的胜负将会在“大心脏罗布”手中决定。好吧，除了拉希德·华莱士外的所有人。我们对那些搞砸了关键时刻的运动员们总是不够宽容，可是，希德的决定居然是在比赛还剩9秒的时候把手感正热得发烫的霍里放空——再说一遍，是罗伯特·霍里！！！——去夹击吉诺比利，这绝对是NBA总决赛历史上最脑残的一个选择。考虑到其无比重大的意义和不可思议的费解程度，这绝对无法超越。你怎么能在一场关键比赛中把罗伯特·霍里放空？怎么能？①

就像一罐花生酱或是一个果酱三明治，在你需要的时候，霍里总会在那儿。他是个完美的协防者，不断地为队友擦屁股：既有足够的身材去扛低位球员，又有敏捷的脚步来跟上外线得分手。他只在球队真正需要他的时候才会站出来，从来不关心数据或球权——联盟中只有大概1.87%的人懂得这一点——总是在重要关头变得更好。对一个角色球员你还能要求更多吗？跟内特·道格（Nate Dogg）②和约翰·卡扎莱（John Cazale）一样，③他总在雷达扫不到的低空飞行，却总能降落在正确的地方。④—

---

① 原注：拉希德是《双面情人》比喻的一个绝佳例子：如果他没有去活塞队，人们就只会记得他与裁判之间的冲突，是那支疯狂的“监狱开拓者”队中的明星，一个典型的“本应赢得更多”的家伙。如果活塞队没有在前一年夺冠，人们就只会记住他放空了“大心脏罗布”。（译注：*Sliding Doors*，一部讲述女主人公在平行宇宙中走上两种不同人生道路的电影。）

② 译注：著名说唱歌手，以与其他说唱歌手的合作著称。

③ 原注：在因癌症去世之前，卡扎莱饰演过弗雷德·柯里昂，在5部电影中出演了重要角色：《教父》、《教父2》、《猎鹿人》、《窃听大阴谋》（*The Conversation*）、《热天午后》。你希望拥有卡扎莱的生涯还是成为一个更出名的明星却收获不那么多的尊敬[就像帕特里克·斯韦泽或者罗布·洛（Rob Lowe）]？对我来说，想都不用想——我会选择卡扎莱（去掉他得癌症的部分），就像我更希望成为霍里而非卡尔·马隆。跟卡扎莱一样，没有人比霍里更适合那些年的火箭、湖人、马刺队，而且只有真正的球迷才会欣赏他。便是如此。

④ 原注：霍里/道格名人堂的其他成员：马里奥·埃利（Mario Elie），丹尼·安吉，乔·潘托里亚诺（Joe Pantoliano），克劳德·勒米厄，唐·奇德尔，约翰尼·马尔（Johnny Marr），伊曼纽尔·斯图尔德（Emanuel Steward）。[译注：马里奥·埃利，曾为1994、1995火箭和1999马刺效力，1995年西部半决赛抢七命中“死亡之吻”三分绝杀。乔·潘托里亚诺，好莱坞著名龙套。克劳德·勒米厄，NHL史上唯一在3支球队拿到斯坦利杯的球员。约翰尼·马尔，史密斯乐队（The Smiths）吉他手，乐队解散后曾与大量其他乐队合作。伊曼纽尔·斯图尔德，拳击教练，曾教出过41位世界拳王。]

次，在一期问答栏目中，有读者问我，更愿意拥有霍里的生涯（7枚戒指，富有）还是巴克利的生涯（没有戒指，超级富有）。我眼都不眨就选择了霍里。想象一下，为7支冠军球队打球，有一个很酷的绰号，赚了5500万美元，受到所有队友和对手的永久的尊敬……还不需要去理睬那些关于你“究竟是巨星还是伪巨星”的狗屁玩意儿？打出一场超棒的比赛，所有人都会关注你。打出一场超烂的比赛，没有人会议论你。还有比这更好的工作吗？在这个充斥着高估自己天赋的球员的联盟里，霍里比其他所有人都更了解自己的缺点。这点造就了他的伟大。这也就是为什么我喜欢用扑克牌手来比喻他。他就像坐在牌桌前，手边有许多许多筹码，在手气不好时从不冒进，可当他盯着你看时，你会连忙避开他的目光，心跳加速。你不会记得他输掉的那几回，你只会记得他赢走的那几手。最后，他把筹码都兑成现钱离开了，而你则希望再也不会碰上他。

这些足够为他挣得一个名人堂席位吗？我会说是的。但现实中的名人堂绝对不会接受他。作为安慰奖，他会待在我的名人堂里。随便你们怎么说，但我会这样为他辩解：如果某天晚上我给豪斯打电话，跟他说：“快看NBA TV，他们在播那场罗伯特·霍里之战。”他会回答说：“哪一场？”

83. 克利夫·黑根

履历：*13个赛季，7个高质量赛季，6届全明星（其中1次ABA），1958、1959赛季最佳内容二队，巅峰四季23+10+4，1支总冠军（58老鹰）和2支总亚军（60、61老鹰）球队中第二好的球员，1958年季后赛28+11、50%的命中率（11场），巅峰五季季后赛24+11+4*

圣路易斯老鹰队被低估的季后赛征程（1次总冠军、4次总决赛之旅）中非常珍贵的一位季后赛球员。如果你在20世纪50和60年代打了10年，其中有5年处于巅峰期，在一次总冠军和几次总亚军的征程中星光闪耀，那真可以算是一段*非常*好的生涯。那可是《广告狂人》（*Mad Men*）[①]的时代，所有球员都要坐长途客车旅行，与室友分享旅馆房间，抽烟头、喝咖啡，在比赛后打上膏药，不锻炼，不合理饮食，不护理他们的身体，比赛时凶狠地撞击，就像是在打橄榄球。黑根经历中的一个正面亮点：如果《最佳体育秀时代》[②]（*Best Damn Sports Show Period*）做一期体育史上五十大种族歧视主义者，黑根所在的老鹰队一定会与“希腊人”吉米、阿尔·坎帕尼斯、迪克西·沃克、汤姆·约基[③]等人一同上榜。[④]《比赛间隙》中有一部分是关于伦尼·威尔肯斯的，其中提到老鹰队里只有黑根会和威尔肯斯交流，平等地对待他。用克里斯·鲁索（Chris Russo）的口头禅来说：“你这活儿干得漂亮，黑根！”特怀曼和黑根会是1966年的“如果你是黑人，你会希望这些白人是你的队友，因为他们很尊重黑人，没有种族歧视”之队中铁打不动的首发前锋。

82. 克里斯·穆林

***履历**：16个赛季，8个高质量赛季，5届全明星，1992赛季最佳阵容一队，1989、1991赛季二队，1990赛季三队，巅峰五季26+6+4（52%的命中率、87%的罚球命中率），巅峰两季季后赛27+7+4、53%的命中率*

---

① 译注：2007年开播的美剧，剧情发生在20世纪60年代的纽约。

② 原注：这是福克斯体育有线频道的一个节目，由克里斯·罗斯（Chris Rose）主持，他是个天才，但身边的帮手们比1981年摩西身边的火箭队队友还要烂。通常他们就随便搞搞然后进入“50大”部分。聪明的做法。

③ 译注：绰号“希腊人”的吉米·斯奈德（Jimmy the Greek），体育评论员，曾在一次报道中称黑人更有运动天赋是因为他们经历了黑奴时期奴隶主的优选配种。阿尔·坎帕尼斯（Al Campanis），曾担任洛杉矶道奇队总经理，发表言论说MLB中鲜有黑人总经理是因为黑人就是缺少棒球经理所需要的能力。迪克西·沃克（Dixie Walker），MLB球员，曾在球队召入杰基·罗宾逊后主动要求被交易。汤姆·约基（Tom Yawkey），前波士顿红袜队老板，红袜队是MLB最后一支接纳黑人球员的球队。

④ 原注：老鹰队的著名的种族歧视故事：南方来的佩蒂特和克莱德·洛夫赖特公然排挤大学篮球传奇球员克利奥·希尔，甚至教练保罗·西摩（Paul Seymour）也因为反对他们俩而被解雇。希尔最终被赶出了联盟。更多细节可以看纪录片《黑魔法》。

（16场），单季联盟第一：出场时间（2次）、罚球命中率（1次），92梦之队成员

在因为酗酒和体重问题白白浪费3个NBA赛季之后，穆林重装上阵，理了一个军人式的平头，保持身材良好，在接下去的5年里到达了巅峰，直到一系列的伤病使他无法再继续维持高水平。他的巅峰来得有些晚，但是在进攻端，只有个别几个现代球员比他更赏心悦目，更聪明；他就像个左手版的小号拉里·伯德，只是发型略逊，皮肤更白，口音听上去更像是波士顿·罗布（Boston Rob）和迈克·弗朗西萨（Mike Francesa）的结合体。你没法隐藏他在防守端的弱点，不过至少他非常善于在对方没有防备时来上一下，可以像伯德一样出现在传球路线上，3次场均抢断超过2次。他还是"这些现代球员看上去跟他们一起打球最有意思"之队中的一员（剩下的成员包括伯德、"魔术师"、纳什、沃尔顿、邓肯、基德、皮彭、斯托克顿、霍里、博比·琼斯和C-Webb）①。根据卡梅伦·斯陶斯那本被低估的《金色男孩》（*Golden Boys*）所说，当查克·戴利被定为梦之队教练之后，他想要的人员名单如下（按顺序）：乔丹、"魔术师"、罗宾逊、尤因、皮彭、马隆、穆林。所以说，NBA当时最好的教练把穆林视为乔丹和皮彭之后的、联盟第三好的外线球员，而且那还是NBA历史上天赋最高的一个时代。选拔委员会最终发出了8份初始邀请：伯德/"魔术师"/M. J.（球队得以组建的核心三人组）、皮彭、罗宾逊、马隆、尤因、巴克利。穆林得到了第9份邀请。约翰·斯托克顿第10。[德雷克斯勒和克里斯蒂安·莱特纳（Christian Laettner）②直到来年春天才入选。]点在于：克里斯·穆林真的相当棒。

---

① 原注：被低估的季后赛比赛：1991年的系列赛第2场中，"魔术师"和穆林对位"防守"对方，"魔术师"砍下44分，穆林得到41分，两队都在想："他们这是在互相抵消啊。"金州最终获胜，125：124，那是TMC时代最后的光辉时刻。[译注：TMC是蒂姆·哈达威（Tim Hardaway）、米奇·里奇蒙德（Mitch Richmond）和克里斯·穆林（Chris Mullin）的首字母缩写，三人曾在老尼尔森的勇士队中共同打出精彩的炮轰。]

② 原注：《金色男孩》非常值得一读，哪怕只是为了关于莱特纳的那一节："这家伙是个同性恋还是什么的？"这话以今天的标准来看简直有点儿卑劣。我不觉得莱特纳是同性恋；他只不过是去了杜克上学。

81. 戴夫·宾

履历：12个赛季，8个高质量赛季，7届全明星，1967年最佳新秀，1968、1971赛季最佳阵容一队，1974赛季二队，巅峰四季25+5+6，单季联盟第一：得分王（1次）、罚球次数得分（1次），全盛期从未赢过一轮季后赛

宾赶上了由ABA/联盟扩张导致的数据泡沫时期，在自己的进攻巅峰期（1967—1973赛季）刷出了令人印象深刻的数据，而在此期间，他跟戴夫·德布舍尔、鲍勃·拉尼尔做队友，却只打进了一次季后赛。在为球队效力8个赛季之后（1975年场均得分19.0、场均助攻7.7次），底特律把他送去了华盛顿，和一个未来首轮一起打包换来了凯文·波特。凯文·波特？宾作为一个球员到底好在哪里？他为什么会有机会成为1996年NBA50周年50大巨星，把这份名单上的第54、55、58、61、65、66号挤了下去？因为他是个好人。[①]称之为鲍勃·拉尼尔定律好了：如果有人因为其为人而得到同辈球员和媒体成员的爱戴与尊敬，那么他的实际才能很少会与他的评价相吻合。宾的历史地位中最重要的是两次NBA最佳阵容一队，而这两次都不那么经得起推敲：1968赛季，宾得以入选是因为杰里·韦斯特缺席了31场比赛；1971赛季，宾挤掉了沃尔特·弗雷泽，后者在一支52胜的尼克斯队中砍下了21+7+7，而且是联盟后卫中最好的防守者。做一个选择吧，是绝对全盛期的宾（球队排名西部第五），还是绝对全盛期的“克莱德”弗雷泽（球队排名东部第一）……结果投票者们都选了宾。荒诞。宾甚至真的比“甜蜜的路”·赫德森要好吗？他们都在1967—1976赛季达到巅峰，职业生涯的数据也差不多（赫德森20+4+3、49%的命中率，宾20+4+6、44%的命中率），但是赫德森曾经连续7年进

---

① 原注：宾十分注意自己的言行，完美地处理和媒体的关系，做了无数的慈善工作，后来成了这个国家最成功的黑人商业家之一，创立了NBA退役球员联合会，1985年被底特律授予年度最佳人道主义者。

入季后赛（1967—1973赛季），而宾在这段时间里只进了一次。谁更有效率？我说不出来，因为我没有亲眼见过他们打球。我只知道宾绝对不应该进入50大巨星。①

80. 博比·丹德里奇

履历：*13个赛季，9个高质量赛季，4届全明星，1979赛季最佳阵容二队，最佳防守阵容（1次），巅峰五季20+7+3，巅峰两季季后赛22+7+5（38场），1支总冠军（78子弹）和2支总亚军（74雄鹿、79子弹）球队中的首发，1支总冠军（71雄鹿）球队中第三好的球员，职业生涯季后赛20+8+4（98场）*

丹德里奇一直是20世纪70年代那批“被遗忘的伟大球员”中我最喜爱的一个，司职小前锋，球风比身高更为强硬，没有任何短板，库里·柯克帕特里克（Curry Kirkpatrick）在1979年的某期《体育画报》里对他赞不绝口：“丹德里奇是——这是人们在这几年里才逐渐意识到的——他位置上攻防综合最好的球员。”你可以把博比·D想成是卡龙·巴特勒和“大心脏”霍里的混合体：把细枝末节打理得干干净净，可以打3个位置，能防守任何类型的前锋（经典一战是在1978年季后赛中赢下了与朱利叶斯·欧文的对决），如打卡上班一般命中各种高难度跳投（比如1979年东部决赛第7场，他在马刺3人包夹下投中制胜一球，成功阻击了手感火热的乔治·格文，最后几分钟将“冰人”彻底冻结）。毫无疑问，他是20世纪70年代第四好的小前锋，仅次于欧文、里克·巴里和约翰·哈夫利切

---

① 原注：宾一直在和眼疾做斗争，最终一只眼睛失明。斯派克·李在NBA回忆录中声称，宾跳投时并不看篮筐，而是看自己所在的位置来确定距离，因为他根本看不见篮筐。听上去似乎比《单挑》（*He Got Game*）的结尾还要荒谬。

克，还因从全黑人大学毕业后在职业道路上取得成功而成了一位标志性人物。[1]拉尔夫·怀利（Ralph Whiley）后来写道，大部分人都会记得海斯和昂瑟尔德为华盛顿赢下了1978年的总冠军，“但真正的懂球帝会首先想起博比·D的丝滑跳投”，把他比作“胡子灰白、幽深低沉的爵士乐独唱歌手”，并补充说博比·D“的跳投足以与萨姆·琼斯、戴夫·宾、路·赫德森、杰里·韦斯特和乔·杜马斯等人媲美”。我猜拉尔夫会把博比·D排进他的前75。

79. 保罗·韦斯特法尔

***履历：**12个赛季，5个高质量赛季，5届全明星，1977、1979、1980赛季的最佳阵容一队，1980赛季的二阵，巅峰五季23+2+6、52%的命中率，1支总亚军（76太阳）球队中最好的球员、季后赛21+3+5、51%的命中率（19场）*

“红头”·奥尔巴克是NBA历史上最成功的GM，所以下面的话你不必太当真，因为人毕竟不可能做对人事变动方面的每一个决定。[就好像比利·金（Billy King）也不可能做错每一个决定。]但“红头”确实做过两个愚蠢的决定，导致丢掉了一个总冠军：在1976赛季前送出韦斯特法尔换来查利·斯科特，在1977赛季前用没有凯尔特人风骨的悉尼·威克斯和柯蒂斯·罗代替保罗·赛拉斯。这两个操作都是一个不愿接受联盟正在变化这一事实的顽固老头为了经济目的而做的。如果“红头”留下赛拉斯和韦斯蒂，波士顿可以赢下1977年总冠军，可能还有1978年的。但这就是为什么说“红头”是史上最幸运的浑蛋（我这么说是在赞许）：

---

① 原注：博比在诺福克州立大学（Norfolk State University）的篮球队友包括“小不点儿”柯克兰（Pee Wee Kirkland）、“胡克”格兰特（Hooker Grant）和“疯狗”卡尔佩珀（Mad Dog Culpepper）等人。还有哪支球队能凑出3个这么好的绰号？要发生什么才会有下一个运动员被叫成“胡克”？有我能帮忙的地方吗？

1977—1978是哈夫利切克的最后一个赛季，球队随后开始重建，奥尔巴克用斯科特换来了克米特·华盛顿、唐·钱尼和一个首轮签。几个月后，波士顿在1978年选秀中拥有6号签和8号签。他们用自己的首轮签（6号签）做了次赌博，选了有参选资格的大三生拉里·伯德。从堪萨斯城换来的8号签，他们选择了一个名叫弗里曼·威廉（Freeman William）的高产得分手来代替哈夫利切克。[①]如果没有那个多出来的签位，“红头”还会把6号签“浪费”在一个一年内都不会为波士顿打球的人身上吗？*在斯科特的交易中得到的8号签让他可以用6号签去选伯德。*就像从1950—1986年发生在“红头”身上的一切那样，即使像韦斯特法尔/斯科特这样的失败交易，到最后它总是能产生作用。[②]

如果没有那场三加时比赛——一场永远活在ESPN经典频道和NBA TV的比赛——中的英雄表现，韦斯特法尔将会成为又一个被人遗忘的伟大球员；他单枪匹马，用超人类的表现（疯狂的抢断，各种空中转身完成三分打，还有标志性的360度打板：他会用夸张的速度从左侧突破，在离篮筐8尺的地方拔身而起，做一个360度转身，打板入筐，此时不敢相信的防守人则正扭往9个不同的方向）拯救了太阳队不止一次。如果哈夫利切克没有命中第二个加时中的跑投打板，菲尼克斯本有可能在主场夺冠，韦斯特法尔也会进入“总冠军球队中最好的球员”的神圣名单（并在本书的排名中上升30名）。而现在，我们会记得他是联盟5年之中（1976—1980赛季）最好的后卫，极富娱乐性的全明星赛表演者，“打球就像黑人的白人”之队中的首发二号位（别急，我们后面会说到）。

---

① 原注：那个夏天，老板欧文·莱文跟约翰·Y. 布朗交换了球队，送出华盛顿、威克斯、凯文·库纳特和威廉的签约权，换来马文·巴恩斯、比利·奈特、“小个子”·阿奇博尔顿和两个次轮签。这笔愚蠢的大交易“红头”并不知情，然而如往常一样，这笔交易终究发挥了作用：威廉是个废物，阿奇博尔顿的生涯在此重生，一个次轮签变成了丹尼·安吉，“红头”用奈特换来了里克·罗比，后来又用罗比换来了丹尼斯·约翰逊。绕了一圈，那笔糟糕的韦斯特法尔交易最终使得伯德、安吉、“小个子”和D. J. 成为了凯尔特人。

② 原注：如果波士顿没有选伯德，下一位是波特兰，然后是湖人。我们再假设波特兰也没有选伯德，因为在沃尔顿伤势不确定的情况下他们需要即战力。如果湖人选择了伯德，等他一年——可能性很大，因为他们管事的是杰里·韦斯特——他们一年后还是会选中“魔术师”，于是将同时拥有伯德、“魔术师”和卡里姆。我的天哪。

78. 德怀特·霍华德

履历：*6个赛季，5个高质量赛季，4届全明星，2008、2009、2010赛季最佳阵容一队，2007赛季三队，2010赛季MVP票选第二，巅峰三季20+14、2.6个盖帽、59%的命中率，2008、2009两年季后赛20+16、2.8个盖帽（33场），最佳防守球员（2009、2010年），最佳防守阵容（3次），单季联盟第一：篮板王（5次）、盖帽王（2次），生涯场均篮板：12.7（罗德曼和摩西之后最高），1支总亚军（09魔术）球队中最好的球员*

当今30岁以下的中锋中最重要的，唯一能让人尖叫“天啊这家伙是个怪物”的大个子……如果说，在此前10年，评价最趋于两极的超级明星是T-Mac和文斯·卡特的话，那后10年就会是霍华德。你可能会觉得我是在鸡蛋里挑骨头，要知道这家伙可是天赋异禀，连续两年领跑联盟篮板和盖帽，①2009年总决赛球队的支柱，但我忘不了下面这类事：2010年东部决赛第1场的中场，ABC播放了一段事先录好的采访，由德怀特·霍华德[克拉克·肯特（Clark Kent）②扮相]采访德怀特·霍华德（超人扮相）。③这本来还挺有趣的，但有一件事：那时候凯尔特人正在踢魔术的屁股，从他们那儿偷走主场优势。正需要4场胜利来获得复仇湖人的机会，这时候你却在采访你自己，还弄了一个奇葩造型？这是在干吗？？？？？？如果说乔丹为了胜利而拼命，那么霍华德就在为讨球迷欢

---

① 原注：霍华德的篮板数有点儿虚高，因为他是一支小球球队中唯一的大个子。魔术在2008、2009、2010赛季的第二篮板手是谁？希多·特尔科卢，拉沙德·刘易斯，马特·巴恩斯（Matt Barnes）。老天哪。如果每场比赛都会有40～45个篮板，肯定要有什么人去抢到球，是吧？肖恩·马里昂在2006赛季场均11.8个篮板，杰拉尔德·华莱士（Gerald Wallace）在2010赛季场均10.0个篮板，这都是因为同样的原因。

② 译注：超人平时化身普通人、隐藏身份时的化名。

③ 原注：我最不喜欢霍华德的一点：他公然地、毫无歉意地偷走了沙克的“超人”噱头。拉戴尼恩·汤姆林森（LaDainian Tomlinson）从劳伦斯·泰勒（Lawrence Taylor）那儿偷走了“L. T.”的绰号，但至少那确实是汤姆林森的首字母缩写，而且泰勒已经退役了。霍华德在沙克还在联盟的时候偷走了沙克的绰号！更妙的是，这引起了沙克的憎恨。有15.3%的概率他俩会干一场NBA历史上最大的架。

心而拼命。他的脾气好得过了头。这是他作为一名超级明星的致命伤。同样的问题也曾出现在大卫·罗宾逊身上，注定了他的结局，直到蒂姆·邓肯出现。和善的巨人赢不来总冠军。他们只能够尽量接近总冠军，最终却总让你心碎。

如果你打过篮球，你就知道关于大个子有这么一条定律：要确保他们足够多的接球。如果大个子们没怎么碰到球，他们就会不爽。他们不再下快攻。他们不再设立挡拆。他们不再冲击篮板球。大个子们就像女人：他们需要爱，他们需要时不时地哄一哄，如果你忽略了他们，他们就会不开心。但德怀特·霍华德不是。看吧，魔术队里没有谁需要考虑怎么让他保持开心。他一直那么开心！*这节比赛我一个球都没投？没什么！*另一方面，他这样的好脾气也让他可以逃避责任，不需要每天晚上都扛起魔术队的进攻。2009—2010赛季常规赛，没多少球队配备有可以在低位顶住霍华德的大个子，可他却每场只出手10.2次（球队第4），罚10个球。来做个比较：

尤因，第六季：场均出手20.3次，场均罚球7.7次

哈基姆，第六季：场均出手19.6次，场均罚球6.5次

沙克，第六季：场均出手19.1次，场均罚球11.4次。

摩西，第六季：场均出手18.9次，场均罚球9.5次。

罗宾逊，第六季：场均出手18.4次，场均罚球10.5次。

霍华德，第六季：场均出手10.2次，场均罚球10.0次

穆托姆博，第六季：场均出手9.0次，场均罚球5.4次

所以说，霍华德的模板：迪肯贝·穆托姆博2.0。穆通伯只想着抢篮板，挥舞肘子，干扰投篮，每次盖帽后像个严格的父亲那样摇手指。霍华德只想着跑来跑去，蹦蹦跳跳，在主场来几个暴扣，扇几个球出边线，展示肌肉，对着观众微笑，在中场节目中采访自己。[①]当然，这样的话

① 原注：从他的运动能力来看，他天生就不是得分手，长期受犯规困扰，或许是“在最糟糕的时机犯最蠢的规”排行榜上的第一。看他打球就像是看一个一流的大学橄榄球线卫尝试打校际篮球比赛——拥有所需要的一切，身体素质令人印象深刻，但他就是搞不定。把比尔·拉塞尔的脑子塞进德怀特·霍华德的身体里，他们可以横扫整个NBA。

他永远不会有什么提高，如果你仔细看看他这三年的数据的话（十八九分，十三四个篮板，3个盖帽，59%的命中率，59%的罚球命中率），很难想象他有多少进步……虽然他才25岁。老大的天赋，老二的心。太糟糕了。

77. 特雷西·麦格雷迪

履历：*13个赛季，7个高质量赛季，7届全明星，2002、2003赛季最佳阵容一队，2001、2004、2007赛季二队，2005、2008赛季三队，巅峰四季28+7+5，单季联盟第一：得分王（2次），2003赛季32+7+6，生涯季后赛29+7+6、43%的命中率（38场），巅峰期从未赢过一轮系列赛*

这份履历与皮特·马拉维奇的相似程度简直令人震惊，虽说麦格雷迪的防守要好得多。两人都有着通行的响亮绰号（“T-Mac”和“手枪”）。两人的大部分巅峰期都在烂队度过。两人都是天赋绝伦的进攻球员，在同时代球员中有着非凡的影响力，虽然人们谈论马拉维奇时的那种崇敬语气并没有出现在麦格雷迪身上。两人在各自生涯的关键时间点都运气不佳——“手枪”没能跟“博士”成为队友，T-Mac的整个奥兰多时期都少了受伤的格兰特·希尔。两人都在巅峰期被交易，虽说休斯敦捡了便宜，而新奥尔良付得多了。两人都是某类原型：T-Mac是第一个6尺8寸、具备三分射程的后卫（进化版的格文，再加上一点点“J博士”）；“手枪”与此前或此后的一切后卫都不相似。还有呢？两人在这份榜单上都一度排得高了10～12位，直到写作过程的最后阶段才找到了正确的位置；麦格雷迪在2008—2009赛季给自己的生涯加上了如此巨大的污迹，我只好把他降了7名。我曾经预计过他的生涯，觉得他还会打两到三个优质赛季，虽说“巅峰期从未赢过一轮季后赛”这件事简直比《哭泣游戏》（*The Crying Game*）中杰伊·戴维森（Jaye Davidson）的真相还要触目惊心[1]。[2]如果一个球员从没打过第2轮，很难想象能把他的生涯多当回事，是吧？可是之后，他彻彻底底、完完全全地谋杀了09火箭，导致我在2月份的一篇谈论NBA经济正在崩溃的专栏里写了这么一段话向他狠狠开火（而且用词很恶毒）：

没有人比我更爱篮球了。我是说，没有人。不过当一名合同还剩2年4400万的球员在赛季初出现时身材走形，整年都在抱怨，一次又一次地让队友和球迷失望，然后出现在转会流言中，于是决定“与其被交易到我不喜欢的球队，倒不如宣布我要在交易截止日前4天接受微创手术，这样就能阻止一切可能发生的交易，更妙的是，明年春天我还能痊愈，正好可以准备刷下一份合同”，并且成功实施的时候——在没有人知情的情况下——嗯，我对篮球的爱崩塌了，需要补救。因为这太恶心了。特雷西·麦格雷迪，你永远都无法得到原谅。甚至你表哥文斯·卡特都干不出这样的事。这就够说明问题了。[3]

76. 丹·伊塞尔

履历：*15个赛季，13个高质量赛季，7届全明星（其中6次ABA），1972赛季ABA最佳阵容一队，1971、1973、1974、1975、1976赛季ABA二队，巅峰三季29+12+2（ABA），ABA单季联盟第一：得分王（1次）、出场时间（1次），ABA季后赛24+11+2（80场），1支ABA总冠军*

---

① 译注：电影中，男主角迷上了戴维森饰演的女主角，但开房时才发现她是变性人。

② 原注：2008年时，T-Mac的季后赛场均得分是史上第四，28.5分。但事实远不如听起来那么好。他生涯的季后赛战绩：16胜27负。

③ 原注：2009年11月，T-Mac从膝盖手术中复出，要求得到首发的上场时间，在被10火箭放上替补席后大发雷霆，之后我把他从第75名（精装本）又降到了第77名（平装本）。休斯敦在他的到期合同可以交易后就把他送走了……用了整整3个月。他们贴钱把他送走。可能我的NBA名人堂要建一个给那些“我恨你这个糟蹋了自己天赋的东西，你完全是自己搞砸了”的球员的侧厅。

（75上校）和1支ABA总亚军（76掘金）球队中第二好的球员，25000分+10000篮板俱乐部

75. 阿蒂斯·吉尔摩

履历：*17个赛季，12个高质量赛季，11届全明星（其中5次ABA），1972年ABA常规赛MVP，1975季后赛MVP，1972年ABA最佳新秀，1972、1973、1974、1975、1976赛季ABA最佳阵容一队，最佳防守阵容（4次ABA、1次NBA），巅峰五季22+17+3（ABA），单季联盟第一：篮板王（4次）、命中率（6次）、出场时间（3次）、盖帽总数（3次），NBA历史命中率第一，1支ABA总冠军（75上校）球队中最好的球员，25000分+10000篮板俱乐部*

我必须把伊塞尔排在阿蒂斯之后，因为一个原因：在肯塔基获得1975年ABA总冠军后，上校队为了省钱要交易一名大个子（吉尔摩或伊塞尔）。他们留下了谁？吉尔摩。那就这么定了。伊塞尔在ABA度过了6个优秀的赛季，但合并后只入选了一次NBA全明星。这也能说明点问题。不过，这位打法靠外的中锋还是有可以称道的地方：他从不缺席比赛，每晚都能为球队贡献19+8到25+11，1971赛季新秀时场均29.9分，1984赛季14年老兵时场均19.8分。你不能责备伊塞尔缺少NBA季后赛的成功，因为78掘金曾经距离打入总决赛只差两场胜利（输给了西雅图），此后却因为大卫·汤普森嗑药及NBA史上最蠢的交易之一——博比·琼斯单换乔治·麦金尼斯①——而分崩离析。一条私人备注：伊塞尔曾是我最喜爱的客场球员，因为他缺了4颗门牙——他每次从花园通道走过我们身边时看

---

① 原注：二十世纪七八十年代很常见的那种交易：一支球队愚蠢地决定："嘿，把我们队中最全面的球员兼球队之心交易掉，换一个被高估的大牌明星，说不定就能多卖点儿票。"现在的球队则会等到那个被高估的球员变成自由身，然后用溢价合同签下他，锁死球队的薪金空间。这大概算是NBA的一项进步。

起来都像是个吸血鬼。这是那种你在8岁时看到了会特别开心的事情。

而说到阿蒂斯，要不是贝拉米，他就会是“还是放在纸面上看才比较强”全明星队的首发中锋。我已经记不太清楚他的NBA巅峰了（那时我还太小）；那时的他是个山一样的男人（7尺2寸，300磅），留着小胡子和山羊胡，看起来就像半个中国人加半个黑伯爵。[①]他让人望而生畏，但比赛开始后你就会意识到：1.他的反应有一秒的延迟（最终使他得到了“僵尸阿蒂斯”的绰号）；2.他只投有把握的球（扣篮，上篮，左手跳勾）；3.看不出来他有一丝活力（卡里姆跟阿蒂斯一比就像是喝了20罐红牛的凯文·加内特）。阿蒂斯生于佛罗里达一个贫困家庭，高中时只能穿小两码的球鞋，所以他身上总有些阴暗的东西，就像他的自信心与身材并不相符。球迷们都觉得他应该表现出更强的统治力，强硬的球员们都会毫不在意地揍他。[②]在速度更快的ABA，没有可以与他抗衡的大个子，阿蒂斯可以像野球场上的大高个一样统治比赛。他在NBA没有取得同样的成功，但是一个每晚送出20+12，填满禁区，命中60%的投篮，还长得像在拍摄《德拉库拉》（*Dracula*）电影的中锋也绝不算糟糕。这还不够的话，他还出演过《白影》。伊塞尔，这点你可没法超越。

74. 乔·杜马斯

履历：*14个赛季，7个高质量赛季，6届全明星，1989年总决赛MVP，1993赛季最佳阵容二队，1990、1991赛季三队，最佳防守阵容（5次），巅峰四季21+2+5，2支总冠军球队（89、90活塞）中第二好的球员*

① 原注：阿蒂斯的一件趣事：肯塔基签下他后，在发布会上在记者们面前量了他的身高。他们把阿蒂斯的超级爆炸头也算了进去，测出来是7尺8寸。7尺8寸！

② 原注：阿蒂斯有次对莫里斯·卢卡斯动了火，满场追着他跑，把他逼近了角落里，然后被卢卡斯用一记大右摆拳放倒在地。卢卡斯一举成名。

73. 悉尼·蒙克里夫

***履历：**11个赛季，5个高质量赛季，5届全明星，1983赛季最佳阵容一队，1982、1984、1985、1986赛季二队，最佳防守阵容（5次），年度最佳防守球员（1983、1984年），巅峰五季21+6+5、50%的命中率、84%的罚球命中率，巅峰三季季后赛21+6+4（33场）*

这就是为什么我们需要一个新的名人堂的第三十七号理由：现实中，杜马斯在2006年入选了名人堂，而那时韦斯特法尔、蒙克里夫和丹尼斯·约翰逊都还没入选。为什么是杜马斯而不是其他人？因为“拉尼尔定律”：杜马斯是那支坏孩子球队中唯一的正面形象，一位了不起的团队球员，会在球队需要的时候提升自己的表现，一位有天赋的防守者，除约翰·斯塔克斯外没有人在防守乔丹上比他做得更好。20世纪90年代中期，联盟缺少一个有魅力的人格典型，这时候极富风度和职业精神的杜马斯站了出来。看他跟梦二队的其他混混们在一起，就像是看到《空中监狱》（*Con Air*）里的尼古拉斯·凯奇（Nicolas Cage）在飞机上一样。（有一个著名的故事说，梦二队中的两个成员——肯定是沙克和别的什么人，不过我记不得了——在一场关键比赛前把大家召集起来，杜马斯于是想：“太棒了，他们终于开始严肃对待这事儿了。”然后那两人来了一首事先准备好的关于下场比赛的说唱。可怜的杜马斯。）在职业生涯结束后，杜马斯仍然停留在聚光灯下，一手打造了2004年的冠军活塞，比唐尼·沃尔什之外的所有人都更风度翩翩，与媒体关系融洽[①]。但是杜马斯从来不是一个建队核心或者一个卓越超凡的球员（再说一遍：落选了梦之队），1989年的总决赛MVP来自一轮4场横扫老迈湖人的系列赛，湖人还在半途失去了“魔术师”和拜伦·斯科特。而在真正重大的季后赛比赛中（比如说1990年总决赛的第5场），杜马斯在关键时刻代替文尼·约翰逊坐在板

① 原注：沃尔什的亲密朋友包括彼得·韦切伊和丹·克洛尔斯。你从没读到过任何关于唐尼·沃尔什的负面报道不是没有原因的。

凳席上。活塞队在1992年季后赛后迅速地老去，杜马斯成为了球队头牌，带队赢下了40、20、28场胜利。没有任何人在任何标准下有任何可能性会认为杜马斯比蒙克里夫或丹尼斯·约翰逊更好。在我看来，他是这3人中最差的。但另外两人却被名人堂拒之门外。一次又一次地。这就是为什么我们必须要重头排一回。①

与此同时，蒙克里夫是最具代表性的"如果……会怎样"球员之一。如果没有最终毁掉他职业生涯的慢性膝伤，蒙克里夫会成为80年代最好的全能型后卫并进入金字塔的前45。在关节镜和韧带移植出现之前，你在ACL损伤后就再也不可能跟过去一样了，就是这样。拿蒙克里夫来说，他曾是个能一跃蹦到球馆外面去的家伙，出现在《体育画报》一期我很喜欢的封面上[阿肯色大学（University of Arkansas）时期的一记战斧式扣篮]，可到了1987年季后赛，他只能像个退伍老兵一样拖着一条腿走路。太糟糕了。②健康的蒙克里夫将是一个更优雅、更冷静版本的丹尼斯·约翰逊。这很可以说明问题。但他最终只能排在第73，以及历史上第二伟大的悉尼——仅次于悉尼·克罗斯比（Sidney Crosby）③，领先于《新飞越情海》（*Melrose Place*）里的风流悉尼，还有《午夜狂奔》里的律师悉尼。"*悉尼，坐下来，放轻松，来杯忌廉汽水，做点该死的事情。*"

72. 克里斯·韦伯

履历：15个赛季，6个高质量赛季，5届全明星，1994年最佳新秀，

---

① 原注：那么你要问了："那为什么把杜马斯排在第74？"因为他是个赢家，关键时刻靠谱，跟他一起打球很有趣。顺便说一句，活塞在1985年选秀中用18号签选中了他，就在波士顿前一位。若非一次底特律的明智的选择、一次可卡因狂欢和一次心脏病，凯尔特人本来可以集齐杜马斯、伦尼·拜厄斯、雷吉·刘易斯然后统治20世纪90年代。唉。

② 原注：蒂姆·哈达威是第一个在膝盖爆掉之后还能大致恢复到原先水平的外线球员。他之前没有人真正完全康复。最悲剧的7个例子：比利·坎宁安、马凯斯·约翰逊、伯纳德·金、马拉维奇、格斯·约翰逊、蒙克里夫和埃尔金·贝勒。

③ 译注：NHL当今最好的球员之一。

2001赛季最佳阵容一队，1999、2002、2003赛季二队，00赛季三队巅峰四季25+11+5，单季联盟第一：篮板王（1次），2002年季后赛24+11+5（16场），9个赛季出场次数不到70场，生涯总共缺阵294场

在所有拥有伟大天赋却没能将其实现为成功的NBA球员中，韦伯是唯一一个缺少合法的借口的。从纸面上看，他拥有你希望一个大前锋应该拥有的一切：超凡的运动能力，一流的脚步移动，柔和的手感，篮板基因，甚至还有传球基因。他的家庭背景也没有阻碍到他，因为韦伯出生于一个中产阶级的双亲家庭，在底特律一所饱受尊敬的预科学校就读，很早就学会了乔纳斯兄弟的那套把戏——如何处理公众形象和更具都市风格的私人形象。在密歇根大学时，他得到了最大的关注，还帮助建立了经典的“密歇根五虎”，创造和引领了一系列的潮流：撞胸庆祝，大声喊叫，嘻哈的肥腿裤，诸如此类。在他生命的头20年，一切的一切看起来都像在塑造一个富有影响力而成功的职业生涯，会沿着沙克、尤因、罗宾逊的道路前进。

结果发生了什么？倒不是说C-Webb的生涯一塌糊涂。他5次入选全明星，一次NBA最佳阵容一队和三次二队。他拿过一次年度最佳新秀和一次篮板王。从1999—2003年，他是那支令人难忘的迷人国王队的主角，是联盟第二好的大前锋，交出了25+11+5的3年巅峰。另外，他还赚走了数量惊人的钱；勇士、子弹、国王和76人合计付了他超过1亿8500万美元，只有乔丹、沙克和凯文·加内特赚得比他更多。但是就像比利·科根（Billy Corgan）和迈克尔·基顿（Michael Keaton）一样，①我们没法不去想，为什么他的生涯没有成为另一副样子。在他的全盛期（1994—2004），他有9个赛季出场数不多于70场，错过了850场比赛中的251场，

① 原注：记住，在“幽默、潇洒、时髦而又能同时保持严肃”的竞赛进入到第二个10年的时候，基顿还领先汤姆·汉克斯（Tom Hanks）微微一丝；之后可怜的基顿跌出了地球表面，而汉克斯开始不停地拿奥斯卡。现在汉克斯看他就像是玛丽亚·凯丽（Mariah Carey）看惠特尼·休斯敦（Whitney Houston）：“没错，可能第一次战役赢的是你，但我赢了整场战争。*你现在再来挖苦我啊，贱人！*”

一直在跟伤病做斗争，最终在萨克拉门托遭遇了一次膝盖扭伤，失去了爆发力，并被迫改变他能飞能蹦的打法（虽然仍然保持着相当的效率）。除了那个明显的“如果他能保持健康会怎样”，韦伯还留下了两个相当吸引人的“如果……会怎样”问题。我们之前已经谈过了“如果奥兰多留下了他会怎样”，另一个稍微小一点的问题是：“如果勇士队没有愚蠢地给C-Webb一份拥有一年后提前跳出选项的大合同会怎样？”

韦伯进入联盟的时候，正是联盟刚开始愚蠢地让年轻人有太多谈判资本的时候（一个由犯人来管理监狱的时代），联盟在几年之后才变得聪明，推出新秀工资合同。虽然有很多本有着光明前途的生涯受到了影响——比如肯尼·安德森、科尔曼、文·贝克、拉里·约翰逊、格伦·罗宾逊（Glenn Robinson）、霍华德、拉希德·华莱士、贾森·基德、马库斯·坎比、安托万·沃克、斯蒂芬·马布里、蒂姆·托马斯（Tim Thomas）——韦伯却是其中最重大也最令人沮丧的损失。因为有着提前跳出的选项，所以他不希望再在唐·尼尔森的奔放风格①下打球，虽说再没有一个比他更适合尼式篮球的大个子了。当韦伯威胁要提前跳出合同、与别的球队签约的时候，勇士队惊慌失措地交易掉了他，换来了汤姆·古格利奥塔和3个首轮签。韦伯于是要去扛起一支太、太、太年轻的子弹队，还在那里养成了坏习惯和恶劣的职业态度，弄伤了膝盖，四年中错过了116场比赛，最后在一笔“哪儿凉快哪儿待着去”的交易中被送去了萨卡拉门托，换来米奇·里奇蒙德和奥蒂斯·索普。②当他终于再一次找到了一支肆意奔放的进攻球队时，他已经26岁了。太遗憾了。

他的生涯基本上可以归结为糟糕的时间点：早7年或者晚7年，一份正常的新秀合同会让他留在勇士队（那是真正属于他的地方）。他的国王队不幸地与沙克、邓肯和K. G. 各自的巅峰相重合，2002、2003、2004年连

---

① 原注：可怜的老尼学到了宝贵的一课：如果新秀赚的钱比教练还要多10倍，那你就没法驾驭他们。

② 原注：我去看过一场子弹对凯尔特人的比赛，我们很认真地在猜测C-Webb是不是在比赛里嗑药嗑高了。跟我一起的一个哥们儿当时抽了有一吨的大麻，他的看法跟我一样；别人嗑高了的时候你能注意得到。这就像是属于你自己的超感知俱乐部。

续在抢七中败北。如果真的要对韦伯本人加以苛责，那只有这一条：他不愿意在关键时刻拿球。2002年国王对湖人的系列赛中，在关键时刻，除迈克·毕比（Mike Bibby）外的所有国王球员看上去都比水晶湖畔的营地辅导员更惊慌恐惧①，在他们输掉系列赛后我写下了这么一段话：

韦伯已经从卡尔·马隆、帕特里克·尤因、拉尔夫·桑普森和埃尔文·海斯手中接过了革命火炬，成为“你很希望自己的主队能拥有的高价超级巨星、除非是在重大比赛的最后3分钟”中的一员。这算不上什么意想不到的事情，但是看C-Webb在关键时刻如何想办法摆脱球权仍然算得上是今年季后赛中最有趣的支线剧情了。看到韦伯高位得球后连忙转身180度以便背朝篮筐——*别担心，我不会投篮的，不用怕！*——然后绝望地寻找周围有没有别的队友能让他把球交出去，你难道没有笑出声吗？还有谁把球当成烫手的山芋到这种程度的吗？

所以，我们要怎么样去记住韦伯？在卡尔文·斯基拉尔迪（Calvin Schiraldi）和鲍勃·斯坦利（Bob Stanley）在1986年世界大赛中自我毁灭后，我就坚信，在体育世界中，平时的细节比你想象的要重要得多。是的，红袜队离夺冠只差一个出局数，却花了14次投球都没能解决对方的打者——等一下，容我以头抢一会儿地（啊啊啊啊啊！）——但波士顿糟糕的救援投手已经折磨了红袜球迷一整个赛季。因为替补崩盘而丢掉冠军，这对任何红袜球迷来说其实没有那么震惊。而当你回顾2002年西部决赛那支超棒的国王对战正在衰退的湖人时，你会发现这个系列赛有3场转折点：第4场（霍里命中了绝杀三分，因为国王队的球员没能抢到最关键的两个篮板），第6场（这10年中最糟糕、判罚最不公正的比赛），第7场（国王有很多的机会来终结比赛，但就是没能把握住机会）。韦伯对第6场无能为力，除非要他赤手空拳杀掉迪克·巴韦塔，但他没能在最后两场

---

① 译注：《黑色星期五》（*Friday The 13th*）系列恐怖电影中的情节。

比赛中展现出统治力。他获得了一个可以彻底改变自己生涯的机会，但没能把握住。他的身体里确实没有这种东西。他是否因为大学时那个臭名昭著的“暂停”①而丧失了在重要比赛中的自信心？或者是他糟糕的子弹队时光没能为他及时培养起在必要的关键时刻挑起大梁的能力？还是他从一开始就缺乏杀手本能？我们永远无法知道。

如果韦伯的生涯是一个电子游戏，我希望能按下复位键，从奥兰多没有做那个冒险的交易开始，看看那样会发生什么。然而这就是人生：你没有复位键，如果你做了几个糟糕的决定，它们会一直伴随着你，对你最终成为一个怎样的球员或怎样的人产生重要影响。我们会记得韦伯是NBA历史上前七十五好的球员，但我们也会记得他本有潜力做得比这好得多得多。②经历了一个有趣的转身，韦伯退役后很快在TNT和NBA TV展现出了特别的天赋：潇洒，帅气，能言善辩，富有激情，幽默，可以根据搭档的不同而变得“更像黑人”或者“更像白人”。我还记得，2008年他和TNT签约后，我看了他的第一次出镜就在心里想：“我的天哪，C-Webb会成为一个完美的电视人！”事实证明我是对的。无论如何，在克里斯·韦伯退役后，人们依然还在好奇他的真正潜力。

71. 伦尼·威尔肯斯

履历：*15个赛季，9个高质量赛季，9届全明星，1968年MVP票选*

---

① 译注：1993年NCAA决赛，韦伯在最后11秒、球队落后两分时叫了一个暂停，却因球队已经用完了暂停而被判技术犯规。

② 原注：考虑到韦伯赚了大约2亿美元，你能说他很令人失望吗？他最终排在了第72而非第28……这能算世界上最糟糕的事情吗？我认为这取决于一个问题：你知道当你去洗车的时候他们会给你推荐的那种“全套”套餐吧？每一代的NBA球员中都只有那么几个人拥有“全套”套餐。如果他们搞砸了哪怕一丁点儿，那也很令人失望。所以，没错，韦伯的排名是能到第72。但每天晚上他睡觉的时候，都应该清楚自己本来有机会升高40或50位。假如他没有这么去想，那就正好能说明这一切。

第二，单季联盟第一：助攻王（1次），巅峰四季20+5+9，生涯季后赛16+6+6

对NBA的最佳阵容评选我们不必太信任；毕竟，拉特雷尔·“未来的教练扼喉者”·斯普里韦尔都会作为1994年最佳阵容一队成员而载入史册。但是为什么威尔肯斯会在1968年的MVP票选中排名第二却没有入选那个赛季的NBA最佳阵容一队或者二队呢？这不是不可能的吗？我看了一些伦尼比赛的录像带（大部分是全明星赛，那时候大家都还在玩真的），觉得他对比赛有着良好的掌控，不过这些录像带也说明了为什么他是NBA50周年50大巨星中唯一一个没进过NBA最佳阵容的球员，以及为什么他的最后7个赛季都没有打进季后赛。威尔肯斯很好，但谈不上伟大。他的数据和胜利场数都能证明这一点，而且我们还没考虑到因为ABA和扩军的影响，1969—1976年间所有人的数据都有点小问题。看看伦尼的生涯轨迹吧，要记得他在1967—1968赛季之前就已经30岁了：

威尔肯斯（1966—1968赛季）：18+5+7，43%的命中率
威尔肯斯（1969—1973赛季）：20+5+9，44%的命中率

等等……31～35岁，伦尼变得更好了一点儿？我很怀疑。如果说伦尼的前8年算是B+的话，他在一个衰竭而稀释的联盟中一跃变成了A-。这可以接受。但他实在不应该入选50年50大，挤掉丹尼斯·约翰逊，后者是一个更好的全能球员，在更艰难的时代里获得了更大的成功。如果你实在想要给威尔肯斯一些赞扬，那就称赞他是最后一位靠谱的球员兼教练吧；在全盛期内，他在超音速身兼两职，1972年率队打出47胜，当时他是队中第二好的球员。我们不妨在这里跑一跑题：为什么在戴夫·考恩斯于79凯尔特人中身兼两职之后就再也没有球队尝试过球员兼教练呢？我觉得这事儿能行，有四个原因。第一，专职教练总会被炒，从不间断，一次又一次。我们这么做肯定不对。（聘用一个NBA教练，他在3年之间就被炒的可能性极大。[①]每年都只有极个别的教练能脱颖而出：一般是格雷格·波波维奇、杰里·斯隆和别的两个人。有80%的教练看起来都应该换个人来干，水平从达到了优秀的一半到“让这家伙去经营一家麦当劳我都不放心”不等。）第二，拉塞尔以球员兼教练的身份拿到了两个冠军，所以这也不那么难。（没错，现在的比赛更加专业化，你必须得仔细分析比赛录像和球探报告。不过不能让厉害的助教来搞定90%吗？这不是橄榄球；只有5个人在打球，比赛计划相当简单，常识也都能发挥作用。看看菲尔·杰克逊：他更像个精神导师、监护人、关系治疗师而不是什么教练，而这位老哥有11枚戒指。NBA最好的教练从来不会想得太多，而这对球员兼教练来说实在太棒了，因为你根本没有时间去多想。）第三，教练常常因为他们“和球员沟通不够”或“球队需要更多激情”而被炒。但球员会不理会那个最好的队友吗，那个每个晚上都在场上以身作则的家伙？这是一切球队的基础：两三个球员作为核心，其他人陈力就列。谁又能比一个每晚一起打球的家伙更了解球员的长处和不足呢？这跟让乔治·克鲁尼（George Clooney）来导演一部电影没什么两样，是吧？即使劳资协议不允许球队向球员支付教练的工资，球队也可以说服球员免费执教，而让“真正的”主教练来担任首席助教。

第四个，也是最后一个更加简单的理由：还有更好的办法来让一支死气沉沉的球队的球迷们参与讨论吗？此外，在一个失败率已经高达80%～85%的岗位上搞点实验还能有什么危险呢？在NBA所有已经消失的古老又古怪的习惯中——在半场休息时抽烟，嗑了药上场，不知道为什么就朝别人脸上打上一拳——球员兼任教练是最应该坚持下去的那一个。只要有个家财亿万的读者买下一支NBA球队来让我管理，我分分钟就把这

① 原注：最让我觉得搞笑的例子：奥兰多在1997年炒了布赖恩·希尔（Brian Hill）。温哥华聘用了他，他执教球队打出了超赞的31胜123负战绩，最终在2000年被炒。你猜，5年之后，他又被谁聘用了？奥兰多！NBA的教练状况就是这么糟，所以球队才会再次雇佣他们开除过的人。其他任何行业会有这种事儿吗？这就像CBS在2013年发表声明说他们决定把《深夜秀》（*The Late Late Show*）重新还给克雷格·吉尔伯恩（Craig Kilborn）来主持。

事儿带回联盟。[1]

70. 大卫·汤普森

履历：9个赛季，5个高质量赛季，5届全明星（其中1次ABA），1976赛季ABA最佳阵容二队，1977、1978赛季NBA最佳阵容一队，两次全明星MVP，巅峰三季26+5+4，1支ABA总亚军（76掘金）球队中最好的球员、季后赛26+6+3（11场）

并非一份传统的履历，然而高分通过了“他跟球迷们在精神层面上联结在一起吗？”和“我人生中从没见过这样的家伙！”的测试。我记得在合并后看过一场掘金和凯尔特人的比赛，被汤普森彻底震惊到了，我老爹则评价说，“真遗憾，我们每年只能看到他一次”，这让我更加沮丧。那时候我们没有《体育中心》或者DirecTV，所以我当时想的是，汤普森每场比赛都会在别人头上爆扣10次，可我一个都看不到。

我们会记住汤普森是乔丹这台PS2之前的Intellivision，之后所有高飞型二号位的最初原型。老天赐予他闪电般的第一步、靠谱的跳投、44英寸的垂直弹跳——北卡罗来纳州立大学（North Carolina State University）甚至让他负责跳球（你可能不以为意，直到你回忆起他们队里还有汤

---

① 原注：我爱死第四个理由了。这也是为什么2008年密尔沃基或者2009年快船应该雇我来当GM的原因。*为什么不呢？反正你也不会更糟！为什么不让球迷们觉得他们终于有了一个属于人民的人来负责？为什么不让球迷们谈论呢？哪件事更有可能出现在PTI*（译注：PTI，印度报业托拉斯，印度最大的通讯社）*5月份的头条上，“雄鹿聘用约翰·哈蒙德（John Hammond）担任GM”还是“雄鹿聘用ESPN专栏作家担任GM”？这难道不会成为当年最重大的体育故事之一吗？这事儿绝对可以通过“老妈测试”*。

原注：哈蒙德在密尔沃基打造了一支很棒的“恐怖之鹿”的球队，获得了2009—2010赛季的最佳总经理。确实比我能做得要好。但我的理论还是没错的：一个夏天之后，我又去竞聘了森林狼的总经理，但最后他们选择了大卫·卡恩（David Kahn），他完全是哈蒙德的反面，犯下的错误多得让我觉得英国石油公司原油泄漏也是他干的。

姆·伯利森这样一头7尺4寸的巨兽）——汤普森具备你期望你的得分后卫所拥有的一切，除了身高。官方身高6尺4寸的汤普森实际上更接近6尺2寸，在录像带里看起来明显比同时期的球员们矮。没关系。这哥们儿能像表演蹦床扣篮的百威淡啤无畏者（Bud Light daredevil）成员那样直升上半空。[①]而真正让他显得非比寻常的是他突破时瞬间从0～60的爆发力。虽然总是被四五个比他高的球员包围，汤普森却能一次又一次地交出让人窒息的表现，一蹦4英尺，扇出一记盖帽或是在别人脑袋上扣篮。他不需要助跑加速也不用屈膝。说实话，看他打球就像是在看一只松鼠，或是某部特效拙劣的廉价体育电影中穿着魔法球鞋的主人公。如果没有*非常*好的理由，你是不配拥有“天行者”的绰号的。真希望当年有人把这句话带给肯尼·沃克（Kenny Walker）。

汤普森的代表性故事：哈夫利切克生涯最后一场比赛的那个下午，汤普森和格文在争夺1978年得分王。[②]彼时，波士顿花园的广播员会在暂停时播报其他NBA比赛的比分（记住，我们那时候可没有T袖加农炮和现场大屏幕），所以在报完掘金对活塞的半场比分后，他加了一句：“大卫·汤普森得了53分。”所有人都感到难以置信。我记得自己当时想：“他会超过100分！他会破掉威尔特的纪录的！”他最后得到73分，但是关键在于，汤普森的爆炸力是如此之强，以至于一个8岁的NBA小球迷真的相信他*可以*单场超过100分。[③]那后来呢？他跟很多20世纪70年代末的名流一样，对可卡因疯狂上瘾，还遭遇了一系列伤病，最后在54工作室[④]

---

① 原注：汤普森在卡罗莱纳长大，小时候在自家院子里的泥地上练习投篮。有人猜想他骇人的弹跳能力与此有关，尤其是考虑到M. J. 小时候同样在泥地球场上打球。如果我儿子对篮球展现出任何兴趣，我会在我家后院建一块泥地球场。

② 原注：那是体育史上随机发生的最伟大的日子之一：哈夫利切克的告别战，汤普森爆砍73分（作为非中锋球员的得分纪录保持了28年），格文则以63分回应，加里·普莱耶（Gary Player）连追7杆逆转赢下1978年全美高尔夫大师赛。如果ESPN经典频道弄一期《我们本来可以拥有的最伟大的〈体育中心〉》栏目，1978年4月9日一定能上榜。

③ 原注：1978年4月9日的另一件奇事：汤普森打破了威尔特保持的单节得分纪录（32分），保持了5个小时，然后被格文破了（33分）。此外，汤普森命中了他比赛前21投中的20个。奇怪的是，大家都认为他并没有在抢着出手或者为得分王而刷分。他只是顺其自然。

④ 译注：纽约的一家著名夜店。

的楼梯井上摔下来，报销了膝盖。[①]1984年11月乔丹进入NBA时，汤普森已经离开了。或许完全再现汤普森的早衰在当时造成的冲击力是不可能的，但是管他的，试试看吧。

大卫·汤普森是……

1.过去35年中最被低估的超级巨星

2.NBA历史上除伦尼·拜厄斯之外最大的悲剧

两句强有力的陈述，是吧？既然你买了我的书，我觉得有必要解释一番。在合并后的头两个赛季（1977和1978赛季），汤普森场均27+5+4，52%的命中率，在联盟历史上天赋最高的时代之一中连续进入NBA最佳阵容一队。[②]在MVP票选中排第三、差点儿把掘金队带进总决赛那年的汤普森多少岁？23。把他22～24岁时的表现和其他著名二号位球员同期的表现做个比较吧：

球员	年份	年龄	出场数	得分	篮板	助攻	命中率	罚球次数	最佳阵容
汤普森	1977	22	82	25.9	4.1	4.1	50.70%	7.6	一队
汤普森	1978	23	80	27.2	4.9	4.5	52.10%	8.4	一队
汤普森	1979	24	76	24	3.6	3	51.20%	7.7	无
乔丹	1985	22	82	28.2	6.5	5.9	51.50%	9.1	二队
乔丹	1986	23	18	22.7	3.6	2.9	45.70%	6.9	脚伤
乔丹	1987	24	80	37.1	5.2	4.6	48.20%	10.9	一队

① 原注：54工作室摔伤事件发生在1984年，大概就在安迪·沃霍尔（Andy Warhol）和丽莎·明尼里（Liza Minnelli）不再光顾之后。如果汤普森在1979年就因为被比安卡·贾格尔（Bianca Jager）的男朋友扔到54工作室的楼梯井而摔伤退役的话，事情肯定会变得更有趣。

② 原注：1977赛季，汤普森把另外两个ABA来的球星“博士”和格文挤到了NBA最佳阵容二队。1978赛季，他挤掉了韦斯特法尔、马拉维奇和沃尔特·戴维斯。

续表

球员	年份	年龄	出场数	得分	篮板	助攻	命中率	罚球次数	最佳阵容
科比	1999	22	50	19.9	5.3	3.8	46.50%	5.6	无
科比	2000	23	66	22.5	6.3	4.9	46.80%	6.1	二队
科比	2001	24	68	28.5	5.9	5	46.40%	7	一队
艾弗森	1999	23	48	26.8	4.9	4.6	41.20%	7.4	一队
艾弗森	2000	24	70	28.4	3.8	4.7	42.10%	8.9	二队
艾弗森	2001	25	71	31.1	3.8	4.6	42.00%	10.1	一队（MVP）
麦格雷迪	2001	22	77	26.8	7.5	4.6	45.10%	7.9	二队
麦格雷迪	2002	23	76	25.6	7.9	5.3	45.10%	7.5	一队
麦格雷迪	2003	24	75	32.1	6.5	5.5	45.70%	9.6	一队
韦德	2004	22	61	16.2	4	4.5	46.50%	5.2	无
韦德	2005	23	77	24.1	5.2	6.8	47.80%	9.9	二队
韦德	2006	24	75	27.2	5.7	6.7	49.50%	10.3	二队

M. J. 、科比、艾弗森①、T-Mac和韦德都在23～24岁这一年有了重大飞跃，但是汤普森却倒退了。为什么？两个字：嗑药。我没法解释为什么对于强运动力的得分后卫来说24岁会成为一个关键年龄，②但事实就是，在这一年，生理上和心理上的一切都开始到位了，而毒品夺走了汤普森实现全部潜力的机会。他23岁时不可能是巅峰——那样就要否定历史上发生过的所有其他案例了——那么如果你算上他24岁可能实现的飞跃，下面就是不嗑药的汤普森头5个赛季的表现：

① 原注：艾弗森的巅峰是25岁而非24岁。我做了个决策，把艾弗森的年龄减去一年，因为他在监狱里待了5个月，错过了整个高四。你知道有的拳击手会被称作“年轻的35岁”，意思是“他在小酒馆里打了8年”吗？艾弗森在2001赛季可能25岁了，但是个“年轻的25岁”。就是这样。

② 原注：斯普里和“便士”在24岁时首次进入NBA最佳阵容一队；文斯24岁时进了生涯唯一一次最佳阵容二队。如果你在参加今年的范特西球队选秀，记得关注那些24岁的家伙！

年份	年龄	出场数	得分	篮板	助攻	命中率	罚球次数	ABA/NBA最佳阵容
1976	21	83	26	6.3	3.7	51.50%	7.9	二队
1977	22	82	25.9	4.1	4.1	50.70%	7.6	一队
1978	23	80	27.2	4.9	4.5	52.10%	8.4	一队
1979	24	82	33.4	5.3	4.1	52.70%	9.8	一队
1980	25	80	32.8	5	4.8	51.50%	9.7	一队

面对这样的数据，我们讨论的就是一名上限是“史上前三得分后卫”的家伙了，这也让现实中的一切变得让人更难以接受。想象一下，如果乔丹在1987赛季的超级爆发之后，在一次马尔斯·布莱克蒙式的投篮时弄爆了膝盖，28岁就一副老态？那差不多就是汤普森身上所发生的。我用了“差不多”这个词，因为我们并不清楚汤普森是否具备乔丹那样炽烈的好胜心，也不知道他究竟是那个可卡因时代的受害者，还是在盛名和成功面前太过软弱。让我们来把这问题彻底搞清楚吧。

1973　汤普森向人们普及了空接，带领狼群队（Wolfpack）打出了不败战绩；没能打进NCAA锦标赛。①

1974　狼群在一场三加时大战中击败了马里兰，获得ACC赛区唯一一张NCAA锦标赛门票（史上最著名大学比赛之一）；在半决赛中击败比尔·沃尔顿的UCLA，汤普森在第二个加时中命中制胜球（又一场史上最著名大学比赛之一）；战胜马奎特（Marquette University）夺冠，汤普森拿下1974年的锦标赛MVP。这是史上大学球员最伟大的赛季之一，与普林斯顿的比尔·布拉德利（1965）、休斯敦大学（University of Houston）的埃尔文·海斯（1969）、堪萨斯大学（University of Kansas）的丹尼·曼宁（1988）和圣十字学院的史蒂夫·“飞人赫尔

① 原注：20世纪70年代的ACC球队以大手笔付钱给球员们而臭名昭著。著名的汤普森招募故事（可能不足为信）：他在卡罗来纳州长大，梦想着进入北卡，但北卡州立给了他家一大堆的现金，于是他老爹说：“好的！”被震惊的汤普森在随后的新闻发布会上抽噎啜泣。

莫”·赫尔曼（1990）同列。[①]

1975　赢下了所有想得到的年度最佳球员奖，不过没能带领狼群击败北卡拿到ACC的唯一门票。这个赛季中发生的伟大故事：作为人类历史上最蠢的主意之一，扣篮在很多大学赛区中被禁止，即所谓“卢·阿尔辛多规则”。在汤普森的最后一个主场比赛中，他打破了这一规则，在下半场完成了一记雷霆万钧的爆扣，被判技术犯规的同时也让全场观众陷入了狂欢。无论怎么算，这都是体育史上中最令人兴奋的随机时刻之一。卡里姆这人有多烂？他甚至无意间导致了一项不许扣篮的禁令。

1976　获得ABA最佳新秀，在具有时代分水岭意义的扣篮大赛中给了“博士”有力的挑战，把丹佛带进了总决赛，使丹佛获得了足够的资格，最终挤掉肯塔基成为4支合并球队之一。

1977　合并后，所有人都期待“博士”会风靡整个NBA，但汤普森激起了更强烈的骚动，在数据上击败了“博士”，带领丹佛取得了联盟第二的50胜，然后在分区半决赛输给了波特兰（最后的冠军）。

1978　球队48胜，汤普森以毫厘之差错过了首个得分王，丹佛成为首支在季后赛中取得系列赛胜利的ABA球队，之后在分区决赛中不敌西雅图。那个夏天，汤普森签下了职业体育史上最大的合同：5年，400万美元。在1978年是超级多的一笔钱。

（打住……）

---

① 原注：赫尔莫在1990年加入了十字军队（Holy Cross Crusaders），就像《万夫莫敌》（*Invincible*）里的马克·沃尔伯格，只不过结局大不相同，我们的沃尔伯格打得像布赖恩·斯卡拉布里尼，长得像强壮版的柯特·尼姆菲厄斯。（顺便说一句，这些话可都是赞许。我爱赫尔莫。一个不管是校内比赛还是NCAA一级比赛前都一直不间断参加生啤派对的家伙绝对是我的菜。）他最大的错误就是错过了互联网15年；我当时绝对应该搞一个www.airhermo.com的博客，可能还会因此被赶出学校。我保证他会在这本书出版后的2周内把书带进纽约的一家酒吧，向75个陌生人展示这条脚注，然后请每人喝上一圈。赫尔莫，记得请我。

[开始放《音乐背后》（*Behind the Musci*）里一播就准没好事的背景音乐……]

一切都在那时候产生了变化。

你可以猜猜之后几年会如何发展。我在1973—1978年间找不到任何一件事能让我觉得汤普森不会成为乔丹之前的乔丹（一个才华横溢的赢家）。他还明白科比和乔丹没能从一开始就明白的事情，即：要是他牺牲一些数据来让其他所有人变得更好，球队就会赢得更多。在NBA TV的汤普森纪录片《天行者》（*Skywalker*）中，伊塞尔做了这样的证明："他的所有队友都很爱他，因为他能带你赢球，而且他是那种能让场上每个人都变好的球员，不是一个从其他队友手上抢数据的家伙。"[①]汤普森和乔丹之间最大的区别：汤普森的不良嗜好（毒品）比乔丹的不良嗜好（赌博）会在篮球方面造成坏得多的影响。如果汤普森没有吸食可卡因，而是每年夏天在高尔夫上赌掉几百万，我们就会看到一个历史前二十的球员，一个能改变西区版图的家伙，一个能在球鞋广告、主流市场和其他种种东西上取得突破的人。如果乔丹之前的乔丹能在丹佛大放光芒，如果沃尔顿的脚能在波特兰保持健康，"魔术师"的湖人还能五夺总冠军吗？我愿用一条胳臂或腿担保说不能。多么令人遗憾。

69. 丹尼斯·罗德曼[②]

履历：*14个赛季，10个高质量赛季，2届全明星，1992、1995赛季最佳阵容三队，单季联盟第一：篮板王（连续7次）、命中率（1次），最佳防守阵容（8次，7次一队），最佳防守球员（1990、1991），巅峰四季*

---

① 原注：同一部纪录片里，伊塞尔把汤普森的迅速衰落归咎于"80万美元之人"所带来的压力："我觉得大卫在拿到大合同之后就不好了。"这一部分应该补充一段"被逼到了极限"的蒙太奇：汤普森带着朋友们去银行，穿着白色晚礼服结婚[就像是托尼·蒙塔纳（Tony Montana）]，把整个婚礼派对的人带去看老虎。[译注：蒙塔纳，《疤面煞星》（*Scarface*）的主人公。]

② 原注：我把罗德曼排在69位排了两个月，然后才意识到这是一个机智的双关。

7+18+2，巅峰两季季后赛8+14（32场），曾为5支总冠军球队效力，其中4支（90活赛、96、97、98公牛）的首发，职业生涯：13.1个篮板（历史第10）

从数据上说，他是史上最伟大的3个篮板手之一（另外两人是拉塞尔和张伯伦），因为他的篮板占球队篮板比例异常之高。①随着时光流转，人们会逐渐忘记，罗德曼的篮板数据之所以在圣安东尼奥和底特律突然飙升，是因为他从不离开篮下，而且不关心篮板之外的任何事情，即使这意味着队友被运球突破了也不去协防。我更喜欢1987—1991赛季（离开替补席登场后就能做出贡献的篮板手和防守者）和1996—1998赛季（他重新开始关心防守，连续两年总决赛对阵卡尔·马隆时都很有效率）的罗德曼。然而，大部分的人都会忘记他的天赋，因为罗德曼留给我们的故事大多关于他的疯狂，五彩斑斓的头发，耳孔、鼻环和文身，与麦当娜的风流轶事，他的自传《我行我素》（*Bad as I Wanna Be*），他怒踹摄影师的那一脚②，他如何在西部决赛里毁掉了95马刺③，还有我们可能会在未来5年内在拉斯维加斯一家破旅馆的房间里发现他的尸体。如果把罗德曼换成罗伯特·霍里的话，96公牛可以赢下72场比赛吗？绝对不可能。他完美地融入了两支具有病态的好胜心、历史上独一无二的球队（以赛亚的坏孩子活塞和M. J. 的后棒球公牛），难道我们不应该为此而给他加分吗？这就是为什么我给罗德曼的排名比霍里高上15位。在5枚戒指和令人瞠目结舌的篮板数据之外，关于罗德曼还有4件事情好说。

1.他随3支不同的球队参加了10次分区决赛，10次50胜，5次60胜，生涯中只有一次没进季后赛（1993年40胜的活塞）。从他在底特律的新秀赛季到1998年在公牛的最后一季，罗德曼的球队在常规赛中574胜298

---

① 原注：1992年活塞场均44.3个篮板；罗德曼抢了其中的42%。拉塞尔单赛季最高为35%；威尔特是37%。

② 译注：罗德曼曾在比赛中连续暴踹摄影师下体，被罚禁赛11场。

③ 原注：整个季后赛期间罗德曼都在耍脾气，被禁赛了一场，在对火箭系列赛的一个关键时刻脱掉了球鞋。与其说他令人抓狂，倒不如干脆地说麦当娜（他当时的情人）给他造成了很坏的影响。

负，季后赛118胜54负。哇哦。①

2.他是防守拉里·伯德最好的球员。甚至没有人能接近他的水平。除了凯文·麦克黑尔，没有人比他防守过更多不同类型的球员了："魔术师"，伯德，马隆，肯普，巴克利，沃西，乔丹……

3.1989年活塞夺得第一冠的时候，罗德曼在17场季后赛中场均24分钟10.0个篮板，同时还是联盟中最好的防守球员。在两连冠的活塞队里，他是杜马斯和以赛亚之外球队第三不可或缺的人物。

4.他最后一个表现良好的赛季是在98公牛——36岁，还在不停地开派对，以至于M. J. 和杰克逊不得不干涉他——罗德曼打了80场常规赛（场均15.0个篮板）、20场季后赛（场均11.8个篮板），总共接近3600分钟。这家伙是个体力怪人。我们会先见到50个类似霍勒斯·格兰特的球员才有机会见到下一个丹尼斯·罗德曼。谢天谢地，我想一个也就够了。

68. 皮特·马拉维奇

***履历：**10个赛季，7个高质量赛季，5届全明星，1976、1977赛季最佳阵容一队，1973、1978赛季二队，巅峰三季28+5+6，单季联盟第一：得分王（1次），全盛期内从未赢得过一轮季后赛*

如果你是一个深夜电视怪人，你肯定看到过电视上在放史蒂夫·普雷方丹（Steve Prefontaine）的电影，然后感到很激动（因为是那部比利·克留达普主演的），或者感到很不爽[因为是那部贾里德·莱托（Jared Leto）主演的]。如果我看到了克留达普，我就会看。如果我看到的是莱托戴着顶愚蠢之极的假发，我就不看了。但不管是哪部，我都会问

① 原注：罗德曼的常规赛胜率是65.8%。根据我们的好朋友ESPN数据信息库，其他名人的数据（不考虑偶尔缺席的比赛，霍里算入97湖人，沙克算08太阳，威尔特算65费城）："魔术师"，71.7%；伯德，70.9%；拉塞尔，70.5%；邓肯，69.5%；霍里，68.7%；罗宾逊，68.1%；卡里姆，68.1%；沙克，66.4%；科比，65.8%；乔丹，65.0%（奇才时代严重伤害了他）；威尔特，64.4%；韦斯特，61.0%。又一个伯德、"魔术师"、拉塞尔独占的俱乐部：70.0%俱乐部。

自己一个同样的问题："为什么好莱坞会觉得有必要给一个在1972年奥运会上拿到第四名的长跑运动员拍两部不同的传记电影？"一部完全足够了，是吧？类似的事情发生在2007年，当时书店里同时在卖两本不同的马拉维奇的传记，这真的非常奇怪，因为"手枪"在19年前就已经去世了，而且除了得分王再没赢过什么东西，也从没有打进"终极四强"或越过NBA季后赛第2轮。我们总是听人说，伯德和"魔术师"挽救了NBA，让联盟摆脱了糟糕的70年代。这难道不等于说他们把NBA从马拉维奇这样的球员手中拯救了出来吗？

然后你会记起，有两部纪录片和一部电影是关于他的；球迷们直到今天都还津津乐道于他的逸事，交换他的录像带；他的托普斯球星卡是所有20世纪70年代球员中除"J博士"外最贵的；他在YouTube上的影像又为他重新培养起了一代新球迷；他可能是历史上最好的HORSE投篮选手；他在1977年在老弗雷泽头上爆砍68分（要不是他们在最后两分钟吹了他两个莫名其妙的犯规，他本来可以打破70分的）；①他在1978赛季弄爆了膝盖，此后大不如前；在所有1980年之前的球星中，"手枪"的生涯是会受三分线影响最大的。那玩意儿就是为他而打造的。见鬼，他在还没有三分球的时候就在投三分了。②不管从哪个方面看，"手枪"皮特都领先于他的时代。在现场看他本人打球，就像是看到12个哈林环球篮球队员合为一体：没有他传不了的球，没有他完成不了的投篮动作。他仿佛是在球场上滑行——他的身体就像是橡胶做的，篮球到了他手上就像个悠悠球，脸上也完全不带表情——你根本不知道下一刻会发生什么，比分牌在这样的表演面前都变得不重要了。对那个时代的小孩来说，他在CBS半场休息时的HORSE③比他的任何一场正式比赛都更值得回忆。甚至他的球星卡

① 原注：那晚上把"手枪"罚出场的裁判中有谁？你猜猜看吧——得到过的"黑哨"的赞颂比所有人都要多的，尊敬的，迪克·巴韦塔！只有迪克才会把一个可能拿到75分的家伙罚出场。

② 原注：那场68分的比赛中，马拉维奇大概有6～7个跳投是在三分线的距离上完成的，轻松得就像在罚球。

③ 译注：CBS在1978赛季每周转播一场NBA比赛，中场休息时会放一段HORSE投篮比赛的录像，总共有32位球员参加，最后前两名是韦斯特法尔和马拉维奇，但是马拉维奇因伤没有参加最终的决赛。

都特别酷，比如1975年的那张，他蓄着惹人注目的长长的山羊胡子，看上去就像个伯爵。

当奥尔巴克在伯德的新秀赛季中签下合同刚被买断的“手枪”时，你可以想象我的激动之情。*我们什么都没出就搞来了“手枪”？* 虽然我当时还没有好好看他打过球。形容憔悴，身材走形，跛着一只残废的膝盖，留了一头花里胡哨、看起来像是阿诺德·霍沙克（Arnold Horshack）的卷发，手枪显然不能很好地融入他在NBA的第一支强队。但是花园的球迷还是很快就接纳了他。每次他离开板凳席要上场比赛，我们都会大声喊叫。每次他命中跳投，我们都会陷入癫狂。当他和伯德、考恩斯、阿奇博尔德——4人都排在这本书的前七十里——同时在场时，总会让人有种感觉，有什么特别的事情即将发生。①然而，就像一条来自动物收容所的常年受虐的狗，太多年来他受到了太多伤害，养成了太多坏习惯。1980年季后赛，比尔·菲奇没给他多少上场时间；手枪在赛季后退役，错过了给1981年夺冠的那支凯尔特人效力的机会。我记得我当时对这整件事情感到特别的失望，就像我免费得到了一台特别贵的电视机，结果两个月后就坏了。我当时并不知道，有大量的证据足以表明，他是个酒鬼，有精神问题，从他极权的父亲那里得到了太大的压力，②一直相信飞碟的存在。1982年，退役后的马拉维奇开始信仰基督教，终于找到了此前一直苦苦

---

① 原注：看马拉维奇在凯尔特人打球让我想起了电视剧《白影》，街头传奇博比·马格南[Bobby Magnum，由前UCLA明星迈克·沃伦（Mike Warren）饰演，他后来还出演过《山街蓝调》（*Hill Street Blues*），在《快攻》（*Fast Break*）里饰演“牧师”（Preacher）——多么精彩的IMDB人物页！]加入了卡弗高中，让全队的上限疯狂提高了那么几天，但随后奥克兰的赌博业者找上了他，然后他试图偷走里夫斯教练的电视，一切都变得一塌糊涂。顺便说一句，当我说“让我想起了”的时候，我的意思是“让当时只有10岁的我想起了”。即使那时候，我已经在对体育和流行文化进行交叉类比了。

② 原注：跟普雷斯·马拉维奇（Press Maravich）一比，马夫·马里诺维奇（Marv Marinovich）、理查德·威廉姆斯（Richard Williams）和J. D.·麦考伊（J. D. McCoy）的老爹就像是乔伊、丹尼和杰西叔叔（Joey，Danny and Uncle Jesse）。你以为我说自己擅长体育和流行文化的交叉类比是在开玩笑吗。[译注：在高中时被誉为“完美四分卫”的托德·马里诺维奇（Todd Marinovich）由于长期受父亲兼教练马夫·马里诺维奇的严格控制，在进入NFL后因为强烈的叛逆情绪而遭遇大量个人问题，迅速陨落。理查德·威廉姆斯，网坛威廉姆斯姐妹的父亲兼启蒙教练。麦考伊是电视剧《胜利之光》里的人物。乔伊、丹尼和杰西叔叔是家庭喜剧片《欢乐满屋》（*Full House*）里的人物。]

追寻的内心的安宁。他在40岁的时候猝死，当时他正在打一场临时的篮球赛。死得其所。

即使是那些喜欢看他打球的人也很难用文字去描述他的生涯。两年前我在波士顿和我老爹一起吃晚饭时，他对有两本马拉维奇的书同时出版这件事感到同样的困惑，接着我们开始回忆起马拉维奇，结果发现他们确实有理由为他这么做。老爹回忆说，20世纪60年代的时候，电视上每周都会有一场全国转播的大学比赛："每个礼拜，你打开电视时都会祈祷他们在播路易斯安那州立大学的比赛。"我妻子问，现在NBA里有哪个球员能让我们看到马拉维奇的影子，老爹的答案很简单："永远都不会有下一个马拉维奇。"我们试图描述观看一个与其他人都不在同一个水平面上的球员打球是怎样一种感受，但未能成功。他让一些不可思议的投篮变得看起来非常简单。他能洞察到队友们都想象不到的传球角度。他是有史以来最具观赏性的球员……也是内心最煎熬的球员。你会惊叹于皮特·马拉维奇的才华，但你也免不了为他担心。

如果"手枪"活在现代，他会成为体育领域中最具争议的人物，融合了T. O. 的疯狂、A-Rod[①]的数据刷子属性和纳什的取悦观众的天赋。斯基普·贝勒斯会在FirstTake节目里满脸通红地狂骂他是个毒瘤。他的不看人传球会让《体育中心》的主持人们爆发许多经典语录。博客写手们会记录下他各种奇奇怪怪的言论和发型。范特西玩家会像对NFL的拉德尼恩·汤姆林森或MLB的约翰·桑塔纳（John Sontana）那样对他无比推崇。耐克会推出一系列"手枪"的球鞋。他会是无数自制YouTube视频的主角。他会有一个被ESPY奖项塞得满满当当的奖杯柜。没错，你完全可以说"手枪"在方方面面都超前于他的时代。如果好莱坞要花大手笔给他拍电影的话，我希望他们只拍一部就好。

67. 厄尔·门罗

履历：13个赛季，7个高质量赛季，4届全明星，1968年最佳新秀，

① 译注：亚历克斯·罗德里格斯（Alex Rodriguez），MLB明星。

1969赛季最佳阵容一队，巅峰三季24+4+5，1支总亚军球队（71子弹）中第二好的球员，1支总冠军球队（73尼克斯）和1支总亚军球队（72尼克斯）中的首发球员

你可以想象一下把门罗扔到20世纪80年代中期。他只进过一次NBA最佳阵容，入选过4次全明星。他在1972年总决赛中被古德里奇打爆；他唯一一枚戒指是在73尼克斯得到的，16场季后赛中他场均只有16+3+3。他的膝盖和臀部从他进入NBA的头几年起就开始出问题，这使他从一个充满天赋的全能球员变成了一个纯得分手。不过，你真的要责怪“珍珠”的职业生涯开始得太晚吗？在费城读完高中后，门罗没能申请到一份大学的奖学金，因此他只能去找了份打包货物的工作，一年之后才在温斯敦-萨勒姆学院（Winston-Salem College）——北卡罗来纳州一所小型黑人学校——“复出”，接下来的4年里一直打的是没有电视转播的大学比赛。夏天，他会在费城和纽约打街头比赛；他的球风让观众们大呼过瘾，他也迅速成为了一个传奇人物；但与此同时，这段经历也严重伤害了他的膝盖。与马拉维奇一样，“珍珠”本来可以多入选两次全明星赛，但他却只能待在大学里挥洒才华，因为当时NBA球队选秀时只能挑选大四毕业生。等到他被子弹队选走时，“珍珠”已经23岁了，而他的膝盖已经不知道在沥青球场上跑了多少英里了。①

不管这些。我们要在这里用到“沃尔顿法则”：如果有个家伙只在两或三年里到达巅峰，成为一个真正伟大的球员，那也比从来没有过巅峰的人要好。当一个人有两个街头绰号（“黑耶稣”和“魔术师”）和一个主流绰号（“珍珠厄尔”）；把伍迪·艾伦感动到给《体育》（*Sport*）杂志写了一篇专题文章；发明了一种招牌动作（转身）②；在《单挑》中

① 原注：另一位“丢失了好几年时光”的巨星：伯德在印第安纳大学读大一时退学，回家去打打单挑、种种菜，之后才又上了印第安纳州立大学。如果他在印第安纳大学待得开心的话，他本可以早一年（说不定是两年）进入NBA的。

② 原注：坏脾气老编辑：“门罗的转身为其他一切稀奇古怪的运球动作铺平了道路，永久改变了走步的吹罚标准，很难说这是好是坏。”嗯……我会说这是件好事！

留下了不朽美名，虽然这部电影上映的时候都已经是他巅峰过去25年之后了；拥有建立在转身、左右拉球、停顿等动作之上的完全非常规的进攻打法，此后从未有人可以复制，[1]那么，你肯定可以说，这家伙确实足够伟大。跟任何一个45岁以上的NBA老球迷提起“珍珠”，他们几乎都会以一副约翰·马登为布雷特·法夫所倾倒的语气来谈论他，还有那著名的“珍珠”对“克莱德”的对决，搞得尼克斯队到最后不得不说：“该死，我们防不住那家伙，还是把他交易过来吧。”如果只看数据的话，或许他的生涯和路·赫德森、乔乔·怀特、杰夫·马隆、罗兰多·布莱克曼（Rolando Blackman）、卡尔文·墨菲或兰迪·史密斯没什么区别。但这些人中，没有谁有他那样的即兴发挥的本事，足可以与爵士乐高手媲美——这是描述“珍珠”球风的最恰当的比喻——也没有谁能让大卫·哈伯斯塔姆在《比赛间隙》一书中借莫里斯·卢卡斯之眼写出这样的故事：

有一次，厄尔·门罗——他当时是巴尔的摩子弹队的球星，声誉正处巅峰（此外，在朱利叶斯·欧文出现并代替他之前，他还是黑人球迷和球员心中独一无二的英雄，因为他能做*其他所有人*都做不到的事情）——来了。门罗要来打球的消息已经传出去好几天了，观众们比平时要多得多。比赛刚开始时门罗并没有出现，你可以感觉到有一种失望的情绪弥漫在其他球员和观众之间。比赛进行到10分钟的时候，突然，一辆超级帅气的车，有半条街那么长，出现了——是劳斯莱斯，卢克本能地感觉到——厄尔·门罗从里面走了出来。他穿着你能想象得到的最破旧的短裤，烂得一塌糊涂的球鞋，还有一顶超级好看的巴拿马草帽。那，卢克立马就明白了，是真正的潮流，那帽子和那短裤和那劳斯莱斯。观众们开始高喊“魔术师，魔术师，魔术师”（他的街头绰号，而非那些喜欢押韵的体育写手给他取的白人主流媒体绰号——“珍珠”[2]）。门罗在那天带来了一场盛

---

① 原注：戴夫·德布舍尔有次告诉威廉·戈德曼说，他在防守每个人的时候都会盯着他们的眼睛，从来不会被他们真的看向篮筐前的动作欺骗……但“珍珠”这家伙，直到球出手之后才会看篮筐，这使他变得无法防范。我觉得这很神奇。

② 译注：英语中“珍珠”（Pearl）与“厄尔”（Earl）押韵。

宴，起舞，疾驰，随性发挥，回旋不定，把一切想到的动作精心地安排在一起，没有一个动作是重复的，仿佛那么做是对他的子民的背叛。卢克看着他，花了很长时间才把目光移开，观察那些看他表演的人。黑耶稣，他心想，那就是他——黑耶稣。

（没错，老爹。厄尔·门罗确实很棒。）

66. 阿德里安·丹特利

***履历：**15个赛季，12个高质量赛季，6届全明星，1977年最佳新秀，1981、1984赛季最佳阵容二队，单季联盟第一：得分王（2次）、出场时间（1次）、罚球得分（5次），场均得分30+（4次），巅峰两季季后赛29+8+3（21场），职业生涯：54%的命中率（历史第22）、6382罚球得分（历史第6），曾五次被交易，20000分俱乐部*

65. 亚历克斯·英格利希

***履历：**15个赛季，9个高质量赛季，8届全明星，1982、1983、1986赛季最佳阵容二队，巅峰五季28+6+5，巅峰两季季后赛29+5+5（24场），单季联盟第一：得分王（1次）、投篮命中数（3次），全盛期前历经3支球队，[1]全盛期内只赢过两轮季后赛，8个2000分赛季，25000分俱乐部*

---

① 原注：印第安纳与自由身的英格利希签约，然后愚蠢地用他交易来了乔治·麦金尼斯。这是我最喜欢的交易之一——就在前一年，丹佛愚蠢地用博比·琼斯换来了麦金尼斯。可怜的麦金尼斯就像是圣诞节抢礼物游戏中最烂的一份礼物；你绝对不希望成为当天晚上最终得到他的那个人。

除了同为“有着奇怪名字的得分型前锋”之外，两人还有许多一致之处。丹特利和英格利希都在1976年进入联盟，生涯早期辗转于多支球队之间，在一支有点竞争力却没机会争冠的西部球队到达了巅峰，进攻有多能砍分防守就有多能送分，而且当今球员中没有谁的球风可以拿来与他们比较。丹特利是一个身高6尺3寸的低位球员（今天符合这一描述的球员的数量：0），可以不断地走上罚球线。鲍勃·瑞安在看了一场特别典型的丹特利的比赛后，决定把所有奇怪的单场数据都称为一个“丹特利”。[①]几乎没有谁在进攻端比丹特利更有效率，史上外线球员中最高的命中率（54%）就是证据。英格利希则是个瘦瘦高高的前锋，似乎从来没有过手感特别火热的时刻——每场比赛，他都会每节得个七八分，最终拿到30分左右，在场上没什么存在感，但他似乎从不投失。我们可能要先见到20个英格利希才能见到下一个丹特利，因为丹特利的肉搏、非正统的风格是在篮球训练营里学不到的；这年头，所有奇怪而独特的不正规打法都会在15岁前被纠正掉。

英格利希得以排在丹特利之前的决定性因素是什么？丹特利被视为肉中刺，为5支球队所厌弃（全部都为了摆脱他而甘愿用1美元去交易30～80美分）。[②]而英格利希可谓人见人爱。这就是最大的理由。如果你还想听一个愚蠢却命中注定的理由，那么这么说吧，两人都没夺过冠，但是英格利希曾经参演过一部名叫《无声的抗议》（*Amazing Grace and Chuck*）的超级大烂片，在其中“扮演”86凯尔特人的一员。[③]片中的一个“比赛”场景里，英格利希披上了波士顿球衣，与伯德、帕里什、麦克黑尔和

① 原注：过去有段时间，报纸上的单场数据只显示进球数、罚球数和得分。瑞安最喜爱的“丹特利”数据是：“9–28–46”。2009年1月，凯文·杜兰特在对阵快船时26罚24中，全场得到46分，我当时就立刻想到：“好一个‘丹特利’！”

② 原注：其中最烂的一笔交易：在“魔术师”的新秀年之前，湖人拿丹特利去交易斯宾塞·海伍德；然后丹特利在犹他场均28分，湖人队则仍然拿下了总冠军，而海伍德除了在杰克·尼科尔森面前疯狂嗑药外毫无贡献。

③ 原注：《无声的抗议》剧情：一个烦人的小联盟球星（查克）不再投球了，因为他在担心核战争的威胁。查克的高姿态打动了很多人，一些著名的职业运动员[以阿马津·格雷斯（Amazing Grace）——由英格利希饰演——为首]也决定罢赛，直到反武器法通过云云。影片末尾，你真的会希望能来一场核灾难来弄死查克。这片子就有那么烂。

D. J. 一起在花园打了20分钟的比赛。没错，这份榜单上前六十五中的5位在一场NBA正式比赛中并肩作战，不仅如此，英格利希加入的还是史上最伟大的球队之一。你能超越这点吗，阿德里安·丹特利？这件事情中我最喜欢的一点：NBA允许一名全明星球员为另一支球队出战很长时间——你可以把它想成一笔大交易——只为迁就一部史上前二十烂的体育电影。难道斯特恩的办公室里没有谁读过剧本吗？说起来，他们有读过《荣耀凯尔特人》、《埃迪》（*Eddie*）、《乔丹传人》（*Like Mike*）的剧本吗？我总是在想象斯特恩看完《无声的抗议》后会立刻炒掉跟英格利希的决定有关的所有人。

说起来，伟大的球员分为两种：我们有机会再次见到的，我们永远无法再见到的。所有理性的球迷都会同意乔丹是史上最伟大的篮球运动员。（哎呀妈呀，我刚刚破坏了第十章的悬念。好吧。）*但是我们已经见过了许多乔丹的变种了。*乔丹是汤普森（顺便说一句，他也是乔丹的偶像）的进化版；科比和韦德则相当合理地重现了乔丹的比赛。我们还会见到更多运动能力超绝、好胜心极强、壮得像外接手、跳得像袋鼠、天生具备在空中自如控制身体的本能的得分后卫。我们不会见到另一个乔丹，但每个10年，我们都会见到一些人可以展现出乔丹身上最好的那些特质。那么，我们什么时候能见到另一个丹特利？说真的，一个6尺3寸的低位球员①，有着上百种不同的假动作和对抗技巧，扭着超乎常人的大屁股在禁区里创造出狭小的空间？他就像NBA球员中的J-Lo②。这种场面我此生中还能再见到吗？可能会有下一个乔丹，但是永远，永远，永远，永远，永远都不会有下一个丹特利了。为了向他表示敬意，下面为大家带来“后拉塞尔时代、因为先天或后天原因、永远不可能重现的球员”之全明星队。

首发：卡里姆，伯德，巴克利，“魔术师”，格文

---

① 原注：丹特利官方身高6尺5寸。胡说。丹尼斯·约翰逊都比他高两寸。

② 译注：珍妮弗·洛佩兹（Jennifer Lopez）的绰号。珍妮弗·洛佩兹的巨大臀部是流行文化经常取笑的对象。

第六人：麦克黑尔

板凳：丹特利，马拉维奇，艾弗森/D. J.[①]*，马努特·博尔，“土豆”·韦布（Spud Webb），保罗·莫凯斯基*

伤病名单：达尔科·米利契奇，柯特·尼姆菲厄斯（Kurt Nimphius），肯·班尼斯特（Ken Bannister）

其中前十位球员都进入了金字塔，并会在各自的章节中接受我们的爱。我们在这里要具体关注后面6个家伙，以及他们为什么能入选。

马努特　就这么说吧，世界上也没几个7尺7寸、200磅、桥港大学（University of Bridgeport）毕业、额头上有部落刺青的苏丹中锋。马努特成了一名被低估的替补球员，在5支不同的季后赛球队中获得了相当的上场时间，新秀赛季场均5个盖帽，3次单季盖帽300次以上，为那支打入1989年季后赛第2轮的TMC勇士做出了可观的贡献（场均20分钟，5.8个篮板，4.3个盖帽）。更重要的是，在所有我亲眼看着他们从波士顿花园通道中走过的球员里，只有4人最为突出：迈克尔·乔丹（因为他的名声是如此显赫），拉里·伯德（同前），大卫·罗宾逊（我们稍后会说到原因），马努特。他的不可思议源于他超现实的身高和黑得发紫的肤色。[②]当马努特穿过通道时，我们会停止交谈，张口瞠目，呆呆地盯着他看，就像在看《第三类接触》（*Close Uncounters of the Third Kind*）里从UFO里出来的外星人。太令人难以置信了。哪怕只是为了看马努特从我身边走过，我也愿意掏钱买票。

“土豆”　我们此前见过高效的小个、恼人、飞速控卫，但“土豆”是唯一一个能让比赛变挡的。如果他在主场完成了一次篮上表演，观众们

---

① 原注：我没法在他们两人中做出选择。不好意思。所以没错，这其实是个13人阵容，伤病名单上还有3个人，在当今规则中是不合法的。你去告我啊。

② 原注：我们的国家是如此容易紧张，以至于这句话会被认为是种族主义。我的辩护如下：马努特·博尔就是紫色的。我不知道还能怎么跟你解释。

会变得比刚拉了一坨热气腾腾的大便还要兴奋。你知道还有什么吗？要找一个能在几分钟内彻底打乱对方的替补变速器的话，你没法找到有谁比“土豆”更好的了：在为那支相当给力的亚特兰大效力期间，“土豆”在1986和1988两年21场季后赛中每场贡献19分钟、10分、6次助攻以及至少一个“我的天哪！”的球。我总觉得他是个天才。[①]

莫凯斯基 我在ESPN网站上写了太多次的“莫凯斯基之力”，以至于现在他的维基百科页面上有提到我。作为一个莫名其妙地坚持了12个赛季的替补中锋，可怜的莫凯斯基的运动能力差得不可思议，跑步时像是装着两条假肢；如果这还不够，他还试图重现在80年代早期就已经灭绝的电烫卷发加细髭须组合。再加上男性型秃发和看不见的下巴，莫凯斯基看起来就像个在排队买甜甜圈的新泽西警察。所以你可以想象出这有多么怪异，因为他居然能打出半高效的比赛——无惧身体接触的防守者，真正的篮下搏击者，靠谱的18英尺投手，从不尝试任何他做不到的事情——1985年在59胜的雄鹿场均20分钟。我是如此喜爱莫凯斯基，以至于我花了大量时间在eBay上搜寻他比赛中穿过的球衣，整整3年后才决定放弃。

达尔科 塞尔维亚7尺少年，上限为德里克·科尔曼和大卫·罗宾逊的混合体，在选秀中被错误的球队在过高的顺位摘得，面对不可能实现的期待，[②]在压力下崩溃，开始显得比后青春期的麦考莱·卡尔金（Macaulay Culkin）更苍白/低落/不知所措/苦涩，然后自暴自弃地变成了一个彻彻底底、毫无希望的废物，而这一切都发生在他达到可以租车的合法年龄之前？这种事不可能再发生一次了。我非常确定。

---

① 原注：有关“土豆”的疯狂事实：你知道他打了14个赛季吗？他首发了6年——两年亚特兰大、4年萨克拉门托？

② 原注：达尔科应该起诉查德·福特，因为他把大家的期望值提得太高，最出名的是在一篇2002年的专栏里（请以看笑话的方式阅读）他引用了底特律球探威尔·罗宾逊（Will Robinson）的话：“这孩子会成为球星的。他身高7尺，打得就像个控卫。这孩子太特别了。”继续引用罗宾逊：“他将会统治比赛的。统治比赛。我们将不得不造一座新球馆。唯一能毁掉这孩子的就是女人。”以及天赋不足和自信心匮乏。

尼姆菲厄斯 想象一下，乔恩·邦乔维（Jon Bon Jovi）“雨天路滑”世界巡回演唱会时留的中分，搭配乔治·克鲁尼《生活的事实》（*The Facts of Life*）时期的鲻鱼头，另外再加上少量80年代末的汤米·拜伦（Tommy Byron）。然后把他变成一个7尺的第十二人，穿着底特律80年代的蓝色紧身训练服。就是这样。

班尼斯特 我不知道班尼斯特，20世纪80年代中期尼克斯的一名前锋，是如何获得“动物”的绰号的。但我有点思路。每次肯尼·班尼斯特走过花园通道时，所有人都会安静下来，就像发生了什么灾难。①他是“谢天谢地，当年他们还没有高清视频”全明星队的队长，其他人还包括丹尼斯·罗德曼、格雷格·“凯迪拉克”·安德森（Greg “Cadillac” Anderson）、格奥尔基·穆雷尚（Gheorge Muresan）、布鲁克·斯特普（Brook Steppe）、②泰龙·希尔（Tyrone Hill）、卡明斯兄弟[特里和帕特（Pat Cummings）]、莫凯斯基，安东尼·梅森（Anthony Mason）、大卫·韦斯利（David Wesley）、埃尔文·“不是魔术师”·约翰逊（Ervin “No Magic” Johnson）、87凯尔特人、02国王，以及不朽的波佩耶·琼斯（Popeye Jones），我曾经这么形容过他：“就跟大峡谷和西斯廷教堂一样，你必须亲眼见一见波佩耶。”

64. 杰里·卢卡斯

履历：*11个赛季，9个高质量赛季，7届全明星，1965、1966、1968年最佳阵容一队，1964、1967赛季二队，巅峰四季21+20+3，单季联盟*

---

① 原注：这种情况只在3个人身上出现：班尼斯特、“凯迪拉克”、波佩耶。他们是难看领域的伯德、“魔术师”和M. J.。

② 原注：关于斯特普有多丑：高中的时候，我哥们儿比希（Bish）坐在我后面一排；我曾经偷偷地带上一本赞德·霍兰德（Zander Hollander）的NBA年鉴（就是有全部球员档案和照片的那种）去上数学课，上课时突然翻到斯特普的照片给他看，总能把他吓得哇哇大叫。从未失手。

第一：命中率（1次），曾为1支总冠军球队（73尼克斯）效力，1支总亚军（72尼克斯）中的首发（16场季后赛19+11+5），全盛期内被交易两次

我们要怎么看待这家伙？在他的全盛期内，他的球队没有赢下任何东西。他在全盛期内被交易两次：一次只换了吉姆·金（Jim King）和比利·特纳（Billy Turner）（卢卡斯在上个赛季刚拿下18+18，但还是被交易了），另一次单换了卡齐·拉塞尔。他称得上是臭名昭著——再说一遍：臭名昭著——因为他总是在追逐每节比赛结束时的浪投掉下来的篮板球，还故意投丢罚球，以此来刷篮板数据。在NBA50周年50大球员中，他是少数几个从未激起“哥们儿，你真应该看看卢卡斯打球”或者“你知道谁超赞吗？那个杰里·卢卡斯！”之类说法的家伙。现代的大前锋们多才多艺，可以满场飞奔，在篮筐上面打球，很难想象杰里在2008年还能场均18+10，更不用说20+20了。举例来说，如果说我们抓来了新秀季的泰勒·汉斯布鲁（Tyler Hansbrough），在他大脑里植入一个写着卢卡斯篮板天赋的芯片。你觉得他的生涯会变成什么样？他会每场比赛砍下20+12吗？老实说，我不知道。所以这就是卢卡斯的问题，他的数据里有没有当时的比赛方式（跑轰，大量的回合数）和缺乏具备运动力的前锋的因素？有一部分，没错。但无论如何，那些数据仍能让人感到一丝丝的兴奋：卢卡斯在4年中接近20+20，成为奥斯卡的可靠伙伴，帮助皇家队在波士顿身上拿到了两个赛点。在联盟异常强大的5年中（1964—1968年），他3次进入NBA最佳阵容一队，两次二队。他还能在20尺以外投出致命的单手投篮，所以如果你在考虑他的历史地位，就不得不提到卢卡斯在有三分线的时代会变得更有价值。我们会记得他的心像能力①、充满故事的大学和奥运会生涯，NBA生涯几乎相当于巅峰期更强版的“卡车”·罗宾逊②。

---

① 原注：一条非常神奇的卢卡斯的事实：他的心像能力如此卓越，以至于他最后写了好几本记忆力的书。很有可能他现在就在记忆这一页。

② 原注：在那个竞争超级激烈的1977—1978赛季中，“卡车”在爵士砍下了惊人的23+16，与“博士”、沃尔顿、汤普森和格文一起入选最佳阵容一队。考虑到他的漂泊无定（前5个赛季曾效力4支球队）和在1979赛季砍下22+14后被球队交易，或许“卡车”这个绰号的来源是他曾经威胁要用卡车碾过教练。

但如果我们要从他那个时代选一个大前锋，我更倾向于戴夫·德布舍尔。

63. 雷吉·米勒

履历：*18个赛季，12个高质量赛季，5届全明星，1995、1996、1998赛季最佳阵容三队，巅峰三季22+3+3，巅峰两季季后赛24+3+3、89记三分、42%的三分命中率（33场），单季联盟第一：罚球命中率（5次）、三分球数（2次），生涯季后赛：20.6分、89%的罚球命中率（144场），10个赛季出战80场以上，职业生涯：三分数（历史第1）、季后赛三分数（历史第1）、88.8%的罚球命中率（第9），25000分俱乐部。*

如果你是印第安纳人，请在我们开始之前深吸一口气。再来一次。再深呼吸一次。想点快乐的事情。让情绪变得好一些。我会等你的。

（我撮撮拇指。）

（我哼哼小曲儿。）

准备好了吗？下面这几段并非出于什么个人私怨；我从没准备跟印第安纳结仇，这里可出过希克里高中[①]、大卫·莱特曼和“传奇拉里”，还是我这座虚拟金字塔的所在地。我希望你们都能喜欢这本书。书中的每一个决定、评论和判断都来得无比小心慎重，而且不带偏见（虽说给卡里姆那个蠢货送去了几句问候）。我希望你们明白，我对雷吉·米勒本人没有任何不满，除了他不爱在TNT的节目里对马夫·艾伯特的笑话买账。他的生涯也没有什么让我不满的，除了他经常假摔来骗哨子（嘿，他又不是唯一一个那么做的）。就连他1998年东部决赛对阵芝加哥命中绝杀后的娘炮舞蹈庆祝动作也没有让我不爽的。我喜欢看雷吉打球。我真的喜欢。所以你将要读到的话对我来说也非常艰难。我甚至要用斜体字来让这句话变得

---

① 译注：《火爆教头草头兵》中主角所在的高中，位于印第安纳。

缓和一点。

雷吉·米勒是过去30年中最被高估的“超级巨星”。

[呼气，来自印第安纳的人们。跟着我来。我们要一起撑过这一段。我有没有说过《告别昨日》（*Breaking Away*）是我最喜欢的体育电影之一？]

事实如下。雷吉打了18个赛季（1988—2005赛季），他的全盛期正好是联盟合并之后天赋最匮乏的时期（1994—1998）。与雷吉的生涯相交的有21位超级巨星或准超级巨星，他们在巅峰期都可以轻松锁定全明星阵容，提到他们时都不需要说出全名：乔丹，伯德，巴克利，“魔术师”，以赛亚，哈基姆，罗宾逊，“邮差”，摩西，沙克，科比，加内特，艾弗森，佩顿，纳什，诺维茨基，斯托克顿，皮彭，尤因，邓肯和尼克。如果雷吉是一位“超级巨星”，他的生涯应该跟上述这些人一样成功，充满干货，是吧？那为什么雷吉入选全明星的次数是其中最少的（5次；其他人都至少7次）？而且，雷吉是其中唯一一个不曾连续3年入选NBA最佳阵容一队或二队的。哦，等等……他一次都没入选。

换句话说：雷吉从来不曾被认为是某个赛季NBA最好的十位球员之一。跟他交过手的得分后卫中有9位曾经入选NBA最佳阵容一队或二队：乔丹、德雷克斯勒、杜马斯、拉特雷尔·斯普里韦尔、米奇·里奇蒙德、科比、T-Mac、艾弗森和雷·阿伦。雷吉只有3次入选NBA最佳阵容三队（1995、1996、1998赛季）。就那么多。他的“伟大”季后赛球员的称号也有一点点水分。在他前4次季后赛之旅中，步行者全部一轮游。[①]到了1994年季后赛，大家都记得米勒和斯派克·李的垃圾话对飚[第5场，在MSG，第4节25分，在丹·克洛尔斯为“30 for 30”拍摄的纪录片《决胜时刻》（*Winning Time*）中被大书特书了一番]，但是没有人提到他在第7场下半场10投2中，在比赛还剩5秒落后1分时投出了一记三不沾的20英尺跳投，然后在约翰·斯塔克斯身上来了一个恶意犯规，彻底断送了胜利的

---

① 原注：其中有两次断送在雷吉·刘易斯和波士顿的手上。1993年夏天，刘易斯突然死亡，M. J. 则跑去改打棒球；米勒突然之间就摆脱了他在东部最大的两位苦主。米勒完全防不住刘易斯，除非允许他手持电击棍进行hand-check。

机会。[1]1995季后赛，雷吉在对尼克斯的系列赛的第1场（8.9秒得8分，步行者不可思议的大逆转）和第7场（29分）中大放异彩，但在对奥兰多的第7场中怒打酱油，球队21分大败。1999年东部决赛，阿兰·休斯敦（Allan Houston）在第6场中打爆了雷吉和被看好得多的步行者。跟其他广受喜爱的运动员一样，我们选择忘记那些不好的回忆，只记住那些炫目的时刻。而纪录显示，在雷吉的生涯中，印第安纳在不赢球就回家的比赛中9胜15负，在抢五或抢七中3胜5负。我只是在陈述事实。这也就是为什么雷吉是“有非常好的生涯但还不太能算是建队核心的家伙”中的代表。不过另一方面，雷吉的关键时刻能力是同时代球员中除乔丹外最好的。我们应该这样记住他：超强的关键球员，历史级的三分手和罚球手，有能力在联盟前五的球队中充当关键球执行者（1994、1995、1998和2000赛季的步行者）。如果印第安纳想要在最后几秒钟保住他们的领先优势，你绝不能在雷吉身上犯规，因为他是一个世界级的冰封手[2]，可以稳稳地罚中两球。此外，在过去12年中，没有人——重复一遍：没有人——比雷吉得到了更多莫名其妙的哨子，所以要么是裁判们喜欢看他罚球，要么就是大卫·斯特恩在乔丹的棒球假期里绝望地下达了命令：“我们需要更多的超级巨星——从现在起，雷吉·米勒将得到所有的哨子！”[3]

问题在于：超级巨星在他们投不进球的时候仍然可以影响比赛，但雷吉只是一个平庸的防守者，也不擅长抢篮板或给队友创造出手机会，需要一个特别的进攻体系才能成功。他无法通过持球进攻连续打击防守者，所以步行者为他设计了许多的掩护——就像一只在迷宫里乱窜的老鼠——

---

① 原注：这是一次可疑的吹罚，证明NBA下定了决心要让纽约进入1994年总决赛。这么说吧，从1993年到2006年，NBA可能稍稍涉猎了一些职业摔跤的策略。我本来试图在这本书里不提这件事，因为这是人们在陷入爱情时会做的事情：他们会为了爱情撒谎。而我爱NBA。（译注：职业摔跤的胜负结果和比赛进程基本上都是事先设计好的。这一点为WWF所公开承认。不过观众们事先并不会知道结局。）

② 原注：这是我给“可以用稳定的罚球冰封比赛的精英级罚球手”取的绰号；他们就像棒球里的终结者（closer）那样保住球队的领先优势。你没法在球队缺少一个冰封手的情况下夺冠。这是里克·阿德尔曼（Rick Adelman）的开拓者教给我们的。

③ 原注：别把这句话罚出场外。

来帮他创造空位出手机会，也就是说他们的大个子球员必须不断地做掩护，他们的控球后卫必须一直等他跑出空位……换言之，其他人都要围绕他的风格而改变自己的风格。你能用这样的方式夺冠吗？显然不能。如果你只盯着数据看的话，说真的，每场打36分钟，C+的防守，最后得个21+3+3，这难道很难吗？这正是雷吉从1990—2001年的数据。如果你想夺冠，这样的数据应该是你球队中第二好的球员交出的，而不是最好的球员。公平地说一句，印第安纳总是对他要求太多——在比分紧咬的比赛的最后时刻，你总是知道球一定会交给他，虽说他欣然接受并乐在其中。跟斯托克顿、麦克黑尔、沃西、德雷克斯勒、D. J. 和皮彭不同，雷吉从来没有与比他好的球员搭档过（印第安纳没能夺冠的最大原因）。[①]他在很长一段时间里都保持了优秀的状态，这给他加了分，再加上他是一个非常独特的球员，这使得他的历史影响力显得比他真正的影响力要大。另外，没有谁比他在关键时刻更有种，这一特质显然对他的队友有很大的提升作用。他投中的制胜球多到NBA TV可以在2005赛季把他的绝杀做成一个马拉松式的特辑。他还拯救了印第安纳的职业篮球，这也是为什么那里的人们那么地爱他。

说到底，上面这些段落中的描述能把他变成一个超级巨星吗？在他表现最好的1995年季后赛中，雷吉在17场比赛中场均25.5分，步行者离杀入总决赛只差一场。[②]在2000年季后赛中，他在22场比赛中场均24分，步行者在6场比赛中输给了湖人。他就是他：一个能抽风的得分后卫，关键时刻让对手心惊胆战，但别的时候就没那么多贡献了。对一支不错的球队来说，有他没他就是45胜、一轮游和55胜、第3轮的区别，但能做到这一点的同时代球员大概有15个。雷吉实际上是穷人版的萨姆·琼

① 原注：虽说雷·阿伦会甘愿变成内内那样的“孤高”战士以换取里克·斯米茨或杰曼因·奥尼尔这样的队友。

② 原注：这一条比起脚注来更应该是个星号——那年他们愚蠢地缩短了三分线。打开YouTube看看雷吉是在什么地方连续命中两记三分球的（他们最多只有21英尺）。这可能是NBA所有“我们事先没有好好考虑过”的规则中最令人难忘的一条，胜过“就算你们队的球星刚刚在你面前被人拿车扳手打了一顿你也不能离开板凳席”规则。

斯：对于一支优秀球队来说有很大的价值，关键杀手，除非身边有一个比他更好的球员否则无法夺冠。这能让他成为一个超级巨星吗？我不觉得。当然，你可能不同意，就像我的老朋友埃里克·“吐司”·马歇尔（Eric“Toast”Marshall）说的：“我想这取决于你对‘超级巨星’这个词的定义。他是一支优秀球队中最好的球员，整整17年。在我的书里这就够了。他曾是一个毁灭性的球员，让对方整支球队都不得不一直提心吊胆。真应该有人做一个调查，研究季后赛中负责防守雷吉的球员的命中率。我赌是37%左右。他的无球跑动跟一个好传球手或者好篮板手一样有价值，因为这给其他人创造了空间（想想“浪子”·汉密尔顿吧）。印第安纳的进攻从他的无球移动中受益巨大。很多平庸的球员都在雷吉身边取得了成功。你能说出球队中有哪个重要球员在离开步行者后变得更好了吗[贝斯特（Travis Best）、戴维斯、罗斯，等等]？你说不出。”

都是很有力的观点。不幸的是，这是我的书。我就是要说雷吉不是个超级巨星。不过，他也确实令人非常难忘，所以从我这里赚走了大约3000个字，并在精装本里成为Level 1的最强球员……直到在平装本里被下个人超越。

62. 雷·阿伦

履历：*14个赛季，12个高质量赛季，9届全明星，2005赛季最佳阵容二队，2001赛季三队，巅峰三季22+5+4、43%的三分球命中率、88%的罚球命中率，2001年季后赛25+4+6、48%的三分球命中率（18场），2005年季后赛27+4+4（11场），2008总决赛20+5+3、创总决赛纪录的22记三分球，生涯21+4+4、40%的三分命中率、89.4%的罚球命中率，职业生涯：三分球（第2）、罚球命中率（第6），季后赛：253记三分球（第5）、40.2%的三分命中率，1支总冠军（08凯尔特人）和1支总亚军（10凯尔特人）球队中的首发，20000分俱乐部*

2009年，“雷雷”在那个赛季重新焕发青春（18+4+3，48%的命中率，41%的三分命中率，95%的罚球命中率），在季后赛中更是大放异彩；首轮对阵芝加哥时，他命中了一记制胜三分和一记追平三分，第6战砍下51分，在全国范围内激起了迟到已久的“哇哦，雷·阿伦真心很棒！”的议论。一个赛季之后，阿伦帮助老化的凯尔特人偷偷摸进了2010总决赛，打破了总决赛单场三分纪录（第2战的8个），对科比进行了非常好的防守以至于自己在进攻端力不从心。即使阿伦在总决赛后5场三分球28投24铁，在第4战13投0中，第7战投出了14中3的斯塔克斯式表现，他的糟糕投射仍然再次确认了他的伟大，因为所有波士顿球迷（包括我在内）在看到他投丢时都在想：“没事，下个球就进了。”我们从来没有希望他停止投篮。最具代表性的时刻：第3战开始后仅仅135秒，阿伦就遭遇了四头肌僵痛症，于是前12次出手全部投丢，然后他得到了一个底角大空位的三分球机会——落后4分，只剩54秒——他毫不犹豫就出手了。就算阿伦离追平丹尼斯·约翰逊的总决赛14投0中纪录只差两个球，你猜怎样？球馆里的所有人都相信第13次出手会命中。所有人。包括我。可惜的是，悲剧的是，遗憾的是，阿伦投丢了，只差半英寸。我的朋友刘易斯（Lewis）（湖人死忠）后来发邮件给我说：“不敢相信阿伦投丢了那个球，我几乎都尿在裤子上了。”那时候他可是12投0中！！！！！！！！这，才是一名伟大的射手。

所以说，阿伦还能保持多久？请记得，米勒在生涯后期以一个全垒打威胁点、冰封手、偶尔的关键得分手的身份打出了不错的表现，而阿伦比他还多出饮食、训练、睡眠、录像学习和体育医学方面的现代优势。我喜欢把在生涯后期具备现代优势的NBA球星跟46岁时仍然在肥皂剧和暖人心房的迪斯尼式电影中出任主演的桑德拉·布洛克（Sandra Bullock）相比较。在布洛克的时代，女星们比过去任何时候都更不显老，因为她们有牙齿净白术、更好的发型、更好的饮食、健身训练、瑜伽、普拉提、吸脂手术、肉毒杆菌、植入手术，等等。布洛克的保质期比梅格·瑞安（Meg Ryan）的保质期更长，而正是因为同样的原因，阿伦的保质期很可能比米勒的更长：在这个时代，你比过去任何时候都更能永葆青春。[还有，如果阿伦是布洛克而米勒是瑞安的话，那么安德鲁·托尼肯定就是戈尔迪·霍恩（Goldie Hown）了。]千万别怀疑雷不会像布洛克一样持久。

在他的9年全盛期中（1999—2007），“雷雷”表现得非常高效（23+5+4，45%的命中率，40%的三分球命中率，90%的罚球命中率），有着明星球员中最美的跳投，很少尝试自己做不到的事情。如果他是个棒球运动员，那么他会是韦德·博格斯（Wade Boggs）——不算是个建队核心，但是具备一些精英级的技能（拿博格斯来说，他善于熬球数，上垒包，不断挥出一垒打，并且很少缺席比赛），所以只要你在他身边配上一些不错的球员，他就会成为了一笔真正的财富。阿伦在他的全盛期只在两支有竞争力的球队中待过（01雄鹿和05超音速），这让我想到，如果他是在米勒的印第安纳度过1994—2004年，我们关于他的记忆会是怎样的……或者，反过来说，如果雷吉在他的全盛期里，在球队的低位得分、盖帽和篮板上要指望埃尔文·约翰逊、杰罗姆·詹姆斯、普雷德拉格·德罗布尼亚克（Predrag Drobniak）、阿蒙·吉列姆（Armon Gilliam）、特拉克特·特雷勒（Tractor Traylor）、斯科特·威廉姆斯（Scott Williams）、雷吉·埃文斯（Reggie Evans）、贾森·卡菲（Jason Caffey）、丹尼·福特森（Danny Fortson）、维塔利·波塔片科（Vitaly Potapenko）、尼克·科利森（Nick Collison）、约翰·佩特罗（Johan Petro）、罗伯特·斯威夫特（Robert Swift）和已经垂垂老矣的安东尼·梅森的话，①我们关于他的记忆又会是怎样的？你不能因为阿伦直到2008年才摸到了总决赛的地板而指责他，特别是2001年东部决赛受了NBA的操控以便让艾弗森可以进入下一轮。不过那得放到下本书里再说了。②

---

① 原注：以上是1999—2007年阿伦球队中的主要中锋和大前锋的全部名单。雷·阿伦现在大概在准备自焚吧！

② 原注：如果把被操控的NBA季后赛比作重量级拳击手，那么02湖人-国王的系列赛会是乔治·福尔曼，01雄鹿-76人则是厄尼·谢弗斯（Earnie Shavers）。换句话说，人们现在只记得乔治，但厄尼其实同样不该忘记。费城在抢七中获胜，总罚球数是186：120，技术犯规罚球12：3，恶意犯规罚球5：0。第1战和第4战的结果被一个有争议的罚球进线违例和两个不可思议的漏哨所左右。密尔沃基的格伦·罗宾逊在第5战才得到了第一个罚球。卡尔和阿伦因为在系列赛期间说比赛被操纵了而被合计罚款8.5万美元。不管怎么说，阿伦场均27.1分（包括第6战中平纪录的9记三分球），在那个系列赛中表现胜过艾弗森。

篮史通鉴

下

[美] 比尔·西蒙斯 著
三猎 译

THE BOOK OF BASKETBALL

By Bill Simmons

新世界出版社
NEW WORLD PRESS

图书在版编目（CIP）数据

篮史通鉴：全2册 /（美）比尔·西蒙斯著；三猎译. -- 北京：新世界出版社，2016.11（2017.1重印）
ISBN 978-7-5104-5926-9

Ⅰ. ①篮… Ⅱ. ①比… ②三… Ⅲ. ①NBA—运动员—生平事迹 Ⅳ. ①K815.47

中国版本图书馆CIP数据核字（2016）第207136号

篮史通鉴

选题策划：蒋 祥 邓东文
作　　者：［美］比尔·西蒙斯
译　　者：三 猎
责任编辑：丁 鼎
责任校对：宣 慧
责任印制：李一鸣 高 金
出版发行：新世界出版社
社　　址：北京西城区百万庄大街24号（100037）
发行部：（010）6899 5968　（010）6899 8705（传真）
总编室：（010）6899 5424　（010）6832 6679（传真）
http://www.nwp.cn
http://www.nwp.com.cn
版权部：+8610 6899 6306
版权部电子信箱：nwpcd@sina.com
印　　刷：北京旭丰源印刷技术有限公司
经　　销：新华书店
开　　本：710mm × 1000mm　1/16
字　　数：820千字　印张：49.5
版　　次：2016年11月第1版　2017年1月第2次印刷
书　　号：ISBN 978-7-5104-5926-9
定　　价：128.00元（全2册）

1988赛季，卡里姆·阿卜杜勒–贾巴尔最后一次到密尔沃基打客场，老东家为其退役巡回之旅准备的礼物是一辆哈雷摩托车

2010年夏天，格林威治男孩女孩俱乐部门口聚集了众多球迷，期待勒布朗·詹姆斯能加入自己支持的球队。几小时后，詹姆斯在此进行直播，宣布自己将与迈阿密热火签约

科比·布莱恩特初到湖人时的发布会。左为球队总经理杰里·韦斯特
事实：韦斯特是历史前二十的伟大球星中唯一在生涯结束后仍在篮球领域中取得巨大成功的

“魔术师”和以赛亚在比赛前亲吻对方。始终没人知道他俩为什么要这样

约翰·哈夫利切克一家。本书作者小时候曾希望娶照片上的小姑娘为妻，因为这样就有机会跟岳父大人共度圣诞了

1976年总决赛第5场。乔乔·怀特在执行技术犯规罚球。史上最伟大比赛。史上最戏剧性罚球

1972年总决赛第7场。弗兰克·塞尔维。这场比赛被称为“塞尔维之战”，但他本人应该并不高兴

1998年东部决赛第7场。斯科蒂·皮彭在争抢前场篮板
皮彭本场抢到6个前场篮板，帮助公牛在命中率38%的情况下依靠22比4的前场篮板涉险击败步行者

1988年奥运会。约翰·汤普森。在德国、西班牙、阿根廷、立陶宛以及其他许多地方，有多少初出茅庐的年轻人受到了梦之队的激励？这一切的一切都要感谢约翰·汤普森四年前的昏招

1986年西部决赛第5场。当值裁判试图隔开大打出手的哈基姆·奥拉朱旺和米奇·库普恰克。奥拉朱旺遭驱逐出场。但最终，拉尔夫·桑普森神奇地绝杀了湖人，火箭客场获胜挺进总决赛

比尔·沃尔顿是死者报恩（死之华）乐队的忠实粉丝

鲁恩·阿尔莱奇对NBA早期的发展产生了关键作用

1988年总决赛第6场。以赛亚·托马斯扭伤脚踝后试图起身，却再次倒下。
托马斯在该节比赛中砍下创总决赛纪录的25分，包括受伤后的11分

1972年NBA–ABA全明星赛。盖尔·古德里奇在防守里克·巴里。
NBA跟ABA的竞争是职业篮球20世纪70年代的主题

沙奎尔·奥尼尔毫无疑问具备天赋和统治力，但对他而言，篮球从来不如生命中发生的其他事情那么有趣

EAST
33
EAST
20
EAST
22
EAST
7

1980年东部全明星队。前排左起：内特·阿奇博尔德，训练师约翰·拉利，助教查克·戴利，主帅比利·坎宁安，助教杰克·麦克马洪，埃迪·约翰逊。后排左起：拉里·伯德，迈克尔·雷·理查德森，约翰·德鲁，丹·朗德菲尔德，朱利叶斯·欧文，乔治·格文，埃尔文·海斯，摩西·马隆，比尔·卡特赖特。迈克尔·雷·理查德森和约翰·德鲁于1986年成为头两个因违反药物政策而遭到终身禁赛的球员。埃迪·约翰逊于1987年被禁赛。乔治·格文于1989年首次公开承认自己有吸毒史

迈克尔·乔丹

八　金字塔：L2

61. 鲍勃・麦卡杜

***履历：**14个赛季，7个高质量赛季，5届全明星，1975年MVP，1974、1976年MVP票选第二，1973年最佳新秀，1975赛季最佳阵容一队，1974赛季二队，巅峰三季32+14+3，季后赛巅峰三季32+14（22场），单季联盟第一：得分王（3次）、出场时间（1次）、命中率（1次）、罚球得分（1次），2支总冠军（82、85湖人）球队中的板凳球员，全盛期被交易三次*

60. 内特・阿奇博尔德

***履历：**13个赛季，7个高质量赛季，6届全明星，1973、1975、1976赛季最佳阵容一队，1972、1981赛季二队，巅峰两季31+3+10，单季联盟第一：得分王（1次）、助攻王（1次）、出场时间（1次），唯一单季同时获得得分王及助攻王的球员（34.0分、11.4次助攻），1支总冠军（81凯尔特人）球队中的首发*

还记得吗，大家都一直在说本・华莱士被低估了、被低估了，结果他变得被高估了，导致公牛为了用夸张的6000万美元合同签下他而送走了泰森・钱德勒，最终毁掉了球队。同样的事情发生在麦卡杜的历史地位上。NBA在50年50大巨星名单中遗漏了麦克[①]，从而激怒了每个NBA死忠球迷，到最后，这些强烈的抗议声成了可能对麦卡杜的历史地位帮助最大

---

① 译注："麦克"和"杜"均为麦卡杜的昵称。

的东西。现在他变得有点儿被高估了；我想这说得通。

支持麦卡杜的理由：在布法罗的3年中，他是NBA除卡里姆之外最好的球员，一个场均32+14的小个儿中锋，可以在任何人头上拿分……考虑到他的身体（6尺9寸，210磅）和进攻打法（面筐时不可阻挡，快节奏下风味尤佳），他的巅峰不幸地发生在一个错误的时代（缓慢的20世纪70年代）……实际上，如果你可以随便挑一个人出任纳什/丹东尼的菲尼克斯的中锋，你会选择麦卡杜……你不能把被交易到多支大烂队（先是尼克斯，然后波士顿，再底特律，最后新泽西）的事儿怪到他头上……被新泽西交易到湖人之后[①]，麦克在两支冠军球队中出任负责改变比赛节奏的板凳球员，在1982年交出了史上最佳第六人赛季之一：场均21分钟15分5个篮板，季后赛场均26分钟17+7、56%的命中率……如果你要谈美感，那这座金字塔里没有人的名字比他更有趣，没几个人的比赛看起来更酷（麦克的球是一种特别超然独立、从容轻巧、酷得不能再酷的风格），几乎没有谁有着更突出的招牌动作（一招美如画、无法封盖的头上投篮）[②]……再说一遍，他是他的时代最大的牺牲品——不仅是打球的风格及寻找好球队时的坏运气，更因为他的巅峰发生在一个"拿完大合同之后，你就可以不再努力，再来点可卡因什么的"的时代……另一件值得一提的事情是，杰克·拉姆齐博士——一个众所周知很少服人的人——在那几年的布法罗执教了麦克，很喜欢他，对他无比信赖，甚至在1976年跟《体育画报》说："关于麦克你需要记住的是，他还能变得更好，变得好得多得多。在他比赛的每个方面……他很认真。他很注意自己的身体，所以他可以打很长时间。他场均接近48分钟，并且一直在学习。最重要的是，他想成为史上最好的球员。他非常想做到这一点。"……哦不。

反对麦卡杜的理由：他的巅峰发生在NBA过去50年中最弱的3个赛季（我们提了很多次的1974—1976赛季），而且布法罗从来没能闯过第2

---

① 原注：交易来一名随时背着行李的NBA球员就像跟一名随时背着行李的姑娘约会：你有可能快活几个月，但20次中有19次，结果会很糟糕。麦卡杜/湖人的交易恰好是第20次。

② 原注：我们打球时都遇见过能像麦卡杜那样投篮的家伙，我们都会嫉妒他。我哥们儿豪斯就是。如果你有着麦卡杜般的跳投，那就像是高中时代的校花校草，每个人都会记得你。

轮……在合并之后，他的数据大幅度缩水，还得了个自私的坏名声，5年中有4支球队贱卖了他……波士顿老板约翰·Y. 布朗曾想用3个首轮签换麦克，“红头”奥尔巴克知道后快气疯了，差点儿在那年春天辞职去接手尼克斯（一个值得一提的“如果……会怎样”候选项）……在5年左右的时间里（1977—1981赛季），麦克所在的球队只有一支胜率过半，随后被活塞队裁掉[①]……如果你是个嘴贱的家伙，你会说麦克是那个几乎毁掉了联盟的时代的标志性人物，“有天赋、薪金过高、自私、缺乏积极性，被球迷们讨厌并怀疑他们在比赛中有没有用心、是不是嗑了药的球星”的代表[②]。

我会说，麦卡杜被高估了，也被低估了。合并可能暴露了他的缺点，但他也在可能最不利于他个人发展和球风的时代到达了巅峰。他是一类球员的先驱，这点应该要给他加分，因为在麦卡杜之前，没人会想象一支NBA球队的进攻能围绕一个大个子跳投手展开。[③]把他扔进时间机器，送到2002年选秀，让他被芝加哥在第二位选中，给他一份5年的新秀合同，麦克将会变成一个更加不可阻挡的德克·诺维茨基，特别是他能碰上丹东尼或者老尼那样的教练的话。如果他学会了三分球会怎样？哇。

而说到阿奇博尔德，你可以把他看成“小个子的麦卡杜”，因为他们有着差不多的职业生涯，同样是某种意义上的先驱者，早早地来到巅峰，成为超级巨星，经历了类似的低潮和挣扎，然后找到了青春之泉（对“小个子”来说，就是那支多年60胜的凯尔特人），重获新生。“小个子”

---

① 原注：活塞队GM杰克·麦克洛斯基在裁掉他后是这么解释的：“他每场可以为我们打10～12分钟。但他说自己不想在这点儿时间里上场，因为那会影响他下一份合同的数额。在那之前，我可能是全底特律唯一一个相信鲍勃·麦卡杜真的受伤了的人，但是在说了那样的话之后，他失去了我对他的所有敬意。”

② 原注：完整名单：麦卡杜，海伍德，汤普森，约翰·卢卡斯，悉尼·威克斯，皮特·马拉维奇，罗伯特·帕里什（金州时代），乔治·麦金尼斯，“卡车”·罗宾逊，特里·弗洛，马文·巴恩斯，约翰·德鲁，伯纳德·金，迈克尔·雷·理查森，还有……没错，卡里姆。

③ 原注：杜做的另一件有开拓意义的事：1986赛季结束NBA生涯后，他又在意大利大放异彩，打了7年，场均27+9。我朋友怀尔兹（Wildes）最近从曼哈顿（夜店领域的NBA）搬去西哈特福德（相当于意大利联赛）时，我曾预测他女友的数量会大幅暴增，然后夸耀自己为欧洲的麦卡杜。但是他很快成了家。我猜自己大概给了他太大压力了。

先在纽约的野球场上打出了名头，那里所有的控卫都视他为英雄，模仿他的打球风格[举3个例子，肯尼·安德森、斯蒂芬·马布里、巴西·特尔费尔（Bassy Telfair）]。我们常常用一种并不公平的方式来记忆他的职业生涯，每个人说起他时都首先提到"唯一一个在同一个赛季中领跑联盟得分和助攻的球员"，这就像是提起布鲁斯·斯普林斯廷时只赞扬他大卖的《生于美国》（*Born in the USA*）专辑。"小个子"身上真正与众不同的——即使放在今天也是如此，如果你正在看1981年全明星赛或者某场20世纪80年代初76人与凯尔特人的对决的话——是他对每一场比赛的绝对控制力。如果把担任控球后卫比作玩《侠盗猎车手》（*Grand Theft Auto*）的话，终极任务应该包括以下几件事：你的运球无比优越，对方根本不会考虑对你全场紧逼；你可以在比赛的任何一刻运球去场上任何一个地方，如果球队迫切需要一个进球，只要有必要，你就能杀到篮下得分或者造成犯规；只要你在场上，就没有队友敢自己带球过前场；每个队友摘下防守篮板后都会第一时间找你；防守者总是离你4尺之遥，以免被你晃断脚踝，于是每个回合你都可以在圈顶和罚球线之间开始发动进攻。在我一生中亲眼见过的所有控卫里，只有7个人达成了这项终极任务："小个子"、以赛亚、凯文·约翰逊、史蒂夫·纳什、没喝醉时的约翰·卢卡斯、年轻时的蒂姆·哈达威，以及克里斯·保罗。这些家伙在场上时你绝不会遗忘他们，一秒都不会。

关于"小个子"的另一件事：他在1982年东部决赛第3战中摔伤了肩膀，我们因此错过了一次超级精彩的湖凯大战。那个赛季的波士顿曾经有过一波18连胜，并且排出了一套具有实验性的疯狂首发：帕里什、麦克黑尔、"小个子"、塞德里克·马克斯韦尔，还有……拉里·伯德打2号位。（"传奇"那时候还出人意料地敏捷，证据就是他在1982—1984年连续进入最佳防守阵容，而且当时联盟中还没有多少有超强运动力的2号位。）与此同时，湖人则是一支飞奔的跑轰球队。卡里姆和威尔克斯那时还能打快球，麦卡杜化身超级替补，"魔术师"能打3个位置，他们有着两个精英级别的组织者（"魔术师"和尼克松）以及致命的、破坏性的1-3-1联防。也就是说，'小个子"的受伤导致史上得分最高的一次总决赛未能发生；此外，伯德和“魔术师”本可能同时出任2号位，在最后时刻直接对位。朋友们，这，才算得上真正了不得的伤病类“如果……会怎样”。

59. 罗伯特·帕里什

履历：*21个赛季，14个高质量赛季，9届全明星，1982赛季最佳阵容二队，1989赛季三队，3支总冠军球队（81、84、86凯尔特人）和2支总亚军球队（85、87凯尔特人）中的首发球员，巅峰三季19+11+2，职业生涯：出场数（历史第1）、篮板数（史上第8），12次场均15+9以上，20000分俱乐部*

金字塔中最难做的判断之一。他的超长运动寿命和持久性实在令人惊骇；光在波士顿就打了14个赛季，总共只缺席了42场比赛，在伯德时代单季从来没有少于74场比赛。从1984—1988赛季的5个赛季中，“酋长”狂打了494场比赛（包括季后赛），在1987年季后赛中带着严重扭伤的脚踝坚持一瘸一拐地待在场上。他的持续性更是令人不可思议——他看上去从来没有好状态或者坏状态，从来不会突然爆一个35+20，从来不对裁判大叫，从来不参与干架，也从不对队友厉声呵斥——从这个角度来看，他几乎像是一个受过改造的半机械人。该死，帕里什甚至在他的整个生涯中都*看起来*一模一样。①除了在波士顿的第一个赛季里留了小胡子，其他时候，他从没有变胖、改换发型、留奇怪的胡子什么的。随便放一个20世纪80年代凯尔特人的集锦，我可以根据拉里·伯德的发型和小胡子瞬间说出这是哪个赛季，就像我可以根据唐·约翰逊（Don Johnson）的发型和体重判断出这是《迈阿密风云》的哪一季。②但帕里什？从1982—1993

---

① 原注：他是“托尼·拉鲁萨·在那么长一段时间内都看起来一个样简直很恐怖欸·全明星队”的创始成员。[译注：拉鲁萨（Tony La Russa），MLB球员。]

② 原注：仅供参考——如果你在无所事事地换频道，瞥到了《迈阿密风云》，看见了一个皮包骨头、留着短发的约翰逊，那绝对会是经典的一段。

年，都没办法判断。完全做不到。他总是保持身材良好，不是像撒欢的小瞪羚一样飞奔，就是在死球时像一个不行了的老头子一样一瘸一拐。“酋长”总是让你保持警觉。

那么问题在哪儿呢？帕里什非常、非常好……但从没做到伟大。他的技能包括：重大比赛中的篮板球（你总是可以指望酋长在抢七中抢15～20个篮板）；聪明的防守；一手值得信赖的转身跳投；一招鬼鬼祟祟的底线背转身，就像绝地控心术一样（大家都知道要用这招了可是还是防不住）；完美的掩护（他是最早大量参与高位挡拆的中锋之一）；高命中率（在波士顿的每个赛季命中率都高于54%）；以及无与伦比的、在快攻中冲在其他中锋前面轻松上篮或扣篮的能力。他对于辅助性球员的身份从来都无所谓（就像萨姆·琼斯，他从不想要承担每晚扛起球队的压力），不关心出手数，心甘情愿地为别人干脏活、擦屁股。在有几年之中，波士顿球迷学会了感激他，每当他打了一个好球之后都会齐呼“酋欧欧欧欧欧欧欧欧欧长”。如果罗伯特·帕里什是你第四好的球员，你的情况就太棒了。另一方面，对他来说，情况也不可能更好——一支充满天赋的球队，有着精英级的低位球员（塞德里克·马克斯韦尔，后来是麦克黑尔），史上最好的进攻球员之一（伯德），聪明的后卫们（阿奇博尔德、D. J.、亨德森、安吉），除1987年外每年都有平均水平以上的替补中锋（里克·罗比、麦克黑尔、比尔·沃尔顿，仅举三例），还有疯狂的球迷和媒体，他如果像在勇士队那样不出力的话就会被他们给撕碎。①我们总是听人说马拉维奇等球星从来没有遇到过合适的球队；而帕里什就是一个遇到了绝佳球队的例子。

所以我想这与你对你的大个子有什么期望有关。从才能的角度看，有14位中锋有着比他更高的金字塔排名。但在他的全盛期，波士顿的球迷总是希望他能与比他更好的对位球员相互抵消或是能冻结对方一会儿……他基本上都能做到，或是非常接近，除了1985年总决赛。这使他比你以

---

① 原注：帕里什1977—1980年在勇士队效力，有着磨洋工和瘾君子的坏名声；这就是为什么他会出现在那笔乔·巴里·卡罗尔换麦克黑尔/帕里什的打劫交易中。还有，“酋长”曾经在1991赛季中遭到逮捕，因为在他家搜出了一大包大麻。这是否影响了他在金字塔中的排名？当然！我把他调高了几位。

为的更有价值。举个例子，假如比尔·盖茨（Bill Gates）发明了一个电脑程序，可以让我们把不同时代的球员放到一起、有效地模拟比赛（不仅基于数据，还要考虑更多无形的东西），于是我们想弄一个12支球队的模拟联盟，可以挑选所有的伟大球员，进行蛇式选秀（第1轮最后选的人在第2轮第一个选）。我的前4轮会要一个精英级的得分手、一个篮板手/低位球员、一个控卫、一个外围投手（以上是大致顺序），等前12的中锋被别人抢完了，再在第6轮捡到帕里什，因为我知道他会是个优秀的辅助性球员。如果我是第5个开选的，我可以在第1轮选到伯德；第2轮选到佩蒂特、马隆或者巴克利（除非哈夫利切克不知怎么掉下来了）；第3轮选以赛亚或斯托克顿（除非科比不知怎么掉下来了）；第4轮选麦克黑尔（除非我需要一个控卫，那样就选弗雷泽或者纳什）；第5轮选还剩下的最好的2号位（德雷克斯勒，格里尔，或者掉下来了的萨姆·琼斯）；第6轮选“酋长”。如果是最梦幻的情况下，我的前六人会是伯德、卡尔·马隆、以赛亚、麦克黑尔、萨姆·琼斯和帕里什，然后再搞一个远射手（雷吉·米勒）和一个双能卫（乔·杜马斯？）。这是很棒的8人轮换：有身高、投篮、速度、低位、防守、关键时刻……你希望一支理想球队所具备的一切。其中的关键就在于帕里什能在中锋位置上顶得住，而且不在意我们让他干一切脏活。没有多少名人堂成员愿意接受这样的角色，但他愿意，这正是他有价值的地方。

最后说一个帕里什的故事：他的代表性时刻发生在1987年东部决赛里，此前比尔·兰比尔在第4场给了伯德一个晾衣绳式的犯规，引发了一场冲突和“传奇”拉里的砸球事件。第5场比赛来到了波士顿花园，你能感觉到对兰比尔的集体性的憎恨。我们渴望鲜血。[①]兰比尔喜欢对帕里什

---

① 原注：我只亲身经历过两次球迷集体对一个球员憎恨到这个程度——这场比赛，还有1986年总决赛的第6场，当拉尔夫·桑普森与杰里·西斯廷打了一架之后，第2场比赛我们指着桑普森的背骂了一整场。实话实说，这的确有点儿吓人。就像跟15000名观众一起在录杰里·斯普林格（Jerry Springer）的节目一样。（译注：杰里·斯普林格，美国著名脱口秀主持人。他的脱口秀经常采访底层和边缘社会人物，经常在现场引发争吵、谩骂、扔椅子、互殴、拉扯头发或者互相撕扯衣服等暴力行为。）

使坏，老想试试他能把这个安静稳重的大个子推出去多远，因此接下去的冲突可以说是必然发生的。第2节后半段，帕里什被兰比尔往肋骨处给了一肘，突然之间有什么东西崩断了——就像《白头神探》（*Naked Gun*）里雷吉·杰克逊（Reggie Jackson）决定必须杀掉皇后那一幕，只是激发"酋长"的不是传呼机信号，而是15000名渴望复仇的球迷。他们跑向波士顿的篮下去下快攻。兰比尔抢住了篮板位置，挤开了帕里什，只是他的左臂"不小心"捅了帕里什的胸。"酋长"——在他生涯中第一次也是唯一一次——*彻彻底底地"暴走"了*，从背后怒出两掌，把兰比尔打倒在地，所有人都站起身子惊得说不出话来。[①]我们当时干了什么？我们倒抽一口气……然后开始欢呼。我们欢呼个不停。我们之前一直希望"酋长"能做出这样的事情。我们成功地给他洗了脑。我到死都会这么认为的。

（补充：兰比尔有次来到波士顿来解说一场2002年的季后赛，然后他们开始放1987年比赛的集锦。在我们的位置上，老爹和我都能看见兰比尔尝试不去看，最后还是不可避免地看了。在看到对伯德的晾衣绳犯规和冲突时，他脸上带着恶心的傻笑。在放帕里什揍他时，他逃避了，没有去看。当播放伯德的神奇抢断时，他微微地摇着头，只是扫了一眼。他最后移开了眼睛，再也没去看了，那时在放的是凯尔特人庆祝抢七获胜。你看得出，15年过去了，那轮季后赛仍然在折磨他。"这太棒了，"我那一贯宽容的老爹总结说，"上帝，我恨那家伙。"教训是，正如我们一直说的那样：比尔·兰比尔是个贱人。）[②]

58. 伯纳德·金

***履历：**14个赛季，10个高质量赛季，4届全明星，1984年MVP票选第*

---

① 原注：其中包括杰克·马登，他就站在篮筐底下目睹了整件事，没有吹罚犯规。这可能是NBA历史上最令人震惊的一次不吹罚。

② 原注：有93.4%的机会乔基姆·诺阿会变成这个时代的兰比尔。爱他，如果他在你队上；如果他不在，就用你的生命去恨他。

二，1984、1985赛季最佳阵容一队，1982赛季二队，1991赛季三队，巅峰两季29+5+3、55%的命中率，单季联盟第一：得分王（1次），1984年季后赛35+6+3、57%的命中率（12场），职业生涯缺阵274场[①]、3次单季缺阵50场以上

我太爱伯纳德了，爱到没法给他写一篇有头有尾的连贯文章，所以干脆就用一些相互间没有关联、半歇斯底里、胡吹海捧的段落来描写他吧：

● 如果你要用“伯纳德”来给一种三明治命名，那必须是咸牛肉三明治加俄式调味酱、瑞士奶酪、凉拌卷心菜和一大坨特浓芥末。为什么？因为那是无人提及的三明治中最美味的，就像伯纳德·金是无人提及的篮球运动员中最好的。[②]他是我们希望卡梅洛·安东尼有一天会变成的那种球员，能里能外的小前锋，会无数种不可阻挡的进攻招式。伯纳德的第一步天下无双。没人能盖掉他的翻身跳投；如果对方全力防守他的跳投，他又会从另一侧转身进去轻松爆扣（所以不管怎么样你都完蛋了）。他的急停跳投简直是精美，大概是急停跳投中最好的。他单枪匹马地把跑动中双手扣篮（尤其是跟进补扣）这门艺术重新带回到了篮球场。他在快攻中极具毁灭性，因此尤为可惜的是他的巅峰几年都在休比·布朗那支沉重缓慢的尼克斯队里打球。[③]

● 如果我们简单地用球员们的巅峰表现来评价他们，那么伯纳德就是后拉塞尔时代最不可阻挡的5个得分手之一，另外4人是M. J. 、科比、格文和沙克。从1983年秋天到1985年春天，没有人能防住他。挑个时候打

---

① 译注：另有两个赛季完全报销。

② 原注：如果你的朋友既不喜欢“伯纳德·金”三明治的口味也不喜欢这名字，那么赶快跟他绝交吧，因为他完全不值得信任。我的三明治总统山是这样的：法棍面包加带汁烤牛肉、火鸡肉培根生菜番茄三明治、伯纳德·金，还有法棍面包加自制肉糜配番茄酱和特浓芥末三明治。

③ 原注：臭脾气老编辑到现在都还在指责休比，说他把伯纳德当作了最后的救命稻草，为了保住自己的教练职位而超负荷地使用他，最终导致了他的重伤。如果伯纳德加入了“表演时刻”的湖人队，他们将秒杀一切。

开ESPN经典频道看看1984年尼克斯对凯尔特人系列赛的第4场吧，后来成为当年总冠军的凯尔特人队用3人包夹对付伯纳德，最后他砍下了46分。叹为观止。[①]那个系列赛打到了抢七，虽然波士顿拥有伯德、麦克黑尔、帕里什、D. J. 、马克斯韦尔、安吉、斯科特·韦德曼、杰拉尔德·亨德森和M. L. 卡尔，而伯纳德的队友是比尔·卡特赖特、“卡车”·罗宾逊、达雷尔·沃克（Darrell Walker）、特伦特·塔克、罗里·斯帕罗（Rory Sparrow）、路易斯·奥尔（Louis Orr）、厄尼·格伦费尔德，再加上系列赛开始前刚从34大道上随便抓来的某个6尺7寸的流浪汉。有多少球员有可以带着这帮“废柴”和阵容雄厚的凯尔特人队打到第7场？除了乔丹和勒布朗，我再也想不出哪个后合并时代的球员可以做到。

● 新麦迪逊广场花园在1968年2月开始使用，25个月后迎来了那场“威利斯来了！”之战。1984年圣诞节，伯纳德打破了这座球场的得分纪录，在一场CBS转播的比赛中砍下60分（最终惜败篮网），每一分都货真价实。这一纪录超越了M. J. 、尼克、韦德、沙克、罗宾逊、伯德，你随便说吧。尼克斯的球迷变得跟这项纪录联结在了一起。这成了伯纳德一直存在下去的一种方式。然后，2009年2月，科比在一支跑轰尼克斯（他们的名单上甚至都没有一个正统得分后卫）头上砍下了61分，在湖人队大比分领先的情况下在垃圾时间里打破了MSG的得分纪录。我在看比赛的下半场时变得非常抵触；似乎有一种感觉，伯纳德的纪录被破只是因为科比的对手是威尔森·钱德勒（Wilson Chandler）和贾里德·杰弗里斯（Jared Jeffries）之流。我并不是一个人。真正的尼克斯球迷都异常恼怒，一方面是因为纽约稀烂的防守表现，没有一点儿想要保卫伯纳德的60分纪录的想法；另一方面是因为那些不知怎么溜进球馆还大声嚷嚷“MVP！”的湖人球迷。戈德曼写了封电子邮件给我：“这是我生命中在花园待过的最糟的一夜。”他可是从沃尔特·贝拉米那时起就一直持有尼克斯的季票。还有

---

① 原注：“圣经”（我指的是《动力》）中说：“季后赛里，伯纳德变身成了一架自动装置——我所见过的最强得分机器。他的出手简直不可思议。你总是希望能对他的投篮造成一丝丝的干扰，但他可不会让这发生。他总能晃得你失去平衡。”[译注：《动力》（*Drive*）是“篮球耶稣”伯德的自传。]

个尼克斯球迷第二天发电子邮件给我，说："昨天晚上我真真切切彻夜未眠。"随着波士顿花园和芝加哥体育场都已经停止使用，你还能再想出NBA中有哪一对球员/球场如此持久地联结在一起吗？我是不能。

● 伯纳德是那个混乱时代的一个著名的半牺牲品，在20世纪70年代末和80年代初努力与毒瘾做斗争，在两次被交易（其中一次只换了韦恩·库珀和一个二轮签）后才跟尼克斯签约，成功改变了自己的生涯，之后又悲剧地在1985年弄爆了膝盖，①当时他场均35分。如果金晚出生20年，来到现在这个"大胆说不"②的时代，再加上詹姆斯·安德鲁斯（James Andrews）医生③，他绝对可以成为史上最伟大的30名球员之一。根本都无须解释。④

● 或许除了穆罕默德·阿里与霍华德·科塞尔，没有哪个运动员与解说比金与马夫·艾伯特更能完美契合。甚至马夫喊他名字的方式都如此完美："金从左侧切入……漂奥奥奥奥亮！四十……*五分*……*伯纳德·金*！"他的比赛跟纽约人产生了巨大的共鸣，以至于都无法想象有比MSG更适合伯纳德的地方了。在康涅狄格上学时，我有时甚至会去看伯纳德的比赛，虽说我很讨厌尼克斯。他就有那么好。

● 如果你是个20世纪80年代的小孩，你房间里有一个儿童篮筐，你喜爱篮球，而你没有尝试模仿伯纳德来几个双手爆扣……我说你一定在撒谎。那是他独一无二的两件标志性事物之一——就像他的指纹一样——另一件是他小跑入场会以一种特殊的方式挺着胸。没错，大家也都会模仿像他那样挺着胸走路。

---

① 原注：85尼克斯是史上长得最难看的球队之一，他们有肯·班尼斯特、帕特·卡明斯、奥尔、威廉姆斯、格伦菲尔德和主教练休比·布朗。他们那年来跟凯尔特人队打比赛时，看台上的球迷都被吓晕了，就跟在看1973版《驱魔人》的观众一样。我常常想象这样一幅场景：伯纳德在比赛后一个人蹑手蹑脚地溜出去把妹（译注：把妹为网络流行用语，即主动追求女生），免得哪个队友发现后说要跟他同行。

② 译注："大胆说不"（"Just Say No"）是美国20世纪八九十年代反毒品宣传活动中的一句著名口号。

③ 译注：世界上最为出名的外科医生之一，尤擅运动员的韧带手术。

④ 原注：伯纳德在1991赛季为子弹队效力时场均28.4分，那时他已经34岁了。假如他活在安德鲁斯医生的时代的话……

●你知道有时候某件球衣穿在某些人身上会特别合适吗？就像伯纳德和纽约的蓝色客场队服那样；还记得1982—1983尼克斯那件球员号码出现在队名*上方*的球衣吗？不管是什么原因吧，总之那件衣服给了伯纳德超凡的力量；就像“J博士”留着爆炸头时弹跳可以增加一英尺。见鬼，我本来会买一件那种球衣的，要不是上面印着“纽约”的话。

●如果这些都还不够的话，伯纳德还曾在电影《快攻》中登场；[①]这是唯一一部不可能再有机会翻拍的体育电影，因为它实在太不政治正确了：里头有一幕是爆打同性恋；有一幕是球员抽了一磅大麻后飙车；还有一幕，一个教练鼓动白人球员说出了那个n开头的词语[②]，引发了一场全体球员的大乱斗；片里还有一个异装癖的得分后卫，并对球员们不去上大学的做法大唱赞歌。几乎很少有电影会让你有机会看到球员们在吞云吐雾。金在片中饰演哈斯勒，喜欢嗑药，[③]擅打台球，带领卡德瓦拉德学院（Cadwallader College）打出一个不败赛季；我提到这事儿只是因为，这是NBA球员最精彩的电影演出——比《匹兹堡的救世鱼》（*The Fish That Saved Pittsburgh*）中的“博士”、《埃迪》（*Eddie*）中的马利克·西利（Malik Sealy）和里克·福克斯（Rick Fox）、《空天绝后满天飞》（*Airplane!*）中的卡里姆都要好，甚至比雷·阿伦扮演的“耶稣”还要好。伯纳德生涯中有两件事是我一直没想明白的：为什么他没能入选NBA50周年50大巨星，为什么他没能在1979年奥斯卡最佳男配角评选中击败《克莱默夫妇》（*Kramer vs. Kramer*）里的那个小笨蛋。

好消息？伯纳德将会一直活在这本书里。还有ESPN经典频道里。还

---

① 原注：剧情速览：伟大的盖布·卡普兰（Gabe Kaplan）饰演一名纽约球迷，得到了一份在内华达州的卡德瓦拉德州立学院执教的工作，每场胜利付他50美元。他妻子不愿去——记住，这是体育电影的“扫兴女朋友”时代——于是盖布抛下了她，带上4名没机会上大学的本地球星一同前去：哈斯勒（Hustler），D. C. 戴西（D. C. Dacey，犯罪潜逃中，打法就像是德里克·科尔曼的最初原型），“牧师”（神职人员兼控卫，正在躲避黑手党），斯贰什（顶级女子球员，穿着男装打球）。他们让卡德瓦拉德州立学院产生了翻天覆地的变化；哈斯勒打台球从内华达州立大学（Nevada State University）教练手上赢了不少钱，同意只要安排两支球队打一场比赛就免掉这笔钱。你能猜到后面发生了什么。

② 译注：指“negro”（“黑鬼”）。

③ 原注：现在回头看，这一段大概不是演的——伯纳德一年后接受了戒毒康复治疗。

有我的办公室里——那儿可挂了两张《快攻》的海报。

57. 汤米·海因松

履历：9个赛季，8个高质量赛季，6届全明星，1957年最佳新秀，1961、1962、1963、1964赛季最佳阵容二队，巅峰四季21+10+2，1963年季后赛25+9（11场），8支总冠军球队（20世纪五六十年代凯尔特人）队中的首发，生涯季后赛20+9、40%的命中率（104场）

56. 保罗·阿里津

履历：10个赛季，10个高质量赛季，10届全明星，1956年MVP票选第二，1952、1956、1957赛季最佳阵容一队，1959赛季二队，巅峰四季24+9+3，1支总冠军球队（56勇士）中最好的球员、季后赛29+8+3（10场），单季联盟第一：得分王（2次）、出场时间（2次）、命中率（1次），缺席两个赛季（参战）

你知道阿里津是第一个开发出跳投这玩意儿的NBA球员吗？你知道他是前拉塞尔时代最后一个总冠军（56勇士）中最好的球员和关键先生吗？你知道他是第一个连续9个赛季场均20分以上的球员吗？你知道他的绰号是“投手保罗”[①]吗？你知道他有慢性鼻窦病，所以在场上跑动时会不断喘气和哼哼吗？你知道他第二个赛季就入选了NBA最佳阵容二队，却因为被海军陆战队征召参加朝鲜战争而缺席了之后两个赛季吗？你知道他在1954年回归，没有经历任何调整期就砍下了场均21+9吗？你知道他从NBA退役前刚刚在12场季后赛中场均23+7，而且那支费城差点儿击败了

① 译注：这里的投手指棒球投手。

62凯尔特人，然后他又去东部篮球联盟为卡姆登（Camden Bullets）打了3年，场均25+7吗？[①]把韩战那两年还给他，再让他在NBA待到1965年，多积累点总数据，突然之间，我们谈论的就是史上最佳前锋生涯之一了。

如果说阿里津的巅峰期因为待在朝鲜而中断，那么海因松的巅峰期就是因为待在尼古丁尼亚和乙醇斯坦而缩短了。如果你要从拉塞尔时代选一个人一起参加派对，说真的，那必须是海因松或者约翰尼·“红头”·科尔。海因松的常规赛数据并不那么惊人，虽说他可能是1957—1964赛季联盟综合能力仅次于佩蒂特和贝勒的前锋，能防守比自己高大的球员，在那个所有人都相互推推搡搡的冰球时代里提供战斗力。他还是拉塞尔早期球队中促进化学反应的关键人物，不仅因为他是一个非常讨人喜欢的段子手和恶作剧大师，[②]还因为他承担了媒体[批评他浪投太多，给他取了个“冲锋枪”（“Tommy Gun”）的绰号]和奥尔巴克（习惯性地冲他大吼，以此来表达对整支球队的不满）的大部分指责，无意间减少了其他人受到的负面批评。[③]真正脱颖而出的是汤米的季后赛纪录。就说一件事，他打了9年，拿了8个冠军，而且始终是队中第三或第四好的球员。（给我找一个夺冠比例更高的人来。你做不到。）他的季后赛数据（20+9）比常规赛数据（19+9）略有提升，他还在库西的最后一年季后赛征程中大放光芒（25+9，46%的命中率），扛起了凯尔特人的进攻。1957年总决赛大战圣路易斯的抢七中，库西和夏曼交出了合计40投5中的渣表现，而海因松则打出了史上新秀最伟大的比赛之一：对位佩蒂特，他砍下惊人的37分、23个篮板，凯尔特人在双加时中获胜。1980年，“魔术师”打出

---

① 原注：阿里津从威尔特身边逃走，接受了一份IBM的高薪职位，然后空闲时间在东部联盟打球，解解篮球瘾。在20世纪60年代中期之前，NBA球星还会因为在别处能赚到更多的钱而离开联盟，这难道不令人惊讶吗？

② 原注：海因松的老故事都很好玩——你一定会爱那个喷雪茄和剪鞋带都算是超级恶作剧的时代。汤米听上去就像是那种会偷偷摸进你酒店房间，拉一坨大粪然后不冲，让它在那儿发酵上10个小时，等你回到自己房间就被熏倒了的家伙。不必多说，在大学宿舍里有这么一个人会非常好玩。他在哪里上的大学？没错……圣十字学院！

③ 原注：拉塞尔在《复苏之力》里说：“汤米是如此有天赋，如此聪明，如果他心里想要打好每一晚的比赛，那么能跟他较量的前锋就只有贝勒。甚至佩蒂特都无法跟他相提并论。”

了一场同样令人难忘的总决赛终结战，所有人都对那场比赛大加颂扬。汤米？人们只记得他被罚下后捂着毛巾痛哭。

那么，为什么阿里津排在海因松之前？因为NBA在1971年搞了个评审小组，选出了25周年之队，以下是他们选择的球员[①]：鲍勃·库西，比尔·夏曼，鲍勃·戴维斯，萨姆·琼斯（后卫）；比尔·拉塞尔，乔治·迈肯（中锋）；鲍勃·佩蒂特，乔·富尔克斯，多尔夫·谢斯，保罗·阿里津（前锋）。既然那次阿里津力压海因松入选，那么显然，在金字塔里他也应该在海因松之前，对吧？

（备注：真不敢相信我居然对一个圣十字校友那么残忍。快点儿换下一话题吧。）[②]

55. 多米尼克·威尔金斯

***履历：**15个赛季，11个高质量赛季，9届全明星，1986年MVP票选第二，1986赛季最佳阵容一队，1987、1988、1991、1993赛季二队，1989、1994赛季三队，单季联盟第一：得分王（1次），巅峰三季30+7+3，巅峰三季季后赛29+7+3（30场），8个2000分赛季，职业生涯：总得分（第10），25000分俱乐部*

如果要选出一支“历史地位日渐下滑”的全明星，尼克会和韦斯特法尔、摩西、肯普、格斯·威廉姆斯一起成为首发，第六人则是安德鲁·托尼。现在再没有人提到这些家伙了。这事儿还挺奇怪的。关于尼克，你只需要记住8件事：

---

① 原注：只能选退役球员，必须有至少一次最佳阵容一队。

② 原注：20世纪90年代末，我跟大学室友杰克·O一起在终极四强赛时跑去找了汤米。汤米一手拿着烟，一手拿着苏格兰威士忌——就跟我们想象过的造型一模一样——所以我们很快就找到了他，说我们是圣十字的，跟他聊了20分钟。这是我们人生中最赞的“跟名人交流”时刻。我没在开玩笑。当时我们高兴得不知道该干什么了。

1. 他最好的队友是“博士”·里弗斯、凯文·威利斯（Kevin Willis）、安托万·卡尔（Antoine Carr）、约翰·巴特尔（John Battle）、“土豆”·韦布、还没进入巅峰期的穆基·布莱洛克和已经过了巅峰期的摩西。在尼克的巅峰期（1985—1994赛季），只有一名队友入选了NBA最佳阵容（凯文·威利斯，1992年三队），只有4人次入选全明星（1988年的里弗斯，1989年的摩西，1992年的威利斯，1994年的穆基）。在我的前六十人中，除了伯纳德，尼克得到的帮助是最少的。这是事实。

2. 老鹰队连续3年达到50胜（1986—1988赛季），而这正是联盟最强的一个时间段：联盟只有23支球队，伯德、“魔术师”、摩西、以赛亚这一代人还很给力而且M. J. 、哈基姆、马隆这一代人已经开始展现自我。在这一时期，尼克场均30.0分，是球队中唯一真正的全明星球员，而其他大部分有总冠军竞争力的球队中都有两三名甚至是四名全明星级的球员。了不起。

3. 尼克在整整10年中（1985—1994）赛季场均得分都不低于26分。能做到这一点的非中锋球员包括：乔丹、艾弗森、韦斯特、尼克……就这么多。

4. M. J. 善于在滞空过程中控制身体、创造出不可思议的投篮，但尼克才是那个时代最好的正式比赛扣将。没有谁能像他那样不断地、暴力地扣遍所有人；他把扣篮变成了一门艺术，到处搜寻受害者。他的招牌扣篮是在运球后双脚起跳，把球举起仿佛就要扣篮，然后再把球收回，此时防守队员已经落地，而他却像有二次腾空似的，这下才真的来上一记怒扣。他用这个动作扣了一遍又一遍。没有人封盖过尼克的扣篮。从来没有。①

5. 从来没有人能像尼克那样点燃主场的观众……亚特兰大20世纪80和90年代无精打采的观众们显然需要这样的强心剂。就像老鹰队前总经理斯坦·卡斯滕曾经说过的：“多米尼克是一个表演者。人们觉得这没什

---

① 原注：1987赛季的某场比赛中，“传奇”拉里犯了一个错误，企图在一次快攻中干扰尼克，结果被当头一扣。那记扣篮的力道是如此之大，拉里就像被卡车撞到一般被狠狠地撞飞在了篮架上。这在亚特兰大差点儿引起了一场比1996年奥运会爆炸事件更大的骚动。人们都疯了。他们几乎冲进了场内。（译注：指1996年亚特兰大奥运会期间，市区奥运公园中心广场发生的一桩爆炸案，造成百余人受伤，两人死亡。）

么，但这其实很重要。过去在ABA，教练们会在‘博士’扣篮后叫个暂停，以免观众们过于兴奋。教练们对尼克也同样如此。”有句话不得不说：只有很少的球员可以让观众真正欲仙欲死，尼克就是其中一个。

6. 我知道这件事跟别的事都关系不大，但是如果你想讨论尼克的好胜心，就不得不提他在1987年和1988年扣篮大赛上拼尽了全力对抗乔丹，而且因为某些不知名的原因被*打劫*（没错，我用了斜体）走了1987年的扣篮冠军。那就像是扣篮大赛中的2006年总决赛。①

7. 尼克拥有整个20世纪80年代最帅气的一张海报：他很轻松地完成了一记背扣，身后是空空荡荡的梅多兰球馆（Meadowlands Arena），无数空着的观众席充当他的背景。很难说清楚这张海报有多迷人，我这么说好了：我的地下室过去堆满了所有你想得到的体育海报。我几乎有点体育海报的恋物癖。随便说一张20世纪80年代的精彩海报，我保证它就挂在地下室的某一处。尼克的那张海报就挂在最显眼的地方，在乒乓桌和台球桌中间，正对着我的立体音响。它就在那个位置挂了整整10年。每个下到地下室里的人都爱它，盯着它看，发表些评论。现在回头看，那张海报是1981—1984赛季的完美缩影——联盟正变得越来越酷，只是球迷们还没能赶上这种潮流。②

8. 在我去过的600多场NBA现场比赛中，尼克的一个球给了我最深的印象：1988年季后赛，他在三秒区弧顶投丢了一记跳投，接着在罚球线以里一步起跳，在波士顿整条防线的头上摘下了篮板。我没法精确地描述出来；那一刻整个花园都异口同声地发出了一阵低低的“哦哦哦”。我们不知道该做什么。他就像鲍勃·比蒙附体了。他仿佛跳了30英尺。这是个超人类的动作，我有生之年都无法忘记这球。

---

① 原注：尼克事后非常非常地懊恼。如果你问他，更希望赢下1987年扣篮大赛还是1988年与伯德的对决，我猜他会说伯德，但我相信在说之前他肯定会想上好一会儿。

② 原注：我永远不会原谅我妈在20世纪70年代末扔掉了我全部的冰球卡，在20世纪90年代中期扔光了我的海报。虽说如果这些东西现在还在，我又能拿它们干什么呢？我不知道；大概还是满身灰尘地躺在我的杂物堆里。但是不能扔就是不能扔，这是个原则问题，就是这样。

那为什么威尔金斯没能入选NBA50年50大球星？他从来没有打进过分区决赛，这被看成是个硬伤，虽说事实是他的巅峰期恰好撞上了东部三巨（20世纪80年代中期的凯尔特人，20世纪80年代末的活塞，20世纪90年代初的公牛）。整个生涯他都在跟“自我中心”、只关心数据、只会扣篮的标签做着斗争。① “博士”·里弗斯曾经开玩笑说，你可以在某场季后赛最后30秒双方只差1分、球队正在聚商时问威尔金斯：“尼克，你今天得了多少分？”威尔金斯会立刻回答：“37，如果他们吹了第2节的那个犯规的话本来应该是39。”这听上去不像是个通晓了“秘密”的家伙。他从来没有展现出其他许多同时代球员的全面性，总是扮演华丽的陪衬。他是个只关心自己的得分手，很少做无球跑动，似乎总是在高举右手、摆出一副“我空了”的样子。我讨厌跟这样的人一起打球。但是真的要说1996年的时候威尔金斯并非NBA历史上最好的50个球员之一……实在太荒谬了。

54. 丹尼斯·约翰逊

履历：*14个赛季，10个高质量赛季，5届全明星，1979年总决赛MVP（23+6+6），1981赛季最佳阵容一队，1980赛季二队，最佳防守阵容（9次，6次一队），3支总冠军（79超音速，84、86凯尔特人）和3支总亚军（78超音速，85、87凯尔特人）队中的首发，巅峰三季19+5+4，1987年季后赛19+4+9、41.9分钟（23场），单赛季出场数从未少于72场，生涯共缺席48场*

我们为什么要炸掉名人堂的又一个理由：可怜的D. J. 于2007年去世

① 原注：尼克的空气防守就像是一颗老鼠屎，坏了著名的1988年伯德-尼克对决这锅好粥。那晚的他就像是奥米尼克·威尔金斯（Ominique Wilkins）。[译注：从Dominique变成Ominique，此处嘲讽威尔金斯没有D（防守）。]

时，春田镇还没有给他准备位置；他直到2010年才进入名人堂，入选仪式上，与他同时代的球员在致敬时说了很多“D. J. 不能亲眼看到这一幕，实在是太遗憾了”的评论。我恨那个场景。不管你是不是名人堂成员。这又不是奥斯卡或艾美奖，每年只有几个获提名的人才有机会得奖。你不应该必须要“等着被轮到”。

我们可以肯定的是：

1.约翰逊是他那个时代防守最好的后卫，从1979—1987年连续9年入选最佳防守阵容（一队或二队），是仅有的几位在防守端能被称作“有破坏力的”球员之一。凯尔特人在1984赛季前交易得到了他，①因为此前每年春天他们都要接受安德鲁·托尼的凌虐。这之后76人再也没能击败他们。每个凯尔特人球迷都会记得，D. J. 在1984年总决赛第4战前主动要求防守“魔术师”，从而改变了那轮系列赛，②以及D. J. 在1986年总决赛里靠一己之力抹杀了罗伯特·里德。过去30年最佳防守阵容必须要有这4个人——D. J. 、佩顿、皮彭和哈基姆——剩下的大前锋位置可以在加内特、罗德曼和本·华莱士之间进行一番有趣的讨论。

2.最佳大场面后卫的名单包括：弗雷泽、韦斯特、米勒、乔丹、萨姆·琼斯、D. J. ，可能还有以赛亚（取决于你把伯德的抢断多大程度上归咎于他）。D. J. 打了6次总决赛，另外还有两次分区决赛，他所在的球队在连续11个赛季里分别取得47、52、56、57、46、53、62、63、67、59、57胜，而他一直是队中最全面的后卫。整个生涯的季后赛，他场均17.3分、5.6次助攻、4.3个篮板，尤其是在伤病累累的87凯尔特人中23场季后赛场均19+9、42分钟，并一直在防守约翰·卢卡斯、悉尼·蒙克里夫、以赛亚·托马斯、文尼·约翰逊和“魔术师”这样的球员。

---

① 原注：西雅图在1980年用他交易来了韦斯特法尔，接下去一个赛季少赢了22场；菲尼克斯在1983年用他交易来了里克·罗比，接下去一个赛季少赢了12场。似乎所有人都要等到失去他后才懂得欣赏他。

② 原注：真的，K. C. 琼斯需要先看上3场总决赛然后才能反应过来：“或许我应该用现在世界上防守最好的后卫来盯防洛杉矶的进攻核心？”

3.拉里·伯德称他为自己合作过的最好的球员，这话可真了不得，因为“传奇”曾经跟麦克黑尔、帕里什、沃尔顿、阿奇博尔德、考恩斯和马拉维奇（都是名人堂成员）都当过队友。虽说我觉得他这话是故意说给麦克黑尔听的。过几页我们还会再说说这件事的。

4.在14个赛季里，D. J. 打了1148场常规赛中的1100场，只有一年缺席了超过5场（在接近生涯末期的1989年缺阵10场），此外还打了180场季后赛（历史第15）。这家伙简直就像是一株阿尔巴尼亚橡树。

5.他入选了“我们再也不会见到有谁像这样的球员一样打球了”之队。之前没有，之后也不会再有像D. J. 这样的后卫了。

上面的最后一段话本应该让他在多年之前就得到属于他的名人堂席位。这个星球上有人可以拿来跟丹尼斯·约翰逊相参照的吗？他最开始在超音速进入人们视野时是一个高飞的、运动能力很强的2号位，然后在菲尼克斯转型为得分手，到了波士顿他又变成了一个让人如痴如醉的控卫，最后以场均114分、阵容强大的86凯尔特人的首席谋士的身份到达了巅峰。他可以锁死任何6尺9寸以下的球员。他是个智商超高的球员，伯德和他有一个秘密的“超感知”战术用了6年：伯德会在篮筐附近游荡，好像在等人给他做个挡拆，然后D. J. 会擦着防守人的耳朵甩出一记传球，伯德会在最后一秒突然启动接到球一个上篮（每次要打这个战术，他们都只需要一个眼神交流）。他是那种经典的“只在关键的时候才准”的射手，可能在最后一分钟前只有14中3，然后命中一记20英尺空位跳投赢下比赛。每个凯尔特人球员都喜欢跟他一起打球，因为他的求胜心，还因为他在重大比赛中总是表现出一种引人注目的张狂。我不记得见过有谁比他更享受胜利的过程。在1987年球队录像带里有一个很棒的场景，凯尔特人在对活塞的系列赛第6战失利后，在登上大巴时，D. J. 嘲讽地向外招招手，说：“好啊，我们看看周日会发生什么。”毫无疑问，凯尔特人赢下了那场异常激烈的抢七；比赛的最后时刻，D. J. 一直跟在罗德曼身后转悠，一边嘲讽地模仿着罗德曼的走路姿势一边向他挥手。永远的教训：千万别惹丹尼斯·约翰逊。

我太爱看他打球了：他会像偷钱包的贼般在中场突然阴袭毫无防范心的对手（你再也看不到这样的表演了）；他和伯德的“超感知”战术；他在重大时刻应付自如的神奇能力（就像1985年总决赛第4场的制胜球）；他无与伦比的在人群中抢到关键篮板的能力；他总能在不得不赢的比赛中打成关键球（我个人最喜欢的一球发生在1987年对雄鹿的抢七里，最后90秒，他飞身扑出界外救球，摔进了雄鹿队的板凳席，但是在此之前先把球砸在了西克马身上出界）。每次我在ESPN经典频道或NBA TV看20世纪80年代凯尔特人的老比赛，总有一个时刻我会对自己说：“我的天哪，我都忘了丹尼斯·约翰逊有多好。”

几乎没有多少人还记得他的代表性时刻：1987年东部决赛第5战的最后几秒，伯德抢断了以赛亚的传球，找到了D. J.，完成了绝杀上篮。就在伯德从兰比尔的脏手上抢走球后，所有人都还在反应到底发生了什么，D. J.已经高举着双手切向篮筐了。从20世纪70年代中期到现在，我能想到的会在那种时刻本能地知道要切向篮筐的球员只有那么几个：M. J.、“魔术师”、弗雷泽、斯托克顿、雷吉、穆林、巴里、以赛亚（讽刺的是，正是他刚传了这么个球）、霍里、韦德、基德、艾弗森、纳什、科比，就这么多。其他人都要在抢断后反应上一秒再开始移动。如果D. J.没有做那个空切，伯德就不得不在篮板后方投一记10英尺后仰投篮来赢得比赛了……他还是有可能会进，但那是另一个问题了。别忘了D. J.是在全速奔跑中从左边接到传球的，右边还有杜马斯的干扰，所以他必须在杜马斯手下护住球，转过身子，完成一个非常高难度的反篮，几乎只差一丝丝就没进（相信我，我就在现场）。当然了，几乎没多少人还记得这球，就像几乎没多少人记得丹尼斯·约翰逊是一名多么伟大的篮球运动员。正如D. J.去世时我父亲在电话里说的：“他是我这一生中见过的最好的球队中最好的后卫。”

同意。D. J.应该在他还在世时就入选春田镇。至少他会继续存在于这本书里。

53. 比尔・夏曼

履历：11个赛季，8个高质量赛季，8届全明星，1956、1957、1958、1959赛季最佳阵容一队，1953、1955、1960赛季二队，4支总冠军（57、59、60、61凯尔特人）球队中的首发，单季联盟第一：罚球命中率（7次），巅峰三季21+4+4，季后赛（75场以上）罚球命中率第一（91.1%）

杰里・韦斯特出现之前NBA最好的2号位；第一个把40%的命中率加90%的罚球命中率当作家常便饭的球员；联盟历史上最成功后场二人组中的一位。把球队的成功、个人的生涯、数据、出场次数都考虑进来的话，没有哪对后卫组合可以接近库西和夏曼。（要是今后还有哪对后场组合可以连续4年双双入选联盟最佳阵容一队，记得告诉我哦。）①夏曼在1961年退役时，联盟中只有22位非中锋球员打了超过500场比赛。在这22人中，夏曼的罚球命中率排第一（88%）、投篮命中率排第二（42.6%，仅次于鲍勃・佩蒂特），是唯一一个命中率超过40%的后卫。可以说，夏曼远远好于他那个时代所有的2号位；数据、荣誉和总冠军都可以说明这一事实，更不用说因为他的存在，萨姆・琼斯不得不做了整整4年的替补。夏曼甚至还在1950—1955年间兼职打过棒球，在布鲁克林道奇队的农场球队②中担任三垒手，并在1951赛季末被征调进了道奇队，在一场比赛中因为向裁判大喊大叫而被罚出场，成为职业体育顶级联赛中唯一一位从没上过场却曾被罚出场过的球员。太神奇了。说这些只是想让你明白他的运动天赋。此外，他还以下列两件事而闻名：（1）第一个研究对手的习

① 原注：一个更有趣的讨论：如果使用同样的标准，“史上最佳后场二人组”的前五名还会有哪些人？我的选择是以赛亚和杜马斯、昌西・比卢普斯和“浪客”汉密尔顿、弗雷泽和门罗、吉诺比利和帕克。荣誉提名：莫・奇克斯和安德鲁・托尼、朗多和雷・阿伦、D. J. 和格斯・威廉姆斯。

② 译注：农场球队，指棒球小联盟中一些充当棒球大联盟子队的球队。

惯并做笔记的人；（2）首创了每天例行拉伸、锻炼、投篮的做法并努力遵循。[①]

历史并没有记住的是夏曼的防守。据坊间传闻，他是20世纪50年代最顶级的外线大闸，还是个好斗的竞争者，挑起过的架比杰克·拉莫塔（Jack LaMotta）[②]的还多。杰里·韦斯特曾经回忆自己菜鸟赛季时在老迈的夏曼头上连中7个球，然后夏曼防住了第8个——他直接给了韦斯特一拳。多年之后韦斯特对《洛杉矶时报》说："我跟你说，你别想突破他。他打过的架比迈克·泰森还多。你不得不尊敬这样的球员。"听起来是我喜欢的家伙。我还想多说一点，不过夏曼在我妈12岁的时候就已经退役了。

52. 多尔夫·谢斯

履历：*15个赛季，11个高质量赛季，12届全明星，1958年MVP票选第二，1952、1953、1954、1955、1957、1958赛季最佳阵容一队，1950、1951、1956、1959、1960、1961赛季二队，单季联盟第一：篮板王（1次）、罚球命中率（3次）、出场时间（2次），生涯罚球命中率：85%，巅峰五季23+13+3，1支总冠军（55民族）球队中最好的球员*

你肯定会喜欢过去那些NBA超级球星还用着"多尔夫"这样的名字的老时光[③]。谢斯在两个完全不同的时代（前24秒和后24秒时代）都表现优异，赢得了一次想象中的季后赛MVP，在55民族队中拿到了总冠军戒

---

① 原注：我喜欢想象这样的情景：训练结束后，夏曼在加练罚球，做并脚纵跳，而海因松在一旁喝着啤酒，抽着万宝路，困惑地问夏曼，你这是在干吗。你知道这事儿肯定真的发生过。

② 译注：中量级拳王，电影《愤怒的公牛》（*Raging Bull*）主人公。

③ 译注："多尔夫"（Dolph）这个名字来自于海豚（Dolphin）。

指，打了异常长久的时间（15年，相当于现在的25年），表现出惊人的耐用性（前12个赛季只缺阵3场），前埃尔金时代第二好的前锋。不过，我们也要看到，他是一个以定点投篮为主、像糖浆一样慢的大前锋，而且当时联盟中的黑人运动员还少之又少。当拉塞尔进入联盟后，雪城和谢斯在7年中只赢了两轮季后赛。如果他在现在打球会怎么样？他能防谁？他要怎么得分？他会比丹尼·费里好吗？我同样无法改变他的投篮数据——谢斯只有两个赛季命中率超过40%，生涯命中率是夸张的38%，远远落后于同时代的黑根（45%）、特怀曼（45%）、埃德·麦考利（44%）、佩蒂特（44%）、乔治·亚德利（42%）和阿里津（42%）。或许库西的投篮数据也很糟糕，但是他的组织技艺可以无缝对接到现在的比赛中。简单地说，我没有看到一头“海豚怪”。不过你不能无视5次最佳阵容一队和6次二队，所以他还是排进了前五十。①险险地。②

51. 埃尔文·海斯

履历： *16个赛季，12个高质量赛季，12届全明星，1975、1977、1979赛季最佳阵容一队，1973、1974、1976赛季二队，1支总冠军（78子弹）和2支总亚军（75、79子弹）球队中最好的球员，职业生涯缺阵9场，全盛期内被交易1次，1975年季后赛26+11（17场），1978、1979年季后赛22+14（40场），巅峰三季28+17，25000分+15000板俱乐部*

---

① 原注：如果我说丹尼·谢斯（Danny Schayes）没有影响到这一排名的话，那我就是在说谎。多尔夫的基因在20世纪80年代制造了史上最僵尸的球员之一。

原注：多尔夫给我写了一封很长的、手写的信，抱怨上面那条脚注。这让我感觉非常惭愧。于是我研究了丹尼的职业生涯，发现他打了18个赛季，1988—1991赛季这巅峰几年场均11+7，1988年季后赛16+7（11场）。显然不是什么僵尸。多尔夫是对的。说到多尔夫，他在1952赛季的大部分比赛中右臂都是断的。怎么办？用左手搞定一切。令人惊讶。是的，前一年里迈肯带着断腿打球。只有在还没有黑人运动员的时候你才能在职业篮球赛场上干出这种事来。

② 译注：谢斯在精装本中进入了前50，在平装本中变成了第52。

“大E”的职业生涯打了50000分钟整（是的，肯定是故意的）。16年里他只缺阵了9场比赛，每个赛季都至少打了80场。他一共拿到了27000+的得分，抢下了16000+的篮板。可是在重大比赛的最后3分钟里，你不会想要看到他。我们可以把海斯想成是那个时代的卡尔·马隆：天赋异禀的大前锋，超级漂亮的生涯数据，但在你完全指望着他的生死关头就变得很不靠谱了。不过马隆要跟更强的同时代对手竞争，还摸走了两个MVP，而海斯从来没有进过MVP票选前二。有件事儿值得说道说道：大E的前4个赛季在火箭队度过，[①]场均27+16，当球队搬到休斯敦时他是绝对的建队核心（他是这儿的大学篮球超级明星），但到最后，1972—1973赛季之前球队急急忙忙地把他贱卖了，换来了杰克·马林和一部分现金。[②]杰克·马林和现金？就这么点？除了亮眼的累计数据，以及1975年总决赛令人记忆深刻的消失表现，海斯会排在榜单的这个位置还有5个原因：

1. 我年轻时代最喜欢的篮球写手是鲍勃·瑞安。他公然表示讨厌埃尔文的比赛，但凡有一丝机会可以攻击“大E”他都不会放过。如果有人在关键时刻掉链子或者在大场面里退缩，不管是不是体育选手，瑞安就一定会拉海斯出来中枪。瑞安是脑子最清楚的写手之一，也是我一辈子的人生偶像，所以我相信他的话，没得说。

2. 你知道现在每年联盟中前二十的球员在比赛中都会得到烦人的“M—V—P！”的喊声吗？各种证据都指向同一个事实：这事儿的始作俑者就是埃尔文·海斯和子弹队球迷们。1979赛季的MVP竞争者有3个人（摩西·马隆、格文和海斯），于是海斯每打一个好球，华盛顿的球迷就

---

① 原注：1974年2月的《体育画报》：“在为火箭效力的4年时间里，海斯给人们留下了各种各样、五花八门的印象：球霸，烂货，蠢蛋，无可争议的失败者。”就说这么多。

② 原注：马林最为出名的是他右臂上有一块巨大的红色胎记。我清楚地记得小时候被他吓到了。他真应该在手臂上弄满文身，这样就没人会注意他的胎记了。臭脾气老编辑补充说：“他是那支被人忽视的子弹队中的一员，队上还有昂瑟尔德、门罗、凯文·洛克里、格斯·约翰逊。这是一支典型的被后世遗忘的当季次佳球队。”

开始喊："M—V—P！"到现在，连乔·约翰逊进个三分球我们都会听到有人喊："M—V—P！"真棒。顺便说一句，海斯生涯的大部分年头里，MVP都还是由球员们投出的。"大E"只有3次杀进投票前六——1974年第五，1975年第三，1979年第三。我有时候真怀疑有没有人尊敬他。反正我觉得没有。

3. 1978年总决赛里他没能给自己正名：前6场砍下133分，但是第4节只有19分。库里·柯克帕特里克在《体育画报》的总决赛专题里这样嘲笑他："个人主义成功地克服了埃尔文"，"危急关头海斯又不见了"，"一边逃跑，一边对身边的每个人抱怨裁判"，"子弹队的当务之急是让他们唯一的'知名'球员、10届全明星在第7场的最后时刻不要再消失了"。然后呢？埃尔文在第7场爆砍12分，在比赛还剩10分钟时被罚出场。子弹队在没有他的情况下客场夺冠。有点儿意思吧。①

4. 这个故事是弗利普·邦迪在《跳球》（*Tip Off*）里提到的：1984赛季开始前，当时身处火箭队的海斯和潜力新秀拉尔夫·桑普森在一起玩牌。教练比尔·菲奇知道后火急火燎地赶来把桑普森拉到一边去："别跟那个无耻浑蛋待在一块儿！"埃尔文·海斯，朋友们！

5. 海斯的招牌动作？转身/后仰跳投。来听听我的后仰跳投理论：这是最能表明一个球员缺乏侵略性的投篮方式。乔丹、麦克黑尔、哈基姆也都有超赞的后仰跳投——M. J. 开发出后仰跳投是为了自我保护，之前他突破时总是被对手一顿乱打，容易对身体造成伤害——但后仰跳投只是他们武器库中的一种，与其他武器形成互补。②下面有5位巨星，都以在关键时刻不靠谱、紧要关头搞不定而闻名：张伯伦，海斯，卡尔·马隆，尤因，加内特。他们都有一流的转身/后仰跳投，同时都因为迷恋后仰跳投、

---

① 原注：比赛结束后，有人问了几个关于第7场的糟糕表现的尖锐问题，海斯是这么回答的："人们想说什么就说什么，但是他们得知道，'大E'是世界冠军，'大E'有冠军戒指。"啊哈，用绰号作为第三人称来称呼自己，"体育男"觉得这套把戏很有意思。（译注：NBA冠军被称为"世界冠军"。）

② 原注：2009—2010赛季的科比同样运用后仰跳投来节省体力，这可不是巧合。

不爱进禁区而饱受诟病。如果没能命中，篮板球也丢定了。而且不管进不进，后仰跳投总是搏不到罚球。现在你同意了吧，后仰跳投本质上就是失败者们的投篮。对大个子来说这就是最弱的投篮选择——唯一的优点就是说不定能进——而且还说明球队上最好的大个子不爱到篮下肉搏，反而更愿意远离篮筐。蒂姆·邓肯之所以比加内特更为成功，最重要的一点就在于两人在决战关头时心态不同。邓肯会想尽办法把屁股挪到低位去，尝试要位，选择命中率更高、更容易造成罚球或者被补进的投篮方式——跳勾、转身上篮、近筐小后仰、篮下擦板、利用臂展超手放篮，而加内特则沉迷于18尺跳投。

这就是我的看法：后仰跳投就像是说："我就待在这儿好了。"或者是说："我害怕输球。"而埃尔文·海斯投的后仰跳投比NBA历史上的任何一个人都要多。你自己下结论吧。

50. 詹姆斯·沃西

***履历：**12个赛季，8个高质量赛季，7届全明星，1988年总决赛MVP，1990、1991赛季最佳阵容三队，3支总冠军（85、87、88湖人）和3支总亚军（84、89、91湖人）队中第二或第三好的球员，巅峰两季21+6+4、55%的命中率，生涯季后赛（143场）：21+5+3、54%的命中率（100场以上球员中第6高）*

如果你选一支"因为有幸在非常好的球队打球而实现了历史地位的飞跃的球员"全明星队，你的首发会是：帕里什，沃西，斯科蒂·皮彭，沃尔特·弗雷泽，K. C. 琼斯（完全不会投篮但仍然溜进了名人堂）。与此同时，这些球员都具备特别的技能和人格，使得他们能在强队中扮演半补充性的角色（我们在帕里什那节中已经提过了），所以也很难因此而给他们扣分。皮彭、弗雷泽和沃西这些家伙可以帮你赢下总冠军。你懂的，只要球队中最好的球员不是他们。[①]

沃西最令人印象深刻的是他的运动能力（爆表）、快攻终结（不逊色于任何人），还有标志性的单手持球高举暴扣（80年代最难忘的5个标志性扣篮之一，剩下几个是“博士”的战斧式、伯纳德的奔袭双手扣、尼克的大风车和M. J. 的单手摇篮式）。这个笑话我前面说过，但再说一遍好了：那些在20世纪80年代拥有儿童篮架，却声称他没有尝试过沃西式扣篮或伯纳德的双手扣至少500遍的人都是在撒谎。沃西有着不可阻挡的第一步，可以轻松羞辱脚步慢的防守者。在防守端，他对伯德的防守是所有优秀进攻球员中最好的，帮助球队赢下了1987年总决赛。他不是最棒的篮板手，但是通晓在关键时刻抢到关键篮板的本领。你还不能忘记1988年总决赛抢七，他在一支顶级防守球队头上砍下36+16+10，从而获得了“大场面詹姆斯”（Big Game James）的绰号。[②]如果他开发出了三分球——不知道为什么他一直没能做到这一点[③]——沃西将会变得无可阻挡。我们还不能忘了，他在北卡罗来纳打了3年，然后又为帕特·莱利——臭名昭著的训练纳粹——打了7年，这可以解释为什么沃西的双腿在10个NBA赛

---

① 原注：我曾经让ESPN的J. A. 阿丹戴（J. A. Adande）（从小就是狂热的湖人球迷）用一个词来形容“大场面詹姆斯”。他是这么写的：“那个词应该是‘不公平’。‘魔术师’、卡里姆……还有沃西？对手已经来不及防守两位历史级巨星了，现在他们还要再全力对付一个名人堂球员？不公平。沃西可以转身过掉防守人，运球突破，或者在20英尺外颜射（译注：颜射就是防守人挡在面前，当其不存在，旱地拔葱似的跳投，还能投进）他们。一个第三得分点精通三种击败你的技能？不公平。另一件不公平的事是沃西没有因为解放了大个子而获得足够的赞誉。从卡罗来纳出来的时候，大家都觉得他是个大前锋，从未想过他可以变成一个毁灭级的小前锋。除了抢篮板和防守，6尺9寸的‘魔术师’发起快攻、6尺9寸的沃西终结快攻。在沃西之前，6尺9寸意味着比尔·拉塞尔或莫里斯·卢卡斯。在沃西之后，6尺9寸成了谢里夫·阿卜杜勒-拉希姆（Shareef Abdur-Rahim）、安德烈·基里连科（Andrei Kirilenko）或凯文·杜兰特……甚至把他们跟沃西归为一类也是不公平的。”

② 原注：很难太拿这个绰号当真，因为他在1984年总决赛中表现烂透了，系列赛基本上就断送在他第2战末尾被杰拉尔德·亨德森抢断的那记后场发球上。但不管怎么说，这个绰号押韵。我喜欢押韵的绰号——甚至“永不紧张的珀维斯”（Never Nervous Pervis）听上去都能让埃利森（Pervis Ellison）的愚蠢程度立减一半。

③ 原注：在他的头5个赛季，沃西投丢了43个三分球中的42个。之后两季，他“提升”到了39投4中。所以沃西在自己的头7年投了82个三分球，投丢了其中77个。这应该创了什么纪录吧，是吧？[译注：纪录应该是达雷尔·沃克的连续（至少）49投不中。]

季之后就很快不行了。你不能因为他缺乏持久性而给他扣分。

你还不能在讨论沃西的时候不提威尔金斯/沃西的“如果……会怎样”和沃西“谢天谢地这没有发生”的快船队生涯，如果我们有能力模仿《双面情人》来看这一问题的话会很有趣。但有件事是确定的：如果沃西在1982年选秀中掉到第二，他不可能进入这座金字塔的前五十。想要进入前五十，你需要一点点运气，而他恰好拥有。顺便，我还要再为两件事而表扬他：“史上最佳络腮胡”全明星队的首发前锋；①彼得·韦切伊讲过的最有趣的笑话的主角，当时沃西因安排两位妓女在休斯敦一家酒店的房间里跟自己见面而被捕（韦切伊在《纽约邮报》的专栏里写道：“詹姆斯总是不擅在双人包夹下得分。”）。来自1991年的高雅喜剧。

49. 比利·坎宁安

***履历：**11个赛季，8个高质量赛季，5届全明星（其中一次ABA），1973年ABA MVP，1969年比尔·西蒙斯MVP，1969、1970、1971赛季最佳阵容一队，1972赛季二队，1973赛季ABA一队，NBA巅峰四季24+13+5，1973赛季ABA 24+12+6，1973年季后赛24+12+5（12场），生涯：21.2分、10.4个篮板（均为历史前40），生涯季后赛20+10+4（54场）*

比利是“要是我曾经亲眼见过他打球一定会超爱他”之队的主力小前锋：作为一名左撇子小前锋，他的打法像是比自己更高的球员，对他球风最好的描述莫过于称之为马努·吉诺比利和肖恩·马里昂的结合体，再加上一个从纽约街头球场摸爬滚打出来的孩子所具备的超级篮球智商。跟伯纳德一样，他的生涯遭遇了一次严重的膝伤。跟伯纳德不同的是，他再也没能从中恢复过来。但是坎宁安是史上最强球队之一（67费城）队中的小

① 原注：首发：比尔·沃尔顿、沃西、贾马尔·威尔克斯、巴伦·戴维斯（Baron Davis）和沃尔特·弗雷泽，布赖恩·温特斯出任第六人，板凳席上还有迈克·纽林、菲尔·杰克逊、迈克·格明斯基和沃尔德·B. 弗里。没选卡里姆纯粹是出于我的私怨。

前锋，连续5年（1968—1972赛季）占据NBA第一小前位置，还在ABA赢下了一座MVP……然后他就受伤了，一切到此结束。比利的名片是他的马努式突破。他长在布鲁克林，一直在室外场地打球。当地的风很大，于是大家都不敢投20英尺跳投，并学会了只要有一丝可能就要杀向篮筐。（在研究完这本书后，我坚信，如果有人能超越M. J.，那一定会是一个双亲俱在、有两个哥哥的穷小孩儿，从小就在泥地球场上打球，而且当地风大得没法投20英尺跳投。他将会打破这本书里的所有纪录；我的话就放这儿了。）比利还是“打得像黑人一样的白人”之队中的MVP（终于说到这个话题了！）；这对贾巴尔·阿卜杜勒–西蒙斯来说真是个特别重要的话题。你很难给如何才能入选这支球队找一个明确的条件；这更像是“你见到了就会懂”的东西，不过我们还是有三条规则：问题中的这名球员能像《灵魂之人》①中的C. 托马斯·豪厄尔（C. Thomas Howell）那样假装黑人，不被人看穿吗？如果这名球员真的变成了黑人，他的生涯（以及我们欣赏他的方式）会不会显得更合理？换句话说，他是白人这件事是否像是个错误？还有，这位球员能像比利·霍伊尔（Billy Hoyle）在城市街头球场经常做的那样，一下子赢得所有人的尊重吗？②下面是比利·霍伊尔全明星队：

首发 戴夫·考恩斯、钱伯斯、坎宁安、韦斯特法尔和贾森·威廉姆斯③，我喜欢称他们为“荣誉弟兄”。你知道这5个人除了身上完全没有一丝白人病外还有哪一点特别讨人喜欢吗？他们真的可以组成一支超棒的首发呢！看白巧克力带着两翼的坎宁安和钱伯斯跑快攻，或者看韦斯特法

---

① 译注：《灵魂之人》（*Soul Man*）的剧情如下：白人少年（豪厄尔饰演）去上哈佛法学院，但唯一可申的奖学金只授予黑人，于是他乔装黑人上学，期间经历了重重怪现象。

② 译注：比利·霍伊尔是电影《黑白游龙》（*White Men Can' t Jump*）中的白人天才街球手，整天出没于街头球场，打服那些最初因为他的肤色而看不上他的人。

③ 原注：请勿跟杰伊·“我真不该买摩托车”·威廉姆斯或杰森·“我没有杀我的司机”·威廉姆斯弄混。[译注：杰伊·威廉姆斯（Jay Williams），原名贾森·威廉姆斯，2002年榜眼，后因摩托车车祸生涯报废。杰森·威廉姆斯（Jayson Williams），一届全明星，退役后曾因枪杀司机而入狱服刑18个月。]

尔和考恩斯在关键时刻打高位挡拆，有什么能比这更有趣的呢?

第六人 博比·琼斯，NBA史上最让人费解的球员之一——一个皮包骨头、不事张扬的糖尿病患者，在篮筐上打球的功夫不比任何黑人或白人差。除了“大心脏罗布”外，没有哪个前锋比琼斯更善于扮演“参与快攻，保护篮筐，锁死对方手感火热的得分手，冲抢篮板，不造成任何一点负面效果”的角色。甚至他的名字都听上去像个黑人。

板凳 丹·马尔利、布伦特·巴里（Brent Barry）、博比·苏拉、大卫·李、安德烈·基里连科和克里斯·安德森。这完全可以充当一支现代球队的核心阵容，虽说他们每场会丢个125分。①

教练 道格·科林斯，如果他在NBA打球时能保持健康，本来可以挤掉这支球队中韦斯特法尔的首发位置。而现在，他只能在比利·霍伊尔全明星队中当教练，并在“他究竟对自己的头发干了什么？”全明星队中担任迈克·弗拉泰洛的助教[与迪克·弗塞斯（Dick Versace）和吉米·罗杰斯（Jimmy Rogers）一起]。②

48. 哈尔·格里尔

***履历：**15个赛季，11个高质量赛季，10届全明星，1963、1964、1965、1966、1967、1968、1969赛季最佳阵容二队，巅峰六季*

---

① 原注：苏拉的球风是那么的黑人，以至于豪斯（他一直想象自己是个黑人，到现在还是这样）在eBay上买了一件苏拉比赛中穿过的球衣，穿着这件球衣打了好几年球。他俩真像是精神上的亲兄弟。

② 原注：该队的首发：杰克·西克马、里克·巴里、贾森·基德、斯科蒂·皮彭、安东尼·梅森，替补席上有穆奇·诺里斯、史蒂夫·纳什、克里斯·安德森、达内尔·希尔曼（Darnell Hillman）和克里斯·卡曼。

23+6+5，1支总冠军球队（67费城）中第二好的球员，1967年季后赛28+6+5（15场），生涯季后赛20+6+4（92场），20000分俱乐部

我把整整3个夏天花在了这本书上，期间爱上了研究那些被人遗忘的老球员们——也就是那些我完全没有亲眼见识过的球员们——看看他们的形象是如何被其他同时代的球员、教练、记者们用一系列趣闻和故事勾画出来的。这些描述总共有六类：

1. 热情的夸张 每个和球员X同时代的人都会认为球员X被低估了，所以他们说的故事常常有着非常难以置信的情节，比如："有一次，我们在抢七中落后鹰队两分。他们正准备快攻，拉塞尔全场加速飞奔过去盖掉了那记本可以锁定胜局的绝杀。他跑得太快了，一直冲进了观众席的第27排——我可以向上帝发誓，萨姆·琼斯和我还在比赛后数过呢！"或是完全无视一切反面证据的、无法证明的观点，比如："听着，如果奥斯卡来到现在，他会是联盟中最好的后卫，我可以保证。"①你还会在谈论迈克尔·雷·理查德森、罗伊·塔普利、马文·巴恩斯这些瘾君子的时候听到这类描述——是的，我们知道这些人本可以变得很好，但是随着岁月流逝，他们的上限被越吹越高，现在你会听人说什么"和'魔术师'一样好"（说迈克尔·雷）、"和巴克利一样好"（说塔普）、"本可以成为史上第一前锋"（说巴恩斯）。快吃片药，冷静一下。

2. 明夸暗贬 每个人都会赞美同时代的其他人（事实如此，这很正常），不过偶尔你也会发现其中暗藏着一些挖苦。伯德在说到麦克黑尔时总会说什么"只要凯文愿意，他可以成为联盟中最好的防守者"，或是"有一些夜晚他做得很好，其他时候也有平均水平。他总能让事情看起来很简单"。翻译一下：*我希望他更在乎、更进取一些*。又或者，前队友会这样描述一些球员："嘿，我能说的就是，威尔特就是威尔特。"如果你

① 原注：这类描述总是带着非常肯定的"我向上帝发誓""我向你保证""我毫不怀疑"。

重复一次某人的名字来评价他，那就是说，他很烦人，或是反复无常，或是一个纯粹的浑蛋，或是个自大狂，或是个蠢蛋，或者综合了以上5点中的一部分。如果有人做了个关于我的纪录片，然后某个人说："嘿，让我怎么说呢？西蒙斯就是西蒙斯。"那我一定会自杀的。

3. 直黑 只在下列情况中出现：阴险之人（比如兰比尔或者克莱德·洛夫莱特），浪投狂（比如马克·阿瓜伊尔），道貌岸然之徒（比如里克·巴里），喜怒无常的怪人（比如阿德里安·丹特利），当然，还有威尔特·张伯伦。

4. 队友或合作者的无下限吹捧 最佳例子：帕特·莱利在詹姆斯·沃西的退役仪式上说沃西是"史上最好的小前锋"。如果他说的是"如果你认为最最理想的小前锋应该具备25种特质，那么詹姆斯所符合的会比其他任何人都要多"，或者是"当上帝想要创造一个小前锋的时候，他想象的就是一个詹姆斯·沃西这样的人物"，我都能接受。但是你不能说詹姆斯·沃西比拉里·伯德、里克·巴里或者斯科蒂·皮彭等人更好，还指望我相信你是认真的。同样的例子还有伯德常常说D. J. 是他合作过的最好的球员。嗯，你可是和巅峰麦克黑尔一起打过球的。这是不可能的，对不起，拉里。①

5. 理据服 遗憾的是，这种情况出现得太少了。下面有一个例子，是对马文·"坏消息"·巴恩斯的绝妙评价，来自于他在圣路易斯时的队友史蒂夫·琼斯（Steve Jones），摘自《无主之球》：

马文会不断地攻击篮筐。如果他在篮筐右侧，而球转移到了左侧，他不会像大多数人一样就站着等，觉得这球跟自己无关了；他会横穿过三秒区去要球。当他情绪正佳时，他可以摘下篮板，给后卫甩出长传，然后飞奔快下，接回传球来一个爆扣；他是在这方面最好的大个子球员之一。他的跳投射程达到18英尺，同时也有能力在内线翻江倒海。你希望一个大个子球员所具备的身体条件他都有，还有一颗杀手之心。他不仅仅想要击败

① 原注：我刚才避开了一道闪电。

你，更想要让你难堪。但是，马文做了很多不利于他职业生涯的事情。他不屑于训练。他夜夜莺歌。他从来不听取任何人的意见。但到最后他还能打出一场伟大的比赛。如果你看到他就会知道，天神们曾经触摸过这家伙，把他变成了一个伟大的球员，可他自己却从来不明白自己所拥有的到底意味着什么。他就那么一直放纵着自己，就像个恃宠捣蛋的熊孩子一样。他是明星球员，他明白这一点。管理层也放任他做任何想做的事情，而他想做的事情就是胡作非为。

你没法说得更好了。史蒂夫·琼斯用了248个词就总结了马文生涯中所有令人难忘、喜爱、遗憾的特质。①如果琼斯再加上一句“听着，如果你顶着一个‘坏消息’的绰号进NBA，那你的生涯多半要悲剧”，那就完美了。②再说一遍，这里的评论者和被评论者都很绝妙——巴恩斯用最不能原谅的方式搞砸了他的生涯，于是琼斯可以保持公正，同时琼斯还已经从事解说工作30年（这一数字还在不断增加中），拥有很好的表达能力。如果我们这96位金字塔球员都交给琼斯用248个词来总结各个人的生涯，这本书写起来会容易得多。

6. 我想不出什么印象深刻的事情了就说些陈词滥调好了 绕了一个大圈我们终于说回到格里尔先生了。大家都说，他是60年代第二或者第三好的“得分”后卫（取决于你怎么看待萨姆·琼斯），连续10年入选全明星，7次入选NBA最佳阵容二队，现代得分后卫的原型，有着很高的外围投篮命中率（生涯：45%），也抢了些篮板（生涯：5.0个），全盛期每晚可以贡献23～25分，命中80%的罚球，打出优秀的防守，几乎没有任何负面影响。格里尔于1974年退役，是当时出场场数最多的球员（1122

① 原注：史蒂夫·琼斯的绰号？“啪啪男”。他拒绝透露为什么他们要叫他“啪啪男”。他甚至在NBA.com的闲谈中避开了这个问题，只是说两个新奥尔良（New Orleans Buccaneers）的ABA队友给了他这个绰号，背后还有一个故事。（译注：新奥尔良曾是法国殖民地，法国区是新奥尔良最古老的街区。）

② 原注：一个职业运动员得到“坏消息”的绰号，就像是一个女生联谊会的姑娘得了个“一夜情”的绰号——真的，你不可能忽视其中的潜在信息。

场）；并在1967年季后赛中为76人贡献了超赞的28+6+5。所以看上去他的履历配得上“50大巨星”什么的。但是看看下面这些话吧，前三条来自NBA官网上他的“50大巨星”简介页面，第四条来自《奇闻异谈》：

格里尔：“持续性。对于我来说，那就是最关键的，我希望人们记住我是一个伟大的、有着持续性的球员。”

多尔夫·谢斯：“哈尔·格里尔总会上场比赛。他总是出席参加训练，总是为球队做出贡献。每次坐巴士、飞机、火车，他总是准时到达。哈尔·格里尔永远准时打卡上班。哈尔·格里尔永远带着他的午餐盒。”

《先驱论坛报》（*Herald-Tribune*）：“如果有一个奖项是颁给篮球业内人士最尊敬而公众最不注意的球员的，哈尔·格里尔无疑会获奖。”

阿尔·比安基（Al Bianchi）：“我们称格里尔为‘斗牛犬’，因为他的脸上总是带着那种神情。”

你觉得这些套话听起来怎么样？我可以这样说：“这世上从没有过任何名叫‘哈尔’的有意思的家伙，至少就人类来说如此。”

我从格里尔身上只能挖出一条有意思的故事：那个时代的所有人都极力称赞他的绝妙跳投。[①]在《无稽之谈》中，亚历克斯·汉纳姆称之为“史上最好的中距离跳投”（夸张警示），比安基则热情地说：“没有人的急停跳投能比格里尔更快。”事实上，格里尔的跳投是如此的值得信任，以至于他成了唯一一个罚球时跳投的球员；他生涯罚球命中率达到了令人难忘的80%。看吧，我就说我能从哈尔·格里尔身上找到什么有趣的地方。

---

① 原注：如果我可以拥有任何人的跳投，我会选择迈克·米勒。那太完美了。那就像在《剑鱼行动》（*Swordfish*）里第一次看到哈莉·贝里（Halle Berry）裸露上半身——你看到的时候都不知道该说什么。无法用语言表达。雷·阿伦的跳投排第二。埃里克·戈登（Eric Gordon）的跳投第三。肖恩·马里昂的垫底。

47. 保罗·皮尔斯

履历：*12个赛季，10个高质量赛季，8届全明星，2008年总决赛MVP，2009赛季最佳阵容二队，2002、2003、2008赛季三队，巅峰三季26+7+4，季后赛巅峰两季26+9+5（26场），2008年季后赛20+5+5（26场），单季联盟第一：罚球得分（1次），职业生涯23+6+4、80%的罚球命中率、37%的三分命中率，生涯季后赛21+7+4、82%的罚球命中率（101场），1支总冠军（08凯尔特人）和1支总亚军（10凯尔特人）队中第二好的球员，25000分俱乐部成员*

皮尔斯的简历：在2008年东部半决赛抢七跟勒布朗的对决中胜出，然后在2008年总决赛中表现胜过科比（主要的得分项）……20世纪前10年除勒布朗外最好的小前锋……总能在关键比赛中提升一个等级（可以追溯到2002年季后赛），甚至在刚过巅峰后仍然在2010年东部决赛中碾压了奥兰多（24.3分，8.3个篮板，51%的命中率）①……展现出值得一书的持久力，仅有一段长期休战的经历（2007赛季凯尔特人为了获得奥登或杜兰特而摆烂时将他束之高阁）……一位令人难忘的坚韧战士，在2000年差点儿被一个暴徒捅死，两周后的季前赛一场都没有缺席②……被视为是凯尔特人队史上最天然的得分手，更不用说这是鲍勃·瑞安的看法……在顶着NBA历史最差胡须造型之一的情况下仍然大杀四方（他是唯一一个把小胡子和络腮胡留得让球迷们想到姑妈和奶奶们的运动员）……考虑到他才33岁，刚跟凯尔特人续签了一份4年6100万美元的合同，我们的路还长得很呢。

---

① 原注：不得不提：阿泰斯特在2010年总决赛里单枪匹马搞定了他。

② 原注：皮尔斯在对04太阳时磕掉了4颗牙，塞了一个口腔装置后就回到了场上并拿下了比赛。第二天，他接受了7个小时的牙科治疗。再后一天，他打了对夏洛特（Charlotte Bobcats）的比赛，命中制胜球。这老哥真够强硬的。湖人队球迷非常憎恶皮尔斯，因为他在2008年总决赛第1场里疑似膝伤，坐着轮椅离开了比赛，几分钟后“奇迹般地”回到了场上（并击败了他们）。这使得他在之后的湖人主场里被人们大喊“轮椅”。2010年总决赛，波士顿球迷完成了复仇，朝科比大喊“不就是不”，朝拉马尔·奥多姆大喊“丑大姐”[他娶了科勒·卡戴珊（Khloe Kardashian）]。轻拂波士顿球迷一巴掌，我们就会抽出大棍猛砸你脑袋。（译注：“不就是不”是著名的女权主义口号，意在讽刺科比曾经涉嫌性侵犯。）

可能我离他太近了——不管怎么说，我可能看了他80%的比赛，在他的头4年在现场看了大部分主场比赛，还花了超级多的时间思考些蠢问题，比如：“该死，为什么我有着糟糕的感觉，他跟里基·戴维斯一起嗑药到今天早上5点45分呢？”但是看着皮尔斯从“有着建队核心潜力的家伙”变成“带领一支总冠军球队的家伙”，我终于意识到他的生涯正是现代NBA球迷的一个缩影。生涯早期在令人气馁的皮蒂诺时代经历了一番挫折后，①皮尔斯终于展现出成为种马的潜力，签了一份6年7100万的合同，带领凯尔特人杀进2002东部决赛，在第3战交出了英雄般的表现（25分大逆转）。但凯尔特人最终衰落了。当时他可能觉得：“不错，我在这里。我做到了。我知道这会发生。我是一个伟大球员了！”然后他开始表现得像个纯种浑蛋。②他先是参加了那支自取其辱的2002世锦赛国家队，归来后带着副任性的态度（拉长着脸，狂拍胸脯，发牢骚，嘲笑裁判，诸如此类的种种令人无法忍受的行为），表现得就像有大小姐脾气，开了太多的派对，让所有人都没法喜爱他。一切就这么继续着，没有人提醒过他——你懂得，这是2000年以后的NBA，球员们的愚蠢行为很少或根本就激不起什么反应——这终于在2005年季后赛里到达了顶峰，皮尔斯在一个愚蠢的犯规后被罚出场，对印第安纳的系列赛几乎就此葬送。

波士顿球迷发现自己身处一个过去20年中NBA死忠球迷见过太多太多次的境况之中：我们对皮尔斯的举动感到厌倦，觉得他需要在别的地方有一个新的开始，怀疑他是否注定会失败，但我们也知道球队可能无法获得差不多价值的回报。所以你要怎么做？继续交叉手指，希望这位已经赚了够用一辈子的钱的天才球星能幡然醒悟：“我在浪费自己的潜力，我可能需要好好整理一下自己”？还是承认他已经是只下跌股了，赶快变卖兑

---

① 原注：皮蒂诺总是频繁地交易球员，以至于1999年的圣诞节，老爹和我开玩笑说，如果皮蒂诺是圣诞老人的话，他可能会说：“我们不想失去‘欢腾’，但如果有机会换来一架新雪橇和两个小精灵，那你就必须这么做。”（译注：“欢腾”是西方民间传说中为圣诞老人拉雪橇的九匹驯鹿之一。）

② 原注：我的看法：皮尔斯从那次死亡经历中复出得太快，一直没有真正打开心结。最后，他变得愤愤不平，才开始这样行事。再加上大合同的压力，他的举动是可以理解的。不能接受，但可以理解。

现？没有正确的答案。那些曾经拥有巴伦·戴维斯、查尔斯·巴克利、麦蒂、阿伦和克里斯·韦伯的球队选择了变现，最终后悔了。那些曾经拥有肯尼·安德森、斯蒂芬·马布里、德里克·科尔曼、拉里·约翰逊和肯普的球队选择了变现，从未觉得后悔。当时波士顿和印第安纳都发现自己处于相似的困境中，拥有没能达到期望值的建队核心——皮尔斯和杰曼因·奥尼尔——两支球队都选择了硬撑着，不甘用1美元去交易60～70美分；最终波士顿从这个决定中受益良多，印第安纳则痛苦不堪。这种事情你永远没法知道。没人能知道。

关键在于，凯尔特人*想过要*变现。那年夏天，他们犹犹豫豫地同意了一笔交易，从波特兰换来尼克·范埃克塞尔（Nick Van Exel）的到期合同和3号签（计划选克里斯·保罗）[①]，但是皮尔斯放出“我会尽力恶心波特兰的所有人”的话来，毁掉了这笔交易。可能转折点就是那时。可能他跟大多数人一样，在接近30岁的时候终于成熟了。[②]可能被捅事件终于过去了够久了，他不再为之所困。可能他在ESPN经典频道上看了一场伯德时代的老凯尔特人比赛，注意到了山呼海啸的花园，于是心想：“做一个凯尔特人曾经是一件意义重大的事情；我也可以做成这些。”可能他在开了太多派对之后终于变得沉静下来。[③]不管发生的是什么，他终于在2005—2006赛季变成了我们希望的样子，扛起一支年轻的凯尔特人，胜过对位的球星，在关键时刻鼓舞士气，而且做这一切的时候都面带微笑。还记得跟比利·鲍勃·桑顿（Bily Bob Thornton）分手后的安吉丽娜·朱

---

① 原注：即使我非常非常享受2008年的冠军赛季，我是否愿意用它交换CP3的15年？不。但我确实考虑了一番。

② 原注：20多岁时，我喝了太多酒，在女人方面有着糟糕的品味，那个时期我还破产了。如果我当时年薪1400万美元，跟狐朋狗友们一同住着豪宅，每晚体验各种火辣的骨肉皮，我会变得怎样？那将会是一场灾难。我绝对无法掌控这一切。另外，这本书还将会题献给我的4个私生子：小比尔（Billy junior）、比尔二世（Billy the second）、达比尔（DaBill）和勒比尔（LeBill）。

③ 原注：我会把钱押在这句“可能”上。里基能让任何人堕落。这可以变成一台娱乐节目：《*里基·戴维斯能让任何人堕落*》。“本周，里基教会了犹他州的一支高中篮球队帕特朗龙舌兰和拿破仑干邑要怎么兑才好喝。”（译注：犹他州是美国摩门教徒聚集地，摩门教禁止饮酒。）

莉吗，摘掉了脖子上装着他的血的小瓶子，不再穿得像个哥特式妓女，开始收养第三世界婴儿、跟艾滋病做斗争，把布拉德·皮特（Brad Pitt）变成了迈克·布拉迪（Mike Brady），简直成了特蕾莎修女（Mother Teresa），只是这从改“邪”归“正”的变化来得太快，以至于有点令人毛骨悚然？那就是皮尔斯。[①]到12月的时候，关于我们要通过大交易又一次开始重建的流言满天飞，我收到了很多季票持有者的电子邮件说：“我不在乎我们输掉比分接近的比赛，光是每晚看皮尔斯打球就值回票价了，我们最好不要交易他。”

NBA球星发现自己身处一个无望的境地时一般会怎么做？他会嘟着嘴，开始关心自己一个人的数据。他会大声质问球队是否真的“承诺要胜利”。他会为本来只需要休战5场的腿筋伤病会休上个12场。在一场艰难的失利后，他会慢慢地逛出场外，脸上的表情像是在说，*嘿，这不是我的错。我可没要求过跟这群人一起打球*。到最后，他要求去别的地方打球，只是因为他希望能赚到建队核心级别的钱，但不想承担扛起一支球队的责任。而这正是阿伦/加内特交易前的皮尔斯身上最动人的地方：他想要做个凯尔特人。世事变迁，但他还是想要待在这里。每个人都记得他的2008赛季，但皮尔斯最伟大的赛季早在这之前已经发生了；他承担了作为建队核心球员的责任、每晚都拼尽全力的那一年。日后发生的一切，在那时都已经打好了基础。这种东西从何而来？我不知道。但正是因为这样的原因，像丹佛这样的球队总是想要再留梅洛两年（正在被证明是正确的），因为你永远不会希望一名伟大球员刚被交易到别处效力就突然“顿悟”。

2008年季后赛，皮尔斯做了我们希望他做的一切。在防守端，他把自己推上了此前从未见过的高度，在第2轮里用尽全力阻击勒布朗，在东部决赛里毁灭了泰肖恩·普林斯，在第4战的24分大逆转中主动请缨防守科比。在进攻端，他在某种意义上掌控着比赛，找好自己的位置，让队友

---

① 原注：我在2006年1月时的想法：“对于每天关注皮尔斯的人来说，他的职业赛季变得令人震惊——就像你有一个10几岁的儿子，孤僻，没能实现潜力，突然有一天他开始跟每个人握手，收拾垃圾，整理房间，带回家的成绩单上都写着A。你曾经希望过这些事情，你一直交叉着手指，你始终相信，但你根本没想到这能成真。”

们都参与进来，知道什么时候应该接管比赛。在精神上，他是球队的心脏，唯一一个看起来完全坚信他们能夺冠的人。在第6战的最后10分钟，波士顿已经锁定了总冠军，湖人叫了个暂停，皮尔斯转过头来，面朝凯尔特人板凳席后面的观众，看着随着球场音乐手舞足蹈的球迷们，愉快地点着头。你可以看出，在那个时刻他彻底沉浸于其中。他并不是故意在镜头前那么做的；你可以从远处观察他，读出他心中的每个念头。他在回忆过去的那10年，发生过的各种糟糕的事情，还有那些他一度放弃了希望的时刻，现在他在提醒自己好好享受这一时刻。你读得出来。所有这一切。

赛后我写了一篇文章；有很多球星本来有机会拥有这段文字，可惜他们的生涯走上了另外一条道路，没能像皮尔斯一样，迎来最好的结局：

我们看着这家伙成长。我们看着他变成一个男人。我们信任过他，我们放弃过他，后来我们又重新信任了他。我并不想让自己听上去像《风月俏佳人》（*Pretty Woman*）里的那个老头，但是周二晚上，我身体中的一部分真的想走到场地里，告诉皮尔斯："我知道这句话听上去有些居高临下，但我真的为你感到自豪。"我们花了很多时间去抱怨体育，为我们最爱的球员没能成为我们希望他成为的人而感到失望，但在皮尔斯这里，他变成了我们所希望的一切。赛后，他举起总决赛MVP奖杯，高兴地向着观众大吼，那一刻我发觉自己从来没有为一位波士顿运动员那么高兴过。有多少人能守着一支烂队整整10年，然后得到一个带领这支球队夺冠的机会？这种事情在体育史上还有过吗？

46. 戴夫·德布舍尔

履历：*12个赛季，10个高质量赛季，8届全明星，1969赛季最佳阵容二队，最佳防守阵容（6次一队），巅峰五季17+12+3，季后赛巅峰四季：16+13+2（57场），2支总冠军（69、73尼克斯）和1支总亚军（72尼克斯）球队中第三好的球员，球员兼教练（64、65活塞）*

两件事情改变了戴夫的生涯地位。第一，最佳防守阵容直到1968—1969赛季才开始设立。（从那时起，戴夫每个赛季都入选一阵，直到退役。）第二，三分线直到1979—1980赛季才启用。（那时戴夫已经退役6年了，他整个生涯都在投被算作两分的三分球。）不然的话，我们面对的就会是一个12次最佳防守阵容、职业生涯20+11、被誉为那个时代前锋中最好的三分投手的球员。虽然如此，他仍然留下了一份前五十分界线级别的履历，在防守端改变了尼克斯队，让MSG爆发出了无数声“防—守！防—守！”的齐呼，对抗比他高大的球员，控制篮板，投中关键球，从不关心数据。每个人都记得，1970年总决赛第7场中威利斯开场命中的两记跳投，或是弗雷泽砍下的36+7+19，但没有人记得德布舍尔砍下18分、17个篮板，并让埃尔金没有任何喘息之机。[①]一件一直吸引我的事情：他在自己数据最好的那个赛季（18分、11个篮板、3.6次助攻、76%的罚球命中率）后退役，只有33岁，就在1974年东部决赛尼克斯刚刚被波士顿横扫之后。或许戴夫觉得自己在防守端开始滑落了。或许他想在自己还很不错、还在顶级行列时离开。我不知道。

令人遗憾的是，现在40岁以下的NBA球迷都记得且只记得德布舍尔的一件事：他在20世纪80年代中期执掌尼克斯，在选秀乐透大会上选中了尤因，表现得欢天喜地。这不应该是我们想起他时的第一反应，他可是自己时代最大的赢家之一，NBA中少数几个你希望与他共赴战场的球员之一。他与许许多多纽约人产生了共鸣，于是我找了一个最有名的尼克斯球迷，让他说说为什么德布舍尔那么重要。威廉·戈德曼[②]这样回忆他最喜欢的尼克斯球员：

---

① 原注：臭脾气老编辑最喜爱的“德布舍尔比任何人都更努力”的记忆：“戴夫在1970年总决赛第3场最后投中了让尼克斯领先的跳投。当韦斯特命中那记65尺的扳平一投时，戴夫不知怎么已经跑回篮筐下了——然后像迈克尔·库珀一样震惊地倒在地上。”

② 原注：光是提到戈德曼的资格就让我觉得很有趣：他是现在还活着的最伟大的电影编剧，拿过奥斯卡，创作或合作了我最喜欢的书中的3本[《再等来年》《编剧行业奇遇记》（*Adventures in the Screen Trade*）《我说了什么谎？——编剧行业的更多奇遇》（*Which Lie Did I Tell?*：*More Adventures in the Screen Trade*）]。超过40年的尼克斯季票拥有者。他绝对有资格评价德布舍尔。

我当时觉得这笔交易太蠢了，哪怕是以尼克斯的标准来说。我们失去了可以场均30分的中锋沃尔特·贝拉米，还有凶悍的控球后卫豪伊·科米夫斯。

换来了什么？那个底特律的家伙。

那就是当时他给我们这些住在魔都的人的印象。当然，我们听说过一些故事——但都不那么令人激动。像什么，他是NBA历史上最年轻的教练，但战绩一塌糊涂，于是他辞职了。他还是大联盟的投手。打过几年。但他又不是科法克斯[①]。没有人，没有一个尼克斯球迷会预测说，从那时起到他退役的6年里，我们的生命都将因为他而格外闪亮。

我们当时没有意识到，历史上最伟大的防守型前锋来拯救我们了。

我不认为迈克尔·乔丹是史上最伟大的球员这事儿会有多少争论。不仅是冠军和数据，还因为这一条：我们有了电视。我们可以看他打球。而且他还和我们在一起，还很年轻，因此关于他可能，仅仅是可能，再次复出再打一年的流言还时有耳闻。

这些戴夫都没有。1974年退役。6年前去世。不公平的62岁。

如果你在读这篇文章，你肯定有自己心中的历史最佳阵容。不应该有人因为你的选择而攻击你，你大可以选韦斯特、奥斯卡、“魔术师”、埃尔金和拉塞尔。

这是我的选择：

迈克尔和克莱德。[②]

威尔特。

伯德。

以及戴夫。

我参加了他的葬礼，很当然地许多著名的NBA人士都去了。这是你预料得到的。令人震惊的是，他们表现得非常崩溃。不仅是眼泪。他们脸上写满了无法相信。

因为他们知道：戴夫是他们当中最坚韧的一个。他应该出现在其他每

---

① 译注：棒球名人堂成员。

② 原注：他指的是弗雷泽，不是德雷克斯勒。在纽约只有一个“克莱德”。

个人的葬礼上。

没有人想过会去参加他的……

45. 内特·瑟蒙德

***履历：**14个赛季，9个高质量赛季，7届全明星，1967年MVP票选第二，最佳防守阵容（5次），2支总亚军（64、67勇士）球队中的首发，1967年季后赛16+23+3（15场），巅峰四季21+20+3，史上第一个四双（22+14+13+12）*[①]

恭喜你，内特！你是“哇，我之前都不知道这家伙有多棒，直到我努力啃下这本书”大奖的获得者。让纪录来说话吧：

1. 你是20世纪60年代后期和70年代初期联盟第三好的中锋。你从未入选过NBA最佳阵容，只是因为你运气不好，遇上了威尔特/拉塞尔的组合，后来又有威利斯/威尔特和卡里姆/威尔特。你职业生涯场均*正好*是15.0分和15.0个篮板（相当神奇）。

2. 你是一个饱受考验的战士，可惜生涯被两个与你无关的决定改变了：里克·巴里跳槽去了ABA（毁掉了一支本来能连续六七年保持竞争力的勇士队）；金州在一笔以省钱为目的的交易中用你换来了克利福德·雷（Cliford Ray），随后巴里到达了巅峰，勇士拿下了总冠军。你去了芝加哥，然后在西部决赛的惨烈抢七中不敌（稍等……）金州。这不公平。[②]

---

① 原注：他是在1975赛季做到的，当时联盟刚开始记录盖帽和抢断。实际上，拉塞尔和张伯伦可能早就完成了不少了。注意，我说的“不少”是指“不少打”。

② 原注：系列赛的末尾，诺姆·范利尔跪倒在地上，低垂着头，没法忍受巴里最后的罚球，因为他是那么的心烦意乱。鲍勃·瑞安说芝加哥的范利尔/杰里·斯隆后场组合是他见过的在“身体上”和“心理上”最为强硬的后场组合。芝加哥从1971—1975赛季平均52胜，屡屡被卡里姆的雄鹿和韦斯特的湖人掐死在西区里。

3. 勇士队会把全盛期的威尔特交易走，部分原因是希望让你出任中锋。当然，还有部分原因是因为威尔特是一个拿了太多工资的自私鬼。管他呢。

4. 威尔特和卡里姆称你为20世纪70年代早期最让他们难受的防守者。在他们开始记录盖帽的第一年，你场均2.9次盖帽，而且那时你已经不再处于巅峰了，所以谁知道你在全盛期你能扇出多少盖帽。上帝禁止我们在1974年之前记录盖帽数据。那时候的人都在干什么啊？你觉得是不是这么一回事儿：莫里斯·波多洛夫在20世纪60年代初建议记录盖帽，然后NBA首席数据员愤怒地回应说："听着，我们已经有太多的工作了——我们要记录得分，篮板，还有助攻！少啰嗦！"

5. 你拥有职业体育史上最棒的秃头+大胡子造型，可能仅次于格兰维尔·韦特斯（Granvile West）。这很重要。我们给你降了几名，只是因为你那糟糕得有点出奇的投篮：生涯42%的命中率（除掉克里斯·达德利，所有出场超过750场的中锋中最差的）；1969、1971、1973、1975赛季季后赛加起来只有38%（共35场）；1975年季后赛37%（13场）。[①]所以你就像一个升级版的迪肯贝·穆托姆博。

44. 克莱德·德雷克斯勒

履历：*15个赛季，14个高质量赛季，10届全明星，1992年MVP票选第二，1992季最佳阵容一队，1988、1991赛季二队，1990、1995赛季三队，巅峰五季25+7+6，巅峰三季季后赛23+8+7（58场），1支总冠军（95火箭）球队中第二好的球员，2支总亚军（90、92开拓者）球队中最好的球员，生涯季后赛20+7+6（145场），1990年总决赛26+8+6，1995*

① 原注：在全部36名打了75场以上季后赛的中锋中，瑟蒙德的命中率倒数第二（41.6%），仅高于贾森·科林斯（Jason Collins）（37%）。拉塞尔第四低（43%），戴夫·考恩斯第七低（45%），马克·韦斯特（Mark West）排在第一（56.6%），所以这个数据你不必解读太多。不过事实还是事实。

年季后赛21+7+5（22场），职业生涯：22000+6000+6000，92梦之队成员

靠着一件事超越了格里尔：在联盟历史上竞争最激烈的几年中（1990—1993），波特兰两次进入了总决赛，而德雷克斯勒是他们唯一拿得出手的人物。我们会记住他是唯一一个在相当高水平上取得了成功，但在快攻中还低头运球的篮球运动员；在“用一记快攻爆扣点燃主场观众”方面是穷人版的尼克；与男性型秃发努力斗争，拒绝像大多数人那样刮光头发；有一个真正伟大的绰号：“滑翔机克莱德”（Clyde the Glide）；在那支相当难以预料、却总在最糟糕的时刻自乱阵脚的超级开拓者队中扮演了一个脆弱、太过无私的领袖角色。可怜的克莱德似乎从未学会在关键时刻做出聪明的决定，不明白当胜利即将溜走时球队需要的是他的强硬意志，也没搞懂一项基本的逻辑：“这样，有很多事情我擅长搞定，其他事情则不太行，那么我或许应该只做那些我擅长的事情。”①

举例来说：季后赛场均三分出手超过3的球员（出场超过100次）中，猜猜谁的命中率最烂？没错——克莱德的28%。28%！这无法阻挡他在1990—1992年开拓者的58场季后赛中投丢了178个三分球中的133个（24%）。在1992年季后赛中，克莱德三分球81中19（23.5%），两分球344中179（53%）。如果你是波特兰球迷，那年春天哪件事会让你更开心，是克莱德投了一记三分球还是克莱德冲向篮筐或者来个15尺跳投？但他就是不明白。理想情况下，克莱德应该是一支伟大球队第二好的球员——就像麦克黑尔、沃西或者皮彭——无私的助手，但还没好到能独自带队夺冠。这件事最终成真了，克莱德和哈基姆在休斯敦重聚，火箭队在1995年总决赛中横扫奥兰多，使这类“在生涯晚期苦苦寻觅一枚戒指”的故事罕见的成功了一次。也因为这个，我把克莱德排在了第四十四……但

---

① 原注：最好的例子：1992年总决赛第1场，当M. J. 命中第5个三分球以后，克莱德也强投了一记三分球来“回应”。三不沾。太尴尬了。德雷克斯勒在这方面的理解力比所有人都差。

我为他感到十分的惋惜，因为他的职业生涯都被乔丹遮没了。M. J. 的阴影无处不在。克莱德是穷人版的乔丹，一名有竞争力的得分后卫，在数据上能达到乔丹的85%，不过完全不是那种“杀得你魂飞魄散”的好胜杀手（这还是轻描淡写的说法呢）。考虑以下三件事：

● 波特兰拿到1984年选秀榜眼签时，克莱德已经展现出了足够的潜力，于是开拓者决定：“我们的‘令人兴奋的外线得分手’已经足够了，所以就选个接受过胫骨手术的中锋吧。”①这是NBA历史上第一的“如果……会怎样”；你知道据说波特兰曾经想用那支签加上德雷克斯勒换拉尔夫・桑普森吗？如果休斯敦答应了会怎样？你能想象吗？哈基姆/克莱德/M. J. 的组合能横扫多少个总冠军？乔丹的生涯会产生改变吗？如果桑普森为波特兰效力，没有因为发生在波士顿的重重一摔而伤到背部，他会成为历史前三十吗？这笔差点做成的交易中最大的输家大概是克莱德：他整个巅峰期本来可以在一名万神殿级中锋身边度过。不用跟萨姆・鲍伊或凯文・达克沃思们共赴战场，你懂的。

● 克莱德在92开拓者的季后赛征途中迎来了巅峰（25+7+7，MVP票选第二，一堆“德雷克斯勒来了！”的文章），总决赛中等着他们的是卫冕冠军公牛队，大家都相信这会是一次平分秋色的激战。理由是，德雷克斯勒和乔丹有可能相互抵消——我知道，现在看来是胡说八道——而德雷克斯勒的帮手更多，所以只要M. J. 没有摧毁克莱德，波特兰就有很大的机会。“乔丹还是德雷克斯勒？”的争论被热炒了几天；我们现在都对乔丹杀气腾腾的好胜心有所了解了，所以回顾起来，那些争论就像是把一个尖叫不止的小朋友刷上照烧酱在一条被激怒的罗威纳犬前挥舞个不停。第1战，乔丹在上半场命中了6个三分——著名的“耸肩之战”——从此消灭

---

① 原注：“展现出了足够的潜力”这句话有点儿太慷慨了；克莱德之前场均18分钟，8+3+2。完全不是M. J. 的等级。不过另一方面，只要你有机会选一个因为应力性骨折而缺席了两年的读了五年大学的大三生，你就必须这么做。

了一切M. J. –克莱德的争论。随着系列赛的进行，德雷克斯勒被失望的全国媒体在愤怒的彼得·韦切伊带领下①一顿狂喷："没有接管比赛"，"没有发挥全力"，"没有扛住M. J."。系列赛最终打到了芝加哥的第6战，波特兰在第4节手握15分领先，然后在德雷克斯勒在场、乔丹休息的时候被渐渐追上。芝加哥干掉了他们，乔丹轻易地获得了总决赛MVP，再没人提什么"乔丹还是德雷克斯勒"了。

● 一个月之后，德雷克斯勒和乔丹都进了梦之队，但是M. J. 对"乔丹还是德雷克斯勒"的事情还没有完全释怀。他在训练营里以打击德雷克斯勒为乐，不停地说着跟总决赛有关的垃圾话；有传言说，"魔术师"偷偷把乔丹拉到一边，让他别太狠，免得克莱德在奥运会期间自信心崩溃。②显然乔丹后来也放下了。但是在那之前、1992年总决赛之后，心理上的伤害已经造成了。德雷克斯勒大幅退步了两年，数据跌到了112场19+6+5，投篮命中率出现了自由落体（1985—1992赛季49%，1993—1994赛季43%），开拓者也随之变得挣扎（连续一轮游）。乔丹要对德雷克斯勒的恐惧负责吗？很难想象一个30岁的球员会从联盟前五一下掉到勉强全明星，除非这是20世纪70年代末期而他在奋力嗑药。总之，我想不到还有哪个球星对另一个球星在那么多方面都产生了影响。甚至等到德雷克斯勒终于登上人生巅峰，在休斯敦夺冠，那都发生在乔丹刚刚从所谓的棒球假期里归来、没有越过奥兰多之时。如果公牛队杀进了总决赛然后被休斯敦击败，克莱德将会迎来属于自己的甜蜜复仇。但这没有发生。多年之后，很多人会瞧不上休斯敦的两个冠军，因为那是在乔丹的棒球岁月中发生的。该死，甚至克莱德·德雷克斯勒的戒指上都覆盖着乔丹的阴影。

---

① 原注：韦切伊："这些绅士行为已经足够了。他的好人形象要付出代价的。你不能一边想着击败乔丹，一边表现得过分宽容或客气。"翻译："你到底是不是男人，克莱德！"

② 原注：一次梦之队训练，克莱德带了两只左脚球鞋，很担心被人嘲笑，所以就穿着它们*打球*了。M. J. 发现后窃笑了好几天，这是个代表性的"M. J. 一直在克莱德脑子里"的故事。

43. 贾森·基德

***履历：**16个赛季，13个高质量赛季，10届全明星，2002年MVP票选第二，1995年最佳新秀，1999、2000、2001、2002、2004赛季最佳阵容一队，2003赛季二队，最佳防守阵容（9次，4次一队），巅峰五季16+7+10，单季联盟第一：助攻王（5次）、出场时间（1次），2支总亚军球队（02、03篮网）中最好的球员、季后赛20+8+9（40场），12次进入助攻榜前4，3次被交易（其中1次处于全盛期），季后赛：15+7+9、39.5%的命中率（121场），职业生涯：总助攻数（历史第2）、总抢断数（历史第2）、10000助攻俱乐部*

我的哥们儿J. 巴格在贾森·基德刚打了3个赛季时就准确预言出了他的终极形态。我们当时在看一场太阳对凯尔特人的比赛，基德投了一记三分，一出手我们就知道这是一块好铁。球砸在篮筐上，沉沉地“咣”了一声，差点打掉了安托万·沃克的脑袋。一秒钟之后，巴格开口了：“每次我看贾森·基德打球，刚开始，就像看到酒吧里走进来一个无比吸引人的白富美，但之后他又会怒打几块好铁，这时候就像那个女神脱掉了外套，然后你发现她的胸就跟蚊子包差不多。”

嘿，这不是我说的。不过这算得上是巴格的巅峰时刻了，仅次于那次他在萨利酒吧成功忽悠别人说他是个F1赛车手。基德或许在几乎所有方面都算得上是个超级辣妹——超凡的防守者，以他身高来说算是超级篮板手，在快攻中聪明得无以复加，彻彻底底的无私，生来就是为了让队友变得更好——但如果把投篮能力比作胸围的话，他整个生涯都只有32A。在他生涯中（到2008年为止），基德的投篮命中率只有40%；①这个命中率其实不算太糟，如果他是在20世纪50年代跟库西和麦圭尔们打球的话。在

① 原注：优秀现代后卫的命中率：“小个子”（47%），G. P.[47%，（译注：G. P. 是加里·佩顿的绰号。）]，K. J.（49%），斯托克顿（52%），以赛亚（45%），纳什（49%），莫·奇克斯（52%），马克·普赖斯（47%），格斯·威廉姆斯（46%），蒂姆·哈达威（43%）。

所有1976—2008年间打了至少600场比赛的后卫中，基德的命中率排在倒数第四。他的季后赛命中率甚至更烂：在所有1976年以后打过80场以上季后赛的后卫中，基德排在倒数第六[39.5%，排在著名铁匠林赛·亨特[①]（Lindsay Hunter）、格雷格·安东尼（Greg Anthony）、内特·麦克米兰（Nate McMillan）、霍华德·埃斯利（Howard Eisley）和布鲁斯·鲍文之前]；在所有超过100场季后赛、场均三分出手超过2个的后卫中，三分命中率排在倒数第二（30%），仅好于德雷克斯勒。就像格雷格·马达克斯（Greg Maddux）在不会快速直球的情况下取得了355胜，贾森·基德必须在其他所有方面都做到巅峰才能弥补那一个弱点。有8～9年的时间，他也确实做到了。

在加盟达拉斯、跟德克·诺维茨基联手之前，基德一直是自己球队中最好的球员——这不是基德的错，但是，如果你最好的球员是一个40%命中率的家伙，你就没法赢下总冠军。此外，虽然队友们都很爱跟他一起打球，基德实际上是个很麻烦的家伙，不声不响地与3支不同的球队交恶——达拉斯、菲尼克斯和新泽西到最后都急着要甩卖他——在达拉斯跟吉米·杰克逊（Jimmy Jackson）和贾马尔·马什本（Jamal Mashburn）反目成仇，2000年季后赛莫名其妙地把头发染成了白色混合金色，在2001年收到家庭暴力的指控，2004年逼宫时任篮网主教练拜伦·斯科特，2007年深陷一场丑陋（且公开）的离婚案中，2008年用一种最糟糕的方式要求交易（最后成功了）。过去20年里，我们都没有好好地就这些事件讨论过基德，虽说一切一切的证据都表明他是个喜怒无常、变化不定、难以捉摸的家伙。

我们是否因为基德的无私就误认为他是一个好人呢？或许有一点吧。基德的“劣迹”大部分都还是情有可原的，除了那个至今都没得到解释的、随着时光流逝显得越发搞笑的发型。[那就像《越空狂龙》（*Demolition Man*）里韦斯利·斯奈普斯（Wesley Snipes）的发型加上《低俗小说》里朱尔斯（Jules）的爆炸头再减掉络腮胡。]达拉斯的事情

---

① 原注：如果他们要把艾伦·坡（Edgar Allen Poe）的《阿芒提拉多的酒桶》（*Cask of Amontillado*）拍成电影的话，我希望由亨特出演蒙特雷索（Montresor）。

实际上有三个原因：3个年轻球星过早地赚到了太多的钱；有两人因为歌手托妮·布拉克斯顿（Toni Braxton）而争风吃醋（她可以在履历里把拆散20世纪90年代中期的小牛排在赢下6座格莱美之前）；①小牛队新教练吉姆·克莱蒙斯（Jim Cleamons）决定接受公牛队的“三角战术”，虽说他手上有着“魔术师”约翰逊之后最擅长开放进攻的控卫。[我记得第一次在比赛里看到基德在三角战术中无比拘束的样子时几乎怒吼了出来。那感觉就像是花钱去看一场莎朗·斯通（Sharon Stone）的电影，却发现片子里她根本没裸。]②菲尼克斯的糟糕情况是因为之前提到的他和他老婆的事情。新泽西的糟糕情况是因为基德实在受不了跟文斯打球了，说实在的，你能因此而责备他吗？说到文斯，基德在队友方面的坏运气实在值得大书特书。马什本和杰克逊两位乐透秀在被交易前都没能打出来。基德在菲尼克斯曾与一群有头有脸的家伙当过队友——安东尼奥·麦克戴斯（Antonio McDyess）、丹尼·曼宁、“便士”·哈达威、雷克斯·查普曼、凯文·约翰逊、罗伯特·霍里、塞德里克·塞巴洛斯、克利福德·罗宾逊、肖恩·马里昂、汤姆·古格利奥特——但都不是在他们的巅峰。还有那段在新泽西的成功经历，在那儿的头两年，他成功地把一坨鸡屎变成了一盘鸡肉沙拉，把基思·范霍恩（Keith Van Horn）、凯利·基特尔斯（Kelly Kittles）、肯扬·马丁（Kenyon Martin）、托德·麦卡洛克、卢修斯·哈里斯（Lucious Harris）和菜鸟理查德·杰弗森（Richard Jefferson）带进了总决赛，然后第二年把范霍恩/麦卡洛克换成了老迈的迪肯贝·姆通博，再一次把球队带进了总决赛。

这就是基德能进入名人堂金字塔前四十五的最重要理由。看看上一段里提到的队友，然后看看下面的记录：32胜23负，56胜26负，27胜23

① 原注：这一丑闻在当时引发了20万个关于布兰登-凯莉-迪伦三角恋的笑话。（译注：《飞跃贝弗利》中的情节。）

② 原注：达拉斯还真用基德换来了萨姆·卡塞尔（Sam Cassell）和迈克尔·芬利。当然，达拉斯在一年之后就在一场8人大交易中送出卡塞尔、吉米·杰克逊和克里斯·加特林。换来肖恩·布拉德利（Shawn Bradley）和罗伯特·帕克（Robert Pack）。还是那个赛季，他们用马什本换来了萨沙·达尼洛维奇（Sasha Danilovic）和柯特·托马斯。所以布拉克斯顿不仅搞掉了基德-马什本-杰克逊的三人组，还成功把这3个人换成了芬利和别的一坨水货。干得漂亮，托妮。

负，53胜29负，51胜31负，52胜30负，49胜33负，47胜35负。前5个是1997—2001赛季的菲尼克斯，后3个是2002—2004赛季的新泽西。在这8个赛季中，基德的胜场比负场多出137场，5次进入最佳阵容一队（一次二队），两次杀入总决赛，而在8年中他身边只有一人次入选全明星（2004赛季的肯扬·马丁）。我们总是听人说，K. G. 在明尼苏达一直没有好的队友，但是，老天啊，你看看贾森·基德？此外，他还把每场全明星赛的观赏性提高了20%～25%；[①]在2002年东部决赛中砍下奥斯卡似的场均17+11+10，虐杀凯尔特人；有着和"魔术师"一样的抢下篮板、一路狂奔、一条龙杀向篮筐的能力；迫使我们在2002和2003年季后赛中看了40000个他老婆和孩子的镜头；[②]精通"在对方快攻上篮时跳到他面前造成进攻犯规"，以至于联盟决定要在篮筐下画一个圈；"J–Kidd"的缩写绰号（和"C–Webb"一起）在体育领域掀起了热潮，后来琳达·科恩（Linda Cohn）甚至把"矮胖子"罗德里格兹（Pudge Rodriguez）称为"I–Rod"。回首这一切，我还是很喜欢J–Kidd的，就像我很喜欢米歇尔·法伊弗（Michelle Pfeiffer）。

42. 韦斯·昂瑟尔德

***履历：**13个赛季，12个高质量赛季，5届全明星，1978年总决赛MVP，1969年MVP，1969年最佳新秀，1969季最佳阵容一队，单季联盟第一：篮板王（1次）、命中率（1次），巅峰四季15+17+3，季后赛场均篮板数历史第3（14.9个），1支总冠军（78子弹）和3支总亚军（71、*

---

① 原注：基德和斯托克顿应该一直出战全明星赛直到50岁。认真地说，我宁可看50岁的斯托克顿在全明星赛上梳理进攻，也不愿看泰里克·埃文斯。

② 原注：喜剧演员盖伊·托里（Guy Torry）在一次沙克的挖苦会上拿基德的儿子开玩笑，嘲笑他大得出奇的脑袋和小小年纪就长出来的小胡子，把他比作《摩登原始人》（*The Flintstones*）里的绿色大头原始人（The Great Gazoo），基本上打破了所有的喜剧禁忌。然后他们把镜头切到沙克，他趴在台子上笑得都快抽了，你可以想象基德有多怨恨，他们的关系在那之后就变得有点儿尴尬。我总觉得你有必要了解这些事情。

75、79子弹）球队中前二好的球员，1971年季后赛13+19+4（18场）

“大韦斯”的这份履历在排名前75的球员里是最奇怪的。同时代的球员都很喜爱他，在他的新秀赛季就把他选为了MVP，但第二年他连全明星都没进（而且此后从未进过最佳阵容）。他在1974赛季扭伤了膝盖，从此失去了进攻能力，职业生涯后八季场均只有8分。他的盖帽能力毫无疑问是伟大中锋中最差的，他甚至没法飞越一份《华盛顿邮报》。在生涯后半段他努力增重，掩护质量极高，因为防守者想从这个超级大块头身边绕过去得花上整整两秒钟。①无法想象他在现在这个时代会怎么样。一个6尺6寸、不能得分、不能下快攻，也不能保护篮筐的中锋？什么玩意儿？韦斯帮助78子弹拿到了队史唯一一个总冠军，不过这其实全靠比尔·沃尔顿弄伤了脚，所以一堆伪竞争者们才有机会冒出来乒乒乓乓的。②

然后你可以在他的履历里再挖得深一点儿。他的左膝盖在第二个赛季就受了伤，在第6个赛季彻底报废，不过前5季还是能有14+17+4。他曾经9年里4次带领子弹队打入总决赛：71子弹很不错，不过格斯·约翰逊在总决赛前受了伤；75子弹很被看好，然后被勇士队横扫了；78、79子弹经验丰富，与超音速打得有来有往，而且队中一个传统意义上的超级巨星都没有（除非你把埃尔文·海斯算上，不过我是不会这么做的）。他和威利斯·里德、鲍勃·拉尼尔同为那个时代最好的“执行者”——不管何时何地你都不会想要碰上的人。他还是仅次于保罗·赛拉斯的第二好的更衣室伙伴。他只在意如何让周围的球员变得更好。他确实能帮助球队取得成功：除了4次总决赛经历，在他生涯的前11年中子弹队全部都进入了季后赛，赢球场数比输球多出178场。他的精准长传是他比赛里最出彩的地方，可惜我们没有合适的方法来估计这些长传对比赛的影响：韦斯甩出一

---

① 原注：这是我的“如果他在厕所里待了半个小时以上你就绝对不想在他后面进去”之队：昂瑟尔德（中锋），“电炉”·威廉姆斯（Hot Plate Williams）（大前），巴克利（小前），迈克尔·雷·理查森（分卫），约翰·巴格利（John Bagley）（控卫）。我选了迈克尔·雷是因为他有可能嗑多了药然后嗨得忘冲马桶了。

② 原注：78子弹无疑是后拉塞尔时代中最弱的一支总冠军球队。44胜38负，场均得失分差只有0.9，常规赛中场均抢断、助攻、盖帽、命中率和罚球命中率都不如对手，每场比赛比对面多失误2.5次，输掉的38场比赛中有14场分差上双。

记跨越全场的50英尺长传，球准确地落在了门罗手中，前场二打一，凯文·洛克里（Kevin Loughery）上篮得分，结果数据只跟洛克里和门罗有关系，不是吗?

关于这事儿真可以多说几句：我们应该要有一些有意义又好理解的数据，可以用来合理地评价球员，可惜我们没有。几年前，棒球界的数据革命还没能影响到NBA和NFL，那时候我就在自己的旧网站上抱怨过这事儿。来看看下面这些我在2001年时无比渴望的数据吧：

关键时刻投篮和罚球命中率 现在我们在这方面已经有了很多用不同形式呈现的数据了。82games.com甚至区分了“关键时刻”（最后5分钟，领先不超过3分或打平、落后）和“超级关键时刻”（最后两分钟，领先不超过3分或打平、落后）。马努·吉诺比利2008赛季的数据实在令人兴奋：“超级关键时刻”命中率61.9%，“关键时刻”命中率57.4%。为什么我们没有在卡尔·马隆还在的时候搞出这种数据?真该死。

正负值 冰球里常用的数据，不过此前篮球界内并不流行，直到2002—2003赛季，82game.com才引入了正负值。于是埃迪·库里成功拥有了一项非官方的纪录：单季上场时间超过1500分钟的球员中正负值最低的。2007—2008赛季，埃迪打了1529分钟，最后的正负值是-10.1。[①]换句话说，埃迪每次上场都能立刻为球队贡献-10分。[②]

细枝末节 这个概念是我发明的，每当有人（1）造成了带球撞人，

---

① 译注：-10.1其实是库里的“每48分钟净正负值”：他在场时，球队每48分钟输掉12.7分，不在场时，球队每48分钟只会输掉2.7分。

② 原注：这是史上第一个超级大两双：埃迪在负的正负值和体脂率上都成功上双。说起来，埃迪最近深陷同性恋性骚扰丑闻。马利克·罗斯跳了出来为他辩护：“相信我，埃迪绝对不是同性恋。”议论纷纷啊，大家都很好奇：“马利克，这你是怎么知道的?”后来我们发现，埃迪和两个女人生了6个孩子……这还只是爆出来的。可能马利克就是这样知道埃迪不是同性恋的。不过也有可能是马利克说：“埃迪我们今晚约会吧。”然后被拒绝了。还有可能是他们一起泡过妞。

（2）在混战中抢到了地板球，（3）救球砸对方脚出界，（4）把篮板点抢给队友的时候，就给他记上一个“细枝末节”。过去10年里在这项数据上领跑联盟的会是沙恩·巴蒂尔，詹姆斯·波西紧随其后，蒂姆·托马斯垫底，稳稳地。

超大空当命中率 15英尺或更远，超级大空当，跳投命中率，这真值得一记。现在我们有了这项数据，而且NBA球队还精细到了空当的位置，这样就可以盯紧某些角色球员了（像一些总能稳稳命中圈顶18尺跳投的控卫，或者一些准得夸张的底角三分手）。①我很喜欢2008年骑士换来莫·威廉姆斯的那笔交易，因为前个赛季他的空位命中率（51%）高居联盟第二。

扣篮 又一个之前不登大雅现在渐趋主流的数据。不过我很想把这数据分得再细一点，应该要有“补扣”“颜扣”“空接扣篮”“点爆主场对手不得不叫个暂停之扣”“所有黑人球员和现场观众全体起立表情震惊就像闻到了一个点亮生命之光的屁之扣”。

裁判婊 每当球员找裁判抱怨时，就记上一个“裁判婊”。那时候我开玩笑说：“这是为了让安托万·沃克拥有一项自己的纪录而设立的。”现在我有点怀疑这个数据其实没有那么好玩。不过科比每个赛季都会在这一项上领先全联盟。毫无疑问。

非受迫性失误 在网球里，这个数据表示在没有失去主动的情况下丢的分数。在篮球里，如果有人浪费了一次简单的快攻机会，走步，带球撞人或者进攻三秒，没上进或扣进空篮，不小心传球出界，进攻干扰球，罚球时提早进线，恶意犯规，因为没看时钟而24秒，那就是一个非受迫性失

---

① 原注：球迷们可以在www.hoopdata.com上找到这类数据。对我这样痴迷于“保罗·皮尔斯的16～23尺命中率是多少”等问题的闲人来说，这网站真是天赐利器。

误。这是个很大的概念，包含了各种不可饶恕的愚蠢错误。你不觉得这很有意义吗?

阻挠进攻　如果有人单枪匹马就阻挠了对方的一次拉开单打、低位进攻或中距离突破，那就是一次阻挠。造成对方的失误或非受迫性失误，那就是一次超级阻挠。顺便，去年我跟火箭队的达里尔·莫雷（Daryl Morey）聊起这个概念，他说："不然你觉得我们队要查克·海斯（Chuck Hayes）干什么？"①

拉塞尔　一个拉塞尔就是一个直接发起快攻的盖帽。我们都知道拉塞尔曾无数次送出盖帽，球没有出界，直接发起快攻。为什么我们不把这记下来？另一方面，我们就能知道德怀特·霍华德曾经多少次像个傻帽一样把球拍出界外了（说不定这还能让他停止这么做呢）。②

妙助　一次妙助就是一记精妙的传球，助攻了一次很轻易的上篮、扣篮、空接，或者对方不得不犯规来阻止接球队员轻松得分（罚中一个球算半个妙助）。后一点非常关键，因为我们居然没有一个数据来记录那些引来"我必须给他一下不然就一定进了"犯规的精彩传球。拉里·伯德是个真正的妙助大师——根据我的非官方统计，他在1986年总决赛第6场里传出了创纪录的373次妙传——7秒进攻时代的史蒂夫·纳什也可以与伯德一决高下。不可思议的是，我们显然没什么好办法来评判助攻的不同价值。想象一下，如果棒球数据中不区分一垒安打、二垒安打、三垒安打和全垒

---

① 原注：休斯敦在2007年聘用了莫雷，于是他成了联盟中最精通数据的GM。我们是在他为凯尔特人工作时成为朋友的。他每年都会召开斯隆体育数据峰会（我称之为"技术宅大会"）。2009年，他邀请我也参加，当我看到他像小甜甜布兰妮被狗仔队包围那样被一堆麻省理工毕业的技术宅包围时，我给他取了个绰号："书呆子猫王"。他承认这绰号很好笑。很不情愿地。

② 原注：我最初把这种球叫作"肌肉摇摆"，不过后来发现这听起来像什么奇怪小电影的名字。想象一下吧，一盘20世纪90年代初的"肌肉摇摆"集锦录像带，封面上是一堆彪形壮汉。

打，而且每个技术人员记录安打的标准都不一样。然后你就明白NBA现行的助攻规则有多么白痴了。

昂瑟尔德 让我们用“大韦斯”的名字来命名吧！这就像冰球中的助攻——长传传进对面半场的三分线内直接发动快攻（最终上篮或扣篮得手）就算一个昂瑟尔德。接下来几年里我们会用凯文·洛夫（Kevin Love）当测试案例：如果你是森林狼球迷而且所有的比赛一场不落的话，千万千万记得把这种球记下来。洛夫能得到多少个昂瑟尔德？①

上面这些是不是听起来都很高端酷炫？问题在于：数据界更喜欢比较球员，搞出一些无法证明是对是错的数据，比如什么“校正正负值”之类的，或者弄一些很功利的公式，就像PER或什么胜利贡献值。这种想法在棒球领域行得通，因为棒球是一项相当个人的运动，队友除了可以帮你弄到PED②外什么帮助都没有。（对不起，我忍不住不黑。）每个优秀球员都可以直接用数据衡量。我认为德里克·杰特是个超棒的游击手，但数据说他不是。我觉得让韦德·博格斯去当第一棒的打者不合理；合不合理只要查一查上垒率什么的就知道了。但篮球可不是棒球。当约翰·霍林格搞出的PER说什么马里斯·斯贝茨（Marreese Speights）是联盟第三十好的进攻球员而巴蒂尔排284名的时候，很显然我被搞晕了。③而在数据界想克隆出一整头母牛来的时候，NBA的球队们更关心美味芝士汉堡。他们花了上百万美元来记录这些阻挠进攻、不同区域的命中率、拉塞尔、昂瑟尔

---

① 原注：我还想过要弄个数据来记录成功的掩护/挡拆，不过这缺乏固定的标准。对不起了韦斯。

② 译注：指一切可以帮助提高表现的药物，包括兴奋剂、利尿剂、镇静剂等。MLB是PED泛滥的重灾区。

③ 原注：霍林格这家伙很赞，我们经常在一起聊他的PER，态度和蔼，气氛融洽。他承认这玩意儿还只是个半成品——“每48分钟”产出、篮板球和命中率的权重太高。不过他仍然很相信PER。如果这是电视剧《迷失》的话，我就是洛克，霍林格就是杰克。我们俩没有谁对谁错，这种感觉真的很不错。好吧，其实不是这样的——我才是对的！不过他确实让我停下来思考了一会儿。

德，等等，然后把这些信息藏着掖着不肯公开，就好像是在冷战什么的。你我这些球迷本来应该知道这些东西的……但我们没有。

要我说，很难有一个通用数据可以衡量每个球员的价值，因为个人的成功（包括数据）很大程度上依赖于配置和球队整体的成功，还跟球员自己是否视集体高于个人有关。看看昂瑟尔德的到来对凯文·洛克里有什么影响吧，洛克里是当时子弹队的首发后卫，年近30岁：

球员	时间	场均时间	场均得分	场均助攻	命中率	场均出手
洛克里	1967—1968赛季	31.9	17.0	3.5	40.2	15.9
洛克里	1969—1970赛季	38.1	22.3	5.0	43.9	20.2

洛克里是这样告诉埃利奥特·卡尔布的："当韦斯来到子弹的时候，我的场均得分从14分涨到了22分，这都是因为他[1]……他可以抓下篮板，球不沾地，直接甩到前场。我瞬间变身保罗·沃菲尔德[2]——像个外接手一样冲在前面接住传球。"我们该用什么数据来体现这种影响？与其用一套复杂的公式来概括、评估某个球员的一个赛季或整个生涯，我们更应该把精力花在把数据做得更细上面（所谓的美味芝士汉堡），然后把这些高端数据和球队的成功、我们已有的理念、其他球员及教练的想法放到一起，这才能构成一幅完整的图景。篮球是一项客观的运动，*同时也是*一项主观的运动，真该死。这才是乐趣所在。所以说，光盯着数据的话，昂瑟尔德居然可以排进前45，甚至居然用9+12+4的表现拿到了1978年的总决赛MVP，这压根不合理呀。但是他的队友米奇·库普恰克是那么跟肯·舒勒解释的："昂瑟尔德是那种完美的团队球员；他唯一思考的就是胜利。数据从来不是什么值得在意的东西。你无法想象他为队友做了多少事情——提供掩护，送出长传，与比他高得多的中锋们搏斗。他就是（1978年总决赛的）MVP。"韦斯·昂瑟尔德完全配得上这个排名。不过如果我可以简单地说句"连续10年在昂瑟尔德数上领跑联盟"或是"生涯昂瑟尔

① 原注：实际上是从15.9分到22分。谈论韦斯的时候稍稍夸张一点又如何呢？

② 译注：Paul Warfield，两个赛季位列NFL接球达阵数第一，职业橄榄球名人堂成员。

德数历史第一”，这一节写起来本来可以轻松得多得多。①

41. 加里·佩顿

履历：*17个赛季，10个高质量赛季，9届全明星，1998、2000赛季最佳阵容一队，1995、1996、1997、1999、2002赛季二队，1994、2001赛季三队，最佳防守阵容（9次一队），年度最佳防守球员（1996年），单季联盟第一：抢断王（1次）、三分球命中数（1次），巅峰三季23+5+9，1支总亚军球队（96超音速）中最好的球员、季后赛21+5+7（21场），6次进入MVP票选前六，职业生涯：总助攻数（历史第7）、总抢断数（历史第3），20000分俱乐部*

2008年总决赛期间，我写到拉让·朗多把很多东西带到了餐桌上，但也从餐桌上移走了一些好东西；换句话说，他带来了叉子和盘子，但撤掉了刀子和勺子，不过你还是能吃上一顿好的，因为你至少还有叉子和盘子。加里·佩顿是历史上最典型的餐桌男。他带来了霍格兰的纯银刀叉，还有一些华丽的盘子，不过你吃甜品时没勺子，还得用纸杯来喝葡萄酒，因为所有的玻璃杯都被打碎了。他能为你带来一顿难忘的大餐吗？绝对可以。不过你离席的时候会说：“嘿，我希望我们能有勺子和玻璃杯。”下面就是他带到餐桌上和从餐桌上撤走的一切：

---

① 原注：你绝不会希望他是你们的GM。豪斯是子弹队死忠，不离不弃。我给他发了封邮件，让他说说昂瑟尔德做出的最烂的4个决定。他用黑莓回我：“本·华莱士换艾萨克·奥斯汀（Isaac Austin）；C-Webb换米奇·里奇蒙德；首轮签换老态龙钟的马克·普赖斯；换来凯文·达克沃思然后给他一份溢价合同；给了贾希迪·怀特（Jahidi White）一份2500万合同；交易掉连续3年的首轮签，换来了一坨屎；没能在朱万·霍华德的合同年前续约，朱万抬价后又没跟进，在斯特恩宣布热火的签约无效后最终签了份溢价3000万～4000万美元的合同。肯定还有很多不过我立刻能想起来的只有这些——我在打高尔夫呢。我很爱韦斯不过*他烂透了*！”

叉子/刀子/盘子：20世纪90年代最好的全面型控卫……那支从96公牛手上赢下两场总决赛的64胜超音速队中最好的球员……历史上最传奇的垃圾话高手之一……有史以来防守最好的五名后卫之一……他的1999—2000赛季（24+7+9，153次抢断，45%的命中率，82场比赛，3425分钟）在“最伟大的控球后卫赛季”的神殿中有一席之地……20世纪90年代初期光头在联盟中的流行有他一臂之力，之后不顾艰难险阻始终保持发型不变……或许应该凭借在电影《埃迪》中的表现而获得一次奥斯卡提名，在片中饰演一位路人街球手，修理了马利克·西利……①除奥斯卡和“魔术师”以外的后卫中，唯一开发出杀手级的低位来虐杀小个后卫的家伙……②比任何人都更好地防守了M. J.，在1996年总决赛的后3场中把他限制到了23.7分，第6场19中5的表现……G. P. 和约翰·马尔科维奇（John Malkovich）是我最喜欢的跨种族撞脸，仅次于布兰妮·斯皮尔斯/佩德罗·马丁内斯（Pedro Martinez）和哈里·卡尔森（Harry Carson）/格伦·克洛斯（Glenn Close）……如果肖恩·肯普没有毁掉自己的话，G. P. 至少能赢下一个总冠军……还有一条很个人的注释：我亲历了基德、斯托克顿和G. P. 的绝对全盛期，觉得G. P. 是这3人中最具天赋的全面型球员（他没有任何漏洞）……你一定会爱一个自我膨胀到把两个儿子命名为小加里·佩顿（Gary Payton Jr.）和加里·佩顿二世（Gary Payton II）的家伙。

消失的勺子/杯子：只保持了10个赛季的高水平，对现代的超级巨星而言算是莫名其妙的少……2002年被西雅图交易，非常奇怪，因为球队一般不会交易他们的标志性球员，是吧？……他最后的几个湖人、凯尔特人、热火赛季烂得可耻，我甚至在2004年总决赛后建议把“跳过鲨鱼”改

---

① 原注：片尾的演员名单中，佩顿饰演的角色叫作“拉梅尔·史密斯”，虽然他的名字没有在电影里提到过。说真的，他们难道不能叫他“加里·贝顿”或者“加里·帕顿”吗？他们怎么能管他叫“拉梅尔·史密斯”？这事儿已经困扰我13年了。

② 原注：乔治·卡尔谋杀了西雅图，因为他直到第4场才换G. P. 去防M. J.，这是个无法原谅的愚蠢错误，他永远没有资格进入到“所在时代中最好的教练”的讨论中了。

成“跳过G. P. ”……[①]拥有教练杀手和更衣室讼棍的响亮名头（实至名归），跟许多队友干过架，善于在危机时刻出卖队友……[②]容易抽风、满口垃圾话、自高自大，这些对超音速产生了多少帮助，也就造成了多少伤害……一些队友这样形容他：“我能说什么呢？加里就是加里……”……排名前五十的球员中没有人比他更经常地摇摆于“绝对不可交易”和“我们非常愿意接受交易”之间。

所以，没错，G. P. 比斯托克顿更具天赋，我们见证了1996年的西部决赛，佩顿想干什么就干什么，就差把球塞进斯托克顿的嘴里了。但是随便问一个经历过那个时代的人，更希望和谁一起打球，几乎所有人都会选斯托克顿，可能仅仅是因为他们不想跟佩顿打交道。如果你的控卫有着巨大的自我，关心自己胜过关心队友，你能赢下一座总冠军吗？显然不行——佩顿没有赢下任何东西。在1992年交易佩顿和斯托克顿的话，很难想象卡尔·马隆还会拥有同样的职业生涯；从他第一次在季后赛中掉链子起，佩顿就会不断地攻击和贬损他，无论是在公开场合还是私下里。随着时间流逝，没有人还会记得这些“光辉事迹”：他们会看看佩顿的进攻数据和防守荣誉，就认为他是同时代中最好的攻守全能型后卫。从某种角度来看，这是事实。但是斯托克顿给了自己的球队更多的胜利机会，关心每一个人，从不招来混乱和不稳定，在关键时刻挺身而出，总是把球队置于个人之上。所以我会选择他。事实上，他俩的差距根本就不那么接近。

---

① 译注：“跳过鲨鱼”（jumping the shark），指某个伟大团队已经过了巅峰期，开始下滑；在2004年总决赛后恰好双关地指沙克和湖人。西蒙斯这里指2004年总决赛中下滑最夸张的是佩顿而非沙克。

② 原注：1994年对掘金，就是他们耻辱性地在2：0领先的情况下被逆转黑八的那个系列赛，第1场比赛的中场时间，佩顿和里基·皮尔斯（Ricky Pierce）发生了一场口角，两人互相威胁要用枪做个了断，不过最后还是冷静了下来。就像是里克·莱利（Ricky Riley）和我在2008年ESPY颁奖典礼上发生的一样。

原注：2009年12月，吉尔伯特·阿里纳斯把上面那条脚注推进了二十步之远，他带了4支枪到华盛顿的更衣室，让队友贾瓦里斯·克里坦顿（Jarvaris Crittendon）“选一支”。（阿里纳斯被停薪禁赛整个赛季，被判重罪，并被冠以“史上最难被交易合同”的称号。）是什么让吉尔伯特和贾瓦里斯闹到这一步的呢？一次飞机上的赌牌。看到了没？所有的NBA争端都是因为赌牌或者女人！我早就告诉过你们了！

但是另一方面，我记得自己曾经下注赌菲尼克斯可以在第一轮里战胜赔率大优的97超音速，他们几乎实现了黑七，功亏一篑，因为佩顿爆发了小宇宙。我记得很清楚自己当时立刻订了一条“绝对不要下注给G. P. 的对面”的规矩。斯托克顿很好，但从来没有*那么*好过。

有必要提一提G. P. 生涯中的一段支线剧情：去迈阿密之后，他以角色球员的身份小小地回春了一阵，因为他终于明白过来自己已经没有那么好了，于是逐渐适应了自己的身份。波士顿时期的佩顿虽然老态毕露，却还想着自己用运球和低位单打击败对手，想跟其他顶级得分手飙分，在得不到球的时候大发脾气。那就像看到贾森·亚历山大（Jason Alexander）[①]在一些蹩脚的情景喜剧的片场里发号施令（“你们不知道我是谁吗？我是贾森·亚历山大！”）而没有意识到自己的时代已经过去了。而在迈阿密，佩顿心甘情愿地站到了韦德的后面——只有一次例外，那是在对芝加哥的系列赛中，他在全国电视转播面前突然对韦德爆发了一顿：“你小子别这样对我，老子可是加里·佩顿！”——我们看了大概900次这样的场面：在比赛的最后关头，G. P. 顺从地把球交给韦德，然后吃力地跑向属于自己的底角去，像个温网的球童。而当总决赛中他们需要他的经验时，他抖落干净身上的蜘蛛网，奉献了那个系列赛中最重要的进球之二——帮助赢下了第3场的一记失去平衡后的压哨跳投，第5场加时赛最后30秒的一记老式左手打板。第二个球非常有趣，因为G. P. 在进球后捶胸，与人击掌，脸上带着一副“看吧，你们都忘了，老子当年也阔过”的表情。就像刚唱了一首重新流行起来的老歌。

佩顿成了一名普通的配角球员，一个勉强能防住贾森·特里的家伙，这里头有一些令人伤感的东西。我们*真的*应该在*加里·佩顿*命中一记关键球时感到惊讶吗？这可是史上最好的十位控卫之一！事情真的已经沦落到这种程度了吗？[②]或许我们不应该责备G. P. 为了多赚点儿钱而又打了几

---

① 译注：美国史上最成功的情景喜剧《宋飞正传》中男二号的扮演者。

② 原注：在生活的其他方面有什么可以拿来跟这相比的吗？斯普林斯廷在莱昂国王（Kings of Leon）乐队在梅多兰的演唱会上为他们充当口琴手，在一段摇滚独唱后得到了全场起立鼓掌？

年，或是没有及早意识到一切都已经过去了；说到底，这是他的生涯而不是我们的，拥有好胜心的人本就很难在最合适的时候选择退出。这本就是他们强烈好胜心的一部分。考虑到佩顿在一支总冠军球队中还能在最后时刻留在场上，而且为夺冠做出了重要的贡献，你也不应该把他当成是1989年的卡里姆之类的球员。但是当我回忆起G. P. 获得戒指的那个赛季时，比起那两记关键跳投，更让我记忆深刻的还是在他命中后我的惊讶之情。为了一枚总冠军戒指而让人们对自己的预期降低到这种程度，这到底值不值得？只有加里·佩顿自己知道。

40. 帕特里克·尤因

履历：*17个赛季，11个高质量赛季，11届全明星，1986年最佳新秀，1990赛季最佳阵容一队，1988、1989、1991、1992、1993、1997赛季二队，一支总亚军（94尼克斯）球队中最好的球员，巅峰两季28+11+3、3.6盖帽、53%的命中率，1990年季后赛29+11+3+3（10场），1994、1995年季后赛20+11、2.8个盖帽、46%的命中率（36场），92梦之队成员，20000分+10000篮板球俱乐部*

尼克斯球迷曾经以为他们要进入帕特里克·尤因时代了。[①]所有人都相信尤因会是拉塞尔的进化版，在防守端具有超强的破坏力，终有一天会统治联盟。可是这没有发生……没有发生……有一次这事儿好像要发生了，结果还是没有发生……还是没有发生……直到某一天，除尼克斯脑残粉外的所有人终于意识到，这事儿永远也不可能发生了。还记得电影里常

---

① 原注：我有几个尼克斯球迷的朋友，他们发誓说尼克斯球迷下意识地不喜欢尤因，因为很多尼克斯球迷都支持圣约翰大学（St. John's University），而那时圣约翰与乔治城的大东区死敌关系正处高峰。（译注：圣约翰大学位于纽约。1982—1985年，尤因带领下的乔治城大学四度在大东区锦标赛和NCAA锦标赛中淘汰圣约翰。）

有的场景吗：男主角死在医院的病床上，他的妻子对他说着话，就像他还没死那样，房间里的其他人都感觉到气氛有些尴尬，终于有个人出来说："亲爱的，他已经不在了。"然后她开始尖叫："不不不不不！不不不不，他还活着！他会醒来的！"然后她终于崩溃了，哭成狗一样。这就是1995—1999年间的尼克斯球迷。在哈基姆在1994年总决赛里把尤因爆成渣渣之后，尤因在"这家伙可以带领我们拿下总冠军"的层面上就已经死去了。只有尼克斯球迷还痴痴地站在医院的病床边，希望他能醒过来。

如果给尤因的职业生涯做个总结的话，那应该是"令人失望"（"杯子里还有半杯水"的说法）或者"现象级的令人失望"（"杯子里只有半杯水"的说法）。他在1990赛季达到了巅峰，场均29+11、4个盖帽、55%的命中率，带领尼克斯拿下45胜，在对阵波士顿的不赢球就回家的第4战中砍下44+13，在抢五里得到31分，率队完成了令人震惊的下克上。我当时坐在花园里，看着尤因大杀特杀，还命中了一记不可思议的神奇三分，我记得自己当时在想："该死，他要什么有什么；我们有大麻烦了。"但底特律在第2轮里轻松地干掉了他们，尤因则再也没有那么好了。为什么？因为他的膝盖。大学时的尤因就像一只逡巡于禁区的饿虎，像"痛苦之屋"一样到处蹦来蹦去，①干扰每个离篮筐15英尺以内的投篮。成为NBA老兵的尤因则待在自己的位置上不动，慢跑时迈着大步，每次起跳前都要先蹲一下。他从来不是一个好篮板手或传球手，②也不是什么低位动作万花筒，随着运动能力被逐渐侵蚀，他最终成了一名精英中锋，什么都会，但没有什么地方特别强。实际上，这让人有些遗憾。可怜的尤因总是在比赛时摆出一副"认真"的神情，承受着MSG的观众冲他的大吼，在关键进球后用力捶胸，在接受采访时强调"我是个战士！"，甚至笨拙地努力想成为一名凶恶的执行者。这一切似乎都有些用……但事实

---

① 译注：说唱组合"痛苦之屋"（House of Pain）曾发行过一张《蹦来蹦去》（*Jumping Around*）专辑。

② 原注：尤因从来没有进过篮板榜前三，目前在生涯场均篮板榜上排在第57，微弱领先西克马（第61）、兰比尔（第63）和罗尼·赛克利（第69）。

并非如此。久经世故的尼克斯球迷们看透了他，不断地讨论他的优点，却总是得到相同的结论：*只要这是我们最好的球员，我们大概就没法夺冠。*

然后帕特·莱利几乎拯救了尤因的超级巨星地位，把尼克斯打造成了坏孩子第二，采用了暴徒篮球战术，让他的事实上能力相当有限的中锋身上的一切都发挥了出来（这一过程差点毁灭了篮球）。他们连续两年在激战后败给了芝加哥，然后终于抓住乔丹“棒球假期”的机会，靠着尤因在抢七中的怪兽级表现（对印第安纳，22+20+7、5个盖帽、补篮绝杀）打进总决赛，最终却令人心碎地挥霍了夺冠机会。第二年，雷吉·米勒在东部半决赛中伤透了他们的心，尤因则错失了一记可以改变系列赛结果的6英尺上篮。那之后，尤因的夺冠窗口期结束了，虽然人们用了好几年才意识到这一点。2001赛季前，尼克斯终于决定放手（同时也不小心地葬送了他们的未来），用尤因的到期合同换来了一堆烂合同；之后我们看着尤因艰难地经历了“15岁的老狮子狗，患了白内障，开始在房子里随意大小便，需要做安乐死”的阶段。有人知道为什么中锋们在35岁之后就老得像狗一样快吗？他们总会在某个赛季胖了20磅，丧失了全部的手眼协调能力，奔跑时就像在放慢动作，弹跳时仿佛鞋子里全是剃刀刀片；他们只剩下转身跳投了。就像一只完完全全坏了的破手机，只剩个收音机功能。那就是转身跳投。这样的赛季在尤因身上发生了两次，西雅图一次，奥兰多一次。然后他就退役了。

他的失败有很多原因。尤因缺乏人格魅力，可能是后合并时代除摩西·马隆外最让人不舒服的采访对象。[①]他有着一些明显的弱点——可怕的双手，在关键时刻不稳定，不可靠的篮板手，双人包夹下糟糕的传球手，没法提升他的队友——而且他的比赛风格并不吸引球迷，所以没法被人们喜爱和怀念。甚至尤因最闪亮的时刻（1994年总决赛）都成了一场车祸：尤因场均18.9分、36%的命中率，而哈基姆27+9、3.9个盖帽、50%

---

① 原注：尤因当上球员工会主席的时候，那种感觉就像看到Flavor Flav当上了维亚康姆总裁。（译注：维亚康姆，全球第四大传媒集团。）

的命中率。两个人的差距远不止那么小。尤因能排得这么高是因为在他的巅峰期你很容易就可以围绕他打造一支有总冠军竞争力的球队，还因为他本来很有可能赢下1994年总冠军，只要他身边的是里奇蒙德、赖斯、米勒或其他任何不是约翰·斯塔克斯的优秀2号位。与德雷克斯勒、罗宾逊和马隆等梦之队队友一样，我们会记得尤因本质上只是个二当家，却扮演着大当家的角色，尽管尼克斯球迷那时从不承认这件事。现在他们承认了。①

关于尤因的最后一点：我还在旧网站上写文的时候，一个名叫戴夫·奇里利（Dave Cirilli）的读者寄来了他的复杂的尤因理论，其核心是一个难以解释的现象，即乔治城大学和尼克斯似乎在尤因坐在板凳席上时反而打得更好。戴夫对这个理论缝缝补补，找了许多例子，②然后给我发了邮件，接下来几周时间我们仔细地打磨了语言，终于决定符合尤因定律需要两个关键元素：一个明星运动员得到了媒体和球迷过多的注意和兴趣，但球队在有他的情况下从未真正赢下过任何东西；这名运动员离开球队后（不管是因为伤病、交易、毕业、自由球员转会还是退役），媒体和球迷立刻对球队的未来（剩余的赛季或之后的赛季）不抱希望。我记下了这个理论，还开了点儿玩笑。③几个月后，尤因在1999年东部决赛第2战中扭伤了跟腱。赔率占优的步行者队本来似乎稳稳晋级了……但因为尤因这一出，这突然间成了尤因理论的终极测试。第3战前，戴夫非常自信，毫不动摇地预测说："尤因的受伤是尼克斯所能遇到的最好的事；这下他们肯定能打进总决赛了。"不可思议地，尼克斯赢下了接下去4场比赛

---

① 原注：我最喜爱的尤因时刻：一家亚特兰大脱衣舞俱乐部（黄金俱乐部）被爆出提供毒品和妓女，在后来的审判中发现了许多名人是那里的老主顾，其中包括尤因。

② 原注：他最初的例子：唐耶尔·马歇尔（Donyell Marshall，95康涅狄格大学），佩顿·曼宁（Peyton Manning，98田纳西大学），唐·马丁利（Don Mattingly，96扬基），布雷特·哈特（Bret Hart，97 WWF）。

③ 原注：一些有趣的流行文化案例：香农·多尔蒂[Shannen Doherty，《新飞跃贝弗利》（*90210*）]，大卫·李·罗斯[David Lee Roth，范海伦乐队（Van Halen）]，谢莉·朗[Shelley Long，《干杯酒吧》（*Cheers*）]，大卫·卡鲁索（《纽约重案组》），桑尼·柯里昂（Sonny Corleone，柯里昂家族），克雷格·吉尔伯恩[《每日秀》（*Daily Show*）]。

中的3场，挺进总决赛，*而我刚刚才在网站上鼓吹戴夫用尤因理论做的预测！* 我当时的3000名读者简直不能更钦佩了。从那时起，尤因理论的例证不断出现——莫・沃恩（Mo Vaughn，99红袜），巴里・桑德斯[Barry Sanders，99雄狮（Detroit Lions）]，特伦特・格林[Trent Green，99公羊（St. Louis Rams）]，格里菲（Ken Griffey Jr.）和A-Rod[00和01水手（Seatle Mariners）]，丹・马里诺[00海豚（Miami Dolphis）]——终于，2001年，我在ESPN网站上向全国读者推出了戴夫的尤因理论，并预测德鲁・布莱索（Drew Bledsoe）会是尤因理论在未来最可能的候选人。几个月之后，布莱索受伤，然后02爱国者在没有他的情况下赢下了第一座超级碗，而我看起来就像诺查丹玛斯。你必须承认，这太神奇了。那之后，我们还有很多例子[诺马（Nomar Garciaparra）与04红袜以及蒂基（Tiki Barber）与07巨人是其中最好的两个]；如果没有伟大的帕特里克・尤因，这一切都不会发生。

重点在于：如果你的巅峰期激发了一个体育理论，猜测为什么你的球队在没有你的情况下反而打得更好，你大概就不应该进入名人堂金字塔的前三十五。

39. 德克・诺维茨基

履历： *12个赛季，10个高质量赛季，9届全明星，2007年MVP、25+9+3、50%的命中率、42%的三分命中率、90%的罚球命中率，2005、2006、2007、2009年最佳阵容一队，2002、2003、2008、2010年二队，2001、2004年三队，巅峰三季26+9+3（48%-89%-41%），1支总亚军（06小牛）球队中最好的球员、季后赛合计27+12+3（23场），连续10年22+8，生涯季后赛26+11、46%的命中率、88%的罚球命中率（103场），20000分俱乐部*

NBA第一人差点儿成了一个德国人。是的，我们在2006年季后赛里曾经离此*如此*之近——若非韦德、萨尔瓦托、佩顿和其他人的英勇表现，那将会是继大卫·哈塞尔霍夫在《海滩救护队》（*Baywatch*）[①]里影响了无数色心偶炽的少男少女之后德国对美国在文化上的最大侵略。我当时非常害怕——这可是那个发起了两次世界大战，还在《胜利大逃亡》（*Victory*）里故意弄伤了贝利的国家啊。要是诺维茨基在那年春天接过了第一人的火炬，德国人肯定会变得跟过去一样不可一世，可能他们身上的"邪恶"血液又会重新涌动，或许我们的生命会陷入危险。然而现实是，小牛队在总决赛里崩盘了，还有德克也是，他确认了自己在"见鬼，我身上就是缺乏那种东西"全明星榜单上的位置，跟卡尔·马隆、德雷克斯勒、K. J. 、尤因和桑普森们成了伙伴。快跟我一起跳进NBA时间机器，回到2006年。德克刚刚结束了自己最好的常规赛季，正在成为NBA史上最不软的欧洲球员。[②][备注：德克进化出了相当凶狠的气质，在《明星整人秀》（*Punk'd*）里阿什顿·库彻（Ashton Kutcher）调戏他的时候，似乎有几秒钟德克甚至好像要狠狠地揍他一顿，那样的话就将是历史上最伟大的突发斗殴——但那是另一个故事了。]虽然我们喜欢看一个趾高气扬的、爱咆哮的、拥有25英尺射程的7尺德国人打出超级高效的进攻赛季，但关于他的关键时刻能力和达拉斯能否在最好的球员看起来又软又防不住任何人的情况下夺冠的疑问一直悬在我们心中。[③]不管怎么说，从没有球队在全攻无守的家伙带领下夺冠过。然后德克在以下时刻实现了突破：

对圣安东尼奥系列赛（第2轮）抢七　客场面对卫冕冠军，最后30秒落后三分，还深陷在前一个回合被吉诺比利命中一记夺命三分的眩晕之

① 译注：电视剧，其经典片头是上身赤裸的俊男和"波涛汹涌"的美女在海滩上慢跑。哈塞尔霍夫是片中主演兼后几部的监制。

② 原注：这就像开着全纽约市最不臭的出租车。

③ 原注：德克最早被贴上"软蛋"标签是在2003赛季，他在膝盖受伤的情况下拒绝出战2003年西区决赛。奇怪的是，这个决定现在已经没有人记得了。

中，达拉斯把决定整个赛季成败的战术布置给了德克。他得到球，用前一年夏天刚开发出来的一招“背对着你左右晃动、一边冷笑”的招式背身顶着布鲁斯·鲍文进了禁区。在鲍文托大的防守下，德克狡猾地一转身过掉了他，还在这一过程中神奇地躲过了绊子、黑脚或踢裆。然后他直冲向篮筐，扛住了与吉诺比利的身体对抗，[①]完成了一记颠颠颠颠进篮筐的上篮，造成犯规并命中罚球。打平！记住，小牛队离浪费掉系列赛大比分3：1和抢七战20分的领先优势只差30秒；这之后他们就脱胎换骨了。考虑到当时的情景，这球难道不足以跟“魔术师”在87凯尔特人头上的天勾、伯德对阵87活塞时的抢断—助攻、M. J. 终结1998年总决赛的得分—抢断—得分、杰里·韦斯特把1970年总决赛第3战拖入加时的半场投篮以及NBA史上其他“我必须打出关键表现，就在现在”的关键球相提并论吗？而且他们赢下了加时赛并打进了总决赛，那么就必须要再问一个问题：有多少超级巨星能单枪匹马地用一个球改变当年季后赛的进程？在这个时间点，似乎德克要从一个建队核心级球员一跃成为有潜力进入万神殿的家伙了。[②]

对菲尼克斯系列赛第5战（西部决赛） 德克用21世纪头10年最佳表现之一摧毁了菲尼克斯：50分，12篮板，第4节令人难忘的“我们绝不会失败”大爆发（得到达拉斯35分中的22分，一举锁定比赛）。还有人能防住他吗？对方不能上较高的邓肯/加内特型球员，因为德克可以用运球突破来打败他们，更糟的是，他还能把他们拉到25英尺之外，在他们头上颜射三分。勇敢的鲍文/拉贾·贝尔型球员也没有机会，因为他有着创造性的高位打法（再加上他的致命后仰跳投）。还有谁？理论上，肖恩·马里昂型的瘦长前锋有着最好的机会，因为他们可以保持在他面前，让他不那么轻

---

① 原注：吉诺比利的愚蠢犯规跟拉希德2005年总决赛放空“大心脏罗布”、保·加索尔没有对雷·阿伦终结比赛的突破进行协防（2008年总决赛第4战）和国王队在“大心脏罗布”命中绝杀前没有对抢到进攻篮板的沙克犯规（国王–湖人系列赛第4战）并称过去10年四大愚蠢防守。

② 原注：从对马刺的第3战到对太阳的第3战，德克8场比赛场均29+15。我的天。

易地得分，迫使他在16英尺出手，[1]但是德克知道在投不进球时该如何调整，遵循拉里·伯德的策略，冲抢进攻篮板，通过二次进攻和造犯规来得分。在这个时间点，随着他的自信心不断增长，再没有能彻底锁死他的方法。我当时写道："德克正打出伯德之后所有前锋中最高的水平……这个春天，他是一个杀手，一个刺客，我之前从未想到会这样描述德克·诺维茨基。"

为了证明诺维茨基比大家意识到的更好这一观点，我在那篇专栏里发明了一个叫"42俱乐部"的东西：把球队核心的季后赛得分、篮板和助攻相加，如果数字超过42，那就说明我们讨论的是一个有潜力进入第4级（或更高）的家伙。[2]我只考虑在一次季后赛中打了至少13场比赛的球员，算是取样资格（至少在最高等级的水平上打了一个月以上篮球）。从1977—2010年的全部42俱乐部成员：

迈克尔·乔丹（6次）：49.4（1989），50.7（1990），45.9（1991），46.5（1992），47.8（1993），43.8（1997）

沙奎尔·奥尼尔（4次）：43.6（1998），49.2（2000），49.0（2001），43.9（2002）

拉里·伯德（4次）：42.0（1981），44.4（1984），43.4（1986），44.2（1987）[3]

勒布朗·詹姆斯（3次）：44.7（2006），43.6（2008），51.7（2009）

摩西·马隆（2次）：43.0（1981），43.3（1983）

---

① 原注：斯蒂芬·杰克逊在2007年季后赛里就是这么折磨他的，不过我们现在还不知道，因为我们还在NBA时间机器里，没忘了吧？

② 原注：我喜欢42俱乐部这样的主意，因为这让我想起了《周六夜现场》的五度俱乐部，给那些五度被邀请来客串主持的嘉宾，不过这里没有埃利奥特·古尔德（Elliott Gould）这样的薄弱一环。每个人都会是汤姆·汉克斯和史蒂夫·马丁。

③ 原注：如果我们在42俱乐部里加一个白金厅，给那些同年命中率超过50%、罚球命中率超过80%的球员，白金会员会包括乔丹（4次）、伯德（2次），就这么多。

“魔术师”·约翰逊（2次）：43.8（1986），42.5（1991）

卡尔·马隆（2次）：43.0（1992），42.9（1994）

哈基姆·奥拉朱旺（2次）：44.2（1994），47.8（1995）

蒂姆·邓肯（2次）：42.7（2001），45.4（2003）

卡里姆·阿卜杜勒-贾巴尔（1次）：47.1（1980）

查尔斯·巴克利（1次）：44.5（1993）

科比·布莱恩特（1次）：42.8（2001）

阿伦·艾弗森（1次）：43.7（2001）

凯文·加内特（1次）：44.0（2004）

德克·诺维茨基（1次）：45.1（2006总决赛前）

在这份名单上没有人是混进来的，可能除了……呃，我希望能委婉一点儿，但是管他的——卡尔·马隆！除此之外，从1977—2010年所有值得纪念的春天都在上面了，只缺77沃尔顿（得分不够），84伯纳德（只打了12场），87和88“魔术师”（只差一丝），06韦德（前两轮还不够火热）。就跟现实中一样，尤因、罗宾逊和德雷克斯勒最好的季后赛赛季都以毫厘之差落选。K. G.、巴克利和艾弗森的生涯年、MVP赛季都入选了，还有科比不可思议的2001赛季，当时他不声不响地到达了自己在全能方面的巅峰。我还很满意的是，我们最具统治力的球员（M. J.）以6度入选排名第一，而他早熟的下一代挑战者（勒布朗）在21岁就闯进了42俱乐部。这个概念的每一项都通过了检查；没有侥幸，没有误差，没有不公正。非常有效。我之前从没有想到德克会有机会进入精英级季后赛表现的榜单；就在两年前的夏天，我还怒黑了拒绝在沙克交易中加入诺维茨基的达拉斯。那场50分之战改变了我的看法。就像第二天我写的：“他是当今最不可阻挡的篮球运动员，一个真正的建队核心，我觉得他会在两周后得到他的第一座总冠军。”

后来发生了什么？达拉斯赢下了前两场总决赛，在迈阿密的第3战还剩6分钟时还有着13分的领先优势……然后以比科里·黑姆（Corey

Haim）的复出更快的速度崩盘了。[1]韦德接管了比赛，裁判接管了比赛，小牛则失去了冷静。甚至在迈阿密的大逆转之后，诺维茨基（当季90.1%的罚球命中率）在最后3秒有机会用两记罚球扳平比分。他投丢了第二球。胜负遂定。关于实现飞跃的讨论就到此为止。达拉斯在第4战中奉献了比科里·黑姆在《破胆禁区》（*Fever Lake*）里的演出还要夸张的隐身表现，然后在第5战中毁在了诡疑[2]的判罚手里，虽说他们自己也犯了一连串的脑残错误，约什·霍华德在加时赛中丢了两个关键罚球。第6战中，他们表现得比《疤面煞星》里科里·黑姆看可乐那一幕还要慌乱。现在回想起来，迈阿密配得上胜利，因为他们更坚韧、更有经验。达拉斯在这个系列赛里越来越紧张；迈阿密保持了镇定。达拉斯抱怨了整整两周；迈阿密什么都没有抱怨。埃弗里·约翰逊看上去比一个在别人的单身派对上不敢跟人一起跳大腿舞的妻管严丈夫还要战战兢兢；帕特·莱利则总是一副志在必得、马上要在游艇上开一瓶霞多丽葡萄酒来庆祝季后赛的模样。甚至双方球星的肢体语言都有所不同：韦德酷得不能再酷，而诺维茨基则不断地皱眉，猛扯牙套，比被《捉鬼小精灵2》（*Lost Boys 2*）剧组拒绝时的科里·黑姆还要絮絮叨叨个不停。[3]记录可以表明4场失利中作为球队核心的德克表现得多么糟糕。至于那个灵感从他这里来的42俱乐部，德克在2006年季后赛最后的数字是……

（鼓声，谢谢……）

41.6！

---

① 译注：科里·黑姆是20世纪80年代的青年偶像，15岁时沾染毒瘾，2007年前后有过短暂而失败的复出，后在2010年因肺炎去世。

② 原注：我自己用“可疑”和“诡异”编造了“诡疑”这个词。如果《韦氏词典》[译注：《韦氏词典》是美式英语最早的经典词典，由诺阿·韦伯斯特（Noah Webster）编订]里收录了这个词，他们会直接用韦德2006年总决赛的罚球数来作为定义。

③ 原注：我觉得自己刚才打破了“科里·黑姆在一本体育书籍的一章中被提起次数”的纪录。我有这种感觉。

原注：科里·黑姆在《篮史通鉴》出版后几个月去世了吗？是的。《篮史通鉴》造成的伤害一览：奥登变成了第二个鲍伊，奥登的膝盖，普里兹比拉的膝盖，科里·黑姆，吉尔伯特·阿里纳斯的生涯。

看到没？这个公式从不失败！后一个赛季，德克踉踉跄跄地得到了MVP，随后被对阵07金州的惨败证明是一个错误。现在他已经进入了生涯的后半程，我们可以安全地说德克·诺维茨基已经错过了成为联盟第一人的船票。没错，他是史上最好的四十个球员之一。但是他从来没有完整地统治过一个赛季；就我所知，美利坚依然安全。

九　金字塔：L3

38. 乔治·迈肯

履历：9个赛季，7个高质量赛季，4届全明星，1950、1951、1952、1953、1954赛季最佳阵容一队，单季联盟第一：得分王（3次）、篮板王（1次），7支总冠军球队（包括NBL和BAA在内）中最好的球员，巅峰三季28+14+3、42%的命中率，生涯季后赛23+14（60场）

和你自己击一下掌吧，因为你刚刚读到了这本书最愚蠢的地方。我是说，你会把前24秒时代最伟大的球员排在什么位置呢？称某人为前24秒时代最伟大的球员，就像是称《一对一："J博士"vs拉里·伯德》[①]为20世纪80年代早期最伟大的体育游戏一样。[②]也就是说，这话没什么意义。迈肯有6尺10寸高，当他身处巅峰时，三秒区非常之小，没有24秒，没有7尺长人，没有干扰球规则，几乎没有黑人球员……而且他也没有刷出威尔特·张伯伦式的数据。看看他最后4个优质赛季（1951—1954）与同时代球员的数据对比吧。[③]

球员	出场数	场均得分	场均篮板	命中率	出手数
乔治·迈肯	274	22.6	14.1	40.0%	19.7
埃德·麦考利	272	19.7	8.6	44.8%	13.9
多尔夫·谢斯	272	16.5	13.4	36.8%	13.4

① 译注：史上第一款篮球电子游戏。

② 原注：1984年的时候，我大概在《"J博士"vs伯德》上花了10000个小时。如果那时候我就有《NBA Live 2011》的话，我根本不会看一眼《"J博士"vs伯德》。这和1951年的迈肯是一样的。如果那时候就有德怀特·霍华德的话，人们根本不会理会迈肯。

③ 原注：篮板数据从1951赛季才开始记录。他们那时候在搞什么啊？他们居然还记录了得分数据，真是难得。

续表

球员	出场数	场均得分	场均篮板	命中率	出手数
鲍勃·库西	278	19.1	6.3	36.5%	18.4
尼尔·约翰斯顿	206	18.0	10.3	45.3%	13.3
保罗·阿里津	131	21.3	10.6	43.1%	15.9
亚历克斯·格罗扎（Alex Groza）	66	21.7	10.7	47.0%	15.8

迈肯在得分和篮板上领先所有人（不过优势并没有到骇人的程度），与此同时出手也是最多（大大领先），而且这项运动在当时简直是为他的天赋特质（身高和强硬）量身定做的。别搞错了："大乔治"*毫无*观赏性。伦纳德·德佩特这么描述他："湖人队会慢慢地把球带过半场，等着动作笨拙的迈肯挪进篮下。然后他们就想方设法把球交给大乔治，他再转身过去，一边用左手大肘子开路……简单地说，迈肯实在太大只了，根本无法阻挡。他跳不高，但是他不需要。他跑不快，但是他不需要。"怪不得当时的联盟差点儿倒闭了。1951—1952赛季开始前，这项运动开始限制迈肯，把三秒区扩展到12英尺宽，于是"大乔治"没法再一直扎在篮下了。在修改规则前的3个赛季（1949—1951），他场均28分，42%的命中率。之后的3年（1952—1954），他场均21分，39%的命中率。知道了迈肯在新三秒区和24秒规则施行后有多挣扎，你就能想象，在联盟修改干扰球规则、引入更多黑人球员后，他的生涯会多么惨淡。所有的证据都指出，迈肯有着最好的时机：他进入和离开联盟的时间点都无比精妙。不幸的是，我们不能把他放在第3层以下的地方，因为我不敢冒险去推翻在老人公寓收集得到的统计材料。

关于乔治的两件好玩的事：第一，他是NBA历史上唯一一个成功混搭"厚镜片+丑护膝"的球员。迈肯在所有照片或视频里看起来都更像是书呆子篮球队的中锋。①第二，他可能是那个时代最强硬的球员，9年篮球

① 原注：我大概花了20分钟思考迈肯看起来像哪个当代名人。答案？巨大版的、戴眼镜的贾森·比格斯（Jason Biggs）。真高兴我生活在现代。

生涯中断过十根骨头，缝过160针。他在手腕骨折的情况下帮助明尼阿波利斯拿下了1949年的总冠军。他在1951年季后赛中拖着一条断腿打球，最终明尼阿波利斯在西区决赛中输给了罗彻斯特。多年后迈肯接受《新闻日报》采访时说："医生们在季后赛里给我的腿绑上了钢板。我感觉打得不错，场均20多分。我没法跑，在场上只能用一只脚蹦。"他就是文斯·卡特的反面。当然，他刚刚无意间证实了前面几段话的核心观点——迈肯称霸的是一个中锋们在腿上绑着钢板、只能用一只脚蹦跳的情况下仍然能在季后赛里场均20分的时代。

37. 阿伦·艾弗森

***履历：**14个赛季，12个高质量赛季，11届全明星，2001年MVP，1997年最佳新秀，1999、2001、2005赛季最佳阵容一队，2000、2002、2003赛季二队，2006赛季三队，巅峰三季31+4+7，1支总亚军球（01费城）中最好的球员、季后赛33+5+6（22场），单季联盟第一：得分王（4次）、抢断王（3次）、总失误数（2次）、出场时间（2次），赛季场均30+（4次），生涯季后赛30+4+6、40%的命中率（71场），20000分俱乐部*

几年后，几十年后，会有许多数据控们把艾弗森和他在这个金字塔上第37位的排名挑出来，从各个角度对他的职业生涯大加批判。随他们的便吧。只需要记住，在这个10年中（从他2001年MVP赛季开始算），艾弗森每年都通过了"季票测试"：每年季票寄到后，收件人总是要看看赛程，记下一些不容错过的比赛，把它们在日历上标出来。比赛的重要与否需要考量很多东西：死敌对决，超级巨星，冉冉升起的新秀，还有"我必须看这家伙"的因素。就是这样。从1997—2007年，艾弗森总是在我的名单里。总是。所以我根本懒得管艾弗森的胜利贡献值有多少，或者他是总得分榜前五十中命中率最低的，或其他什么玩意儿。[①]从2000年开始，每张有艾弗森的比赛的球票，都一定会是一次高水准的、第一流的观赏体验（就跟在一家特别棒的餐厅预约一样确定），而且不知道为什么，他真人看起来总是比电视上更不可思议。他官方身高6英尺，实际上最多5尺10寸，所以每次攻击篮筐时，都仿佛是一个小个跑锋在一堆线卫中生生杀出5码[想想埃米特·史密斯（Emmitt Smith）[②]吧]。他变向时的角度不可思议（在他做完动作之前你完全无法预料那些角度，即便是你已经看了他10年球了），命中了无数的上篮和抛投。他具备一项神奇的本领，可能一场比赛24中9，可不知怎么却能命中全场比赛最关键的两个球。他打球时会进入一种“给我去死”模式，只有K. G. 和科比才能与他比肩（当然在这方面称王的还是乔丹）。有许多许多年，联盟中最咄咄逼人的球员是一个还没有丽贝卡·罗梅恩（Rebecca Romijn）高的家伙。想到下面这件事时我总是感到特别有趣：艾弗森在他的前8次全明星赛里场均28分钟，比分接近的那几场的最后时刻他总是留在场上；即使是他的临时教练都不敢去冒激怒他的危险。

艾弗森的职业生涯是媒体如何抹黑一位运动员在大众心中的形象的典型案例。那些反对艾弗森的言论大多来自一群40、50或60多岁的媒体人，他们并不理解他，也根本不想尝试去理解他。他们不断地抨击他声名狼藉的训练态度（多年来一直被故意放大了）和特立独行的造型（垄沟头和文身），而不去描述在现场看他打球时感受到的那种不可思议的刺激。他们都说他是一位教练杀手，说他是个黑洞、毒瘤，说他讨厌训练，说他没办法让他的队友变得更好，却不去想想为什么事实上他是同时代球员最

① 原注：艾弗森的一些黑点：他是个球霸（连续7个赛季出手23次以上）；他是个糟糕的三分手（生涯31%的命中率，2002—2004年连续3年低于30%）；他失误太多（生涯场均3.6次，3个赛季在4.4次以上）；他是个控卫身高的2号位（所以你必须要给他配个高个控卫来帮艾弗森防守对方的2号位）。最无法辩护的是他的三分投篮——没有人应该在命中率那么烂的情况下在12个赛季里出手3300次。

② 译注：NFL历史跑阵王，身高5尺9寸。

尊敬的人之一。①他们都有意闭口不谈他身边糟糕的管理层、低于平均水平的队友和费城时期走马灯般频繁更换的教练。②他们也不关心下面的事实：他是历史上最有影响力的黑人运动员之一，把NBA带进嘻哈时代的弄潮儿（不管联盟是否准备好了），在黑人中产生了连乔丹都无法复制的共鸣。他们对他并无兴趣，虽然他是我人生中见过的最吸引人、最复杂的运动员：夜店传奇，同时又是个全心全意顾家的男人；忠诚的队友，却又出手太多；羽量级选手，却像重量级选手一样战斗；令人胆寒的竞争者，却总是场上最矮的球员；在阴暗环境中长大的前科犯，却成了一切体育项目中最凭直觉行事、最有自我意识、最善于表达的超级巨星。如果让我选一位现代球员，要跟他一起待一周，为他写一篇专题文章，我肯定会选择阿伦·艾弗森。一念之间。

没错，他的投篮命中率并不好，他出手太多。管他呢。我希望50年后的人们还会记得，艾弗森有着最好的平衡能力，比所有人都更快、更协调，带着超人类的伤病继续作战，同时还是史上最好的运动狂人之一。我们都知道他是弗吉尼亚州史上最好的高中橄榄球运动员，但他还完全可以成为世界级的足球运动员、拳击手或棒球中场手，如果他选择径赛的话也可以参加奥运会，另外，我无法想象他在网球场上能覆盖多少面积。[这一段跑题非常重要，我都不想把他写成脚注了：每次世界杯，我总是在想哪个NBA球员会在足球领域取得成功。艾弗森会成为最好的足球运动员。

---

① 原注：2006年费城将艾弗森交易到丹佛之后，《NBA一条龙》（*NBA Coast to Coast*）的前球员们[格雷格·安东尼，蒂姆·莱格勒（Tim Legler），琼·巴里（Jon Barry）]在节目里交换艾弗森的战斗故事，就像在谈论一个传说中的玛雅战士。

② 原注：艾弗森在费城时身边只有过两位全明星：西奥·拉特利夫和巅峰已过的迪肯贝·穆托姆博。在他的巅峰期，身边是溢价的角色球员[埃里克·斯诺，阿龙·麦基（Aaron McKie），凯尔·科沃尔，肯尼·托马斯（Kenny Thoms），马克·杰克逊，布赖恩·斯金纳（Brian Skinner），格雷格·巴克纳（Greg Buckner），蒂龙·希尔，乔治·林奇（George Lynch），科里斯·威廉姆森（Corliss Williamson）]，溢价的没能发挥出天赋的球员[德里克·科尔曼，基思·范霍恩，萨姆·达朗贝尔（Sam Dalembert），乔·史密斯（Joe Smith）]，溢价的过气老兵[托德·麦卡洛克，托尼·库科奇，克里斯·韦伯，格伦·罗宾逊，马特·盖格尔（Matt Geiger），比利·欧文斯]，还有没能发挥出潜力的乐透秀（杰里·斯塔克豪斯，蒂姆·托马斯，拉里·休斯）。

我从不怀疑这一点。德龙·威廉姆斯会成为一流的中后卫。约什·史密斯在角球头球抢点时绝对无法阻挡。你还能想象一个比勒布朗更好的守门员吗？那就像球门线上有一条6尺9寸高的人形章鱼。难道我们不能教他一些基本的足球知识，然后让他去代表哥伦布机员队（Columbus Crew）踢几场美国职业足球大联盟的比赛吗？如果这真的发生了，你会打开电视看这个台吗？]艾弗森在场下跟在场上同样不知疲倦，却仍然能保持很好的比赛状态；这算不上什么成就，但还是很不可思议。[①]我们还要给他加上几分，就凭他击败了无数得分机器，把一支平庸的76人拖进了2001年总决赛。跟格文、麦卡杜和多米尼克不同，艾弗森带着一种巨大的自信在打球，从而把一支马马虎虎的球队带上了另一个级别。他相信他们能赢，他耗尽生命去做到这一点，于是其他人在他的感召下跟着他前进。看看1979年子弹–马刺系列赛的第7场和2001年雄鹿–76人系列赛的第7场，格文和艾弗森——两位超级得分手——之间最大的区别就在于他们的行为方式。格文从来不会给人那种生死系于此战的感觉，而艾弗森却会进入战地模式，用他的那股狠劲儿去带动队友和感染球迷。[②]

那股狠劲儿把他和其他所有后乔丹时代的球员区别了开来；在他20—30岁的这段时间里，大部分时候，他是联盟中最令人胆寒的球员。他有一个其他人所没有的黑化之界，可以瞬间变身成《火线》里的角色。我还记得一次在现场观看费城做客波士顿的比赛。艾弗森被吹了一个技术犯规，他震惊地喊了一声，然后不依不饶地跟着裁判一直走到了技术台，最终用整个肺的力气爆出了一声粗口。裁判转过身，把哨子放进嘴里，准备吹第二个技术犯规。他们就在我面前25英尺的地方，所以我看得非常清楚。

---

① 原注：有关艾弗森的二手故事你可以写上整整一章，像是什么“我听说他一晚上睡了10个女人”，或是“我听说他喝了一晚上的酒，然后在波士顿打了场比赛，得了49分”，诸如此类。按坊间的说法，他压根儿就不睡觉。他就是个吸血鬼。这大概是为什么他的职业生涯在2009年突然就结束了。[译注：指吸血鬼电影《暮光之城》（*Twilight*），在2009年开始热播。]

② 原注：但是当他的队友没有被那股狠劲儿带动起来时，一切就崩盘了。你可以问问基思·范霍恩，他大概现在还在因为在“答案”身边打过球而接受心理治疗呢。有好几次，艾弗森看上去对KVH非常愤怒，因为他总是让自己失望。

我愿意用我女儿的性命发誓，接下去的一幕是这样的：就在裁判准备吹哨的时候，艾弗森陡然瞪大了眼睛，充满戾气地走向他，就像有人发现自己的车被开了张罚单，而他觉得直接揍那个开罚单的家伙一顿是个不错的选择。有一个瞬间，空气里真的有一种暴力的味道。那个裁判被吓坏了，哨子从嘴里掉了下来，他再也没敢吹第二个技术犯规。完全只凭个人的霸气，艾弗森让自己留在了场上。

听好了，我并不是说他这么做是对的。那个时刻十分骇人。我清楚地记得自己在想："吓死我了。"但无论此前此后，我从没有见过哪个篮球运动员这样恐吓裁判；这就像是看到校内橄榄球赛中个头最大的那个攻击线卫在威胁一个只有130磅重的菜鸟裁判。然后我们可以回到那个"在现场看他打球"的话题上来了。在艾弗森的巅峰，他打球时的紧迫感、敌意和嗜血杀气都无人可及。战士，领袖，龙卷风，不管用哪个词，都不能完全说明他的冷酷无情。他是那么迅捷，协调性那么好，简直无法用语言去表述。他身上有一种恐怖的疯狂，以至于裁判们有时都会因为他的存在而害怕地畏缩起来。如果这一切听上去都像是编造的，那是因为你不曾在现场看过他打球，所以你才不理解。如果艾弗森是你队中最好的球员，而且你没有建队核心的内线，你能拿到总冠军吗？当然不能。如果艾弗森是球队中第二好的球员和关键球执行者，你能夺冠吗？嗯，可能吧。在他的巅峰期，你会掏钱买票去看他比赛吗？用大先生（Mr. Big）的话说，绝·他妈·对的（absah-fuckin'-lutely）。[①]我会永远记住他。

---

① 原注：没错，我是在引用《欲望都市》（*Sex and the City*）里的人物台词。直到今天，我还是坚持，这部剧第一季非常有趣，精心写成，完全原创。当然，后面几季我就不能那么说了。不过第一季真的很棒。你可以把这条脚注放进我的"同性恋清单"（这个清单里都是一些会让我的朋友说"他当然不是同性恋啦，不过……"的事情），清单中还包括：我喜欢《老友记》的第一季；我喜欢布朗斯基节拍乐队（Bronski Beat）的《小镇男孩》（*Smalltown Boy*）的MV；我有史密斯乐队和治疗乐队（Cure）的每一张专辑；我还有《世纪的哭泣》（*And the Band Played On*）的DVD；我最喜欢的两部电视剧是《新飞跃贝弗利》和《新飞跃情海》；我去过一次酷玩乐队（Coldplay）的演唱会，而且准备再去一次。

原注："同性恋清单"补充：2010年总决赛期间，我在波士顿酒店的房间里用手提上了MTV.com，看了那周的《好莱坞女孩》。

36. 史蒂夫 · 纳什

***履历：**14个赛季，10个高质量赛季，7届全明星，2005、2006年MVP，2007年MVP票选第二，2007年比尔 · 西蒙斯MVP，2005、2006、2007赛季最佳阵容一队，2008、2010赛季二队，2002、2003赛季三队，单季联盟第一：助攻王（4次）、罚球命中率（2次），巅峰四季18+4+11、命中率51%、三分命中率45%、罚球命中率90%，巅峰三季季后赛21+4+11、命中率50%、三分命中率40%、罚球命中率91%（46场），职业生涯：罚球命中率90.3%（历史第2）、三分命中率43.2%（历史第5）、总助攻数（历史第8）*

支持纳什进入前40的理由：背靠背MVP，这真是难以置信，看到这几个字时我的眼睛差点跟阿兰 · 雷（Allan Ray）一样掉了出来①（只有伯德、“魔术师”、M. J. 、拉塞尔、威尔特、邓肯、摩西、卡里姆和纳什做到过）……他和伯德、普赖斯、诺维茨基是仅有的4个能在一个赛季里同时进入50–40–90俱乐部和联盟最佳阵容的球员（而且做到了两次）②……进攻端的表现极富观赏性……驱使自己变成了斯托克顿式的关键杀手……你可以叫他加强版的库西（或者说，会跳投的库西）……挽救了3项正在死去的艺术：传球，快攻，飘逸的长发……5次“联盟中所有人都想跟他成为队友”奖得主（2005、2006、2007、2008、2010赛季）……在珍妮特 · 琼斯（Janet Jones）爆出赌博丑闻后取代韦恩 · 格雷茨基成为加拿大最受欢迎的运动员……③使肖恩 · 马里昂和阿马雷 · 斯塔德迈尔的职业生涯提升了至少35%……10年中唯一能让蒂姆 · 托马斯在

---

① 译注：2006年，维拉诺瓦大学后卫阿兰 · 雷在比赛中被人戳中眼睛，看起来就像眼珠掉出来了一样。

② 原注：进入50–40–90俱乐部的条件是单赛季命中率超过50%、三分命中率超过40%、罚球命中率90%。高难度啊。

③ 译注：2006年，格雷茨基的妻子珍妮特 · 琼斯被爆出与某体育赌博集团有牵连。

篮球上用心的球员……[①]查尔斯·巴克利在过去数年里无数次称赞他为“那个白人小坏蛋”……如果（1）太阳队的老板不是个铁公鸡；（2）乔·约翰逊没有在2005年季后赛中脸部受伤；（3）2007年不是蒂姆·多纳吉执法了第3场，或者没发生阿马雷/迪奥擅离板凳禁赛事件；[②]（4）蒂姆·邓肯没有命中2008年首轮第1场那个不可思议的三分球；（5）贾森·理查德森（Jason Richardson）在2010年对湖人第5场的最后时刻把罗恩·阿泰斯特卡在了身后，只要这些事儿中有一样或几样发生，他就有机会出现在总决赛的舞台上……与队友配合得越久他就能打得越好（就像埃德蒙顿时期的格雷茨基）……他是当代巨星里真正能和球队甘苦与共的一个，完全配得上“建队核心”这个词。

[2009年，纳什和太阳队续了3年合同，那时候我就想：“他为了什么啊还想待在这个鸟地方？”在北美职业体育里，我们早就见惯了这样的场面：某个超级明星发现自己在一条快沉的船上，于是急着逃走，或者自私地要求交易，完全不考虑后果。一旦你说：“你们这帮子人不配给老子打下手，我需要更好的队友。”事情立刻就无法挽回了。纳什并非不明白这些。但他是个加拿大人。他很忠诚。他是领袖。领导球队是“建队核心”所应该做的。于是他选择了留下，虽然他知道这样一来他的总决赛之窗可能就永远、永远地关上了。此后发生的一切就是这项运动值得你爱上的原因：他打出了自己在这个年龄能打出的最佳表现，场均17+11、51-43-

---

① 原注：这事可了不得。我在2008年这样描述托马斯：“每场上个31分钟，拿12分，5个篮板，3次助攻，投丢70%的三分球，让对位球员随心所欲地砍分，联盟里有什么前锋可以做得比这还差吗？棒球里有VORP（超出平均替代球员的价值）这项数据，篮球里就应该相应地弄个VOTT（超出蒂姆·托马斯的价值）。他就是一条狗。说不定PETA真的会来找我麻烦。”10个月后出版的《篮球简章》鼓捣出了一个WARP数据，表明托马斯2008和2009赛季的表现完全就是平均替代球员的水平。斯图·斯科特，来“耶”一个！（译注：“平均替代球员”是根据数据虚拟出的球员，其价值相当于球队用最小的代价在联盟里随便找个人上场时所期待的水平。“篮球简章”是跟“棒球简章”类似的篮球数据分析组织。斯图·斯科特是ESPN解说。）

② 原注：我们不能用安全带，也不能在替补席前拉条绳子，因为比赛里可能会有人在飞身救球时脑袋被绳子勒下来什么的……不过为什么不弄个什么电网装置，如果有人要进到场内就会被电到，很多人家的后院里就用这东西来防止狗进入。想象一下埃迪·库里吧，他站起来伸了个懒腰，然后“啪”的一声被电到了，光为了看一眼这场景就值得一试。

94的命中率——从没有哪个36岁的控卫能有这样的数据——同时带来了联盟最好的化学反应，帮助阿马雷·斯塔德迈尔重振雄风（后者的恢复情况是如此之好，以至于纽约愚蠢地给了他一亿合同），为贾里德·达德利、罗宾·洛佩兹（Robin Lopez）、戈兰·德拉吉奇（Goran Dragic）这些尚未证明自我的年轻球员们做出表率，①在季后赛里终于淘汰了一次圣安东尼奥（回到更衣室里泣不成声），把一支边缘球队带到离总决赛仅两场之遥。②回顾他的整个*职业生涯*，连续10年精英级别的表现，9支50胜的球队，两个MVP，7次全明星，一堆最佳阵容，控球后卫历史上最好的命中率表现，在"同时代的球员最想与其并肩作战的控卫"评选中力压基德抢到杆位。这就是为什么我在平装本中把他从第2层挪到第3层。]

反对纳什进入前四十的理由：他的前4个赛季都受到背伤的困扰，缺阵64场（浪费了职业生涯前1/3的时光）……在防守端十分低效，刷不到抢断不说，遇上精英控卫时更被打得满身疮痍……长得就像杰基·厄尔·哈利（Jackie Earle Haley）和詹姆斯·布朗特（James Blunt）的合体……连庄MVP含金量明显不足，虽然2007年MVP倒真应该归他……联盟在2005赛季开始前修改了规则，他是从中受益最多的球员……在季后赛里被迈克·毕比（2002、2004年）和托尼·帕克（2007、2008年）在进攻端打爆，球队被淘汰的很大一部分原因都在于此……你可能无法想象其他前四十的球员会遭到这样的冷遇：在他的全盛期，太阳队出了一份6年6000万美元的自由球员合同，马克·库班没有跟进，而是说了些"这对我来说有点贵了我情愿花这些钱去搞定埃里克·丹皮尔"之类的话。我想说的

---

① 原注：2010年日舞电影节的时候，我们邀请纳什和达德利来参加ESPN的一个晚宴。纳什说了他没有衰老的三点原因：一份无糖食谱，一本睡眠方面的杂志，以及长期服用一种查不出的PED（好吧，这条是我编的）。他说无糖饮食有助于比赛后的恢复，又说10太阳中一半的球员都学着减少了糖分的摄入，其中就包括达德利，他成功减掉了20磅并化身精英板凳球员。我完全无法相信，直到亲眼看见达德利一边大声朗读自己的菜单、一边不停地问纳什："我能吃这个吗？这个呢？"纳什不只让身边的球员变得更好，他甚至帮他们点菜！

② 原注：那年春天他收获了一项颇令人遗憾的NBA纪录：打了118场季后赛，却没打过总决赛。唯一达到3位数的球员。

是，如果库班都要考虑考虑合同是否太贵，*这事儿*肯定说明了某些问题。

那到底为什么纳什最终排在这儿了？有三件事比我们刚才提到的一切都更重要。第一，从达拉斯到菲尼克斯，他都在全力进攻、防守为零的球队里打球，不曾有机会为一支有着优秀防守、能像湖人保护“魔术师”那样保护他的球队效力。他在防守端的缺陷一直都暴露在外，所以我们才会时时刻刻想到这个问题。这不公平。如果你觉得纳什在防守端弱爆了，你真应该看看“魔术师”在20世纪80年代末、90年代初装出一副斗牛士模样的表现。Olé！Olé！①但是“魔术师”的队友们会保护他。而对手过掉纳什之后就可以轻松得分了，因为他身后从没有任何聪明的团队防守者或者盖帽好手来帮他擦屁股。这像极了凯特·哈德森（Kate Hudson）在《几近成名》里的演出——她是个在某些方面很糟糕的演员，但给她完美的剧本和合适的角色，突然之间，她就拿到奥斯卡提名了。如果纳什在过去4年中处于托尼·帕克（另一个差劲的防守者）的位置，有了波波维奇和邓肯的保护，我们就不再会那么多地抱怨他的防守了。说到底，不过是所处的位置不一样。

第二，他的前队友保罗·舍利（Paul Shirley）曾经跟我就纳什MVP的含金量进行过一场争论，他的电子邮件里有一个很棒的点可以说明纳什对于太阳队的巨大价值：纳什刚一来到太阳，他的球风立刻就感染了全队。几周之内，每个人都开始无私地传球，帮队友寻找轻松得分的机会，仿佛每个人都在潜移默化之中沾染了纳什的高尚情操……想想看吧，这大概是一个人可以为一支球队带来的最重要的改变。在我生命中，只有伯德、“魔术师”、基德和沃尔顿可以对球队产生这样的影响。哦还有以赛亚·赖德尔，如果这世界全颠了个个儿的话。

第三，纳什在2007赛季的壮丽表现——讽刺的是，这恰是他没能拿到MVP的赛季——使他在我心中上升了一个等级。此前他从未展露过杀手天性……甚至在2005年的季后赛里，在小牛想着掐死他的队友、放他自主进攻的情况下，他曾经砍下48分，事后却表现出一丝丝局促和羞于提起。但

① 译注：西班牙语中的欢呼声；与前文斗牛士对应。

是2005、2006两季的失败让他变得强硬起来；可能不至于像特里·席尔瓦时代的丹尼尔·拉鲁索那么彻底黑化[①]，但他确实展现出了此前无人得见的凶狠一面。我的猜想：纳什在这个夏天回顾了自己的生涯，最终意识到自己的人生只少一个总冠军。然后他花了很长时间去思考为了争得一冠他还应该做些什么，最终剪掉了自己的头发（富有象征意义啊！），让身体达到了最佳状态，以免在季后赛中再次体力不支。当他走进训练营时，突然意识到，马里昂–斯塔德迈尔的肥皂剧会一直这么演下去，[②]鲍里斯·迪奥的身材已经完全走形，新签的控卫马库斯·班克斯则完全是个渣渣，这时候，他心中的某个东西一下子断了。再见了，好人纳什。你好，冷血纳什。突然之间，他开始在挡拆时做小动作，补好沉船上的漏洞，带领太阳打出我们20年来所见过的最好的进攻篮球。这是他作为进攻球员和领袖的大师级赛季；纳什借鉴了曾在"魔术师"、以赛亚和斯托克顿身上完美实现的策略，在比赛的前40分钟帮助其他人潇洒发挥，然后如果有必要就站出来接管最后时刻。有一种"我们绝对不会输掉这场比赛"的东西在他的脸上闪耀，这是任何一个MVP级的球员必须具备的。

时光流逝，某年某月的某一天，他赢得了我的心。曾经，我是质疑他背靠背MVP的带头大哥，到最后，我为2007年季后赛的纳什写下了这些："不管在圣安东尼奥发生了什么，我就是爱死了这个赛季纳什身上发生的一切；他的竞争心、强硬、领导力，都让我想起了伯德、'魔术师'、M. J.和以赛亚的那些时刻。这是我能给出的最高的赞誉了。无论如何，你都知道太阳队不会被击溃——他们会一直留在比赛里，奋战到最后一刻。你绝对可以相信他们这点。而这一切的原因就是纳什。"你可以放心地跟史蒂夫·纳什共赴战场，说真的，这才是真正有意义的。

---

① 译注：《龙威小子III》中的情节。

② 原注：他俩的老大之争遍及每一个重要的领域，比如"为什么昨晚是他坐在飞机上最好的位置？"还有"为什么他的更衣室位置风水更好？"有一次他们还为了一根玩具骨头打了起来。啊哦，我怎么写到我家的狗身上去了。不好意思。（译注："老大"在英文中为alpha dog，直译为"头号的狗"，故有此双关。）

35. 凯文·麦克黑尔

***履历：**13个赛季，10个高质量赛季，7届全明星，1987年最佳阵容一队，最佳防守阵容（6次，3次一队），单季联盟第一：命中率（2次），1支总冠军（86凯尔特人）和2支总亚军（1985、1987）球队中第二好的球员，2支总冠军（1981、1984）球队中的第六人，巅峰两季25+9+3、60%的命中率，巅峰三季季后赛24+9、59%的命中率（56场），季后赛出场数超过100的球员中命中率排第3（56.6%），职业生涯：55%的命中率（历史第12）、80%的罚球命中率*

“我最怀念的旧日球员”之队中的首发大前锋。当你在ESPN经典频道上看一场老凯尔特人的比赛、研究麦克黑尔时，你会想到蒂姆·邓肯：一双长臂，迅捷的脚步，极具欺骗性的低位动作，盖不掉的勾手，被低估的传球，以及封盖后仍把球留在比赛中的神奇能力。便是如此。邓肯在下快攻方面更强，麦克黑尔则拥有更多的低位攻击手段。除此之外，他们基本上一模一样。邓肯更快一点儿，运动能力更好一点儿；麦克黑尔在处理双人包夹（有时甚至是3人包夹）时做得更棒。当然，我们要先见到10个类似邓肯的球员，才有机会见到下一个麦克黑尔。约翰·萨利曾经把在低位防守麦克黑尔的经验比作“就像是被他关进了密室”。没有人有更多的低位得分手段；甚至哈基姆都比不上。麦克黑尔会用下面3种招式来款待防守者：跳勾（左右手他都能做，不过右手的从不投丢，而且可以从各种角度完成），转身后仰投篮（他在篮筐左右两侧都能做这个动作，而且可以向内或向外转身；完全无法封盖），12～15尺的后撤步跳投（百发百中，迫使防守者必须贴上来）。①

---

① 原注：麦克黑尔在1990年这样告诉杰克·麦卡勒姆：“脚步动作很重要，但前提是我可以命中中投，现在很多大个子球员都在这里走了弯路。如果防守我的人想：‘要是放麦克黑尔中投的话，他一定会进。’那后面的问题就简单了……我很清楚什么时候该来一个跳投。如果没有人罩住你，防守我的人只用一只手在防我，放我一些距离，那我一定会来一记跳投。而且他也不可能盖得到。”

他可以在任何比赛的任何一个时间点做出上面3个动作，而防守人也知道这一点，于是他就可以做出下面这些后备动作了：上下步1号（假装要转身，把防守人骗起来，然后原地轴转身，来一个丑陋的铲式低手上篮），上下步2号（假装要跳勾，把人骗到空中，从对方身下闪过去，来一个丑陋的铲式上篮），[①]假停顿转身（假装转身，把人点起来，贴上去找接触，然后再随意接一个转身），双重跳勾（假装跳勾，把人骗起来，再转向他，找接触，然后完成跳勾），跑投勾手（在左侧开始，晃一下假装跳投，把人骗起来，然后往里运球，在跑动中来一个丑陋的勾手），低位转身（从左侧开始，做出要用右手勾手的样子，然后快速地往底线做一个低位转身，把球放进篮筐）。然后还有组合技，都是些除了哈基姆外没人能完成的动作（哈基姆很擅长第一个动作）：组合步1号（假装要转身，然后原地轴转身，做一个右手勾手的假动作，把对手晃飞，再接一个上下步），组合步2号（假装要右手勾手，再做一个360度转身的假动作，晃飞对手，然后随便接一个转身），组合步3号（假装要右手勾手，再接一个上下步的假动作，最后来一个后撤步投篮）。[②]

你们这些自己也打过球的家伙，听好了，这有*12种*不同的低位脚步。12种！麦克黑尔菜单上的组合选项比熊猫快餐的还要多。如果你好奇一个前锋怎么能在巅峰期连续两年投出60%以上的命中率……嗯，这就是原因。你知道有些高中和大学教练会放麦克黑尔的录像带给他们的大个子球员看吗？而且，别忘了，20世纪80年代的头5年，麦克黑尔是NBA最好的防守球员，他可以保护篮筐，还能去防守任何低位得分手或外线球员：托尼，朱利叶斯，哈基姆，沃西，摩西，卡里姆，任何你说得出名字的家伙。他是NBA中最好的终结者。关于这位我最喜爱的、被低估的凯尔特人球员，还有一些有趣的事实：

---

① 原注：我自己打球时也会用到这一招。根本没人能防。大学的时候，豪斯和我大概玩了1000个小时的一对一和二对二，他总是被这招骗到。我还会双重跳勾。

② 原注：一次跟ESPN在温哥华的EA总部做节目的时候，我用这招骗过了保罗·皮尔斯。他说他没认真防，但是我们有视频和各种资料为证。我用组合步3号骗过了一个10个月后赢下了总决赛MVP的家伙。天哪，有多少人有机会说这话？

事实一：麦克黑尔在左脚骨折的情况下打完了整个1986—1987赛季的季后赛。不是扭伤或者挫伤——是骨折。但这没能阻止麦克黑尔在21场季后赛中打出了这样的数据：21+9，58%的命中率，39.4分钟。他冒着生涯报废的危险——绝非夸张——来帮助凯尔特人踏上总冠军卫冕之旅。还记得他在场上一瘸一拐、像只受伤的小兽的样子？还记得在对底特律的系列赛里里克·马洪故意踩他受伤的脚吗？还记得在对密尔沃基第4战的那场双加时大战里他是如何拖着一只脚打了53分钟吗？他压根没有想过说什么："兄弟们，为我赢下这枚戒指吧。"去他的，他仍然坚持上场比赛……结果他再也没能回到过去的水平了。再也没有。这让我想起了……

事实二：赛季末左脚受伤前，麦克黑尔正打出他人生中最好的篮球（26+10+3，2.2个盖帽，60.4%的命中率，84%的罚球命中率）。甚至连伯德都承认，麦克黑尔本可以成为1987年的MVP。脚伤之前的麦克黑尔有多好？如果伦·拜厄斯没有死，麦克黑尔本来可以歇到分区决赛。结果，他忍痛继续上场，然后在第1轮里，受伤的左脚骨折了。（而且如果有了拜厄斯，可能麦克黑尔就不用场均出战40分钟了。）[①]我们所能知道的就是，他的横向移动和弹跳都再也没能回到过去的样子。（有趣的是，麦克黑尔对此并不后悔；如果重来一次，他还是会这么选择。）脚的伤势最终总是会造成脚踝的问题；1990—1991赛季在西雅图的一场比赛里，麦克黑尔严重扭伤了脚踝。这次受伤导致了他在两年后退役。我敢发誓，如果麦克黑尔没有弄伤那只该死的脚，凭着那些熊猫快餐的招数，他到40岁还能打得很好。

事实三：麦克黑尔是历史上最搞笑的凯尔特人球员。[作为证据，你可以上你们那儿的图书馆去复印一本杰克·麦卡勒姆的《未尽的事业》

---

① 原注：不过这不能阻止K. C. 琼斯把每场比赛都当成总决赛第7场那么打。我在重读《48分钟》（*48 Minutes*）的时候，在看到书末的数据栏时笑了出来：K. C. 让麦克黑尔和伯德分别打了51和49分钟，而且这场比赛只有一个加时，对手是支烂队，还是在1月份。这样的蠢事日复一日地发生着。怪不得球员们会受伤。

（*Unfinished Business*），或者，更好的做法是，直接上网买一本。别犹豫，你都已经花钱买了我这本书了。疯起来！]体育史上一个真正的悲剧是，麦克黑尔退役后决心去把森林狼经营得一团糟，而不是直接去当一个体育解说。他本可以变成篮球界的约翰·马登的。要知道，这家伙可是在《干杯酒吧》[①]的某一集里在伍迪（Woody Harrelson）手上抢过戏啊。[②]

事实四：他和“传奇拉里”并不和谐的战友关系是伯德时代最让人感兴趣的支线剧情。人们总把他们当成是朋友关系——你懂的，“两个白人傻大个”的那种感觉——但他们并不怎么混在一起，而且麦克黑尔是伯德唯一不愿意夸奖的队友，部分是因为他们的友好的竞争关系，部分是因为拉里对麦克黑尔不像他那么为篮球燃尽生命有所不满。[③]甚至在他们职业生涯都结束后，伯德仍然对麦克黑尔没能将自己提升为联盟中最好的球员而感到惋惜，声称只要麦克黑尔“真的想要”，他就能成为MVP。拉里对麦克黑尔没有对自己更狠一点儿这件事称得上是失望，因为那样一来，伯德也就必须把*自己*逼得更狠，来保住队中第一人的位置。当然，在1987年季后赛之后，没有人可以再怀疑麦克黑尔对胜利的渴望，就算是篮球之神也不行。必须赞扬的是，麦克黑尔总是为伯德铺平了道路——尽职的队友，完美的二当家，从不在公开场合挑战他，总是心甘情愿地当背景。我最喜欢的麦克黑尔语录发生在那场传奇的多米尼克/伯德对决之后，麦克黑

---

① 译注：《干杯酒吧》是美国著名的情景喜剧。主演伍迪·哈勒尔森曾获艾美奖最佳喜剧演员奖。

② 原注：2009—2010赛季NBA TV聘用了麦克黑尔：当后方主持人时很好，当解说嘉宾时很棒，但绝不是约翰·马登级别的。但我仍然坚持，要是他退役后立刻去电视台，他本来可以做到的。你不能说我是错的，因为这是个纯粹的假设，所以我们永远没法知道。哈哈！

③ 原注：在大四之前，麦克黑尔都还没有想过要当个职业球员。他跟麦卡勒姆是这么说的：“我跟一群橄榄球运动员去了个派对，有人带了本《体育新闻》进来，里头说我是最好的前锋，第二好的中锋。‘嘿，你可以进选秀前五。’有人这么告诉我，然后我说：‘真的假的？’……我打了赛季结束后所有的全明星赛，主要目的就是出去玩玩。我压根没有想过要提升自己的选秀顺位或者挣点钱之类的事情。我还记得自己在报纸上读到过，达雷尔·格里菲思不想参加夏威夷全明星赛，因为他害怕会受伤。然后我想：‘这家伙没毛病吧？免费夏威夷旅游不去？’我当然去了咯，喝了不少菠萝奶霜和啤酒，还拿了个MVP。”你怎么能不喜欢这家伙？

尔说：“有些时候，在拉里打完了一场这样的比赛后，我总会这样想象未来……退役后我会在明尼苏达，拉里会在印第安纳，我们可能不怎么会见面。但是会有很多个夜晚，我会就那么躺着，想起这样的比赛，想起与他并肩作战的感觉。”劳驾谁开个暖气好吗，我刚打了个寒战……

事实五：没有人的身材比他更奇怪了；似乎有人给他装了弗雷迪·克鲁格（Freddy Krueger）[①]的手臂，而且还装反了。比尔·菲奇说，麦克黑尔的身子是“不完整的”：“他还在等其他部分寄来呢。”麦卡勒姆这样形容麦克黑尔的身体：“弗兰肯斯坦式的……很深的眼袋，长得出奇的手臂，肩膀就像要掉出来似的。”至于他笨拙的跑姿，诗人唐纳德·霍尔（Donald Hall）这么写道：“满场飞奔如同爱尔兰赛特犬，他的头发像狗耳朵般啪嗒啪嗒地甩着。”丹尼·安吉有次嘲笑麦克黑尔下快攻的样子就像“冰面上的小鹿”。但是，在哈基姆之前，没有哪个大个子有更快的步伐；没有谁能更好地完成“近距离跳投不中后马上再次跳起补篮”这一招（麦克黑尔跳得就像袋鼠）。在转身跳投的万神殿里（篮球中最难的投篮动作，没有之一），麦克黑尔的转身只有哈基姆能够媲美。所以麦克黑尔确实有很好的运动能力。他只是看起来不像。

别搞错了，麦克黑尔有过许多伟大的时刻：1981年季后赛对费城的第7场里扇出了几个大帽；在底特律爆砍56分；1986年总决赛中生吞活剥了拉尔夫·桑普森；一只脚骨折的情况下打了对密尔沃基双加时大战；伯德-多米尼克之战中被人遗忘的33分；1993年对夏洛特（Charlotte Hornets）系列赛的第2战，也相当于他的告别演出，他用33分的神奇表现让花园最后一次为他而山呼海啸。在这些表现之外，还有一个形象一直留在我脑中：伯德时代的每一场客场险胜都是以同样的方式结束的，凯尔特人全队高兴地昂首阔步走出球场，麦克黑尔被挤在当中，紧握双拳高举过头。随便说几场比赛，你自己看去吧：在休斯敦的第4场（1986年），在

① 译注：《猛鬼街》（*A Nightmare On Elm Street*）系列恐怖电影中的杀人魔。

洛杉矶的第4场（1984和1985年），在费城的第6场（1981和1982年），在密尔沃基的第4场（1987年），在亚特兰大的第6场（1988年）……都一样。他每次都这么做。这事想起来有些可笑，因为这跟他的低位动作一样成了麦克黑尔的传奇标志。他看起来可能非常之滑稽——超长的手臂举在空中，腋毛到处飞扬，脸上挂着个大大的傻笑——但是他那湿漉漉的腋毛就像我们的胜利雪茄一样让对手恶心。他的球风不可思议，有时无法阻挡，幽默得让人乐出声来，充满创造力，超越时代，完美的队友……还是一位自觉有义务在18000名球迷的面前挠挠他的腋毛的NBA传奇球星。我怀念那些旧时光，我怀念那些腋毛。

34. 乔治·格文

履历：*14个赛季，11个高质量赛季，12届全明星，1978、1979年MVP票选第二，1978、1979、1980、1981、1982赛季最佳阵容一队，1975、1976赛季ABA二队，1977、1983赛季NBA二队，单季得分：得分王（4次），纪录：单节得分（33分），季后赛场均得分历史第6（27.0分，59场），巅峰三季30+5+3、54%的命中率、84%的罚球命中率，职业生涯：25+5+3、50%的命中率、84%的罚球命中率，1975年季后赛34+14（6场），1979年季后赛29+6+3、54%的命中率（14场），连续3年得分王（史上仅有6人），25000分俱乐部*

33. 萨姆·琼斯

履历：*12个赛季，8个高质量赛季，5届全明星，1965、1966、1967赛季最佳阵容二队，巅峰三季24+5+3，巅峰五季季后赛25+5+3、47%的命中率，10次总冠军（1959—1966、1968—1969年的凯尔特人）、其中3次是球队第二好的球员、3次是第三好的，职业生涯：46%的命中率、*

“冰人”/萨姆的争论是本书的一个关键点。在讨论球员生涯的影响时，你会考虑到个人的因素（得分/篮板数据，全明星次数，NBA最佳阵容次数）和环境的因素（很少的季后赛胜利或非常之多的季后赛胜利），此外还有一些无用之用方为大用的玩意儿（比如一个很棒的绰号或是招牌动作）。第一反应，你会觉得“冰人”是比萨姆更好的球员，就是这样。所以让我们来做一个杰克博士①式的比较吧：

独特性 萨姆为过去40年里几乎所有的伟大得分后卫提供了DNA模型，6尺4寸，有运动能力，很长的臂展，充满爆发力的第一步，致命的打板投篮，他的比赛没有什么明显的弱点。冰人有6尺8寸，骨瘦如柴，巅峰时期大概是奥尔森姐姐或妹妹②体重的3/4，长得就像黑人版的约翰·霍姆斯，③比利·波尔茨的一个屁就能把他崩倒。我们再也不会看到他这样的球员了。我非常确定。***微弱优势：“冰人”。***

招牌动作 萨姆有他那个时代最准的打板投篮，22度，64度……怎么都行。与此同时，冰人有*他*那个时代最准的打板投篮，而且这还不是他的招牌投篮动作呢：他可以在12～15英尺外稳定地命中他那举世闻名的指尖挑篮，轻松得就像他想在嘉年华上赢下一个毛绒玩具似的。我没法从这两种投篮中选出哪个更好，因为我真的爱死它们两个了，以至于我现在写着

---

① 译注：科幻小说《化身博士》（*Jekyll and Hide*）的主人公，平时纯良，但在晚上会服药化身为邪恶的海德先生。

② 译注：美国电视明星姐妹，姐姐阿什莉·奥尔森（Ashley Olsen）和妹妹玛丽–凯特·奥尔森（Marry–Kate Olsen）。

③ 原注：我忘了把“冰人”和霍姆斯放进我的“跨种族撞脸”万神殿中去了：他们都有着同样的胡须和身形。“冰人”和霍姆斯的平行比较简直神奇：他们的生涯都在1972年开始，在1977—1983年到达巅峰，创下一些纪录，有着很酷的绰号（“冰人”和“约翰尼·瓦德”），个人问题饱受争议，以快得令人难忘的速度熄灭，在1986年离开。你甚至可以把“冰人”在芝加哥令人失望的最后一季和霍姆斯生涯末期扮演的同性恋苏丹相比较。还有，没错，我知道这是这本书里第3条跟霍姆斯有关的脚注了。坊间开的盘口是4.5条。

写着都硬了。而悲剧的是，这两种投篮我们可能都没法再见到了——至少以那种命中率和使用频率来说——因为现在的比赛都被篮球训练营深刻地影响了。所有人都用同一种方式投篮，用同一种方式打球，就像他们是从同一条流水线上下来的似的。这就是为什么我们现在很少看到指尖挑篮或打板投篮了，而且在地狱之火熄灭之前我们可能都不会再见到一记老式勾手了。***微弱优势：“冰人”。***

绰号　格文有NBA历史上最好的绰号之一，“冰人”①；而萨姆从来没有过一个绰号，这很合理，因为他得到的关注和鼓吹本来就是前四十的球员中最少的。不过我们要在这儿给“冰人”小扣几分，因为瓦尔·吉尔默（Val Kilmer）在《壮志凌云》（*Top Gun*）里也用了“冰人”的绰号，而且在片子里跟“小牛”有着令人尴尬的同性恋情结。***优势：“冰人”。***

最佳“如果……会怎样”　萨姆在那个8支球队的联盟里为伟大的比尔·夏曼打了整整4个赛季的替补——因为黑人/白人那档子事所以根本没可能抢走首发——终于在1961年季后赛里获得了关键时刻的上场时间（25.8分钟，13.1分），在夏天夏曼退役后成为了首发。②加上大学的4年和服兵役的两年，萨姆直到28岁才首发，这也使得他生涯的后半段显得更加惊人。（备注：琼斯和拉塞尔是最早的在三十四五岁时仍能维持高水平的伟大球员。）不过，“如果萨姆30岁前的大部分时间没有被浪费会怎样”仍然无法跟格文相比，他在1972年被弗吉尼亚乡绅队选中，跟年轻的朱利叶斯·欧文当了一年队友，然后急需现金的乡绅队把“博士”送去了篮网。如果“冰人”和“博士”整个生涯都在一起打球会怎样？你能想象70年代末有哪支NBA球队能阻挡他们吗？那会成为历史上最酷的球队吗？有人觉得在弗吉尼亚有一支职业篮球队是个好主意吗？***优势：“冰人”。***

---

① 原注：弗吉尼亚队友“胖子”泰勒在格文的新秀年给他取了这个绰号，惊异于“冰人”可以打满全场、不停得分却一滴汗也不出。

② 原注：萨姆在1959、1960、1961赛季的36分钟数据？20+9+3，45%的命中率。1962和1963赛季？22+7+4，47%的命中率。

得分能力 从“我今晚要在比赛中拿下30～35分，你们没法阻止我”的角度来看，“冰人”是史上第二的得分后卫，巧妙地排在M. J.（第一）①和科比（第三）之间。萨姆的得分有着开关键；“冰人”则会一直得分、得分，很少有那种“啊哦，快看，他手热得发烫！”的高潮，在1979—1980赛季到达了巅峰，砍下了这样的数据：场均30分，54%的命中率，85%的罚球命中率。1978赛季，他在芝加哥打了一场比赛，得到37分，18投17中。就像某个马刺队友在1982年开玩笑说的那样：“唯一能阻止‘冰人’的办法就是进行训练。”萨姆不属于那个等级，但是他在重大比赛中稳定得引人注目（我们待会儿会说到）；另外值得一提的是萨姆有着25英尺的射程，会从三分线中受益，而三分线对“冰人”完全没有帮助。从每一个方面看，可怜的萨姆都早出现了20年。***优势：“冰人”。***

脑子出毛病的可能性 格文长期受到大量的批评，批评他的优先度（他更关心得分王还是总冠军）；他的防守（烂出风格烂出水平）；他对薪水的抱怨（从不间断）；他的投入程度（他逃避训练的频率是如此频繁，《体育画报》甚至在1982年很自然地说：“格文习惯性地训练迟到，有时候压根儿就不出现。”就像他们在谈一个哮喘病人一样）；他的努力目标（马刺队在1981赛季前给了他一份6年390万美元的合同，其中包括一项附加奖励：36～56胜之间的每一场胜利都会有14000美元）；②还有他的个人生活，总是流言不断。③“冰人”在1978年是这么总结自己相

① 原注：他们曾在86公牛做过队友，当时的“冰人”已经比老态龙钟还要再老上三个等级。

② 原注：如果这发生在现在，NBA球员工会会发飙的。每个马刺队友都有同样的附加奖励，只是每个人的数额不同。据《体育画报》，马刺队赢下了揭幕战，一位队员高喊：“一场拿下，还剩81场！”格文纠正他说：“不，一场拿下，还剩35场。”

③ 原注：我不知道为什么有人会怀疑格文吸毒：他比《霹雳娇娃》里的每个女的都要轻，经常在一些比赛中出神，用第三人称称呼自己，赚了太多钱，总是无故缺席训练，在从未遭遇过重大伤病的情况下在33岁就老得不行了，还有一个“冰人”的绰号。我没发现任何的红灯信号。

对不高的人气的："反之，我从来不会像有些少年那样飞翔。[1]我是个保守的人。我留着短发，细细的小胡子，简单的衣服。加上我6尺8寸，183磅——不，写成185磅——你看我的时候只能看见骨头。否则，在底特律我被称为'小树枝'，因为我的身材。我只管做自己的事情，并保持持续性。我发现人们现在能很快就认出'冰人'来了。反之，在我出现一分钟以内。"[2]持续关注他或采访他会是件有趣的事情，但执教他或跟他做队友就不那么令人愉快了。至于萨姆，他的头脑只在一个地方有点儿问题：他不喜欢承担成为"那个人"的压力，宁愿当一个辅助性的球星。据拉塞尔的《复苏之力》所说，萨姆曾经很多次扛起了球队，于是拉斯终于问他，为什么不更经常地那么做；萨姆答道："不，我不希望那样。我不想背负每晚都要那么做的责任。"拉塞尔尊重他的选择，指出有很多球员又希望拿球星的工资，又不想每晚都背负球星的责任，而萨姆坦然接受了自己的极限，这是值得敬佩的，虽说萨姆满足于在一些夜晚不被人们注意的态度让拉塞尔无比抓狂。不过再说一遍，萨姆在胜负只在一线的比赛中总会变身吉米·奇特伍德。拉塞尔是这么描述的：

我从来猜不透萨姆接下去想要做什么、说什么，只有一个重要的例外：在一场重大比赛的最后几秒钟，我清楚地知道在我们乱成一团的时候他会如何反应。我说的是这样的情况，我们落后1分，时间只剩5秒，这场比赛不只意味着冠军或者尊严，还意味着一整个赛季，一切都命悬一线……"红头"会看着我们的脸，试图决定该叫谁。这种时刻，即使是NBA中最好的球员也会开始咳嗽，系鞋带，把眼神转向别处。我很确定这时候萨姆会怎么做，就像我很确定我自己叫什么。"把球给我，"他会

---

① 原注：这条语录令人费解地用"反之"开始，就像"冰人"在回答什么问题，而事实上他没有。考虑到他还在另外两处也用了"反之"开头，我觉得这只是他的口头禅。反之，我也不知道为什么我要说这个。

② 原注：这段话来自库里·柯克帕特里克写给《体育画报》的"冰人"的文章。库里的天赋显示出一种刻薄的秉性，总能让一些NBA球员听上去像是蠢货。就像他在1976年的一篇鲍勃·麦卡杜文章的第一段里这样记录麦克的话："在这个联盟里，要想不赚到票子很难。如果我赚得少，人们还会以为我只是个废物。"

说，“我来搞定。”[1]我们都会看向他，知道他这么说是认真的。不仅如此，你还知道，他真的能搞定。

防守能力 关于萨姆的一个老笑话：他的防守中最好的一部分就是拉塞尔。但是他跟当时大部分球员的防守能力差不多——很好的运动能力，训练有素，长臂，知道该出现在哪里、该做什么——而“冰人”是历史前三十五的球员中防守最差的。其中一部分并非“冰人”的问题：马刺队不关心防守，只关心他能比防守他的人得到更多分数。而他通常都能做到。不过，防守赢得总冠军……如果你们的建队核心是一个零防守的球员，这对你们的总冠军希望可不是什么好兆头。马刺队深思熟虑后做了一个决定：“我们要围绕‘冰人’的进攻打造一切，炮轰，砍下高分，顺便希望我们的帅气黑色球衣能在旧城区黑帮中流行起来。”这可能是正确的做法。从1974—1983年（ABA和NBA），在“冰人”的带领下，马刺赢了45、51、50、44、52、48、41、52、48、53场——无论如何不算差。但是这没能转化为季后赛中的成功。他们输掉了18轮系列赛中的10个，3次打进分区决赛（1979、1982、1983）。期间“冰人”场均27+7+3，但更重要的数据如下：31胜41负（总季后赛纪录），0胜4负（抢七），零（总决赛次数）。

格文最好的机会发生在1979赛季，NBA两年真空期的第二个春天，联盟没有统治级球队，马刺在东部决赛中3：1领先老化的子弹队。“冰人”在第3和第4战在主场合计拿下71分，然后跟《体育画报》说：“子弹队知道他们无从阻挡‘冰人’。‘冰人’知道自己能在快节奏中干掉他们。”[2]但是子弹队在第5战中避免了被淘汰，然后令人震惊地在得克萨斯偷走了第6战，“冰人”只得到了20分，整场都被格雷韦（Kevin

---

① 原注：这句台词是吉米·奇特伍德从萨姆·琼斯那儿偷来的，还是萨姆从吉米那儿偷来的，因为希科里高中夺冠的故事情节发生在琼斯为凯尔特人效力之前？这问题想得我头疼。

② 原注：“冰人”给里基·亨德森（Ricky Henderson）和未来所有用第三人称称呼自己的明星们开拓了道路。比尔·西蒙斯为此而感激“冰人”。

Grevey）和博比・丹德里奇追着跑。[1]

柯克帕特里克后来这样解释华盛顿的下半场大暴走："这次换人是要迫使圣安东尼奥主教练道格・莫（Doug Moe）做出选择，该把格文懒散的、怠惰的防守藏到何处。是去防狡猾的得分手丹德里奇，还是强力篮板手格雷格・巴拉德（Greg Ballard）？"这听上去像你希望与之共赴战场的人吗？莫选择了巴拉德，他最终得到19+12，跟博比・D一起得到了子弹队最后19分中的17分。"冰人"在抢七的第1节没有得分，中场休息时只有8分，然后在下半场爆发砍下34分……但马刺在最后3分钟挥霍了6分的领先优势，让丹德里奇投中了制胜跳投，成为史上第3支在季后赛3：1领先后输掉系列赛的球队。"冰人"在最后3分钟彻底消失：没有得分，一记打铁直中篮板。

现在回头看，那是对"冰人"生涯影响非常深远的一个时刻：他最大的考验，他打进总决赛和扬名立万的机会，结果他的球队*遭遇了历史级的失败*。他再也没有离冠军更近过。我们可以将之归咎于他的帮手们吗？从某种程度上说，是的。从1974—1983年，他最好的队友是赛拉斯（在他1976年季后赛弄爆膝盖前很厉害），拉里・凯农（"70年代全脑残全明星队"[2]和"历史最佳爆炸头队"的首发），[3]阿蒂斯・吉尔摩（奄奄一息），约翰尼・穆尔和迈克・米切尔（Mike Mitchell）。绝非什么杀手级阵容。跟贾森・基德一样，格文在某种程度上把一坨鸡屎做成了鸡肉沙拉。[顺便说一下，圣安东尼奥的管理层没有提供任何帮助：从1977—1982年，圣安东尼奥交易走了3个首轮签，剩下的3个选了弗朗基・桑德斯（Frankie Sanders）、雷吉・约翰逊（Reggie Johnson）、威利・佩

---

① 原注：格雷韦后来这么解释："如果格文有一会儿没拿到球，他会进入间歇期。他会不再奔跑，也不再努力了。我一直黏在他身上。"这是对"冰人"很尖锐的批评——如果你不停地追着他，粗暴地对待他，最终他会停止反抗。

② 原注：圣城球迷在1977年把格文评为最受欢迎的马刺队球员，凯农对此很不高兴，告诉记者说："这座城市有格文病。他们不够认可我。我才是比赛中最好的球员。"这就是为什么他没有出现在本书的第一章里。

③ 原注：首发：吉尔摩、凯农、"博士"、达内尔・希尔曼、穆奇・诺里斯。第六人：本・华莱士。是的，为了凑齐这个先发我只能让"博士"打2号位了。请原谅我。

克（Wiley Peack）。]另一方面，过去40年中5个令人难忘的只有进攻、没有防守的巨星——格文、麦卡杜、马拉维奇、文斯和多米尼克——都没有带队进入过总决赛。这不是巧合。绝对不是。*优势：萨姆。*

赢家指数 我们在帕里什/沃西的章节里曾经围绕这个概念大致说了一些，不过管他呢：我现在正式开始创造这个概念。你难道不觉得“赢家指数”是一个非常独特的特质吗？换句话说，难道不正是这名球员所拥有的诸多技能和无形特质的综合（性格，效率，对关键时刻的敏感，领导力，团队协作，没有明显的短板）才使得他无意间来到了赢家的位置上吗？很难想象格文为一支总冠军球队效力，除非那发生在他职业晚期——就像麦卡杜在82湖人做的那样，一支有竞争力的球队把他放在板凳上，作为即插即用的进攻武器①——或者在一支有着建队核心级大个子（比如哈基姆、卡里姆或邓肯）的球队里充当二当家。即使那样，我还是不完全确定这能否成功。如果你用82格文代替95德雷克斯勒，95火箭能一路冲向总冠军吗？他们能为他的防守擦屁股吗？可能不大行。②而在另一方面，你必须承认，萨姆·琼斯在12个赛季里赢下了10次总冠军，这在赢家等级上可排得相当高。他能打两个后卫位置，不在乎数据，在需要的时候打出怪物级表现。我不知道我还遗漏了什么。萨姆·琼斯绝对理解“秘密”。*巨大优势：萨姆。*

关键时刻表现 我们刚刚提过了格文关键时刻表现的问题。（缺乏关键时刻能力？反关键时刻能力？A-Rod化？）甚至当“冰人”在CBS的传奇HORSE大赛中对上皮特·马拉维奇时，他投丢了制胜投篮，随后“手

---

① 原注：非常可惜，1984赛季“冰人”已老，而马刺队正在自由落体，却没有哪支有竞争力的球队交易得到他。想象一下1984年总决赛里“冰人”取代迈克·麦吉（Mike McGee）的位置吧。那甚至算得上是一笔公平的交易：麦吉为84和85湖人场均出战17分钟，得到10分，56%的命中率。

② 原注：“冰人”的合同里加上附加奖励后的第一个赛季，他在金州头上得了42分，然后说：“是的，我跟你说我拿了40分。但是得分不能给我带来钞票。胜利可以。只有胜利可以。从现在起，我每次砍40分的时候都要确保我们也赢下了比赛。”

枪”用自己的两个专利动作终结了他：坐地上篮和界外转身上篮。与此同时，萨姆的球队在抢七中9胜0负，在对方拿到赛点的比赛中13胜2负，萨姆在对雪城和圣路易斯的两场抢七中作为替补合计得到37分，然后在作为主力的8场抢七或抢五中场均30.1分。你知道最惊人的是什么吗？萨姆有着太多的季后赛英雄表现，我甚至不能凑出一份完整的清单。下面这些是我们确知的：62费城，抢七（27分，最后两秒时的制胜跳投）；62湖人，赢球或出局的第6战（在洛杉矶的35分）；63辛辛那提，抢七（面对奥斯卡47：43胜出）；[①]65费城，抢七（在“哈夫利切克抢断啦”之战中37分）；66辛辛那提，抢五（34分）；66湖人，抢七（22分）；68费城，抢七（22分）；69湖人，必须取胜的第4战（落后1分，萨姆压哨跳投绝杀）；69湖人，抢七（在洛杉矶的24分）。[②]萨姆和杰里·韦斯特被认为是联盟最早的两位关键得分手，这不是没有原因的。***巨大优势：萨姆。***

代表性语录　我把这一部分简化为下面两条：

萨姆在得到单季2000分后（1965）：“这并不意味着什么。这支队里的每个人都有能力得到2000分，只要你要求他们去做。我得到的2000分里，包含着很多他人的无私。”

格文谈自己的传奇性（1980）：“我非常高兴人们知道我是乔治·格文，得分机器，因为在这项运动中，把球放进篮筐的那个人往往是排在最前的那个人。”

你更希望要谁做你的队友？你更希望在NBA战争中跟谁在一起？如果

---

① 原注：上帝不允许留下这场比赛的录像带。奥斯卡和萨姆在季后赛生死战中对位防守，合砍90分？

② 原注：我只能找到一场“萨姆搞砸了”的比赛：1963年总决赛第4战，比分打平，还剩3秒，萨姆往界内发球，杰里·韦斯特抢断了传球，完成了压哨绝杀上篮。事后奥尔巴克抱怨了计时员，但我看了集锦，看上去没问题。这是我能想到的总决赛历史上唯一一次抢断—上篮压哨绝杀。

你的生命系于一场重大比赛，你会信任谁？谁更有可能在伟大队友身边成功？谢谢。***优势：萨姆。***

我们把最后的话交给拉塞尔（摘自《复苏之力》）：

每当压力升到极致的时候，萨姆总是渴望得到球。对我来说，那就是冠军的一个标志。天赋，机敏的头脑，乐趣，自信，你对胜利的重视，在这一切都打平的时候，还有一项比拼。压力来了，对于冠军来说，现在就是一场心脏测试……冠军的心跟你的渴望程度、还有你的身心在压力下的表现息息相关。那就是专注力——在最大的苦痛和压力下展现出你最好的一面。[1]萨姆·琼斯拥有一颗冠军的心。在场上，他总是有备而来。你可能觉得他已经用尽了最后的气力和花招，但是如果你再靠近一点，你会发现他早已经在人们看不到的地方做好了准备。虽然有时候他会做出一些让我想把他撕成两半的事情，但在关键比赛中，他的存在给了我最大的慰藉。在洛杉矶，杰里·韦斯特被称为“关键先生”，他也确实名副其实，但是，在总冠军系列赛的第7场，在世上所有打过篮球的人里，我还是会选择萨姆。

现在我问你：你更愿意跟乔治·格文还是萨姆·琼斯共赴战场？

（我跟你意见一致。）

32. 沃尔特·弗雷泽

履历：*13个赛季，9个高质量赛季，7届全明星，1970、1972、1974、1975赛季最佳阵容一队，1971、1973赛季二队，最佳防守阵容（7次一队），生涯季后赛21+6+7（93场），巅峰六季22+7+7，2支总冠军（70、73纽约）和1支总亚军（72纽约）球队中前二好的球员*

① 原注：正如卡尔·马隆，只不过每个方面都倒个个儿。

如果你喜欢用斜体的“最”来衡量球员和阐明观点，弗雷泽的履历中有三项纪录：有史以来*最*好的大场面后卫之一；有史以来*最*好的防守后卫之一；有史以来*最*佳单场表现之一（1970年总决赛第7场，狂揽36分、19次助攻、7个篮板、5次抢断，在关键时刻比“关键先生”更关键）。在断球技艺（非常恐怖）、篮板球（被低估）、组织能力（第一流的）和风度（永远进退自如）之外，弗雷泽最为突出的地方在于，他与奥斯卡一样，拥有在关键比赛里命中精准跳投的能力。你知道麦克黑尔在比赛中如何肆虐低位的吧？“克莱德”则在比赛中统治了高位。[①]他从距离篮筐25尺的地方开始运球，把防守队员倚在身后，左右晃动，然后来到三秒区的弧顶（他最喜欢的投篮点），稍稍转过身子，在对方面前投出一记超高弧度的跳投……*唰*。[②]他在客场的表现令人难忘——不仅仅是因为他总能在关键时刻站出来，更因为那些跳投会对观众造成毁灭性的打击。他们知道那记跳投要发生了（“老天”），要发生了（“该死”），要发生了（“派人上去夹啊”），要发生了（“*见鬼*”）……然后球进了（一片死寂）。

跑题时刻：我已经记不起来看“克莱德”打球时现场的样子了，我那时候还很小，不过在我人生中，有7个人称得上“观众杀手”：乔丹，伯德，科比，伯纳德，以赛亚，安德鲁·托尼，以及——有点匪夷所思——文尼·约翰逊。[③]当他们开动的时候，你仿佛在未来逐渐显现之前已经看到了结局。我们知道要发生什么了，我们的球员知道，我们的教练知道，每个人都知道……然后那个时刻还是到来了，把球馆所有人的灵魂都扼杀至死。这就像是你在海里，看见远处涌来了一个巨浪，大概会在15秒后

---

① 原注：我爱死“克莱德”的一点是，他的绰号是另一个人名。这怎么可能呢？比如说，比尔·“卢福斯”·西蒙斯，这实在太奇怪了。但是沃尔特·“克莱德”·弗雷泽听上去棒极了。可能是因为这是个黑人名夹着白人名的事儿。是的，这就是因为这是个黑人名夹着白人名的事儿。[译注：弗雷泽经常戴着一顶帽子，与电影《雌雄大盗》（*Bonnie and Clyde*）中克莱德·巴罗的造型神似，因此获得了“克莱德”的绰号。也有部分原因是因为他是个篮球场上的大盗。]

② 原注：1973赛季纽约对波士顿的系列赛，纽约成为了第一支在波士顿赢下抢七的球队，是役弗雷泽用一连串的19尺跳投干掉了乔乔·怀特。不可阻挡。甚至35年后再看都依然看得人沮丧不已。

③ 原注：我们以后把杜兰特加入这个名单里的可能性是99.12%。

击中你，可你无处可逃，只能待在原地，等着被狠狠地拍上一下。乔丹和伯德是最好的“观众杀手”；他们喜欢打客场，喜欢啪啪啪打别人脸，并将之视为最大的挑战。看看费尔南多·梅迪纳（Fernando Medina）拍摄的那张乔丹1998年总决赛最后一投的著名照片，那就是一个绝对的“杀死观众”时刻：坐在篮板后面的犹他球迷们惊恐地尖叫着，心中知道球不可避免地将命中篮筐。我最喜欢的“杀死观众”时刻发生在伯德身上。当时伯德被对手犯规、送上罚球线，比赛只剩最后几秒了，凯尔特人仍落后1分，可是他对可怜的快船球迷发出的噪声完全不满意，*于是他从罚球线上走开并挥舞起他的手臂*。没错，“传奇”在号召观众们再吵一点。我是说，还有谁会做出这种事？我还有必要告诉你那两球有没有罚进吗？不用了吧。

弗雷泽是那个时代最臭名昭著的“观众杀手”，或者换一个角度说，“震撼表演”的大师——比如，当尼克斯急需一个进球时，在中场完成抢断，戏剧性地落阵地，最后命中一记高位跳投，此外还有其他众多花样。你肯定经常听人说起，格文或者英格利希这些人拿到了一个“悄无声息”的39分；“克莱德”常常拿到一个“响亮”的25分和4记“震耳欲聋”的抢断。他跟MSG观众之间的关系是体育史上最奇特的；他们在最大程度上欣赏他，完全明白他带来了什么，他们的灵魂以一种非常规的方式联结在了一起。然而随着里德和德布舍尔的退役，尼克斯队也陷入了低谷，那些球迷们这时候却又开始大肆攻击起弗雷泽，发泄自己的不满，仿佛他是这一切的罪魁祸首。最终，1977年他作为签约自由球员吉姆·克莱蒙斯的补偿被交易到了骑士队，对于他富有尊严的生涯而言实在是一个不名誉的结局。从任何一个角度看，“克莱德”都像避雷针一般突出：他特立独行的风格在那个平淡的时代尤为惹眼；络腮胡+大鬓角发型，貂皮外套，劳斯莱斯，时尚的公寓，出入上流社会的高级酒会，令人艳羡的单身生活，①

① 原注：我很想知道，1969—1975年这段时间里，弗雷泽和乔·内默斯，谁交往了更多社交名媛。如果他们都记分了的话，那可能比费德勒（Roger Federer）和纳达尔（Rafael Nadal）的2008年温网决战来得更加激烈。我觉得内默斯略胜一筹。

这些都使他成为了曼哈顿的标志性人物；而最让他突出的，还是他与MSG球迷相联结的方式。这或许可以解释为什么他的生涯最终落到了一个如此糟糕、丑陋的结局；如果你在成功时刻能与球迷们联结得非常好，或许在低谷时就会与他们处得一塌糊涂。球迷们就是变幻无常，事情总是如此。

关于弗雷泽，有两个永远无法回避的疑问。第一，他的职业生涯结束得非常快，快到根本说不通。他打了9年好球，然后在没有嗑药也没有重大伤病的情况下突然之间就遭遇了滑坡。不合理。第二，他巅峰期所处的时代，恰恰是最适合发挥他的天赋的时代——没有三分线，没有强力突破吸引包夹后的分球，没有复杂的防守策略，大多数后卫都在高位做文章。直到合并之后，NBA的球队才开始区分控球后卫和得分后卫。之前？你就只是个后卫。没有人关心由谁把球带过前场。在合并之后，这项运动逐渐提速，约翰·卢卡斯、诺姆·尼克松、格斯·威廉姆斯、凯文·波特、约翰尼·戴维斯开始肆虐联盟，弗雷泽也在这时候迅速衰落，这难道只是个巧合吗？①真不好说。如果弗雷泽晚出生个10年，可能会变成丹尼斯·约翰逊那样的双能卫……他可能就没那么优秀了。再说一次，我们没法知道。②我们知道的是，无数无数的那个时代的球迷——其中一些对我有着巨大的影响——都将“克莱德”排在史上最伟大的球员之列。举例来说，我老爹——终生的篮球迷、37个赛季NBA季票的拥有者、记得从库西到勒布朗的每一个球员——认为乔丹和弗雷泽是他的历史最佳后场组合，这一点让我很感兴趣。可能我那时候还太小，弗雷泽杀死观众的记忆还很模糊，但我成长的过程中一直听着老爹唠叨：“弗雷泽*杀死*了我们。他是个杀手。你不希望在一场重要的比赛中看到他——哪怕是他的一部分——他总是球场上最好的那一个。我从来没有因为什么人的退役而那么高兴过。”对我来说这就够好了。

---

① 原注：在1970—1975年那段时间里，“小个子”·阿奇博尔德是一个超越时代的控球后卫。他的数据在那段时间里达到巅峰，包括那个著名的得分王兼助攻王的赛季。这促使你思考如果那时候有更多的“小个子”会怎么样。

② 原注：弗雷泽在20多年尼克斯解说员生涯中无数次尝试破坏无心喜剧等级表的行为并没有影响到我给他的排名。

31. 戴夫・考恩斯

履历：11个赛季，8个高质量赛季，8次全明星，1973年MVP，1975年MVP票选第二，1971年最佳新秀，1973、1975、1976赛季最佳阵容二队，最佳防守阵容（3次），季后赛场均14.4篮板（历史第6），巅峰四季20+16+4、46%的命中率，巅峰四季季后赛21+16+4（60场），2支总冠军（74、76凯尔特人）球队中前二好的球员、季后赛合计21+15+4（36场），1支68胜球队（1973赛季）的首发

1977年，老爹买了我们的第二张季票，我们的新座位在球员通道的一侧，另一侧则是球员太太专区。①头一个赛季，"洪多"的妻子（或者，用布伦特・马斯伯格的话说，"约翰・哈夫利切克可爱的太太，贝丝"）和孩子们就坐在我们右边跟我们平行的位子上。我记得自己在十英尺之外仔细观察"洪多"的女儿，心想："有一天我要娶她，然后我就能和'洪多'一家人一起过圣诞节了！""洪多"退役之后，球员太太专区开始处于不断的变动中，有点像《法律和秩序》（*Law and Order*）每一季都要换一批演员。1982年，斯科特・韦德曼加入了球队，于是我们也见到了他美貌的伴侣，金；她足可以与《八个就够了》（*Eight Is Enough*）中最火辣的女儿媲美。我们交易得到比尔・沃尔顿后，他的太太和孩子就挤在栏杆边的3人座位里——看起来就像5个人挤在一辆大众汽车的后座里——每个孩子的小身板上面都顶着个沃尔顿式的大脑袋。②你懂我的意思的。那些太太、女朋友、家人们总能让我们对球员们有更多的了解。丹尼・安

---

① 原注：那时候球员们还真的有太太。到了20世纪90年代中期，那里就变成了"女朋友、失足女、自称怀孕了不过父亲鉴定结果还没出的女人"专区。

② 原注：当时很难相信哪个沃尔顿家的孩子会进入NBA。当卢克・沃尔顿在亚利桑那大学打出名堂时，我记得自己问老爹说："那不是沃尔顿那个长得像罗基・戴维斯（Rocky Davis）的儿子吗？"他现在倒变成了妇女之友了：我甚至还有个读者把他比作詹妮弗・洛芙・休伊特（Jennifer Love Hewitt），因为小伙们大爱JLH（姑娘们想不通为什么）而姑娘们大爱卢克（小伙们想不通为什么）。[译注：罗基・戴维斯，电影《面具》（*Mask*）的主人公原型，因基因疾病而头骨不断长大。]

吉的太太简直不能更可爱、更健康。伯德的妻子，不出所料，显得非常普通和谦逊[就像NBA里的帕蒂·斯卡尔法（Patti Scialfa）①]。雷吉·刘易斯的太太显得俗气又喧哗；她穿着在家里穿的裤子。迪诺·拉贾娶了位长腿欧洲美女，举止就像《洛奇4》里的布丽吉特·尼尔森（Brigitte Nielsen）；你可以想象他们在赛后一起抽烟，拉贾一边在抱怨着托德·戴（Todd Day）。舍曼·道格拉斯（Sherman Douglas）的太太穿着条松松的慢跑裤，3个小时里一直在像一匹昔德兰矮种马似的吃东西。迪·布朗（Dee Brown）在新秀赛季有一位"该死，我娶她的时候没想到自己会出名"的老婆，他赢了扣篮大赛后立刻换了一位那个10年中最漂亮的太太。

这些太太中最突出的当属罗伯特·帕里什的另一半了。她长得像吉娜·格申（Gina Gershon），发起怒来却像个市井泼妇，以至于她向裁判们尖叫的样子总会让大家好奇地想："嘿，你觉得酋长是因为怕一觉醒来发现房子被放火烧了才不敢跟她分手的吗？""酋长"夫人有志于当一名歌手，还曾在几场凯尔特人的比赛前演唱过国歌。②她特别痛恨杰克·奥唐奈裁判，有一次中场休息的时候，她从另外两位太太头上跨了过去，冲到栏杆边上，用猥亵下流的话把他骂了个狗血淋头，最后像个冰球运动员似的被架了出去。有一个瞬间，我们都觉得她会从保安那儿挣脱出来，越过栏杆，给奥唐奈来上一记"花大少"萨维奇（Macho Man Savage）式的飞肘……如果这真的发生了，我们中也没有人会感到特别惊讶。最适合她的职业等到15年后才出现：电视真人秀。太遗憾了。③

这跟戴夫·考恩斯有什么关系？在他生涯末期，我们注意到太太专区

---

① 译注：布鲁斯·斯普林斯廷的妻子。

② 原注：老爹和我讨论过，在她之前，是否有过哪个奇葩在15000人面前唱过那首歌，最后的结论是没有。

③ 原注：在他们俩终于从婚姻里解脱之后，"酋长"夫人指控"酋长"在一次传说中的家庭争吵里打了她，我们在老爹的家里读完了她的控词，我们三人——老爹、后妈和我——在几秒内一致同意：（1）酋长是清白的，（2）假使他真的用一种不恰当的方式与妻子发生了身体接触，那他一定是出于对自己生活的恐惧。我们都愿意在他的离婚案审判中为此做证。顺便说一句，我后妈是一位毕业于史密斯学院（Smith College）的医生兼狂热女权主义者。由此可见"酋长"夫人是有多疯狂。

里新出现了一位女士：她看起来有点儿像琳达·布莱尔（Linda Blair），不过有着一头红棕色的卷发和健康的微笑。她对身旁的人简直不能更友善了。你很容易就能想象出她每天下午在家里烤曲奇的样子。头几场比赛，我们一直猜不出她是在跟哪个球员约会，后来我们看到考恩斯在中场休息时走向场边，停下来跟她说话，脸上挂着个得意得不得了的傻笑，到那时我们才明白了答案。我还记得自己当时跟所有人一样都在想："老天，戴夫·考恩斯有女朋友了！"这怎么可能？这家伙有竞争病，每场比赛都拼尽全力，像对公交售票员那样对裁判怒加斥责，大声地朝队友们下命令，鱼跃疯抢地板球，撞开三个人去抢一个篮板，日复一日地与比自己更高大的中锋争斗，每个月至少打一次架。每次考恩斯被罚出场，他都会一副不愿相信的样子，双手放在屁股上，恶狠狠地盯着那些个无礼的裁判，希望他们能改变心意。*你不知道自己刚才干了什么吗？这意味着我不能继续留在场上打球了！你不知道自己刚才到底干了什么吗？*纽林/假摔事件是考恩斯的终极时刻：在忍受了那些不尊重这项运动的蠢蛋裁判和对手们8年之后，他终于爆发了，决定用自己的双手来实现正义。这么多年过去了，他仍然是我老爹最喜欢的凯尔特人球员——这家伙从来没有哪天晚上放松过，他比其他所有人都更在乎。①

而现在，他有女朋友了？我被彻底搞晕了。*也就是说他们会牵手，会约会？他们在同一张床上睡觉吗？*我一直在想象她忘了买牛奶，然后考恩斯像被吹了一个糟糕的犯规那样发飙。这就是考恩斯与其他所有人不同的地方：他打球的时候是那么狂暴，以至于孩子们没法想象他有个女朋友。想象一下，《黑色星期五》里的贾森在周末杀完了一堆人之后回到家里，洗了个澡，换上干净衣裳，然后和太太一起去澳拜客牛排馆吃饭。考恩斯有了女朋友就是这种感觉。当他们结婚的时候，我都吓呆了。*会有一位戴夫·考恩斯太太？*自然，婚姻让他变得驯服了，就像阿德丽安·巴尔博厄（Adrian Balboa）让洛奇变得温和了一样。订婚两年后，变得冷静的考

---

① 原注：臭脾气老编辑："也是我最喜欢的凯尔特人球员。而且我讨厌凯尔特人。"说得漂亮。

恩斯放弃了巨额支票，离开了一支很有可能夺冠的球队（81凯尔特人，他们最后*确实*夺冠了），抱怨脚踝和膝盖不断受到伤痛，并声称过去身体里那股熊熊燃烧着的火焰已经熄灭了，因此选择了退役。我们没有一个克拉伯·朗（Clubber Lang）去侮辱他的妻子、杀死奥尔巴克、迫使他重新披上战袍①。太伤感了。

我们回忆起考恩斯时，会想起我在上面几段里已经提到的东西，还有1973年的MVP（并不令人信服，不过管他呢），两次总冠军，1974年总决赛抢七战的28+14，还有这座金字塔的所有球员中最离奇的职业生涯。他上过技校，1976年奥运会时当过报纸记者，坐地铁去打主场比赛，在肯塔基买了一块30英亩的圣诞树农场，还是兼职出租车司机。②1974年总冠军庆祝那夜，他最后睡在波士顿公园的一条长椅上。1976年冠军赛季结束后，凯尔特人把保罗·赛拉斯交易去了丹佛，代之以缺乏凯尔特人精神的柯蒂斯·罗和悉尼·威克斯，于是心情糟糕的考恩斯向球队请了无薪假期，缺席了32场，去萨福克赛马场找了份公关工作，每天朝九晚五地上班。当鲍勃·瑞安指责他对纽林的粗暴冲撞时，考恩斯在《波士顿环球报》上写了一篇反驳文章，怒斥道德败坏的假摔行为。他在1979赛季成为了联盟历史上最后一位球员教练。在帕里什/麦克黑尔交易完成后，球队很需要他这样一位板凳球员，他却放弃了巨额的支票，选择了退役，还在《波士顿先驱报》上写了一篇告别专栏来解释他这么做的原因。然而，与此相反的是，他退役后的生涯却出奇地平凡——有过几次短暂的执教经历，就这么多——我倒有点希望他会爆出点戏剧性的消息，比如在阿拉斯加开摩托车飙到200码结果撞上一头北极熊之类的事情。当你看到现在的考恩斯谦虚地拿着一本笔记本、一副刚帮你报完税的样子，很难想象纽林的那个故事还能产生持续的影响力。哦，好吧。

---

① 译注：电影《洛奇3》中，拳王洛奇·巴尔博厄和阿德丽安结婚后逐渐失去了斗志，在擂台上输给了克拉伯·朗。后者还出言侮辱了他的妻子，并间接气死了洛奇的教练，于是洛奇重新刻苦训练，夺回了拳王称号。

② 原注：想象一下你正20出头，某天喝醉了，踉踉跄跄地出了酒吧门，叫了辆出租车，发现开车的是考恩斯。这是我希望自己是一位生活在1976年的波士顿的单身汉而不是1996年的第736条原因。

关于考恩斯的最后一件事：与绝大部分20世纪六七十年代的球星不同，考恩斯在今天仍然可以打得很有效率，因为他有着很好的持久性和运动能力。[①]在后面的“酒窖之队”的章节里，我认真地考虑了让他出任替补，因为他有着很好的适用性和强硬度——说认真的，你还能想到有谁比1974年的戴夫·考恩斯更像闯进瓷器店的公牛、从板凳席上一上场就能改变比赛节奏的吗？——不过我最后还是没有选他，因为他的投射不够稳定（生涯：44%），出现的时间点太过完美（他从来没有跟巅峰期的威尔特或沙克正面交锋过，他们会碾翻他的），而且一直没能解决犯规问题。如果你去看一场70年代凯尔特人的经典比赛，你一定会听到播音员说：“这是考恩斯的第6次犯规！”或是：“只差一个犯规他就要被罚下了！”他没法把持住自己。这个男人实在有点过分在乎了。1976年，他在向《体育画报》解释自己为什么要向球队请假时说：“这件事我想了3个月。我甚至认真考虑过在赛季开始前就退出，但是我想，哦，我应该试试，看看情况到底怎么样。然后我发现我已经没有那种感觉了。完全没有。当有人从你边上突破而你只是耸耸肩说‘真糟糕’的时候，当你只是像一个机器人那样投篮的时候，当你赢了球或输了球都没有感觉的时候，当你不再对裁判们发脾气的时候，这说明有东西出问题了。我对此什么都做不了。当那种感觉已经完全不剩了的时候，就没必要假装相信它还在。我不想对凯尔特人队造成破坏，也不想在没有付出的情况下拿他们的钱。”

换句话说，戴夫·考恩斯变得跟NBA中的其他人一样了。而他不希望如此。这，才是我希望能共赴战场的人。

30. 威利斯·里德

履历：10个赛季，7个高质量赛季，7届全明星，1970、1973年总

---

① 原注：我完全能想象得出考恩斯在纳什太阳中担当中锋，或在那支击败达拉斯的07勇士中出任防守大锚的样子。说真的，他可以适应任何一支现代NBA球队，只要他不跟文斯、T-Mac、拉希德或其他任何他会在五周内掐死的家伙一个队的话。

决赛MVP，1970年MVP，1965年最佳新秀，1970赛季最佳阵容一队，1967、1968、1969、1971赛季二队，最佳防守阵容（1次），巅峰五季：21+14+2，巅峰两季季后赛：24+14、48%的命中率（28场），2支总冠军（70、73尼克斯）球队中前二好的球员

嘿，又一个矮个儿的左撇子中锋、擅长激励队友的领袖、队友的保护者、铁血的真汉子！里德和考恩斯各有一座MVP奖杯、一座最佳新秀奖杯和两枚戒指。他们都打了7场全明星赛，各带回家一座全明星MVP。他们都打了整整10年，最后几年都不怎么健康（虽然考恩斯保持得比里德好一点儿）。他们的主场球迷都以一种“斯普林斯廷在梅多兰”的方式与他们联结在一起。他们职业生涯的得分和篮板数都非常接近（考恩斯18+14，里德19+13）。他们都因为同一个原因而没能成为优秀的教练：一个竞争心过于强烈的天才是没法执教现代NBA球员而不化身为杀人机器的。

那为什么不把他们像杰克博士那样同列一档呢？因为里德在防守端更好，在进攻端上限更高，就是这样。①在1969年和1970年，威利斯打了28场季后赛，对位昂瑟尔德（两次）、拉塞尔、卡里姆和威尔特，场均25+14、50%的命中率，尼克斯赢下了这5个系列赛中的4个，考恩斯则从未有过如此令人震撼的一段表现。②威利斯和70尼克斯一起达到了巅峰，比接下去10年中的任何一支凯尔特人队都要强。考恩斯有一个代表性的“硬汉”故事（纽林事件），但是里德的“硬汉”故事更令人难忘（67湖人大乱斗，他当时放倒了3个湖人球员、干跑了整个板凳席）。考恩斯最伟大的比赛（1974年总决赛第7场）比不过里德最伟大的比赛（1970年总决赛第7场），考恩斯最经典的时刻（从奥斯卡手中捅掉球之后倒地滑行抢球）也远比不上里德最经典的时刻（“威利斯·里德来了！”）。考虑到威利斯还曾因为跟沃尔特·贝拉米搭档而浪费了两年时间打大前锋，考

① 原注：看吧，我早就跟你说过，这本书是不带对波士顿的偏见的！你还在为我把萨姆放在“冰人”前面而不爽吗？等着看前五吧。

② 原注：从1970年的3月24号，到1970年总决赛的第4场，威利斯和昂瑟尔德打了7场，和卡里姆打了5场，和威尔特打了4场，场均29.6分、17.5个篮板。

恩斯和里德之间的差距本来还可能会更大。[①]你更不能忽视里德作为那个更铁血的时代中最出名的执行者所获得的巨大声望。

他著名的第7场回归，与这座金字塔的评判标准本来没有什么关系，但是我们不得不给威利斯一点加分，因为他一手改变了1970年总决赛的走势，并且留下了20世纪职业体育中最著名的时刻。在所有被病痛不断侵袭的NBA球员中，威利斯是其中最突出的，因为他真的如字面所说的那样拖着他的右腿，就像你的脚睡着了、在几秒钟时间里你不能让它承受任何重量（只不过他的是整条右腿、而且要坚持一个小时）。因此他命中的那两记几乎掀翻了麦迪逊广场花园屋顶的跳投就更显得了不得了。我们都明白，威利斯的伤病比其他人的伤病看上去都更严重。他的伤真的有看起来的那么夸张吗？我们知道里德撕裂了他的右股四头肌，尤其是其中叫作股直肌的一部分，它负责控制臀部和大腿之间的运动。据我最喜欢的运动伤害专家——《棒球简章》写手威尔·卡罗尔（Will Carroll）——所说，你可以站起来，把你的手指一直顶到你右边大腿中间偏臀部的位置，然后提起你的右膝盖，就像要上一个篮，然后你就能感受到那块肌肉了。

（快，站起来试一试嘛。我难得提出什么要求。）

（听我的，快试一试！不要逼我发飙哦。）

（谢谢。）

好的，当你提起右膝盖的时候，你有没有感觉到有一块肌肉绷紧了？那就是威利斯在1970年总决赛第5场时撕裂的地方。他的臀部和右腿之间的全部联系都被切断了，卡罗尔还指出："威利斯的右腿比我们的要壮得多。"至于对疼痛的等级加以量化，卡罗尔认为这很难做到，因为那需要综合考虑注射了什么止痛药[②]、肾上腺素达到什么水平（在总决赛第7场时肯定很高，尤其是当观众们变得兴奋后）以及威利斯的疼痛阈值有

---

① 原注：尼克斯在整整20年后重蹈了这一覆辙，用了3年时间让尤因和比尔·卡特赖特搭档。如果一支球队重复犯早就犯过的错误，就像小布什向伊拉克宣战那样，那你大可以说愚蠢早就写进他们的基因里去了。

② 原注：据《纽约时报》，威利斯注射了250毫克的卡波卡因麻醉药。如果我跟你说1970年有个名人用了一种叫卡波卡因的东西，你会猜是威利斯·里德还是基思·理查兹？［译注：基思·理查兹（Keith Richards），滚石乐队创始成员之一，以毒瘾闻名。］

多少（显然很高）。威利斯拖着一条半死的腿命中了两记空位投篮，与科克·吉布森在1988年世界大赛中一瘸一拐地从板凳席上站出来、面对棒球界的顶级投球手、在膝盖重伤的情况下、挥出一记罗伊·霍布斯（Roy Hobbs）①式的再见全垒打相比，哪一个更令人难忘？里德的第7场归来，与拉里·伯德整夜进行背部牵引治疗、次日早上仍然出战步行者–凯尔特人系列赛的抢五大战、戴着笨重的背部支架打球、上半场时撞伤了头部、眼眶骨折、然后在第3节中王者归来、用经典的“拉里传奇”式表现干掉步行者相比，哪一个更英勇无畏？我们没法知道，没有一种疼痛等级可以去度量这些。

但有一点我们是知道的：在所有这些带伤作战的传奇演出中，只有威利斯·里德的发生在一整个赛季的最后一场比赛中。你可没法超越这点，戴夫·考恩斯。

29. 大卫·罗宾逊

履历：*14个赛季，10个高质量赛季，10届全明星，1995年MVP，1994、1996年MVP票选第二名，1990年最佳新秀，1991、1992、1995、1996赛季最佳阵容一队，1994、1998赛季二队，1990、1993、2000、2001赛季三队，最佳防守阵容（8次），最佳防守球员（1992年），单季联盟第一：得分王（1次）、篮板王（1次）、盖帽王（1次），巅峰三季28+11+4，巅峰两季季后赛24+11+3（25场），1支总冠军（99马刺）球队中第二好的球员，1支总冠军（03马刺）球队中的首发，单场71分，1次四双（34+10+10+10），92梦之队成员，20000分+10000篮板俱乐部*

我提到过，我曾亲眼见过1976—1995年间每一个NBA球员从南

① 译注：棒球小说《自然》（*Nature*）中的主人公。

希·帕里什纪念通道中走出来时的样子，而其中只有4个人尤为突出。当然，其中不包括肯·班尼斯特或者波普耶·琼斯。

一个是马努特·波尔。之前已经说过了。

第二个是伯德。坐在我们坐席区的球迷，几乎每个人都已经无数次地看见过“传奇”从我们身边走过了，不过每一次我们都还会紧紧地盯着他。对于我们中的所有人来说，这都是生命中唯一可以反复地近距离观察和接触的名人。你打卡上班，你朝九晚五，你一日三餐，你吃喝拉撒，你碌碌无为，你虚度年华，你和其他普通人没有任何差别……然后，你去波士顿花园看了一场篮球比赛，突然之间，史上最最伟大的球员之一，又一次地从你身边经过了。这样的经历永远闪耀着梦幻般的色彩。①

第三个是乔丹。他的名气在20世纪90年代中期是如此之盛，每一次入场时，周围都会亮起无数只闪光灯，“迈克尔”的喊声相互交织，粉丝们毫无缘由地发出歇斯底里的尖叫，仿佛是乔纳斯兄弟走进一所全女子私立学校一样。最吸引我的是乔丹的举止——他就那么自顾自走着，就那么低着头，就那么浅浅地微笑着——即使是陌生人的手掌落在他的肩上，即使是3英尺外有人惊声尖叫着“迈爱爱爱爱爱爱——克尔尔尔尔尔尔！！！！！！！！！”，声音大得几乎要震碎他的耳膜，他也没有任何特别的反应。他就那么继续往前走着，脸上挂着一丝丝笑容。他走到了场内，开始热身，心中明白从头到尾无时无刻不有人在给他拍照，在盯着他，在等他挠挠鼻子、抓抓大腿什么的……我是说，他存在的方式就显出一种威严而高贵的气派。名人之所以是名人，身上自然有其非凡之处。

第四个？大卫·罗宾逊。1990年是他的新秀赛季，我当时还从大学匆匆忙忙地赶回花园，去看他的首次造访。我们当时都觉得这很值得；大家都已经等了他整整两年了，“拉塞尔2.0”的标签似乎也并非夸大其词。所有来看比赛的人都很清楚他长什么样。因此，当罗宾逊从通道里走出来

---

① 原注：在我们坐席区有一位漂亮的女士，每次伯德经过时她都激动得快要晕倒。她总是观察得无比仔细，以至于她发现在伯德短裤的左侧，有一块极其隐蔽的、25美分硬币大小的污渍。这件事几乎把她搞疯了。有一次她甚至问：“如果我去跟他说要帮他洗裤子，他会不会觉得我是神经病呢？”只有当你坐得离NBA球员那么近的时候才会问出这种问题。

时，按理说，本不应该有什么特别的事情发生，最多也就是大家在脑子里想：“酷，他出来了。”事实上，我们却发出了一个声音：“哇哦。”一个声音，还是一阵低语？我不知道。不过，第一次看到他从你身边走过，那种壮观的感觉简直让人窒息，就像是站在一匹获奖的纯种马、或者是一辆全新的法拉利特斯塔罗莎边上。直到今天，我都没再见过比大卫·罗宾逊更像篮球运动员的人了：他比我们预期的还要更高、更高贵，肌肉线条如此分明，仿佛是Soloflex公司广告上PS过的模特。他走路时昂首挺胸，自信满满，脸上带着友善的微笑。就连直得不能再直的直男都会承认，他着实是帅气而又迷人。说真的，他就是个范本。这是我能想到的最好的描述了。老爹后来说，坐在那条通道边那么多年，这是唯一一次他听到“哇哦”的声音。所有人都异口同声地发出了那个声音。没有人相信自己所见到的。有些人命中注定就是要打篮球的。①

在那个时候，我敢跟任何人打赌说罗宾逊会成为历史前十之一。但这没有发生。他没能统治NBA，虽然他具备你希望一名中锋拥有的一切技能：拉塞尔的防守本能，威尔特的力量和敏捷，吉尔摩的身高，帕里什的下快攻能力，哈基姆·奥拉朱旺的脚步和手眼协调……如果这还不够的话，这家伙还是个*左撇子*。如果我们有一天要开始克隆篮球运动员的话，乔丹、勒布朗和罗宾逊会是前三名。②从纸面上看，你没法再要一个更好的中锋了。在《黄金男孩》中，卡梅伦·斯陶斯爆料说，25岁的罗宾逊是梦之队选拔委员会的第四选择——仅次于伯德、“魔术师”、乔丹——另外，在1992和1993赛季开始前，一直有流言说芝加哥内部在讨论用乔丹去单换罗宾逊。你可以看出在大家心里罗宾逊会有多好。这家伙拥有一切。③

好吧，应该说是几乎一切。他身上具备的某种特质，让他成为了一个

---

① 原注：你可以把这一整段加到我的“同性恋清单”里。谢谢。另外，年轻时的威尔特·张伯伦是“哇哦”之王。

② 原注：保罗·莫凯斯基会是最后一名。

③ 原注：对罗宾逊的丧心病狂的吹捧在1991年达到了巅峰：1991年帕特·莱利说：“大卫和拉塞尔简直一模一样，但是大卫的运动能力更强。”科滕·菲兹西蒙斯则说他已经超越了伯德、M. J. 和“魔术师”：“他们仨都是MVP——这小伙儿则是更多。他是卡里姆·阿卜杜勒-贾巴尔之后联盟中最有影响力的球员。”

特别的人，但同时也限制了他的篮球上限。罗宾逊可能是同时代球员中智力最高的，这家伙SAT考了1310分，会弹钢琴，业余时间研究海军科学。①读书的智慧在篮球场上有用吗？未必。非要说的话，罗宾逊比别人多出来的那些脑细胞反而伤害了他自己。所有有关早期罗宾逊的故事都会谈到他“想得太多”，需要让“比赛回到他身上”。他在关键时刻的萎靡已经成了常态，或许是因为他总是在想一些大图景的问题，比如说，“现在我必须渡过这个难关，不然的话未来某天会有人质疑我的生涯的。”作为一个试图在每个人身上都发现善和美的平和的基督徒，他缺乏必要的领导能力——更不要说M. J. 那种“继续这么打的话我就会把你拖进更衣室，反锁上门，然后把你揍出屎来”的气质——无法降服丹尼斯·罗德曼，致使罗德曼逐渐脱离了控制，最终从根本上毁灭了圣安东尼奥1995年的季后赛之旅。他从来没有巅峰哈基姆·奥拉朱旺那种一生悬命的态度。他就是没有这种基因。乔丹去度“棒球假期”之后，罗宾逊本来有机会成为“那个人”，但是哈基姆像辆推土机似的把他赶到了一边，赢下了两连冠。这一切在1995年季后赛达到了顶峰——顺便说一句，那是罗宾逊的MVP赛季——哈基姆在1995年西区决赛中打出了彻彻底底一边倒的完爆表现，以至于在YouTube上都能找到一个标题为“奥拉朱旺统治罗宾逊”的视频。哈基姆场均35+13+5、再加4个盖帽，在第一战中送出绝杀助攻，最后两场合起来得到81分（罗宾逊41分），在第二战中用一个经典的“大梦脚步”戏耍了罗宾逊，那个镜头也成了整个系列赛的缩影。关于“哈基姆-罗宾逊之争”就到此为止。②

等到1999赛季，罗宾逊终于成为了总冠军，但这都是因为蒂姆·邓肯成为了球队的老大，被解放出来的罗宾逊终于找到了自己的好归宿——辅

---

① 原注：我在差不多的时候考了SAT，得了1330分。这是我高中时代永恒的高光时刻之一——在SAT上险胜大卫·罗宾逊。*哦也，1330：1310！我击败了那家伙！*

② 原注：系列赛最佳时刻指罗宾逊在第2场前获颁MVP，随后怒气冲天的哈基姆就在圣安东尼奥用一场名人堂级的“去死吧”表现摧毁了他。到第5场时，罗宾逊已经只剩一具空壳。利·蒙特维尔（Leigh Montoille）在《体育画报》中描述道：“罗宾逊犹豫不决，摇摇晃晃，17投仅6中，得到19分和10个篮板，错失关键罚球。迷失。大卫·罗宾逊迷失了。‘我从来没有过这种感觉。’他赛后说，‘生命中第一次，我感觉自己辜负了队友。’”

助者……当然，这个冠军不能作数，因为1999赛季根本不存在。虽说他的性格让他没能发挥自己在篮球上的全部潜力（顺便说一句，在这个金字塔里排在第29绝对不能算糟糕），但同样的慷慨、体贴、无私，让他成为了那一代球星中最伟大的人。你是不是偶尔会在读到关于别人的文章时感到羞愧，因为你从不曾像他们那样去影响他人的人生？罗宾逊就是这样的人；他曾一次性拿出900万美元，在圣安东尼奥建了一所学校。我最喜爱的关于罗宾逊的回忆是他在“史蒂夫·科尔之战”中的反应。2003年小牛对马刺的第6战中，科尔抖落身上的蛛网和灰尘，彻底爆发。因为科尔在队友中很受欢迎，而且他的三分雨完完全全出乎人们意料（那年他是球队的第十二人），所以圣安东尼奥的替补席兴奋得就像是疯狂3月里完成逆袭的15号种子。而在替补席正中间的就是罗宾逊。他看起来不能更高兴了。你甚至可以看到他像个小屁孩似的又蹦又跳。我相信他会把那场比赛当作他职业生涯最高光的时刻之一。从更高的层面来看，这能说明一切问题。在这座金字塔中，没有比大卫·罗宾逊更好的人或队友了。但在另一方面，这对于罗宾逊的生涯并不是一个好消息：我最喜爱的罗宾逊时刻，居然是他在马刺队替补席上为队友加油。

罗宾逊只打了14个赛季，最后两个赛季还一直受到背伤/膝伤的困扰——没有人真正意识到他衰退了多少，因为他*看起来*完全一样①——最后在2003年总决赛中雄起了一把，帮助马刺队拿到了第二冠。他的生涯遇上了许许多多的困难：开始得太晚（大学四年，在海军服役两年），太多的教练（前6年换5个教练），糟糕的帮手们（在邓肯之前，他的队友中只有肖恩·埃利奥特进过全明星）。他成为新秀时已经24岁，而这并非因为他被大专学校开除，被关进监狱，或者是读了3年高四；他是去为我们的国家服役、去履行他的义务了，因此他应该得到一点儿历史地位的加分。对罗宾逊来说，如果可以谈如果，那么除了因为在海军服役而少掉的两年，就应该是马刺队在1989年选秀大会上在第三顺位选走了埃利奥特而非

① 原注：罗宾逊是“托尼·拉鲁萨全明星队”的一员，而且可能是老K教练和拉鲁萨本人外我最喜欢的一个例子。

格伦·赖斯。这个决定在当时就看不出什么道理，[①]随着时光流逝而显得越来越蠢：赖斯后来成为了夏洛特和迈阿密的关键先生和致命三分手。如果20世纪90年代中期马刺队的关键球都交给赖斯来投，他们本可以在罗宾逊的全盛期进入一次总决赛，罗宾逊也有可能进入金字塔的第4层。而事实上，我们现在想起他时，只会记住那个在当时听上去充满无限可能性而事后想起来却只余一地遗憾的声音：“哇哦。”[②]

28. 德韦恩·韦德

履历：7个赛季，6个高质量赛季，6届全明星，2006年总决赛MVP，2009、2010赛季最佳阵容一队，2005、2006赛季二队，2007赛季三队，最佳防守阵容（3次），单季联盟第一：得分王（1次），2006年总决赛35+8+4，2009赛季30+8+5、2.2抢断、49%的命中率，2010年全明星MVP，生涯季后赛26+5+6、48%的命中率（66场），1支总冠军（06热火）球队中最好的球员，生涯场均得分25.4（历史第10）

在2010年夏天的诸多剧情——这一代球员中最好的两个有可能改换门庭；整个克利夫兰都提心吊胆；尼克斯花了两年时间来毁掉他们的球队，于是无法签下阿马雷·斯塔德迈尔外的任何人；公牛队似乎将要主宰此后的10年（然后迅速陨落）；亚特兰大给了乔·约翰逊一份1.2亿的合同，而就在不久之前他刚刚率队在第2轮中场均输球25分被横扫；“神通广大的韦斯”（Worldwide Wes）[③]成了个家喻户晓的名字；韦德和波什

---

① 原注：埃利奥特大四时在亚利桑那大学场均22+7，三分命中率43%；赖斯场均26+6，三分命中率52%，带领密歇根大学拿下1989年的冠军。埃利奥特一生中从没有成为过比赖斯更好的小前锋，哪怕是一秒都没有。赖斯在NBA有过6个20+的赛季，1997赛季在夏洛特到达巅峰：场均27分，不可思议的47%的三分命中率（出手440次）。

② 原注：不完全如此，我还会记得他是哈基姆·迈克·泰森手下的迈克尔·斯宾克斯。

③ 译注：指威廉·韦斯利，与NBA中的许多球员和球队老板还有联盟高层都有联系，被认为是全NBA最有权势的人之一。

为自己雇了纪录片团队；新泽西的新老板米哈伊尔·普罗霍罗夫（Mikhail Prokhorov）（我曾经给这位6尺8寸的亿万富翁取了一个有名的绰号："马克·库班俄罗斯异形种"）和说唱巨星Jay-Z（球队的小老板，拥有的篮网股份只比你我多1%）一起到处招募自由球员；Twitter时代的体育报道变成了愚蠢的抢新闻比赛，使这一行业倒退了几乎25年；老板们在此前12个月里不断跟我们说必须改变体育经济的结构，否则我们将会在2011年遭遇停摆，结果在自由球员签约开始后的24小时里，他们在德鲁·古登、阿米尔·约翰逊（Amir Johnson）、钱宁·弗赖（Channing Frye）和达尔科·米利契奇身上砸了1.14亿美元；勒布朗签约迈阿密与浩克·霍根在1996年"海滩重击"中的表现产生了不可思议的平行对应①——中，最不可思议的一条莫过于，勒布朗（0冠）一直吸引了最多的关注，而韦德（1冠）直到夏天过后才被人们所注意。

如果这发生在两个赛季前，我完全可以理解，因为当时的韦德刚从遍布全身的各种伤病中恢复，人们则都怀着"希望他不会是下一个'便士'·哈达威/格兰特·希尔"的担忧。②然而他在2008年奥运会期间再次证明了自己的巨星地位，拥有球队中最好的表现，并把这股势头带入了常规赛，打出了乔丹之后得分后卫位置上数据最全面的赛季。第二年，他把一支稀烂的迈阿密带到了47胜，而且在季后赛面对波士顿时交出的数据（33+6+7、56.4%的命中率）明显要超过科比3轮后面对波士顿时的数据（29+8+4、40.5%的命中率）。我不记得有哪个得分后卫能把各种技艺融合得比他更好：韦德能为自己和队友创造机会，保持高水准的防守，每

---

① 原注：那是一场付费点播比赛，霍根突然袭击了"花大少"兰迪·萨维奇，加入邪恶的"外来人"[凯文·纳什（Kevin Nash）和斯科特·霍尔（Scott Hall）]，组成了"新世界组织"，解说员达斯蒂·罗兹（Dusty Rhodes）和博比·希南（Bobby Heenan）尖叫着："第三个人是他！发生了什么鬼事情？？？浩克·霍根背叛了WCW！"当然了，WCW在这里对应了克利夫兰。（译注："海滩重击"比赛也发生在佛罗里达州。职业摔跤比赛中会有正义方和邪恶方，还会有剧情。）

② 原注：我在2006年这么写道："每场比赛，韦德都像艾弗森一样惩罚着对手，然而他并非艾弗森那样的天生怪胎。如果韦德再不谨慎对待他的生涯，他会成为另一个厄尔·坎贝尔，在2011年就离开联盟。"[译注；厄尔·坎贝尔（Earl Campbell），NFL名人堂跑锋，只打了8个赛季就因伤退役。]

一场每一节都不轻易放弃，在需要的时候会适时爆发，最重要的一点是，比其他所有人都更清楚什么时候该“让大家变得更好”、什么时候则“是时候来接管比赛了”。公牛队在1991年之前从来不享受跟乔丹一起打球。湖人队在2003—2008年间从来不享受跟科比一起打球。而韦德的队友总是很享受跟他一起。这一特质使他显得非常特别，也让人想到了韦德和杰克·鲍尔之间不可思议的平行对应关系：他们都靠着各自的无畏和全面能力打出了一片天，而且他们的巅峰和低谷也完全重合，从2002—2003（韦德在马奎特大学取得突破，杰克的《24小时》前两季）到2006（两人都到达了巅峰）到2007—2008（一切都开始衰落，他们的表演几乎要被取消了）再到2009（两人都以核心的身份迎来了救赎）。①

那么，为什么尼克斯和公牛的球迷不像对待勒布朗那样大声呼唤韦德加入呢？因为几乎没有多少球迷意识到他究竟有多棒。该死，你可以把他的生涯和科比的比较一下……

韦德：25+5+7，48.2%的命中率，77%的罚球命中率（451场）；26+5+6，48%的命中率，79%的罚球命中率（66场季后赛）

科比：25+5+5，45.5%的命中率，84%的罚球命中率（1021场）；26+5+5，45%的命中率，82%的罚球命中率（198场季后赛）

……再看看他们两人在巅峰期缺乏帮手的情况下的两个赛季：

韦德（2009、2010）：28+5+7，48%的命中率，20.8次出手，9.4次罚球出手，90胜72负，季后赛4胜8负

科比（2006、2007）：33+6+5，46%的命中率，25.0次出手，10.1次罚球出手，87胜75负，季后赛4胜8负

---

① 原注：2010年，《24小时》在毫无看点的最后一季中迎来了结局；几周之后，迈阿密在首轮被波士顿淘汰。我很激动，因为鲍尔/韦德的平行线会继续下去，鲍尔要离开电视剧了，而韦德会离开迈阿密。但韦德留了下来。为什么？因为有钱的运动员们都不愿意离开南海岸，除非有人拿枪指着他们脑门。

如果把迈克尔·比斯利、马里奥·查默斯（Mario Chalmers）、昆廷·理查德森，还有已经老得连警方的巡尸犬闻到他的气味都会把他当作是尸体而高声狂吠的杰曼因·奥尼尔[①]等人换成保·加索尔、安德鲁·拜纳姆（Andrew Bynum）、拉马尔·奥多姆、罗恩·阿泰斯特/特雷弗·阿里扎（Trevor Ariza）、德里克·费舍尔和菲尔·杰克逊，韦德可以拿下背靠背总冠军吗？嗯……可以。我们曾经在2006年总决赛迈阿密的4场胜利中见识过了韦德的上限，他场均39.3分、8.3个篮板，让我写下了这样的话："在过去的4周时间里，韦德不可思议地成长为了联盟中最好的球员，本能地在遵从队友和接管比赛之间取得完美的平衡（就像我们一直希望科比能做到的那样，只是他就是不愿这么做）。"用更简单的话说，这是史上最佳的乔丹模仿秀。在2008年的一篇关于1977年以来前五十的总决赛表现的专栏文章里，约翰·霍林格把韦德肆虐达拉斯的表现排在了第一位[②]——一部分是因为他有着最高的PER，一部分是因为韦德的数据是在一个相对慢节奏的系列赛里得到的，一部分是因为他可能和某人打了个赌所以才敢去写ESPN.com史上最蠢的专栏文章没有之一——并写道："把乔丹以外的某人排在第一位，这看起来很奇怪，但事实是，乔丹从没有像这样统治一轮总决赛。当时，许多人称韦德的表现为'乔丹式的'。他们现在可能已经意识到了这么说是对韦德的不公。"[③]

他们确实可能这么想，如果他们脑子有问题的话。先不说韦德时代的一些显著优势（没有hand-check，没有凶恶犯规）；那个系列赛是NBA裁判史上最滑稽的场面。那就是一个耻辱。那使得人们开始反对这个联盟。在打得像一场WWE的第5战之后，我在12个小时里收到了2000封愤怒的球迷发来的邮件，他们中的大部分都已经准备放弃这个联盟了，因为他

---

① 原注：就在我写完这句话后一个礼拜，奥尼尔与我挚爱的凯尔特人签约两年。干得漂亮。

② 原注：我在这儿本来写的是"刺杀达拉斯"，大约3个月后突然意识到其中的骇人双关。看到没，我是个思虑相当缜密的人！是吧？（译注：指发生在达拉斯的肯尼迪总统遇刺事件。）

③ 原注：我不知道是要把这本书附上亲笔签名赠给霍林格，还是要拿这本书把他打得意识模糊。我还没想好。

们觉得结果是事先定好的。事实呢？当时的NBA正在努力度过危机，因为他们刚试图用“让我们改变hand-check规则并开始提速从而提高得分”的方法来改变比赛风格。一些球队很好地接受了新规则，攻击篮筐，提高速度，不考虑区域联防；而另一些球队则固执地按照1994—2005年间的方法打球，放慢节奏，在防守端无能为力，在进攻端则只围绕和依赖一个发起点。迈阿密和达拉斯正好是新派和老派想法的代表，所以在总决赛第5战后——韦德是役得到25次罚球机会（和达拉斯全队一样多），在比赛最后随随便便地无脑突破了一下，然后靠着本内特·萨尔瓦托在30英尺外为他保驾护航赢下了比赛——我写下了这些话：“这不是篮球，这是一个造星体系。”“又一次看到一个球员单枪匹马干掉一支球队，这毁掉了2005—2006赛季一切正面的回忆。”“我开始觉得NBA的未来已经岌岌可危了。”[①]我不是在针对韦德和迈阿密，但没有人喜欢看这种结局已然注定的进攻。我们不想在比赛的关键时刻看到其他人都站着不动，只留一个人在投篮，我们也压根儿不想看到裁判通过对“超级巨星杀进禁区、试图制造身体接触”的演绎来决定比赛。

这些都不是韦德的错；在迈阿密6场取胜后，你不能因为他罚了97个罚球（多得吓人）而责备他。那些犯规不是他自己吹的。但是加上一年后爆发的蒂姆·多纳吉丑闻，2006年总决赛确实让球迷、媒体成员、联盟执行官们开始提及一个词：“裁判危机”。在这个过程中，韦德的历史地位受到了影响。当人们回忆起那年的总决赛时，他们会首先想到裁判，而非韦德的绚烂演出。甚至在《篮史通鉴》的精装本里，韦德在金字塔中只排在55位（现在看来是太低了），我当时错误地低估了他的代表性时刻——他披上了M. J. 的斗篷、独力为迈阿密带来了一座总冠军——因为我一想到

① 原注：那场比赛让我写下了个人最愤怒的专栏文章之一。在其发表在ESPN.com上之后，沮丧不已的马克·库班在他的博客里贴上了文章的链接，标题是***“比尔·西蒙斯是我的英雄！”***，并注解说：“我一个字也再不用多说了。比尔·西蒙斯，世界上最《虎胆龙威》（*Die Hard*）的19个人之一，他已经说明了一切。很高兴看到还有人在关注。谢谢你，比尔。”这是我最喜爱的库班时刻，仅次于在2008年NBA技术峰会上看到他高喊着“吉米米米米米米米！”给了尼克斯老板詹姆斯·多兰一个熊抱，仿佛他俩已经5年不见一样。

那轮系列赛就首先会想到嘲讽裁判。这对韦德并不公平。就像2010年夏天所有人都忽视了他一样不公平。他就像一座安慰奖，又像夜店里第二漂亮的姑娘，等着某个没能和勒布朗睡成的老兄。他本可以与芝加哥签约（一支正在成长的新兴队伍，有着德里克·罗斯、乔基姆·诺阿和巨大的薪金空间）去事先复仇，在那里他可以连续几次杀进总决赛，让大家说："哇哦，真不敢相信我们在韦德是自由球员的时候没有好好考虑他。"而现实是，他留在了南海岸，说服了波什，然后又说服了勒布朗放弃金钱（还有克利夫兰的球迷，以及在全世界体育迷心中的优等生形象）、在一场全国电视转播中捅骑士队一刀、与韦德成为队友、加入了*韦德的*城市。

应该为韦德并不想征服自己最大的竞争者而感到失望，还是为他招募来了勒布朗、两人化身好莱坞大片中联袂出演的双主角而感到精彩呢？我更倾向于后者。和往常一样，我总是低估了德韦恩·韦德。不管韦德和勒布朗在迈阿密联手拿到了多少枚戒指，韦德总是会多一枚。[①]他是否有潜力在金字塔上超越勒布朗？我一直在回想2010年对阵凯尔特人的第4场，韦德用一场精妙入神的屠杀避免了被横扫：46分，只投丢了8个球，没有任何帮助，始终面对专为他设计的双人、三人铺天盖地的包夹。这就像是观看一场高难度的花样滑冰表演。韦德知道他必须完成他的三周半跳，他的外点两周跳，等等等等，如果他没有拿到至少9.9分，迈阿密就将被横扫。他做到了。他完成了所有的动作。波士顿在第5战淘汰迈阿密后，我这么写道："我们都知道韦德很了不起。但我们不知道他有多么了不起。他通过自己的表现告诉了我们。"我们现在差不多知道了。而且，就算勒

① 原注：勒布朗的一小时ESPN节目（及随后毁灭克利夫兰的做法）吸引了巨大的关注，使得人们忽视了当夏韦德在的轻率举动。很多球队相信，韦德通过他的自由球员会议来为迈阿密主席帕特·莱利收集情报。他还雇用了自己的纪录片团队，有个很明显的时刻，他要求跟芝加哥见第二次面——这一做法显然是某个制片人或导演告诉他的："放出消息说你想跟他们再见一次面，说离婚之后你希望能跟住在伊利诺伊州（Illinois）的孩子们近一点儿，然后我们会跟他们再次见面，再然后，我们会拍一个场景，你在密歇根湖畔漫步、一边沉思、仿佛已经决定了要做什么。相信我。这会是很棒的电视节目。"你这招可没法骗过我。这几年我看过太多的电视真人秀了。这已经成了我的坏癖好之一，其他还有赌博、酸甜小子软糖和史泰龙电影。我看得出作假的真人秀，真该死！

布朗从韦德手上夺去了他的球队，又或者他们加波什的超级联盟的爆炸力还比不上好莱坞星球[①]……我想我们至少还拥有2006年总决赛。

27. 比尔·沃尔顿

履历：10个赛季，4个高质量赛季，2届全明星，1977年总决赛MVP，1978年MVP，1977年MVP票选第二，1978赛季最佳阵容一队，1977赛季二队，最佳防守阵容（2次），单季联盟第一：篮板王（1次）、盖帽王（1次），1支总冠军（77开拓者）球队中最好的球员，1支总冠军（86凯尔特人）球队中的第六人，1977年季后赛场均18.2分、15.2个篮板、5.5次助攻、3.4个盖帽

想象一下，你成了你主队的GM，而且允许你通过时间机器从NBA历史上随便拉来一个中锋放进你队里——但是他的生涯经历会与真实历史上发生过的一模一样。这样的规则下，你会选择大卫·罗宾逊的14个优秀赛季，还是沃尔顿的两年半超凡时光（一年半首发，一年第六人）？我会选沃尔顿，原因如下：在那转瞬即逝的超凡一年中，我们只需要给沃尔顿配上一个优秀篮板手、一个不错的投手和几个灵敏的后卫，他就可以保证能带来一冠。有多少球员能保证给你夺得一冠？乔丹、伯德、“魔术师”、拉塞尔、卡里姆、哈基姆、邓肯、沙克、摩西、威尔特（只要他脑子不进水）、迈肯（只要身处20世纪50年代）……没错，就这么多。沃尔顿靠着他那传奇的一年进入了这一名单，而他的队友是所有后合并时代总冠军中最差的：莫·卢卡斯、莱昂内尔·霍林斯、博比·格罗斯、约翰尼·戴维斯、戴夫·托齐克、劳埃德·尼尔，就是这些人了。从1977年3月29日到1978年3月1日，在包括1977年季后赛在内的整整11个月里，波特兰总

① 译注：指发生在南非的好莱坞星球餐厅爆炸案，造成一人死亡。

计70胜15负，而且那还是一个竞争尤其激烈的时代。①而这一切——一切——都围绕着沃尔顿展开。可能有些中锋会在某些特定领域里做得更好，但是综合考虑，沃尔顿是最好的传球手兼篮板手兼盖帽手兼一传手兼防守大闸兼关键时刻得分手兼情绪上的领袖再兼无可置疑的“我们全部的进攻都围绕着他”的家伙。如果你列一个单子，写上你认为一个理想的中锋应该具备的所有技能，沃尔顿会是唯一一个每一项都满足的。②如果你非要让他的比赛变得“更好”，说实在的，你还能怎么样？或许再给他加上卡里姆的天勾，或者几套麦克黑尔的低位脚步？那我们就是在鸡蛋里挑骨头了，是吧？

这个红头发大个子在最大的舞台上打出了巅峰表现：1977年总决赛，他场均19+19+5、4个盖帽，在最后一场打出了超神的20+23+8、7个盖帽，然后撕掉了他的球衣，光着膀子跟狂喜的波特兰球迷们一起庆祝。这是史上重大比赛中最具统治力的个人表现之一，堪比拉塞尔1962年总决赛第7场、威尔特1967年对波士顿系列赛第5场、佩蒂特1957年总决赛第6场、乔丹1998年总决赛第6场、弗雷泽1970年总决赛第7场、卡里姆1980年总决赛第5场、“魔术师”1980年总决赛第6场、邓肯2003年总决赛第6场、哈基姆1995年对马刺系列赛第5场和伯德1986年总决赛第6场。幸运的是，NBA TV和ESPN经典频道会放不少的1977年开拓者的比赛；你可以从那里认识沃尔顿，惊异于他昂瑟尔德式的长传，伯德式的妙传，致命的打板投篮，以及他如何不断地提升他的队友、让他们变得更好。他牢牢控制住了球场两端的篮筐。这是最好的描述方式了。在他之后，我们就再也没见过这样的表现。③

跑题时刻：在那个群星璀璨的1978赛季，在沃尔顿受伤之前，开拓

---

① 原注：15场失利中，3场在两位数以上，5场在3分之内。

② 原注：这还包括身高。沃尔顿的官方身高是6英尺11寸，但是他肯定有7尺2寸或7尺3寸。他在波士顿打球时比帕里什和麦克黑尔至少高两寸。他只是从来不希望被人们当成7尺长人。

③ 原注：除了细腻的传球，沃尔顿最让我喜欢的技术特点：无论是前场还是后场篮板，他抢到后总是把球举在头顶，而且总是随时准备好做动作。沃尔顿的录像带应该永永远远地给年轻的高中中锋们播放下去。

者可是逮谁灭谁。就在圣诞假期之前，他们在波士顿打了一场比赛。我那时刚刚8岁。一场发生在1977年12月、意义并不重大的凯尔特人比赛让我到现在都还记得，这足以说明那场比赛给了我多么深刻的印象。我的记忆是这样的：波特兰来到波士顿，把我们揍得肠子都出来了。我们那时已经不再是支好球队了；“洪多”在那年退役，海因松下课，一切都正逐渐瓦解。他们抓住了完美的时机来痛打我们。可以说，那支开拓者的境界是我之前从未见过的。他们把比赛变成了整整4节的列队上篮练习。每次我们投失，沃尔顿就会抓到篮板，然后发动新一轮快攻。他们根本无懈可击。我们投丢，他们得分。我们投丢，他们得分。他们就像一台机器。我记得和老爹一起离开花园的时候，我们俩都感觉好像被人给痛揍了一顿。在我25岁的时候，我记忆中的比分是151：72；事实上，最终比分是113：81。但你懂我的意思了吧。除了86凯尔特人和96公牛，这是我亲眼见过的最好的球队。而这一切都是因为有沃尔顿。

对于真正关心篮球的人来说，沃尔顿因伤错失的那些年对篮球这项运动造成的损失无论怎么说都不为过。如果用喜剧片来比喻，那就像是埃迪·墨菲在拍完了《48小时》（*48 Hours*）和《运转乾坤》（*Trading Places*）后沉寂了整整8年，然后才复出拍摄了《贝弗利山超级警探》，然后彻底消失了。如果用音乐来比喻，那就像是涅槃乐队还在给《别介意》（*Never mind*）制作后期时科本就自杀了。当然，沃尔顿在流行文化中最完美的比喻当属Tupac Shakur了——这很有趣，因为2Pac是你能找到最黑人的人，而沃尔顿则是最白人的人——他们在生涯早期都不太顺（沃尔顿的伤病和政治激进主义，2Pac的监狱时光和粗俗的歌词），都有着一种不祥的、“他们随时都可能完蛋”的感觉（沃尔顿脆弱的双脚，2Pac的求死欲望），但他们全力归来，在一年中横扫一切[沃尔顿的70胜15负，2Pac的《万众瞩目》（*All Eyez on Me*）专辑]，之后却又永远地消失了（沃尔顿因为脚伤，2Pac则因为被谋杀）。之后的时间里，他们一直都在苟延残喘，沃尔顿时不时地复出一下然后又受伤，Death Row唱片公司则不断地推出2Pac生前未发表的作品和重制歌曲，但没有一首比得上他生前的作品。最大的区别在于，沃尔顿终于在86凯尔特人中完成了救赎；2Pac则没有这样的机会，除非他起死回生。（别把这句废话给删了。）我一直好奇，沃尔顿和2Pac的历史地位是否因为他们巅峰短暂因而升高了；多年之后，我们总会把这些事情传奇化，好奇他们本来能达到怎样的高度，只可惜2Pac太喜爱黑帮生活了，而沃尔顿脆弱的双脚则注定无法掌控NBA。他们都有着致命的弱点，就是这样。

但你知道吗？他们都属于十分独特的一类原型。独一无二。我要沃尔顿的两年半，不要罗宾逊的14年；我要2Pac的4年，不要任何其他说唱歌手的整段生涯。我最喜欢的2Pac的歌是《想象我纵情肆意的样子》（*Picture Me Rollin'*），一支情绪高涨的歌，就写在他刚出狱后，开着奔驰500飙车，享受他的自由，跟几年来所有不爽他的人说（我会用“白鬼”的语言翻译出来）：“现在我在大街上，再次做我自己，我真心希望你花上几分钟时间，想象我正在开着好车、像个自由的人那样开心地兜风。”这真的就是整首歌的核心。有一段他嘲弄道：“你能看见我现在的样子吗？哈哈哈。靠过来一点儿，所以你能看得更*清楚*。你看得见吗？哈哈哈。想象我纵情肆意的样子。”太完美了。这也是他最朗朗上口的一段旋律，是那种让你想要开着敞篷车出去兜兜风、假装你是黑人的那种歌。（等等，你没有这么做吗？嗯……其实我也没有。）总之，在歌的最后，2Pac嘲笑了克林顿管教所①——一个他经常光顾的地方——的所有人：

任何时候你想要再见到我，
倒带到这首歌，
闭上眼睛，想象我纵情肆意的样子。

我觉得这就是沃尔顿和那支开拓者给人的感觉。他们并没有纵情肆意太久，但他们确实*纵情肆意过*。我甚至不需要给录影带倒带就能想象出他们的样子。②

① 译注：纽约州最大的一所最高安全级别监狱。

② 原注：我为在这里没有使用某首死者报恩乐队的好歌而向沃尔顿道歉。[译注：死者报恩（The Grateful Dead），又译“死之华”，迷幻摇滚乐队。沃尔顿是著名的死者报恩歌迷。]

26. 里克·巴里

***履历**：14个赛季，10个高质量赛季，12届全明星，1975年总决赛MVP，1975年比尔·西蒙斯MVP，1966、1967、1974、1975、1976赛季NBA最佳阵容一队，1969、1970、1971、1972赛季ABA一队，1973赛季NBA二队，1967年全明星MVP（38分），单季联盟第一：得分王（1次）、罚球命中率（7次）、抢断王（1次），1支总冠军（75勇士）和1支总亚军（67勇士）球队中最好的球员，1967年季后赛35+8+4（15场），1975年季后赛28+6+6、44%的命中率、92%的罚球命中率（17场），ABA季后赛巅峰三季34+8+4、50%的命中率（31场），NBA季后赛巅峰三季27+6+6、45%的命中率、91%的罚球命中率（40场），职业生涯：24.8分（历史第13）、89.3%的罚球命中率（历史第5）、5.1次助攻，25000分俱乐部*

关于巴里我们在这本书里已经提到很多次了：他的各种发型，他备受争议的转会至ABA，他转播时的毛病，他的史上封面最丑的自传，还有那年他们打劫了他的MVP以及为什么。不管你怎么想，但这家伙肯定很有趣。特别是如果你的发型跟他一样。我们会记住他是NBA历史上最臭名昭著的浑蛋，一个对待队友无比轻蔑的完美主义者，有着近乎病态的想要惹所有人不爽的需求，还有着不愿跟黑人队友合作的坏名声（或许公平、或许不公平）。还记得《几近成名》里差点发生空难时，杰夫·毕比（Jeff Beebe）像发了疯一样，不断责备拉塞尔·哈蒙德（Russell Hammond），最后尖叫道：“你总是一副高高在上的样子！你总是这样！”然后他们的贝斯手也接话说他“终于说出了真相”。那就是里克·巴里。他总是一副凌驾于所有人之上的样子。在1983年《体育画报》的一篇文章里，5位前队友或同事都出卖了他：罗伯特·帕里什（“他有着糟糕的态度。他总是看不起你。”），菲尔·史密斯（“他就跟在电视上一样。他对所有人都很苛刻。就像自己是‘完美先生’。”），老迈克·邓利维（“他缺少外交手段。如果他们把他送去联合国，他最终会发起第三次世界大战。”），[①]比利·波尔茨（“联盟中所有人都认为他是史上最自大的家伙。我不敢相信。一半的人不喜欢里克。另一半恨他。”），当时勇士的副总裁肯·麦克尔（Ken Macker）（“你永远不会看到球员们围坐着聊过去跟里克共事的旧日好时光。他的队友和对手们都痛恨他。”）。可怜的巴里就像NBA的丹尼尔·拉鲁索（Daniel LaRusso）——他身上就是有些东西让所有人不爽。

最最典型的巴里故事：他放弃了1976年西部决赛的抢七，原因是在跟里基·索伯斯打架时队友们没有保护自己。[②]巴里大概在半场时看了集锦，证实了自己的猜测，他的队友们确实出卖了他；下半场开始后巴里就不再出手了。最后几分钟时，教练阿尔·阿特尔斯大概威胁了他，因为巴里突然又变成了那个巴里；然而在一波迟到的追赶之后，卫冕冠军最后还是在主场输给了一支不该输的队伍。你不会找到一场比这更没道理的季后赛抢七/抢五失利了。我在《吉米鸡毛秀》工作时，我们曾经邀请到巴里，我当时忍不住问他那个系列赛发生了什么。他立刻回答：“我们本应该赢下抢七。我们那时气势正刚回来，我跟克利福德·雷打了个挡拆，但是他没有接住那个该死的传球。”然后他恶心地摇摇头，发出了一声“真希望克利夫现在就在这里我好甩他一个鄙视之眼”的叹息。27年过去了，里克·巴里——名人堂成员，NBA冠军，史上前八的前锋——仍然放不下那个球。这太奇怪了。当然，几周之后我看了录像带：勇士队正在进攻，雷做了个挡，然后拆向篮筐，巴里把球传向雷的手中，出界。镜头里巴里一脸不敢相信地呆立在那里。这是一场代表性的“里克·巴里是个蠢货”比赛中代表性的巴里时刻。

可怜的巴里是他自己最大的敌人。1967年，他从一个完美的位置

---

① 原注：在目睹了老邓利维毁掉快船并众叛亲离的过程后，这条语录让我很抓狂。老邓利维不会发动第三次世界大战——他会让战争持续25年，外面伤员越来越多，而他只会待在里面怪罪所有人。

② 原注：他们真没有。如果说有什么的话，他们要么是在无声地为索伯斯加油，要么是在思考如何切入战场，装作劝架，然后“不小心地”揍巴里几拳。还有，巴里在打完架后的几分钟里不停地摸自己的假发，确定没有出问题。我真希望索伯斯能把它扯下来，然后朝着观众挥舞，就像摔跤运动员做的那样。

上——一支有着年轻名人堂中锋（内特·瑟蒙德）和靠谱的第二得分点（杰夫·穆林斯）的总决赛队伍中的第一得分手——离开，跳去了ABA的奥克兰橡树队。为什么？因为他的岳父[布鲁斯·黑尔（Bruce Hale）]刚被任命为他们的教练，虽说这次转会意味着先要禁赛一个赛季然后再在一个随时可能破产的低级联盟打球。除了与伯明翰男爵队（Birmingham Barons）[①]有关的转会外，史上还有哪位NBA巨星有过比这更蠢的转会吗？你也不能说巴里这么做是为了钱；旧金山匹配了奥克兰的合同，但他还是走了。他怎么会忘了在合同里加上一条"如果球队迁往别地或布鲁斯·黑尔被炒了，我可以立刻跳出"？他先是一年没有比赛，第二个赛季又弄伤了膝盖。他在橡树队迁往华盛顿（Washington Capitols）（巴里没法从ABA合同中跳出）和弗吉尼亚（巴里终于迫使球队做出了交易：他在1970年《体育画报》的一篇文章里说他不希望自己的儿子"从学校里回来后对我说'老爹，里们好'"，成功触怒了弗吉尼亚人民[②]）后显得无比惊惶，后来终于拖着篮网进了1972年ABA总决赛，下个赛季又转回了金州。所以那个年代最好的前锋在一个二流联盟浪费了*巅峰期整整5年时间*，就因为他想要给他岳父打球？两年之后，巴里差点儿再次抛弃了勇士队，准备去CBS当解说嘉宾，直到最后关头才改换主意。[③]1977赛季后，他第三次激怒了勇士球迷，跟火箭队签下了一份自由球员合同[也永久地葬送了他跟金州老板富兰克林·缪利（Franklin Mieuli）的友谊]。与罗杰·克莱门斯（Roger Clemens）[④]的结局一样，巴里退役的时候不属于任何人：没有告别巡回旅行，没有退役仪式，什么都没有。

---

① 译注：乔丹第一次退役后加入的棒球队。

② 译注：巴里这里是在表示对南方口音的歧视。英语中的"你"和"你们"都是"you"；但是美国南部指第二人称复数时会说"y'all"，此处译为"里们"；有时这个词甚至用来指第二人称单数，此处即如此。

③ 原注：巴里是如此的自大，以至于差点在自己的巅峰期选择了抛弃NBA去上电视。真不敢相信这家伙没有发行一盘性爱录影带。我有没有提过他整个1976赛季都戴着顶假发？我提过了，对吗？

④ 译注：MLB球星，为波士顿红袜效力12年，与管理层交恶后转投多伦多蓝鸦队（Toronto Blue Jays），在新闻发布会上的表现惹怒了波士顿球迷。

我们为什么把他排得那么高？巴里是史上第二好的传球前锋，一个完美的创造者，能让所有人变得更好，只要他们没有惹他发怒。他年轻时能在任何人头上得分，第二个NBA赛季场均35.6分（除威尔特和乔丹外的史上最高分），1967年季后赛场均34.7分。①他是个领先于自己时代的射手，在三分线外非常神勇，31场ABA季后赛中三分球97投40中，41.2%的命中率。他并不是个伟大的防守者，但也足够狡猾，曾拿过一次抢断王（2.8次）。他是史上最好的罚球手之一，可能是史上最伟大的终场冰封手。②他在1975年打出了篮球史上最好的单个赛季之一，做了一切需要做的事情，打出了史上最大的总决赛下克上之一。而且实际上，跟他一起打球会很有意思……只要你没有让他失望或者犯了个愚蠢的失误。如果他们要为1976年奥运会组一支梦之队，巴里会是队中的老大，一切都会围绕着他的传球和创造力展开。从大图景上看，这意味着很多。③

---

① 原注：唱唱反调：那年他每场出手了超多次——常规赛29次，季后赛超过33次。总决赛第3场，他48投得到55分。第4战，弗兰克·德福特是这么描述的：“巴里总共有59次得球。其中2次他失误了，3次他在出手前被犯规，43次他投了篮，只有11次他选择了传球。有时候，他的队友看上去都像在想办法不把球交给他，而在第5战中，比尔·夏曼教练冒着被非难的危险，让巴里在场下坐了很长时间。”永远的教训：不要轻信数据。

② 原注：而且他的罚球用的是倒马桶式！有人知道为什么巴里用倒马桶式罚球投出了90%的命中率之后这一招仍然失传了吗？哦，等等，我知道了——因为这让球员们看起来就像是女人。我差点儿忘了。

③ 原注：我觉得他们1976年梦之队会选的人：巴里、卡里姆、“博士”、“洪多”、“小个子”（首发）；考恩斯、汤普森、马拉维奇、沃尔顿、韦斯特法尔、麦卡杜、大学生约翰·卢卡斯（板凳）。韦斯特法尔挤掉乔乔是因为“见鬼，我们需要更多白人”的规矩。1980年：卡里姆、伯德、“博士”、格文、“魔术师”（首发）；摩西、格斯·威廉姆斯、D. J. 、韦斯特法尔、西克马、博比·琼斯、大学的凯文·麦克黑尔（板凳）。琼斯挤掉马凯斯·约翰逊是因为“见鬼，我们需要更多白人”的规矩。（请不要以为我赞成这规矩——那只是当时的思考方式。）1984年：卡里姆、伯德、“博士”、“魔术师”、蒙克里夫（首发）；摩西、金、以赛亚、麦克黑尔、约翰·帕克森、大学生M. J. 和尤因（板凳）。我很愤怒帕克森会因为白人/黑人的事情挤掉安德鲁·托尼，虽说这不过是我自己的想象。要是加上托尼，我的妈呀！多牛的队伍！然后是1988年：尤因、伯德、巴克利、“魔术师”、M. J.（首发）；以赛亚、德雷克斯勒、卡尔·马隆、斯托克顿、穆林、大学生大卫·罗宾逊和丹尼·曼宁。尼克和沃西都会表示难以相信自己被斯托克顿挤掉了。总之，我最喜欢1984年的队伍，如果他们做了托尼/帕克森的调换的话。全副武装的球队，所有人的关系都不错，伯德和“魔术师”是领袖，关键时刻有金和伯德，板凳席上有以赛亚、M. J. 、摩西、托尼和麦克黑尔，年轻的尤因在防守端大杀四方……老天爷呀。

我们会记得他是一名超级有天赋的球员，一个超级失败的人，而这正是为什么他看上去不应该被排进第4级。他在1975年总决赛之外最具代表性的时刻发生在西瓜门之后两年，一个名叫托尼·科恩海泽（Tony Kornheiser）的自由职业者写出了《体育画报》历史上最让人难忘的人物专题文章《旷野中的哭声》。科恩海泽想知道，如此伟大的一名球员能被人们多快遗忘，聪明地指出巴里最大的问题是一张“歧视脸”，把他比作《窈窕淑男》（*Tootsie*）里达斯汀·霍夫曼饰演的那个烦人、无所不知、让所有人感到不爽的男演员。这篇文章的开头如下：

> 里克·巴里遇到了一个问题。他希望人们对待他时带着爱慕和好感，就像他们对杰里·韦斯特和约翰·哈夫利切克的那样。但他们没有。
>
> “我看上去的样子让很多人远离了我，”巴里说，“我看过自己的一些片子，看见了自己的表情。我看上去糟透了。”他闭上眼睛开始回忆，然后摇了摇头。“我的行为就像个贱人。做了很多蠢事。张着大嘴，说了很多伤人和让人不快的话。我很容易成为别人憎恨的对象。我能理解。我跟孩子们说：‘像里克·巴里一样打球，这一点儿问题都没有，但是举止千万别像里克·巴里一样。’我跟自己的孩子说：‘按我说的去做，别按我做的去做。’”
>
> 困扰他的事情并非人们不爱他。
>
> “困扰我的是，”巴里说，“人们甚至不喜欢我。”

确实如此。但是我不能把他降到第26名之后。他把太多东西带上餐桌了。如果巴里的生涯是一场巴里举办的十二人晚宴派对，绝对会发生这样的事情：晚宴没有准时开始，因为一个厨师在下午罢工了；所有人都会对看上去华丽绝伦的餐桌发表一番评论；两位客人在吃开胃菜时气冲冲地离席，因为巴里拿他们的一个孩子开了个不恰当的玩笑；另一对夫妻在上甜点前离开了，因为巴里一直在跟丈夫谈政治话题，不肯闭嘴；在巴里批评某个侍应生（特别是说了某个不合适的种族主义笑话）时肯定会有许多尴尬的反应；剩下的客人最终会决定无视他的扯淡言论，享受美酒、一流的菲力牛排和美味到不可思议的蛋奶酥。当然，他们回家的时候会说他的坏话说上一路……但一顿佳肴就是一顿佳肴。

25. 约翰·斯托克顿

履历：19个赛季，10个高质量赛季，10届全明星，1994、1995赛季最佳阵容一队，1988、1989、1990、1992、1993、1996赛季二队，1991、1997、1999赛季三队，季后赛记录：单场助攻数（24），巅峰五季16+3+14、2.8次抢断，单季联盟第一：助攻王（9次）、抢断王（2次），1988年季后赛20+4+15、3.4次抢断（11场），2支总亚军（97、98爵士）球队中第二好的球员，生涯季后赛13+10、81%的罚球命中率（182场），生涯共缺席22场比赛，19个赛季中17个赛季全勤，职业生涯：总助攻数（历史第1）、总出场数（历史第3）、总抢断数（历史第1）

对爵士队球迷来说，他非常、非常、非常、非常好，但并不伟大，而他那一串最佳阵容二队、三队和他从未杀入过MVP票选前六的事实正可以作为印证。他永远一副木然的神情[①]，又缺乏运动天赋，总是和马隆打着一成不变的高位挡拆，这些让所有人都感到无聊透了。他之所以能入选梦之队，只是因为以赛亚是个杀人放火的主儿，而斯托克顿是个保险得多的选择。[②]我总是觉得还是不喜欢他才比较有趣。他没有绰号，还一直留着乐高人似的发型。他要对20世纪90年代犹他那种刻板到令人震惊的球风负起一部分责任。他那么多年中下过的黑手足以让布鲁斯·鲍文脸红，在对

① 原注：斯托克顿的表情就像是一个正在接受戒酒治疗的家伙，不再喝酒的同时丧失了一切幽默感。就像是那种你在圣诞派对上不小心跟他陷入了20分钟的乏味对话、心想要不要故意被山楂蛋糕呛到好赶快逃离这场对话的家伙。

② 原注：怀恨在心的托马斯后一个赛季在斯托克顿头上砍了44分。再后一次碰面，马隆试图复仇，给了托马斯一记恶魔之肘，在他眼睛上面开了一个缝了40针的口子。我真为以赛亚感到难过，那要是发生在季后赛里就好了——马隆会错失那一肘的。

方绕挡拆时伸脚下绊，做挡拆时在最后一秒伸出膝盖挡人，要是有谁瞎了眼想上来用一个挡拆来挡开他，就会被他“不小心地”打到档部……而裁判们从来没有因为这个而把他吹出场，只是因为他看起来完全就是《飞跃贝弗利》里布兰达和布兰登的老爹。①

你没法从斯托克顿的生涯中找出一个巅峰来，因为那从没有发生过。从1988—1995赛季，在那个“助攻突然变得容易”的时代，他一直保持在14.7～17.2分、12.3～14.5助攻之间。他的投篮数据十分优秀（生涯51.5%的命中率、38.4%的三分命中率、82.6%的罚球命中率）；他有7个赛季命中率达到53%，在1988年甚至达到了57.4%。奇怪的是，这些数字在季后赛中狂跌（182场季后赛47.3%的命中率）；从1992—1996赛季，斯托克顿的季后赛命中率仅为44%，三分球153投107铁（30%的命中率）。1988年季后赛的怪兽级表现之后（20+4+15，对湖人时送出单场24次助攻），斯托克顿在剩下的巅峰期在季后赛中再也没有什么大心脏的表现了。89爵士被7号种子金州横扫（更不用说他们的首发控卫是温斯顿·加兰）。凯文·约翰逊和90太阳在犹他偷走了抢五战。1991年和1992年他们连续被开拓者淘汰，斯托克顿在1992年的最后两场比赛中25投6中，被特里·波特完爆（系列赛26+8）。93爵士在第一轮2：1领先的情况下被西雅图逆转，斯托克顿在本可以结束系列赛的第4战中14中4。94爵士在西部决赛中输给了休斯敦；斯托克顿65投38铁，整个系列赛场均只有9.4次助攻。95爵士在首轮主场抢五中被休斯敦逆转，斯托克顿只贡献了12分5次助攻，14投4中。96爵士在西部决赛中抢七不敌西雅图，两队控卫的对位让人想起了前一年的奥拉朱旺-罗宾逊：GP场均20.8分、6.4次助攻、56%的命中率；斯托克顿10.1分、7.6次助攻、39%的命中率。

在被佩顿狠狠鞭挞的时候，斯托克顿已经34岁了，生涯将近黄昏。但

① 原注：你难道想象不出斯托克顿像詹姆斯·埃克豪斯（James Eckhouse）那样出现在片头里、脸上挂着一副“没错，我就是沃尔什先生”的笑容的样子？说真的？你真的想象不出吗？

是突然之间，命运来了个大逆转。“魔术师”和以赛亚已经退役了。K. J. 和普赖斯正在衰老。“便士”即将遭遇膝伤。蒂姆·哈达威扭伤了ACL，变得容易防守多了。基德和马布里还没完全准备好。肯尼·安德森和达蒙·斯塔德迈尔（Damon Stoudamire）永远都没能准备好。罗德·斯特里克兰和尼克·范埃克塞尔是疯子。马克·杰克逊和穆基·布莱洛克不是这个级别的。说真的，还有谁？①NBA的节奏降得很低，快攻变得非常少见了，所有球队都把球控个18～20秒，这些对于一个三十五六岁的控卫来说实在是天赐之物。多亏这样的好运气，再加上没怎么受到伤病的消耗，斯托克顿于是仍然保持着联盟第二控卫的位置。然后97爵士赢下了64场比赛，打进了总决赛，斯托克顿也打出了5年中最好的季后赛数据（16+4+10）——在达里克·马丁（Darrick Martin）（首轮）、范埃克塞尔（次轮）、马特·马洛尼（Matt Maloney）（西部决赛）和科尔（总决赛）头上②。真怀念那些跟“魔术师”、G. P. 和K. J. 们战斗的光荣岁月啊。

我会说，斯托克顿拥有前四十的球员中最幸运的生涯。他打的时间太长，所以我们忘记了他1989—1996赛季的季后赛履历，只记得他在1997年和1998年的重大时刻……即他打爆马洛尼的表现，你懂的。③我们惊异于他巨大的助攻数字，忘记了他们来自于一个助攻标准不可思议地降低的时代。我们还假装遗忘了他非常幸运能跟史上最好的教练之一（杰里·斯隆）和史上最好的大前锋之一（马隆，在每个方面都完美适合他）共事。听着，*我当时在场*。他不比以赛亚、“魔术师”、佩顿，甚至巅峰期的哈达威和K. J. 更好。在他生涯的后半段，他防不住任何人。他也不

---

① 原注：称之为“1997控球后卫大萧条”吧。幸运的是，昌西·比卢普斯、史蒂夫·纳什、迈克·毕比、安德烈·米勒等人在接下去的3届选秀中登场了。

② 原注：斯托克顿最令人难忘的表现：他1997年西部决赛的制胜三分球，不过那个球的亮点是卡尔·马隆对巴克利的犯规得不能再犯规的移动挡拆/熊抱，还有斯托克顿激动得跳上跳下的场景，让人心想：“等等，这家伙原来不是机器人？”

③ 原注：斯托克顿把马洛尼赶出了联盟。他完全掌控了他。有45%的可能性马洛尼现在正在做斯托克顿的全职遛狗男。

像很多伟大球员那样有季后赛挡。如果他在一个不同的时间点进入联盟，去了一支错误的球队，或是弄伤了膝盖，斯托克顿很有可能变成马克·普赖斯。那为什么把他排在这么高？因为他逐渐征服了我。甚至在40岁后，他仍然在一个相当高的水平上打球，就像一堂“如何运转一支球队”的临床讲习课。在2002年季后赛里有一个关键时刻，犹他落后6分，急需一个进球来让喧闹的萨克拉门托观众安静下来。斯托克顿往前场带球，而我坐在那儿心想：“急停三分，他会拔起来投一个三分。”因为我见过这招太多次了。迈克·毕比不像我这么了解他。他以为斯托克顿会来一个一条龙上篮，于是准备往三分线内退……毕比一有后退的意思，斯托克顿立刻起身，在他面前投出了一记招牌式的“我正在往前冲，却又设法停住身体然后出手”三分。

唰。

比赛只差3分。

迈克·毕比一脸恶心地摇着头。

我记得自己当时心想：“这就是为什么我会怀念约翰·斯托克顿。”在17年（这个数字还在增长）后，你已经从里到外完全了解了他，知道他的每个动作，甚至在他做动作前就知道他要干什么，但是他还是命中了那粒急停三分。不可思议。看衰落期的斯托克顿打球，会让我想起那些总是用同样的两招吃准你的亲戚或老朋友，就像我的叔叔鲍勃，他那招向右急停跳投已经用了45年了。这真的值得一说。以赛亚在巅峰期更强，但是你愿意选择一名拥有10个坚实赛季的A+控卫，还是一名拥有17个坚实赛季、在2003年完成一记跟1987年一模一样的急停跳投的A-控卫？有趣的讨论。我还是会选以赛亚，但我得好好想一想。如果他只坚持到了1996年，那我想都不会想。斯托克顿并不像“魔术师”一样华丽光鲜，也不像纳什一样具备天赋。他的特别之处不过是小短裤[①]和与大卫·杜卡夫尼

① 原注：应该要为斯托克顿在反对者越来越多的情况下仍然让紧身短裤延续到了20世纪90年代中期的英勇尝试而给他加分。

（David Duchovny）有些相像的外表。[①]只有犹他球迷和篮球死忠才真正欣赏他；斯托克顿的最后几个月正好撞上了2003年乔丹的第三次也是最后一次退役。太糟糕了。他还应该得到以下的赞许：史上基本功最扎实的控卫，在自己的位置上在相当之长的时间里保持着毫不自私而又深思熟虑的表现。大多数控卫能保持9～12个赛季的高水平表现；斯托克顿保持了18年，其中17年全勤。只有纳什有更好的高位挡拆。只有"魔术师"比他更善于在重大关头完成一条龙。没有人比斯托克顿更擅长"我们只领先1分，我们在客场，观众们都很疯狂，只剩1分钟了，对方刚进了一个快攻扣篮，势头全在他们那边，这就是为什么我要把球带过半场然后命中一记25英尺投篮"这一套东西。他是独一无二的。无比无聊……但独一无二。

（最后一点想法：这就是为什么你肯定会喜欢第3级/第4级的讨论。斯托克顿对我来说就是个典型的第3级球员，但你也可以说他的持久性和助攻数能让他偷偷地升上一级。看吧，这金字塔有效果！真的有效果，哦耶！）

---

① 原注：杜卡夫尼2010年曾来做客我的播客；他对被拿来跟斯托克顿作比较很生气，还对我把他老婆[泰娅·莱奥尼（Tea Leoni）]遗漏在了由年过40仍然非常火辣的女星组成的"黛安娜·莱恩（Diane Lane）全明星队"[珍妮弗·安妮斯顿（Jennifer Aniston）、莫妮卡·贝卢奇（Monica Bellucci）、希瑟·格雷厄姆（Heather Graham）、哈莉·贝里、莎尔玛·哈耶克（Salma Hayek）]之外而非常生气。确实是个无话可说的大疏漏。不过跟别人说"你是对的，你老婆确实很火辣！"实在是件相当奇怪的事。

十　金字塔：L4

24. 斯科蒂·皮彭

***履历：**17个赛季，12个高质量赛季，7届全明星，1994、1995、1996赛季最佳阵容一队，1992、1997赛季二队，1993、1998赛季三队，最佳防守阵容（10次，8次一队），单季联盟第一：抢断王（1次），巅峰四季21+8+6、49%的命中率，巅峰四季季后赛21+8+6（61场），6支总冠军（1991—1993、1996—1998公牛）球队中第二好的球员，1991年季后赛22+9+6（17场），92梦之队成员，全明星MVP（1994年：29+11+2、4抢断）*

在给出最终解释前，先来一些碎碎念：

1. 梦之队的前五个选择，按顺序来，分别是乔丹、“魔术师”、伯德，然后是罗宾逊和皮彭。这是委员会的五个“不用脑子就可以做出的决定”。那之后，他们又花了几周时间来确定名单，最后包括了巴克利、马隆、斯托克顿、德雷克斯勒、穆林和尤因（没有以赛亚）。我猜这应该意义重大吧。18年之后的今天，我在写“酒窖”那一章的时候，前五个选择是伯德、魔术师、乔丹、皮彭和麦克黑尔。我不能在没有这5个人的情况下组一支酒窖之队。这之后，我再花了几天时间来填上剩下的7个位置，至少改了500次主意。

2. 在所有我现场看过的球员中，皮彭是最好的防守者。我们经常听人说伯德和“魔术师”扮演“自由卫”的角色，意思是说他们总是去防守对面最弱的进攻球员，从而可以到处协防，偷偷地从背后接近低位球员，或是预判好对方的传球路线完成抢断。按照这个比喻的说法，我们可以称斯科蒂为罗尼·洛特（Ronnie Lott）式的强卫，一个具有持续性破坏力的存在；他的防守的观赏性几乎与乔丹的进攻一样赏心悦目。没有人能覆盖更大的区域，没有人能在A、B两点间更快地往返。这就像是在看《动物世界》里的猎豹——这一秒斯科蒂还在防守他自己的人，下一秒他就发动突袭了。大家都记得1997年总决赛科尔的制胜跳投，但都没人记得在那之后皮彭拍掉了犹他的边线发球，然后追上球，传给托尼·库科奇，才确保了胜利。除了乔丹，勒布朗，*可能*还有科比，再没有别的球员有这般身体天赋和本能去完成这种球了。

3. 20世纪90年代中只有乔丹比他更为全面……而且这点还有争议呢。①1991—1995赛季，皮彭场均20+8+6，2.4次抢断，50%的命中率，联盟最好的防守球员。1991—1998赛季的季后赛，他每年春天都能贡献17～23分，7～9个篮板，4～7次助攻，总是负责防守对方的头号得分手。在M. J. 的“棒球假期”，斯科蒂（20.8分、8.7个篮板、5.6次助攻、49%的命中率）拖着公牛前进，离东部决赛只差一个判罚，②而且本应该是1994年MVP票选中仅次于哈基姆的第二名。第二年，他成为后合并时代仅有的四位在得分、篮板、助攻、抢断和盖帽上都领先全队的球员之一（另外三人是78考恩斯、03加内特和09勒布朗）。他在20世纪90年代重新定义了“组织前锋”的概念，让公牛队在后卫线的配置上可以忽略控球/防守、进行任意组合。③查克·戴利发明了一个完美的说法来描述斯科蒂：“填空者”。如果某个队友在防守端被爆了，斯科蒂就是他的后盾。如果你需要篮板，斯科蒂可以下到低位去，抢几个板。如果你需要得分，斯科蒂可以创造出投篮机会，或者径直攻击篮筐。如果你需要造对手失误，斯科蒂比任何人都更擅长这一点。如果你需要控球，他可以负责。如果你需

---

① 原注：罗恩·哈珀（Ron Harper）1999年跟《体育画报》说：“所有人都第一个提到M. J.，但皮普（译注：皮彭的昵称）有着更加全面的表现。防守，进攻篮板，防守篮板：皮普让我们的比赛变得更简单了。”

② 原注：休·霍林斯（Hue Hollins）在第5战最后时刻给休比·戴维斯（Hubie Davis）的跳投吹罚了一个体毛哨，基本相当于把系列赛打包好送给了尼克斯。那个判罚连文斯·麦克马洪看了都会觉得尴尬。[译注：文斯·麦克马洪（Vince McMahon），WWE总裁兼CEO，大量参与比赛剧情编剧。]

③ 原注：NBA又一悲剧：看斯科蒂被困在生硬的、滞缓的“嘿，斯科蒂，把球给到哈基姆或巴克利，然后去底角待着”进攻中困了一个赛季。就跟让基德打三角进攻一样糟糕。

要彻底防死某人，他会去做。就像《低俗小说》中的狼先生，斯科蒂是帮别人收拾残局的专家。当“魔术师”在1991年总决赛中打得风生水起时，斯科蒂给他上了把锁。当尼克斯在1994年季后赛中对没有M. J. 的芝加哥推推搡搡时，斯科蒂扣了尤因一个，并挑衅式地从他头上跨了过去。前一年的查尔斯·史密斯之战里，是皮彭和霍勒斯·格兰特扼杀了史密斯，挽救了系列赛。当1998年步行者几乎要终结M. J. 时代时，是乔丹和皮彭在第7场疯狂地冲抢篮板，一次又一次地把他们自己从死亡线上拉了回来，两个小个子在一支更高大的队伍头上统治了油漆区。这不过是因为他们拥有比对手更强烈的欲望。①

4. 在梦之队的训练中，戴利称斯科蒂为他第二好的球员，他跟大卫·哈伯斯塔姆说：“我知道直到执教一个球员后你才可以完全了解一个球员有多好，但皮彭在巴塞罗那真的是一个大惊喜——他打球时的那股自信，打比赛时那种本能，无论是在进攻还是防守端。其他人当时都没有预料到。”哈伯斯塔姆说，M. J. 在奥运会后回到芝加哥，告诉菲尔·杰克逊：“训练营刚开始的时候，斯科蒂不过是一个普通球员，没人知道他有多好。但他一直努力打球。到周末的时候，大家都已经清楚他是队中的顶尖后卫了——比克莱德、‘魔术师’和斯托克顿都好。人们能在那种情况下认识，能了解他究竟有多好，这真是件好事情。”你们这些键盘得分手，看清楚了，这可是来自两位合起来有16枚戒指的人的敬意。②

5. 无可辩驳的事实：乔丹要不是知道斯科蒂在1999赛季一定会离开，他是绝不会退役的。你觉得克罗凯特会在塔布斯不在身边的情况下去征战第七冠吗？不可能。我总是喜欢用《迈阿密风云》来给他们俩打比方：克罗凯特得到了绝大部分的关注，这也是他应得的……但是他必须和

---

① 原注：斯科蒂在1993年说：“我希望M. J. 今后的整个生涯都能是联盟得分王。等到一切结束，我可以说：‘我帮助他做成了这件事。我跟史上最伟大的球员并肩战斗过。’”这才是个真正的二当家！

② 原注：杰克逊在1999年告诉《体育画报》：“斯科蒂可能是最受其他球员喜爱的家伙。他能联结球员。他能激发出球员身上最好的部分，并让这些最好的部分联合起来。领导力，真正的领导力，是他的优势之一。每个人都会说，迈克尔是个伟大的领袖。他通过自身示范、叱骂和脏话来领导。斯科蒂同样具备统治性的领导力，但他通过拍你后背、支持你来领导。”

塔布斯一起才能拿下卡尔德龙。[1]塔布斯和皮彭也有能力时不时地在某一集中担任主演，虽说塔布斯从不曾像1994年的皮彭那样独自担当某一季的主角。皮彭黑们总是轻易地忘记那个赛季，就像他们会故意忽略老皮彭把波特兰带到离2000年总决赛只差一节，还有他在1998年季后赛里，在即将成为自由球员的情况下，仍然带着椎间盘突出症坚持出战，在总决赛第6场中在场上拼到一瘸一拐却仍不下场，只是因为公牛需要他的存在。如果你要吹毛求疵的话，你大可以说他不过是乔丹的副手，或者提起他声名狼藉的、1990年对活塞系列赛第7场前的偏头痛（他父亲在几天前刚刚去世，不过这也不是理由）。嘿，如果实在没什么别的好黑了的话，你就提他提前离场那事儿吧。

所以，你是否支持皮彭，取决于一个问题：如果一个人犯下了愚蠢的错误，你会就此对他再不抱希望了吗？

我们都记得那轮足以改变宿命的、1994年对尼克斯的系列赛，斯科蒂拒绝在第3场最后时刻出场，因为菲尔·杰克逊让库科奇去执行最后一投（生气的皮彭在板凳席上见证了库科奇命中绝杀）。比尔·卡特赖特赛后流着泪斥责皮彭的举动，称之为自己职业生涯中最失望的一刻。[2]他可能是对的。没错，斯科蒂独自把一支没有乔丹的公牛队带到了55胜。这是他的球队，而如果这是*你的*球队，你心中就会有一个想法：一切都压在你的肩上，所有人都指望着你，你每个夜晚都要竭尽全力。你成了你自己的动作片的主角。你必须像一个超级英雄那样思考，否则就没法胜利。斯科蒂并非天生如此，所以他必须坚持扮演这个角色……而第3场成了一个转折点。他已经为自己挣得了机会，有权去说："教练，我会搞定的。"但杰克逊把这样的英雄时刻从他身上夺走，交给了库科奇，这相当于给了他一记耳光，如果你了解斯科蒂的背景的话。他来自阿肯色州（Arkansas）一

---

① 原注：别忘了，塔布斯不得不跟卡尔德龙的丑女儿上床，借此来接近卡尔德龙。那是比斯科蒂放弃部分出手机会更大的牺牲。她长得就像留了平头的安迪·佩蒂特（译注：Andy Pettitte，MLB全明星）。

② 原注：差不多也就是卡特赖特意识到自己不适合留满山羊胡子的那个时期。

个赤贫的小镇，有12个兄弟姐妹，父亲瘫痪在床，没法工作。斯科蒂在大学期间突然身高猛长，于是成为了NAIA[①]一级联盟的大明星，在1987年选秀前身价飞涨，[②]最终被公牛队用乐透签选中，签下了一份6年的廉价合同（后来又延长了5年，成为了一份更廉价的合同）。[③]当公牛队追求到库科奇，把他一直放在斯科蒂的身边时，斯科蒂再也没有原谅过他们，也没有原谅过库科奇。这也导致了库科奇之战那个令人遗憾的决定：金钱，嫉妒，缺乏安全感，自尊，好胜心，这些东西混合成了一枚燃烧瓶，在一个最错误地时刻爆炸了。斯科蒂后来道了歉，球队也原谅了他，他接受了批评，就这样。真的很糟糕。他又为公牛队赢下了3枚戒指。所有人都忘了这件事。如果你要因为一个自私的时刻就彻彻底底否定一段完完全全无私的生涯，你最好收起你那高高在上的态度，否则你一定会吃亏的。

斯科蒂最后在波特兰逃离了乔丹的阴影，把一支阵容有硬伤的开拓者几乎带进了2000年总决赛——10分钟，领先15分——但一切在最后时刻轰然粉碎：不可思议的三分球、有争议的判罚、糟糕的执教混合成了一块巨大的泥潭。批评者们把这场比赛当作了又一个例证，说明斯科蒂无法担当一支总冠军球队中最好的球员。好吧，这使得他的名字与这些人同列：库西、马隆、巴克利、加内特、麦克黑尔、格文、奥斯卡、罗宾逊、尤因和贝勒。但我希望，历史会更多地记住，他有着非凡的运动能力，重新定义了自己的位置，常年带伤作战，帮助乔丹成为了“最伟大的球员”，拥有着一只手戴不下的戒指。每当我问自己，皮彭为什么可以被排入前二十五，我都会想到当年那支已经肯定会成为传奇的96公牛在圣诞节前造访波士顿的情景。他们当时19胜2负，9连胜中，并促使人们开启了一波“史上最强球队”的讨论，这对于波士顿的深爱着86凯尔特人的球迷们无

① 译注：全国校际运动协会，一个水平低于NCAA的大学体育联盟。

② 原注：NBA选秀黑话“上限”“长度”“臂展”基本上就是在皮彭选秀时发明出来的。

③ 原注：如果斯科蒂打完了新秀合同，在1993年，即乔丹退役时变成自由球员，他的价值会飞升。在斯科蒂·皮彭生涯的前11年，他都痛苦地拿着过低的工资。1998年他是NBA工资第122高的球员。

疑是一种侮辱。得了吧，他们不可能有那么好，是吧？然后乔丹和皮彭来了，把我们可怜的主队狂虐了两个多小时。[1]这就像是在看巅峰期的“巨人安德烈”（Andre the Giant），他会在一场“皇家大战”前面带微笑，让观众们都为他疯狂，然后在接下去20分钟里轻轻松松地把对手们扔出场外。到第4节的时候，有2/3的观众在支持芝加哥，这是一种特别罕见的、完全有理由的做法：“不只是因为我们的主队太烂了，更因为我们曾经支持过一支伟大的球队，我们知道什么是伟大，我们理解什么是伟大，而这就是伟大。”乔丹和皮彭各自得到37分。斯科蒂还有12次助攻和9个篮板。然后他们飞去了另一个城市，把另一支什么队伍揍出屎来。别跟我说什么斯科蒂·皮彭不伟大的屁话。[2]

23. 以赛亚·托马斯

履历：*13个赛季，12个高质量赛季，12届全明星，1990年总决赛MVP，1984、1985、1986赛季最佳阵容一队，1983、1987赛季二队，两次全明星MVP，单季联盟第一：助攻王（1次）、出场时间（1次），巅峰四季21+4+12、47%的命中率，职业生涯：总助攻数（历史第6）、总抢断数（历史第15），生涯季后赛20+5+9（111场），1990年总决赛28+5+7、三分16中11，2支总冠军（89、90活塞）和1支总亚军（88活塞）球队中最好的球员*

这是名人堂金字塔里唯一一个曾经威胁要对我进行人身伤害的家伙。下面是一列长得超乎寻常的“谁赞成/谁反对”的清单：

---

① 原注：我们那年最好的3个人：达纳·巴罗斯，托德·戴，迪诺·拉贾。鲜有人知的事实：迪诺是最后一个能拿下19+10（1996赛季）的在赛前和赛后都要抽烟的球员。顺便说一句，我们33胜49负。

② 原注：你知道要是我突然来了个双重否定那就说明我真的很激动。

谁赞成：拥有“史上最佳纯控卫”的称号。如果列一张“我的梦中完美控卫应具备的能力”清单，他满足的项目会比其他任何人都多：得分，关键得分，传球，洞察力，敏捷，领导力，好胜心，强硬，防守，推快攻的能力，甘愿牺牲自我数据来让队友们参与进来。是的，他拥有你所期望的一切，只除了三分球。他能成为一支两连冠（而且应该是三连冠）球队中最好的球员，这可不是没有原因的。如果你怀疑他的领导能力，就去看看活塞队拿下1990年总冠军后干了什么吧——大家直冲向以赛亚，把他高高地抛向了空中。

谁反对：他糟糕的命中率伤害了他的历史地位。让我作一番无力的辩解：以赛亚在他的13个赛季中平均每赛季投105个三分球，命中率是惨淡的29%（1373投398中），而你不能把一切的错都归在他身上，因为联盟在1981—1986赛季的总体三分命中率都很糟糕。①他在18～20英尺是致命的，再远的话就得看天了。把这些三分球从他的履历（45.2%的总体命中率）上去掉的话，他的两分球则是14577投6796中（46.8%）。你可以说，以赛亚落后于他的时代：如果他早个10～15年出现的话，他就不会受到那些愚蠢的三分球的勾引；如果他晚6年出现的话，他则会有更高的三分命中率。从这个角度来说，他恰是马拉维奇的对立面。

谁赞成：通常在重大比赛和关键时刻不可阻挡。还记得1984年对阵尼克斯的系列赛中他在常规时间的最后91秒里砍下16分拯救底特律吗？或是1988年总决赛第6场第3节砍下25分？这就是我爱以赛亚的地方——只有在球队需要他的关键时刻，他才会释放自己的得分爆炸力。

谁反对：不知怎么就犯了1976年兼并以来NBA最蠢的关键时刻脑残失误：成就了拉里·伯德的神之抢断，从而改变了1987年东部决赛的走势。

---

① 原注：记得么，以赛亚在1983赛季命中了他28%的三分球，居然还是联盟第二。如果他晚生10年的话，三分球将成为他武器库中的一大部分。

说真的，这真是脑子一次性进两波水——首先他本应该叫一个暂停，其次他根本不应该往自己队篮筐的方向随便扔一记懒洋洋的传球。无从辩解。[①]

谁赞成：他具备超强的好胜心，肮脏，坚韧，这使他变成了控卫和斗牛犬的结合体，成为了当时那支特别特别强硬的活塞队的脊梁骨。你必须钦佩一个身高只有6英尺、却在兰比尔和卡特赖特的干架中第一个动拳头的家伙，一个在比赛中动手掐自己训练师脖子的家伙。[②]

谁反对：同样的好胜心、肮脏、坚韧也使他变成了一切体育运动中最道德低劣的家伙之一。以赛亚两次在季后赛失利后让活塞队丢脸（1987年的“如果伯德是黑人，他就只是又一个普通的好球员”的屁话，1991年东部决赛被芝加哥横扫后精心安排的提前退场），组织了1985年全明星赛上对乔丹的孤立，在丹特利/阿瓜伊尔的交易中在背后捅了阿德里安·丹特利一刀，干了太多得罪人的事儿导致被梦之队否决出队（估计这决定只用了不到一秒钟），甚至可能要为1994年的辛普森/戈德曼谋杀案负责。[③]

谁赞成：最快掌握控卫终极奥秘——“我可以牺牲自己的数据来让所有人都参与进来，同时如果需要的话在最后3分钟我会接管比赛”——的人。他的队友包括纯得分手（丹特利、特里普卡、马克·阿瓜伊尔），无法自己创造投篮机会的球员（约翰·萨利、里克·马洪、罗德曼、兰比尔），抽风型投手（文尼·约翰逊、詹姆斯·爱德华兹），甚至还有不怎么乐意投篮的家伙（杜马斯）；是他把这些人拉拢在了一起，打出了最好的篮球。如果说纳什领导07太阳就像是在开一辆F1赛车的话，那么那几年

---

① 原注：另一方面，这也是我生命中最赞的十个时刻之一……谢谢你，以赛亚！

② 原注：我最喜爱的片段之一：以赛亚被马隆一记暴肘，然后短时间内精神失常，要掐上来帮他止血的训练师的脖子。这是NBA历史上唯一无法解释的掐脖子事件。甚至斯普里韦尔/卡列西莫的那起掐脖子事件也是部分可解释的。

③ 原注：什么，你不相信我？以赛亚在1994年5月24日退役，他手上突然有了无限的空闲时间；谋杀案发生在两周之后。你不觉得这十分契合吗？谁能证明我是错的！

的底特律就像是在操作高风险高回报的对冲基金——你要明白什么时候手气正红，要满足每个人的需求，必要时要有奋起挑战常规思维的勇气，最重要的是要让所有人都对你有巨大的信心。

谁反对：不知道为什么，这种罕见的天赋没能转化到他人生的其他方面：可怜的以赛亚是过去30年中最烂的教练，最烂的GM，最烂的电视解说，最烂的总裁。如果你觉得他对尼克斯的所作所为算是糟糕，那你最好去看看他对CBA干了什么；如果以赛亚设计把所有球员和总经理都邀请到一间房顶套房中，然后像《教父3》（*The Godfather: Part III*）里那样开着直升机用机关枪扫射袭击他们，估计他可以做到毫发无伤。

谁赞成：如果你诟病以赛亚只打了13个赛季就退役，别忘了他在1994赛季中撕裂了跟腱，这使他必须休整9个月，而且再也不能恢复到过去的高水平上了，于是他选择了退役。我始终为此而赞赏他。有多少伟大球员做到了在应该退出的时候就体面地离开?

谁反对：难以理解地在1987和1988总决赛的每一场前亲吻“魔术师”。没有人给过我们一个合理的解释。从来没有。①

谈到以赛亚的生涯，你不能不提他令人震惊地落选梦之队这件事。原因很简单：如果有以赛亚的话乔丹大概就不会参加了，而其他成员也都看他不爽，于是选拔委员会就决定了：“见鬼，不值得为一个以赛亚而招来那么多麻烦。”懂了。但是，他们可是在1991年夏天选定球队成员的，当时以赛亚在过去5年中三进总决赛、两进分区决赛，是那个时代最重要的五名球员之一（另外四人是摩西、伯德、乔丹和“魔术师”）。把他踢

① 原注：如果你要吹毛求疵的话，我倒想知道为什么有线电视网上可以放“魔术师”和以赛亚亲吻，但五年后在《新飞跃情海》里，同性恋马特（Matt）在比利（Billy）的婚礼前对比利的伴郎出手的时候，福克斯却没种播放他俩亲吻的场面。

出梦之队，就像是不让比利·乔尔（Billy Joel）参与“天下一家”视频的录制一样。[1]你就是不可以这么做。以赛亚的数据并不能真实反映出他生涯前十年的巨大影响力——虽然连续3次入选NBA最佳阵容一队、总决赛MVP、两连冠足可以说明——而梦之队本可以巩固他的传奇地位。他被赤裸裸地打劫了。这么说还是轻的呢。

最后谈一点：每个人对全明星赛都有自己的看法，但很重要的一点是，全明星赛可以说明这一年中哪些人最重要。就像在家庭中，最大的一条鸡腿总是属于父亲的。在全明星赛中，父亲们也会得到大大的鸡腿（具体而言就是上场时间）。让我想一想……谁是全明星赛史上的鸡腿男呢，谁是无论如何都会分到大量上场时间的人呢？去掉中锋不算（在全明星赛中很容易出现两位伟大中锋平分上场时间的事情），下面是前锋和后卫们的全明星赛上场时间一览（至少6次全明星）……

场均28分钟以上：乔丹（13场，382分钟），奥斯卡（12/380），库西（12/368），佩蒂特（11/360），韦斯特（12/341），“魔术师”（11/338），埃尔金（11/321），以赛亚（11/318），“博士”（11/316），伯德（10/287），勒布朗（6/183）

场均23～27分钟：哈夫利切克（13/303），科比（11/298），邓肯（12/276），沙克（12/275），加内特（12/273），摩西（11/271），艾弗森（9/239），格文（9/215），巴克利（9/209），卢卡斯（8/183），弗雷泽（7/183），皮彭（7/173），麦格雷迪（7/172），阿奇博尔德（6/162），韦德（6/159）

---

① 原注：我要把这个比喻弄得长一点：在当时，乔尔是视频中第四出名的人，在迈克尔·杰克逊（M. J.）、布鲁斯·斯普林斯廷（伯德）和史蒂夫·汪达（“魔术师”）之后，略前于鲍勃·迪伦（Bob Dylan）（能力开始下降的摩西）。把这个比喻弄完：迈克尔·麦克唐纳（Michael McDonald）（巴克利），休伊·刘易斯（Huey Lewis）（大卫·罗宾逊），蒂娜·特纳（Tina Turner）（尤因），莱昂内尔·里奇（Lionel Ritchie）（穆林），肯尼·罗杰斯（Kenny Rogers）（马隆），汤姆·佩蒂（Tom Petty）（斯托克顿），昆西·琼斯（Quincy Jones）（查克·戴利），乔治·迈克尔（George Michael）（克里斯蒂安·莱特纳）。真可惜，篮球的世界里没有丹·阿克罗伊德（Dan Aykroyd）等一群合唱酱油男的位置。

场均18～22分钟：海斯（12/264），马隆（12/244），格里尔（10/207），斯托克顿（10/197），威尔肯斯（9/182），雷·阿伦（9/182），诺维茨基（9/174），德雷克斯勒（9/166），尼克（8/159），英格利希（10/287），沃西（7/142），纳什（6/125）

我的天哪！除去乱入的卢卡斯，鸡腿的分布和你所想的完全一致，不是吗？斯托克顿/马隆的场均时间不高是因为他们在职业后期对此无所谓了；科比的不高是因为2008年他只草草打了3分钟；加内特/邓肯的时间不高是因为他们互相分去了对方的时间。除掉这些，上场时间完全能准确反映出过去50多年中哪些非中锋球员最重要。重点在这里：以赛亚*很重要*。他应该入选梦一队。这是实话。①

22. 凯文·加内特

履历：*15个赛季，12个高质量赛季，13届全明星，2004年MVP，2000、2003年MVP票选第二，2000、2003、2004、2008赛季最佳阵容一队，2001、2002、2005赛季二队，1999、2007赛季三队，最佳防守阵容（10次，8次一队），最佳防守球员（2008年），2003年全明星MVP，单季联盟第一：篮板王（4次），巅峰三季23+14+6、50%的命中率，2004年季后赛24+15+5、43.5分钟（18场），2008年季后赛20+11+3、50%命中率、81%的罚球命中率（26场），连续3年不进季后赛，1支总冠军（08凯尔特人）球队中最好的球员，1支总亚军（10凯尔特人）球队中的首发，20000分+10000篮板俱乐部*

① 原注：我觉得咱们应该让他负责挑选2012年梦之队以作为补偿。“首发中锋，比安哥拉全队加起来还重的……埃迪·库里！”

大学毕业的时候，我迷上了“水门事件”，花了几周时间来读伍德沃德、伯恩斯坦的书，把《惊天大阴谋》看了一遍又一遍，花了巨多的时间来研究“深喉”的真实身份①。这件事和“谁杀了约翰·肯尼迪”一样地困扰着我。“深喉”到底是谁？我必须搞清楚。从1992—2005年，每次我在电视上看《惊天大阴谋》——因为我一直处在一个“我决不能错过它虽然3个礼拜前我刚看过”的状态中，所以我真的看了很多遍——我最喜欢的镜头都是鲍勃·雷德福（饰演伍德沃德）和哈尔·霍尔布鲁克（Hal Holbrook，饰演“深喉”）在黑暗的室内停车场里低声地进行交谈。他们把光线打得正好；你可以大致看见霍尔布鲁克，但又并不真切；他总是叼着根烟，有点鬼鬼祟祟，声音微微刺耳，总之，他做了一切你觉得“深喉”会做的举动。到了2005年，当我们最终得知“深喉”原来是一个名叫马克·费尔特（Mark Felt）的前FBI和CIA高层人员时，我都崩溃了。不知道的时候反而更有趣。到头来，“深喉”是一个失败的外祖父，想在挂掉之前给家里人赚点钱，所以公开了自己的身份，草草出了本书。我觉得这事儿真是太让人失望了。还是霍尔布鲁克是“深喉”的时候，事情才比较有趣，你懂吧？如果你是个NBA球迷，或许，还是凯文·加内特一直苦守在明尼苏达，而我们在猜想“这家伙到底有多伟大”的时候，事情才比较有趣。

我们不知道这个问题的答案，但是并不介意。我们喜欢讨论这个问题。这是历史上最伟大的前锋之一，一切体育领域中最狂热、好胜心最强的人之一，一个可以留下历史级的生涯总得分和总篮板数据的球员，他所属时代最致命的防守者之一……而我们却不知道他到底有多好。头12个赛季里，他只跟7名优秀球员合作过：乔·史密斯，汤姆·古格利奥塔，斯蒂芬·马布里，特雷尔·布兰登（Terrell Brandon），萨姆·卡塞尔，斯普里韦尔，沃利·泽比亚克（Wally Szczerbiak）。他从没有在一个好教

① 译注：“深喉”是记者伍德沃德和伯恩斯坦报道水门事件时接触的白宫内部线人的代号。

练手下打过球，也没有精明的管理层来为他提供帮助。[①]他的NBA生涯已经为时不多了，他也明白这一点；他就像个有魅力的单身女人，但是已经快40岁了。加内特著名的在场上的大声叫喊慢慢地变成了别的东西：沮丧和失望，还有一点点的“今天晚上我也许应该杀掉我队上的所有人”。不过，他还是没法开口说自己要走。他就是没法对明尼苏达的人们做出这样的事情。再打个日常生活的比喻好了，他就像是个烦恼的丈夫，尽力不去想离婚的事情，只是因为他不想伤害孩子们。

联盟中没有比这更悲剧的形象了。2006—2007赛季前，明尼苏达裁掉了保罗·舍利。他给我发了封电子邮件，热情地赞扬K. G. 平日里的天才，声称如果K. G. 的整个生涯都在一支有竞争力的球队度过的话，“人们会把他看成史上最佳球员的候选人”。这难道不正是K. G. 给我们留下的东西吗：一个“可能如何如何、本应如何如何、可以如何如何”的球星，到最后会成为篮球世界中的厄尼·班克斯（Ernie Banks）和巴里·桑德斯[②]。每次我在现场看到他真人的时候，我总是羡慕他能把整个空间都纳入他的掌控之中：他看起来永远是那么有传奇色彩，你几乎没法不去盯着他看。这家伙*看起来*就很有名。他总是那么突出。我有一个世界有名的“外国人测试”：如果你把一个外国交流生带来看他人生中第一场NBA比赛，而且他对所有球员长成什么样都一无所知，然后你让他看球员们热身，让他选出谁看起来会是最好的球员，他一定会选加内特。

但是那种人格魅力没能转换为季后赛的胜利：在加内特的头7次季后

---

① 原注：我本来想在这里巧妙地黑一下GM麦克黑尔，不过考虑到他送了我凯2008年的总冠军，我可不能忘恩负义。顺便说一句，K. G. 在2008赛季之后出现了神秘的膝伤，他自称：“我打了整整13年，1100多场比赛，每晚40分钟，而且用一般来说只有想把被困在卡车底下的孩子救出来的母亲才拥有的巨大强度在打球。”他错过了2009赛季的后4个月，在接下来的夏天接受了手术，在2010赛季显得不复生气，然后在季后赛中的状态如同过山车，他看起来已经老得不行了，然后又看起来还行，又不行了，又还行……就像在一个在50英尺外拍摄的电影镜头里看见卡梅伦·迪亚兹，脑子里会一直有两个小人在进行“她很火辣吗？她很丑吗？她很火辣吗？她很丑吗？”的争论，只不过这一过程维持了10个礼拜而不只是两个小时。在比分紧咬的总决赛第7场，加索尔和科比总计抓到了33个篮板球……K. G. 只有3个。他的时代差不多结束了。或者差不多即将结束了。

② 译注：分别是MLB和NFL历史上最伟大的无冠球员之一。

赛之旅中，森林狼都在第1轮出局。而在9场赛点战（明尼苏达赢了其中两场）中，加内特场均18+11+6，40%的命中率。[①]直到2004年、他的MVP赛季，事情才有了变化，加内特打出了一场绝对怪兽级的抢七战（对国王的32+21），不过之后卡塞尔受了伤，他们也输给了湖人。然后就是斯普里韦尔/卡塞尔的内爆了，明尼苏达做了完全错误的动作来代替他俩[里基·戴维斯和马尔科·亚里奇（Marko Jaric），嗯哼？]，于是加内特成了金字塔上前四十名的球员中唯一连续3年没进季后赛的球员。[②]难道他的责任不就是扛起一支低于平均水平的球队吗？巴克利在20世纪80年代末和90年代初在费城不就是那么做的吗？他的性格又跟这有多大的关系？在那段时期，每次我在现场看森林狼客场对快船的比赛，我总是会想象加内特在赛后厉声大骂，杀掉更衣室里的所有人；里基·戴维斯除外，他会冷静地看着事情发展，还一边小口喝着麦芽酒。可怜的加内特，他成了NBA的蒂芙妮-安伯·西森，拥有一切的一切，却没有达到他本来可以取得的成功。这不合理啊。[③]

到如今，加内特vs邓肯的争论还很热闹，而争论总是围绕着一个猜想性的、无法论证的观点："如果从1998年到2007年，邓肯和加内特互换队友，K. G. 难道不能拿到4枚戒指吗？"我觉得这就是扯淡——邓肯最异于常人的是他在重大时刻把自己的比赛提升到另一个等级的能力。他明白一场1月份在亚特兰大的无聊比赛和一场在洛杉矶的必须拿下的季后赛之

---

① 原注：在他唯一一次抢五（1998年对西雅图）中，K. G. 完全搞砸了，7分、4个篮板，还有10次失误。

② 原注：关于这一时期的一则趣闻：我们知道K. G. 每年夏天要在马利布（Malibu）的海滩上跑步以保持身材。一个7英尺高的黑人在这颗星球上最白人、最因循守旧的一片沙滩上做冲刺跑，这事儿的搞笑程度无法计算。他的一些邻居可能整整20年都没见过一个黑人了。想象一下，他们坐在露台上一边喝着早上的咖啡一边朝外望，看见加内特在沙滩上朝他们的房子飞奔而来。（译注：马利布，加州沿海一座富人聚集的城市。）

③ 原注：每一个在1965—1980年间出生的热血男子，都会惊叹于她那份凯莉·卡保斯基/瓦莱丽·马隆的履历，但是她最终没能变成一个电影明星或者某部情景喜剧的主角。她难道不应该拥有类似克里斯蒂娜·阿普尔盖特（Christina Applegate）的生涯吗？（译注：凯莉·卡保斯基和瓦莱丽·马隆是蒂芙妮·西森在电视剧《救命下课铃》和《飞跃贝弗利》里饰演的配角角色。）

间有着巨大的区别。他在必要的时候会在心里准时响起警报，就像“除非我抓下20个篮板，否则我们就会输球”，或是“如果我不立马接管比赛，在每个回合都得分，我们就要挂了”。相比之下，加内特则从来没有调整过自己打球的方法——从没有——即使这意味着把绝杀球传出去，仅仅是因为特洛伊·赫德森（Troy Hudson）这样缺乏天赋的家伙处在一个更好的空位。①直到皮尔斯和阿伦在波士顿成了他的帮手，这下他就能去做那些加内特的事情（保护篮筐，选择更有把握的出手，控制篮板，用致命的18尺跳投把对方的中锋调离篮下，每晚砍下20+12，用他无人可及的强度来提升所有队友的球场表现），而无须承受要投关键球的压力了。在经历了25场表现起起伏伏的季后赛后，“K. G. 是个关键球员吗？”的问题又一次被提了出来。②于是，在2008年总决赛第6场开始前，加内特站在波士顿的板凳席前面，嘴里不断地念叨着什么，来让自己兴奋起来，还用脑袋狠狠地去撞篮架。老爹和我在50英尺外看到这个场景，都立刻发出了“啊哦，我们的K. G. 要开启杀虐模式了”的评价。最具代表性的一个时刻：K. G. 被狠狠地撞了一下后随手把球一扔，结果打板入框打成2+1；他躺在地上，双手高举，向着天花板高声怒吼着，而观众们都陷入了疯狂。那天晚上，我们就像有18000人把红牛灌进他的喉咙里。他最终砍下了26+14，打出和平日一样的完美防守，还找到了他自己的风格：一种有且只有他具备的激情和强度。K. G. 凭着自己打出过的最佳比赛之一拿下了总冠军。这句话，埃尔文·海斯可没法说，还有卡尔·马隆，帕特里克·尤因，克里斯·韦伯，或者其他属于这个加内特刚刚成功逃离的“不

---

① 原注：K. G. 蜜们会为他的不够大心脏辩护，说是因为在他累积成型的那几年里没有怎么经历过重大的关键时刻（而邓肯有）。很有几分道理啊。可以把K. G. 的生涯想象成一款电子游戏：你花了很多时间去玩《侠盗猎车手》，所以你当然比一个连台PlayStation都没有的人更有可能完成任务，是吧？借用格拉德韦尔的一个说法：在季后赛方面，邓肯是一个异类。[译注：格拉德韦尔所著的《异类》（*Outliers*）一书强调，对于成功而言，客观机遇的作用有时甚至比主观才智更重要。]

② 原注：在第3场之后，我写了篇专栏文章，其中就有这个问题：“加内特是否正在超越海斯、张伯伦和马隆，成为NBA总决赛历史上最大的掉链子专家？”真伤感，这是个不得不提的问题——他投丢了过去50个投篮中的36个，而且还是在保·加索尔和罗尼·图里亚夫（Rony Turiaf）之流的防守下。

够关键”小组的球员，他们可都没法这么说。

加内特为08凯尔特人所做的事情是没法用数据衡量的；数据没法完全展现到底发生了什么。他改变了球队长久以来的输球文化。他教导队友要去关心防守、训练、职业精神，要把自己拥有的一切都毫无保留地奉献在场上。他告诉他们不要再去关心数据，而要开始关心胜利。他一手改变了3个年轻人（拉让·朗多、利昂·波、肯德里克·珀金斯）、一个老兵（皮尔斯）和一个危机四伏的教练（“博士”·里弗斯）的生涯。他像对待总决赛第7战那样对待每一场表演赛。在垃圾时间，他仍然像在一场比分紧咬的比赛中一样激励队友；也因为如此，板凳席上的球员们也开始做同样的事情，亢奋得就像是一帮NCAA疯狂3月中的替补一样。我从来没有见过比他更有感染力、更无私、更以球队为重的球员了。到感恩节的时候，整支球队都在他的领导之下。每当某个年轻队员在追逐自己的数据或者忤逆教练时，K. G. 就会怒视着他。每当某个队友被人威胁了，K. G. 就会上去为他撑腰。每当他的队友被放倒了，K. G. 就会冲上去把他拉起来；到最后，4个队友都会冲上去把第5个人拉起来。每当对手在哨响后仍然投篮，K. G. 都会略带挑衅地把球盖掉，就像这是个原则问题。[①]于是，所有人都开始那么做。凯尔特人不会允许对方在哨响后的投篮。这是条规矩。

这是一系列的细枝末节，或者说就像是婴儿的一小步又一小步，但是它们加起来就变成了十分重要的东西，成了这支最终获得总冠军的球队的脊梁骨。作为一个完美的全面型球员，到最后，凯文·加内特却变得没有比自己的队友突出许多。我对此并不介意。他在我们的记忆中就像是吉米·佩奇（Jimmy Page）[②]或基思·理查兹；充满天分的吉他手，需要一支同样充满天分的乐队才能一同完成一张令人难忘的专辑……而单飞的

---

① 原注：这在常规赛的时候显得很好玩，但在季后赛里就不那么有趣了，因为波士顿在对亚特兰大的系列赛里非常挣扎，K. G. 有心去盖掉每一次哨响后的投篮，却无心去低位单打所罗门·琼斯（Solomon Jones）。我还记得那个春天我高喊了至少20次的“见鬼，K. G.，到篮下去强打那个该死的家伙”。

② 译注：齐柏林飞船乐队吉他手。

专辑会被人们轻易忘记。①这就是我们最终找到的答案。和“深喉”的情况不同，这次我对最终发现的真相非常满意。

21. 鲍勃·库西

履历： *13个赛季，13个高质量赛季，13届全明星，1957年MVP，1952—1961赛季最佳阵容一队，1962、1963赛季二队，两次全明星MVP，纪录：半场助攻数（19次）、季后赛单场罚球命中数（30），单季联盟第一：助攻王（8次），6支总冠军（波士顿）球队中第二好的球员，巅峰三季季后赛19+7+9（32场），职业生涯18+5+8、38%的命中率、80%的罚球命中率*

在我们回溯历史的时候，库兹的名字已经开始渐渐褪色了——或者说早已经黯淡了——这正是我想要写这本书的原因之一。我们可不能让这种事情发生在一个可爱的圣十字学院校友身上。未来的人们会对着他的投篮命中率指指点点，说：“无论从哪个方面看，纳什和斯托克顿都明显要比他更好。”幸运的是，有我在这。让我来从四个方面为库兹辩护：

1. 他糟糕的命中率（职业生涯37.5%）实际上算不得一塌糊涂，因为他的巅峰期在20世纪50年代，而那个时代对命中率和得分来说简直就是黑暗的中世纪。在从1951—1960年间出场超过300场的66名球员中，肯·西尔斯的命中率最高（45%），弗雷迪·斯科拉里（Freddie Scolari）垫底（33%），而库西名列第四十二（37%）。把标准提到500场，符合的有22名球员：尼尔·约翰斯顿第一（44%），杰克·麦克马洪最后

① 原注：把这个比喻继续下去，邓肯就像是埃里克·克拉普顿（Eric Clapton）——在乐队中很棒，一个人的歌也很好听；虽然邓肯是干不出抢走乔治·哈里森（George Harrison）的老婆这种龌龊事来的。

（34%），库西排在第十五（只比江湖传闻中的神射手多尔夫·谢斯低三位）。与其他1951—1963年间的控卫对手们（400场以上）做个比较的话，基恩·舒的命中率是39.9%，迪克·麦圭尔是39.6%，博比·万泽尔是39.2%，库西37%，安迪·菲利普（Andy Philip）36.8%，斯莱特·马丁36.5%……而且库西的球队的出手数和得分常年高居第一。[①]让我们跳到高得分的20世纪80年代来看一看：从1981—1990年间，有124名球员打了500场以上比赛，阿蒂斯·吉尔摩以63%的命中率领跑，埃尔斯顿·特纳（Elston Turner）以43%垫底，以赛亚·托马斯排名105（46%）。如果只看控卫的话（共23人），莫·奇克斯第一（53%），达内尔·瓦伦丁（Darnell Valentine）垫底（43%），以赛亚名列第十五。换句话说，在各自的时代中，以赛亚是个比库西更差的射手。基德比上述二人加起来都更烂，在从1995—2008年间超过500场比赛的球员中排名倒数第七（40%）。以同样的标准来看，巴伦·戴维斯（生涯命中率41%）、肯尼·安德森（42%）、艾弗森（42.6%）、蒂姆·哈达威（43%）在他们自己所处的时代都是更糟糕的射手。因此，你不能因为库西巅峰期身处一个在投篮选择上重视数量胜过质量的时代而对他大加指责。

2. 你知道所有人都喜欢对“小个子”·阿奇博尔德的愚蠢纪录大惊小怪吗？1954和1955赛季，库西都在得分榜上排名第二，助攻第一；和“小个子”的皇家队不同，凯尔特人两年都打进了季后赛。他连续4年（1952—1955赛季）进入得分榜前四，此外还有4次进入前十的经历，13个赛季中从没有掉出助攻榜前三过，连续8年霸占助攻王。让我们给单赛季场均得分和助攻前十的球员分别计分——第一名10分，第二名9分，以此类推，前十之外0分——然后把各个球员的生涯总得分加起来吧。[②]按

① 原注：库兹有着浓重的法国/纽约口音。他发不出R这个音，不过即便如此他还是解说了整整20年的凯尔特人比赛。2002年的时候，他把罗德尼·罗杰斯（Rodney Rogers）叫成了“吴德尼”（Wodd-ney）。20世纪90年代中期，凯尔特人得到了布赖恩特·史蒂斯（Briant Stith），我们都觉得库兹会像个哑巴一样跳过他的名字不念。但他很自然地念了出来：“布外恩（Bwwwy-unn）。”

② 原注：举个例子，库西在1955年助攻第一，得分第二，所以他会得到助攻10分，得分9分，总共19分。

照这个积分系统，历史上排名前十的控卫包括：奥斯卡，181分；库西，164；斯托克顿，139；韦斯特，102；[①]基德，96；魔术师，94；威尔肯斯，89；“小个子”，87；以赛亚，64；佩顿51。再加点有趣的，在这个基础上，NBA最佳阵容一队算10分，二队5分：奥斯卡，281；库西，274；韦斯特，212；魔术师，189；斯托克顿，189；基德，151；“小个子”，127；以赛亚，104；佩顿，96；威尔肯斯，89。

我不喜欢“唱唱反调”这个词，因为这个词让我想到了基努·里维斯和阿尔·帕西诺出演的那部连查理兹·塞隆（Charlize Theron）的裸体镜头都拍不好的大烂片[②]，但是管他呢，让我来唱唱反调：你能给我一个正当的理由吗，为什么韦斯特（一冠）和奥斯卡（一冠）被视为永垂青史的伟大球员，而库西（六冠）却被大家轻易抛弃了？你不能用“如果比赛提速他就没法适应了”当借口，因为库兹和鲍勃·佩蒂特是仅有的在前拉塞尔和后拉塞尔时代都有优异表现的超级巨星。（而且库兹在跑轰时代打得更好——他在1959年和1960年两次拿下助攻王，生涯最后两年都入选了最佳阵容二队。）你也不能以“他投篮太差”当借口，因为这只是假象。你更不可能以“拉塞尔成就了他的生涯”为借口，因为他在前拉塞尔时代数据更好，没有拉塞尔的时候最佳阵容照拿不误。就在1980年，库西还入选了NBA35周年12人之队。所以，在那之后发生了什么？

3. 库西的历史地位被两件事拖低了，一是他的头4年（前24秒时代，球队场均得分都不高于75～85分），二是他的最后5年（助攻计算方法发生了改变）。库西在场均116.4分的59凯尔特人中场均8.9次助攻；约翰·斯托克顿在场均101.9分的94爵士中场均12.4次助攻。你让我怎么觉得合理？[③]库西按照现在的标准的话难道不能场均15～16次助攻吗？无论

---

① 原注：我知道，我知道……韦斯特不是个真正的控卫。但是在他生涯后半段，他是湖人队的持球人，甚至在1972年成为联盟助攻王。就是这样。

② 译注：指电影《魔鬼代言人》（*The Devil's Advocate*）。“魔鬼代言人”在英语中还有“爱唱反调的人”的意思。

③ 原注：在埃利奥特·卡尔布的书里，汤米·海因松声称，20世纪50年代，只有接球人一步不走时才算助攻。换句话说，库兹在快攻中的传球都不被算作助攻。这说法是真的吗？再说一遍，很难相信一个曾经把利昂·波跟摩西·马隆相提并论的人的话。

如何，没有人比他更善于发动和组织快攻，数据为证：连续8年助攻王，其中4次比第二名多出30%以上。库西1963年退役时得到6945次助攻；第二高的球员（迪克·麦圭尔）只有4205次。所以说他不是略微高于他的同辈，也不是稍高于，甚至不是一般的高于。他远远高于他们。

4. 与欧文、拉塞尔、贝勒等先驱者一样，库西应该为给把篮球推向更具娱乐性、更取悦观众的方向而得到加分。《体育画报》的赫伯特·沃伦·温德（Herbert Warren Wind）①在1956年1月如此描述他的影响力：

库西被很多专家视为篮球发明64年来最伟大的全能选手……近几年，随着人们开发出了优秀的跳投，篮球比赛开始变得像赛马加投篮比赛，大家除了奔跑和投篮几乎都不做别的事情。而鲍勃·库西，超越了所有人，开拓出了一条向着好的篮球发展的道路。说实在的，库西实际上走得更远：他为更好的篮球开辟了新的道路。可以说在篮球史上没有哪个球员或教练能像他那样理解篮球的本质。他仿佛像是一场启蒙革命，展现出了篮球可以拥有101种前人做梦都没见过的可能性。运球转身，或者背后传球——这些技巧好几年前就已经有了，但是如果你把这些动作和篮球的嗅觉结合起来，那又是另一个境界了。通过各种动作，你可以从你的对位防守人那里得到空间，再去做下一个动作。这很像学习一门新的语言。只要你具备了发音系统，那么只需要扩大词汇量就能说得更好。

复述一遍：库西给“魔术师”、纳什、ABA球员们以及其他所有人打开了一扇大门。在库西在大学和职业比赛中展现他的风格之前，白人球员们从来没有考虑过：“等等，在我们努力赢得比赛的同时，我们是不是也可以同时娱乐观众？”而且库西并不像那些鲁莽的“And-1”②二流球手；他的每一个动作都不是无目的的耍花，每一个决定都忠实于他自己。

---

① 原注：你怎能不爱20世纪50年代呢，体育写手们都取着“赫伯特·沃伦·温德”这样的名字。我猜我在那时候大概会被叫作“威廉姆斯·约翰·西蒙斯”。多么朗朗上口。

② 译注：美国最著名的街球队伍，常常进行全国巡回比赛。

看看纳什现在的表演，那就是库西当年所做的，而且他做得要更好。这就是为什么他成了NBA第一个偶像控卫，联盟回应尤奈塔斯、梅斯和曼特尔的答案。人们喜欢看他打球。人们喜欢和他一起打球。他的球队一直在赢球。你还想要什么？[①]就像尼克斯主教练乔·拉普奇克（Joe Lapchick）赞美的那样："我见过约翰尼·贝克曼（Johnny Beckman）、纳特·霍尔曼（Nat Holman）、完美的汉克·路易塞蒂（Hank Luisetti）、鲍勃·戴维斯、最好的大个子乔治·迈肯——还有很多人。但是，鲍勃·库西才是我见过最好的球员。他做了许多的事情。他一直是联盟前五的得分手。过去5个赛季他都是助攻王。他还成了一个非常给力的防守球员，一个很棒的传球抢断手。他总是展现出一些新花样，都是你从没见过的。在对阵他的时候，哪怕犯一点小错误，你就要付出代价。哪怕放一步，他就会突破防守。他非常敏捷，聪明，不知疲倦，胸怀勇气，而且可能是当代体育界中最好的终结者。"

这些话差不多足够描述他了。如果你还怀疑他在关键时刻的能力，就想想那6枚戒指，还有在雪城头上著名的季后赛50分（25罚25中）。库兹无所不能。在数据和荣誉之外，我们还给库西再加几分，为他建立了球员工会，而且在一个白人们很少支持黑人的时代中与黑人们产生着共鸣。我第二喜欢的库西时刻是他在比尔·拉塞尔的《体育世纪》纪录片中异常悲伤，为自己当时未能完全理解拉塞尔的痛苦而感到沮丧。这是ESPN历史上除吉姆·瓦尔维诺（Jim Valvano）和克里斯·康奈利之外最动人的时刻；不过如果你在我的大作中看我提了那么多次这个故事还没有觉得有些无聊的话，那么你肯定已经疯了。当然，这还是比不上库西最精彩的时刻：他在《火爆教头》里跟尼克·诺尔蒂（Nick Nolte）拍某场对手戏时，连续命中了21个罚球……要知道他那时候已经65岁了。这，朋友们，才算得上是一个第四级的球员。看看约翰·斯托克顿能不能在2025年参拍

---

① 原注：臭脾气老编辑发自内心地反对："的确，库西是个好人，一个纯白人联盟中的革新者。但是不同于拉塞尔甚至夏曼，他的球风没法在20世纪60年代之后生存下来。而且，把他看成是先驱者，而无视《黑魔法》的大声尖叫，这就是个笑话。如果他效力的是纽约，你肯定早就把他遗忘了。"我现在就去把他开了。

一部有75个缄默的观众的电影吧。[1]

20. 勒布朗·詹姆斯

履历：*7个赛季，7个高质量赛季，6届全明星，2009、2010年MVP，2004年最佳新秀，2006、2008年全明星MVP，2006、2008、2009、2010赛季最佳阵容一队，2005、2007赛季二队，最佳防守阵容（2次），巅峰三季29+8+8、49%的命中率，2009年季后赛35+9+7、51%的命中率（14场），单季联盟第一：得分王（1次）、出场时间（2次）、罚球得分（1次），1支总亚军（07骑士）球队中最好的球员，最年轻10000分（23岁），职业生涯：27.8分（历史第3）、6.9次助攻（第26），生涯季后赛29+8+7（71场）*

2010年季后赛，凯尔特人对骑士，第5战。亦即人们更熟知的，克利夫兰职业篮球被谋杀之夜。没有哪一个特别有代表性的时刻，只记得勒布朗表现出罕见的没脾气，任比赛变成了25分大屠杀，他的脸似乎被打了一针“关键时刻的卡尔·马隆”牌肉毒杆菌。比起球场上的某个具体回合，我对查尔斯·巴克利在TNT赛后节目中说的话印象更深。曾经的伟大球员们希望看到新人们变得伟大。这就像是个不轻易吸收新会员的俱乐部：不是随便什么人都能进，你必须放倒一路上的保镖，但是一旦你进去了，传奇们会很高兴能见到你。*恭喜恭喜。坐吧坐吧。你想来一根乔丹的雪茄吗？要拉塞尔为你调杯酒吗？我们很高兴你做到了。*勒布朗一度看起来锁定了传奇俱乐部的席位。直到他打出第5战的表现。巴克利的表情比任何集锦都更能说明那个时刻：他看起来非常气馁和低落。就像刚得知某人

① 原注：库兹饰演了一位名叫维克（Vic）的体育部主任。我不想在鸡蛋里挑骨头，但他们就不能叫他“鲍勃·凯利”或“比尔·科西”吗？他们怎么会叫他“维克”？维克有没有考虑过招募来拉梅尔·史密斯？这个笑话是写给那3位读完了从头至尾全部脚注的读者的。

死了。

“我必须告诉你的是，”他跟厄尼·约翰逊（Ernie Johnson）说，“作为一名粉丝——我一整年都在说勒布朗·詹姆斯是世界上最好的篮球运动员——但我现在感到百分之一百的失望。不是因为他打了一场糟糕的比赛，很明显他打了一场糟糕的比赛。是因为他的心理……想当年，我跟迈克尔·乔丹交过手，还有卡尔·马隆、帕特里克·尤因，听着，在比赛结束时他们的枪里已经打尽了子弹。今晚我没有看到这样……这显然是这个赛季最关键的比赛。我没有看到一个在主场的MVP身上的侵略性。”

非常准确。那令人……瞠目结舌。我们发现自己又要重写一次“LBJ之书”了。在他的2004年新秀赛季，我预测勒布朗会“轻松”地赛季场均三双，预计“每个晚上33+12+13”。2005年，他的球队依然很烂（但勒布朗还是几乎把他们带进了季后赛），我当时将他的处境跟汤姆·汉克斯早期的电影做比较，因为大部分时候你都在遗憾他没能待在更好的处境里。[①]我在2006年和2007年在鸡蛋里挑了几次骨头，担心勒布朗自己表达的想成为“环球偶像”的欲望，还写过：“勒布朗传球技巧的流失是过去几年中除了林希·洛安的胸变平外最大的悲剧。”2007年季后赛，他赢得了我和所有人的心，虽然在总决赛中被横扫，但在此之前交出了一场

---

① 原注：我喜欢汉克斯和勒布朗的比较。《亲密伙伴》（*Bosom Buddies*）是高中时代。《美人鱼》（*Splash*）和《单身夜派对》（*Bachelor Party*）是勒布朗的新秀赛季（他开始为人们所知）。汉克斯的1985—1988时期[《金钱陷阱》（*The Money Pit*）、《自愿者》（*Volunteers*）、《对头冤家》（*Nothing in Common*），等等]是勒布朗的“我很遗憾他没能在更好的环境中”时期。《长大》是2007年对活塞的第5战：一代天才正式降临。《头条笑料》（*Punchline*）是2007年总决赛被横扫。《邻居》（*The 'Burbs*）是一部难忘的电影/2008赛季中的优秀表现。《古惑丑搭档》（*Turner and Hooch*）是2009MVP赛季（数据上不可思议，但作用不大）。《虚荣的篝火》（*The Bonfire of the Vanities*）是2009年季后赛失利（勒布朗成为了不利对位的受害者）。《红粉联盟》（*A League of Their own*）是2010年MVP赛季（又一次艺术品似的表现，有一点用），《西雅图夜未眠》（*Sleepless in Seatle*）是2010年季后赛的放弃和熄灭（让我们不禁怀疑，“等等，这家伙可以成为自己时代最代表性的明星，但他特么是不是要放弃这么做的机会、只拍拍肥皂剧了？”）。所以迈阿密会是一连串的《费城故事》（*Philadelphia*）、《阿甘正传》（*Forrest Gump*）、《阿波罗13号》（*Apollo 13*）、《玩具总动员》（*Toy Story*）吗？还是说我完全想太多了？（思考中。）你是对的……我实在想太多了。不好意思。

ESPN经典频道级的表现，在底特律的第5战：砍下克利夫兰最后30分中的29分，让活塞队和他们的球迷回想起了一度被乔丹所支配的恐怖和屈辱。跟其他许许多多体育迷们一样，我每年都要看上几千个小时的比赛，希望能发生什么特别的事情，60分，无安打比赛[①]，7次上垒的大逆转，攻防俱佳的NFL大战，PPV拳击赛，等等等等。这种情况只有偶尔才发生。或许“特别”的程度有所不同，但每一次我们打开电视或去现场，在内心深处，都希望能发生什么特别的事情。那个夜晚就很特别。看着“国王詹姆斯”终于挣得了自己的绰号，这让我觉得我的篮球人生已经无可挽回地发生了改变。*同志们，抓牢你们的椅子……就是现在！勒布朗·詹姆斯正在实现突破！*[②]

2008年全明星赛时的詹姆斯已经进化成了ABA时期“博士”（转换进攻能力）、92皮彭（攻防两端统治级的运动能力）、博·杰克逊（在气势上压倒对手的能力）的超级混合体，再加一点乔丹的好胜心和“魔术师”的无私……而这颗NBA巨星混合炸弹还装在卡尔·马隆275磅的身体里。他才23岁，还没有稳定的20英尺投篮或低位脚步——但仍然每晚砍下30分，不费吹灰之力。如果你跟我说“下个赛季开始，这个大小孩儿会连续两年无可争议地获得MVP，你还会写文说他2010年的MVP是2000年沙克之后最具统治力的”（后来真的如此），我肯定会相信你。你说什么我都信。尤其是当勒布朗成为乔丹之后联盟头号“你人生中一定要现场看一次他的比赛”的球员后。每个客场比赛，球迷们都早早到场（就像他们一度对乔丹做的那样），只为了看勒布朗到处蹦蹦跳跳，在队友头上完成空接，飚上几记单手半场投篮，开玩笑地跳上沙克的背，被大家的笑话逗得咯咯直乐，就像一个吃了超多糖后变得特别亢奋的超协调奇行种4岁小

---

① 译注：棒球中投手投满一整场都没有让对方打手打出安打的比赛，是投手的顶级成就。

② 原注：实际上，这场比赛可能是勒布朗身上发生过的最糟糕的事情。它让所有人都相信他会是下一个乔丹，而实际上，他更像是“魔术师”、皮彭、“博士”的混合体，那场得分大爆发纯粹是一时突变。

孩[1]。[2]他总是给观众带来至少两个高光镜头，一般是他的“氮氧加速一条龙扣篮”（“J博士”的专利动作；勒布朗会抢断对方的传球，打开氮氧加速开关，开到五挡，4步就从中线杀到篮筐，送上一记爆扣；在他这么做的时候，球场仿佛缩小了）和“烟怪大帽”（他会从无形中现身，带来一记恐怖的弱侧大帽，对手的反应就像是刚刚被《迷失》里的烟怪给攻击了一样）。他总是让人们觉得他们花的钱非常值得，他们以后可以跟别人说：“没错，我亲眼见过勒布朗打球。”

我朋友赫希[3]相信勒布朗最伟大的高光时刻还没有出现——比如说在篮板后方抢到篮板球完成补扣之类的——而一旦我们见识了，那将彻底改变我们的人生。当你见到一个6尺9寸、280磅、仿佛是在里根（Ronald Reagan）时代科学家的实验室里创造出来的巨兽时，你确实会开始幻想这些场景。史上最伟大的高光时刻总是还没到来。你不会为了买点吃吃喝喝而离开座位，除非勒布朗下场休息了。当然了，这一切绝不只限于一两个高光镜头。一个又一个夜晚，勒布朗砍下30分，8个篮板，7次助攻，命中一半的投篮，罚进80%的罚球，打出超凡的防守，还要扛起被他加持了的角色球员和无能的、只会说“嘿，同志们，大家把路给勒布朗让开”的教练组。他毫不费力在M. J. 模式和“魔术师”模式之间切换，就像从“好了，他们只用一个人防我，那我就随心所欲得分了”到“好了，他们包夹我了，我要给别人创造好的投篮机会了”只需要轻松按一下开关而已。他是“魔术师”之后最善于激发人的超级巨星队友。他的最后两支克利夫兰队精心安排了滑稽的赛前仪式，不断地相互撞胸，在板凳席上相互开玩笑，一起出门轧马路，在各个方面都相互支持。勒布朗的突破扣篮

---

① 译注：西方民间认为小孩儿吃多了糖后会变得特别亢奋。

② 原注：在他2010年的年度快船巡礼时，我问了一位名叫伦尼的长期季票持有者，他是否在这片闪光灯跟尖叫声中仿佛看到了M. J. 重现。“哦，当然，”他说，“过去只有他能造成……*这些*。”

③ 原注：保罗·赫希海默（Paul Hirschheimer），长期担任NBA娱乐的高层，尼克斯的死忠球迷，对这本书有着认真的兴趣，给了我无数比赛录像，所要求的回报不过是让伯纳德排进前六十。一举两得。虽说伯纳德无论如何都能进前六十（我超爱伯纳德的），而且臭脾气老编辑指出，如果我没有这么做的话他会“撕掉手稿”。就是这样。

（他用这招的频率是多米尼克之后最高的）总能造成巨大的回响，他会开心地看着替补席上队友们的反应。历史上几乎没有人比跟2009—2010赛季的勒布朗·詹姆斯一起打篮球更有趣了。那年2月，我担心他的一切都来得太容易了，而要迎来真正的伟大，“你要输上几次，要舔舐自己的伤口，尝自己的血，要在又一个失败的赛季后独自安静坐在更衣室里，思考到底哪里出了错，你要说：‘不会了，永远不会了，我不会让这再发生了。’而现在，篮球的一切都来得太容易，有那么多人愿意每天都亲吻他的屁股，他作为球队的一部分打得那么开心，我觉得勒布朗·詹姆斯还没有经历过那个点。”

快进到对波士顿系列赛的最后两场，勒布朗终于经历了之前提过的那个点，就像撞上了冰山的泰坦尼克号。①突然之间，跟乔丹的比较变得很傻。乔丹绝对不会在第5战里打打酱油，或是任由他的球队在第6战最后90秒就放弃比赛。胜利对乔丹（还有伯德，还有“魔术师”，还有拉塞尔）来说是如此意味重大，他的队友没有任何选择；他们只能跟随他的领导。勒布朗显然还没到这种程度。这让我们好奇——在7个赛季、548场常规赛和71场季后赛之后——勒布朗是不是已经到达上限了。可能他只是一个喜欢社交、有传奇色彩、特别有天赋的篮球运动员，更擅长让我们说“哇哦”而不是其他。如果他的基因构成中包含了乔丹的杀手染色体，或者“魔术师”的领导力染色体，这些在2010年就应该展现出来了。那如果他只是进化版的“J博士”呢？②费城挥霍掉1982总决赛的时候，在摩西出现、给费城带来一冠之前，关于“博士”的共识是这样的：现象级的球员，无人不爱，篮球大使，史上最佳之一……但不怎么具备“那个东西”。甚至费城赢得1983年总冠军时，大家都认为那是摩西的球队。如果

---

① 原注：当晚我发的推特：“‘科比比勒布朗更好’的说法在第5战后的反应就像泰里之接后唐·舒拉家的房子。”[译注：泰里之接，第42届超级碗，最后1分15秒，纽约巨人队送出长传，35码外的大卫·泰里（David Tyree）跃起后单手将球按在头盔上接住球，完成了关键的三挡转换；随后，巨人队的普拉克西科·伯雷斯（Plaxico Burress）在最后35秒接球完成达阵，逆转击败新英格兰爱国者队。唐·舒拉（Don Shula），NFL传奇教练，曾带领迈阿密海豚队在1972年打出史上唯一全胜赛季；2007赛季的爱国者在输掉超级碗前18战全胜。]

② 原注：仅供参考：这绝对不差——我们还没有到金字塔里“博士”那一节呢。

迈阿密在2011年或2012年夺冠的话，我们也会认为这是韦德的球队吗？又或者，勒布朗一直以来都要比“博士”2.0要更好，只是我们从来没有真正意识到他的克利夫兰队有多烂？[1]还是说有别的原因？

在2010年对波士顿系列赛的第5和第6场之间，一个来自得克萨斯奥斯丁（Austin）、名叫克里斯·赖德尔（Chris Rider）的读者给我发来了一个很有意思的假说：他认为，你可以用一个词来定义什么对每位篮球明星来说是最重要的。对于乔丹，克里斯相信那个词是“胜利”。（“毫无疑问，他所做的一切都是为了胜利。这个说法滥用在了很多运动员身上，但对他来说绝不过分。”）[2]科比的词是“伟大”。（“是的，他是会取得一些胜利，但这都是因为他希望被人们认为伟大，而胜利不过是偶尔的副产品。但你也会看到他如何不断出手、毁掉了自己的球队；在应该施压、杀入禁区的时候浪投三分。他不介意输掉一些比赛，只要人们会说：‘科比太伟大了；看看他不出手时球队都成啥样了。’”）而勒布朗的词是“惊讶”。（“我认为他只希望能让人们惊讶。这就是为什么他要在比赛前花上10分钟时间进行中场投篮。这就是为什么他会庆祝那些令人惊叹的扣篮和盖帽，但是在为了胜利时就不那么努力了。我知道骑士队没了他会很糟糕，但是要带着球队获胜，他还有*很多*需要做的。”）这说法是完全公正的吗？未必。但是为了好玩，我们来扩展一下克里斯提出的这个游戏：

拉塞尔，“魔术师”，伯德：总冠军

邓肯，韦斯特，哈夫利切克：胜利

沃尔顿：团队协作

---

① 原注：别把这条删了。勒布朗从来没有跟一个真正的全明星做过队友，只有一群有一技之长的角色球员、便宜货、未经打磨的年轻球员、老得不行了的老兵、失败的自由球员签约和其他球队为了省钱而裁掉的家伙。从2004—2010年他最好的队友：莫·威廉姆斯，拉里·休斯，里基·戴维斯，安托万·贾米森，安德森·瓦雷让（Anderson Varejao），老得不行了的沙克。他比乔丹的头7年要少一个皮彭或格兰特。

② 原注：实际上我不同意这一条。属于乔丹的词是“征服”。

威尔特：数据

奥斯卡，巴里：完美

沙克：名望

卡里姆，埃尔金：尊严

马隆，加内特：责任

巴克利：乐子

库西，斯托克顿，以赛亚，皮彭，纳什：球队

“博士”，勒布朗：惊奇

克里斯是对的：在克利夫兰，勒布朗最希望的就是让人惊诧。当他最终厌倦了扛着一帮无能队友，想要寻找帮助时，他在ESPN上做了一个冷酷无情、令人憎恶的自由球员特别节目来宣布自己的决定。他的推特账号就在此前两天刚开通，他的网站和资产管理公司在几天后推出，几周后他开始拍摄自己的第一部体育电影。[①]你可以说“决定”让所有人都大吃一惊，这是毫无疑问的。[②]整个夏天，它的恶臭都弥漫不散，就像一具烂在闷热阁楼里的腐尸。在60分钟里，勒布朗出其不意地、比史上任何运动员都要狠地伤害了克利夫兰；在没有吸毒、冒犯他人、犯罪或是做一些不恰当的性行为的情况下让整个国家都反对他；像一个超级大娘炮，选择跟韦德联手而不是想要击败他（这是乔丹永远，永远，永远不会做出的事）；触怒了传奇俱乐部的所有人（他们没有人认为韦德和乔丹会想要成为对方的罗宾而不是在自己的球队里做蝙蝠侠）；创造了一个流行语，迅速变成了辞职、自慰和拉屎的委婉说法（“我要把自己的天赋带去南海岸”）；让吉姆·格雷的生涯重获巅峰（虽说从一开始就没有巅峰过）；让网络和体育电台几乎崩溃；还激发了体育写手们两个月的深入心理分析，想知道

① 原注：勒布朗花了前一个夏天在推动一部纪录片《超越比赛》（*More Than a Game*）和一本书《流星》（*Shooting Stars*）上，都是跟他的高中球队有关的。都没什么好看的。

② 原注：发生在非比赛期间的6大NBA时刻：（1）“魔术师”/HIV，（2）拜厄斯，（3）1964年全明星赛拒绝在劳方协议没被同意的情况下比赛，（4）“决定”，（5）M. J. 宣布“我回来了”，（6）凯瑟琳·费伯（Kathryn Faber）跟科比达成庭外和解。虽说下一条脚注如果是真的的话……那就将进入前五。

勒布朗的愚蠢做法是因为：（1）他是个太早获得太多成功的童星（就像布兰妮·斯皮尔斯）；（2）他缺少一个父亲身份的人物（或者生命中任何会告诉他“等等，这件事你不能这样做”的聪明人）；（3）他想要复制自己高中时代做过的事（他和四位亲密伙伴选择了同一所预备学校，一起取得胜利）；（4）他缺少杀手本能（所以知道自己需要韦德，或者这样的人）；（5）他逃走是因为前队友德朗泰·韦斯特（Delonte West）跟他母亲发生了关系（一条下流的网络谣言，在那个夏天不胫而走）①；又或是（6）他想要避开州税，与小伙伴们一起潇洒，住到南海岸，跟模特们快乐地玩耍。

当然咯，科比把2010年夏天都用在了自己一贯的做法上：竭尽全力进行训练，想方设法要击败时光老人。勒布朗？即将进入自己的第一个迈阿密赛季，他仍然不擅长后仰跳投、转身或有效的跳勾（太遗憾了，因为他的传球本来能让他变成一头低位怪兽）。倒不是说他缺乏优先选择，他只是拥有了太多……可能他一开始就不适合这个。在他最后一场克利夫兰比赛后，我写到，勒布朗面临着体育史上最大的决定之一：“胜利（芝加哥），忠诚（克利夫兰），还是有机会成为永恒（纽约）。”我从没想到他选的是“救命！！！！！！”有可能勒布朗一直以来都演错了角色，上帝本来希望他成为“魔术师”2.0——无私的协助者，终极队友，三双每晚随意刷，能打四个位置、填补一切空缺，制胜球无论是传球还是自己投都会同样高兴——而那7个克利夫兰赛季把他推向了一个他自己并不想要的方向。“决定”有可能是在向“秘密”敞开胸怀：他牺牲了个人荣耀，因为迈阿密给了他最好的胜利机会，也因为没有人比帕特·莱利更知道如何

---

① 原注：无论韦斯特的流言是真是假（我相信有不少NBA相关人士都相信这是真的），克利夫兰在第2轮的溃败都对它起了推波助澜的作用。据说，勒布朗得知此事是在第3战后——克利夫兰29分大胜波士顿——指责自己的队友们没有早点提醒他。德朗泰在前3场打了87分钟（17投10中）；然后第4战20分钟（7投0中），第5战9分钟（2分），第6战14分钟（2投0中），克利夫兰三连败。所以在第3战后，德朗泰崩溃了，而勒布朗身上发生了*什么事*。我的观点：要么流言是真的，要么流言是假的，但是其效果仍然袭击了整支球队（所有人都在想办法使之平息）。别跟我说*没有*发生什么事。作为一支两年之中都特别紧密团结的球队，你难道不奇怪詹姆斯在“决定”中和此后都避免提到任何一个队友吗？简直像他等不及要离开他们似的。

按对按钮。也有可能五年之后我会有不同的感觉和看法。

但今天？2010年8月？我觉得勒布朗·詹姆斯逃避了自己的责任。哪怕是在街头随便组队的比赛中，也有一条不成文的规矩，让各支球队尽量平衡，并使比赛的竞争性最大化。如果两个球员明显比剩下的人更强，如果他们有着自己的尊严——特别是如果他们打同一个位置——那么击败对方就是唯一的局面。*他们渴望这样的试炼。*不然有什么意思？如果两个头牌偶然去了同一支球队——就像卡里姆和“魔术师”，或者沙克和科比——那是另一回事。这就是体育。总会有狗屎运。但是两个外线球员心甘情愿地决定联合在一起，因为这要比击败对方更轻松？这里头可没有任何“秘密”可言。当我写完精装版的全稿时，我觉得勒布朗有一天可能可以超过乔丹和拉塞尔，站在金字塔尖。而他在12个月时间里就毁掉了全部的可能性。再说一次，我们这些人都希望他能成为最伟大的球员。可能*他自己*并不渴望如此。最能说明问题的时刻就在“决定”当时，勒布朗说："我决定把自己的天赋带去南海岸。”不是迈阿密热火，甚至都不是迈阿密。南海岸。这地方，就我来看，甚至都没几块篮球场。在这里，明星们能像明星们一样活动，生活很简单，阳光总是灿烂，外表比一切都更重要，漂亮女人们都像是从流水线上做出来似的。①那里很漂亮，很轻松。如果你要找一个克利夫兰的反面，那就只能是南海岸了。

这就是勒布朗·詹姆斯最终做的选择：不是迈阿密，不是热火，而是南海岸。这是他自己说的。作为一个过25岁的人，我不能责怪他。作为一个热爱篮球的人，我无法原谅他。②

---

① 原注："决定"后一天，一个名叫贾斯丁的底特律读者给我发来邮件："NBA的世代更迭：乔丹=约翰·麦克莱恩（John McClane）。科比=麦克西穆（Maximus）。LBJ=文森特·蔡斯（Vincent Chase）。"[译注：约翰·麦克莱恩，《虎胆龙威》系列电影的主人公。麦克西穆，电影《角斗士》（*Gladiator*）的主人公。文森特·蔡斯，电视剧《明星伙伴》的主人公。]

② 原注：勒布朗在精装版里的排名（第20）并没有变动，虽说他赢下了第二座MVP，打出了最好的全能常规赛季。（豪斯说："对一个自愿在自己的伟大上加了上限的超级巨星来说，这是最合情合理的处理方式。"）如果勒布朗场均三双，带领迈阿密赢得70胜以上，最终夺冠？那就要变了。他会超过后面4个人。至少4个。

19. 查尔斯·巴克利

__履历：__16个赛季，12个高质量赛季，11届全明星，1993年MVP，1990年MVP票选第二，1988、1989、1990、1991、1993赛季最佳阵容一队，1986、1987、1992、1994、1995赛季二队，1996赛季三队，单季联盟第一：篮板王（1次），巅峰三季26+13+4，1支总亚军（93太阳）球队中最好的球员、季后赛27+14+4（24场），1990年季后赛25+16+4（10场），1994年季后赛28+10+5（10场），92梦之队成员，生涯22.1分、11.7篮板、54%的命中率，生涯季后赛：23.0分、12.9个篮板、51.3%的命中率（123场），20000分+10000篮板俱乐部

18. 卡尔·马隆

__履历：__19个赛季，17个高质量赛季，14届全明星，1997、1999年MVP，1998年MVP票选第二，1989、1990、1991、1992、1993、1994、1995、1996、1997、1998、1999赛季最佳阵容一队，1988、2000赛季二队，2001赛季三队，最佳防守阵容（3次），2次全明星MVP，巅峰三季30+11+3，生涯25+10、52%的命中率、74%的罚球命中率，生涯季后赛25+11、46%的命中率（193场），2支总亚军（97、98爵士）球队中最好的球员，92梦之队成员，生涯：总罚球得分及总罚球次数（历史第1）、总得分（历史第2）、总篮板（历史第6）、总出场数（历史第4）、总上场时间（历史第2）、场均25.0分（历史第11）、10.1个篮板、52%的命中率，35000分+14000篮板俱乐部（仅有两人）

这么说吧：如果我没有把巴克利和马隆做一个杰克博士式的对比，你会鄙视我的，是吧？那样可不好。闲话少说……

绰号：巴克利被称为“篮板圆肉墩”“查尔斯爵士”“流动炊事马

车”……他的绰号简直和阿波罗·克里德（Apollo Creed）一样多。但其中没有任何一个响亮而且长久的。不知道为什么，“查克”（人们现在都这么称呼他）似乎成了他的绰号，但实际上那只是一个昵称。相比之下，马隆有着“邮差”这样一个漂亮的绰号。而且这个绰号还在1997、1998年季后赛中获得了新的发展，像我这样的毒舌专栏作家在那时开始叫他“邮件诈骗犯”。***优势：马隆。***

耐久性：从1991—1999赛季，巴克利总共缺席了121场比赛。他生涯中只有5个赛季打了不少于79场比赛。马隆有10个82场全勤赛季，7个赛季超过90场（包括季后赛在内），在他18个赛季的爵士生涯中只缺席了10场比赛。快猜猜他们两人中哪一个是健身狂人，哪一个超爱吃油炸食品和喝啤酒、血管里流的都是油脂。***优势：马隆。***

坏运气：巴克利在新秀赛季就随队打入了东部半决赛，然而之后托尼受了脚伤，“博士”开始衰老，摩西则开始发福。这对费城来说还不是最糟的呢——他们随后又用1986年选秀的状元签换来了罗伊·欣森（Roy Hinson）和75万美元的现金（为什么不直接选布拉德·多尔蒂？），然后用摩西换来了杰夫·鲁兰德（Jeff Ruland）和克利福德·罗宾逊，这笔交易可以算是20世纪80年代泰德·斯特平没有参与的交易中前五烂的。这意味着可怜的查克在之后的几年中不得不独自支撑起那支毫无天赋的费城，还要忍住不吃掉那些蠢蛋队友，最后才要求交易，去了菲尼克斯。在他之后的生涯中，巴克利都有着不错的队友，但是他那时候已经30岁了，卡路里指数也已经达到522了。至于马隆，他的老伙计斯托克顿照顾了他几乎整整20年，还配合他打了大概70万次高位挡拆。我相信巴克利会非常希望回到1984年跟马隆互换球队的。[①]***优势：巴克利。***

选秀日着装：巴克利穿了一件双排扣的紫红色运动西服，还有着同色

---

① 原注：转念一想，巴克利和盐湖城就像是柯特·科本和考特妮·洛芙：在所有方面都彻彻底底地不相配。

的领带，看起来就像一个20世纪80年代的电影院领位员，或是一个快倒闭的赌场的保安。马隆穿了一件银蓝色的运动西服，蓝色衬衫，米色裤子，还有一条粉红色的、只到肚脐那么长的领带。这么说吧：巴克利的衣服很搞笑，但是马隆的打扮甚至在26年后的今天还能让我笑出声来。一边倒。*优势：马隆。*①

快攻终结能力：所有人都害怕造马隆的进攻犯规。他是一个卓越的终结者，有着防守端锋似的身材，而且总是用右膝开路（传递出“如果你站在我前面的话我就会一膝盖顶在你蛋蛋上”的信息）。但你知道吗，他还是比不上早年费城岁月时的巴克利。查克是力量与技巧的恐怖结合体，甚至*他自己*都不知道怎么去控制。他把伯德最好的球队给生吞活剥了，因为他们队中没有谁有足够的运动能力去阻止快攻中的查克，他总能抢下一个篮板，然后吵吵嚷嚷地运球纵贯全场，最后用一个在D. J. 头上的双手战斧颜扣来作为这波爆发的结束。这是他永远留在我们记忆中的，至少对于我来说如此。要是我们还能看到哪个6尺5寸以下的球员能比他更像一辆失控的火车的话，请一定告诉我。没有人比巴克利让更多的球员为了保住性命而退缩过；如果他们有做这方面的数据的话，我敢赌任何东西，从1984—1991年间没有人曾尝试过造巴克利进攻犯规。一个都没有。***优势：巴克利。***

必杀技：摩西是我人生中见过的最好的进攻篮板手；巴克利第二。②从1987—1990赛季，查克平均每场超过5个进攻篮板。他在生涯123场季后赛中抢了510个进攻篮板。他是NBA半场和单节进攻篮板纪录的保持者（13、11）。我有没有提过这家伙只有6尺4寸半？我们还能再看到有谁

① 原注：NBA真应该举办一场慈善晚会，所有NBA明星都必须穿上他们选秀日穿过的衣服出场。他们可以把门票卖到10000美元一张，而我愿意付20000美元进场。“哈基姆，我爱死你1984年的那件舞会礼服了！看上去太棒了！”

② 原注：1986赛季，查克和摩西在进攻篮板榜上分列第二、第三。摩西被交易走之后，1987赛季，查克排名第一，摩西第四；1988和1989赛季查克第一、摩西第二；然后1990赛季摩西第一、查克第二。为什么费城要拆开这样一对历史级的篮板组合？因为有相当之多的NBA总经理都是蠢蛋！我一直是这么告诉你的。

能像他这样吗？说到马隆，他比任何人都更精通在高位挡拆中执行掩护。这种成功在多大程度上是因为他和斯托克顿之间的非凡默契？很大程度上。不过这仍然是NBA历史上最致命的战术之一……只要不是在重要比赛的最后两分钟里，你懂的。*优势：马隆。*

代表性比赛：巴克利的代表作必须是在1994年季后赛里，当时正好开始播放C-Webb的球鞋广告，其中有一个韦伯在巴克利头上扣篮的片段，于是巴克利用单场56分狠狠地踢了金州的屁股。这是我最喜欢的十场《硬木经典》（*Hardwood Classic*）[①]比赛之一，一场史诗级别的精妙屠杀。至于马隆，不幸的是，他的代表战是1997年总决赛第1场——就在他接过MVP奖杯后不久，他在比赛的最后20秒双方打平时罚丢了两记罚球，然后乔丹投进了制胜球。我们再也不会把“邮差”看成是一个MVP了。至少对我来说如此。*优势：巴克利。*

代表性纪录：巴克利的代表性纪录应该是“季后赛半场命中15球”或者是“在吃完100只鸡翅后的90分钟内得分最多”的纪录。很难选啊。而马隆的则必须是“单赛季2000分次数最多（12次）”的纪录，勒布朗大概会在2017年破掉这一纪录。*优势：马隆。*

代表性的硬汉故事：在斯托克顿被以赛亚单场44分虐杀后，马隆用一记恶魔之肘为他报了仇，直接打中了以赛亚的眉骨，放到今天的话会被禁赛35场。[②]巴克利不仅曾经主动跟沙克动手（放心我没打错字），他还在一场大混乱中在底特律大战1990年的活塞队，甚至一路打到了观众席的第二排，成为了阿泰斯特之战的精神教父（而且查克还真的挥拳给了一个球迷一下）。如果你被卷入了一场全武行，这两个家伙都是你希望会跟你一伙儿的……不过查克的上限更高。*优势：巴克利。*

---

① 译注：NBA TV的经典比赛重放节目。

② 原注：马隆和斯托克顿是M. J. 时代最脏的五位球员之一，名列兰比尔和马洪之后、安吉之前。这是实话。我知道此刻会有一个8岁的摩门教小孩儿正大哭大叫着：“不！！！不！！！！！”但是这确实是实话。盐湖城的签售会可以划掉了。

无心喜剧：不管是什么原因吧，模仿这两个人说话都是一件很搞笑的事情。我的老上司基梅尔可以模仿马隆连续说上15分钟的话；你只需低沉下声音，用第三人称指代自己，使用现在时，说不连续的短句，加上一点南方口音，再多来一点双重否定。[①]至于巴克利，你只需要模仿1973年左右的穆罕默德·阿里刚喝了4杯的样子，然后不停地不停地重复自己说的话，不断地用“首先……”或“第一……”作为句子的开头。说实话，我选不出来。所以我把决定权留给了基梅尔。他的选择？“卡尔·马隆喜欢讲笑话。就像他常说的：‘欢笑是最好的墨西哥人（Laughter is the best Mexican）’。”我没法说得更妙了。***优势：马隆。***

防守能力：随着年龄渐长，马隆的防守越来越好，在他生涯的中点之*后*开始入选最佳防守阵容，甚至在04湖人队中化身为一个负责防守/掩护/篮板的老球皮：他在第2轮中对蒂姆·邓肯做出了超赞的防守，在后4场比赛中把他压制到17.5分、38%的命中率（湖人四连胜）。然后他在对明尼苏达的系列赛中弄伤了膝盖，洛杉矶夺冠的机会于是就此终结。太遗憾了。而对于身高不足的巴克利来说，他的低位防守一直在稳定的糟糕和偶尔的糟糕透了之间浮动，虽说他在抢断、盖帽和快攻追身盖帽上做得不错。巴克利的致命克星是有着精妙低位技巧的高个大前锋（麦克黑尔和邓肯那种类型）。这时候他就会切换到“见鬼，干脆我直接飙分超过你好了”的模式。***巨大优势：马隆。***

对男性型秃发的处理：巴克利早早地剃光了脑袋；马隆一直苦苦支撑，保持着埃德·哈里斯（Ed Harris）的造型，最后终于在20世纪90年代末剃了光头（不过之前还先给落健[②]打了几个广告）。***优势：巴克利。***

巅峰赛季：我们会选择马隆的MVP赛季，虽然我在这本书里一直坚持

---

① 原注：举个例子：“卡尔·马隆并不喜欢没有HIV。卡尔·马隆只是不想担心没有血会溅到卡尔·马隆的眼睛里。”

② 译注：植发品牌。

不懈地鄙视这个MVP：64胜，27.4分，9.9个篮板，4.5次助攻，55%的命中率，最佳防守阵容一队，这绝对是难以挑剔的（虽说是在一个竞争力稀弱的联盟）。至于巴克利，我们会用那个低调而惊人的1990赛季，他场均25+12+4，把一支天赋平庸的费城带到了分区冠军，[①]投出了超神的60%的命中率，而且还是在他愚蠢地浪投了92个三分球的情况下（命中了20个）。你有没有注意到巴克利那年的两分球是1085投686中？63%！更不用说那是联盟历史上竞争最激烈的赛季之一。***优势：巴克利。***

关键球能力：他们都有着致命的缺陷：马隆以在关键时刻稳定地吊链子而闻名；巴克利则总是高估了自己。虽说查克更适合扮演托尼·阿尔梅达（Tony Almeida）[②]而非杰克·鲍尔，但他却总是用乔丹的标准来衡量自己，而且希望用M. J. 的方式来统治一场比分接近的比赛……结果经常是干掉了他自己的队伍。在金州头上爆砍56分的比赛并不是他的常态，但到了关键时刻的查克总是一副自己有过无数这种壮举的样子。看几场1993—1995赛季的季后赛好了：如果查克在关键时刻愿意分享球，而不是急着浪投三分，尝试推快攻，或是来那套“我现在正拿着球，背向篮筐，花个6秒钟来决定接下去要干什么，顺便让我们的进攻停滞下来”，太阳队本可以至少夺得一冠。他总是希望成为“那个人”，虽然他根本不是那样的球员。这就是为什么他没有一枚戒指。事实上我甚至觉得，与巴克利相比，在拥有马隆的时候你赢下一枚戒指的可能性更大——跟加内特一样，马隆总是知道自己该到哪儿去。巴克利则不知道。[③]***平手。***

致命伤：马隆的致命缺陷是他总是在重大比赛中表现得像一只车头灯

---

① 原注：K. G. 能在一个竞争特别激烈的赛季里，在队友是约翰尼·道金斯、赫西·霍金斯、罗恩·安德森（Ron Anderson）、已经过气了的迈克·格明斯基和快要过气的里克·马洪的情况下赢下53场比赛和分区冠军吗？不可能。

② 译注：《24小时》的男二号。

③ 原注：典型的巴克利数据：1993—1995赛季的44场季后赛中，他浪投了124记三分球，只进了33个（27%）。太让人尴尬了。我希望他每投一个三分球都有人罚他10000美元。

下的鹿。一次又一次地，他在需要他的时候掉链子了（1997年总决赛第1场和1998年总决赛第6场是最好的例子）。你无法忘记NBC的比尔·沃尔顿在1997年总决赛期间不断地批评他，用他的破锣嗓子反复地问："到底发生了什么，卡尔·马隆隆隆隆隆？"但你知道吗，我可以原谅他这点。有很多了不起的球员，他们身体里天生就是缺乏"那种东西"。而下面这点是无法原谅的：巴克利就是不愿意停止开派对或保持合理的体形；他的生涯本应该比现在好上15%。[①]1999赛季，皮彭和巴克利共处一队，但他们的合作却并不愉快。赛季后，皮彭向巴克利开火，批评他经常缺席训练，罗恩·哈珀这么为斯科蒂辩护："大家都知道查尔斯是一个很棒的人，但是每一年他都说要赢下一座总冠军，然后又身材走形地出现在训练营里。这足以说明他是一个怎么样的人。皮普渴望胜利。如果你没有做到自己应该做的事情，他就会告诉你。"嗷。巴克利只有在菲尼克斯的头两个赛季做到了身材不走形，就两年。[②]马隆在整整20年中都保持着超人的身材。***巨大优势：马隆。***

性格/人格魅力：巴克利不仅秒杀了马隆，更击败了联盟历史上的所有人。还有什么队友能比查尔斯·巴克利更有趣？他喜欢赌博，喝酒，吃东西，毫无下限地调戏所有人。（等等，这怎么像在说我！）至于马隆，他也算得上是个不错的朋友，如果你想去放牛或者找个早上7点钟去健身的伙伴的话。呃，我还是选查克吧。你也不必再好奇为什么他没能完全实现自己的潜力了。***巨大优势：巴克利。***

---

① 原注：有一段著名的逸事：巴克利在周日下午在MSG有一场比赛，但是他前一天就到了曼哈顿，搞得浑身大麻气味才回来，结果丹尼·安吉向他挥着戒指并高喊："这就是为什么你永远拿不到这玩意儿！"直到近年巴克利的私生活开始出了各种问题（在拉斯维加斯的一笔4万美元的债务，一次醉驾被捕），媒体才开始提到巴克利的酗酒。大家都太爱他了。包括我在内。我就是喜欢这家伙。

② 原注：最大的帮助：整个夏天都跟梦之队待在一起，并受到了M. J. 的推动力。同样的事情也帮助勒布朗达到了新的高度——在2008年奥运会期间跟科比和韦德待在一起，于是有了"该死，我还需要变得更好"的冲动。就与雅典奥运会时斯蒂芬·马布里对卡梅洛·安东尼的影响一样大，只不过是两个方向。

正面对决：他们只在季后赛中碰过两次：1997年和1998年（两次都是犹他获胜），但是1998年那次巴克利受伤了，只打了4场比赛（总计87分钟），而1997年那个势均力敌的系列赛则终结在斯托克顿-马洛尼的一边倒的对位上。1997年那次，马隆场均23.5分、11.5个篮板、45%的命中率（125投56中），巴克利16.2分、11.0个篮板、42%的命中率（63投27中）。这可算不上哈格勒（Marvin Hagler）-赫恩斯（Thomas Hears）式的对决①。而当他们处于全盛期又身处强队时（1993、1994赛季），曾在常规赛中7次相遇：太阳队赢了5次，巴克利场均23.4分、11.4个篮板、4.3次助攻，马隆场均21.8分、8个篮板、3.4次助攻。巴克利占优。再考虑下这个：1992年奥运会之前，有很多人认为，梦之队会帮助马隆完成突破性的成长。杰克·麦卡勒姆甚至写道："有很多观察者认为，（马隆和皮彭）会从这次世界性的曝光中受益最多，因为他俩都是非常上镜的运动员，而且正如马隆所说：'还没有被好好宣传过。'"结果呢？巴克利成了梦之队第二好的球员，头牌大前锋，一颗爆发的明星。这很能说明些问题，是吧？巴克利在与伟大队友合作时表现得比马隆更好，他成了球队的得分王和人格魅力最突出的家伙。我只是在陈述事实而已。在奥运会结束后，《体育画报》称他为"奥运会的核心话题"，麦卡勒姆则吹捧他说："他所精通的本领本来就多到让人吃惊——他能在比他高的球员头上抢到更多的篮板，能像一个后卫那样下快攻，能在近筐的地方高高跃起、用左手或右手完成投篮——而在与梦之队的群星一同打球时，他变得更让人印象深刻了。"②

那马隆怎么了？他成了一个配角，黯淡在了璀璨的群星中（就像《周六夜现场》中的一些剧组成员，没有在片头里与主角们一起出现，只有一条"同时出演的还有卡尔·马隆……"的字幕），直到1993赛季开始前才

① 译注：史上最经典的拳击比赛之一。

② 原注：这本应该是查克压倒马隆的最大优势，但是他对狂欢的爱好，还有他总是拉着队友出去耍玩的做法又让这一点变成了平局。M. J. 会更喜欢跟巴克利当队友，但是跟马隆当队友会让他变得更强。

因为对携带HIV的魔术师回归篮球的一些不满言论而被媒体注意了一下。[1]然后巴克利把菲尼克斯带到了62胜，在1993年总决赛中用尽了所有能量来阻击公牛。1993赛季结束后，巴克利–马隆的争论停息了；巴克利赢了。1994赛季之后呢？仍然没有争议。但是，之后，马隆不断不断地追赶，而巴克利则一切顺其自然，于是事情开始起了变化。巴克利的最巅峰当然表现更好，但是没有好到可以压倒马隆超长的运动寿命和持续性。马隆实现了他生涯的全部潜能；巴克利可不能那么说。***最终胜利：马隆（险胜）。***

17. 鲍勃·佩蒂特

履历：*11个赛季，10个高质量赛季，11届全明星，1956、1959年MVP，1957、1961年MVP票选第二，1955—1964赛季最佳阵容一队，1965赛季二队，1955年最佳新秀，4次全明星MVP，巅峰三季29+19+4，单季联盟第一：得分王（2次）、篮板王（1次），职业生涯：26.4分（历史第7）、16.2个篮板（历史第3），生涯季后赛26+15+3（88场），1支总冠军（58老鹰）和3支总亚军（57、60、61老鹰）球队中最好的球员，20000分+10000篮板俱乐部的首位成员*

我现在请求各位客官有一点点超保护的合作，就像你们在看电影《宿醉》（*The Hangover*）时不去问这帮人怎么可能在断片儿的10个小时内在拉斯维加斯干出那么多事情的。[2]佩蒂特在今天能搞定邓肯或者波什这

---

① 原注：难道我们不觉得马隆就是一个大傻帽吗？还记得科比指责他调戏自己的妻子吗？不过，事实上，这让我更喜欢“邮差”了。加油，卡尔！我一直觉得卡尔对科比太太说的那句他正在“捕猎墨西哥女孩儿”没有在喜剧界得到应有的地位。（译注：科比妻子曾经问一身牛仔造型的卡尔·马隆：“嘿，牛仔，你最近在狩猎什么？”马隆回答说：“我在狩猎墨西哥女孩儿。”科比妻子的父母都有墨西哥血统。）

② 原注：坏脾气老编辑不愿遵循超保护合作原则：“把佩蒂特排在这么高就是个笑话。如果他来到现代，就会是一个普通的会低位进攻的白人大个子，有着水泥一样的双脚，在第一个赛季里被踩得半死。想想肯特·本森或者‘大农村’里夫斯（Bryant Reeves）吧。”没错，但我还是坚持我的观点。

些家伙吗？大概不能吧。进攻端，我觉得他还能行——就像是卡洛斯·布泽尔和保罗·皮尔斯的混合体，再减去一点运动能力。（佩蒂特在关键时刻有三个绝招：一招“别放我太远”的18尺跳投，一招绕掩护后的后仰跳投，以及一招可靠的、被鲍勃·瑞安称为“单调得让人讨厌”的背转身。他没法扣篮，除非来上一个甜甜圈和一杯咖啡。汤姆·海因松曾经因为佩蒂特的猥琐进攻风格将他称为“半英寸大师”。佩蒂特太太对此没有发表任何评论。）但在防守端，他就完全暴露了。不过那个时代的所有人都用同样的话描述佩蒂特：*顽强。搏斗者。斗士。不屈不挠。*还记得波士顿身体对抗最激烈的那些季后赛吗，当伯德没法投中外线投篮时，他就改换模式，开始在低位与人搏斗、纠缠（最终砍下18个篮板、上12次罚球线）？那就是佩蒂特。在他巅峰期（1957—1963赛季）的64场季后赛比赛中，他场均可以得到28分、16个篮板和极其夸张的11.7次罚球出手。①他同时还展现了不同寻常的持久度，打了754场比赛（包括季后赛）中的746场，这还是在没有包机、关节内窥镜手术、日常拉伸和力量/健身教练的情况下做到的。你不能说“佩蒂特只有在没什么黑人球员的时候才能蹦跶两下”，因为佩蒂特的11个赛季中有9个有拉塞尔、7个有埃尔金、6个有威尔特、5个有奥斯卡和韦斯特；他甚至拿下了1962年的全明星MVP，砍下25分和全场并列最高的27个篮板。看看从1959—1964赛季的这些数据吧。

球员	出场数	场均得分	场均篮板	命中率	球队胜率（1959—1964）
佩蒂特（老鹰）	457	28.4	17.4	44.70%	267-197（57.7%）
威尔特（勇士）	391	33.2	25.2	50.60%	223-171（56.6%）
拉塞尔（凯尔特人）	454	15.3	23.8	44.50%	345-121（74.0%）
贝勒（湖人）	419	30.8	15.8	43.00%	243-223（52.1%）
奥斯卡（皇家）	309	30.2	10.7	48.70%	173-146（54.2%）
杰·韦斯特（湖人）	281	25.8	7.2	45.30%	185-134（58.0%）

此外，佩蒂特和威尔特是仅有的两位带队击败过拉塞尔凯尔特人的球

---

① 原注：如果不是砍鲨战术，佩蒂特就将是所有季后赛球员中（至少50场）场均罚球出手数最多的（10.4次）。这是我讨厌砍鲨战术的第345个理由。

队老大。佩蒂特不允许系列赛回到波士顿去抢七，在第6战中砍下了平当时纪录的50分，包括圣路易斯最后21分里的18分，在最后20秒用一记跳投和一个确保胜利的补篮锁定了1958年总冠军。话说如果拉塞尔打上石膏、一瘸一拐地上场20分钟会怎样？不管怎么说，那仍然是总决赛历史上最佳表现之一。[1]佩蒂特并没有被历史牢记，部分是因为当时比赛的录像带没有留下来，部分是因为他缺乏能让人们提起兴趣的“那件事”，就像奥斯卡的场均三双，拉塞尔的13年十一冠，甚至是韦斯特成为NBA的logo。他错过了电视时代，没有在一个大市场城市打球，缺乏如伯德的传球或贝勒的滞空时刻之类的招牌绝技。如果你还想挖得更深，他的南方人本质（还有伤人的克利奥·希尔事件）可能让他与那个时代的众多伟大黑人球员保持了一段距离，使得他们似乎都不太喜欢赞扬他。（拉塞尔跟佩蒂特在NBA总决赛中四度相遇，但在《复苏之力》中只提了他一次，讽刺佩蒂特每次做进攻动作的时候都会走步，但裁判从来不吹。）但你知道对佩蒂特的历史地位真正致命的是什么吗？他的发型。《迷失》里的洛克跟他一比都显得像迈克尔·兰登（Michael Landon）了。但你不应该为此而给他扣分。就像你不应该为拉塞尔1958年总决赛的受伤而给他扣分一样；要知道一年之前，波士顿在总决赛抢七中打了两个加时才击败了老鹰。如果佩蒂特在今天打球，他会剃光脑袋，留上傅满洲式的胡子[2]，来一个醒目的文身，全身涂蜡，看起来就像个恶霸流氓。而那时候，联盟最佳大前的完美造型就应该是一副高三老师的模样。你不能指责他。

16. 朱利叶斯·欧文

履历：*16个赛季，14个高质量赛季，16届全明星（其中5次ABA），*

① 原注：你知道58老鹰是最后一支夺冠的全白人球队吗？我愿意赌一条胳膊或腿说这项纪录可以保持100、200甚至500年。

② 译注：傅满洲，西方小说、电影中常出现的中国邪恶博士形象。其小胡子在嘴角处下垂并蓄长。

1974、1975、1976年ABA常规赛MVP，1974、1976年ABA季后赛MVP，1981年MVP，1980年MVP票选第二，1978、1980、1981、1982、1983赛季最佳阵容一队，1977、1984赛季二队，1973—1976赛季ABA一队，1972赛季ABA二队，两次全明星MVP，单季ABA联盟第一：得分王（3次），NBA巅峰四季25+7+4，2支ABA总冠军（74、76篮网）和3支总亚军（77、80、82费城）球队中最好的球员，1支总冠军（83费城）球队中第三好的球员，1976年季后赛35+13+5（13场），1980年季后赛25+8+4（18场），ABA生涯：28.7分（历史第1）、12.1个篮板（历史第3），职业生涯：总得分（历史第5）、总抢断数（历史第7），场均抢断历史第15，30000分+10000篮板俱乐部

反对“博士”排得这么高的理由：投不进15英尺跳投……防守令人意外地低于平均水平……进攻端太不主动……做人太好，缺乏杀气……美如画的姿势大于效果……亲切和蔼、能言善道，因此全国媒体都在无意之间高估了他……在一个摇摇欲坠、无人防守的联盟刷出了巅峰数据，而在联盟合并后从未能再现……在他的NBA全盛期中，连续5年输掉季后赛，其中1977年与博比·格罗斯对位险胜，1978年输掉了与鲍勃·丹德里奇的对位，1979年与拉里·凯农打平，1980年与贾马尔·维尔克斯打平，1981年被拉里·伯德一顿狂虐……在20世纪70年代末饱受膝伤困扰，1979年3月的《体育画报》甚至出了一个“嘿，‘博士’到底怎么了？”的专题……①直到摩西·马隆拯救他之后才拿到NBA总冠军戒指。

“博士”应该被排得这么高的理由：史上最有开拓意义、最重要、最

① 原注：如果你是个20世纪70年代的体育杂志编辑，如果你没有来一个“怎么了，‘博士’”之类的话当标题，你就会搞丢饭碗。我非常确定。“博士”的前ABA教练阿尔·比安基（在这篇专题文章里）说：“过去朱利可以起飞，然后真的能蹿上天去。所以看到他现在这个样子真的让人难过。‘博士’再也不能飞了。”一位匿名的NBA教练补充道：“大合同，或者纯粹是厌恶，或者是对自己寿命的担心，又或者说不定他就是已经不行了，我不知道具体是什么原因，但J博士再也不是我们知道的那个他了。他的激情已经不在这儿了。事实是——除了1977年的几场季后赛和全明星赛——这家伙已经放了3年的假了。是别人穿着他的6号在打球。大家都知道，从他在ABA展露的能力来看，朱利叶斯只发挥了四成，顶多四成。”

有影响力的球员之一……最令人兴奋的球员之一……开创了“稍等一下，刚才这记扣篮太赞啦”时代，最终使篮球运动变成了一项价值数十亿美元的生意……靠一己之力给快要不行了的ABA续了三年命……除巴克利和勒布朗外最好的快攻终结者……在“球迷们都开始抵制篮球因为这项运动‘太黑人’了”的70年代成为了唯一被人们喜爱的黑人球员……应该是NBA历史“口齿清楚、品位优雅”之队的队长……历史上最重要的九个球员之一，其余八人是库西、拉塞尔、威尔特、伯德、“魔术师”、埃尔金、迈肯和乔丹……我有没有提到他主演了《匹兹堡的救世鱼》？

[跑一下题：《匹兹堡的救世鱼》大概是《快攻》的奇葩表兄弟。“博士”饰演的角色叫摩西·格斯里（Moses Guthrie），匹茨堡双鱼座队的球星，在一个饮水机男和一个神棍的帮助下拯救了球队。亮点1：“博士”的演技让基努·里维斯看起来就像菲利普·西摩·霍夫曼。亮点2：“博士”尴尬地在一个晚上在操场上与姑娘约会，在20世纪70年代糟糕音乐的伴奏下为她扣了几个篮，不知道为什么这事儿让他俩的感情就加深了。亮点3：篮球场景剪辑得超级烂，“博士”的一个队友（德里夫伍德）投了记跳投，下一个镜头里球进的时候他又出现在了篮下。亮点4：全片的高潮是他们与卡里姆的湖人的比赛，片中的每个人看起来都目光呆滞，一副“我们不想要现金、付我们几瓶可乐吧”的表情。亮点5：不知道为什么，卡里姆在整个第4节中都没有出现，后来也没有人提起这事儿。现象级。我爱这部电影。][①]

现在回到“史上最重要的9个球员”的问题上：如果没有朱利叶斯·温菲尔德·欧文，职业篮球会变得怎样？埃尔金和拉塞尔把比赛从水平变成了立体，然后“博士”接过了火炬，探索重力和个人表演的极限所在，点燃球场，娱乐观众，激发了汤普森和乔丹这样的球员，在我们现在能看到的一切东西上留下自己的烙印。在这方面他有点像库西；库西证明了你可以在娱乐NBA球迷的同时争取胜利，“博士”也是如此。区别只在于具体的做法。库西实现了职业篮球的现代化；“博士”则为之

---

① 原注：我听说过两种解释：一是片子拍到很晚，所以卡里姆先回家了；二是卡里姆觉得自己拿的钱够多了，于是就走了。我喜欢后一种解释，因为这更能证明卡里姆是个傻帽。

上色，使之光彩复现，把篮球变成了一项黑人的运动。如果没有他，这一切还会发生吗？是的，确实有可能。但这就像是家用电脑领域的苹果公司，棒球数据方面的比尔·詹姆斯，喜剧小品界的罗恩·迈克尔斯（Ron Michaels）①……革命的种子早早就埋在那儿了，但需要有个人来给它浇水，看看究竟会发生什么。对篮球而言，那个人就是“博士”。

他的光辉岁月留在了ABA。然而那个联盟并没有留下什么详细的记述来重现当时的场景，因为当时的球队很少能有什么铁杆的球迷（绝大部分球队都没有跟本地电视台签下合同）。“博士”的数据非常亮眼，但仍然不是最重要的部分：只有极个别的职业运动员是“你必须亲历过现场才能了解”的。就像你听到威廉·戈德曼在努力描述马龙·白兰度在百老汇最红的时候是什么样，他终究没法光靠自己的表达来重现那种辉煌，但是在这个“说了你也不懂”的过程中，他想要说清的激情已经能让我们明白了那是怎么样一种伟大。ABA的每个人都尊敬“博士”。所有人都心知肚明是他为整个联盟提供了饭碗，因此有一条不成文的规矩：他就是不能被下黑脚、放倒、肘击、弄伤的那个人。②他的快攻扣篮对观众——不仅是主场观众，还有客场的——有着不可思议的影响力，休比·布朗甚至给肯塔基上校队立下了一条“不能让‘博士’扣篮”的规矩，因为“博士”的每记暴扣都可以让上校队的球迷立刻倒戈。（这真像有什么魔力——如果你能让对方的球迷转而支持本方，你会知道这是多么大的成就。）他在1976年扣篮大赛中的罚球线一扣，至今仍然是篮球历史上发生过的最激动人心的时刻之一。那几乎引起了一场暴动。如果你想知道“博士”作为篮球运动员的上限是什么，1976年总决赛5场的表现在任何一个级别的比赛中都可以排进最伟大之列：在博比·琼斯的防守下砍下45+12、48+14、31+10、34+15、31+19。

为什么他没能在NBA达到同样的高度呢？因为这个联盟更有天赋，竞争更加激烈——合并后的1977—1979赛季充斥着交易、药物和各种迥异

① 译注：《周六夜现场》的创立者。

② 原注：我非常不信任“博士”的ABA数据。这本来就是一个没人在防守的联盟，“博士”从对手那儿得到的对抗大概跟奥巴马在白宫篮球赛上得到的差不多。这是否能够解释他进入NBA后再也无法复制之前的成功？我觉得可以。

的风格。[①]教练们更用心地布置防守策略，每支优秀的球队都会迫使“博士”进行20尺的跳投，在他想要扣篮时犯规。因为“博士”打的是当时NBA最人才济济的位置（小前锋），10年中的每个晚上，他都要对上沃尔特·戴维斯、伯纳德·金、丹特利、丹德里奇、哈夫利切克、巴里、威尔克斯、凯农、博比·琼斯、伯德、多米尼克（这个名单可以一直列下去）。因为他的膝盖有点不行了，这都得归咎于5年ABA生涯中他得坐经济舱长途旅行、在糟糕的地板上打球。因为越来越多的球员拥有了和他一样的超人的运动能力。倒不是说他打得有多烂——他带着76人四进总决赛、一夺总冠军，1977年总决赛30+7+5，1980年总决赛26+7+5，拿下了1981年的MVP（被我在MVP那一章里剥夺了，不过仍然值得一提），5次最佳阵容一队，一直是联盟中最吸引人的人物，4次超级美如画的经典演出（1983年在迈克尔·库珀头上的“摇篮式”扣篮，1977年总决赛在沃尔顿头上的战斧式劈扣，1977年全明星赛在卡里姆头上的飞扣，1980年总决赛在卡里姆头上的板后大回环挑篮）。光看他的NBA生涯，他也能轻易入选名人堂。纵观历史，“博士”的生涯长度同样不可思议：16个赛季，每一个都称得上好、很好或超级好，卓越的持久性，[②]虽然在生涯末期有一点点下滑，但也不至于像很多人那样失去体面。

“博士”来到现代的话会怎么样？他的老式打法无法在现在取得成功。他没法在低位要到位，除非防他的是个后卫。他无法连续命中18尺

---

① 原注：可怜的“博士”要为历史上最自私、最溢价的球队中的一支（合并后的76人）打球，和麦金尼斯、弗里这些自我中心的人分享篮球，球队在1980年莫·奇克斯加入之前都没有一个善于分配好球权的人。“博士”是个太好的人了，不会为自己争取出手机会。如果要说他有什么不足，他最出名的弱点就是女色了——他甚至在20世纪70年代末使一个费城女记者怀孕了[生下了未来的网球运动员亚历山德拉·斯蒂芬森（Alexandra Stevenson）]。大家都说“博士”是最体贴的采访对象，这可不是在开玩笑。

② 原注：“博士”的前14个赛季打了1349场比赛中的1277场（其中5个赛季超过95场），没有遇到重大的伤病。也就是平均每年打91.2场！考虑到他的球风——杂耍、直上直下、在篮筐上打球——不可思议，是吧？我们是否应该把这种持久性部分归功于他的奥巴马级待遇？没有哪个投手希望成为弄断卡尔·里普肯（Cal Ripken）的手臂、导致他纪录终止的那个白痴，同样地，没有人希望成为用一个狠狠的犯规弄断“博士”的腿的那个白痴。我们都可以同意，他超级的持久，也超级受人尊敬。（译注：里普肯，美国棒球明星，创下连续出场2632场的MLB纪录。）

跳投，更不要说三分球了。1981年季后赛，波士顿的比尔·菲奇让比他身材更高大的前锋（一般是麦克黑尔或者马克斯韦尔）去防他，放他5尺远，把他逼往盖帽手们早已埋伏好的中路（使他远离底线）。大部分时候这都行之有效。这是“博士”的致命弱点：对手防守时放他一步，他却不能让他们付出代价。（乔丹初进联盟时，“博士”的好朋友彼得·韦切伊一直在鼓吹他，但“博士”无动于衷，最后彼得大喊：“朱利叶斯，你不懂，他是会跳投的你！”）随着时光流逝，我相信人们会看着“博士”的履历，挑出我在第一段里说过的那些毛病，他的光芒会逐渐退去，就是这样。而我能说的就是：我当时还很小，但我确实经历过。朱利叶斯·欧文至今仍然是我亲眼见过的最引人入胜、最令人心惊、最无法忘记的球员之一。当他冲进禁区时，你的血液开始沸腾。当他撞开对方中锋、把球从他的头上摁进去时，你的心也“砰”的一声。在这一切之外，我还会记住他的手——十根巨大、恐怖、弗雷迪·克鲁格式的手指——篮球在他手中就像个垒球。“博士”的标志性动作从未得到应有的称赞：76人全部拉开，只留他一个人在左翼；防守人像往常一样放他5尺、逼他往中路走；但这一次，“博士”运球进了禁区，似乎要来个小勾手什么的……然后，在你一瞬之间，他突然像爆炸一般冲向篮筐，像塑胶侠一样手臂陡长，把球（再说一遍，就像握着一个垒球）拨出去，从某个不可思议的角度打板入筐。他的动作如此轻盈，美好，就像突然刮起一阵时速110英里的大风，你从没见过这样的事情。他的对手们会摇摇头，完全不敢相信发生了什么。观众们会发出一声惊呼，然后全场都开始喃喃低语：“你看见刚才那个了吗？”“博士”呢，则会慢慢地往回跑，就像这一切都不曾发生过，他总是那么的优雅，这对他不过是又添两分罢了。独一无二。

15. 埃尔金·贝勒

履历：14个赛季，10个高质量赛季，11届全明星，1963年MVP票选第二名，1959年最佳新秀，1959、1960、1961、1962、1963、1964、

1965、1967、1968、1969赛季最佳阵容一队，1959年全明星MVP，巅峰三季35+17+5，8支总亚军球队（20世纪60年代湖人）中前二好的球员，巅峰四季季后赛36+15+4、45%的命中率（47场），生涯季后赛27+13+4（134场），职业生涯：27.4分（历史第4）、13.5篮板（历史第10），20000分+10000篮板俱乐部

杰西·欧文斯（Jesse Owens）。杰基·罗宾逊。比尔·拉塞尔。吉姆·布朗（Jim Brown）。埃尔金·贝勒。奥斯卡·罗伯逊。穆罕穆德·阿里。[①]

埃尔金并不应该属于这份名单。你现在肯定正这么想。那个每年乐透抽签时穿着愚蠢毛衣的家伙。那个职业体育史上最烂球队的实际代管人。你可能觉得他应该出现在最烂GM的榜单上，甚至是“长得最像尼普西·拉塞尔（Nipsey Russell）的名人”的榜单上。但不应该是上面那份名单。不应该跟杰西、杰基、拉塞尔、布朗、奥斯卡和阿里们列在一起。那可是一脉传承。你现在肯定正这么想。

跟我一起回到1958年吧；那一年，埃尔金从西雅图大学毕业，加入了湖人队。如果你觉得现在的明尼阿波利斯没多少黑人，那你可真得看看1958年的那里。美利坚还没有开始改变。黑人被称为“黑鬼”和“有色人种”。他们从另外的饮水器里喝水，看电影时排在自己的队伍里，几乎在所有的领域都受到区别对待。埃尔金进入NBA的时候，联盟里还有着不成文的规定，每个队里只能有两个黑人球员。除了凯尔特人队外，其他球队都遵守这一规矩。

埃尔金进入联盟时，没有人在篮筐上打球（除了拉塞尔），没有人扣篮，所有人都用同样的方式打球：抢篮板，跑快攻，快速出手。数量胜过质量。这样的套路在当时很管用。至少他们是这么认为的。因为埃尔金，一切都改变了。他做着人们未曾见过的动作。他无视重力。埃尔金会从左

① 译注：以上体育巨星的巅峰都发生在美国种族隔离时代；他们通过自己在各自领域中的影响力发声，为黑人说话，成为了黑人民权运动的重要组成部分。

侧突破，持球起跳，上升，悬在空中，悬在空中，等所有人都回到地面上了，然后才出手。你可以称他为滞空时间之父。你可以称他为“哇哦”表演之父。你可以说，就在他进入联盟的那一刻，篮球往一个更好的方面转变了。埃尔金和拉塞尔一起，把平面的比赛变成了立体。在他的新秀赛季，他场均25+15，把湖人带进了总决赛。在他的第二个赛季，他在纽约砍下了71分。①在他的第三个赛季，他场均34.8分、19.8个篮板——更不用说他只是个6尺5寸的前锋——之后一年，他再一次超越了自己，在服兵役请假期间打出了不可思议的38+19+5。当他把62湖人带向总冠军时，离在波士顿赢下抢七只差弗兰克·塞尔维的一记10英尺跳投。②这是他离总冠军戒指最近的一次。埃尔金在1964赛季弄伤了膝盖，之后再不复当年之勇，虽然他还是10次入选NBA最佳阵容一队，打了7次总决赛。1972赛季开始两周后，埃尔金认为他自己的存在对这支有潜力拿到总冠军的球队是个阻碍，于是在9场比赛后退役。湖人队很快打出了33连胜，轻取总冠军。有多少球星有如此的尊严、知道在合适的时候选择离开？有多少人会放弃一枚几乎唾手可得的戒指？这样的事过去何曾有过，未来还可能再现吗？

埃尔金经历了许多我们现在倾向于遗忘的事情。老天才知道，他经受了多少种族主义的污言秽语，听闻了多少n开头的词语的辱骂，作为一个标志性的黑人前锋，他每天在这个联盟当中又要承受怎样的歧视。③拉塞尔把这些都埋在心中，然后在下一场比赛中爆发出来，遭罪的不是他，而是他的对手们。奥斯卡则变成了联盟中最愤怒的家伙，作为一个球员他有

---

① 原注：威尔特很快打破了这一纪录，在老MSG砍下了73分。他们曾在1961年12月打过一场三加时大战，威尔特得到78分，埃尔金得到63分。如果1961年就有ESPN的话，这事肯定会立刻上《体育中心》的头条。

② 原注：埃尔金在第5场中爆砍61分；库西后来说：“我们把埃尔金防到61分，我记得自己走向萨奇·桑德斯，很真诚地跟他说，他在防守端做得非常非常棒了。他确实如此。他迫使埃尔金每球都使出全力。但这就能看出埃尔金有多棒。”库西总是称他为“埃尔金”，他念不出“贝勒”这个词。

③ 原注：在《威尔特，1962》（*Wilt，1962*）一书中，加里·M.波梅兰茨（Gary M. Pomerantz）曾写到，唐·巴克斯戴尔（Don Barksdale）曾在1953年的巴尔的摩子弹队中遭到孤立（他们整节比赛一个球都没给他传），在板凳席上独自垂泪。那个赛季子弹队16胜54负，第二年就解散了。报应。

多伟大，他的脾气就有多坏。埃尔金却从未那么愤怒过。他喜欢和队友们开开玩笑。他总是说个不停。他热爱生活，热爱篮球。他对此从不掩饰。他就像海绵一样吸走了所有的恶行。只有少数几个故事为后人所知（比如那场西弗吉尼亚表演赛）。只要试着去了解20世纪五六十年代的黑人明星们，你就会发现所有事情都指向同一点：他们从同时代的对手和球迷们那里获得的尊敬，远远无法抵消他们在日常生活中所遭受的一切。拉塞尔曾在马萨诸塞州一个白人聚集的郊区买了座房子，他的邻居们破门而入，大肆破坏，甚至在他床上拉屎。1961年，埃尔金牺牲了自己的工作，为我们的国家服兵役，而与此同时，在美利坚却还有许许多多的大城小镇拒绝为他提供一餐饭。黑人明星们感到自己仿佛分裂成了两个人，在一个圈子里备受尊敬，在别的地方却饱受歧视。不能仅仅因为美利坚在过去的40年中做出的改变，就认为他们会就此忘记过去发生过的一切。而现在的篮球明星们，手握9位数的合同，被宠溺、被神话、被打造成名流；你可以看出那些老名宿们为什么会那么尖刻。

现代球员们是否还会记得，正是埃尔金这样的人在1964波士顿全明星赛时的举措，为他们现在停满8辆豪车的车库打下了基础？他们又能否理解，湖人队老板鲍勃·肖特像对待下人一样使唤埃尔金和韦斯特时，更衣室里的情绪是如何炸裂开来的？然而这个故事从来没有传播开来，没有像柯特·弗勒德和马文·米勒那样家喻户晓，而是埃尔金一样为人淡忘。只有骨灰级的球迷才能明白，不管从哪个方面来看，埃尔金都是史上第三好的前锋。从历史发展的角度看，他从未夺冠，也没有留下多少让人感叹“不敢相信他居然有那么强”的录像带，这些都对他不利。[①]同时，他还缺乏一件标志性的永恒的经典，像奥斯卡的三双，或者拉塞尔的11枚戒指。你很少能听到埃尔金的名字跟他们一起被提起。除非你问问某个年过五十的NBA球迷，他一定会为埃尔金说话，责备你之前没能意识到他有多

---

① 原注：我看了一些埃尔金早期的录像带，感到不得不大大地强调这一点——看埃尔金肆虐“同时代”的对手们，就让人想起《回到未来》里马蒂·麦克弗莱耍着自己的电吉他、其他人都看得目瞪口呆的场景。想象一下，假如2009年有某个球员能够把三分线扣篮当作家常便饭，埃尔金当年所做的看起来就是这样。

么地不可思议。

我的看法？埃尔金退役后发生的一切黯淡了他球员生涯本身的光彩。快船队在1986年聘用他来运营球队，从此之后，他就成了人们的笑柄。2004年，我在买完快船队季票之后写下了这样的话：

（埃尔金·贝勒）有着慈祥的面容和快乐的微笑，看起来就像UPN电视台的情景喜剧里的祖父，实际上他却是个名人堂成员，在每年春天乐透抽签时与其他尴尬的GM们坐在一起。过去数年间我开了许多他的玩笑。①他是个很容易被瞄上的靶子。TNT的雷吉·西乌斯（Reggie Theus）曾经称他为“乐透选秀专家”——他可是在真心赞扬他。去年6月选秀结束后，我曾经这样写道：“让埃尔金来管理你的球队，就像是我妈开夜车时坐在她边上。她总是猛踩油门又猛踩刹车，还一直叨叨着‘真不敢相信我的眼睛变得那么差了’或是‘我们晚上不应该点那瓶酒的’。只让人感到无时无刻不在的恐惧。”好吧，埃尔金听了并不开心。让我惊讶的是，他居然读了那篇文章，他读的关于快船队的文章比一般人想象的多得多。当他知道我要来吃中饭的时候，他并不高兴。但巧合的是，我们还是在斯台普斯的餐厅里遇到了；我的一个朋友过去问埃尔金是否愿意跟我们坐在一起吃。埃尔金向我们这桌扫了一眼，看到我也在，于是嘟哝说：“那家伙是个笨蛋。”他说的是个两个字的单词，重音在第一个词上。打个比方吧，假设说，那个词是个和谐词；那么埃尔金说的就是：“那家伙是个蠢货！”

人们爱死这个故事了。在我给ESPN.com写的东西之中，这轻而易举地成为了人们最喜欢的一则趣闻。每年看快船队比赛时，我至少能10次

---

① 原注：公平地说，埃尔金的运气并不好。他损失了两位建队基石（丹尼·曼宁和利文斯顿都受到膝伤困扰），德里克·史密斯和罗恩·哈珀则伤了ACL，在选秀大年里总抽不到状元签。他最大的错误不过是向下交易了1995年的榜眼签（榜眼麦克戴斯，第4顺位希德，第5顺位K. G.）和浪费了1998年的状元签[在皮尔斯、诺维茨基、文斯等人中摘走了迈克尔·奥洛沃坎迪（Michael Olowokandi）]。好吧，他还真是个烂GM。

听到人们这么喊。*你个蠢货！*这导致我花了两年时间才得到了埃尔金的原谅，不过在他任职的最后一个赛季，我们的关系已经非常好了。一次，我跟着ESPN一起去快船队拍一段片子；那时，他们球队管理层内部已经分裂成了不同的阵营。邓利维和我进行了一场友好的投篮比赛，赌注为100美元，最终我赢了。我们当时正在摄像机镜头里，我忘了向他要钱。邓利维迅速消失了。[①]埃尔金立刻步履蹒跚地向我走来，看上去就像刚目睹了一位老太太被人抢劫。

“他没给你钱，是吧？”埃尔金轻声说。

我摇摇头。埃尔金做了个鬼脸。

“太正常了。”他低声道。

埃尔金生气的时候会变得有些口吃。所以他接下去的话听起来是这样的：“你、你、你知道吗？第一个球是他先投的，但是你命中之后，他、他、他又装作应该是他投最后一个球。你发现了吗？”

“我发现了，”我说，“我觉得他耍赖这件事很好笑。”

埃尔金又做了个鬼脸。

“我很高兴你发现了，”他说，“我以为你没注意到。”

趁着摄像师们在收拾东西，我跟埃尔金又聊了25分钟。这样的时刻是每次我怀疑自己人生的职业选择是否正确时总会想起的：可以与埃尔金这样的人一起畅聊篮球，他的名字可是足以超越死亡和时间的。邓利维的事情让他很抓狂。你看得出来。虽然埃尔金是快船队制服组中最受爱戴的人——这还是往轻了说呢——但邓利维知道如何玩那套政治把戏，而埃尔金已经老得无心再陪他斗了。事情正在起变化。埃尔金自己也有了不好的预感。那天我可以在他脸上看出这一点；剩下的整个赛季，他脸上都带着那种神情。我很担心2008—2009赛季会是他任职的最后一年了，于是我给一个我们共同的朋友打电话，计划在8月的某一天与埃尔金共进午餐。我

---

① 原注：他一直没有给我钱。糟糕的教练，糟糕的GM，还是个骗子。我后来成功地复仇，在basketball-reference.com上出钱买下了他的页面，留言感谢他浪费了我那么多年的季票钱。这真是我花过的最值的10美元。

想给他写一篇专栏文章。他已经74岁了，是现在NBA制服组高级成员中年龄最大的；同时他还联结着拉塞尔、库兹他们那个时代，那个黑人球员们无法在其他地方用餐、只能在灰狗巴士站吃饭的时代，那个你扭伤了膝盖就再也无法康复的时代，那个老板逼着你不得不在20天里打27场表演赛的时代。有一次我问埃尔金他对包机的看法，他一下子就大发脾气。

“呲呲呲呲呲呲呲擦！”他说道，“在我打球的时候，我们只能坐经济舱，还要自己提行李！我们要自己来回拿两次、三次、四次！你有没有听说过我们差点儿坠毁在一片玉米地里？”

我听说过。那是美国职业体育史上离空难最近的一次。但是对埃尔金·贝勒来说，这只不过在他身上发生过的众多事情中的一件。这也是为什么我当时认为能写出一篇超赞的专栏文章——我只需要跟他吃顿中饭，他自己就能絮絮叨叨地说出许许多多事情。为了保证埃尔金会来，我跟那个我们共同的朋友说：“记得告诉他，他应该把塞尔维投丢的那个球点进去的。我看了录像带。”

过了几个小时，我的电话响了。

“埃尔金已经暴怒了，”我们的朋友说，“他说你根本不知道自己在说什么。他说萨姆·琼斯推了他，所以他才没能补进。他说萨姆后来都承认了。”①

“我不管，”我说，“录像带上可不是这样的。”

“好吧，反正你戳对了点了。他会去吃中饭的。准备好被他说那球说上一个小时吧。”

我们定下了时间，准备到时候见面。但是一周之后他们又说要延期。我们准备改定一个时间，但是事不遂人愿：内部斗争逐渐升级，快船队一

---

① 原注：埃尔金已经进入了“年过35、记忆出错、最后被YouTube无情打脸”的名单。我当初发现自己进入这个名单，是看到吉米·斯努卡（Jimmy Snuka）在MSG对阵鲍勃·巴克伦（Bob Backlund）的著名的铁笼一跃——我记忆里仿佛有25英尺高——只有10英尺左右。我到现在都不敢相信。（译注：1982年年度最佳比赛，斯努卡在比赛最后从铁笼顶端跳下来重击对手，却被巴克伦躲过，遭遇逆转。）

直想把埃尔金拉下马，最终炒掉了他，把他的GM职位交给了邓利维。[1]球队雇员们告知说埃尔金辞职了，然而后来发布的简短公告中，并没有提到辞职的事情，也没有提及埃尔金50年的NBA生涯和一路走来的坎坷艰难。[2]6周之后，我们选出了史上第一位黑人总统；假如没有埃尔金这样的人物过去做出的努力，这样的事情绝不会发生的。你可能没到40岁，所以当你想到埃尔金时，你可能只会记得他穿着比尔·科斯比（Bill Cosby）[3]式的毛衣，因为快船队的乐透顺位出来得太早而面带抽搐。这样的记忆是不对的。想想他前无古人地创造了“滞空时间”。想想他在业余时间打出的38+19。想想他面对尼克斯砍下的71分。想想在那个波士顿的雪夜，别人给他传来球队老板傲慢无礼的口讯时他收紧的双眼。想想他不愿意抱别人大腿夺冠，带着尊严退役。想想他告诉“跑车”·亨得利，自己不会参加那场在西弗吉尼亚的表演赛，并不是因为他想要证明什么，而是为了能像一个人那样被对待。

埃尔金离开快船队的那一天，巴拉克·奥巴马正在参加总统大选第2场辩论。这两件事看起来并没有什么关系。或许只是看起来。埃尔金在NBA的最后一晚，他在快船队的朋友们给他打电话、发邮件，想与他道别，但都没有收到回复。埃尔金·贝勒离开了；他并不想被人们找到。50年的贡献，消失时却只是一瞬。对这样一位NBA史上最被低估的超级巨星来说，他的离开确实只会是这一种方式。

14. 约翰·哈夫利切克

***履历：**16个赛季，13个高质量赛季，13届全明星，1974年总决赛*

---

① 原注：快船辞掉了埃尔金，让邓利维接手——他在这之前就搞砸过雄鹿GM的工作了——就像是一个糊涂的华尔街CEO炒掉了在过去多年里替自己为15桩罪案和25次外遇完成过善后工作的忠诚老司机，然后让自己被抓进牢过3次、刚刚出狱的外甥来接替。邓利维在18个月后被解雇。

② 原注：埃尔金两个月后实施了复仇，起诉快船队对他的年龄/种族歧视，声称自己在过去20年中被不公正地对待。案件仍在审理中。

③ 译注：著名喜剧演员，曾主演过电视剧《科斯比一家》。

MVP，1971、1972、1973、1974赛季最佳阵容一队，1964、1966、1968、1969、1970、1975、1976赛季二队，最佳防守阵容（8次，5次一队），巅峰两季28+9+8，巅峰四季季后赛26+9+6（57场），单季联盟第一：出场时间（2次），助攻第二多的非后卫球员（6114次），4支总冠军（68、69、74、76凯尔特人）队中最好的球员，总共拿过8次总冠军（总决赛8胜0负），生涯季后赛22+7+5（172场），职业生涯：总出场时间（历史第8）、总得分（历史第14），25000分俱乐部

我的哈夫利切克永恒之问：他要是黑人的话，他的历史地位会上升吗？

我承认，这个问题看起来很奇怪。如果联盟差点儿因为太黑而破产，那为什么哈夫利切克的肤色会是个负面因素？因为对白人来说，肤色永远都是房间里的大象[①]，这就是原因。还记得伯德在收获第三座MVP和数据上最好的赛季后锁定了“史上最佳前锋”的位置吗？而就在他用最令人难忘的方式干掉87活塞之后，“魔术师”–伯德第四季即将上演之前……你知道什么成了全国的头号新闻吗？罗德曼和以赛亚的“他要是黑人的话就是一普通球员”的愚蠢断言。就算一位历史前五的球员到达生涯巅峰时，人们还在讨论他的肤色。这实在太不公平了。但这种事情一直很常见。这是项黑人的运动。这就是。见鬼，我最初给这本书准备的名字之一是“篮史通鉴：一个白人对一项黑人运动的想法”。我的出版公司跟我谈了谈。不能在封面上打种族牌。或其他什么牌。每当有白人讨论种族和体育的时候，人们就会菊花一紧。马尔科姆·格拉德韦尔向这本书提了一个要求：加一条脚注，比较白人、黑人、混血儿和外国人的全明星队，再决定相互打比赛的话谁能赢。他是个混血儿。他喜欢讨论种族。我也喜欢……但当你是白人的时候，说话的难度就陡增了。你不能说错话。你必须把每一件事说得很完美。你没有余地。现在我要把那条脚注写给格拉德韦尔了——

① 译注：指醒目但却被人故意忽略的问题。

看好了，它在这儿[①]——不过我必须先写上两百字的导言，以免它一不小心被消失了。

说回到白人身上。当我们进行评价时，他们会分为六类。“无须置疑的典型白人”[比如马克·马德森（Mark Madsen）]，“很白人但也有高效率”[比如马特·邦纳（Matt Bonner）或史蒂夫·科尔]，“带有欺骗性的白人”（比利·霍伊尔全明星队），“肤色问题不大要紧的白人”（伟大到你不再考虑他们的肤色的球员，比如伯德或韦斯特），“彻底被高估的白人”[完全因为肤色而升值的球员，比如丹尼·费里或亚当·莫里森（Adam Morrison）]，以及“彻底被低估的白人”，我下的定义是“仅仅因为是白人而被后人不公平地评价的球员”。最后一类有且只有一个案例：约翰·哈夫利切克。现在阅读下面一段话，假设你完全不了解此人，然后告诉我你猜他是什么肤色。

这家伙高中时在三项运动中都是明星，然后去了俄亥俄州大打篮球，虽然每年夏天伍迪·海斯（Woody Hayes）都要游说他出任外接手。[②]在

---

① 原注：混血儿队太复杂了，因为我怕自己搞不定戴夫·夏佩尔（译注：Dave Chappelle，脱口秀演员，以种族主义主题脱口秀闻名）。其他队伍的十人轮换如下，以1976年之后的球员为主。*白人*：沃尔顿，伯德，巴里，韦斯特，斯托克顿（首发）；哈夫利切克（第六人），考恩斯，麦克黑尔，马拉维奇，库西（板凳）。*黑人*：拉塞尔，摩西，“博士”，乔丹，“魔术师”（首发）；勒布朗（第六人），卡里姆，奥斯卡，科比，巴克利（板凳）。*外国人*：哈基姆，邓肯，诺维茨基，纳什，彼得罗维奇（首发）；吉诺比利（第六人），加索尔，里克·斯米茨，德特勒夫·施伦普夫，托尼·帕克（板凳）。显然，外国队先被虐了。黑人队的火力太多了；我真不敢想象科比-奥斯卡-卡里姆的板凳组合。另外，巴克利和M. J. 肯定会在七场四胜制的系列赛里卷入一次场外赌博丑闻。再看看白人队。巴里是队上唯一的脑残。他们的传球技巧已然爆表。他们可以围绕麦克黑尔的进攻打造第二阵容，在关键时刻把他派上场跟伯德、沃尔顿作伴。防守上，他们会在控卫位置上被爆，而且身高不足，但这会是一支灵活的球队，在一起打球会很有意思。如果是一轮七场的系列赛，黑人队的赔率会是-400，因为他们有拉塞尔-乔丹-“魔术师”的超级好胜心三人组。但你知道吗？我会在+350的白人队上下注，纯粹是因为赔率的缘故。你不知道这让贾巴尔·阿卜杜勒-西蒙斯多痛苦。

② 译注：伍迪·海斯，俄亥俄州大橄榄球教练。哈夫利切克在大学时曾获得1960年篮球全国冠军和1961年橄榄球全国冠军。

被克利夫兰布朗队（Cleveland Browns）选中担任外接手后，[①]他又被凯尔特人用首轮签选中，成了一名非常高效的侧翼球员，能打三个位置，防守任何类型的球员，甚至能在关键时刻接管比赛。他最与众不同的一点在于永不停止奔跑；他有着肯尼亚马拉松运动员的耐力。没有人能跟上他。他不停地跑啊跑啊跑。他参与每次快攻。他沿着底线反复来回冲刺，希望能获得空位。他有着如此令人难忘的运动能力，以至于波士顿体育写手们公然表示他或许应该在有空时去红袜队当投手。在他的球队逐渐变老后，得分重任转到了他的肩上，但他从来没有改变自己不遗余力的比赛方式，即便他每场要打45～46分钟。他的球队在总决赛中8胜0负；其中4次他是队内得分王。他第一个总冠军和最后一个相隔13年，球队名单完全换了一遍。他赢得了1974年总决赛MVP，场均47.1分钟，《体育画报》在几个月后指出："这使他成为当今比赛中最有价值的球员。或NBA历史最佳球员——于是就成了史上所有运动的最佳运动员，因为职业篮球最要求一个运动员在最多方面做出最大的贡献。"他7次入选NBA最佳阵容二队（头尾两次相隔13年），连续4年入选一队。他5次入选最佳防守阵容；要是他们在他的头6年就设立了这个荣誉，这个数字还将翻倍。他在1978年退役，几乎在除助攻和篮板外的所有统计中都排在前五。同时代的球员认为他是那个时代最好的关键球员之一，同时也是运动力最强、最多才多艺的球员之一，正如比尔·拉塞尔在1974年说的："他是我见过最好的全能球员。"他将作为一个独一无二的身体标本和最顶级的篮球运动员而青史永驻。完。

你会说是黑人还是白人？承认吧……你会说是黑人。这就是哈夫利切克历史地位的一大问题：他有着一个蓝领的姓氏，一个长得像高档新闻节目主持人的妻子，两个最白人的造型（20世纪60年代的平头，70年代的卷发加浓鬓角），以及简单朴实到无法定义的性格。好人。简单的人。白

---

① 原注："洪多"被克利夫兰在1962年季前赛最后时刻裁掉，虽然他跑40码只要4.6秒，接得住任何东西；但他不能很好地应对冲撞，而那个时代人们大部分时候都选择冲跑。如果你要参加知识问答，记住他是"谁是唯一跟比尔·拉塞尔和吉姆·布朗都做过职业队队友的人"问题的答案。

人。我们只记得这些。[①]如果他有更深的肤色，“博士”ABA时期的爆炸头，华丽的傅满洲式胡须，再加一个约翰尼·哈蒙之类的名字，你知道会怎样吗？哈夫利切克会得到正确的评价。我非常确信。（看到他排在第13位你很诧异，不是吗？）[②]除了勒布朗，没有外线球员在球场上比“洪多”具备更多功能。除了马隆和卡里姆，没有人能在更长时间里保持更高的水平。除了拉塞尔和萨姆·琼斯，没有人赢得过更多总冠军。除了“魔术师”和韦斯特，没有人在逐渐升级、改造自己的比赛方面做得更好。在赢家指数上，他大概在伯德、“魔术师”、拉塞尔和邓肯之后名列第五。只有拉塞尔和乔丹经历过更多的总冠军队伍。

然后是这一条：只有拉塞尔和卡里姆的季后赛英雄时刻分布在更长的时间段里。“洪多”对阵65费城时拯救系列赛的抢断是史上最著名的五个球之一。他在1966年总决赛终结战中打满了48分钟，洛杉矶教练弗雷德·绍斯（Fred Schaus）赛后说：“联盟跟他同样身高的球员中，没有人能哪怕接近哈夫利切克的敏捷度。小个儿、快速前锋的潮流完全因他而起。”他在1968年总决赛中命中制胜跳投，19场季后赛场均26+9+8——顺便担任拉塞尔的非正式首席助教（拉塞尔负责防守和换人，“洪多”负责进攻）——《体育画报》的弗兰克·德福特事后记录道：“哈夫利切克能在全速中打满整场比赛，还能非常机敏地根据场上阵容做出调整，这使得拉塞尔总是可以用板凳席上最好的球员来替下场上疲劳或状态不佳的球员，而无须考虑他们两人的场上位置。”他在1969年冠军队中场均25+10+6，18场比赛打了不可思议的850分钟（场均47.2分钟，季后赛出战15场以上的场均时间纪录），命中终结对尼克斯系列赛的跳投，总决赛中扛起了凯尔特人的进攻。他把73凯尔特人带到了队史纪录的68胜，在

① 原注：《体育画报》直到1974年10月才为哈夫利切克写了篇专题（那种“这老头子还在打球啊”的文章）。在他相当温情的告别巡回之旅上，考恩斯笑着回忆道：“约翰从来没有像拉塞尔或库西那样的经典形象。他打了那么多比赛，却没有被人们辨认出来，而现在大家都在为此道歉。”

② 原注：臭脾气老编辑并不诧异：“作为一个几乎把憎恨凯尔特人当作宗教信条的人，我从未怀疑过哈夫利切克有多好。挑人打比赛？除去乔丹，他就是我的第一选择。”

东部决赛里撕裂了投篮手的肩膀，第5到第7场都只用左手打球（波士顿惜败）。他在1974年总决赛中场均史诗般的47.2分钟，在那场著名的双加时大战里命中了把比赛拖入第二个加时的超级关键打板投篮。他在1976年季后赛中克服右脚受伤的持续疼痛，命中了整个总决赛最关键的一记投篮（三加时大战中的跑投打板），在第5战里打了58分钟，而医生之前命令他不得上场超过25分钟。

哈夫利切克是终极赢家。你会愿意与他共赴战场。你不该质疑《体育画报》说的话："你不大可能再见到下一个哈夫利切克。哈夫利切克给篮球带来的东西完完全全是独一无二、属于他自己的；当他最终要离开时，那些东西也将随他而去。"你也不该质疑同时代球员的评价，如杰里·韦斯特极力赞扬过的："超级巨星是个坏词语。在我们的联盟中，人们看着球员们胯下运球，做出神奇的表演，然后他们就说：'这是个超级巨星。'嘿，约翰·哈夫利切克*才算得上是*个超级巨星，而其他人大多只是写手们想象出来的幻影。"甚至里克·巴里在"洪多"的最后一个赛季承认道："哈夫利切克是唯一真正的超级巨星。"如果你对他的履历有任何怀疑，请记住哈夫利切克总能在压力下保持冷静，以至于大家开始称他为"洪多"。没错，约翰·韦恩（John Wayne）的绰号。人们用约翰·韦恩为这家伙命名！①重点在于，我们过去曾在哈夫利切克的问题上一度达成共识，人们都承认："这是NBA史上最伟大的球员之一。"毫无争议。而现在，有争议了。只因为他是个白人。②

---

① 译注：约翰·韦恩，史上最受欢迎的演员之一。"洪多"是他主演的电影《蛮国战笳声》（*Hondo*）的同名男主角。

② 原注：本书最艰难的决定之一："洪多"在第四级还是第五级。我最终决定是第四级，原因有二。第一，每个万神殿球员都符合"如果你围绕他组建一支好球队，你一定能夺冠或非常接近"，而"洪多"还不是这个级别的。第二，他从未得过MVP（只两次进入前五），只有4次最佳阵容一队（1966—1970赛季都未能入选）。虽然有神勇的季后赛和超人类的出场时间，但我还是无法接受。所以我们四个等级的看门人分别是雷·阿伦（第一级）、诺维茨基（第二级）、斯托克顿（第三级）、"洪多"（第四级）。我很满意。

十一　金字塔：万神殿

13. 摩西·马隆

***履历：**21个赛季，13个高质量赛季，13届全明星（其中1次ABA），1983年总决赛MVP，1979、1982、1983年MVP，1979、1982、1983、1985赛季最佳阵容一队，1980、1981、1984、1987赛季二队，最佳防守阵容（1次），巅峰五季27+15、52%的命中率，单季联盟第一：篮板王（6次）、出场时间（2次），1支总冠军（83费城）和1支总亚军（81火箭）球队中最好的球员，1981年季后赛27+15、45.5分钟（21场），1983年季后赛26+16（13场），生涯季后赛22+14（100场），职业生涯：总得分（第6）、总篮板（第3）、总出场数（第5）、总出场时间（第4），25000分+15000篮板俱乐部*

我刚刚花了两个小时的时间来排出十二大只用一招鲜就成功吃遍天（经济和事业上）的现代名人。重要注释：这不是说他们只有一招，只是说他们凭着一招取得了巨大的成功。你可以称之为“巴弗名单”。下面就是这十二个人：

1. 迈克尔·巴弗（Michael Buffer）①
2. 西蒙·考埃尔（Simon Cowell）②
3. 泰勒·佩里（Tyler Perry）③
4. 摩西·马隆

① 译注：美国著名拳击主持人，靠着其注册了商标的专属用语“做好准备，一起摇滚起来！”（Let’s get ready to rumble！）赚了4亿美元。

② 译注：《美国偶像》评委，以犀利的毒舌点评著称。

③ 译注：美国电影人，拍摄过大量黑人家庭喜剧电影。

5. 比吉斯乐队（the Bee Gees）[①]

6. 杰夫·福克斯沃西（Jeff Foxworthy）[②]

7. 万娜·怀特（Vanna White）[③]

8. 罗伯特·伍尔（Robert Wuhl）[④]

9. 奥普拉（Oprah Winfrey）的朋友盖尔（Gayle King）[⑤]

10. 菲尔·尼克罗（Phil Niekro）[⑥]

11. 赛百味的贾里德（Jared Fogle）[⑦]

12. 莫妮卡·莱温斯基（Monica Lewinsky）

为什么把巴弗排在西蒙前面？因为巴弗的一招鲜是如此奏效，甚至改变了他弟弟布鲁斯的生涯，让他变身成UFC现场主持人版的弗兰克·史泰龙。我不知道这么说对布鲁斯和弗兰克[⑧]谁更冒犯。

说回到摩西和他的招牌绝技上：他能抢篮板。他会把对手抢爆。他会消灭对手。他不给对手留一点希望。这不仅仅和数据有关——不管用什么方法来计算，摩西都是历史上最好的进攻篮板手，他在1979赛季的篮板占全队篮板百分比（38.4%）比拉塞尔和威尔特任何一个赛季的都高——还有他永不间断疯狂抢篮板的方式。最好的形容方式：想象一下，一所监狱在举行一场激烈的篮球比赛，除非有人被打残了不然不会响哨子。想象一下，比赛中有一个不可思议的篮板手：完全的本能，轻捷的脚步，超级强硬，超级粗野，非凡的连续起跳能力（©杰伊·拜拉斯[⑨]）。想象一下，

---

① 译注：来自澳洲的三兄弟乐队，以三人密集和声和迪斯科风格著称。

② 译注：脱口秀谐星，口头禅为：“你看上去就像个红脖子！”红脖子是对美国南方长期务农、文化不高的农业人群的戏谑称呼。

③ 译注：长期担任美国头号电视游戏节目《命运之轮》（*Wheel of Fortune*）的主持人。

④ 译注：演员、笑星，电视剧《牛人阿利斯》（*Arli$$*）的编剧和主演。

⑤ 译注：指盖尔·金，金牌主持人奥普拉的亲密小伙伴。

⑥ 译注：棒球名人堂成员，擅投蝴蝶球。

⑦ 译注：赛百味的广告代言人，因坚持吃赛百味而狂减245磅。

⑧ 译注：指布鲁斯·巴弗（Bruce Buffer）因为哥哥迈克尔·巴弗的成功而成了UFC的主持人。弗兰克·史泰龙因哥哥西尔维斯特·史泰龙的成功而成了一名演员。

⑨ 译注：前面的专利符号“©”表示“连续起跳能力（rejumpability）”一词是拜拉斯创造的。

这家伙会所有的卡位技巧，而且似乎总是知道球会往哪儿弹（以至于这看起来一点儿都不公平）。想象一下，这家伙热爱抢篮板，为抢篮板而活，不管抢多少都不会满足。然后，想象一下，在一场与另一所监狱的篮球比赛前，典狱长告诉他说：“我们会打4节，每节10分钟。我跟那个监狱的典狱长打了个赌，他说你不可能在40分钟里抢到40个篮板。如果你做到了，我会让你假释。我保证。”

现在，想象一下这家伙抢篮板的样子。那就是1978—1983年的摩西。

罗德曼的疯狂篮板会让我们觉得，他这么做部分是出于刷数据和吸引眼球的目的。而摩西那么做则是出于纯粹的热爱。那就是他打球的方式。他抢篮板抢得如此凶猛，以至于他的火箭队队友发明了一种“战术”，大致上就是“要是摩西卡到位了，就随便投一个篮，如果没进的话他就能补进去”。还记得《洛奇3》里克拉伯和洛奇的第一场拳击赛吗，在第二个回合结束后洛奇回到了他的角落里，恐惧地嘟哝着：“我没有办法甩开他。”每一个与摩西对位的中锋到第4节的时候都是那样一副表情。他尤其喜欢黏上卡里姆，而后者作为一个偏技术型的中锋则根本不想要跟他硬碰硬。1981年季后赛休斯敦在那个三场的系列赛里干掉湖人队，摩西总共得到了94分和53个篮板，就差把卡里姆给先腌后烤、大吃一顿了。1983年费城横扫湖人的时候，摩西场均26+18，与卡里姆的篮板球之比为70：30。[①]在摩西的巅峰期，没有人能搞定他。有一件事总让我觉得有趣：每篇有关伯德的文章或特写里都会提到他的蓝领风格，而摩西则打得同样努力，付出得同样多，而且他们的身体条件都有一些不足。他的手非常地小，以至于他很勉强才能单手抓球。官方身高6尺10寸（报高了），又兼一双短臂，再加上摩西早年间是个瘦子，因此火箭队还曾让他去打过大前锋。[②]他不是个好的传球手，也不擅长什么低位脚步，没法在8英尺

---

① 原注：在《巨人的脚步》——也就是“我生涯的修正版历史”——中，卡里姆压根没有提到过摩西。一次都没有。如果把摩西-卡里姆比作《心灵捕手》的一个镜头，摩西就会是威尔，卡里姆就是那个哈佛马尾男。*嘿，卡里姆，你喜欢苹果吗？*

② 原注：看年轻的摩西打球，就像看到电影《摇摆者》（*Swingers*）里的文斯·沃恩（Vince Vaughn）——他比后来瘦那么多，这简直让人困惑。

外投篮。这都没关系。与伯德一样，他在赤贫的环境中成长，对篮球有异常的热爱，早早就收获了成功，但仍继续专心打磨自己，终于在这项运动中打开了一个狭窄的通道。与伯德一样，上天赋予了他一项超人的特质，使他变得与众不同：摩西的迅捷脚步，伯德的手眼协调能力。与伯德（精于神奇的传球）一样，摩西凭着一种让人过目难忘的招式改变了自己的生涯，而且再没有哪个后来人能复制他这一招。

听着，摩西找到了篮板系统中的一个漏洞。这么说吧，你是个大个子，而且你对投篮会往哪边弹有着很好的预判。然后你的对位球员已经在你和篮筐之间卡好了位置。你有两种做法：要么试着从他身后往前绕过去（虽然他知道你要那么做了），要么就在他身后，用裁判没有注意到的小动作来破坏他的平衡。摩西则会避开这两种做法。他会潜伏在篮筐两侧的底线附近，等啊等，等啊等，让其他所有人都先占好了抢板的位置……然后，当他感觉会有人出手投篮的时候，他就会悄悄地在篮板下移动，开始卡位，用他的屁股猛力撞击对手来为自己创造所需的空间，然后在篮板经过头顶的时候迅速起跳。这根本无法阻挡。再说一遍，你可以在篮下卡住位置，可他还是能拿到篮板。你可以在NBA经典频道或NBA TV上看一场摩西的比赛——我保证他用了15～20次的大撅臀术。摩西·马隆用屁股来攻击对方。他就是那么做的。我为了搞出这本书而看了数百场的比赛，其中最让我惊愕的莫过于摩西的大撅臀术了。一旦你注意到这招，就没法停下在录像中寻找它的脚步。①

所以，这就是摩西为什么能拿到三座MVP、两次杀入总决赛。②那为什么不把他排得再高一点？因为某种不知名的原因，他的统治力并没有延续多久：摩西在1979—1983赛季达到了巅峰，签下了NBA历史上最大的

---

① 原注：为什么没有别人用这一招？我不知道。可能因为他是唯一一个会大撅臀术的。

② 原注：1982年，休斯敦GM雷·帕特森（Ray Patterson）说：“历史上只有过4位有统治力的球员：威尔特，拉塞尔，阿卜杜勒-贾巴尔，还有摩西。”[我还想把沃尔特·杜克斯（Walter Dukes）加进去，纯粹是因为他那传奇性的体臭；不过还是算了。]而且帕特森是在交易了他之后才说的；火箭队当时没有办法，因为费城给了摩西一份1320万美元的合同。（译注：沃尔特·杜克斯是1953年的状元；鲍勃·佩蒂特曾说过：“他可以依靠自己的体味，不费吹灰之力就把你击倒。”）

合同，赢下了一个总决赛MVP，之后再也没有达到之前的高度了。（费城甚至在1986年把他贱卖了，只换了杰夫·鲁兰德和克利福德·罗宾逊，而那时的摩西才30岁。）他可能是唯一一个在4支不同的球队拿到20+10的球员，但你难道不奇怪为什么会有3支球队抛弃了他吗？另外，他的故事之所以没能像其他20世纪七八十年代的传奇球员一样延续下去，还有一个并不怎么公平的原因：他粗疏的性格于他不利。摩西可能是NBA历史上回答提问时最含混不清、互动交流方面最让人不自在的球员。这都只是些细节问题，比如说他跟休斯敦的随队记者打了好几年的交道，但在称呼他们时仍然叫他们“邮报”或者“纪事报”而不是名字……但是与此同时，如果媒体不去讨论你、给你写文章，或者队友们和同时代的其他球员们不去讲述那些虚构的传奇故事，你就没法成长为一个传奇。必须要有一点东西能够吸引人。1979年，《体育画报》派了弗兰克·德福特去给冉冉升起的马隆写一篇文章，但即使是伟大如德福特也同样感到困扰，在文章的开头早早地做出了声明：“马隆并不特别善于表达这些。事实上，他的声音又低又沉，说话时常常夹杂着南方贫困亚文化地区才有的黑话，有时显得有些迟钝。”翻译：可别指望这篇专题文章里有什么精彩的片段，各位看官！

所以，这就是摩西·马隆。他总是远离麻烦，准时到场，安心领走支票上的钱，而且永远拼尽全力。①假如你能记住他独吞了所有的篮板，或者对方中锋那种“我没有办法甩开他”的洛奇式表情，那又何必再用8万个词来形容他？他能进入万神殿这一级别，只有一个原因，而这一个原因也就够了：在他的巅峰期，只要你给他组一个还算靠谱的阵容，摩西就能保证给你带来一个总冠军。这足够说明问题了。

---

① 原注：关于他还有一件精彩的事情：他有史上所有运动员最好的名字之一。如果你要写一个电影剧本，讲的是第一个高中毕业后就成为职业球员的人，难道你不想给他安一个摩西·马隆这样的名字吗？这件事的高潮是，耐克发布了他们的“摩西”海报，马隆在海报上以先知摩西的造型出现，只是穿着NBA的短裤、拿着个篮球。这张海报现在还装裱好了挂在我的办公室里呢。另一张得到同样待遇的是耐克的“最高法院”海报，上面有11个20世纪80年代初期的NBA明星穿着最高法院法官的衣服（阿蒂斯·吉尔摩霸气地站在正中央）。就像我一直跟你们说的那样：20世纪80年代实在太棒了。

12. 沙奎尔·奥尼尔

履历：*19个赛季，14个高质量赛季，15届全明星，2000、2001、2002年总决赛MVP，2000年MVP，1995、2005年MVP票选第二，2005年比尔·西蒙斯MVP，7次MVP票选前五，1993年最佳新秀，2000、2004、2009年全明星MVP，1998、2000、2001、2002、2003、2004、2005、2006赛季最佳阵容一队，1995、1999赛季二队，1994、1996、1997、2009赛季三队，单季联盟第一：得分王（2次）、命中率（10次），巅峰两季29+13+4，季后赛巅峰三季30+15+3、55%的命中率（58场），2000年总决赛38+17，2001年总决赛33+16+5，2002年总决赛36+12+4，季后赛6次被横扫，25000分+10000篮板俱乐部，4支总冠军（00、01、02湖人和06热火）和2支总亚军（95魔术、04湖人）球队中前二好的球员，职业生涯：58.1%的命中率（历史第2）、24.1分（历史第19）、11.0篮板（第29）、总盖帽数（第8）、总出场时间（第15）*

在我写了一篇关于鲨鱼能否进入万神殿的专栏文章后（2000年5月），一个署名“Plixx2”的读者给我发来了邮件：“我喜欢万神殿这个说法，也同意沙克非常接近，但还不够接近。我觉得10～15年后，人们回顾沙克的生涯会像他们看待彼得·诺斯（Peter North）的生涯一样……充满统治力，但并非最佳。”①

这个比喻在当时非常之妙，现在看就更棒了。充满统治力，但并非最佳。令人难忘，但并非最佳。不可阻挡，但并非最佳。沙克以横扫六合之势带走了3座总决赛MVP，但是他只获得了一座常规赛MVP。他赢得了4枚戒指，如果德韦恩·韦德在2005年没有受伤的话还能再赢一枚……但是不知道为什么他在季后赛中6次被横扫。他在范特西中拥有独一无二的优势，导致我所参加的联盟连续两年设置了“沙克税”（选中他的球队要失

① 原注：这个比喻最赞的部分：诺斯（译注：男星）和沙克都擅长让对手痛苦地面部抽搐，恐惧地向后退缩，需要两三秒来恢复。可能还都需要一条白毛巾。

去一个第6轮顺位）[1]……但是他在罚球线上的挣扎使他在一些比分接近的季后赛对决里拖了后腿。[2]他只认真对待篮球了一个完整赛季（1999—2000），其他18个赛季里都只是时冷时热……然而他在2000—2002年的季后赛表现仍然是史上最伟大的之一。他为6支球队效力过（前十五的球员——除摩西外——都只效力过至多两支球队）……但前三支球队在他到来后都明显变好，他一走就立刻衰落。我们在他生涯里多次给他下了定论（潜力巨星，超级巨星，超级超级巨星，衰落的巨星，普通的首发中锋）……但每次，他都狠狠地扇了所有人的脸。

沙克在什么成就都还没取得的时候就收获了名利；在奥兰多的新秀年，他就已经签了一份7年4000万美元的合同，出演了《火爆教头》，录了一张说唱专辑，成为了家喻户晓的大名星。接下去3年有过一些“下一个威尔特”的瞬间，但都没有太持久，人们的不满也渐渐累积，因为沙克成了那个“太多、太快、太早”时代的缩影。奥兰多击败了乔丹的公牛，打入了总决赛。（沙克来了！）然后休斯敦横扫了他们，哈基姆漂亮地给年轻的沙克上了一课。（沙克走了！）他抛弃了奥兰多，去了湖人，让他们在后“魔术师”时代再一次成为了关注点。（沙克来了！）接下去3年他们什么也没做，除了每年春天在拉斯维加斯获得高赔率然后被爆冷出局。（沙克走了！）他终于成熟了，成为了一股统治力量，赢下了MVP，夺得第一个总冠军。（沙克来了！）之后他又度过了4年令人时而满意、时而沮丧的湖人时光，跟科比闹翻，跟体重问题做斗争，在常规赛放水，然后在季后赛里狂踢人屁股，再夺两枚戒指。（沙克来/走了！）等他转会迈阿密、改变了热火队的时候，我们都对他不能更满意了——他的更衣室存在感，他的传球技巧，队友们可以在跟他一起打球的时候迎来巅峰，他

---

① 原注：我们还在另外两年让他担任“第六人”，禁止任何人在中锋位置上摘下他。要是范特西联盟为某人修改规则，你就会知道这家伙真的很强。

② 原注：关于沙克罚球的一件令人不可思议的事情：他像投平直球那样罚球。想象一下你要把纸团扔进垃圾篓里——本能地，你会投出一道诺维茨基式的弧线，还是直接一道直线扔向垃圾篓？你会带上弧线。那为什么沙克朝篮筐扔了连续19年的平直球？我们有没有认真回答过这个问题？顺便问一句，沙克是不是在比分接近的时刻变成了斜眼，还是这只是我的想象？

不动声色地拥有了最富魅力的人格——我在那个赛季这么写道："沙克就像是20世纪70和80年代的德尼罗——当他在场的时候，戏里的所有人看起来都更棒了。"他在迈阿密的第4个赛季给他的生涯又增添了重量；他在菲尼克斯的复苏让他有机会打破或接近一些纪录；然后他在2009—2010骑士因为超重而被伤病困扰，让我们再一次觉得他真的已经老得不行了。谁能预测中沙奎尔·奥尼尔？我永远不会把他排除在外，我也永远不会把他算进来。最能集中体现沙克时代的四件事：

1. 他2000年总决赛的场均数据：45分钟，38分，17个篮板……38%的罚球命中率。[①]见此系列赛之微可知巅峰沙克之著。

2. 比尔·拉塞尔的球队在常规赛里716胜299负，不可思议的70.5%的胜率。这是个标杆。从1994赛季（沙克的第二个赛季）到2006赛季（他的第十四个赛季），沙克的球队总计654胜298负（68.7%），赛季胜率全部过半。但因为沙克致命的罚球，他在比分接近的季后赛中被换上换下的次数比其他任何万神殿球员都要多。这点是无法忽视的——沙克生涯的大酒杯中的一粒老鼠屎。有点儿像帕西诺其实只有5尺6寸，只能跟更矮的演员们搭戏。无法忽视，真的。

3. 我在2002年的年度"谁的交易价值最高？"专栏中把沙克排在第一，然后这样解释："他排在这么高，看上去有一点儿都不让人信服，是吧？说到底，他这个赛季已经30岁了，总是威胁要退役，还要对《神人卡赞》（*Kazaam*）负责。[②]但关键在于……如果湖人交易了他，沙克会怀恨在心，推迟自己的退役计划，把人生的下个十年投入到冲击总冠军、困扰湖人、让他们追悔莫及上。湖人队也*知道*这一点。如果有动力，饥渴的

---

① 原注：沙克在总决赛中的场均得分/篮板数据：28+12（1995），38+17（2000），33+16（2001），36+12（2002），27+11（2004）。在他头19场NBA总决赛里，他场均34.2分。他还在2002西部决赛的最后两场（两场都必须获胜）中场均38+15，1995对公牛系列赛最后两战场均25+18。

② 原注：20世纪90年代，沙克错误地以为他擅长演戏和说唱。这导致他在电影《神人卡赞》里主演了一个灯神。这部片子甚至都烂不出笑点；纯粹的烂。顺便说一句，我觉得他应该在退役后接过《犯罪现场调查》（*CSI*）的主演位置。

他就是联盟中最具统治力的球员。没有人能阻止他。没有人。甚至邓肯也不行。这就是为什么湖人永远，永远，永远，永远，永远，永远，永远不会交易沙克，在任何情况下都不会……这使他无可争议地成为这份榜单上的头名。”当然了，他们两年后交易了他。而他也确实回来困扰他们了。你没法跟他和解。

4. 沙克前三次离开球队的时候（1996、2004、2008）都精明地制造出争论，把事实扭曲成他要离开是因为他不得不这么做。他指责“便士”·哈达威新生的傲慢分裂了奥兰多；实际上，沙克所想要的不过是住在加利福尼亚和为湖人队效力。当他们因为他在训练时态度糟糕、还声称不续签一份超级肥约就会不出全力而甩卖他时，他通过跟科比宣战再次扭曲了当地舆论的批评（沙克最聪明的政治动作之一，再次证明他以后应该去参加竞选）。当迈阿密因为他已经老朽、身材走形而贱卖他时，他开始转向帕特·莱利，打起了“我被彻底背叛了”牌。就像总统大选前的奥巴马是一个比人们以为的狡猾得多的政客一样，沙克是一个比人们以为的狡猾得多的运动员。没有人在篮球上赚了更多钱。没有。[①]没有别的NBA球员能在那么多层面上引起共鸣：队友，对手，球迷，媒体，批评，孩子们，你随便说好了。甚至当我们听说各种沙克的内幕故事——总是超重、让队友失望，会因别人得到了更多关注而生气，把自己置于球队之上，暗中给教练捣鬼，在迈阿密时开了太多派对，在他的第二个菲尼克斯赛季里打得很自私，（最无法辩护的是）在克利夫兰老得不行时抱怨季后赛出场时间——我们还是愿意选择换一种看法。沙克把我们玩弄于股掌之间。他比除巴克利外所有的超级巨星都更能让我们开怀大笑，带来一些聪明的绰号（比如“沙克阿普尔科”[②]，他的迈阿密豪宅）和比喻（比如他把3个最出名的队友比作柯里昂兄弟，韦德是迈克尔，科比是桑尼，“便士”是

① 原注：2010年时，沙克在工资上就赚了超过2.9亿美元。这还不包括赞助和商业机会。即便在这一过程中他不时会关掉脑子里提醒他“要在接受这个采访时表现得生动、有趣，不要咕咕哝哝说话”的开关。

② 译注：阿普尔科是墨西哥一个港口的名字。

弗雷多）。[1]这个联盟有他才有意思。

最后一个想法：在任何一对新老球员中，沙克和威尔特是最像对方的。把59威尔特和92沙克调一调位置，沙克会打出威尔特的数据（可能还会超越它们），而威尔特不一定能打出沙克的那些最佳表现。那为什么把威尔特排得更高？*因为沙克落了一些东西在桌面上。*他太早得到了太多东西：财富，关注，嘉奖，一切。他在巅峰期没有一个拉塞尔式的死敌中锋来让他逼自己一把。他永远不必担心自己的下一张支票。他可以不怎么锻炼身体机能，他大部分时候也就是这么做的。沙克最终成了他那个时代最缺乏好胜心的超级巨星，他喜欢胜利，但不会觉得失败是什么灭顶之灾，总能把一切都保持在最恰当的分寸。查克·克洛斯特曼（Chuck Klosterman）一次曾在我的播客里指出：不知是什么原因，我们对迈克尔·乔丹的所有“传奇”好胜心故事的事后反应都像是那是世界上最酷的事情。*他有一次在洗澡时用手枪柄敲打布拉德·塞勒斯（Brad Sellers）的头？太赞了！他在1993年总决赛第5战前把一片魂飞*[2]*放进了巴克利的马提尼酒里？真狡猾！*[3]但实际上，乔丹的好胜心是病态的。他对胜利的迷恋已经到了令人毛骨悚然的程度。他对队友的指责已经到了会造成伤害的程度。直到他在芝加哥的最后3年，他才在作为一个竞争者、一个队友和一个人之间找到了一种可以接受的、拉塞尔式的平衡。但是沙克一直具备这种平衡。他总是知道自己是谁。[4]

我的理论：对沙克来说，篮球从来不如他生命中发生的其他事情那么有趣。裁判们允许对手用另外的方法防守他，用力把他推出位置，在他扣

---

① 原注：我最喜欢的沙克幽默。这个比喻非常准确，甚至还有点儿诡异，尤其当你考虑到桑尼的收费亭之死与科比因被控强奸而在道德上的死亡之间存在的潜在平行关系。啊哦，我们预设过不讨论这件事的。我的错。

② 译注：即氟硝安定，一种诱导睡眠的镇静药。

③ 原注：顺便说一句，M. J. 没有干这些事情。

④ 原注：你不能打“等等，为什么你不因为同样的理由去原谅威尔特”牌，原因在于：威尔特从来不清楚自己想要什么。他不断地改变自己的主意，打法，目标，一切。他说服自己去接受此时此刻最有利的做法（甚至在退役后依旧如此）。沙克可不会这样。

篮时拉他肩膀。敌队在他的弱点上找到了一个巨大的漏洞，不断在关键时刻对他犯规。烦人的砍鲨战术是种耻辱，甚至还有点儿伤自尊。甚至，当他踢遍所有人屁股的时候（比如2000—2002年），他收获了相当数量的赞誉[①]……但其实还不够多。这家伙赢不了。沙克本来可以进入金字塔前五，再赢几座MVP，但他高兴地接受了第12名、一些前五的纪录、三座总冠军MVP和一段相当欢乐的旅途。这让我想起了我进入大学时的人生抉择：与其用命学习刷到3.5以上的绩点，我更愿意为报纸和电台站工作，每周写一篇体育专栏，花上超级多的时间跟我的朋友们一起闲逛，开派对，挥霍时间，创造出值得未来回忆的东西。我毕业时绩点3.04，不愿意做出改变。沙克也不愿意，虽说他在这个比喻中的最终绩点可能是3.68。如果有什么区别的话，那就是沙克说服了自己这个3.68实际上就是4.0。但事实上这不是。

（重要备注：好吧，我撒了个小谎。这不是一个人生的抉择。我就是花了很多时间去浪费时间，不学习，总是被带进“想要出去打上12小时桌球吗”或“我们要不要试试醉醺醺地朝大厅的铁门扔高尔夫球，在它弹回来的时候跳开，不被砸中的人就算赢”[②]的对话中去。我能活过大学就是个奇迹了，更不用说带着3.04毕业了。关于我跟金字塔成员的比较就说到这儿吧。）

11. 哈基姆·奥拉朱旺

***履历：**18个赛季，14个高质量赛季，12届全明星，1994、1995年总决赛MVP，1994年MVP，1993年MVP票选第二，1987、1988、1989、1993、1994、1997赛季最佳阵容一队，1986、1990、1996赛季二队，*

---

① 原注：他从未因下面这个系列赛的表现而获得足够的赞誉：在2001年总决赛里毁灭了费城的迪肯贝·穆托姆博。迪肯贝被认为是他们那一代最好的防守中锋，但沙克碾过了他，44+20、28+20、30+12、34+14、29+13（虽说丢了36个罚球）。

② 原注：我们把这个游戏叫作“Jai Alai”。你只可能输；没有人能赢。

1991、1995、1999赛季三队，最佳防守阵容（9次，5次一队），最佳防守球员（1993、1994年），巅峰四季27+12+4、4个盖帽，季后赛纪录：单场盖帽（10），纪录：生涯总盖帽数，单季联盟第一：篮板王（2次）、盖帽王（3次），2支总冠军（94、95火箭）和1支总亚军（86火箭）球队中最好的球员，1986、1994、1995年季后赛合计30+11+4（65场），1995年季后赛33+10+4.5、62个盖帽（先后击败马隆、巴克利、罗宾逊和沙克），生涯季后赛（145场）：25.9分（历史第8）、11.2个篮板，25000分+10000篮板俱乐部

要不要试试一个新游戏：*看看你们谁能复制哈基姆·奥拉朱旺的生涯！*

我们有一个行动大纲。先去一个痴迷于足球的国家，找到他们最优秀的年轻运动员。（具体是哪个国家无所谓——可以是南美、欧洲或非洲，都随意。）他必须是个以成为职业足球运动员为童年梦想的家伙，有着世界级的平衡能力和脚步，而且还非常年轻。（我是说13、14、15岁，还懵懂、青涩的年龄。）他从来没有考虑过篮球，甚至都没有传过一个球。（在这个篮球变得国际化的时代，这件事发生的概率大约是1赔100。）然后我们要耐心等待他成长，而且他身高的突飞猛长没有影响到他的世界级平衡和脚步。（这件事发生的概率大约是1赔50……所以要符合以上两个变量，大概有1/5000的概率。）我们还要有一个权威人士出来说一句“哇哦，这家伙是个骨骼惊奇的篮球奇才”，把他带上篮球的路，然后这孩子开始很自然地打球，就像是从小打球打到大似的。（比你想的要难得多。）接着，这孩子远渡重洋去了美国，进了合适的大学，适应了一切的文化差异，深刻地理解到篮球并不是单纯地比谁能飞能跳，还学会了如何应对关注度和压力，并且一直没有忘记那套“大个子身体、小个子技巧”的东西。（这些事发生的赔率还行，不那么夸张。）而且这个大学还就在一支NBA球队边上，而队上正巧有一个正处于全盛期的史上前六中锋，不仅如此，这位中锋还是个大好人，每年夏天都和这孩子一起打球，把他置于自己的羽翼之下，将一切可以想到的技巧都倾囊相授。（哈基姆的导师？没错，摩西·马隆。这你敢信？）[1]然后这孩子逐渐成了篮球世界中最好的年轻中锋，而且没有像波拉特（Borat）一样迷失在美利坚的花花世界里。（非常罕见。）然后他被一支合适的职业球队选中，身体逐渐变得结实的同时没有失去世界级的运动能力。（不太常见，不过也不是不可能。）他还开发出了无敌的低位能力，精通的低位动作比世界上一切不叫凯文·麦克黑尔的人都多。（这相当于把闪电装进瓶子的难度的三次方。）最后，他还有着必要的好胜心，真心真意奉献出一切，不断地拿自己和同时代的对手们相比，并以击败他们为乐。（在过去75年中，只有15～20位篮球运动员符合这一描述，概率你自己算好了。）

以上的一切加在一起，就是我们能见到下一个哈基姆·奥拉朱旺的概率：十百千万亿兆京垓分之一。我们会先见到50个非常类似乔丹的球员（我们已经见过两个了：科比和韦德），才有机会见到下一个“大梦”。所以快上YouTube，好好看看他的集锦，庆幸你有机会欣赏这位史上唯一一位不管长到5尺11寸还是6尺10寸（他的实际身高）都能打进名人堂的球员的表演。他曾经像俄克拉荷马州的龙卷风一样肆虐了卡里姆和86湖人，从那一刻起我们就知道他将会变得非常特别。神奇的是，虽然他没能拿到那座总冠军，但是人们对他还是不吝赞美之词。莫里斯·卢卡斯说：“一个大号的摩西·马隆重现江湖。”[2]“魔术师”说：“说到运动能力的天赋，阿基姆是我们见过最好的。”米奇·库普恰克的总结最为到位：“或许，我可以把他和阿尔文·罗伯逊相比，因为他们都是那么无所不能。这个对比本身就很能说明问题，因为罗伯逊可是个后卫。我从来没有见过谁有那么强壮，那么敏捷，那么不知疲倦，还长得有7尺那么高。”

谢谢你，米奇！你把我想说的都说掉了。哈基姆在1986年总决赛上场均25分12篮板3个盖帽，面对NBA史上最强锋线群丝毫不落下风，这也成了他的成名作。在必须要赢的第5战中，球队的另一个核心拉尔夫·桑普

---

① 原注：在所有金字塔球员中，哈基姆是格拉德韦尔“异类”理论的最佳范例——许多人能成功，靠的是纯天赋之外的一些东西。哈基姆每年夏天都有机会跟着摩西学习，这就像比尔·盖茨和保罗·阿伦碰巧进了有着全国最先进电脑程序的高中一样不可思议。

② 原注：坏脾气老编辑说：“这句话配得上摩西·马隆。”没错。

森因为挑起冲突而被驱逐，哈基姆于是奋起，爆砍32分、14个篮板、8次助攻。如果那年夏天我写了“谁的交易价值最高？”的专栏，哈基姆会名列榜首，即使是在波士顿砍下63分的乔丹都只能居于其后。然后那支大有前途的火箭队很快就因为嗑药和坏运气而迅速自我毁灭了，桑普森被送去金州，换来了令人失望的“沉睡者”·弗洛伊德和乔·巴里·卡罗尔[彼得·韦切伊曾巧妙地给后者取了个“从不上心的乔”（Joe Barely Care）的绰号]。[①]可怜的哈基姆，他的大好时光都被这支烂队浪费了，又当爹又当娘，打出令人眼花缭乱的全面数据，每场比赛交出至少三次“我了个天哪”的表演。我们总是听人们说起K. G. 或奥斯卡等超级巨星是如何缺乏队友支持，可是，老天，整整6年里（1987—1993）火箭队为哈基姆找来的队友就像是一盒屎做的蛋挞。他对此可抱怨了不少，在1991年的一篇《体育画报》文章里他解释说，这并非什么私人恩怨，但是：“我想说的是，你不能拿这些球员打造球队。我并不是在骂我的队友。我只是说，如果有一到两个那样的球员，那还马马虎虎可以接受，但现在整支球队都是这种水平。说到底，我的生涯现在就在悬崖边上了。”[②]

彼时彼刻，“大梦”作为一位球队老大的名声正岌岌可危。那几个赛季，他把自己的名字写成“阿基姆”，带着一股好战的狂怒上场比赛，引起了不少的冲突和斗殴，不断地冲裁判发脾气，看起来就像酒吧常见的那种喜欢惹事的刺头。[③]后来，他重新专注于伊斯兰教，找到了内心的安宁，在斋月里奉行斋戒（虽说这导致每年常规赛都有一个月打得不行），

---

① 原注：这笔交易在“当时是个大新闻但现在显得非常平淡的交易”列表上排在很高的位置。在当时，那可是NBA史上最大的五笔交易之一。没有人觉得休斯敦换来一些绰号“沉睡者”和“从不在乎”的家伙是什么危险信号。

② 原注：但我觉得这就是在骂你的队友。不过，如果要为他辩护的话，“大梦”在1988—1992年间最好的队友是“沉睡者”、卡罗尔、奥蒂斯·索普、巴克·约翰逊（Buck Johnson）、弗农·马克斯韦尔（Vernon Mexwell）、肯尼·史密斯和迈克·伍德森（Mike Woodson）。从1987—1995赛季，哈基姆只拥有过一位全明星队友（1992赛季的索普）。

③ 原注：1986年西部决赛第5场，“大梦”在被库普恰克挑衅后没能控制住自己的脾气，大打出手（最终桑普森压哨绝杀）。让人想起了《快攻》中的替补球员用n打头的词语辱骂内华达州大最好的球员、激他朝自己动手的做法。好吧，这不是真的。我只是觉得好久没提到《快攻》了。

把名字改成了“哈基姆”，改借球场内的表现（一直那么棒）来发泄自己的怨气……不过他还是在抱怨队友，所以很难判断事情是否是在正确的方向上。1992赛季时，他遭遇了一场神秘的心脏病，使得他的价值狂跌不止，以至于我还记得一次在开车的时候听见波士顿的电台主持人格伦·奥德威（Glenn Ordway）——一个相当能说会道的老兄，我向来尊敬他在篮球方面的一切判断——对某位观众的雷吉·刘易斯换哈基姆的交易表示鄙夷，说凯尔特人绝对不会做这笔交易。我和所有人一样爱雷吉，但这可是哈基姆·奥拉朱旺！你只要亲眼见他一次，就会想：“我这辈子都不可能再看到15个比他更好的篮球运动员了。”到1992—1993赛季，他的队友们开始给力——那一年也是他的生涯年，这可不是巧合——然后他在乔丹的“棒球假期”里获得了突破，拿下了1994年的MVP，背靠背FMVP，期间分别击败了沙克、罗宾逊和尤因。在NBA历史上，从没有一个超级巨星在13个月的时间跨度中如此清楚明白地、毫无争议地击败了自己最强大的3个竞争对手。这是哈基姆整个生涯最伟大的功绩。此后他又打了5个赛季好球，入选NBA最佳阵容的时间跨度长达14年（1986年二队，1999年三队）。现在他成了无可争议的历史前十二伟大的球员。要知道，这一切的一切，都始于尼日利亚某块足球场上某人说的一句：“老兄，我打赌这孩子打篮球会很棒。”

我要在他的历史地位的鸡蛋里挑一根小骨头：你可以说，哈基姆在巅峰期（1993—1996赛季）表现得如此出色，这是因为他身边没有另一位超凡脱俗级的球员。哈基姆从某种角度上说是个让球停滞的家伙：他会接住外线传进来的球，想上一想，观察防守，再想上一想，确认自己没有受到双人包夹，然后判断防守自己的人在往那个方向倚靠，最后在自己的In-N-Out菜单上选出一种，打爆对方。①听上去确实很奇怪，但他就是

① 原注：如果麦克黑尔拥有熊猫快餐的菜单，那哈基姆就是In-N-Out——只有几个选项，但每一样都美味到仿佛不属于这个世界。全部列表：上下步，左右开弓的跳勾，致命的后仰跳投，致命的篮板后方后仰跳投；跳投假动作，上下步假动作，后撤步跳投；“梦幻脚步”（无法描述——那相当于是“动物汉堡”）。我的快餐菜单总统山：Chick-fil-A，赛百味，Astro Burger，Arby's。In-N-Out本来可以上榜，但他们的油炸食品太难吃了。

在三分投手群和高质量的角色球员身边打得更好；他并不需要一个多米尼克或科比那样的人来充当第二得分手，也不需要什么精英控卫像斯托克顿对马隆那样来带动他。他只需要一些能拉开空间的家伙，再加一个篮板手。即使是那个工资帽还不那么完全的时代，哈基姆也依然是一个理想的建队核心：即使身边都是平庸的球员时也能保证44～49胜，而一旦你把他的队友从一坨屎升级到靠谱，那么只要"大梦"保持状态高昂，你就能在季后赛中无往不胜。[①]他就像巅峰的施瓦辛格或史泰龙——不管剧本好坏、演员阵容如何，首映式的票房都不会差，只要有"大梦"做保障——如果你必须要挑一个建队核心级中锋在几年中扛起一支烂队，"大梦"会是除卡里姆外的最佳选择。这一特质使得他在除乔丹外的所有90年代竞争者中显得卓尔不凡；他是一个*真正的*建队核心。而在另一方面，我也不确定"大梦"是否能适应和融入"表演时刻"湖人这样的快节奏球队，或者86凯尔特人这样的完美半场传导球队。而与肯尼·史密斯、萨姆·卡塞尔、罗伯特·霍里、马里奥·埃利、奥蒂斯·索普和克莱德·德雷克斯勒一起打球，却能完美运转，这事儿实在没什么道理。再加上乔丹的"假期"，一个并不幸运的生涯到最后竟变成了幸运；以上大概就要十百千万亿兆京垓再乘十百千万亿兆京垓分之一的概率了。

说完上面这段，我们再来快速浏览一下一些我通常来说不太喜欢的东西：数据。你总是听人们谈论威尔特、奥斯卡、伯德、"魔术师"和勒布朗的数据，而哈基姆很少被提到，虽说他是史上仅次于威尔特的"我了个天哪"数据男。他在新秀时就打出了21+12，连续12年不低于21+10，似乎在1989年和1990年达到了巅峰（场均25+14+2，另有2.4次抢断、4.0个盖帽），然后在1992—1995赛季又达到了巅峰（场均26+12+3，3.9个盖帽）。如果我们发明一个"抢帽"的数据（就是抢断加盖帽），哈基姆曾经十二度在至少100个盖帽、100次抢断的情况下单赛季得到300个抢帽

① 原注：在1987年季后赛第2轮的第6场（休斯敦被西雅图击败出局），哈基姆差一点儿靠一己之力阻止了西雅图，砍下了49+25。49+25！什么？

（其他人中最多的也只有他的一半左右），[①]在1990赛季完成了550次抢帽（史上唯一一次有人破500），1989、1990赛季加起来有1045次抢帽（史上唯一一次有人连续两季总和破1000）。也就是说，在“大梦”的巅峰期，他每场可以制造对手5个失误，此外每场还无数次地干扰了对方的上篮和跑投。（小注：我喜欢“抢帽”这个概念，因为这直观地反映了一个人的运动能力，以及他在攻防两端能造成多大的破坏。没有哪个现代中锋在攻防两端都胜过“大梦”。我应该在400页之前就提出“抢帽”这个概念。该死。）他整个生涯的1238场比赛完成了5992次抢帽（此外145场季后赛中还有717次抢帽），非常可惜，只差8个抢帽就可以成为6000抢帽俱乐部的唯一成员。所以，他现在只是5900抢帽俱乐部的唯一成员。此外还是5500抢帽俱乐部的唯一成员。5000抢帽俱乐部的唯一成员。4500抢帽俱乐部的唯一成员。罗宾逊、尤因、卡里姆、穆托姆博、乔丹，以及其他所有1974年之后的球员，没有人能达到5992的75%。

还有下面这点：在那个节奏缓慢、教练太抢戏、太多身体对抗的20世纪90年代中期，他在1994和1995赛季一共打了197场比赛（在20个月中打了超过8000分钟，而且还是队中攻守两端唯一的威胁点），在45场季后赛中场均31+11+4、53%的命中率、220次抢帽，而且8个对手都在47～62胜之间。[②]联盟当时正在努力解决在乔丹“度假”期间联盟的形象/风格/受欢迎的问题，导致哈基姆这一段超神的表现没有激起其应得的反响。哈基姆的持续性也同样为人们低估：他在新秀赛季场均21+12，1985年季后赛里场均21+13、20次抢帽（5场）；15年后他场均19+10（常规赛），1998年季后赛里场均20+11、21次抢帽（5场）。他生涯的头15年，只有1992年未能进入季后赛，期间的胜场数都在42～58场之间，而他整

---

① 原注：1974年之后的全榜单（至少两次）：哈基姆（12次），罗宾逊（7次），本·华莱士（4次），朱利叶斯·欧文（7次），卡里姆（3次），尤因（2次），博比·琼斯（2次），乔丹（2次），约什·史密斯（2次），安德烈·基里连科（2次），埃尔文·海斯（2次），特里·泰勒（Terry Taylor，2次）。M. J. 是榜单上唯一的后卫。

② 原注：95火箭在夺冠途中从未拥有主场优势，两次在客场抢五/抢七获胜（犹他和菲尼克斯）。在那两个冠军赛季中，他们赢下了8场要么赢球要么出局的比赛（4场是客场），哈基姆在这8场中场均32+11+6。

个生涯身边只有过四位全明星（桑普森、索普、德雷克斯勒和巴克利）。他把火箭队带入了1986年总决赛，而11年后他又只差一点儿就能进入总决赛；[①]除了卡里姆，没有哪个中锋能在*那么*长时间里表现*那么*好。15年？连《急诊室的故事》（*ER*）都没有哈基姆那么持久。哈基姆能做到这一切，都离不开许许多多大大小小、永远无法重现的奇迹。所以我愿意冒着被打脸的风险说一句，没有人能在*看看你们谁能复制哈基姆·奥拉朱旺的生涯！*这个游戏中获胜。就算是这个国家开始允许克隆人了也不可能。[②]

10. 奥斯卡·罗伯逊

履历：*14个赛季，13个高质量赛季，12届全明星，1964年MVP，1961年最佳新秀，1961、1962、1963、1964、1965、1966、1967、1968、1969赛季最佳阵容一队，1970、1971赛季二队，3次全明星MVP，巅峰五季30+10+11（头五个赛季），巅峰两季季后赛31+11+9、47.3分钟（22场），单季联盟第一：助攻王（6次）、罚球命中率（2次），职业生涯：25.7分（历史第8）、9.5次助攻（历史第3）、7.5个篮板、总罚球得分（历史第3）、总助攻数（第5）、总得分（第13），1支总冠军（71雄鹿）球队中第二好的球员，1支总亚军（74雄鹿）球队中的首发，25000分俱乐部*

2008年2月的一天，由于飞机晚点，我只好在一家航空俱乐部里想办法打发时间。20英尺之外坐着谁？NBA传奇，奥斯卡·罗伯逊。我有没有抓住机会去跟这位史上最伟大十名球员之一聊上一小会儿？我有没有对自

① 原注：其强大程度远超你想象。只有拉塞尔和卡里姆曾经在两次相距至少12年的总决赛中都以场上最好的球员的身份出现。至于“在两次相距至少n年的总决赛中都以场上最差的球员的身份出现”的纪录，非官方统计表示得主是威尔·珀杜（Will Perdue）（两次总决赛经历相距9年）。

② 原注：如果他们真的放开这件事，我希望从保罗·莫凯斯基开始。

己说“这可是个老天送来的礼物，我可以把自己介绍给奥斯卡，再跟他说说我的书，甚至可以让他帮我勾画出几个名人堂成员的形象来”？我有没有说“别管那些乱七八糟的了，先跟他握个手再说”？

没有。我根本没有靠近他。

是不是我听了太多关于奥斯卡是个内心痛苦不堪的怪人的故事？是不是我被他2003年出的那本自传《大O：我的人生，我的时代，我的比赛》（*The Big O：My Life，My Times，My Game*）——史上除威尔特之外最愤怒、最自吹自擂的篮球书——给吓到了？[①]我是否因为奥斯卡人生中经历的一切将他变成了一个尖酸讥诮的人而感觉不快？我不清楚。但他确实可能还戴着一块“奥斯卡出没、行人注意”的牌子。所以接下去的3个小时，我们就这么隔着20英尺坐着，消磨各自的时光。我一个字都没跟他说。

跟奥斯卡有关的故事几乎没有快乐的。队友们活得提心吊胆，生怕让他失望。教练们很难与他交心，最后只好放他一个人待着。裁判们害怕吹罚他的比赛，知道他们惹不起这位联盟中最全能的球员，即使被他用f打头的词语[②]问候了全家。球迷也很难和这位傲慢的天才交流，因为他对这事儿压根儿没兴趣。他连续9年在助攻和得分上进入联盟前五，连续9年入选NBA最佳阵容一队，生涯头五年场均三双，在拉塞尔和威尔特的巅峰期抢下了1964年MVP，改变了后卫在职业篮球中的角色，然而即便如此，他的球队仍然决定：“我们必须摆脱他。”甚至他主队城市的报纸《辛辛那提问讯报》（*Cincinnati Enquirer*）也来落井下石，在1970年2月这么写道：“多年来，奥斯卡都瞧不起皇家队的运作；他整天嘲笑辛辛那提和这里的球迷；他不断打击其他球员，除了对手还包括队友；他从来不愿意说点客套话。他过去、现在、将来都会是一个尖刻而仇恨的人，相信一切都是针对

---

① 原注：这本奇书是他自己写的。他花了其中331页来抱怨所有人，站在自己的角度解释许多逸事，写了一堆“老子太强了”的东西，比如：“那个晚上我狂砍43分，22罚21中。其他皇家队员没人拿到20分。”（他对辛辛那提1963年对凯尔特人抢七失利的解释。）我读完这本书后心想：“这就是一个没有完全理解‘秘密’的家伙啊。”甚至他对自己极度折磨人的解说生涯都做了自私的辩护——显然，解雇他是CBS的错，没有让他变得更好是布伦特·马斯伯格的错，不愿意让一个黑人解说成功则是NBA的错。“大O”这书解释了很多。就是这样。

② 译注：指“fuck”，英语中禁忌度最高的词语。

他的计谋。”当然了，奥斯卡在30年后把这段话放进了他的自传，来证明这家臭名昭著的右翼报纸的心胸狭隘。不过，说不定他们双方说的都是对的。

奥斯卡的成长历程非常像逆反版《火爆教头草地兵》中的吉米·奇特伍德：一支黑人篮球队获得了胜利……但在这个过程中遭遇了无数歧视和敌意。[①]1955年，奥斯卡的克里斯珀斯·阿塔克斯高中成为了印第安纳州史上首支夺冠的全黑人球队，然而印第安纳波利斯随后把他们年度冠军游行的路线改为了去贫民窟，潜台词就是，*我们不相信黑人能有什么好表现，所以你们自己玩去吧*。奥斯卡永远无法原谅这件事。他也一直没有原谅印第安纳大学教练布兰奇·麦克拉肯（Branch McCracken），他在招生时对他说："我希望你不是那种没钱读书的孩子。"（备注：如果你不觉得奥斯卡没有当即拂袖而去，那你就还不够理解他。是的，我用了三重否定。我故意的。）最终他选择了辛辛那提大学，而他的大学经历放到60年后是完全不可想象的。*这档子事都是真的？*老师在课堂上鄙视他，想尽办法让他出洋相。在达拉斯，球迷们把一只黑猫塞进了他的更衣室来欢迎他。[②]在休斯敦，他没法住酒店，因为那儿写着"黑人免进"……最后

---

① 原注：见鬼，我刚给了迪斯尼提供了一个俗套体育电影的烂点子。"想一下《光辉岁月》（*Remember the Titans*）加《光荣之路》（*Glory Road*）再加《烈血大风暴》（*Mississippi Burning*）。只要能让乔恩·哈姆（Jon Hamn）饰演克里斯珀斯·阿塔克斯高中教练，再找个导演，一切就都准备好了！"

② 原注：一个人得有多闭塞守旧、多犯贱才会说出"奥斯卡·罗伯逊今晚要跟我们打球了——让我们往他的更衣室里塞只黑猫去烦烦他"的话？我是说，花上一个小时制作比赛时举的侮辱标语已经够差劲了，但是搞出一个过程中会问"你们准备什么时候去搞只黑猫来？"或"我们应该在比赛前还是中场休息时把黑猫塞进去？"的计划，这简直是差劲得没边了。黑猫事件的主谋名列"史上最烂体育迷"的榜单之上，与在史蒂夫·科尔父亲于黎巴嫩遇难后齐声高呼"PLO"的亚利桑那州大球迷并列。其他候选人："迪斯科毁灭之夜"的白袜队球迷；所有恶劣地对待杰基·罗宾逊和拉里·多比的人；威廉·利格（William Ligue）父子；在底特律向罗恩·阿泰斯特泼啤酒那货。（译注：PLO，巴勒斯坦解放组织。科尔的父亲是中东问题研究专家，长期在黎巴嫩生活，于1984年在黎巴嫩内战期间遇刺，主谋来自巴解组织的一个激进派别。科尔当时所在的亚利桑那大学跟亚利桑那州大是死敌。1979年芝加哥白袜对底特律老虎的两连赛，芝加哥电台解说号召反对迪斯科的人们来看比赛时带上一张迪斯科唱片，他会收齐观众的唱片，在两场比赛中间休息时引爆塞满唱片的木箱。观众在引爆后涌入球场，导致场面失控，第二场比赛被迫取消。2002年堪萨斯皇家对芝加哥白袜的比赛中，利格父子喝醉后闯入场内暴打皇家队一垒教练，致使后者永久性听力受损。）

他的球队还是入住了，而可怜的奥斯卡只能在得克萨斯南方大学（Texas Southern University）借宿一宿。在北卡罗来纳，有人在赛前给他带来了一封3K党大巫师[①]写的信，上面就一句话："不准再踏上南方的土地了。"在圣路易斯，他和另一名黑人队友走进一家饭店，迎接他们的却是一片死一般的寂静，所有顾客在两分钟内全消失了。甚至在辛辛那提城里都有着"有色人种"专用饮水处和禁止黑人入内的电影院……那家电影院离他为熊狸队（Cincinnati Bearcats）效力的地方只有半个街区。每个晚上，奥斯卡都用自己的表现让球馆座无虚席，可他却连走到街那头看场电影都不行。

终于有一天，"大O"爆发了，把自己封闭了起来，拿其他所有人当出气筒。这完全不能怨他——你甚至都能从他高中到NBA的照片里明显看出他脸上笑容的变化。小时候的奥斯卡天真无邪，每张照片里都笑得很灿烂。长大后的奥斯卡看起来一脸深仇大恨，似乎都懒得为摄影师挤一个假笑出来。如果"魔术师"或乔丹经历过奥斯卡经历的一切，他们绝不可能在这本书里排在比他更高的位置。绝对不可能。这座金字塔由五个方面决定——个人的才华，同时代球员的尊重，数据受时代或正或负的影响，球队的成功，与队友的联结——奥斯卡的生涯是其中最难判断的。是，他是个天才。是，他的对手和队友都尊敬他。是，他确实利用了那个时代给他带来的优势。不，他的球队并没你想象的那么成功。不，他的队友有多尊敬他，就有多不爱跟他一起打球。他的数据令人难忘，没错，但我们不是刚用了一本厚度堪比《战争与和平》（*War and Peace*）的书来说明篮球不仅仅是数字吗？我们是否还应该考虑以下这些事情：奥斯卡在他的第十一个赛季才第一次打入总决赛，在巅峰过后靠着抱卡里姆的大腿才拿到首冠；[②]奥斯卡在皇家队的数据非常逆天，但是有4个赛季没能打入季后赛，只赢过两轮系列赛；三位前队友这样评价他（摘自《奇闻异谈》）：

---

① 译注：3K党的党魁称为大巫师。

② 原注：比尔·布拉德利对奥斯卡的评价："他或许没有给辅助性球员足够大的犯错空间，但如果他们听从了他的话，他能把天赋贫乏的家伙送进全明星。他用沉着的自信和交响乐队指挥般的说一不二控制着场上发生的一切。"听上去很棒嘛！

杰里·卢卡斯：奥斯卡是个完美主义者，如果你搞砸了，他会冲你大吼。到后来你会发现，他冲每个人都大吼，于是你知道他不是故意针对你。

泽尔莫·贝蒂（Zelmo Beaty）：他是一名完美主义者，完美到我从来都没能达到他的期望。他是这么对韦恩·恩布里喊的："你个白痴，接球啊……老子都把球搁到你手上了，你这都能掉？"我真同情韦恩。

韦恩·恩布里：奥斯卡比我们这些泯然众人要高出太多，我们根本无法达到他的等级。但因为他是那么伟大，他对球队是那么重要，你绝不想让他失望。奥斯卡的伟大有时候甚至让阿德里安·史密斯（Adrian Smith）承受不住了。他曾经对奥斯卡说："求你了，'大O'，你知道我已经尽力了，我真的尽力了。你要相信我啊，'大O'。"

奥斯卡严苛的性格让他身边所有的人都难以承受。在他结束职业生涯、接着在1975年被CBS抛弃后，34年（这一数字仍在不断增长）来，没有人请他当过教练、GM、解说或是顾问什么的。只有在比较过去和当今篮球的文章里，他才会时不时地以"臭脾气老巨星"的身份重新露个脸。[①]你总能听到奥斯卡的各种刻薄言论，说现在的球员赚的钱太多了；说想当年他可不能这么明显地翻腕；说他很愿意在这个有球队包机、私人训练师和较低期望值的时代打球；说现在的三双都没什么意思，因为这年头助攻随便刷。这些话听起来让人觉得应该让达纳·卡维（Dana Carvey）打扮成《热带惊雷》（*Tropic Thunder*）里小罗伯特·唐尼的样子来表演："想当年，老子穿着破球鞋，脚趾甲都插到地上了，球迷们向

---

① 原注：我所知道的逸事里，只有一则中的奥斯卡形象有那么一点儿可爱：从《奇闻异谈》中可以发现，奥斯卡把篮板球称作"球板"。书里有则逸事说，奥斯卡很高兴能跟一位年轻队友打球，跟他一起参加队内训练赛，逐渐对他感到失望，最后朝他大喊："少年，给我滚——你一个球板都没给我抢到！"甚至这个故事都带着怒气。你觉得《芝麻街》（*Sesame Street*）里有个木偶叫"怨气怪奥斯卡"只是巧合吗？

我扔各种东西，但我照样狂砍三双，老子爱死这了！”无数证据表明，奥斯卡是个暴躁得让人无法忍受的乖戾怪人，所以我有3个月时间都在犹豫他在这个金字塔中的位置，最高排过第6，最低排过12，最后定在这里了。

我们都清楚，所有队友和对手都仰慕他的天赋；大家都觉得他是“乔丹之前的乔丹”；甚至韦斯特都承认，他花了三到四年时间才追上奥斯卡的水平。但是考虑到每个有关奥斯卡的段子讲的都是他不可思议的持续性，而没有人会说“他在关键时刻的表现无人可及”或者“他能把一坨屎做成一道满汉全席”，我们又怎么去理解他非凡的个人成功和无法洗地的球队失败？从1961—1966年，他的队友还马马虎虎（他最好的四名队友是卢卡斯、特怀曼、恩布里和1966年全明星MVP阿德里安·史密斯）；或许你可以说，他的球队比五成胜率要多赢了60场，在1964赛季打出55胜25负，两次把拉塞尔的球队拖入最后一场。但另一方面，1967—1970赛季，他有了靠谱的队友——除了卢卡斯和史密斯，还有一些冉冉升起的青年才俊，比如乔恩·麦格洛克林（Jon McGlocklin）、鲍勃·洛夫（Bob Love）、哈皮·海尔斯顿、汤姆·范阿斯代尔——但他却从未能统治那个日益衰落的联盟。乔丹的队友也同样地不给力，而且那时的联盟更有竞争力，因此也更难理解为何乔丹的球队能不断进步，奥斯卡的却萎靡难振。两人都以对待队友异常苛刻而著名，但乔丹的好胜心给了他的球队巨大的自信，奥斯卡则正与之相反。如果你总是害怕让队中最好的球员失望，你们能取得成功吗？还有，如果你们最好的得分手恰好同时也是负责指挥球队的家伙，你们能取得成功吗？显然不能。皇家队什么都没有赢下……而且，说真的，符合这一描述的球队也从来没有不失败的。①

一个更大的问题在于，奥斯卡的历史前十级别履历很大程度上靠的是他在1961—1965年间的统治力，那段时间里他场均三双，在后卫位置上

---

① 原注：如果你们球队指挥进攻的家伙连续9年平均出手1700次、罚900次球，而他的球队在此期间季后赛系列赛战绩为2胜6负，我们难道不应该得出我之前的结论吗？即，如果你的控卫同时是球队的头号得分选项，那么你们就不可能真正拥有冠军竞争力。奥斯卡在71雄鹿的数据会变成这样绝非偶然：19+6+8，1193次出手，385次罚球出手（常规赛）；季后赛18+5+9，210次出手，58次罚球出手（14场季后赛）。

无可阻挡。[1]可是这些数据并没有你想的那么不可思议。与威尔特一样，奥斯卡的身体素质领先联盟四到五年。在奥斯卡的新秀赛季，联盟中只有4个“现代”后卫；又因为其他3人（萨姆·琼斯、格里尔和韦斯特）都是得分后卫，所以奥斯卡就可以像威尔特完爆达拉尔·英霍夫和沃尔特·贝拉米们那样完爆他的对位防守者。想象一下，如果2009年的韦德一年要跟贾森·特里和史蒂夫·布雷克（Steve Blake）们打上70场比赛，剩下12场才会对上科比和皮尔斯。然后再想象一下，全联盟的大前锋都只有6尺6寸或更矮，而且30支球队中只有7位精英级中锋。再想象一下，这是一个跑轰时代，每场比赛都有80个篮板球和120次投篮机会。那么，韦德能否砍下场均35+10+10？当然可以。这与奥斯卡新秀赛季的情况有什么区别呢？只有8支球队和88名球员，还有一条“每支球队只能有不多于两个黑人”的潜规则。所以很绕的一点是，奥斯卡早期的成功正得益于种族主义。把奥斯卡扔到白人占绝大多数的1960年NBA里，相当于把饥渴的麦当娜扔到一个满是20多岁拉美裔帅哥的酒吧里。看看奥斯卡新秀赛季的明星球员们都有谁吧。

1961年全明星（后卫）：*奥斯卡和格里尔（黑人）；韦斯特，库西，汤姆·戈拉，吉恩·舒，拉里·科斯特洛，“跑车”·亨德利，里奇·盖林（白人）*

1961年助攻榜（前二十中的后卫）：*奥斯卡，盖伊·罗杰斯（黑人）；韦斯特，库西，戈拉，舒，科斯特洛，亨得利，盖林，约翰尼·麦卡锡（Johnny McCarthy），布基·博克霍恩（Bucky Bockhorn）*[2]*，查克·诺布尔（Chuck Noble），（白人）*

---

① 原注：借用下埃利奥特·卡尔布的一个数据：奥斯卡的生涯头五年的场均得分/篮板/助攻（30.3+10.4+10.6）全面压制了下列球员前五年中最好的一年的表现，包括伯德（1984赛季，24.2+10.1+6.6）、“魔术师”（1982赛季，18.6+9.6+9.5）、勒布朗（2008赛季，30.0+7.9+7.2）和科比（2001赛季，28.5+5.9+5.0），差一点就全面压制了韦斯特（1962赛季，30.8+7.9+5.4）。

② 原注：我提名布基·博克霍恩为职业体育史上最白人的名字。我听这名字就能想象出理着个平头的布基·博克霍恩在中场休息时一边抽烟一边喝全脂牛奶的样子。

K. C. 琼斯、阿尔·阿特尔斯和韦斯特是唯一可以尝试跟奥斯卡拼拼身体的对手。奥斯卡凭着自己的身高来造成巨大的优势，他可以背打比他小一号的对手，拱到他最喜欢的15英尺位置，然后转身颜射任何人。“大O”精通的致命高位打法在当时其他人甚至都还没发明出来——这就像是西部片里，有个家伙掏出一只左轮手枪，对方却端出了一架乌兹冲锋枪。之后5年，联盟的肤色改变了，节奏变缓，奥斯卡的乌兹/手枪的优势从某种程度上就减少了。

1966年全明星（后卫）：奥斯卡，格里尔，萨姆·琼斯，埃迪·迈尔斯（Eddie Miles）（黑人）；韦斯特，奥尔（Don Ohl），阿德里安·史密斯（白人）

*1966年助攻榜（前二十中的后卫）：奥斯卡，罗杰斯，威尔肯斯，格里尔，迈赫迪·阿卜杜勒-拉赫曼（Mahdi Abdul-Rahman），迪克·巴尼特，瓦利·琼斯，萨姆·琼斯（黑人）；韦斯特，盖林，奥尔，阿德里安·史密斯，凯文·洛克里，霍华德·科米夫斯，约翰尼·伊根（Johnny Egan），（白人）*①

这是奥斯卡在本应该和韦斯特一样到达巅峰的几年里数据却略微下降（1966—1970赛季场均28+6+10）的原因吗？②1965年之后，皇家队再也没有赢过一轮季后赛；1968—1970年，他们彻底与季后赛无缘，原因是奥斯卡开始发福，还说了些“我的首要目标是让球队运转起来，树立名声，以及赚钱”的话。他的比赛失去了魔力，只剩下一项弗兰克·德福特在1968年称其为“可怕的稳定性”的特质：“在职业生涯的8年中，奥斯

① 原注：联盟中的黑人从1960年的17%上升到了1977年的75%，此后这个比例基本维持不变，只有蠢蛋才会觉得“现代化的”黑人运动员在当时不会有巨大优势。甚至沃尔特·贝拉米都威武了几个赛季。你扪心自问一下，如果2009年联盟中55%的球员突然从黑人换成了白人，NBA会变成什么模样？亚当·莫里森（Adam Morrison）和J. J. 雷迪克（J. J. Redick）肯定经常问自己这个问题。我是说经常。

② 原注：韦斯特在第十年到达了数据上的巅峰，31+5+8，50%的命中率，18场季后赛31+4+8。

卡的场均得分一直在28.3～31.4分之间，其中有6年的得分相差不到1分。在助攻和罚球方面，他都有着相同的稳定性。他就像是个打击率0.333的打者，而且每个赛季的每一场比赛都是三打一中。”[①]奥斯卡并非“关键先生”，而是个“土拨鼠日先生”[②]。他的性格也是如此。他日复一日地抱怨自己工资过低、饱受排挤，皇家队最终只好拿他去交易格斯·约翰逊，不过奥斯卡要求巴尔的摩出70万美元续约，导致交易最终取消。（如果你觉得“这家伙只是很沮丧，他只是想胜利”而原谅他，那么先想一想“魔术师”约翰逊职业生涯后期的困境吧。1989赛季，他身边的中锋是快进棺材的卡里姆，1990赛季是迈克尔·汤普森/弗拉德·迪瓦茨的组合，1991赛季则是迪瓦茨/萨姆·珀金斯的组合。他最好的队友是沃西，一个在我这儿排不进前四十五的球员。他第二好的队友是拜伦·斯科特，从未进过全明星，一个教科书式的“碰上了正确时间正确地点”的家伙。在一个异常强大的联盟中，“魔术师”有放弃吗，有到处指指点点吗，有要求交易吗？没有。这3年他平均59胜，两次把湖人队拖进了总决赛。）[③]皇家队终于还是把奥斯卡送去了密尔沃基。我知道有些浪漫主义的人可能会想：“皇家队想给奥斯卡一个拿戒指的机会。”但事实是：库西觉得奥斯卡已经配不上那么多钱了，所以用1美元换来了40美分，然后摘下了“小个子”·阿奇博尔德来代替他。[④]伯德、“魔术师”、乔丹、韦斯特、邓肯、沙克、哈基姆、拉塞尔，除非他们自己要求，否则球队永远不会交易

---

① 原注：臭脾气老编辑：“太对了——观看任何一场比赛都意味着双倍的痛苦。他的比赛里从来没有令人惊叹的时刻，从来没有，但是比赛结束后，数据统计表里令人气恼地填满了数字。”

② 译注：《土拨鼠日》（*Groundhog Day*），一部讲述每天醒来都是同一天的科幻电影。

③ 原注：这个比较比你以为的还要恰当：89“魔术师”和68奥斯卡正是同一年龄，虽说前者的性生活经历显然丰富得多。

④ 原注：这事儿把我搞晕了。库西为6支总冠军球队效力过，对“秘密”的理解不逊色于任何人，但他还是在尼克斯和湖人拒绝了所有提议后决定用奥斯卡交易弗林·罗宾逊（Flynn Robinson）和查利·波尔克（Charlie Paulk）。库西在交易后说：“两个超级巨星并不总能相互协调。职责在奥斯卡这边。如果他决定去适应‘天勾’，他能做得非常好。”虽然奥斯卡后来确实去适应了，但你难道不觉得奇怪吗，库西居然会怀疑他做不做得到？顺便，波尔克只再打了两年。库西后来转职当了解说不是没有原因的。

他们。而对奥斯卡，皇家队表现出了不同的态度。这是个很大的区别。

显然，“大O”身上缺了一点儿东西。你从没听说他“开心”过，除了那个雄鹿见谁灭谁的超凡1971赛季。1975赛季前，他忿于球队低估了他（奥斯卡自己的看法）而离开了雄鹿，不欢而散的结局正如他当年跟皇家队的分手一样。萨姆·戈德佩珀（Sam Goldpaper）随后发表在《纽约时报》上的文章是这样开头的：“职业篮球失去了自己一度拥有过的最伟大也最全面的球员。奥斯卡·罗伯逊，在经历了14个赛季和众多的合同纠纷之后，于昨晚宣布退役。”即使这是奥斯卡的篮球讣告，你都能在第二句里立刻感受到其中的反对意见。28年后，杰克·麦卡勒姆在《体育画报》上发表了一篇文章，好奇为何奥斯卡如此迅速地被球迷们遗忘：“在篮球圈内，‘大O’被认为是一个大怨妇，一个篮球界的臭脾气老头，坚称他那会儿的球员更好，教练更聪明，篮球也更圆。他会得到此种名声，也并不完全是冤枉。但是今天——他场均三双赛季过去40年后——奥斯卡·罗伯逊想让你知道，他才没有一直沉浸在自己的苦涩中。嗯，‘想让你知道’的说法有点太夸张了，因为，实际上，他根本不在乎你怎么想。”

又是这样，充满敬意……但又带着反对意见。没有人能看清奥斯卡永不停止的尖刻外表下真正的样子。甚至是他在1997年非常英勇地给自己患病的女儿捐献了一个肾（救了她的命），这样的时刻也不过是来了又去；要不是我提醒，你大概都不记得这事儿了。他留下的最大的遗产跟球场天赋无关：正是奥斯卡出任球员工会主席时的大胆作风，才有了数字飞涨的薪金、ABA/NBA的合并、自由球员制度的革新和我们今天看到的8位数起的合同，然而他未能从中收获名声，因为过去NBA球员的艰难生存状况并不是写手和纪录片导演感冒的题材。更古怪的是，在所有NBA传奇中，只有奥斯卡并不属于当下任何一支球队，因为皇家队在1973年迁至了堪萨斯城（1985年又去了萨克拉门托）。拉塞尔/伯德有波士顿，“魔术师”/韦斯特/卡里姆有洛杉矶，甚至威利斯/“克莱德”/尤因有纽约，他却无法跟他们一样衣锦荣归，因为他早已无家可归。他是历史的遗民。他不属于任何人。不过或许这样更好。直到今天，奥斯卡仍然是不健全、不完整的——为当年的恶劣种族气氛深深伤害，一直受到罕见的创伤后应激障碍症的困扰。如果你在奥斯卡的巅峰期跟他做队友，你会对他佩服得要死，你会为他感到遗憾，你会对他无比惊叹……但最终，我不确定你会有多喜欢跟他一起打球。这可是个在自传的后记里说过这样的话的人啊："我曾经听人说过，要写出一首情歌，你必须伤过几回。要写出不止一首情歌，你必须有一颗伤成碎片的心。如果这是真的，那我现在就敢说，我能写出世上最动听的歌曲。"

我可以这么跟你说：这座金字塔的96人受过的所有伤害中，奥斯卡破碎的心灵泛着最深远的回响。①

9. 杰里·韦斯特

履历：*14个赛季，12个高质量赛季，14届全明星，1969年总决赛MVP，1970年比尔·西蒙斯MVP，1966、1970、1971、1972年MVP票选第二，1962、1963、1964、1965、1966、1967、1970、1971、1972、1973赛季最佳阵容一队，1968、1969赛季二队，最佳防守阵容（5次，4次一队），纪录：单季罚球得分（840）、季后赛单轮场均得分（46.3），单季联盟第一：得分王（1次）、助攻王（1次），职业生涯：27.0分（历史第5）、27+7+7、47%的命中率、81%的罚球命中率，巅峰四季30+6+6，季后赛（153场）：29.1分（历史第4），总决赛30.5分*

① 原注：贾森·惠特洛克（Jason Whitlock）觉得我的奥斯卡一节写得太无情了。我让他过几个星期再读一遍，然后就有了这条脚注。他的回信如下："我狼吞虎咽地用两天半读完了《篮史通鉴》。这是一段快乐的旅程，直到我读到关于'大O'的那10页无情文字。《篮史通鉴》对于20世纪五六十年代种族主义对罗伯逊人格和球场表现造成的伤害的分析读来冷酷而精确，这让我很愤怒。这篇剖析显得缺乏必要的同情心。跟拉塞尔一样，罗伯逊背负着与其天赋和智力同样重的诅咒。跟拉塞尔不一样的是，罗伯逊从没为'红头'奥尔巴克效力过，后者有胆识且富于远见，愿意创造一个让黑人巨星满意的环境。我认为《篮史通鉴》应该要为罗伯逊感到遗憾和同情，要原谅他身上因备受侮辱而产生的缺点。3周之后，我重读了这一章，然后写了这条脚注，因为我注意到了另外一样东西：细微的移情心。《篮史通鉴》完美地重现了罗伯逊当时的处境；对于一本志在成为NBA圣经的书来说，这正是你期待它做到的。真实的历史就是由前后的环境组成的。历史不对任何人有怜悯之心。"

（55场），1支总冠军（72湖人）球队中最好的球员，8支总亚军（62、63、65、66、68、69、70、73湖人）球队中前二好的球员，72湖人33连胜中场均26+5+10，25000分俱乐部

“排在奥斯卡之前？”你肯定在想，“你认真的吗？排在奥斯卡之前？”

我的理由包括以下四部分：

1. 他们用韦斯特的标志性动作（运球往右方，身体前倾，准备做拔起跳投前的最后一次高运球）作为联盟的logo。直到今天这还是联盟的logo。这看上去非常重要。如果50年前电影学院认为奥斯卡奖杯应该做成劳伦斯·奥利维尔（Lawrence Olivier）而不是马龙·白兰度的样子，那难道不意味重大吗？①

2. 皇家队交易了奥斯卡，而湖人从来不会交易韦斯特。（1970赛季，皇家队提出过韦斯特–奥斯卡或威尔特–奥斯卡的交易，湖人队迅速拒绝了。）奥斯卡的头四年毫无疑问胜于韦斯特的头四年；到了1965赛季，《体育画报》写道：“最重要的是，韦斯特是一名杰出的篮球运动员，足以与奥斯卡·罗伯逊相提并论（有人甚至说他更好）。”②勇士队主教练亚历克斯·汉纳姆补充道：“奥斯卡更经常地做出对的事，但是我现在相信在某些方面韦斯特比罗伯逊更好。他能给防守创造更多麻烦，还因为他的远投射程而更令人激动。”所以那年和之后两年，两人算是完全打平（韦斯特可能有一丝优势）。之后的5个赛季，韦斯特无疑要更好，《体育画报》在1972年就断定：“过去几个赛季产生了关于韦斯特的风潮，现在他常常被认为是跟奥斯卡相当——或者更好的——史上第一后卫。”③

---

① 原注：贾巴尔·阿卜杜勒–西蒙斯的反驳：“NBA当然会根据一个白人的形象制作logo！”

② 原注：贾巴尔·阿卜杜勒–西蒙斯的反驳：“《体育画报》当然会说那个白人更好！”

③ 原注：一条可能跟种族有关也可能无关的有趣备注：韦斯特的生涯为他赢得了两篇《体育画报》长文（一篇在1965年3月，一篇在1972年2月）。奥斯卡一篇都没有。可能这是因为他们觉得他是个刺头。但你不觉得奇怪吗，“乔丹之前的乔丹”在他的巅峰期没有赢得一篇《体育画报》的文章，而韦斯特、拉塞尔、库西和威尔特都至少有两篇？

奥斯卡在1972和1973赛季下滑得厉害，而韦斯特则又交出了令人叹为观止的两年（两次入选NBA最佳阵容一队，两次打进总决赛）。既然韦斯特的后2/3生涯都要更好，为什么还要把奥斯卡排在韦斯特之前?

3. 那个时代的球员都更希望跟韦斯特而不是奥斯卡做队友；要是他们否认，那就一定是在说谎。早在1965年，《体育画报》就写道："有一种无形的东西，是大家都不怎么提的，因为很难做出准确的评价，甚至根本就无法评价。韦斯特似乎对球队有着更安定的影响；他不是像罗伯逊那样的抱怨者。他不会挑衅裁判。"甚至对手们都爱"Logo"。1971年3月，湖人队办的杰里·韦斯特之夜上，比尔·拉塞尔自己出钱去了现场，在仪式上发言："杰里，我曾经写过，成功是一段旅程，而一个男人能拥有的最高荣誉是同时代对手的尊敬和友谊。这两者你拥有得比我知道的任何人都要多。杰里，你是真正的冠军，你符合这个词的所有意义。如果能让我实现一个愿望，那就是你能永远开心。"从大图景上看，这些故事难道不重要么？①

4. 正如我一直提到的，我在某种程度上是一个与时俱进的势利眼。再用一次很前面用过的汽车的比喻吧，你更愿意开一辆2010年的宝马而不是1964年的宝马；你愿意开2010宝马横越全国；想开到25万英里的话，你肯定会选择2010宝马。你肯定会。这是更安全的选择。他们现在创造出了更好的交通工具——更好的扭力，更佳的引擎，更强的冲力，更棒的平衡，更快的加速，更巧妙的设计，一切都更好。不过，他们确实在20世纪60年代制造过一些超越时代的好车。你知道谁是1964年的宝马吗?"Logo"。摩西是完美的自学成才中锋，伯德是完美的自学成才前锋，韦斯特就是完美的自学成才得分后卫——有一点矮（6尺3寸，但是臂展81英寸），②优秀的运动能力（但还不到伟大的程度），从未具备过统治力

---

① 原注：我喜欢过去NBA举办"（某球星）之夜"的那些日子，他们会给他礼物，邀请同时代的球员来向他致敬，只是那位球星还在打球。你能想象圣安东尼奥在邓肯还没有退役的时候为他举办"蒂姆·邓肯之夜"吗？1～10分的话，邓肯的羞涩指数会是多少？15分？21分？27分？

② 原注：81英寸的臂展？杰伊·拜拉斯都吓呆了。

（但是长期不可阻挡），在必要的时候总能让自己变得更好。在40多年后看他打球，就像在看人类篮球训练营。技术上说，他是完美的。他的跳投完美。他的防守技术完美。他的运球简直可以上电视导购。他用最经济的方式奔跑。他可以往左或往右突，可以冲击篮筐，可以在很小的空间里拔起跳投，还可以低位背打你——这家伙没有任何漏洞，除了因为先天原因而没法在篮筐上打球。我看了足够多的他的录像带，有资格做出下面的宣言：把1966年的韦斯特扔进时间机器，塞到2010—2011赛季，他仍然能轻松入选全明星。他的比赛风格是“现代”的，这是我能找到的最好的词。如果还要说什么的话，他可能出生得太早了；跟马拉维奇和德布舍尔一样，三分线本来可以是他的一个大优势。

正如奥斯卡的历史地位因为人们的三双迷恋症而提高——韦斯特的传奇则因为没有三分线、没有最佳防守阵容（1969年始设）、1973—1974赛季前没有记录抢断数据而失色。①

虽然我很讨厌只靠数据去综合描述一个人，但从1965年季后赛到1966年季后赛的这13个月确实可以非常好地说明“Logo”为什么那么重要：

1966常规赛：79场，3128分钟（场均40.7分钟），31.3分，7.1篮板，6.1助攻，1731中818（47.3%），977罚849中（86%），45胜35负

1965、1966季后赛：25场，1089分钟（场均43.6分钟）37.0分，6.1篮板，5.4助攻，708中340（48%），279罚246中（88%），12胜13负（两次总决赛落败）

你需要记住这些事：第一，埃尔金在1965季后赛里膝盖受伤，整个

---

① 原注：伦尼·威尔肯斯在《奇闻异谈》中说：“我多么希望他们能在杰里和我还打球的时候记录抢断数据，因为我们会是联盟抢断王。他的双手快得就像蛇的舌头。”韦斯特只在1974赛季打了两个月，然后膝盖受伤（结束了他的生涯），但是在此前的31场比赛中，他得到了81次抢断。那还是他篮球生涯的最末尾！想象一下韦斯特的履历吧，如果他场均3次抢断、场均3个三分球，40%以上的三分命中率，连续13个赛季入选最佳防守阵容一队。

1966赛季都一瘸一拐（缺席了33场）。考虑到湖人连续两年总决赛失利的对手都是拥有5位名人堂成员、3位金字塔前三十五球员的波士顿（而且1966年几乎偷下了抢七），对于一支只有一位伟大球员的球队来说，这已经相当令人印象深刻了。（所以这家伙比我们想象的还要伟大上一些？）第二，1966赛季命中了840个罚球？历史纪录。从未被超越。甚至“大北斗”都没做到。再加上那25场季后赛，想象一下这是什么意志力啊，一个6尺3寸的后卫在104场比赛中上了超过1300次罚球线——其中1/4的比赛是在最大的压力下——还是在一个篮球像冰球、球员们在突破时经常会被一把放倒的年代里。他跟迈肯、拉塞尔、科比和乔丹是历史上最坚韧的5位超级巨星。第三，韦斯特在1966年常规赛中的各项数据排名如下：得分榜第二，助攻榜第四，进球数和出手数第二，命中率第十，罚球得分和次数第一，罚球命中率第四，出场时间第七，如果他们记录了抢断，他也会是前三。（立体地看待这些数据，就连迈克尔·乔丹都没有在9项主要数据中进入前十。）第四，韦斯特在1965年季后赛里创造了单季季后赛场均得分纪录（至少5场），40.6分，包括一项你从来不知道的英雄事迹：在没有埃尔金的情况下，韦斯特扛起了湖人，在首轮（带领球队6场击败巴尔的摩）得到令人震惊的场均46.3分。两项纪录（40.6和46.3）至今仍无人超越。

你没法在篮球中找到一段比这更好的综合表现了。这正是韦斯特生涯的一个常见主题：他总能奉上球队所需要的。他们需要他去锁死某个手感发烫的投手，他做到了。①他们需要他去命中关键投篮，他做到了。在20世纪60年代的大部分时候，他们需要他得分，他做到了。在他生涯的最后阶段（1969—1973），湖人需要韦斯特更多地掌控球，他又做到了（甚

① 原注：“红头”·奥尔巴克在《奇闻异谈》中说：“人们没有意识到，杰里·韦斯特是史上防守最好的后卫之一。”他忘了补充一句：“我最遗憾的事情是从来没有机会去执教他！”这句话是“红头”从1980—2007年每一次参加球衣退役仪式时都一定会说的；出现的概率比迈克尔·巴弗的那句“做好准备，一起摇滚起来”更可以信赖。没错，“万神殿”一章中第2条跟巴弗有关的脚注了。还有，你知道吗？我们可能还会有第3条。别质疑我不会这么做。

至在1971赛季和1972赛季两次进入助攻榜前三）。他在打球时从不顾惜自己，因此伤病缠身（而且一直带伤作战），病痛多到人们都记不住了：鼻子断过，拇指断过，腿筋拉伤过，脚踝扭过，脑震荡过，你随便说好了。他如此多次地拯救了比赛，终于得到了“关键先生”的绰号，其中包括许多经典时刻——1962年总决赛第3场的抢断压哨上篮绝杀，1970年总决赛第3场挽救比赛的60英尺投篮，或是1969年总决赛第1场的53分、10次助攻，被拉塞尔称为“凯尔特人对阵过的最伟大的关键表现”。

在韦斯特的生涯中挑一个最能说明问题的时刻，那就是多年来拉塞尔的凯尔特人队如何逐渐地变得崇敬他。1969年总决赛中，拉里·西格弗里德跟德福特说道，韦斯特的脚筋受伤是他们的幸运——韦斯特在前五场得到了197分，然后在第5战最后拉伤了腿筋——然后解释说：“韦斯特是一头怪兽。他们可以谈论其他人，吹嘘其他人，但他是独一无二的。他是那个唯一的后卫……他最大的成就是其他球员们怎么看待他。我们现在是对手，否则的话，我最希望看到他夺冠的球员就是杰里·韦斯特。”在灾难性的抢七失利后，约翰·哈夫利切克告诉特里·普鲁托：“季后赛里我最感到遗憾的人就是杰里·韦斯特。他是那么伟大，此刻又是那么沮丧。在我们下场的时候，我走到杰里身边告诉他：‘我爱你，我真的希望你能夺冠。你比所有参加过这项运动的人都更配得上冠军。’他当时太累了，说不出话来，但是你能感觉得到他对失利的那种彻彻底底的失望。”

另外就是韦斯特生涯中最突出的一点：他的运气烂透了。如果塞尔维的投篮进了会怎样？如果埃尔金的身体保持健康会怎样？如果湖人没有愚蠢地裁掉后来在68和69凯尔特人发挥了重要作用的唐·尼尔森会怎样？如果韦斯特没有在1969总决赛第5场末段拉伤了腿筋会怎样？如果威尔特没有在抢七里受伤并在最后5分钟激怒教练的话会怎样？如果威尔特和埃尔金没有在1970年常规赛受伤会怎样？如果威利斯没有在总决赛第7场一瘸一拐地回归球场、让观众陷入了疯狂的话会怎样？一切的一切，终于在1972赛季进入了正轨——创纪录的69胜，33连胜，第一个总冠军——当时的韦斯特可能轻松创造了“为某位获胜球员而感到无比激动和高兴的中立球迷数量”纪录。[①]

我必须在这里使用“如果我的生命系于此役”的测试。基于我们刚才说到的关于韦斯特和奥斯卡的一切，如果你的生命系于下面一件事，你必须要挑选一位球员作为建队核心，必须在1960—1974年间拿到至少三座总冠军，你怎么能不选韦斯特？即使在奥斯卡的巅峰期，他的队友们都生活在恐惧中，害怕让他失望。他们在他身边时刻战战兢兢，如履薄冰。他们难以跟他产生联结，就像一个乐团没法感动一个住在天上的飞机里、斥他们为低劣者的听众。另一方面，我们有数量巨大的证据表明韦斯特能帮助他的球队——不仅他能让他们更好，而且他们想要为他获得胜利，还不止于此，他能跟他们以正确的方式相联结。杰里·韦斯特比奥斯卡·罗伯逊对“秘密”有更好的理解，这就是为什么韦斯特更好。一丝之差，但确实更好。

8. 科比·布莱恩特

履历：*14个赛季，13个高质量赛季，12届全明星，2009、2010年总决赛MVP，2008年MVP，2006年比尔·西蒙斯MVP，2002、2003、2004、2006、2007、2008、2009、2010赛季最佳阵容一队，2000、2001年二队，1999、2005年三队，2002、2007、2009全明星MVP，最佳防守阵容（10次，8次一队），得分王（2次），单场81分（历史第二），5支总冠军（00、01、02、09、10湖人）和2支总亚军（04、08）球队中前二好的球员，巅峰两年34+6+5，2001年季后赛29+7+6、47%的命中率（16场），2008—2010年季后赛30+6+6、46%的命中率（67场），25000分俱乐部，职业生涯：25.3分（历史第9）*

---

① 原注：甚至他退役后的生涯都对韦斯特vs奥斯卡的争论有帮助——没有人想聘用奥斯卡，而韦斯特在两个不同的时代打造了8支总冠军球队（沙克/科比和“魔术师”/卡里姆）。他是金字塔上前二十的球员中唯一在生涯结束后仍在篮球领域中取得成功的。这是否能说明他比大家认为的更加聪敏，还是说他运转下湖人的成功只是个纯粹的巧合？我认为是前者。

问题：哪部电影最好地解释了篮球的“秘密”？

你眼都不眨就回答说是《火爆教头草地兵》。别撒谎。我知道你是这么想的。没错，这部电影教会了我们团队协作、基本功、人文精神，还有一些被低估的教训，比如“别跟裁判说刚走进赛场里的那个醉汉是你的助教”、“女人都是朝三暮四的坏东西，特别是当她们有段时间没约会、还跟妈妈们住在一起的时候”、“就算球馆再大，篮筐总是10英尺高”、“白人们总是在篮球上击败黑人，因为他们更在乎、更聪明”（开玩笑的；这个笑话是给斯派克·李准备的，他觉得《火爆教头草地兵》是部暗含种族主义的电影，也许他是对的）、“如果教练把某人开除出队，几周后又允许他回来，那么这家伙在电影里只能再跑跑龙套，这事也不值得一提”、“如果你们队里最好的球员在一场决赛里得了全队85%的分数，然后你们有球权，有机会获胜，那就别多想——快拉开空间，给他跑个单打战术”，等等。但是，《火爆教头草地兵》是错误的答案。抱歉。

正确答案？没错……《十八岁之狼》（*Teen Wolf*）。

大多数人错误地以为这是个狼人喜剧片。不。这是部充满思想的男人篮球电影。你错过了那些提示，因为你正忙着思考为什么迈克尔·J. 福克斯（Michael J. Fox）[①]能在电影最高潮的比赛中砍下三双，虽然他只有5尺4寸，还在运球时一直低着头……为什么福克斯罚最后两记罚球时米克（Mick）被允许在篮下干扰他……为什么他们不给勾手无敌的肥仔多设计几个战术……为什么狼人的高中没有被来自全国的记者和摄影组们挤满……为什么芬斯托克（Finstock）教练从来没有出现在“史上最佳体育电影角色”的讨论中[②]……还有“赢在最后”跟“你是最棒的”和“没有

---

① 原注：科比对M. J. 的爱的无可否认的象征：一个名字里暗含M. J. 的演员饰演了狼人（最能表现出科比的挣扎的角色）。另外，我朋友克里斯蒂安（Chrisitian）一次指出，福克斯选择了42号是在向杰基·罗宾逊致敬，因为他是第一个完整打完正式篮球比赛的狼人。《十八岁之狼》真的有很多好琢磨的。

② 原注：他永恒的训诫：“我靠三条规矩活着：睡眠从不少于12小时；不跟名字恰好与某座城市同名的家伙玩牌；不跟身上有匕首刺青的女人纠缠。只要你谨记这三点，剩下都是小菜一碟。”还有这条：“重要的不是你怎么比赛，而是你最终是胜是负。但说到底胜负其实也没什么差别。”

近路”[①]哪一段才是“20世纪80年代最佳廉价体育电影蒙太奇”。我并不怪你被引入了岔道；你只是错过了电影中的不朽教训。

在福克斯第一次变成狼人后——体育电影中最令人惊异的比赛，仅略逊《胜利大逃亡》中盟军与纳粹的比赛一筹，原因不过是你不能把一场观众稀少、有人变身怪兽、扣遍了每一个人的高中篮球赛排在第一位——等他从震惊中冷静下来，开始大杀四方，他的队友们就变成了道具。赛季中有一个时刻，一个队友正在运球过前场，狼人一把把球从他手上抓走，左右腾挪突破防守轻松上篮。成功降临到了他的头上。他开始跟学校里最火辣的小妞儿约会。他的哥们儿斯泰尔斯（Stiles）开始售卖“狼人”T袖。他成了校园里最火的一匹狼。但是，虽然球队不断胜利、在季后赛里走得很远，他的队友们还是没法不恨狼人，希望自己能为别人打球。他得到了所有的赞誉。他抢走了全部的出手。他们跟球队的表现再也没关系了。所以他们不再认真打球，并公开抱怨福克斯和狼人。就在人生即将崩盘之时，他做了个令人震惊的决定，在地区决赛中做回了他自己。剩下的你都知道了。球队相互团结在一起，所有人都扮演了一个关键角色（尤其是化身比尔·拉塞尔的45号君）；福克斯得到18+8、3次抢断，[②]命中制胜罚球（比赛还剩4秒时，他们用了8秒打了一个传切战术，然后他被恶意犯规，回到场上后投中了罚球）；球迷们高兴地涌入球场，福克斯跟青梅竹马的朋友布芙（Boof）相吻在一起；我们则明白了个人的荣耀也可以从团队的胜利中获得。完。

这跟科比有什么关系呢？他的生涯都在福克斯和狼人之间摇摆不定。福克斯的人格控制了他头五个NBA赛季，在第五年到达了巅峰，他在2001年季后赛打出了无与伦比的超级副手表现。在洛杉矶第三冠的赛季里，他遭遇了自我认同的转折点——半人半狼——最终在之后两个赛季化身为

---

① 译注：分别是《十八岁之狼》《龙威小子》《洛奇4》中的音乐。

② 原注：就我们所看到的，福克斯得了14分（6投5中，4罚4中），6次助攻，2次抢断。45号君（少年比尔·拉塞尔）拿下10分、3个盖帽。肥仔得了5分，33号6分。我们看到了福克斯归来后的47分里的35分；我忽略掉了重复的镜头（没有哪部体育电影剪辑得更差了），自己脑补了剩下的12分。

狼，一桩性骚扰指控、与沙克令人难堪的交恶过程[①]以及在球队2004年总决赛大崩溃中的灾难性表现（在底特律的4场胜利中，科比86投57铁）构成了最低潮。那年夏天湖人选择了科比而非沙克后，狼人取得了控制权，带来了不可思议的3年，给我们的记忆留下了三件事：

1. 菲尔·杰克逊在沙克去往迈阿密后也辞去了教练职位，接着出了一本毁灭性的书——《最后一季》（*The Last Season*），书中他不断地指责科比幼稚（“命令沙克去做某事，他会说：‘不，我不想这么做。’但噘了一会儿嘴后，他还是会去做。命令科比去做某事，他会说：‘好的。’然后继续做自己想做的事。”）和自私（“科比没有找到成为体系的一部分的方法，不愿交出比自己更大的东西。他本来可以成为M. J. 的王位继承人，说不定能赢下跟他一样多的总冠军。他现在可能还能夺得一到两个冠军，但是他不会成为男孩们心中的英雄，只能留下无情歹徒的形象。”）最可怕的部分：“‘你不会相信的，’米奇·库普恰克这么说，告诉我科比和科罗拉多的强奸指控。我觉得惊讶吗？是的，但没那么彻底。科比有着惊人的怒气，这一点他早就向我和他的队友们展示过。”哎呀妈呀。你最好的球员被控强奸，你居然没有彻彻底底感到吃惊？？？这俩人是怎么能在那本书之后又再次合作的？[②]

---

① 原注：当科罗拉多警方讯问科比性骚扰的时候，科比令人难以理解地提到沙克对这种事情（显然是指约会时出了岔子）也都是这么做的。仅供参考：这正是为什么沙克恨科比！另外，还有一个传说——可能是编的——说大卫·斯特恩的团队开了个紧急会议讨论科比的指控，有人推断说科比的错误在于没有意识到那个科罗拉多无知少女经验不够老到，所以在他有过分要求时，事情就出岔子了。一头雾水的斯特恩于是让人翻译翻译什么是“过分要求”。现场陷入了一片尴尬的寂静，然后有人吞吞吐吐地解释了一种在NBA圈子里很流行、画面太美我不敢说的场景。显然，斯特恩当时的表情简直是无价之宝，此前此后都无从再见。

② 原注：杰克逊的《最后一季》中描述了NBA史上最精彩的一桩偶发趣事：“不过我确实听说过，有那么一次，（球员）会议真的对球员们产生了相当的影响。杰克·麦克马洪在20世纪60年代执教辛辛那提皇家队，一次西海岸之旅，他在旅馆里召开了一次会议，试图让球队回到正轨。球员们都很害怕，但据我的尼克斯前队友杰里·卢卡斯所说，迎接他们的是两箱啤酒、4夸脱的威士忌和3个失足妇女。‘伙计们，你们自己搞定。’麦克马洪说完就离开了房间。皇家队成功搞定了一切，打出了一波连胜。”20世纪60年代，各位看官！他们难道不能把这则故事放到《广告狂人》的某一集里吗？

2. 科比的81分之战为自己的前加索尔阶段下了定义，这事有好也有坏。那个赛季他是那么的自私——愤怒于烂得残暴的队友、沙克在迈阿密的成功，以及自己的巅峰期被浪费掉了的想法——以至于我开玩笑说："跟科比玩花旗骰时最棒的部分就是看他终于还是忍不住打破了自己'死不pass'的底线。"①但是81分？外线球员想要达到这一纪录，就必须霸占球权到令人发指的地步。我跟我老爹一起看了比赛：科比冷酷的举止，洛杉矶板凳席的缺乏热情，甚至他的队友们努力而无效地拼命抢篮板和抢断来为他创造更多出手机会的做法，这些都让我们深深着迷。②当筋疲力尽的科比得到了81分后，杰克逊（那个赛季回归了）把他换下，队友们都虚情假意地上前用拥抱和击掌来欢迎他。最精彩的反应属于杰克逊，他似乎很愉快，很赞许，然而又有点耻辱，大概就像哈莉·贝里的老公在看《死囚之舞》（*Monster's Ball*）首映时的表情。③之后我们才意识到史上第二高分的重大意义……还有科比只有两记助攻的滑稽事实。从来没有一个NBA球星狼化到如此地步。

3. 2006湖人在对菲尼克斯的系列赛里浪费了3：1的领先优势，科比的队友在抢七中打得异常之烂，以至于科比在中场休息回来后报复性地在最后14分钟里只出手了两次（更不用说菲尼克斯的领先优势到了25分）。若非他的队友是夸米·布朗和斯马什·帕克之流，我肯定会更加责备他。这还不是他最精彩的时刻呢。一年之后（菲尼克斯在首轮轻取湖人后），科比暴躁地要求交易，有两次差点就去了芝加哥，但是最终还是留了下

① 译注：花旗骰（craps）是一种游戏，玩家可以选择喊"pass"（过）或"come"（继续）。而"pass"又有传球的意思。

② 原注：看某个篮球运动员飙高分总是一件叫人着迷的事情，哪怕在这个过程中他彻底冷落了队友们。在一场皮蒂诺时代的凯尔特人比赛的中场时刻，他们举办了一场特奥会集训赛，其中一个小孩看起来在这种比赛里有点，呃，太健全了。他不仅在4分钟里得了20分，而且让我到今天都相信是他给了《圈套》（译注：*The Ringer*，2005年喜剧电影，男主角为了奖金而假装智障参加特奥会。）以灵感。事实上，这小孩强到让坐在我周围的观众都担心皮蒂诺会给他一份3000万美元的合同。但你知道吗？即使这小朋友跟他们打球时显得有些不公平，那个时刻仍然很棒。大家都看得入迷了。每个人都在欢呼。当然，我那时候喝醉了，所以事情可能跟我的记忆有些出入。但重点在于，*我*相信这发生过。

③ 译注：哈莉·贝里凭此片荣获奥斯卡最佳女主角。片中有多段她的裸露镜头。

来。[①]在史上前十五的球员中，他是唯一一个差点儿在巅峰期被交易的非中锋球员。更糟糕的是，当时没有人在说："哇，他们真的要交易科比这么伟大的家伙？"但是杰克逊和德里克·费舍尔逐渐将他拉了回来，科比也短暂地接受了他内心的福克斯部分，然后就是那不公平到骇人听闻的加索尔交易了。三次总决赛，两个冠军，人们似乎达成了共识，科比"已经悟了"，虽说每次狼人偷偷溜出来时——比如2010总决赛的抢七，波士顿整场用双人包夹他，挑逗他让他多出手低命中率的投篮（他这样做了3节）——我们才会想起，科比并没有真正搞定这回事。他总是想赢，但他也总想做英雄。而有时候，你不能同时做到这两点。

现在回头看，科比似乎从没有对自己的形态满意过——这可以追溯到他在20世纪90年代末决定留一个注定要失败的M. J. 式光头，或是2000年全明星周末时跟蒂拉·班克斯（Tyra Banks）合作的效果颇滑稽可笑的说唱二重唱——福克斯/狼人的内心挣扎象征了一切。他用了过去5年时间有条不紊地重塑自己作为球员和公众人物的形象，先是换了号码（8号到24号），然后是一个自创的绰号（"黑曼巴"）[②]，接着是身份的改变（他变成了一个深爱家庭的男人和一个有着完美幽默感的非凡队友，至少我们是这么期待的），然后是"酷范儿"的改变（耐克装作不小心泄露了一段科比跃过飞车的视频），再是风格的改变（聪明地向一种更高效的进攻方式转变，其核心是一招改进后的外围投篮、一招致命的后仰和几款低位脚步），最终在2008奥运代表队中扮演了防守专家和关键时刻杀手的

① 原注：第一次，芝加哥拒绝把洛尔·邓加入交易。（这一事实基本上终结了所有"科比比M. J. 更好"的争论。）几周后，公牛队把邓放进了报价中[还有泰·托马斯（Tyrus Thomas）、乔基姆·诺阿和本·戈登（Ben Gordon）三选二，再加一些选秀权]，但是科比否决了交易，因为他觉得那样他们队的核心也都被抽尽了。

② 原注：科比的解释："黑曼巴可以在全速连续反复攻击时达到99%的精确度。这是我希望在篮球上能拥有的精确度。过去两个夏天我都没能训练，我深陷枪战之中，手上只有一把锈迹斑斑的黄油刀。我确实有一点儿杀戮行为，但我只是在努力让自己生存下来。"摔跤手们换绰号时，事情会显得很有趣。吹牛老爹换绰号时，事情会显得很有趣。但是当一个曾经受指控性骚扰的NBA球星觉得用一条13英尺长的毒蛇来当绰号是个超赞的想法时，这就显得有些疯狂了。

角色。[①]当西班牙在决赛末段把比分追到只差两分时，我们叫了个暂停，我在心中对自己说："这是我最害怕的：胶着的比赛，陷入疯狂的观众，好几个美国队员会说：'让我来！'"然而，所有人都看向了科比，他站了出来。从没有哪次"当今最佳球员"的争论解决得如此自然。之后的两年非常有趣：许多球迷把科比吹上了乔丹的等级，虽说科比还配不上。他2009年和2010年的关键时刻数据跟勒布朗相比显得非常苍白，但所有人都认为科比是联盟的首席刺客。[②]从2008年到2010年，他打了18场总决赛，没有一场的表现足以入选ESPN经典频道，但没有人觉得他失败，因为湖人拿到了两个冠军。他是伟大，但多伟大？在电视节目里，电台节目里，专栏里，博客里，留言板里，推特里，我们都为他的成就吵得面红耳赤。人们慷慨激昂地说着他的好话，另一些人慷慨激昂地黑着他。而在他们为他戴上第五枚戒指以后，再没有人能质疑他的履历了。无论怎么算，科比都已经超越了奥斯卡和杰里，成为史上第三后卫。

奥斯卡和杰里有公平的机会去挡住科比吗？2009年，在我为了一篇ESPN.com的文章而跟格拉德韦尔交流电子邮件时，我提到科比所处的时代使得一种40年前不可能的生涯有机会实现。在今天，有很多方法来延长篮球明星的巅峰期——训练技术，医疗进步，录像分析，更好的装备——因此过去几年里，他就像是一个身处糖果店的小孩。这不只是听从乔丹"每个夏天，我要给我的比赛加一项东西"的教训（就像科比在2009年夺冠后继续跟从奥拉朱旺学低位脚步）或马隆"照顾好你的身体，你的身体

---

① 原注：这段时间里他也成了我记忆中做了最多的流行文化/体育比喻的运动员。我专栏文章的非正式统计包括托尼·蒙塔纳、桑尼·柯里昂、迈克尔·柯里昂、福克斯/狼人、好莱坞的浩克·霍根、克罗凯特/塔布斯（和沙克一起）、埃迪·墨菲、A-Rod、一个名叫休斯敦的成人片女演员，还有我个人最喜欢的——马洛·斯坦菲尔德（Marlo Stanfield）。"*老子的名字就是老子的名字！*"你难道脑中没有浮现出科比大吼这句话的画面吗？（译注：马洛·斯坦菲尔德，电视剧《火线》中的人物。）

② 原注：根据82games.com，勒布朗2009年的关键时刻数据（56%的命中率，每48分钟31.2次出手、20.8次罚球出手、55.9分、12.6次助攻）胜于科比的数据（46%的命中率，39.1次出手、18.2次罚球出手、56.7分、5.7次助攻）。2010赛季更是一边倒：勒布朗的49%的命中率、41.0次出手、26.1次罚球出手、66.1分、8.3次助攻，轻松秒杀科比的44%的命中率、36.0次出手、18.9次罚球出手、51.2分、3.6次助攻。

也会照顾好你”的教训那么简单。一则可以代表科比的故事：迈克尔·刘易斯写文说肖恩·巴蒂尔如何花上几个小时看录像带以期更好地防守科比的动作后，科比找人做了份类似的录像分析，分析他自己的动作，然后加了几招来让巴蒂尔防不胜防（就像他们在下象棋）。另一个可以代表科比的故事：在我访问耐克发展大楼（他们为特定球员定制球鞋的地方）时，他们的部门领导承认说科比是他们最喜爱的客户。为什么？因为他不断地推动他们给自己制作完美的球鞋，一次次地全身戴满传感器参加令人精疲力竭的实验。2009年季后赛后，科比敦促他们制造一款能避免脚踝扭伤的低帮鞋——听上去似乎自相矛盾——但耐克相信他们能做到。这都是因为他不断地向他们发起挑战。要是回到过去奥斯卡和杰里的时代呢？他就只能穿寒酸的查克·泰勒①，等着扭伤脚踝。

格拉德韦尔认为我所描述的是资本化指数：“即指一个团体如何更高效地运用其天赋。撒哈拉以南的非洲在——比如说——物理学上就彻底地尚未资本化：住在那里的很多人有能力成为物理学家，但是没有机会去实现其天赋。加拿大，与之相反，在冰球运动员方面就高度资本化：如果你在加拿大会打冰球，相信我，我们总会发现你。我最喜欢的心理学家之一，詹姆斯·弗林（James Flynn），研究了美国不同职业的资本化指数：举例来说，智力上足以搞定顶级管理、职业工作的美国人最终能找到这样的工作的比例。数据低得出人意料，大概60%什么的。这说明我们还有很大的提高空间。而你所说的过去半个世纪NBA身上发生的，就是资本化程度越来越高：现在的天赋并没有比过去更多，但是存在——因为种种原因——对天赋更高效的利用。”②

这就是为什么科比作为球员永远没法够到乔丹的上限，但是他的生涯——整段生涯——有可能更加伟大。2010—2011赛季开始时，他才32

① 译注：查克·泰勒全明星，即匡威最经典款式的帆布鞋。

② 原注：在这观点的基础上：我们有惊人数量的老球星（纳什，德克，邓肯，皮尔斯，科比等等）还在不断延续巅峰；惊人数量的25岁以下球星（杜兰特，霍华德，保罗，罗斯，朗多等等）正冒出头；惊人数量的建队核心（勒布朗，梅洛，霍华德，波什，韦德等等）正处于巅峰期或准巅峰期。为什么？因为有潜力的球星现在很少受到毒品、金钱和伤病的影响。他们现在有了更高的成功机会。巅峰期也更长。

岁，在里程表上已经打了惊人的14个赛季和1219场比赛（常规赛加季后赛）。①假设他再打4个高质量的赛季，场均24分，两进总决赛（一次夺冠），锁定一次最佳阵容一队和三次二队，避免让人产生明显下滑的伤病。（完全可能。）下面就是他2013—2014赛季可能的履历：6枚戒指，9次总决赛经历；60000分钟（常规赛加季后赛）；34000分（史上第三）；1300场常规赛（纪录是罗伯特·帕里什保持的1611场）；季后赛6500分（轻松破纪录）；9次NBA最佳阵容一队，5次二队，两次一队。再说一遍，这是完全合理的猜测（健康允许的话）。再随便晃荡3个赛季，他突然就成了非中锋球员中的卡里姆，史上第三或第四好的球员。这些数字会不断增加：戒指数，NBA最佳阵容次数，全明星次数，得分，比赛场次，季后赛场次，总上场时间。至少，将会出现“乔丹vs科比”的争论。我会对此表示愤怒，跟你说闭嘴，我们应该停止拿别人跟乔丹比较了，不过，至少会有这样的讨论。有人会问：“如果你要建一支球队，可以选择一名球员的生涯，你会选择1984—2003的M. J.（缺席5个赛季）还是1997—2016的科比（不缺席任一赛季）？”会有人不知道该选哪个的。我不会。但有人会。

所以这就是科比，一个靠一笔幸运交易和无数勤勉努力重新改写了自己生涯的家伙。他只关心变得更好，保持自己已经得到的。他学会了信任队友——尚未完全信任，但已经足够了。他甚至挣得了像我这样的科比脑残黑们的吝啬的欣赏；如果说去年夏天的勒布朗/韦德同盟有什么益处的话，那就是科比可能会看了“决定”，摇摇头，小声地说“这帮娘们儿”，然后一头扎进训练馆直到深夜。不管你怎么看科比·宾·布莱恩特，但他从未选择过捷径。我们仍然会一直好奇，他的自我意识是否让他的巅峰期在某种程度上被挥霍了。2004年季后赛期间，菲尔·杰克逊说到过他：“有时候他想要占有全部的球权……而当我们进入季后赛，这一点

① 原注：在1989—2000年的所有高中生球星中[T-Mac、K. G.、科比、肯普、阿尔·哈林顿、杰曼因·奥尼尔、乔纳森·本德（Jonathan Bender）、拉沙德·刘易斯、达赖厄斯·迈尔斯]，只有科比和刘易斯没受过重大膝伤……科比还比刘易斯多打了两个赛季和14000分钟。

就会消失，因为他知道，如果我们想要在季后赛里走得更远，他就必须先把自我意识撇在一边，遵从我们必须遵从的。任何只为自己而打球的球员都知道，自己这么做是在跟篮球的基本规律对着干。那是一种自私的比赛方式。你知道，当你把球队变得不再团结，当你做很个人的事情时，你就会有一群不大高兴的队友，你懂的……他也懂的……直觉告诉我，我必须相信他会回到这一点，相信他知道什么时候是正确的时机。常规赛季结束了，荣耀都实现了，纪录已经记载进了书里，数据也刷完了，现在是时候向前看，按照篮球应有的方式去比赛了。”

完全正确。科比知道正确的比赛方式，但是很多年来，这么打球并不是他的第一选择。他是唯一一个了解“秘密”却对之不屑一顾的伟大球员。曾经，看他打球——至少对我来说——就像是有一个朋友花1000万美元买了座超好的宅子——就像新奥尔良那些用来拍摄布拉德·皮特的烂片的房子——然后给它涂上奇怪的颜色，拒绝找个管家，布置上滑稽的现代主义家具，基本上把房子给毁了。*哥们儿，你在干什么？你没意识到你拥有的是什么吗？*一年又一年，科比就是没有意识到。他打球时有着一种奇怪的心理，相信他一个人的英雄行为可以提升队友，只偶尔才费心用传统的方法来帮助队友。甚至在他生涯最重要的夜晚（2010年总决赛抢七），他心中的魔鬼还是冒了出来：科比狼化了前3节，然后才及时切换到福克斯模式，才避免了灾难。黑子们怒黑他的糟糕表现（24投6中，骇人听闻的投篮选择）；蜜们则赞美他的防守、罚球（最后一节9罚8中）和篮板（全场15个）。科比·布莱恩特在那场比赛里打得足够好吗？还是波士顿表现糟糕才让他躲掉了整个生涯最大的一枚子弹？没有正确的答案。①我们讨论了整个夏天。我们还会接着讨论。对这位自威尔特之后NBA评价最

① 原注：事实上有：科比在那场比赛里*烂透*了。他们在第3节还剩4分钟时换下他时——落后9分，科比19投15铁——观众席上的气氛是我此前从没见过的。他们的湖人队要送掉总冠军了；他们的偶像葬送了自己的传奇。他怎么都抹不掉这场比赛的污点了。然而此后波士顿开始打铁，抢不到篮板，让已经上钩的鱼儿脱了钩。整个系列赛，科比在7个第4节里命中率28%……但是考虑到他伤了一根指头，膝盖酸痛，32个月里打了304场比赛（再加上2008年奥运会的附加任务），你不得不对他宽容一点儿。这点简直让我发疯。虽说这没能阻止我拿“24投6中”开了一个夏天的玩笑。

两极分化的超级巨星而言，这不过是又一个评价两极分化的夜晚罢了。

7. 蒂姆·邓肯

履历：13个赛季，13个高质量赛季，12届全明星，1999、2003、2005年总决赛MVP，2002、2003年MVP，2001、2004年MVP票选第二，1997年最佳新秀，1998、1999、2000、2001、2002、2003、2004、2005、2007赛季最佳阵容一队，2006、2008、2009二队，2010年三队，2000年全明星MVP，最佳防守阵容（13次，8次一队），单季联盟第一：总进球数（1次）、总篮板数（1次），4支总冠军（99、03、05、07马刺）球队中最好的球员，2003年季后赛25+15+5、3.3个盖帽、53%的命中率（24场），巅峰两季24+13+4、51%的命中率，生涯季后赛23+12+4（170场），职业生涯：21.1分（历史第36）、11.6个篮板（历史第20）、2.3个盖帽（历史第17）、50.8%的命中率，20000分+10000篮板俱乐部

有一次我问老爹：“你会去读一篇关于邓肯是多么受人低估的专栏文章吗？”

老爹做了个鬼脸。他玩着自己的头发，看起来有点儿困惑。“一整篇文章全讲邓肯？”

“你不会去读吗？”

“应该不会。我会看一眼标题，扫扫前两段，然后跳到下一篇文章。”

“你是认真的吗？他可是过去十年里最好的球员！”

“不不不，”老爹坚持道，“没有人会想读邓肯的文章。他没那么有趣。”

至少老爹始终是这么告诉自己的。1997年乐透抽签以来，邓肯的超凡能力一直是他（以及我）的一个心病，凯尔特人当时有36%的机会可以获得状元签，但圣安东尼奥却横刀夺爱。①我们失诸交臂的救世主扛着马刺在接下来的十年里豪取四冠，要不是2004年费舍尔的奇迹一投和2006年诺维茨基史诗英雄般的三分打，这个数字本还有可能上升到六个。除了一堆58胜赛季和一些总冠军外，我们还错失了什么呢？首先是可以持续关注NBA史上最稳定的超级巨星的机会：他年复一年地交出23+12、25+13或21+11外加50%的命中率的数据。他一入联盟就交出了后合并时代最佳新秀赛季之一：21+12，271次抢帽，56胜，NBA最佳阵容一队，最佳新秀。他在第二个赛季就拿下了总冠军，并成为继麦克黑尔和哈基姆之后又一个拥有最多低位动作因此任何时候都必须包夹他的家伙。不止于此。他沉静的风神从未有过起伏波动，正如他的招牌投篮一般（老派的打板投篮）。在经历了超过1000场常规赛和季后赛之后，他仍然是联盟前五的球员，因为他用不断增长的篮球智商弥补了身体机能的自然蚀损；整个生涯，他几乎一直是联盟中最聪明的球员。②如果说老邓肯和年轻邓肯之间有什么重大区别的话，那就是他在协防和全面沟通方面的进步。每次我在现场看马刺的球，首先吸引我的东西总是：他们在防守端的交流有多棒。友好而又互不相让地叽叽喳喳着，就像5个哥们儿在21点赌桌前不停地商量，想找出爆掉庄家的办法。邓肯始终是这一切的轴心，是那个照看着所有人的长兄，是那个总是揽着队友肩膀的老大哥。他是球队的防守大锚，最聪明的球员，情绪上的领袖，关键时刻得分手，最富好胜心的选手，还是少数非常罕见的光靠数据无法衡量的超级巨星之一。50年后，有些数据怪人会研究邓肯时代的数据，得出邓肯并不比马隆好的结论。但他是错的。

---

① 原注：这都怪我。我本来要跟老爹一起看乐透抽签的，但是我打破了计划，选择到住在鳕鱼角（Cape Cod）的女朋友家里讨论政治问题去了。我朋友称她为“疯子”。不用多说，我们很快就分了。即使在去那里的路上，我还在对自己说：“这么做不对。我抛弃了老爹。我其实根本没这么喜欢这姑娘。”但我没能阻止自己。凯尔特人最终得到了探花和6号签。我让球队多花了5年时间重建。再说一遍，都怪我。

② 原注：除了一般所说的“最聪明的球员”的本能外，邓肯还具备一种小技巧，知道如何选择自己的挡位，敏锐地感觉到何时他的球队需要他来接管比赛。如果他们需要T. D. 在一场必须拿下的季后赛中砍下34+22，他就会做到。如果他们需要T. D. 在第4节拿下18分，他就会做到。如果他们只需要他做些脏活，保护篮筐，为队友们吸引包夹，让所有人都变得更好，他就会做到。他可以在任何情况下适应任何球队。这一点把他跟K. G. 区别了开来。

这年头，我不喜欢说什么高估/低估的问题。有了那么多的电视和电台节目、专栏作家、博客写手和高素质的体育迷，对任何东西做错误的评价都成了几乎不可能的事情。但是我要说，蒂姆·邓肯被低估了。还有呢？我要说，他被严重低估了！4枚戒指，两座MVP，3度总决赛MVP，9次入选NBA最佳阵容一队……而且他还在缓步前行着。你有没有意识到，他最好的队友是大卫·罗宾逊（在邓肯的新秀年就33岁了）、吉诺比利（从未入选最佳阵容三队）和托尼·帕克（同上）？又或者，他从没能在一支有统治力的球队中打过球，因为马刺总是被困在战绩榜顶端，想要来点儿“新鲜”血液就只能靠非乐透秀、外籍新秀、漂泊浪人、大龄老兵和被别队扫地出门的怪咖。这或许正是我们并不欣赏他的原因之一：他从没有在一支有可能获得70胜、在常规赛被大炒特炒的超级球队中闪耀过。另一个原因：他身上皮特·桑普拉斯的东西总是多了那么一点儿。他没有沙克的幽默感，科比非凡的紧绷感，K. G. 咄咄逼人的气势，艾弗森的张扬，勒布朗让人惊掉下巴的运动能力，韦德促进自我的禀赋，纳什招球迷喜爱的技术动作，甚至德克的恶狠狠的挥拳。邓肯最具代表性的特质？每次出现争议判罚后他那极力圆睁的、写满了不敢相信的双眼；但这习惯也在近些年逐渐用老了。他的另一个“问题”在于始终稳定的持续性。如果你总是打出一流赛季，却没有一季特别突出的，那不久之后还会有谁注意你呢？

好莱坞曾有一个先例：曾几何时，哈里森·福特（Harrison Ford）在整整15年里输出了无数怪兽级作品，终于有一天，人们才突然意识到：“等等——哈里森·福特毫无疑问是他那个时代最大牌的影星啊！”从1977—1992年，福特出演了三部《星球大战》、三部《印第安那·琼斯》（*Indiana Jones*）、《银翼杀手》（*Blade Runner*）、《上班女郎》（*Working Girl*）、《证人》（*Witness*）、《无罪的罪人》（*Presumed Innocent*）和《爱国者游戏》（*Patriot Games*），但直到他出演了《亡命天涯》后，人们才意识到他是比史泰龙、伯特·雷诺兹（Burt Reynolds）、伊斯特伍德、克鲁斯、科斯特纳（Kevin Costner）、施瓦辛格及其他所有同时代的演员都更稳定的票房保证。和邓肯一样，我们对福特在工作之外的事情几乎没什么了解。[①]和邓肯一样，福特身上并没有什么天生引人注目的东西。福特只关心如何不负众望地完成使命，而我们最终也学会了欣赏他这一点。

同样的情况哪天也会发生在邓肯身上吗？他并不差数据和资历。他横扫了有沙克坐镇的99湖人，在第3战和第4战中分别砍下37+14+4和33+14+4；然后在1999总决赛中场均27+14，成为史上第二年轻的总决赛MVP。他率领着一群让人丝毫没有印象的帮手成为了2002季后赛高位种子，整个赛季超过3200分钟、2000分、1000个篮板、300次助攻和200个盖帽。2002年季后赛，面对两届卫冕冠军，在球队像一坨屎、罗宾逊还缺阵了前两战的情况下，邓肯场均29+17+5（力压沙克的21+12+3），最终5场败给了当季总冠军洛杉矶。2003年季后赛，先后面对湖人和小牛，他在连续7场比赛中场均31+17+6（包括用一场37+16+4淘汰了沙克的球队）。[②]他用24+17+5扼杀了篮网，轻松拿下2003总决赛MVP，终结战几乎砍下四双（本应被奉为传奇的21+20+10+8），而且几乎没有从暮年罗宾逊（季后赛7.8分、6.6个篮板）或别人（帕克、吉诺比利和斯蒂芬·杰克逊场均加起来37分不到、40%的命中率）那儿得到什么帮助。经历了2004年的失意之夏（费舍尔的惊人一投和令人失望的奥运会惨败），[③]邓肯看起来心力交瘁，他留起了佩德罗·塞拉诺式的光头和山羊胡，与纠缠不休的伤病做斗争，率领马刺击败了活塞，当之无愧地赢下了总决赛MVP，虽说本·华莱士和拉希德·华莱士贴身包夹了他整整7场。（菲尼克斯的丹东尼总结得再好不过了："邓肯是终极赢家，这也就是为什么马刺那么优

---

① 原注：我在写到这段时震惊了——我甚至不知道邓肯有没有妻子和孩子。或者关于他的别的事。说不定哪天你会在《周末的我们》（译注：*Us Weekly*，著名娱乐八卦杂志）上看到他跟伊娃·门德斯（Eva Mendes）约会的消息，你会非常困惑，完全搞不懂发生了什么。

② 原注：跟湖人的系列赛一度2：2平，然后邓肯在最后两场中砍下64+30（晋级战25投16中，率队28分大屠杀）。沙克两场51+22。还有，邓肯的2003季后赛季有着史上最高的胜利贡献值：5.94。要是我能知道这鬼玩意儿是什么意思的话我会更激动的。

③ 原注：邓肯从来没有因此而得到足够的赞誉：过去3年里他打了289场比赛中的275场，然后默默地选择了代表他的国家出战，而K. G. 却没有参加。为什么？因为K. G. 在人生首次过次轮后感到累了。但是大家都称K. G. 为"战士"？你认真的吗？等等，为什么我一直在黑一个凯尔特人？

秀……我不愿意承认，但他就是这项运动中最好的球员。”翻译：*邓肯实在太强了，我不得不背叛我的2005年MVP了。*）与他最强的一支马刺队（2007）一起夺得第四冠后，他正式抢走了“史上最伟大大前锋”的金腰带。在他生涯头12年中，邓肯一直是联盟中前三不可能被交易的球员。[①]

但是……你还没有被我说服。你记得沙克在连续三届总决赛里碾压所有人。你记得哈基姆在1994赛季和1995赛季接过了伟大中锋的火炬。你记得摩西带领费城打出的“Fo Fo Fo”赛季，击败了卡里姆，还有1982年那场疯狂的38分、32个篮板。你不太记得邓肯什么时候开启过这样的凯泽·瑟泽模式。这一点困扰着你。想要排得那么高，你得狠狠踢过一堆人的屁股，是吧？（我的反驳：再看一次他的2003赛季吧，他踢了一路的屁股。这是真的。）但是说真的，正是这一点让他变得与众不同——跟伯德、拉塞尔、“魔术师”一样，他总是把他最好的比赛留到球队最绝望地需要的时刻。完美的邓肯式比赛？22分，13个篮板，3个盖帽，让所有队友参与进来，做好防守大锚，赢个10分，然后大家各回各家。他压根不在乎数据。真的不在乎。还记得2007年媒体愚蠢地把帕克选为2007总决赛MVP吗？没有人比邓肯更为他感到高兴了。正是这点铸就了邓肯的伟大。如果你想打“他有什么独特的东西能让我们记得的吗”牌，看好这个：他可以在任何风格中打球。在枯燥的降速、肉搏、防守大于进攻的年代（1999—2004），邓肯赢得了两冠。在大家都在适应新规则的转型期（2005—2006，NBA开始吹罚hand-check，允许移动挡拆），他拿下了第三冠。在突破分球/进攻击败防守/小球时代，他第四次戴上王冠，是少数既可以在低位打击对手又可以在防守端限制更快速的球员的大个子。说到这本书的主题，他还可以让所有人都变得更好，在紧要关头挺身而出。我不知道我还落了什么。

你会希望跟蒂姆·邓肯一起打球的。这家伙无懈可击。虽然老爹很有可能跳过本书的这一节，直取威尔特。

---

① 原注：在我2001年开始每年发布在旧网站（后来是ESPN）上的“谁的NBA交易价值最高”专栏中，邓肯历年排名为2、2、3、1、2、1、3、3、4。从1997—2008年，圣安东尼奥在有他的情况下常规赛615胜265负，季后赛91胜57负，赢下四座总冠军，总决赛4胜0负。这，才称得上是持续性。

6. 威尔特·张伯伦

履历：14个赛季，13个高质量赛季，13届全明星，1960、1966、1967、1968年MVP，1962、1964年MVP票选第二，1967、1972年总决赛MVP，1960年最佳新秀，1960、1961、1962、1964、1966、1967、1968赛季最佳阵容一队，1963、1965、1972赛季二队，第一个巅峰三季44+24+4，第二个巅峰两季24+24+8，季后赛巅峰三季33+26+4（35场），单季联盟第一：得分王（7次）、篮板王（11次）、助攻王（1次）、命中率（9次）、出场时间（8次），单季纪录：50.4分、27.2个篮板、72.7%的命中率，生涯纪录：30.1分、22.9个篮板、50+次数（118）、单场得分（100）、单场篮板（55）、连续得分王（7年），生涯：总篮板数（历史第1）、总得分（历史第4）、总出场时间（历史第5），连续10个赛季20+20，1支总冠军（67费城）和1支总亚军（64勇士）球队中最好的球员，1支总冠军（72湖人）和3支总亚军（69、70、73湖人）球队中第二好的球员，30000分+20000篮板俱乐部（唯一成员）

关于“大北斗”我们已经说得够多的了，虽然他的1967赛季和1972赛季或许可以说明“如果威尔特知道自己想要的到底是什么，他本来可以成为史上最伟大的球员”。两年前我遇到了一位名叫保罗·凯莱赫（Paul Kelleher）的老凯尔特人球迷，是那种典型的波士顿爱尔兰裔老头，头发雪白，很重的口音。他从20世纪50年代就开始去花园了。当然了，我问了他拉塞尔和张伯伦的事。他的回答：“威尔特是我见过的天赋最高的球员，但是拉塞尔更加渴望。”当时我就想：“太棒了——我写了整整一章、一万个词来说明，这家伙一句话就概括完了。”但他说得确实很好。①

不过，我不希望这本书里对威尔特的意见全部一边倒，没有人为他说

---

① 原注：坏脾气老编辑的骇人言论：“没有人比他更能浪费天赋（coast），甚至埃迪·库里都不如他。威尔特有那么多个赛季一直在浪费天赋，他真应该被封为Coasters乐队的荣誉成员。把威尔特摆进众神殿？我觉得你太激进了。”（译注：The Coasters，第一支入选摇滚名人堂的乐队？）

话，所以我请来了我朋友查克·克洛斯特曼，[①]给了他1000字。下面是他写的：

在“歌利亚”生前，没有人是他的铁杆球迷；但是在他死后，我逐渐开始成为他的死忠。你怎么能不支持他呢？威尔特·张伯伦是一类悲剧形象的原型——一个饱受批评、不被人们欣赏、拥有自毁性格的教练杀手，却碰巧又是史上在实的层面上最伟大的篮球运动员。除了他之外，我想不到还有哪个运动员的声誉比实际上取得的成绩要低那么多。有谁拿了两次总冠军却被几乎所有篮球史学家视为失败的呢？我一个也想不到。一个场均50.4分的球员在MVP票选中排在第二，这合情合理吗？不。但这就是威尔特留给我们的（而且会一直流传下去）。

当然了，问题在于我用的词：“实的层面上”。如果一个东西被描述为“实的层面上很好”，仿佛就暗示着其“在虚的层面上有瑕疵”。这也是为什么威尔特在与比尔·拉塞尔的所有比较中总是落败。拉塞尔在那些很模糊的、讲不清摸不着的层面上很伟大，所以体育写手们可以拿自己喜欢的象征去套他。拉塞尔是一支超级球队的中心人物，所以历史会暗示说，他应该是最伟大的、最有意义的力量。他的胜利使这一切都具备了合法性。如果你支持张伯伦，大家会觉得你好像只关心牛叉哄哄的数据。但是考虑一下这个问题：如果在某个（有着不同的价值观的）平行宇宙，张伯伦能成为拉塞尔吗？有可能。拉塞尔能成为张伯伦吗？不可能。张伯伦是存在过的唯一能成为张伯伦的人类。

20世纪60年代的篮球是另外一种运动，所以一些牛叉数据的意义并没有那么重大。但是看看这个：在1961—1962赛季，张伯伦在15场比赛中得到60分以上。迈克尔·乔丹整个职业生涯也才5次。1973年张伯伦退役后至今，没有一名球员的单赛季场均篮板能追上他生涯1045场比赛的平均数

---

① 原注：请随便挑一本查克的书看看。他是我所知的唯一一个体育无神论者——热爱体育，热爱持续关注体育，没有特别的主队。如果我们在大学里就认识了对方，我们要么会成为最好的朋友，要么会成为终生的论敌。或者两者兼会。

（22.9）。[1]这种听上去简直像编造的数据花一个晚上都说不完；威尔特在数字上的统治力是如此之强，以至于人们都只能装作无视它们。而当他们选择提起的时候，那些数据甚至又变得对他不利了：当写手们提到张伯伦在助攻数上领先联盟的那年时，基本上都是要来说明威尔特是多么茫然无知（他似乎相信刷助攻就能证明自己的无私，就像宣称你睡过20000个女人可以证明你很有趣）。他就是没搞懂。他就是不理解球队的活力或洞察力。但这又如何？如果张伯伦的个人数据都是没有用的东西，那拉塞尔与球队一起取得的成功又有多大用？那在历史里都只是一个脚注而已。真正的问题是：在“真空”中，谁更好？如果我们去除掉他们生涯中所有的社会意义——换句话说，如果我们忽略那些认为体育中唯一有价值的东西就是赢得一个赛季的最后一场比赛的天真无知的陈词滥调——这两个人谁在比赛中更好？

可能答案还是拉塞尔。但是在实的层面上的一切都指向威尔特。[2]

5. 拉里·伯德

***履历：**13个赛季，10个高质量赛季，12届全明星，1984、1986年总决赛MVP，1984、1985、1986年MVP，1981年比尔·西蒙斯MVP，1981、1982、1983、1988年MVP票选第二，1980年最佳新秀，1980、1981、1982、1983、1984、1985、1986、1987、1988赛季最佳阵容一队，1990赛季二队，最佳防守阵容（3次），单季联盟第一：三分球数*

① 原注：查克的脚注：“是的，是的——我知道篮板在前现代时期‘更容易抢’。但是这不重要：如果你把张伯伦整个生涯的篮板数字*减*半，所得的（11.45）仍然可以与巴克利、摩西和沙克的生涯平均数竞争。或者这么想：如果张伯伦整个生涯的每一场比赛都不打下半场，他的生涯总篮板数仍然比丹尼斯·罗德曼多8个。”

② 原注：忘了提了：我会想到让查克来表达对威尔特的不同看法，是因为他是我唯一知道的读了威尔特1973年自传的人。我认为我们甚至还交流了几封“读到空姐和威尔特的风流韵事了吗”的邮件。他们有普利策终身成就奖吗？我真的认为评委会需要好好地再看一遍威尔特的作品。

（2次）、罚球命中率（4次），巅峰五季27+10+7、51%的命中率、90%的罚球命中率、40%的三分命中率，季后赛巅峰四季27+10+7、49%的命中率、90%的罚球命中率（84场），1984年总决赛27+14+4，1986年总决赛24+10+10，1987年季后赛27+10+7、44.1分钟（23场），职业生涯24+10+6、50%的命中率、88.6%的罚球命中率（历史第10），生涯季后赛24+10+6.5、89%的罚球命中率，史上前锋生涯场均助攻最高（6.3次），3支总冠军（81、84、86凯尔特人）和2支总亚军（1985、1987）球队中最好的球员，92梦之队成员，20000分俱乐部

你担心这本书的偏向性？*哈！*伯德–“魔术师”的争论就像奥斯卡–韦斯特的一面镜子，因为我们都先有过一个定论——奥斯卡胜过韦斯特（1965），伯德胜过“魔术师”（1986）——但这个结论却在他们生涯的后半程不可思议地逆转了。你更愿意拥有伯德的9个超凡赛季，然后接着是远不如从前的4年（还缺席了其中6成的比赛），还是“魔术师”的12个A+赛季，没有什么明显的下降？我会选择“魔术师”多出的那3年。如果我因为说了这话而遭雷劈或者被电线杆压了，那也没办法。①

我们已经在序章里讲过伯德的卓越表现了，但是对他的数据，我们还挖得不够深。伯德的数据是如此全面，以至于波士顿的记者在1984或1985年在其影响之下发起了一个范特西联盟；至少据我所知，这是史上

---

① 原注：你有没有见识过关于伯德–“魔术师”争霸的最蠢的比喻？我喜欢这个：两位香农[特维德（Tweed Shannon）和惠里（Whirry Shannon）]是Cinemax频道的伯德和“魔术师”。从1992—1995年，惠里出演过《动物本能》（*Animal Instincts*）、《体热边缘》（*Body of Influence*）、《等待夫人》（*Lady in Waiting*）、《终极抢案》（*Fatal Pursuit*）、《动物本能2》（*Animal Instincts II*）、《伺候者》（*Private Obsession*）、《重放》（*Playback*）和《危险猎物》（*Dangerous Prey*），特维德则在1992—1996年主演了《媚眼激情夜2》（*Night Eyes II*）、《媚眼激情夜3》（*Night Eyes III*）、《不良行为》（*Indecent Behavior*）、《裸体真相》（*The Naked Truth*）、《赤裸追缉》（*Cold Sweat*）、《不良行为2》（*Indecent Behavior II*）、《夜火》（*Nigt Fire*）、《罪恶》（*Hard Vice*）、《不良行为3》（*Indecent Behavior III*）、《热线》（*Hotline*）、《感官吸引力4》（*Body Chemistry 4*）、《零点杀机》（*Electra*）、《超级舞娘》（*The Dark Dancer*）和《辣身危情》（*Scorned*）（或许是属于她的史诗之作）。多么棒的一段时光！而且这些正好发生在网络成人电影兴起之前。就像我们不会再见到另一对伯德和“魔术师”，我们也不会再见到另一对香农了。

第一个范特西游戏。他们每人出一笔钱，大家挑选球员组成队伍，然后把各自的得分、篮板和助攻相加（基本上就是之前提到过的42俱乐部），分数最多的球队拿走全部的奖金。因为第一个显然要挑伯德，于是他们将之命名为“拉里·伯德联赛”。最初几年，甚至是拉里亲自为他们抽签决定选秀顺序——至少他们是那么宣称的。如果人们因为你而创造了范特西游戏，还用你的名字命名，那你真是开辟了一块新天地，是吧？我们要如何衡量这种影响力？我还创造了一个公式，差不多是42俱乐部的远房表弟——把一名球员在NBA年度场均得分、篮板、助攻榜上的排名加起来。分数越低越厉害。比如说，伯德在1985年在得分上排第2，篮板第8，助攻第19。所以……2+8+19=29。

这个分数比你想象的还要好。如果我们把33当作一个标准，只选择三项都进前20的球员，而且限定是后拉塞尔时代①的球员，称之为“传奇俱乐部”，那在1969年后只有11人次可以入选：1976卡里姆（18），1972卡里姆（21），2003加内特（24），1986伯德（25），1974卡里姆（26），1979卡里姆（26），1985伯德（29），1984伯德（30），1970比利·坎宁安（31），1981伯德（32），1982伯德（33）。就这么多。“魔术师”未能入选。乔丹和勒布朗也都没有。伯德做到了4次，几乎是5次（1987年35）。他还是唯一一位生涯三项主要场均数据都排进前50的球员。也是唯一都排进前75的。唯一都进前100的。唯一都进前125的。

伯德：24.3分（18），10.0个篮板（50），6.3次助攻（43）

威尔特：30.1分（2），22.9个篮板（1），4.4次助攻（137）

奥斯卡：25.7分（9），7.5个篮板（155），9.5次助攻（4）

埃尔金：27.4分（5），13.5个篮板（10），4.3次助攻（148）

坎宁安：21.2分（34），10.4个篮板（41），4.3次助攻（151）

“魔术师”：19.5分（65），7.2个篮板（174），11.2次助攻（1）

---

① 原注：联盟扩军前的球员想进入传奇俱乐部实在太容易了：威尔特有过一个7和三个9，奥斯卡和埃尔金都做到了好几次，甚至尼尔·约翰斯顿和多尔夫·谢斯都做到过。

勒布朗（变动中）：27.5分（3），7.2个篮板（175），6.9次助攻（28）

我们还没有提他是史上第十好的罚球手（89%），或是只差一点点就能成为50+40+90俱乐部的唯一成员了（50%的命中率，38%的三分命中率，89%的罚球命中率）。这是伯德身上最疯狂的事情：他打比赛时从来不关心数据，但是没有人有他那么好的数据。便是如此。另外，我还要再多说三件与伯德有关的、不包括伦·拜厄斯这个名字的“如果……会怎样”吧，纯粹为了好玩。

1. 如果伯德的背保持健康会怎样？ 有5位名人堂球员从“如果没有早早地让位或退役的话他们能在顶级水平上保持多久”的角度来看会很有意思。斯托克顿和哈夫利切克在45岁左右的时候还能在角色球员的位置上大放异彩；他们是天生奇葩，跟60岁时仍然妩媚撩人的贾桂琳·史密斯（Jacquelyn Smith）是一类人。要不是HIV阻挠了他，“魔术师”本来会升级成大前锋，又因为他是如此热爱镁光灯而不愿离开，他的最后几个赛季会比《火线特攻》（*Righteous Kill*）里的帕西诺和德尼罗更让人沮丧。如果双腿保持健康的话，麦克黑尔的熊猫快餐菜单会永远有效；他会成为一台低位自动机器。还有伯德，他可以开心地转变成一个俯瞰者和促进者（他在不用做牵引治疗时在91和92凯尔特人队中扮演的角色），待在外线，投三分，做些梳理和转移工作，给大个子喂球，沉浸在球迷们“拉——里”的欢呼声中。就像处于人生巅峰的马特·邦纳。他本来可以一直这么打下去，直到他45岁或是感到无聊了。讽刺的是，伯德的各项技术本来可以让他拥有长得不可思议的生涯，然而他的背却不这么想。①

---

① 原注：考虑到伯德和“魔术师”成了好朋友，他们难道不可能——再说一遍：可能——在生涯将尽时做一回队友吗？想象一下他们在1994—1995赛季一起向奥兰多提议：*签下我们俩一年*。奥兰多要花多久同意，0.09秒？看到“魔术师”在魔术队或者穿着滑稽黑色奥兰多球衣的伯德给沙克送出空接会有多奇怪？还有，如果M. J. 从棒球假期里归来参加1995季后赛会怎样？伯德、“魔术师”和M. J. 在同一轮系列赛里？我现在都兴奋得战栗了。

2. **如果波士顿早点儿交易里克·罗比会怎样？**唯一能经常限制住伯德的NBA球员是他的队友里克·罗比，球队的替补中锋，同时也是伯德的买醉兄弟和惹事伙伴。凯尔特人在1984赛季前用罗比换来了丹尼斯·约翰逊之后，伯德立刻打出了前锋位置上史上最好的5年表现。这不是巧合。一旦我们掌握了时间机器科技，我们就赶快回到过去，在1982赛季前设计陷害罗比犯了谋杀罪。我只想看看那样的话会发生什么。

3. **如果伯德晚10～15年进入联盟会怎样？**伯德得以成功的肮脏小秘密：完美的时间点。他的全盛期（1980—1988）恰好撞上最后一代全攻/无守前锋群（丹特利，英格利希等），[①]这还不算那些经常被伯德教训的边缘摇摆人[厄尼·格伦费尔德，吉恩·班克斯（Gene Banks）等]和笨拙的大前锋[肯特·本森，本·波克特（Ben Poquette）]呢。让他最难过的防守人是迈克尔·库珀、保罗·普雷西和罗伯特·里德，瘦瘦高高又具备运动能力，让他每次出手都很困难；如今，10个对手中有9个会用这种方式防他。20世纪80年代末，小前锋位置上堆满了具备运动能力的斯科蒂·皮彭、泽维尔·麦克丹尼尔、丹尼斯·罗德曼、德特勒夫·施伦普夫、杰罗姆·柯西（Jerome Kersey）、罗德尼·麦克雷（Rodney McCray）、杰拉尔德·威尔金斯（Gerald Wilkins）和詹姆斯·沃西，而大前锋位置上有卡尔·马隆、约翰·萨利、萨姆·珀金斯、霍勒斯·格兰特、凯文·威利斯、“跑车”·威廉姆斯（Hot Rod Williams）和罗伊·塔普利。当年轻松吊打特里普卡和本森的好时光已经一去不复返了。伯德在1988年东部决赛里陷入挣扎时，我们都认为他太累了，忽视了一个更合理的原因：可能是罗德曼锁死了他。无论如何，没有人意识到前锋位

---

① 原注：1980—1988全攻/无守小前锋全名单：丹特利，英格利希，多米尼克，阿瓜伊尔，基基·范德魏，约翰·德鲁，特里普卡，钱伯斯，沃尔特·戴维斯，斯科特·韦德曼，伯纳德·金，艾伯特·金（Albert King），杰伊·文森特（Jay Vincent），珀维斯·肖特，贾马尔·威尔克斯，瑟尔·贝利，马凯斯·约翰逊，迈克·米切尔，奥兰多·伍里奇，戴尔·埃利斯，埃迪·约翰逊……没错，还有1983年后的“博士”。对一个21支球队的联盟来说是个大得惊人的群体。

置上的变迁，直到1989年选秀，丹尼·费里（榜眼秀）和迈克尔·史密斯（Michael Smith）（13号秀）激起了比香草冰[①]随后的专辑更为巨大的反应。关键在于，他们没有做错什么！他们只不过是在沿用一个已经完全不同了的联盟的惯例。要是费里和史密斯在1975年进入NBA，他们或许能在那个唐和迪克的时代入选几次全明星赛。每晚对抗皮彭、马隆和罗德曼？毫无机会。[②]

你知道史密斯的经历像什么吗？看看过去十年里报纸工业如何跟互联网战斗吧。*不好意思，哥们儿，过去的日子已经结束了。你们输定了。我也希望能告诉你们些好消息。*那我们可以说，伯德在前锋的位置上架起了报纸和互联网的桥梁。如果他迟个10～15年进入联盟，他会变成《纽约时报》或者《华尔街日报》（*Wall Street Journal*）：仍然很成功，仍然是必读品，但不再是标志性的了。另一方面，他会更快地接受三分线，养成现代的调节/训练/节食习惯，还有，该死，可能一些像普拉提这样的简单玩意儿就能拯救他的背……

（别谈这个了。我们进入下一节吧。）

4. “魔术师”约翰逊

履历：*13个赛季，12个高质量赛季，12届全明星，1980、1982、1987年总决赛MVP，1987、1989、1990年MVP；1985、1991年MVP票选第二，1983、1984、1985、1986、1987、1988、1989、1990、1991赛季最佳阵容一队，1982赛季二队，单季联盟第一：助攻王（4次）、抢断王（2次）、罚球命中率（1次），巅峰三季22+7+12，巅峰两季季后赛*

---

① 原注：香草冰（Vanilla Ice），白人说唱歌手，1989年发行了《直到极限》（*To the Extreme*），连续16周占据公告牌专辑榜头名。

② 原注：史密斯在凯尔特人的新秀赛季表现得很挣扎，波士顿球迷迅速得出了一个结论：“这家伙没有任何一点点点点点点机会能打出来。”不过他确实留下了一段传奇：他是凯尔特人历史最伟大的HORSE选手。甚至伯德都搞不定他。

18+7+14（40场），1980年总决赛22+11+9，1987年总决赛26+8+13、2.3次失误、54%的命中率，职业生涯：19.5分、7个篮板、11.2次助攻（史上第1）、85%的罚球命中率、52%的命中率，生涯季后赛20+8、12.3次助攻（史上第1），5支总冠军球队（80、82、85、87、88湖人）和4支总亚军球队中的前二好的球员，拥有12项季后赛纪录（其中包括季后赛总助攻数），92梦之队成员，10000助攻俱乐部成员

我心中最吸引人的篮球生涯。他是史上最有名的大学球员和职业球员之一。他有一场标志性的比赛（1980年第6场）和一个标志性的时刻（小小天勾）。他在13年中参加了10次决赛，赢下了其中的6个。他在有史以来组成过的最伟大的篮球队（92梦之队）中担任共同队长。他在史上最伟大的总决赛（1984）中星光闪耀。他在12年中与欧文、伯德、摩西、以赛亚和乔丹们相战总决赛，而这正是联盟逐渐从延时录播转向主流的12年。联盟历史上没有人能像他那样在场上场下都与他的城市完全契合。他曾被称为救世主、赢家，后来是教练杀手、掉链子专家、输家，后来又一次被称为赢家……他的全盛期甚至还没有真正出现过。无论是在你的还是我的生命中，他那样的比赛都不可能再次出现。他的第一次退役声明是体育史上最重大的十个时刻之一，也是X一代①的三大“JFK遇刺级”时刻之一（另两个是“挑战者号”的爆炸②和O. J. 的汽车事件），我的每个同龄人都记得他们是在何处听到这些新闻的。他是75年中全世界最关注的一个病例。而这些事情都神奇地发生在1979年3月至1992年8月之间。

你知道微软是怎么一个个发布Windows1.0、2.0、3.0的吧？而埃尔文·“魔术师”·约翰逊也有这样的七个化身。按顺序来：

Magic 1.0　这个来自密歇根州大的瘦弱少年有着大大的微笑和难看的胡子。关于他的NCAA冠军战，我们已经听了够多了；但我们很少听人

① 译注：指美国20世纪60年代中期至70年代末出生的一代人。

② 译注：1986年，美国“挑战者号”航空飞机发射时爆炸，7名宇航员全部丧生。

说起他是史上第一个成为NBA选秀状元的低年级生，[1]以及意义重大的、“博士”之后第二个可以超越肤色的篮球明星；没有人在乎他是黑人，只记得他的迷人和真诚。考虑到他富有感染力的微笑、无私的传球、和伯德的宿命对决、一期一会的球风（6尺9寸，长臂长腿，能打5个位置），“魔术师”的肤色从来就不是问题。对那个正在跟“太黑人了”“这些人从来不在乎”的批评做斗争的联盟来说，这一切十分重要。

[补充：“魔术师”在高中和大学里都干了什么才获得了“魔术师”这样的绰号？这就像自称“朗·唐·席尔瓦”（Long Dong Silver）一样——你最好背得起这种绰号。我一直为此而对魔术师无比尊敬。]

Magic 2.0　他很快就在自己的传奇上添了一笔，让湖人队得以重生，顶替卡里姆出任中锋，砍下不可思议的42+15+7，赢得1980年的总决赛MVP——然而此后一切变得一团糟。他在第二个赛季因为膝伤缺席了45场比赛，季后赛前一个月才回归，在最终败给火箭的系列赛中抱怨他的队友（尤其是诺姆·尼克松）对他心怀妒忌：“我想着让每个人都拿到球，每个人都开心，不过我猜这些都还不够。我从来没听说一支*赢*家球队里会有这种情况。”[2]虽然他的2500万美元大合同引起了轩然大波，之后又得到了教练杀手的肮脏（不过也是应得的）名号，但随着湖人队横扫1982年季后赛，Magic 2.0也终于在第3年达到了巅峰。毁灭性的全能球员，能打4个位置，弥补一切空白——有点像《周六夜现场》里的威尔·费雷尔（Will Ferrell），不仅能主持*而且*在其他各个方面也都有价值——“魔术师”在湖人的致命半场紧逼中表现活跃，送出超过200次抢断。我们再也没见过82“魔术师”式的球员及那样的数据：没有现代球员比他更接近场均三双（18.6分，9.6个篮板，9.5次助攻）。不过湖人却还不属于他，因

---

① 原注：“魔术师”（1979届）和以赛亚（1981届）不仅是最早两个在巅峰期内互相亲吻的球员，他们还是最早被在高位选中的低年级生；1946—1992年，只有另外3个低年级生[克里斯·沃什伯恩、克里斯·杰克逊（Chris Jackson）、肯尼·安德森]在前五顺位被挑中。

② 原注：魔术师在第3战中打出了所有金字塔球员最糟糕的表现之一：14投12铁，在最后30秒罚丢了两记罚球，有机会绝杀系列赛的一球投出了三不沾。

为他要和尼克松分摊控卫位置（现在回想起来实在不太合理），[①]他的队友也还因为他的工资和公众形象而心怀不满。甚至卡里姆1983年的自传都对广为流传的、“魔术师”用热情拯救了他的职业生涯的说法矢口否认，还抱怨1980年总决赛MVP的投票，并声明：“我们没能在1981年卫冕，因为埃尔文受了伤，在复出之后他就忘记了是什么能让我们和他得以成功。”天哪。

（补充：“魔术师”并没有把这看成是私人恩怨，因为，再说一遍，卡里姆是个脑残。你之前是不是还以为从1976—1979年间一个全明星队友都没有的卡里姆本来应该会感激“魔术师”的。）

Magic 3.0　湖人在1983年总决赛中被横扫，之后送出尼克松换来拜伦·斯科特的签约权（“魔术师”“表演时刻”的关键一环），解决了球队的领袖/控卫之争，结果却被一支无比饥渴的凯尔特人在1984年总决赛里教训了一顿。这对“魔术师”是双重打击——不仅因为伯德的球队取得了胜利，而且“魔术师”在第2场、第4场和第7场的最后时刻都狂掉链子。（我是说，狂掉。就像是，整个夏天所有人都在重复这件事。）“魔术师”在此时升级，触底反弹，带领湖人夺得了1985年的总冠军，在波士顿赢下了第6场的巅峰之战，驱散了附在湖人身上的无数恶灵。“魔术师”此时到达了Magic 3.0的巅峰：超凡的控卫，“表演时刻”之王，但是还需要另一个领袖（卡里姆）来扛起得分的职责。

[补充：1984年总决赛后“魔术师”的声誉跌落到了怎么说都不为过

---

① 原注：也就在这一时期，杜比兄弟乐队（the Doobie Brothers）在领唱位置上也迎来了相似的新老交替，迈克尔·麦克唐纳德（Michael McDonald）和帕特里克·西蒙斯（Patrick Simmons）。西蒙斯就像尼克松，是先出现在这个位置上的人……而麦克唐纳德就像“魔术师”，显然更有天赋，有能力把团队带上一个新的等级。麦克唐纳德后来离开了，迎来了一段非常成功的单飞生涯——25年后，他还在发行专辑，对着话筒大吐唾沫。我还要提一下，（1）那个伤了他的心、让他写出了《一分一秒》（*Minute by Minute*）、《愚人的信念》（*What a Fool Believes*）和《我一直在忘记》（*I Keep Forgetting*）的女人肯定给过他史上最棒的经历，（2）我哥们儿比什和我曾经在1988年拍过一段在9英尺篮筐上扣篮的录像，背景音乐用的是米基·麦克的《我们的爱》（*Our Love*），如果这视频被人翻出来发到YouTube上去的话会立刻终结我的生涯。

的地步。第2场常规时间的最后时刻，他直接运球运到了时间走完；第4场，他在一个有机会锁定胜局的回合中传球失误；第4场最后35秒，双方战平，他罚丢了两个罚球；第7场的最后80秒里连连失误，挥霍了胜利的机会。那个8月，《体育画报》的亚历山大·沃尔夫（Alexander Wolff）甚至写了篇文章，题为“关键时刻的约翰逊：别叫他‘魔术师’，叫他‘不靠谱’”。[①]即使他在1985年总决赛中打出上佳表现，共识仍然是：“非常棒，但他离了卡里姆就不可能夺冠。”]

Magic 4.0　一支年轻的火箭队羞辱了86湖人，卡里姆一瞬间变得像200岁了似的，然后“魔术师”又升级了。通过第三次升级，“魔术师”把自己改造成了一个关键先生，拉着湖人队击败了波士顿，打出了万神殿级的总决赛表现：26+8+13，54%的命中率，一记令人难忘的关键球（第4场在麦克黑尔和帕里什头上命中的小小天勾绝杀），总共只有13个失误。令人惊讶。难以置信。他包揽了MVP和总决赛MVP，终于从伯德那里抢走了联盟第一人的宝座。从1987—1991年，Magic 4.0得到了3个MVP和2枚总冠军戒指，4次杀入总决赛，平均每年60胜以上，独力让那支式微的湖人队仍然留在了联盟的第一梯队当中。在场下，他效法乔丹的商业头脑，让自己升级成为一个商业达人和社会名流，甚至跟埃迪·墨菲及阿森尼奥·霍尔（Arsenio Hall）[②]组成了一个类似老鼠帮[③]的组合。[④]突

① 原注：一句摘录：“（在关键时刻）给‘魔术师’安排一个战术，就像是突然叫布斯比·伯克利（Busby Berkeley）上阵去导演英格玛·伯格曼（Ingmar Bergman）电影的高潮一幕。”我当时就这么想！没有人比20世纪七八十年代的《体育画报》更能把握流行文化的精髓。（译注：布斯比·伯克利，20世纪三四十年代美国歌舞片导演。英格玛·伯格曼，著名瑞典导演，影片多探讨深刻的孤独、信仰、存在主义题材。）

② 译注：著名喜剧演员、脱口秀主持人。

③ 译注：20世纪60年代中期一群关系密切的演员，以弗兰克·西纳特拉（Frank Sinatra）、迪恩·马丁（Dean Martin）和萨米·戴维斯（Sammy Davis）为核心。

④ 原注：埃迪：西纳特拉；“魔术师”：迪恩；阿森尼奥：萨米。我一直在想，《黑人帮》会是一部伟大的纪录片：这几个家伙在世界之巅上待了4年，然后魔术师感染了HIV，埃迪的生涯走入了死胡同，阿森尼奥出现了经济问题。这还只是开始。我还想多说几句，但我的律师团队把我的头按在键盘上了。

然之间，他成了好莱坞的脸面人物，连接各类人士的桥梁，一个传奇的表演家和派对达人，认识每一个人。你经常听人说起一个短语叫“大过生命（larger than life）”，放在“魔术师”身上，这么说绝不夸张。①

Magic 5.0　以同样的方式，他在突然之间就变成了HIV的脸面人物：1991年11月7日。我记得当时就像得知某个家庭成员被诊断为癌症晚期。我大学里的女朋友在学校报社打来电话告诉我这条新闻，当时我的膝盖真真切切地软了。*“魔术师”要死了？*虽然接下去的12个月里他仍然到处晃悠——先是1992全明星赛，然后是梦之队，然后是一段最后未能实现的复出——一个大家都缄口不提，但终将到来的日子仍然悬在每个人的头上。当时没有人想过他能活这么久。再说一遍，当时没有人知道HIV和真正的艾滋病之间有什么不同。我们需要一个像“魔术师”这样的大人物来告诉我们。他确实做到了。

Magic 6.0　我最不喜欢的版本。春风得意了15年，突然之间，“魔术师”的地毯一下子被抽走了，可怜的埃尔文在接下去的10年里只能像《年少轻狂》里的伍德森那样无所事事地到处闲逛。②你知道吗？这一时期对他篮球生涯的印象所造成的伤害比人们意识到的要大得多。他花费了出奇多的时间来驳斥私生活方面的谣言，甚至在1993年出版的自传里都写了许多（*非常异性恋的！*）恶作剧故事，还无耻地在脱口秀上不断地表示：“这头（*非常异性恋的！*）种马私生活太过放荡，结果染上了

---

① 原注：一件很少被提及的事情——“魔术师”的HIV、沃伦·比蒂的衰老，再加上埃迪·墨菲，好莱坞大佬的位置于是产生了巨大的空缺。然后利奥·迪卡普里奥和本·阿弗莱克（Ben Affleck）冒了出来。空缺被填上了！

② 原注：一位《GQ》杂志的写手相信，“魔术师”和埃尔文（他的另一个自我）一直在争斗不已，就像超人和逆反超人（译注：Bizarro Superman，超人漫画中超人的失败克隆体，又称冰煞罗）。埃尔文有一个名叫库姬（Cookie）的长期女友；“魔术师”不停地背叛她。埃尔文有个私生子；“魔术师”一直装作这个儿子不存在。埃尔文是个精明的投资者，在场外所赚的钱是在NBA的三倍；“魔术师”的行为则像是个放春假的大学生。染上HIV后的埃尔文向每个人普及自己的病毒的知识；染上HIV后的“魔术师”则吹嘘和炫耀自己过去的疯狂行为。

HIV，也就是说，这也可能发生在你身上！”[重要备注：这无意间束缚了18～40岁之间的美国热血男儿的性生活，整整8年。头4年，大家都很害怕进行无保护措施的性行为，除非他们喝得烂醉了。后4年，男孩们不再害怕了，但女孩们仍心怀恐惧，虽说也有可能是因为她们都身材变形、不想让我们看到她们裸体的样子。然后就是帕丽斯·希尔顿（Paris Hilton）/布兰妮·斯皮尔斯的时代了，女人们保持良好身材，开始穿得撩人心神。当然了，那时候我已经结婚了。太棒了。“魔术师”，感谢你毁掉了我20～30岁的时光。]我们真的需要知道他的奇葩逻辑？① “魔术师”到底是在向美国的年轻人普及HIV知识，还是在一次又一次证实自己是异性恋？最糟糕的时刻：“魔术师”在宣布HIV之后上了阿森尼奥的节目，被问到性取向。“魔术师”说自己需要讲清楚：“我不是同性恋。”观众们都拍手叫好起来，仿佛这是什么超级好消息。更糟糕的是，“魔术师”对恐同的反应就像这是正确的一样。就他而言这真不是一段好时期。

在人们对HIV不再感兴趣之后，“魔术师”后梦之队时期的回归也逐渐破灭，他先是在NBC遭遇了苦涩的失败，然后离开电视台去执教94湖人，在16场令人沮丧的比赛后就辞职了，因为他没法跟年轻队员们沟通。他跟着一支篮球表演队在欧洲打巡回比赛——就像老态龙钟的波诺（Bono）②浪费了一个冬天在爱尔兰唱卡拉OK——然后成为了一名脱口秀专业户，那种跟理查德·刘易斯（Richard Lewis）、特里·加尔（Teri Garr）、卡罗特·托普（Carrot Top）一样的“我非常、非常、非常有空来上节目”的过气嘉宾。在乔丹宣传得轰轰烈烈的公牛复出之后，“魔术师”也紧接着宣布他也要在NBA复出，还志愿参加1996年奥运会国家队。但没人理他。他坚持在1996年全明星周末后复出，变成了洛杉矶的新大前，打了32场比赛。第一个礼拜还是很有趣的，但我们很快意识到又老

① 原注：他的逻辑：如果他没有整晚都跟别人睡在一起，那就没关系。我真希望自己在大学时就能想到这条规矩。等等，我为什么要拿这个开玩笑？最高法院就不能通过这条法律吗？

② 译注：U2乐队的主唱。

又肥的“魔术师”已经无法洗尽5年不碰篮球导致的斑斑锈迹了。甚至他的对手都接受了他——顺便说一句，这是这个国家在接受HIV方面被低估的里程碑——埃尔文再次出现在了克里斯·罗克（Chris Rock）的笑话里（“你永远不希望变成老得走不进俱乐部的家伙”），然后在那年夏天再次退役。[1]他很快又发明了一台自己主持的联合深夜秀，希望能复制阿森尼奥的“友好的名人带来了几位别的名人，让他们感觉舒服，互相吹捧，大家则都看得开心”成功战略。这节目本来可以有不错的反响，但是“魔术师”远不能胜任主持的工作。[我个人在他们砍掉这档节目时还是颇为震惊的——直到今天，这仍是唯一一部动摇了无心喜剧等级表的深夜秀。你知道“魔术师”经常会像“永远，永远，永远，不会有下一个拉里·伯德”那样说话吗？相信我……永远，永远，永远，不会有下一个《“魔术师”时刻》（*The Magic Hour*）那样的电视节目了。][2]但即使经历了那么多失败，你还是会在每场湖人主场比赛时看到NBC必备的“魔术师”采访。他强行出现在沙克-科比的每一次冠军庆典中去，就像唐·金（Dong King）[3]在一场大战后那样。他夸耀自己打败了HIV，声称病毒已经被赶出了他的身体。2002年全明星周末时NBA举行了一场男女混合三对三名人赛，发福的“魔术师”不可思议地跟贾斯丁·丁伯莱克（Justin Timberlake）和莉莎·莱斯利（Lisa Leslie）组队参赛了。你看着他时会忍不住想：“拉里绝对不会自降身价到参加这种比赛。”我完全不喜欢Magic 6.0，除了他的坚韧和持久。

Magic 7.0　这个版本带来让人开心一点儿的结局。至少到目前为止。

---

① 原注：最失败复出全明星：库西（1968赛季在辛辛那提担任球员兼教练打了7场糟糕的比赛）和乔丹（奇才那次，2001—2003）担任后卫，考恩斯（在83雄鹿出任替补）和“魔术师”（1996年）打前锋，迈肯（后进攻时间时代，1956）司职中锋；“红头”·霍尔兹曼（77尼克斯）为教练；杰里·韦斯特（灰熊，2002—2006）为GM。

② 原注：最糟糕的一幕发生在霍华德·斯特恩（Howard Stern）当嘉宾那次，他令人难堪地唱了《治愈》（*Wipe Out*），还拿“魔术师”开了各种不适宜的笑话。为了阻止收视率的大崩溃，“魔术师”不得不勉强地微笑，承受着嘲讽。我不记得还有哪个名人被像这样地公然侮辱了这么长时间，除了汤姆·赛兹莫尔（Tom Sizemore）。节目在8周后被砍，让公司亏损了超过1000万美元。

③ 译注：史上最著名的拳击经纪人。

"魔术师"退离了镁光灯，成为了一个有远见卓识的商人，赚了上亿美元，在西海岸开了一系列生意大好的电影院。他的解说技艺出现了戏剧性的进步，ABC甚至从TNT那把他挖来。他仍然利用大量空余时间在世界各地普及艾滋病和HIV知识。而他远超所有人的预期、现在仍然在世并活得健健康康这一事实，可能是他最伟大的成就。

从历史的角度看，Magic 6.0弄乱了我们的脑子，在他真正的NBA履历上洒下了阴影。他显然有着比伯德更好的球员生涯，但伍德森时代毁掉了那一点小优势；现在我们"记忆中的"他们是一样好，虽然"魔术师"的巅峰期要多3年。记住，我花了里根的两个任期来反对"魔术师"，称他为掉链子专家，大谈伯德的优势，争论到脸色发青……然而"魔术师"用那记小小天勾和同年12月在花园的压哨绝杀赢得了我永久的尊敬。我并不是在他进球后才有反应；球还在飞向篮筐时我就心中一沉。甚至这颗星球上最大的凯尔特人球迷都无法再否认了。"魔术师"约翰逊和拉里·伯德同样地卓越不凡。除此之外，他还是史上发动快攻时最激动人心的球员——比库西更好，比纳什更好，比所有人都好——因为他的身高，大手，格雷茨基式的视野，还有一双又长又敏捷的手臂，可以让他比所有对方球员都更快地接近篮筐。[我小时候，体育世界里有7件事是绝对确定的：你无法阻止卡里姆的天勾，你不能只用一个人防守赖斯（Jerry Rice）①，你不能只用一个人去阻挡LT②，你不能让格雷茨基在强打③时溜到球网后面，你没法擒抱马里诺，你不可能用坏球骗到博格斯，你没法在三打一中阻止"魔术师"。]他还是体育史上最好的领袖。没有人比他更善于从队友身上*萃取出精华*来，无论这是一场全明星赛、一场12月时的普通比赛还是一场季后赛。

再挖深一点，现代球员中只有两人（伯德和"魔术师"）打球时有着足够的无私和直觉，并最终把这两项特质渗透到其他人身上去。他们在进攻端提升队友的方式就像拉塞尔在防守端提升他的队友那样，是一种除了

① 译注：NFL外接手，职业橄榄球和大学橄榄球名人堂成员。

② 译注：劳伦斯·泰勒，NFL线卫，职业橄榄球名人堂成员。

③ 译注：指冰球比赛中因有人犯规、被罚出场导致的六打五局面。

胜利本身外其他一切数据和公式都无法衡量的多米诺效应。跟伯德或“魔术师”在一起打球久了，你会逐渐开始看见过去视而不见的角度……对球迷们来说也是如此。乔丹可能是史上最伟大的个人球员的巅峰，但是他无法像伯德和“魔术师”那样把其他人带到一个完全不同的级别。如果你热爱篮球——如果你真的热爱它——你就会珍惜他们两人，欣赏他们的每一个赛季，每一轮系列赛，每一场比赛，每一个回合，每一个时刻。就是这样。他们把这项运动带到了一个更好的位置。说到底，他们两人在金字塔里谁排得更高根本不重要。

（至少我是这么反复告诉自己的。）

3. 卡里姆·阿卜杜勒-贾巴尔

***履历：**20个赛季，13个高质量赛季，19届全明星，1971、1985年总决赛MVP，1971、1972、1974、1976、1977、1980年MVP，1973年比尔·西蒙斯MVP，1970年最佳新秀，1971、1972、1973、1974、1976、1977、1980、1981、1984、1986赛季最佳阵容一队，1970、1978、1979、1983、1985赛季二队，最佳防守阵容（11次，5次一队），单季联盟第一：得分王（2次）、篮板王（1次）、盖帽王（4次）、命中率（1次）、出场时间（1次），职业生涯：总得分（历史第1）、总上场时间（历史第1）、总进球数（历史第1）、25+11、55.9%的命中率（历史第10），生涯季后赛24+11+3、237场（历史第2）、总进球数第一，4支总冠军（71雄鹿、80湖人、82湖人、85湖人）和3支总亚军（74雄鹿、83湖人、84湖人）球队中最好的球员，1971、1974、1980年季后赛合计30+15+4（45场），35000分+15000篮板俱乐部*①

NBA历史上没有别人能做到下面这两行字：

---

① 原注：出于对这本书的使命的尊敬，我会在接下去3000词里尽力忍住不黑我最讨厌的NBA球员。我言而有信。

卡里姆，1971：27+19+3，61%的命中率，总决赛MVP

卡里姆，1985：26+9+5，60%的命中率，总决赛MVP

再咀嚼一下这两件事。卡里姆的两座总决赛MVP相隔了14个赛季——一次是在尼克松总统任期的第三年内，一次是在里根的第五年。[①]这两座奖杯之间发生的事情：《教父》和《教父2》；水门事件和尼克松的辞职；约翰·贝卢希（John Belushi）[②]的爆红和嗑药身亡；柬埔寨轰炸[③]；浩克热潮和第一届摔跤狂热；迪斯科的流行和衰落；《电视明星大决战》；《猎鹿人》和《荣归》；约翰·列侬被刺杀；慕尼黑惨案[④]；十一季的《野战医院》（*M*A*S*H*）；约翰·特拉瓦尔塔（John Travolta）、切维·蔡斯、法拉·福西特（Farrah Fawcett）、伯特·雷诺兹[⑤]的巅峰和衰落；雅达利和Intellivision[⑥]；吃豆人和吃豆人夫人[⑦]；《干杯酒吧》中的“教练”在现实中去世；马克·斯皮茨（Mark Spitz）[⑧]、

---

① 原注：伟大表现保持得最久的人/物：卡里姆，尼克劳斯（Jack Nicklaus），梅丽尔·斯特里普（Meryl Streep），里克·弗莱尔，《辛普森一家》（*The Simpsons*），唐·里克尔斯（Don Rickles），克林特·伊斯特伍德，肖恩·迈克尔斯，吉姆·穆雷，山德士上校，约翰尼·卡森，唐·金，沃尔特·克朗凯特，妮娜·哈特利（Nina Hartley），安妮·莱博维茨（Annie Leibovitz），西格弗里德&罗伊（Siegfried & Roy），马夫·艾伯特，MM豆，马丁·斯柯席斯，约翰尼·卡什（Johnny Cash），查克·泰勒匡威鞋，迈克尔·巴弗（在“万神殿”章节中第三次被提到了！），维恩·斯库利（Vin Scully），斯蒂芬·斯皮尔伯格（Steven Spielberg），哈里森·福特，彼得·诺斯，罗杰·安杰尔（Roger Angell），U2乐队，作曲家约翰·威廉姆斯（John Williams），滚石乐队，美国宪法。（译注：梅丽尔·斯特里普，曾时隔29年两夺奥斯卡最佳女演员。《辛普森一家》，美国历史上最长寿的动画节目和情景喜剧。里克尔斯，喜剧演员，已从艺、活跃近70年。妮娜，成人片女星，曾参演上千部影片。莱博维茨，著名摄影师，20世纪70年代活跃至今。西格弗里德&罗伊，魔术师组合，拉斯维加斯史上最成功持久的表演者。约翰尼·卡什，民谣歌手，曾时隔34年两夺格莱美最佳民谣男歌手。斯库利，1950年至今一直担任道奇队解说。安杰尔，20世纪40年代起活跃数十年的棒球评论家。约翰·威廉姆斯，以为电影配乐闻名，49次提名奥斯卡。）

② 译注：著名喜剧演员，多次参加《周六夜现场》。

③ 译注：越战末期美军对柬埔寨的秘密轰炸。

④ 译注：1972年慕尼黑运动会期间，11名以色列运动员被巴勒斯坦恐怖分子杀害。

⑤ 译注：均为好莱坞明星。

⑥ 译注：最早的两款电视游戏机。

⑦ 译注：吃豆人夫人是吃豆人游戏的美国版。

⑧ 译注：传奇游泳运动员，1972年奥运会独得7枚金牌。

布鲁斯·詹纳（Bruce Jenner）[①]、纳迪娅·科马内奇（Nadia Comaneci）[②]、“甜糖”雷·伦纳德（Sugar Ray Leonard）[③]、玛丽·卢·雷顿（Mary Lou Retton）[④]、卡尔·刘易斯[⑤]；“谁对J. R.开的枪？”[⑥]；伊朗人质危机[⑦]；《迈阿密风云》第一季；帕蒂·赫斯特（Patty Hearst）诱拐事件[⑧]；《周末夜狂热》（*Saturday Night Fever*）[⑨]；家用电脑出现，苹果和微软；三次阿里–弗雷泽大战；《洛奇》和《大白鲨》系列各自的前三部；说唱的诞生；U2乐队和麦当娜；有线电视、ESPN、MTV的诞生。1985年，比尔·科斯比、埃迪·墨菲、迈克尔·杰克逊和布鲁斯·斯普林斯廷是世界上最火的四位明星，冷战正处在最白热化，而卡里姆依然还是总决赛MVP。

只有杰克·尼克劳斯可以在运动领域中保持那么长时间的顶级状态，相隔23年全美大师赛夺冠（1963和1986）——但说真的，哪个更让人难忘，在篮球中保持15年巅峰，还是在一项可以拥有赘肉和大肚腩的运动中保持23年巅峰？卡里姆的最佳阵容一队横跨15年。从1971—1980年，他6夺MVP，而且本应该是七座。在他生涯的头7年，他场均30+16+4、55%的命中率。他头12年（1970—1981）场均从未低于24+10。从1970—1986赛季（不可思议的17年时间），他场均得分保持在21.5～34.5分之间，命中率在51%～60%之间。他是体育史上最持久的超级明星之一，1640场常规赛只缺席了80场，11次打了80场以上，238场季后赛参加了

---

① 译注：以业余身份拿到1976年奥运会十项全能金牌，成为国家英雄。

② 译注：罗马尼亚体操运动员，史上最伟大的体操运动员之一，1976、1980年奥运会摘得5金。

③ 译注：1976年奥运会轻次中量级拳击冠军，1981年《体育画报》年度人物。

④ 译注：1984年奥运会夺得体操全能金牌，美国历史上第一个女子全能奥运冠军。

⑤ 译注：传奇田径运动员，1984年奥运会独得4枚金牌。

⑥ 译注：电视剧《朱门恩怨》某一季结尾，J. R. 尤因被人枪击。下一季开始前，电视台的预告片都用“谁对J. R. 开的枪”作为结尾，成为流行语。

⑦ 译注：美国驻伊朗大使馆被占领，66人被伊朗扣为人质长达444天。

⑧ 译注：帕蒂是美国报业大亨的孙女，被左翼激进组织绑架，后表现出明显的斯德哥尔摩综合征状态，加入组织，参与银行抢劫。

⑨ 译注：迪斯科时代的著名歌舞片。

237场，总共打了超过*65000分钟*[①]。他拿过6个总冠军。他参加了10次总决赛，14次分区决赛。他的球队场均56胜，只有两次低于五成胜率，16次超过六成胜率。在他已经过了40岁生日后，87湖人在他们最重要的比赛（对波士顿的第4战）的最后45秒里，在“我们必须得分否则就会输球”的情况下，仍然连续给他跑了两次战术：一个追平比赛的延阻挡拆/空接，一个造成罚球的低位单打。在不赢球就回家的1988年总决赛第6战里，湖人在还剩27秒、落后1分的情况下叫了暂停，把整个赛季最重要的一球交到了他们41岁的中锋手上；他造成了犯规，两罚全中，锁定了胜利。

他们在他如此老迈时仍然倚重于他，原因只有一个：卡里姆·阿卜杜勒-贾巴尔是NBA历史上最稳当的两分。官方身高7尺2寸，实际绝对还要再高两寸——至少[②]——他的无敌天勾一直是篮球中唯一无法封盖的投篮，其稳定性和高效使之成为了一项艺术成就。每个天勾看起来都一样：在某一时刻，卡里姆用左手挡住了防守人，把右手举过头顶，举到最高处，右手腕轻轻一拨球。唰。防守人做梦都没考虑过去干扰他的出手，他们只好想办法让他难过，像橄榄球运动员那样推他——自然，裁判也默许了这一策略[③]——把每个9英尺投篮推到13英尺外，然后就赌运气了。不然他们还能做什么？卡里姆从来不需要B计划，这让他成了NBA巨星中的《土拨鼠之日》。球迷们试图努力找到能喜欢上他的方法，但失败了，一个一成不变又拒人千里之外的家伙是没法让人兴奋的。卡里姆为抗议美国的种族氛围而拒绝参加1968年奥运会[④]，还恼怒于公众对他信仰的担忧，

---

① 原注：卡里姆成功的秘密：伸展运动。卡里姆在大家都还不知道瑜伽是个什么鬼东西的时候就开始练瑜伽了。我本来想开一个“又一个痛恨瑜伽的原因”的玩笑，但我保证过在这节里不黑卡里姆的。看到没？我是个言而有信的人。

② 原注：有两位中锋谎报了身高：卡里姆和沃尔顿，后者声称6尺11寸但至少7尺2寸。NBA球员谎报身高这事儿总是很好笑——当我们没长眼睛吗？

③ 原注：没有人抱怨裁判的次数比卡里姆更多，除了里克·巴里，但这一条我必须为他辩护：对手们被允许“越过”规则防守他。在《巨人的脚步》里，卡里姆提到，1974年总决赛中，裁判里奇·鲍尔斯允许戴夫·考恩斯粗野地推他，按着他的背起跳抢篮板。埃利奥特·卡尔布研究了一下：鲍尔斯执法了总决赛的第1、3、5、7场……密尔沃基都输了。哞哞哞哞。

④ 原注：跟奥斯卡一样，卡里姆早年间被种族主义伤了多次，一直没能真正痊愈康复过来。他的高中教练为了激起他的积极性而向他大吼：“像个黑鬼一样打球！”卡里姆在这时进入了他自己后来总结的“白人仇视期”。白人也会有白人仇视期吗？我觉得我小时候就有过。

讨厌大家对他的高期望值，或许这些也都是他不讨人喜欢的原因。他对待每次采访都像是在扔手榴弹：对蠢问题太聪明，对烂笑话太严肃，对任何涉及私人的问题都太保留。与张伯伦不同，他并没有被爱的需求；他只希望能让自己单独待着。在大部分时候，球迷们也正是这么做的。在密尔沃基夺得1971年总冠军后几周，他换了自己的名字，于是NBA的统治者突然间换成了一个内向的、不时闷闷不乐的穆斯林，比除威尔特外的所有中锋都要高，痛恨媒体，完全依赖一招机械的勾手投篮，将公众们拒之门外。你没法用"真是段美好时光"来总结上面这句话。

[一条太过重要、不能当脚注的备注：我非常高兴，接受穆斯林姓名的运动员中最好的两位都恰巧选择了相当酷的名字——穆罕穆德·阿里和卡里姆·阿卜杜勒-贾巴尔。根据我20秒前刚谷歌到的穆斯林姓名网站所说，卡里姆的名字的意思是"慷慨的，高贵的，友善的，珍贵的，卓越的"。我本来想挖苦说这名字挑得太傲慢了，但我还是忍住了，因为我承诺过在这节里不黑他。但是想象一下，要是他选择了"胡斯塔尔"（Khustar），意思是"被幸福围绕"，胡斯塔尔·阿卜杜勒-贾巴尔则个名字还会给人留下深刻的印象吗？不大可能。如果他选了穆沙拉夫（Musharraf）呢，"受尊敬的或显赫的"？穆沙拉夫·阿卜杜勒-贾巴尔？我不觉得。虽然不如詹姆斯上校[①]，但卡里姆·阿卜杜勒-贾巴尔……这真是个好名字！顺便，网站上我最喜欢的穆斯林名字：哈西卜（Khasib），意思是"丰饶的，多产的"。要我来开个肖恩·肯普的玩笑吗，还是你来？来吧，你来好了。我们该继续了。]

但这就是20世纪70年代发生的事情。我们一直希望有人能取代他，但没有人能做到。卡里姆的公众形象因为四件事而受损：爆炸头、胡须和新加的护目镜的奇特组合（就像一个万圣节面具）；他要求被交易（密尔沃基最终在1975年完成交易），这让他看起来像是又一个只由着自己性子的黑人运动员（这是公众的想法，并非事实）；1977年对肯特·本森的那一拳就像是在教堂里放了一个臭屁；他不断地在跟偏头痛做斗争，这让球

① 译注：指詹姆斯·贾巴拉（James Jabara）上校，美军首位王牌飞行员。

迷们怀疑他是不是在找借口不打球。那么，如果护目镜是因为他的眼睛被戳了太多次、医生担心造成永久的伤害呢，如果是本森先肘击了他呢，如果是密尔沃基没有给他提供好的帮手也缺乏穆斯林人口呢，如果他的头痛真的让他无法工作呢？卡里姆从未在这些怀疑中得到支持——一个人都没有，一次都没有，永远也不会有。人们抱怨说，他从来不认真对待，比赛时总是踩着刹车，不能让队友变得更好，只在乎钱。这种印象终于在“魔术师”把湖人变成联盟中最具娱乐性的球队后消失了，卡里姆的生涯也被注入了活力。《体育画报》1980年1月的一篇文章的标题是“一位不同的鼓手”，副标题是“多年以来一直阴沉着自省的卡里姆·阿卜杜勒-贾巴尔终于从自己的壳里出来了”。他在喜剧电影《空前绝后满天飞》中饰演一名化名为“罗杰·默多克”的飞行员，其中一段表演征服了所有人。一个小乘客认出了他，“罗杰”矢口否认，然后就有了以下对白。①

小孩：我觉得你是最棒的，但我爹地说你在防守端不够努力。他还说了好几次，说你在场上根本就不跑。你甚至都不试一下……除了在季后赛里。

卡里姆：该死的。听着，少年，我从UCLA起就一直听到这样的屁话。我每天晚上都拼劲了全力。告诉你家老爹，让他上场拖着沃尔顿和拉尼尔跑个48分钟试试！②

卡里姆的最后一个场景是被从飞机座舱里拽出来，穿着湖人队球衣，戴着护目镜；大家的反应都是一样的。什么？卡里姆也有幽默感？他本可以轻松获得1980年的年度最佳回归名人奖，然而他最伟大的时刻——在1980年总决赛第5战扭伤了脚踝，在湖人落后时一瘸一拐地回到了场

---

① 原注：卡里姆曾出现在李小龙最后一部电影[《死亡游戏》（*Death Game*）]的打斗场景里，还在《曼尼克斯》（*Mannix*）、《救护车！》（*Emergency!*）、《大西洋底来的人》（*Man from Atlantis*）、《妖夜传说》（*Tales from the Dark Side*）、《龙虎少年队》（*21 Jump Street*）、《细路仔》中客串过。在《细路仔》里他扮演了阿诺德的代课老师，威尔克斯先生。他们就不能给他取名叫卡巴尔先生吗？

② 原注：偶然的事实：卡里姆能客串《空前绝后满天飞》，都是因为布鲁斯·詹纳拒绝了这部片子，而去参演了《停不了的音乐》。这也被称为“史上最差转会”。（译注：*Can't Stop the Music*，《停不了的音乐》荣获当年金酸梅最烂电影。）

上，最终一只脚砍下了40分，给他们带来了一场决定性的胜利——却没有直播，并在两天之后被“魔术师”终结系列赛的42+15+7抢去了所有风头。①就这样，卡里姆的球迷缘的窗户永远地关上了。动荡的联盟随后迈入了“魔鸟时代”，在80年代中期实现了飞跃，而此时卡里姆已经接受了他的新角色，成了一个“老天，他怎么还在干这个？”的老迈巨星。记忆可以如此不公平：因为联盟电视收视率的上升，卡里姆最后的6个赛季（1984—1989）不幸地成了他最经常被看见的一段时间。几乎没有人还记得他毁灭了71子弹，在1974总决赛的双加时里命中了留住赛季希望的天勾，瘸着一条腿挽救了80年总决赛；大家都只记得，他抢不到板，顶不开摩西（顺便说一句，那年卡里姆已经36了），没法保护篮筐，拖慢了洛杉矶的快攻，掉光了头发，多打了令人难堪的最后一季。事实就是，让他变得比威尔特更伟大的东西——惊人的运动寿命——却伤害了对他生涯的印象。威尔特打破了每一项纪录。拉塞尔夺得了十一个总冠军。乔丹统治了20世纪90年代。卡里姆？他是个喜怒无常的家伙，巅峰出现在NBA最黑暗的时代里，在该离开的时候却不肯离开。这有什么值得称颂的？

自从卡里姆长出腋毛以来，他就一直被拿来跟威尔特做比较；这里就延续这项传统好了。我们已经在第29页揭穿了威尔特“队友很烂”的神话，而记录表明，威尔特有七位金字塔队友（格里尔、阿里津、韦斯特、贝勒、坎宁安、瑟蒙德和古德里奇），卡里姆只有五位（丹德里奇、奥斯卡、沃西、麦卡杜和“魔术师”）。威尔特的这帮队友集中在他生涯的后2/3（1965—1974），卡里姆的只集中在后一半（1980—1989）。威尔特的所有经历都不足以跟卡里姆在20世纪70年代的屎味三明治相比；他唯一的精英队友是奥斯卡（1971和1972赛季）、丹德里奇（1971—1975赛季）和贾马尔·威尔克斯（1978和1979赛季）。从1973—1979赛季，

---

① 原注：没有人记得，卡里姆在5场比赛中场均33+14、23个盖帽，他留在洛杉矶进行治疗，甚至没有随队一起庆祝第6战。这可能是史上最值得讨论的总决赛MVP：你要奖励卡里姆给洛杉矶带去了3场胜利，还是奖励“魔术师”打出了一场事后被鲍勃·瑞安称为他现场亲历过的最棒的比赛？我投卡里姆一票，因为第6战并非非赢不可——费城还得在洛杉矶赢下抢七。不太可能。

卡里姆没有过一个全明星队友，也没有遇上过精英级控卫。[①]在20个赛季中，他只搭档过一位篮板上双的大前锋：1975年的不朽的科内尔·沃纳（Cornell Warner）。他把74雄鹿拖进了总决赛，而他们的第四和第五“得分手”是罗恩·华盛顿（Ron Washington）和乔恩·麦格洛克林。湖人队在1975年夏天为了得到他，送出了最好的年轻队员[布莱恩·温特斯、大卫·迈耶斯（David Meyers）和朱尼尔·布里奇曼]，没有给卡里姆留下什么坚实的基础。他在没有克米特·华盛顿和卢修斯·阿伦（双双受伤）的情况下拖着77湖人进了西部决赛，关键时刻的队友是4个混子摇摆人[卡齐·拉塞尔、厄尔·塔特姆（Earl Tatum）、唐·钱尼和唐·福特，没有篮板手也没有控卫]。[②]呃，再说一遍，为什么只有威尔特给人们留下了“队友很烂”的印象？卡里姆甚至在1980年向《体育画报》承认：“很多人都对篮球有一种误解，认为靠一个人就可以使球队成功。一个人可以成为球队中非常重要的一部分，但是只靠一个人没法使球队成功。……我只有过3年待在好球队里。”

至于威尔特的数据“优势”，我们已经证实过，“大北斗”所处的是最理想的时间点：联盟里大部分是白人，除拉塞尔外没有“现代”中锋，也还没修改进攻干扰球规则，回合数更多，身体对抗更不激烈，于是他可以在没什么真正的身体对抗的情况下打满48分钟。这些因素使他的数据膨胀了，而卡里姆在1970—1976年间唯一的优势就是天赋稀释/过度扩军。比较一下威尔特的第三个赛季（1962赛季，他数据最好的一季）和卡里姆的第三个赛季（1972赛季，他数据最好的一年），从纸面上说威尔特的赛季看起来明显要更好。[③]

---

① 原注：卢修斯·阿伦（Lucius Allen）在1975—1977年间“运转”卡里姆的雄鹿/湖人队；他是如此之平庸，卡里姆甚至曾以263次助攻领跑75雄鹿。

② 原注：他们第2轮击败的那支勇士队聚集了里克·巴里、格斯·威廉斯、贾马尔·威尔克斯、菲尔·史密斯以及克利福德·雷加新秀罗伯特·帕里什的中锋组合。卡里姆整个系列赛场均37分，抢七36+26。

③ 原注：据埃利奥特·卡尔布所说，1972赛季，卡里姆在5场常规赛中跟威尔特的得分比是201∶70，6场季后赛中202∶67（虽然威尔特的球队赢下了系列赛）。在第6战中，奥斯卡因为腹部受伤只打了7分钟，卡里姆砍下37+25+8，威尔特则是22+24。前一年，威尔特在西部决赛中的得分比卡里姆更多，不过湖人5场落败。

球员	场数	时间	得分	篮板	助攻	出手	命中	命中率	罚球数	罚球得分	罚球命中率
威尔特	80	48.5	50.4	25.7	2.4	39.5	20.0	50.6%	13.3	6.7	61.3%
卡里姆	82	44.2	34.8	16.6	4.9	24.9	14.3	57.4%	9.0	6.2	68.9%

但如果你挖深一点儿：

1962年的首发中锋：拉塞尔（名人堂成员）；沃尔特·贝拉米，韦恩·恩布里，约翰尼·科尔（有质量的首发）；克莱德·洛夫莱特，达拉尔·英霍夫，沃尔特·杜克斯（Walter Dukes），雷·费利克斯（僵尸）

1972年的首发中锋：张伯伦，里德，考恩斯，瑟蒙德，昂瑟尔德，拉尼尔，埃尔文·海斯（名人堂成员）；吉姆·麦克丹尼尔斯（Jim McDaniels），贝拉米，埃尔莫尔·史密斯，汤姆·博尔温克尔（Tom Boerwinkle）（有质量的首发）；尼尔·沃克，吉姆·福克斯，鲍勃·鲁尔（Bob Rule），沃尔特·韦斯利（Walt Wesley），戴尔·施吕特（Dale Schuleter）（僵尸）

再考虑到1962赛季没多少有运动能力的大前锋，于是威尔特更可以像《势不两立》（*The Edge*）里的杀人狂熊那样横行四方。卡里姆的对手们无可争议地更强，而且还有一波新式前锋来跟他抢板[保罗·赛拉斯、比尔·布里奇斯（Bill Bridges）、克莱德·李（Clyde Lee）、哈皮·海尔斯顿、康尼·霍金斯、斯潘塞·海伍德、悉尼·威克斯、戴夫·德布舍尔、杰里·卢卡斯，等等]。再加上1962—1972年的风格变化：

	场数	出手数	罚球次数	篮板	命中率	得分	失分
1962赛季	80	107.7	37.1	71.4	42.6%	118.8	
1972赛季	82	95.5	31.2	51.1	45.5%	110.2	
1962勇士	80	112.4	40	74.2	43.9%	125.4	122.7
1972雄鹿	82	93.3	29.3	52.1	49.8%	114.6	103.5

你能说这是“数据通胀”吗？再看看他们各项数据占球队场均的百分比。

占球队场均的百分比				
	得分	篮板	出手数	罚球次数
62威尔特	40.2	34.6	35.1	33.3
72卡里姆	29.7	31.8	26.7	30.1

重述一遍要点：威尔特的得分占了全队的40%；卡里姆占了30%，但是在一个对抗更激烈的年代做得更高效（57.4%的命中率，对比威尔特的50.6%的命中率）；卡里姆抢篮板的百分比只少2.8%。再考虑到威尔特在时代上占的优势（之前已经提过了）、费城多出来的回合数（每场23到24次）、胜场数的区别（密尔沃基63胜，费城49胜），卡里姆的1972赛季可能要比威尔特的传奇1962赛季更令人叹为观止。实际上，卡里姆的35+17在1972年之后只有4人次接近过：麦卡杜（1974赛季31+15、1975赛季35+14）、摩西（1982赛季31+15）、沙克（2000赛季30+14）。而且1972赛季并不是一次偶然：卡里姆连续3年30+16以上，6次27+14.5。从1970—1981年的97场季后赛里，卡里姆场均30.3分、15.7个篮板。①

没错，威尔特的纸面数据会震惊你的眼球。但是卡里姆的巅峰也给人同样深刻的印象。而且他持续了更长时间，并凭此胜出。他的球队一贯表现得更好，赢下了3倍数量的总冠军。他在关键时刻更可靠，在罚球线上也更安全。他对“秘密”的理解要深刻上无数倍。他两个总决赛MVP之间间隔的时间跟威尔特的整段生涯一样长。甚至他的电影生涯都更吸引人。②黑卡里姆·阿卜杜勒-贾巴尔可能是件有趣的事——相信我，我一直都在这么做——但他的伟大无法否认。他是史上第三好的篮球运动员。比奥斯卡更好。比威尔特更好。比“魔术师”或伯德都更好。好了，这节

---

① 原注：杰里·韦斯特在1980年告诉《体育画报》：“卡里姆是一个*球员*。一个非常，非常，非常伟大的篮球*运动员*。天哪，他比参加过这项运动的每个人都做得更多。威尔特是一股很强的力量。他可以完全统治一场比赛。干掉一切。拿下一切。人们觉得卡里姆也应该做到这些。不。那可不能让他成为一名真正的球员。”他是个运动员。一个*球员*！

② 原注：卡里姆有《空前绝后满天飞》和《死亡游戏》。威尔特有《毁灭者科南》；如果标准公司出一套无心喜剧精选集的话，这部片子一定会第一个上榜。威尔特整部电影都在骑着马闲逛，试图装出一副生气的样子；甚至那匹马都演得比威尔特好。他再没有演过别的电影。

终于写完了，现在我真想把自己烧死。

2. 比尔·拉塞尔

履历：*13个赛季，12个高质量赛季，12届全明星，1958、1961、1962、1963、1965年MVP，1959年比尔·西蒙斯MVP，1959、1960年MVP票选第二，1959、1963、1965年最佳阵容一队，1958、1960、1961、1962、1964、1966、1967、1968年二队，巅峰三季18+24+4，季后赛巅峰三季21+27+5（37场），单季联盟第一：篮板王（4次），职业生涯15.1分、22.5个篮板（历史第2）、4.3次助攻，生涯季后赛：16.2分、24.9个篮板（历史第1）、4.7次助攻，纪录：半场篮板（32个）、总决赛单场篮板（40个）、总决赛单轮场均篮板（29.5），11支总冠军和1支总亚军（50、60年代凯尔特人）球队中最好的球员，抢七10胜0负，不赢球就回家的比赛16胜2负，唯一有过夺冠经历的球员兼教练（2次）*

比尔·布拉德利在《此生路途》中很好地总结了6号的生涯：“拉塞尔从未得到他应得的那些承认。种族是一个原因。在20世纪60年代前期，黑人艺术家们都无法得到适当的宣传。还有，可能职业篮球在当时还不能在全国范围内吸引舆论界足够的注意力。最重要的是，我认为他被忽视了，因为他最伟大的成就在于比赛中的微妙之处，如何想方设法确保球队的胜利，而这个社会却倾向于把注意力集中在个人成就上。”

想象一下，如果我在金字塔各节里都能如此简洁的话，你大概在两周前就读完这本书了。但是布拉德利错过了拉塞尔经历中非常重要的一部分：拉塞尔沉迷于胜利。只有少数NBA球员具备超强好胜心的DNA，①但是拉塞尔和乔丹在其中尤为突出，因为他们专心于一次、一次又一次地胜

① 原注：我倡议我们给这种基因命名为“乔德拉斯基因”。这是他们两人身上最独特的一种染色体。

利。除了11枚戒指外，拉塞尔最伟大的数据？拉塞尔的球队在抢七或抢五中10胜0负。乔丹最伟大的数据？公牛队输掉了1990—1991赛季的前三场比赛，但是自此之后，只要乔丹身着芝加哥球衣，他们就没有再三连败过。[①]有很多人能赢下两到三座总冠军。只有拉塞尔和乔丹一次、一次又一次地守护着他们自己的领土，不止如此，他们还用这些卫冕经历作为衡量自己的标杆。他们为了胜利无所不用其极，虽然两人的做法有所不同。拉塞尔会拥抱自己最大的对手，跟他建立友情，允许他在一些意义不大的时刻大出风头，却早已在对方没有注意到的时候撕裂了他的心脏。乔丹则会像《印第安纳·琼斯之魔宫传奇》（*Temple of Doom*）里的那位老兄般掏出敌人的心脏，高举过顶。他希望自己的对手们记住发生了什么。那是他最爱的东西——不只是胜利，还有征服。而拉塞尔只热爱胜利。

他们两人之间的另一处不同：拉塞尔的生涯中，从没有一个队友悄声说过“我讨厌这个浑蛋”或“他关心自己甚于关心球队”。拉塞尔的队友都珍惜并尊敬他。他们直到今天都还在唱他的颂歌。他们总是坚称，你不能把数据的价值置于他日复一日的成就之上。每当人们回忆起他时，总是会提到“牺牲”“队友”“无私”这些关键词。他是唯一一位意识到篮球在方方面面都是一项团队运动的球员——不仅在场上，还包括如何团结成为一个整体，相互尊敬，为共同的目标而努力奋斗——从他生涯的第一场比赛到最后一场都是如此。乔治·普林普顿（George Plimpton）1968年为拉塞尔而写的《年度运动员》一文中，他引用了波士顿训练师乔·迪劳里（Joe DiLauri）说的一段趣闻，来对拉塞尔做出精确的解释：

他最关心的东西是凯尔特人队。其他东西都不重要。这就是为什么他通常看起来对媒体和球迷都很冷淡。他们不是凯尔特人。去年我们夺冠后，他把所有不属于凯尔特人队的人都踢出了更衣室——记者、照相师、食客，还有个在更衣室里照管电视摄像镜头的可怜人，说自己没有批准是

① 原注：算上季后赛和1995赛季M. J. 从棒球归来后的34场比赛，这总共是632场比赛，跨越6个多赛季。这不叫不科学——这简直就反科学！

不能离开摄像镜头的，恳求留下来，说自己会丢掉工作的，我们花了三到四分钟才把他赶了出去。媒体在外头砰砰敲门，因为截稿时间之类的东西而大发雷霆，而拉塞尔转过身来，看着我们，让贝利·豪厄尔带领球队一起祈祷。他知道贝利很虔诚——那也是他第一次夺冠——他知道贝利会为此而感激的。拉塞尔自己其实不怎么信教。所以萨姆·琼斯说："你也一起祈祷？"拉塞尔说："是的，萨姆。"

你从来不会听到乔丹的队友和教练这样讨论他。即使现在也不会。多年以来，乔丹故事中最吸引人的部分是他不断尝试去把自己的竞争力融汇进全队的利益中去。他需要"信任"他的队友，"让他们变好"。我们一遍又一遍地听说这样的故事。后来他的帮手升级了，芝加哥开始夺冠，我们也就没再听到这样的故事了……虽说他其实一直在用同样的方式打球。①直到乔丹的棒球假期后，他才真正向着球队的化学作用敞开了胸怀，而拉塞尔的团队意识是与生俱来的。现在我们来看看拉塞尔履历中最棒的部分：他在关键比赛中的成功。在拉塞尔的11座总冠军中，有6次都遭遇了很有可能对凯尔特人不利的生死战。②每一次他们都获胜了，而其中只有一次是因为对手投丢了决定赛季归属的投篮（1962年的弗兰克·赛尔维）。乍一看，你可能会说这是运气，就像安东·齐格扔的硬币总是落在他想要的那面③。但是一支紧密团结、毫无私心的球队，还有着一位生来就是为了让其他人变得更好的球队老大，这其中有多少真的是运气呢？如果两支天赋相当的球队正在巨大的压力下打一场紧张激烈的比赛，你难道不会把赌注押在那支由史上最佳防守队员领军的团结无私的球队吗？这难道不就是篮球的意义吗？

---

① 原注：年轻时的M. J. 绝对是个数据控。1989赛季，乔丹迷上了刷三双，他在场上不停地问官方记分员他还需要什么（两次助攻，一个篮板，诸如此类）。NBA后来发现了，遂告诉记分员不能把这些信息说出去。听上去有点威尔特的味道，是吧？

② 原注：列表：1957（抢七，双加时）；1962（对费城抢七，对洛杉矶抢七）；1963（辛辛那提，抢七）；1965（费城，抢七）；1968（费城，抢七）；1969（对洛杉矶的第4和第7场）。

③ 译注：电影《老无所依》中的情节，杀手齐格用硬币的正反面决定猎物的生死。

现在你要说了：“等等……那为什么拉塞尔不是第一？”因为很难预测拉塞尔在今天的比赛中会表现如何。从运动能力上说，他肯定能胜任。毫无疑问。但是拉塞尔不比凯文·杜兰特更高、更壮。他该怎么防守卡里姆呢？①姚明、里克·斯米茨和阿蒂斯·吉尔摩呢？巅峰期的沙克，甚至年轻的德怀特·霍华德呢？他平庸的投篮在今天难道不会成为更不利的因素吗？拉塞尔在今天会有过去70%的效率吗？80%？这数字是高了还是低了？我们如何能知道？跟奥斯卡、佩蒂特、埃尔金和威尔特一样，拉塞尔的时代优势也很难忽略。那时候盖帽更容易，因为除了威尔特外没人会攻击篮筐；抢篮板也更容易，因为对方的前锋只有6尺4寸或6尺3寸，而非现在的6尺8寸到6尺11寸。拉塞尔在20世纪60年代还有着更大的价值：大家都打跑轰，每个球都只算两分，所以一个篮板手/盖帽手是你能拥有的价值最大的东西。而现在，这是一个由外线球星主导的突分时代；2009赛季，只有4名球员场均10.0个篮板以上，39人三分命中率在四成以上，你最好能拥有一位勒布朗式的能为他自己和队友都创造优秀投篮机会的得分手。再加上巨额工资、工资帽规则和奢侈税的阻挠，很难想象再以团队为先的球员们为班底打造一支无私的球队并保持下去——20世纪，只有马刺能做到这一点超过4年——也就是说，拉塞尔只有1/30的机会能碰上对他来说完美的球队。我们把各种不同折中一下，把他放进一支现代的有竞争力的球队中去——比如把他跟霍华德调一下，假设拉塞尔可以在2011魔术贡献场均17.3个篮板、12.7分和破纪录的6.2次盖帽。你觉得我们一定能夺冠吗？我不觉得。我们有着不小的可能性……但无法锁定。

正是这点使他与接下去一位球员产生了差距。把92M. J. 或96M. J. 放到任何一个时代，他都能立刻成为联盟第一人。从1946—1965年，比赛会变得完全不公平，科学家们会以为他是外星人，把他抓去做实验。从

① 原注：拉塞尔在卡里姆进入联盟前4个月退役了。这么说吧，既然我们都了解拉塞尔的求胜欲，我真的应该假设拉塞尔在看了1968年和1969年的几场UCLA的比赛之后没有想过“我现在越来越老，是时候离开道奇了”（译注：“离开道奇”，指摆脱不良的处境）吗？顺便说一句，为什么大家都那么急着要离开道奇？道奇是什么？有人知道这回事是为什么吗？这句俗语最初是因为有人在1965年的时候在某辆道奇车上放了个超级臭屁吗？

1965—1976年，他的统治力会比韦斯特要高一个等级……而韦斯特就已经夺得一冠，外加6次打入总决赛了。从1977—1983年，他会摧毁一切。1984年之后的事情你都知道了。考虑到乔丹的个人和球队成功，以及你想不到他有任何漏洞——严肃地说，我们什么时候还能看到联盟中进攻最好的球员9次入选最佳防守阵容？——比尔·拉塞尔只能屈居第二。万人之上，一人之下。

1. 迈克尔·乔丹

履历：*15个赛季，12个高质量赛季，14届全明星，1988、1991、1992、1996、1998年MVP，1990、1993、1997年比尔·西蒙斯MVP，1987、1989、1997年MVP票选第二，1985年最佳新秀，1991、1992、1993、1996、1997、1998年总决赛MVP，1987、1988、1989、1990、1991、1992、1993、1996、1997、1998赛季最佳阵容一队，1985赛季二队，最佳防守阵容（9次一队），1988年最佳防守球员，8次场均30+，7次季后赛场均34+，巅峰四季35+6+6、2.9次抢断、52%的命中率，生涯30+6+5、49.7%的命中率、83.5%的罚球命中率，季后赛33.4分（历史第1）、6.4个篮板、5.7次助攻（179场），总决赛34+6+6（35场），单季联盟第一：得分王（10次）、抢断王（3次）、出场时间（3次）纪录：得分王次数（10）、连续得分王次数（7）、总决赛MVP数（6）、总决赛单轮场均得分（1993年41.0分）、生涯季后赛总得分、季后赛单场得分（63）、总决赛半场得分（35分），职业生涯：总得分（第3）、总抢断数（第2），6支总冠军（91—93、96—98公牛）球队中最好的球员，30000分俱乐部*

在我的人生中，只有一名超级巨星会经常被描述得像汉尼拔·莱克特。*迈克尔是个杀手。迈克尔会把你的心脏挖出来。如果你给迈克尔一个机会，他会杀死你。迈克尔闻到了血腥味。迈克尔瞄上了你的颈动脉。*没

*有人像迈克尔·乔丹一样喜欢杀戮。他们已经奄奄一息，迈克尔要开始收割了。*我们的社会使得迈克尔·乔丹这样的好胜之人的出现成为了可能：我们看重那些珍视胜利、最大化自我潜力、保持完美身材、用力挥拳、拍打队友屁股、就算受伤也不愿输掉比赛的运动员。罗尼·洛特（Ronnie Lott）为了继续在NFL打球，在休赛期内切除了部分小拇指。这让我们爱上了罗尼·洛特。这是个真心在乎的家伙！泰格在ACL撕裂的情况下赢得了2008全美公开赛。这是个真正的冠军！皮特·罗斯在1970年全明星赛上放倒雷·福塞（Ray Fosse）、成功上垒、赢下了比赛，他直接撞断了福塞的肩膀，改变了后者的生涯。嘿，在皮特·罗斯面前就别尝试守本垒了！我们总是喜欢这些比其他人更在乎的家伙，就像我们总是憎恶那些从不在乎的家伙。为什么？因为我们觉得，要是我们能有幸具备同样的天赋，我们就会用那样的方式打球。如此之类。

这就是为什么我们从没有指责过迈克尔·乔丹的病态的好胜心。①如果非要说什么的话，我们甚至还把它神化了。这家伙可以做任何事情，都没关系。从1984年到1991年，大家——杂志、报纸、书籍，随你说——口中的乔丹就像过去十年里的科比一样。而当1992年萨姆·史密斯在他那本后来被证明是完全准确的《乔丹法则》（*The Jordan Rules*）中展示出真正的乔丹时，人们的反应就像是如果现在佩雷斯·希尔顿（Perez Hilton）②在网上爆出奥巴马女儿们的猛料时我们的反应一样。乔丹不可能是个浑蛋，就算他是，我们也不想知道。在科比收获声望时，我们的社会已经变得要恶意得多了：我们对在造神之后再把人从神坛上拉下来很感兴趣，我们也就那么做了。如果乔丹晚出现15年，同样的事情也会发生到他头上。

当然，科比的大小姐脾气来源于他的弱点：他不了解真正的自我，只好模仿着乔丹，追随着他的目标，努力在攻守两端都击败对手（做到

---

① 原注：嗯，直到他2009年的即兴的、令人不快的、琐碎的、尖刻的、杂乱的、怀恨在心的、秋后算账式的名人堂演讲。那之后？他被责备了。狠狠地。虽说那篇演讲中展示出的东西我在这一节里都已经写过了，这是肯定的。人的本性难移啊。

② 译注：美国八卦丑闻爆料天王。

了），赢得几枚戒指（做到了），尽可能多地得分（做到了），模仿乔丹的挥拳庆祝（做到了），带领自己的球队夺冠（到最后终于做到了）。科比在处理从“蝙蝠侠沙克身边的罗宾”到“蝙蝠侠”的必然转变时的一切都显出笨拙。[①]乔丹总是知道自己是谁。他*必须*赢下一切。他仔细研究对手，寻找示弱的迹象，甚至会向写手和解说员们套话询问内部消息。他在球队包机上的牌局里痛宰队友，以至于教练要警告新秀们不要参加。他有次在打乒乓球时输给了队友罗德·希金斯（Rod Higgins），然后买了张球台，成了队里最好的乒乓球手。他有次在犹他的约翰·斯托克顿头上扣了个篮，听到犹他老板拉里·米勒朝他喊：“你敢找个跟你一样高的人扣吗？”于是又颜扣了中锋梅尔·特尔平（Mel Turpin），然后低声问米勒：“够高了吗？”他向机场行李工行贿，让他把自己的箱子第一个拿出来，然后跟队友们打赌说自己的箱子会第一个出现在传送带上。他在一次公牛队内训练赛里像个小孩一样大发脾气，因为他觉得道格·科林斯把比分记错了。大学全明星队曾在一场没打完的训练赛里击败了梦之队，然后错误地表现得过于扬扬得意了，于是第二天的训练赛开始时，乔丹指着阿兰·休斯敦说：“他是我的了……”休斯敦整整两个小时都没接到球。[②]

乔丹衡量每件事的标准都是结果，衡量每位队友的标准都是他们有多在乎结果。他不断地考验着他们，淘汰掉那些不合格的：丹尼斯·霍普森（Dennis Hopson）、布拉德·塞勒斯、威尔·珀杜、斯泰西·金（Stacey King）……这个名单比你以为的还要长。他会在训练中向队友出拳，来强调自己的支配权。早年间，他有点太过头了，他嗜血的热情伤害了一些队友。克雷格·霍奇斯跟迈克尔·威尔邦（Michael Wilbon）说起

---

① 原注：科比最缺乏的东西：他就是不酷。先不说那种不管出现在哪个房间里都会是最酷的家伙；他甚至都不是自己球队里最酷的人。就像A-Rod，科比看上总像在刻意演戏……你要么酷，要么就不酷。再往后读几页你就会懂了。

② 原注：一个著名的故事：拉布拉德福特·史密斯（LaBradford Smith）在他头上吃了次饺子，得意扬扬，然后第二天被乔丹虐了个47：0。这个说法有点失实：史密斯在1993年3月19日对阵M. J. 时37比25。第二天，被激怒的M. J. 半场就得了36分，最后47+8+8……但是史密斯确实得了15分。两场比赛都是芝加哥获胜。（译注：乔丹在第一场赛后说史密斯朝自己喷垃圾话。多年后他承认史密斯并没有出言挑衅，这种复仇情绪是他自己强行制造出来的。）

过一个1990年的事件，皮彭错误地在训练中向乔丹发起挑战，迈克尔“开始——毫不夸张地——在斯科蒂头上予取予求。太不可思议了。我是说，斯科蒂·皮彭是联盟中最好的几名球员之一，但迈克尔在他头上疯狂得分。斯科蒂不得不边退后边说：‘放轻松点，哥们儿。’”年复一年，乔丹就是无法控制住自己。他在乎胜利，但用的是自己的方式——他还要当得分王，想拿就能拿50分，对待队友们就像是头号狱霸——于是菲尔·杰克逊才破釜沉舟地采用了三角进攻，想要阻止乔丹把持球权（杰克逊还希望这能激励角色球员）。1991年季后赛里，当队友们开始进步到可以接受的等级时，乔丹才在带动他们和接管关键时刻之间找到了切实可行的平衡。之后的就是历史了。①

你知道乔丹“史上最佳”的资格凭证吧：他的季后赛成绩、个人纪录和全方位荣誉可以超越参加过这项运动的任何人。他拥有比任何人都多的经典时刻：在花园的63分，1987年扣篮大赛，对89骑士的“那一投”，1991年总决赛的“哦哦哦哦哦，多么奇迹的一球”上篮，1992年总决赛的6个三分（还有耸肩——你不能忘了那个耸肩），1993年总决赛的场均41分，1996年的72胜，1997年的流感之战，1998年的最后一投。他在8年里击败了8支令人难忘的球队——坏孩子活塞，“表演时刻”湖人，莱利尼克斯，德雷克斯勒开拓者，巴克利太阳，沙克魔术，马隆爵士，米勒步行者——没有人能与之相比。②他完成的一切成就只依靠两名金字塔队友（斯科蒂·皮彭和丹尼斯·罗德曼）和一群角色球员与替补。当他1998年夺得最后一冠时，我们都同意：*这是我们能见到的最伟大的篮球运动员*。但这没能阻止我们寻找下一个他。我们花了此后11年时间遍寻伪接班人，大肆炒作那些尚未完全准备好的年轻球员和被高估的模仿者。我们应

---

① 原注：在被91公牛横扫后，底特律助教布伦丹·苏尔（Brendan Suhr）说：“我觉得M. J. 终于意识到了，在这个级别上，一个人是无法胜利的，当你在季后赛里走得很远时，球队总是能击败一个人。他终于明白这一点了。”没错。但是你没法在队友稀烂时“明白这一点”。

② 原注：乔丹6次总决赛的场均数据：37+7+11，36+5+6，41+9+6，27+5+4，32+7+6，34+4+2。顺便说一句，这可进了4次42俱乐部。

该停止寻找了。

我个人相信：没有人能超越乔丹。永远没有。我有四个理由……

理由1：四次巅峰 绝大部分球员就只有一次巅峰（也就是我们说的生涯年）。少数精英球员会有两次巅峰：哈基姆的1990和1994年，巴克利的1990和1993年，韦斯特的1966和1970年，沙克的1995和1900年，仅举四例。非常罕见的，一名运动员能三次登上巅峰：伯德（1984、1986、1987），“魔术师”（1982、1985、1987），卡里姆（1972、1976、1980）和威尔特（1962、1967、1972）都放出了3.0版本，在各个方面都超越了1.0和2.0版本。只有乔丹巅峰了4次，而且可以说乔丹4.0比其他三个版本要更好。设计图如下：

M. J. 1.0（1989—1990赛季） 他的第五和第六个赛季，一般来说球星都会在此时实现飞跃，触及个人天赋的上限。乔丹在竞争特别激烈的一年中把差劲的89公牛带到了47胜、东部决赛，交出了合并以来数据上最全能的赛季：32.5分、8.0次助攻、8.0个篮板、2.9次抢断、54%的命中率、85%的罚球命中率（常规赛）；季后赛则是34.8分、7.0个篮板、7.6次助攻、2.5次抢断、51%的命中率。下一年春天，他打出了生涯最好的系列赛（对费城43.0分、7.4次助攻、6.6个篮板、55%的命中率），之后抢七惜败底特律。这是乔丹作为一个纯粹运动能力狂人和得分手最巅峰的时期：无可匹敌的运动能力，极限的速度和爆发力，受到裁判们拉里/“魔术师”级别的尊敬，极端的持久性（打满99场比赛，而且当时的旧时代规则还允许活塞等球队在他突破时猛击他），需要好几个防守者才能阻止他。把89乔丹放到当今没有hand-check和凶恶犯规的NBA，那大家就别玩了。他能场均45分。①

① 原注：现实中的M. J.：1987赛季37次得分40+；第一个季后赛连续两场50分的球员（1988赛季）；1991赛季结束时，他是NBA常规赛、季后赛、全明星赛场均得分第一（至今仍是）；他5次60+（一次是季后赛），34次50+（7次是季后赛）；拥有得分连续上双场数最多的纪录（866场）；唯一一名每场总决赛（至少10场）都得到20+的球员。

M. J. 2.0（1993赛季春天） 这时他已经掌握了一切。严格的规律性健身使他的身体好似雕刻出来的，让他拥有了完美身材，足以承受任何严重的犯规，不再在比赛末尾劳累，可以在低位惩罚较矮小的防守人。他是个非常有悟性的全能球员，对如何（使用队友）和何时（才是接管比赛的正确时间）理解得更深了，甚至会保护队友（他在对阵莱利的尼克斯时多次这么做，最典型的是他对泽维尔·麦克丹尼尔的令人难忘的“二加一！”上篮和怒吼）而不是公开或私下地伤害他们。只有一个问题：这家伙突然之间失去了对手。他是唯一一位缺少可以驱动他一直保持在巅峰的对手的NBA超级超级巨星。于是他没有什么好赢的了。一旦媒体压力和公众关注变得太多，他就做出了NBA史上最奇怪的决定之一：他在巅峰期选择了离开。①

M. J. 3.0（1996赛季冬天） 乔丹抖落棒球带来的锈迹，②重新打造了适合篮球的身体，在攻防两端打得更强硬了——他更像是埃米特·史密斯而非巴里·桑德斯，找到自己的位置，专心于此，4节比赛不断给防守人施压。M. J. 3.0被描述为“非常灵活多变”和“伯德-‘魔术师’级别的大脑”等。他在棒球中的失败教会了他去全身心地接纳队友，接受他们的错误，改变自己的技巧来完善队友。他终于理解了“秘密”。

M. J. 4.0（1998赛季春天） 我最喜欢的版本。他的弹跳已经消失得差不多了，但他更新了强度和弹性来作为替代。乔丹很少会展现出情绪波动了；甚至命中制胜跳投后也只是简单地挥一下拳，微微一笑。就像20世纪70年代中期的阿里，他靠的是狡诈、经验、记忆和心脏，通晓一切技巧（就像赢下1998年总决赛的对布赖恩·拉塞尔轻轻一推）。③乔丹4.0

---

① 原注：嗯，除非是斯特恩对他禁赛，让他去打了18个月的棒球。但我不想破坏这故事。

② 原注：不能忘记，乔丹离开了NBA足有21个月，把身体重新打造得更适应棒球——腿部更强壮，身体更厚实——完全没有展现出什么竞争力，然后在1995年3月NBA还剩5周的时候跳回来联盟，头五场比赛里先是在亚特兰大命中绝杀，随后在MSG砍下55分。

③ 原注：这就是乔丹有多么伟大：在他最伟大的时刻，他明目张胆地作弊了……但没有人在乎。如果非要说什么的话，我们还为他的机智而热烈鼓掌呢。想象一下科比靠这样一推赢下NBA冠军。我们会抱怨上一个夏天。顺便，我一直觉得，M. J. 推了一个名叫拉塞尔的家伙，然后命中跳投，锁定史上第一的位置，这事儿简直富有诗意。

展示了在最合适的时刻取得掌控的（我讨厌使用这个词，但是管他呢）超现实能力。你可以说，他从史上最伟大的篮球运动员变成了史上最伟大的终结者，他在面对实力占优的步行者和爵士时的一系列表现——他要与连续3个赛季比赛超过100场带来的效果做斗争，尽一切所能去对待自己36岁的身体，在最后两战中弥补斯科蒂·皮彭的不佳状态（受到背伤影响），并还是成功地把公牛带向了总冠军——至今仍然是我人生中见过的最超凡绝伦的体育成就。什么时候去看看那1998年总决赛第6场吧。他一个人赢下了比赛。没有帮手。只有他。他得到了芝加哥前83分中的41分，一边等待着时机，一边操控着之后的进程。最后40秒落后3分，他开始了杀戮——先是一条龙上篮，然后在另一端偷袭卡尔·马隆，再命中制胜球，一气呵成——期间没有一名队友碰过球；这是史上最灿烂辉煌的一场篮球赛最适合的结局。我知道勒布朗·詹姆斯现在非常棒，但是除非他能在36岁时升级到自己的第四个版本，靠一己之力赢下总冠军，我们才可以开始讨论他和乔丹。仅限于这种情况。

理由2：病态的好胜心　我无法想象再出现一个乔丹这样的杀手，原因是：现在的NBA太“兄弟-伙伴”了。这些球星一起生长，相互为友，夏天一起玩，一起代表美国队比赛，给对方发短信和邮件……就像他们是性伙伴。看看刚经历完一场相当激烈的比赛后的科比和卡梅洛吧；他们就像在大学同学会上重逢的旧室友。乔丹时代的伟大球员们总是彬彬有礼地保持着距离；甚至当“魔术师”和以赛亚相互亲吻时，其中仍带着几分冷酷。[①]当乔丹和巴克利变得亲近时，我身体中总有一部分在怀疑，乔丹是不是在巴克利身上隐约嗅出了未来的对手的味道——有点像拉塞尔对威尔特，或者《异种》（*Species*）里的娜塔莎·亨斯特里奇（Natasha Henstridge）如何狩猎同伴的——于是跟他交朋友，借此在暗中彻底伤害

① 原注：1988年东部决赛结束后有一个时刻，我们看到麦克黑尔给了以赛亚一些启发性的建议，然后以赛亚表示了感谢，跟他击掌。我记得自己当时对着电视尖叫：“搞什么鬼？别跟他说话！你在干什么？”当时的气氛就是如此。

他。你知道巴克利成为万神殿级球员的机会是在何时死去的吗？1993年总决赛在菲尼克斯的第2场。他已经尽其所能做得最好了（42+13，26投16中），但是乔丹做得更好，轰出42+12+9，击垮了丹·马尔利。你可以在巴克利离开球场时看见他脸上写着：*我没法击败这家伙*。他没能做到。

这又回到了之前提过的拉塞尔–乔丹基因。乔丹生来就是为了征服，对一切小事都过度反应（天生的或后天的）。里克·皮蒂诺在1989年尼克斯对公牛的系列赛里质疑他腿筋伤势的严重程度；乔丹让他们付出了代价。[①]魔术队在1995年季后赛中干掉了身材走样、未能达到NBA标准的乔丹；乔丹让他们付出了代价。马隆偷走了1997MVP；乔丹让犹他付出了代价。当公牛GM杰里·克劳斯（Jerry Krause）——乔丹公开表示憎恶他[②]——热心地追求欧洲球星托尼·库科奇；乔丹和皮彭在1992年奥运会上怀着特别的怒气痛扁库科奇。1989年选秀前，克劳斯曾一度迷恋于马尔利的天赋，这惹恼了乔丹，于是他在1993年总决赛中教训了“雷霆丹”，在第6场菲尼克斯最后一击不中后、公牛队庆祝胜利时大喊：“去死吧，马尔利！”马尔利跟他有什么怨、有什么仇吗？当然没有。但乔丹相信他有。这家伙就是这么思考事情的。

有两则代表性的“乔丹其实是个好胜心强得病态的疯子”故事：

故事1：1992年NBA总决赛第1战，恼人的“德雷克斯勒还是乔丹”争论正在高潮，再加上波特兰在赛前愚蠢地跟媒体提到了“我们要让他们用三分打败我们”的计划。克莱德·德雷克斯勒要在全国电视直播上被乔丹屠杀了。只是我们当时还不知道。波特兰在前6分钟先声夺人，取得17：9的领先。芝加哥的观众一片死寂。波特兰大打快攻，充满自信。然后是接下去17分钟的流水账：M. J. 3分……M. J. 2+1……M. J. 3分……M. J. 3

① 原注：皮蒂诺在第三战后的评价惹怒了乔丹。M. J. 接下去三场：47+11+6，38+8+10，40+5+10。几周之后，皮蒂诺跟肯塔基大学签约。我确定这不是巧合。

② 原注：乔丹经常嘲笑克劳斯的邋遢打扮和总体来说令人生厌的外表，同时不爽克劳斯因乔丹时代的成功而收获太多的赞誉。说真的，M. J. 是对的。说杰里·克劳斯打造了六冠芝加哥公牛，这就像说《指环王》（*Lord of the Ring*）是肖恩·阿斯丁（Sean Astin）的电影（译注：肖恩·阿斯丁在《指环王》三部曲中饰演山姆·甘姆齐）。

分……M. J. 2分……M. J. 2分（第1节结束，开拓者33：30，乔丹得到18分，下场休息了一会儿）……M. J. 回到场上（芝加哥45：44）……M. J. 2分……M. J. 3分……M. J. 抢断、2分……M. J. 2分……M. J. 3分……M. J. 补扣得到2分……德雷克斯勒尴尬的3分三不沾……M. J. 3分，耸肩[①]……波特兰单节第三个暂停……芝加哥66，波特兰49。乔丹在17分钟内得到33分，半场35分，比德雷克斯勒多27分，打破了季后赛半场三分纪录。这可是真实发生过的。

故事2：20世纪90年代中期，乔丹的对手学会了不跟他说话，于是出现了我们前所未闻、后亦不复的奇特现象：迈克尔成了篮球版的睡狮。在那个满是垃圾话高手、人人捶胸嘶吼的联盟中，他不可思议地成了一块彻底的禁区。甚至在2001年夏天，传出报道说执掌奇才的乔丹正在思考复出。当时一些球队去了洛杉矶，观看一些加利福尼亚新秀的试训。乔丹也在那里。还有洛杉矶本地人保罗·皮尔斯，他跟乔丹待了一会儿，因为他跟芝加哥人（及当时的队友）安托万·沃克是朋友。某一刻，皮尔斯开始朝M. J. 喷起了垃圾话。*你最好别复出。这是我们的联盟了。*诸如此类。乔丹开心地点着头，一脸“好的，好的，等着瞧呗”的表情，最后说道：“我们队第一次打你们是什么时候？我要记得在你头上砍40分。”你完全可以想象得出，乔丹拿出一张纸，把皮尔斯的名字列在“需要好好踢一顿屁股的家伙”的名单上。当然了，皮尔斯当时的教练[吉姆·奥布赖恩（Jim O’Brien）]无意中听到了这段对话，飞快地把皮尔斯拉走，央求他的球星：“别跟他说话。你听到我说的了吗？别跟这家伙喷垃圾话！”这是退役整整3年后的乔丹。三年！即便如此，即便已经39岁，一位NBA现役教练还是会把他当成可能的威胁，一个在任何情况下都不能惹的家伙。我人生中不可能再见到这种事了。

---

① 原注：我一直觉得“魔术师”当时以NBC解说身份出现在场边这件事（以及伯德不可避免的退役）在这场比赛中起到了很大的作用。联盟第一次属于且仅属于乔丹了。德雷克斯勒也有机会。所以他必须死。哪怕“魔术师”在中场附近看球，场面也会好一点儿。

理由3：对房间的掌控 如我在大卫·罗宾逊那节中所说：马努特、伯德、罗宾逊和乔丹位列南希·帕里什纪念通道最伟大入场的总统山上。乔丹是个活的E. F. 赫顿广告。还记得那个滑稽的广告吗，有人说："我的经纪人是E. F. 赫顿，他说……"突然之间，房间里的所有人都闭上了嘴，侧耳静听？那就是M. J. 。他让人们神魂颠倒，就像他们是20世纪60年代中期的披头士歌迷一样。一位名叫乔治·弗雷泽（George Frazier）的波士顿记者曾把乔丹所拥有的气质称为邪魔：一种人格魅力，一种伊斯特伍德式的招摇，一种无法定义的自负之气。即使房间里有16000人，他也能成为所有人关注的焦点。一旦乔丹进场，其他所有人都不重要了。人们的情绪立刻产生了改变，他们的声音……这些微小的细节所留下的印象在15年后仍无法磨灭。

在他不打篮球后，这种反应仍然没有改变。2006年休斯敦全明星周末的一个派对上，凯尔特人主席里奇·哥谭（Rich Gotham）跟我在一处偏僻少人的露台上抽着雪茄。突然，查尔斯·奥克利走了进来，[1]接着是一阵以乔丹和他的保镖为中心的人类龙卷风。当M. J. 走进房间时，这里突然成了《明星伙伴》的某一幕。不管此前你觉得这个派对感觉如何，它的评分一下子从______（随便你填什么等级）变成了A+。似乎M. J. 的出现证明了这个夜晚的意义。乔丹缓缓地走了进来，四下看看，喷出一口雪茄，跟奥克互损了几句，当周围那25个举着手机拍照的人都不存在。90秒

---

① 原注：这个时刻比想象中的更壮观。听着，奥克利是真人版的《杀戮战警》（*Shaft*）。你知道《威龙杀阵》里的酒吧打斗场景吧，只要斯韦泽静静站在那里，脸上挂着一丝微笑，所有的醉鬼都会换个几英尺外的地方打架。那就是奥克利。你可以花钱雇人在派对上扮演黑帮成员，让他们在离奥克利10英尺外用空包弹互相射击，我觉得他眉毛都不会挑一下。关于奥克利我最喜欢的一件事：他在芝加哥时是M. J. 的执行者，现在他们都退役了……据我所知，他*仍然*是乔丹的执行者。在踢人屁股的能力方面，有什么赞誉能比得上M. J. 亲自做的"你知道吗？我需要确认他仍然在我身边。我不在乎我们都已经40多了"决定？个人角度，我觉得奥克（译注：奥克是奥克利的昵称）应该成为下一位动作片英雄。他有长相，有身材，招摇豪气……他至少可以咕哝几句台词，变成黑人版斯蒂文·西格尔。我们知道，NBA里的每个人都害怕他，著名的奥克在1999年停摆的球员会议上掌掴巴克利的故事就是一个缩影。我曾问过一位相当有名的现役球员："是什么让奥克利比其他所有人都更恐怖？"他的回答："联盟中有很多强硬的家伙，但是奥克根本不屑他们。"嗯，就是这样。

后，他们觉得够了，该换个新房间了。就这样，他们离开了，露台的气氛一下子又松弛了下来。里奇后来说，这就像“一阵强风”。M. J. 就是一阵狂风；其他人都是被卷入其中的飞花落叶。

当他打球时，你需要更多一点儿时间来做好迎接这阵狂风的准备。比赛开始前15分钟，你环顾四周，发现75%的球迷都已经来到了；这听上去就像是斯普林斯廷演唱会开始前等待着灯光熄灭的观众们。每个坐在不错的位置上的男观众都红光满面，一副“老子很重要，因为老子来看了一场牛×的比赛”的样子。每个女观众看上去都像多花了10分钟时间化妆。每个小孩儿都看起来快要自燃了。天真的少年们站在前几排，前推后搡，手里拿着笔，悲哀而绝望地乞求着出现十亿分之一的奇迹，希望M. J. 会不知怎么离开列队上篮，翻过技术台，走进人群中给球迷们签名。一旦乔丹登场，彼处的一切就停下来转向他了。每双眼睛都投向他。球迷们开始发出奇怪的声音。尖叫、嘶吼与激动地掌声混成一片，然后又出现一个如连锁反应般逐渐变响的喊叫声：“呃呃呃呃呃呃呃呃啊啊啊啊啊啊啊啊！！！！！”房间里有M. J.，似乎能量就再也不会消散。当他在赛前跟裁判打招呼时，他们对他的笑话特别卖力地大笑，像是支付小费时出手特别阔绰的顾客身边的服务生。当他给队友建议时，队友会专心致志地用力点头，就像得知了什么足以改变人生的秘密。当他在开场跳球前走到技术台边上时，前几排的所有交谈都会突然停止。当他第一次走上罚球线时，上千台闪光灯纷纷按动，为后代记录下这一时刻。*我见过迈克尔·乔丹打球。他在那儿罚球。某一天人们会对这事儿感兴趣的。*你当时就这么想。

这种时刻总是显得比你我都更重要，与此相同的还有亲眼见证M. J. 完成一出精彩表演或欣赏每个使他得以成为他的微小细节时的那种激动的震颤感。他从不放松，总是拼尽全力。从身体上说，他总是用一种其他人都不具备的优雅控制着自己。从技术上说，他在所有方面都臻于完美——完美的体格，完美的奔跑姿势，完美的防守技术，完美的脚步，完美的投篮姿势——所以当他运球砸脚或是传球出界时，你总会觉得这不是真的。从精神上说，他的队友对他的反应，就像是情景喜剧中孩子们对下班回家的父亲那样：每个人都竭尽全力讨好她，紧紧抓住他说的每一个字。这些小事比那些扣篮和惊心动魄的动作更能显出与众不同。乔丹最后一次以公牛队员身份造访波士顿时（1997年12月），他们吊打了年轻的凯尔特人，M. J. 看起来对此事倍感无聊。这种时候正是在现场观看M. J. 的最佳时刻，他开始在已经花了的比赛里寻找些愚蠢的挑战。当乔丹和沃克开始喷垃圾话时，我记得自己轻轻地推了推边上的哥们儿，跟他说："看好了，要有事儿发生了。"我们盯着乔丹和沃克看，他们上上下下地慢跑着，边跑边说着什么。在波士顿的一次犯规后，沃克和乔丹紧挨着站在了罚球线的右边。沃克站在里面的位置；乔丹站在他左边，不停地飙着垃圾话。沃克犯了个错误，回了几句嘴。不是个好主意。我记得自己跟哥们儿说："看好了——乔丹在告诉托万，他会卡到内侧，抢到篮板。看好了。等着瞧。"当然了，在他的队友准备投出第二记罚球时，乔丹举起了手臂，同时嘴巴一直说个不停。沃克的身子绷紧了。球弹了一下，M. J. 不知怎么就跳到了沃克身前，抢到了篮板，然后一气呵成地起跳上篮。

乔丹的上篮造成了谁的犯规？安托万・沃克。

我们看见乔丹趾高气扬地走上罚球线，一边咯咯地笑个不停，对自己很满意，就像刚在地上捡着了张百元大钞。我们看见沃克的脑袋低垂着，就像个刚被爸妈训斥了一顿的小朋友。我们看见大屏幕上在播放乔丹准备罚第一球的特写，一个大大的笑容出现在他脸上。这一夜对他来说已经值了。对我们也是。也就是这点使得我在听到人们拿韦德、科比和勒布朗与他相比时哈哈大笑。没有人拥有过我刚才描述的这种时刻。他们可能在身体和运动能力上接近他，但是在"对房间的掌控"方面？甚至勒布朗都无法接近他。即使在乔丹饱受伤病折磨的华盛顿复出期间，①也有过一个这样的时刻，那是他2001年第一次造访波士顿时，乔丹在关键时刻命中

---

① 原注：这次复出并不怎么成功：乔丹在赛季前的训练营里练得太狠，两年中都在与一系列的膝盖和韧带伤病纠缠不休。更糟糕的是，他同时还在管理球队，围绕自己的优势和弱点打造球队，聘用了一位唯唯诺诺的教练（道格・科林斯），在打法上降速磨阵地，还做了一笔糟糕的交易（"浪子"・汉密尔顿换杰里・斯塔克豪斯）。他们两年都没能打进季后赛。甚至关于这次复出的书都写得烂透了。我现在都假装这次复出从来没发生过，说真的，你最好也这么做。

了一记跳投，看起来就像手开始发热了。他转过身，蹦蹦跳跳地往后场走去，用他独特的步法跑着，双肘前后摆动的姿势就像正在使用诺迪克跑步机。观众山呼海啸——我们爱凯尔特人，但说真的，我们有机会见证一场ESPN经典频道级的逆转，即使这可能性非常非常小，却还是压倒了一切——乔丹在中场扫视着我们坐席区里的每个人，挑起眉毛，露出一个蔑视的笑容。他把我们融化了。该死的，他把我们全部融化了。想象一下，一个身材丰满的高中啦啦队员朝着一巴士的初三男生抛来一个媚眼，把这反应乘以3，那就是我们。接下去20秒钟，我们都在轻推对方，窃窃私语。我甚至不记得谁赢了那场比赛。我真的不记得了。我只记得：M. J. 回来了，M. J. 找到了自己的比赛节奏，M. J. 有感觉……这有着无限的可能性。有些人就是大过生命。

如果勒布朗能吸引17000个座位的体育馆中的每束目光，连续3个小时，如果他能用一个微笑就征服这片坐席区，那我会认同他已经达到了M. J. 的地位。在此之前就别说了。

理由4：乔丹的神秘魅力。我要用现在时来复述这个故事，因为，就我来说，这仿佛就发生在3小时之前。跟我再次回到2006休斯敦全明星周末。周六下午，我跟哥们儿苏利（Sully）和他的波士顿兄弟们在一起，喝着血腥玛丽。我们在讨论要不要再喝一轮，这时奥克利逛进了酒吧——就是这个词，因为这位老兄就是吊儿郎当地逛进来的——带着3位女性朋友，最后坐在了我们隔壁桌。奥克利给他那桌点了一轮的酒，给自己要了杯马提尼。我们迅速给自己要了第2轮。我的意思是，你什么时候还能有机会坐在真人版杀戮战警5英尺外喝酒？①

---

① 原注：奥克在NBA有过两次著名的争执：一次跟蒂龙·希尔（据说欠了打牌的债不还），另一次是跟杰夫·麦克因尼斯（Jeff Innis）（原因不明，但绝对跟某个女人有关）。我听说过这两次争执的各种结局，但每一种里都有提到奥克像马塞勒斯·华莱士复仇泽德和“瘸子”那样重重地扇人巴掌。顺便说一句，任何时候你听说两名NBA球员有着长期不和，有100%的可能性，他们的争端是因为某人欠了牌局的钱，或是谁抢了谁的女朋友。绝无例外。（译注：马塞勒斯那一段是《低俗小说》中的情节。）

20分钟后，乔丹带着两个朋友出现了，整个房间突然停了下来。一开始，似乎他只是想来打声招呼；然后我们发现他坐了下来。他的朋友让他坐到里面，然后用椅子堵在他的两面，这样就没有人能打扰到他了。（就像我的“椅子舰队”战术，在本书290页提到过。）奥克利叫了更多喝的；我们则为自己桌又要了点食物和饮料。我们都知道，我们要在这里度过整个下午和晚上了。人们纷纷前来打招呼，向乔丹致意，亲吻他的戒指……他就像真人版的迈克尔·柯里昂[奥克利就是卢卡·布拉西（Luca Brasi）]。有一会儿，经纪人大卫·福尔克（David Falk）坐在大概30英尺外，耐心地等待邀请，最后放弃了，还是过来打声招呼。（福尔克问M. J.：“昨晚你熬夜到几点啊？”M. J. 随口答道：“7点半。”我们都在边上钦佩地用力点头。）①酒来了一杯又一杯。奥克利不时站起来逛荡一圈，伸展伸展手脚，看起来酷毙了，我当时评论说：“我希望能租奥克去参加派对。”有一刻，奥克想要点点吃的，站起来，看了看我们的食物，发现了我们的朋友里奇的芝士汉堡，问他这是芝士汉堡吗，问他好吃吗，一直盯着它看，一直盯着它看……我发誓，我们都等着奥克开口说：“奥克想要你的芝士汉堡，他现在就要。”但他没这么说。他最后去自己点了一份。太遗憾了。②

整整两个小时过去了。乔丹桌上的每个人都吃完了。雪茄也抽到头了。我坐在那里低声说：“扑克牌绝对不可能不马上出现。不可能。M. J. 从来没有在一个地方坐这么久还不把牌掏出来的。这家伙有好胜病。牌会出现的。绝对会有牌出现的。”

几乎就在这时，牌出现了。他们开始玩惠斯特叫牌，一种在NBA黑

---

① 原注：这是故事中被低估的一部分——不是7点半的问题，而是福尔克不敢过来打招呼，而他还是乔丹当时唯一的经纪人。

② 原注：因为某些显而易见的原因，我希望我儿子的姓名首字母缩写是B. O. S.（译注：BOS是波士顿的缩写）。但字母“O”的候选名字太糟糕了：奥利弗（Oliver），奥斯卡（Oscar），奥马哈（Omaha），诸如此类。然后我想到了奥克利（Oakley），喜欢这名字的发音（很有力），而且我儿子还能跟当世最酷的人拥有同一个名字。如果你有一个“奥克利”之类的中名，你会长成一个娘炮吗？不可能。再加上我妻子身上刚刚掉下一个9磅重的胎儿来，受止痛药的影响所以神志并不清明，还在某个你绝对不想缝针的地方缝了几针，因此她自然什么反对意见都没有。如果没有2006年的这个在四季酒店发生的故事，我会想到这个中名吗？很可能不会。看到没，万事皆有原因。

人球员中很流行的牌戏。[1]奥克利和M. J. 一队，对另外两个朋友，乔丹表现得非常活跃。他当然如此。我们亲眼见证了他传奇的好胜气质：他用低沉的声音不停地说着垃圾话，讽刺地偷笑，每次打出好牌来都咯咯地笑，甚至一名对手被他纠缠得似乎就要像《好家伙》（*Good-fellas*）里乔·佩西（Joe Pesci）的手下那样哭出来了。这不是你我都熟知的那个公众M. J.。这是市民M. J.，那个在黑人超级碗[2]上露面、让整个20世纪90年代联盟都恐惧畏缩的乔丹。我这下终于懂了。

我坐在那里都快死掉了。我知道，我知道……我喜欢打牌，有着赌瘾。这整件事实在是精彩得不能更精彩了，除非再加上苏利和我在打牌中击败奥克和M. J.。（即使此事完全没有一点儿可能性，但光想想就很有趣，而且那时候我已经喝了大概17杯血腥玛丽。就让我放松一会儿吧。）与此同时，这一天变得越来越奇妙。大概6点钟的时候，沙奎尔·奥尼尔带着他的伙计们出现了，穿着西装三件套，还有一件马甲，惹得M. J. 开玩笑道：“我很高兴你没有违反着装令。”每个人都笑了，笑得有点儿太大声了，因为这就是迈克尔·乔丹开玩笑时你会做的事情：你会用力地笑出屎来。再晚些时候，来了位NBA助教，穿着件红色运动衫，上面有巨大的乔丹标志。（还有谁会在拜访朋友时正巧穿了一件那位朋友的流水线生产的衣服？）M. J. 的声音越来越响，他跟奥克利一直在赢，酒吧里的所有人都在一边看他们一边装作没有在看他们，然后突然之间……

M. J. 的老婆出现了。

啊哦。

大家都给她腾出空间来。她就坐在他身边。可怜的M. J. 看起来就像某个一整场都没有让人打出安打，结果在第9局被人一棒打出了左外野高

---

① 原注：我几乎确定白人玩惠斯特叫牌是违法的。

② 原注：这指的是全明星周末。2006年全明星周末前，我朋友J. A. 阿丹戴发邮件给我说：“祝黑人超级碗玩得开心。”后来我就拿这当了我全明星周末专栏文章的标题。大学篮球终极四强赛是白人超级碗（有大约80000个中年白人穿着热身服），女篮终极四强赛是女同超级碗（现在他们也给男同观众搞一些什么活动），戴通纳500赛是白人屌丝超级碗，还有，超级碗是超级碗。[译注：戴通纳500赛是NASCAR（全国运动汽车竞赛协会）最高组别比赛中非常重要的一站。]

墙的家伙。垃圾话停了下来。他像个孩子一样坐在自己的位置上。雪茄不抽啦。不要再跟弟兄们说话啦。是时候重新做回一个丈夫了。[1]看到事情如此发展，我靠向苏利，说："看，他就跟我们一样。"

确实如此。就跟你我这些"妻管严"的平常人一样。人生中第一次，我不希望成为迈克。[2]

这个故事发生在3年多之前，我现在还能记得每个人坐在哪里。这让我想到了乔丹的神秘魅力。他是唯一一个能让这件事从头到尾如此发展的名人。他的性格魅力就是如此伟大。所以，没错，勒布朗可能很快就会接近他，如果他不行的话，还有别人。你很自然会想要把那个人的火炬传下去。事情就是这么运作的。再说一遍，我们总是希望"下一个"要比"上一个"更伟大，而当记忆开始模糊，"上一个"就很难再保卫他的头衔了。只需要记住，超级巨星不能光靠积累三双、打破得分纪录、赢下一堆总冠军来超越乔丹。他们还必须具备击败堪比总统和企业大亨的人格魅力。他们还必须超越一种其实更适合独裁者的好胜心。他们还必须让我们觉得他能保持相当长的巅峰期，而且在我们不那么想之后继续保持巅峰。他们还必须成为任何一间房间里最酷的人。他们还必须能带来一个以"看，他就跟我们一样"为结尾的故事。迈克尔·乔丹是史上最伟大的篮球运动员，也是最令人难忘的。

---

① 原注：但是这没延续多久——几个月后她提起了离婚诉讼。好消息是，胡安妮塔·乔丹会永远活在这则故事里，以及史上最尴尬的电视时刻之一：M. J. 在更衣室庆祝自己的第一座总冠军时，他们切给了鲍勃·科斯塔斯，他错误地把胡安妮塔介绍成了迈克尔的母亲，然后迈克尔冷冷地说："这是我妻子。"

② 译注：迈克是迈克尔的昵称。"我希望成为迈克"是乔丹的加得乐广告主题歌的副歌歌词。

十二　凯泽·瑟泽的传奇

在看完凯文·加内特2008年总决赛时做的体育史上最语无伦次的赛后采访后，[1]我从未考虑过靠引用他的话来赢下普利策奖。但是到了10月份，波士顿开始总冠军卫冕的征程时，一个名叫克里斯·琼斯（Chris Jones）的记者问“门票”[2]，他觉得那支2008年的球队会在凯尔特人球迷的记忆中停留多久。这些记忆是否有保质期？那个神奇的赛季是否终会逐渐褪色？琼斯是这么描述加内特的回答的：

“听着，”加内特打断我的话，倾身向我，两眼有神，“这东西是我和这座城市和球迷们之间的纽带，永远永远。没有人能夺走它们。这就像知识。”他指指自己闪亮的光头，“一旦你拥有了，你就永远拥有了。”

完美。谁知道一个从没上过大学的家伙怎么会说出这本书里最发人深省的话语之一的呢？他是对的。每个冠军赛季都非常重要。那么我们就来看看，哪一个最重要。请不要把这个章节跟不断被提起的“谁是NBA历史上最伟大的球队”的无聊问题相提并论；这个问题是体育领域中最白痴的问题之一，堪比“埃米特还是巴里？[3]”“格雷茨基还是勒米厄？[4]”“阿里、马尔恰诺还是路易斯？[5]”“埃尔韦、蒙塔纳还是马里诺？[6]”“大学比

---

① 原注：“莫有不可棱棱棱棱棱棱棱棱棱棱！”（Anythang is possaaaaaaaabullllllllllllllllllllllllll!!!!!!!）

② 译注：“大门票”，加内特的绰号。

③ 译注：埃米特·史密斯、巴里·桑德斯，史上最伟大跑锋竞争者。

④ 译注：韦恩·格雷茨基、马里奥·勒米厄（Mario Lemieux），NHL历史最伟大球员竞争者。

⑤ 译注：穆罕默德·阿里，罗基·马尔恰诺（Rocky Marchiano），乔·路易斯（Joe Louis），史上最伟大重量级拳王竞争者。

⑥ 译注：约翰·埃尔韦，乔·蒙塔纳，丹·马里诺，20世纪90年代最佳四分卫竞争者。

赛是否应该有季后赛？”“职业足球能在美国成功吗？”“高尔夫到底算不算是体育？”“NBA1985乐透抽签有没有猫腻？”和“如果你可以选择两名现在的超级巨星、让他们合体、生下史上最伟大的运动员，你会选谁？①”有些问题就是无须讨论的。尤其是这一个。拉塞尔的凯尔特人在13年里赢下了11个总冠军，包括1959—1966年的八连冠，在季后赛里击败同时代的金字塔球员每人至少两次。从没有别的NBA球队能四连冠。当然咯，联盟在1980年举办35周年纪念活动时，他们还干了一件事：选出史上最伟大的球队赛季。

你知道他们选了谁吗？1967年的费城76人。

没错，从1959—1969年——整整11年间——唯一一支在季后赛里击败过凯尔特人的球队。

退一步想想这个决定有多无脑。如果《黑道家族》赢下了1997—2007的11座艾美奖最佳剧集奖中的10座，《广告狂人》赢下了剩下那座，没有人会说：“《广告狂人》是史上最好的电视剧。”如果汤姆·汉克斯赢下了1991—2001的11次奥斯卡最佳男主角中的10次，拉塞尔·克劳赢下了剩下那次，没有人会说：“拉塞尔·克劳是史上最好的男演员。”你会选择《黑道家族》和汤姆·汉克斯。这根本都不算是个问题。所以，拜托，就算是为了我，请同意“史上最伟大篮球队”的荣誉归于拉塞尔的凯尔特人。我们不可能再一次见到八连冠或者13年11冠了。

既然如此，那么我们何不修改一下这个问题，把“史上最伟大的球队”换成“史上最不可击败的赛季”？现在我们有的讨论了！还记得《非常嫌疑犯》中弗伯尔·金特（Verbal Kint）说的凯泽·瑟泽的故事吗：瑟泽为被谋杀的家人报仇，像来自地狱的龙卷风般肆虐而来，炸毁了整个镇子，杀光所有人，烧光所有人，没有留下任何东西。我们就在寻找这样的终极凯泽·瑟泽球队。我们想要找出一支最强的、把所有挡路者都撕成碎片、让我们看了会说“哇哦，没有人能击败他们”的队伍。拉塞尔-奥尔

① 原注：答案如下，至于为什么这么选，我根本懒得解释，浪费时间：埃米特，格雷茨基，阿里，蒙塔纳，是，不，不，是，勒布朗和小威廉姆斯（Serena Williams）。

巴克的球队是无与伦比的，但是他们身处不理想的前扩军时代环境（8～9支球队，88～99名球员，集中了历史级的精英球员），不断跟一次又一次重复夺冠后的“这儿我好像来过、这事我好像做过”的感觉做斗争，因此从没有打出过一个典型的瑟泽赛季。

看看八连冠期间波士顿的常规赛战绩、名人堂球员数量、金字塔球员数量、场均净胜分、季后赛战绩和总决赛战绩吧。

年份	战绩	名人堂球员	金字塔球员	净胜分	季后赛战绩	总决赛
1959	52–20	7	5	6.5	8–3	4–0（洛杉矶）
1960	59–16	7	5	8.3	8–5	4–3（圣路易斯）
1961	57–22	7	5	5.6	8–2	4–1（圣路易斯）
1962	60–20	6	5	9.2	8–6	4–3（洛杉矶）
1963	58–22	8	5	7.2	8–5	4–2（洛杉矶）
1964	59–21	7	5	7.9	8–2	4–1（旧金山）
1965	62–18	5	4	8.4	8–4	4–1（洛杉矶）
1966	54–26	4	4	4.9	12–6	4–3（洛杉矶）

下面是1967费城的伟大赛季：

年份	战绩	名人堂成员	金字塔球员	净胜分	后赛战绩季	总决赛
1967	68–13	3	2	9.4	12–4	4–2（旧金山）

嗯嗯嗯嗯。特别注意下65凯尔特人和67费城。进入1965赛季时，背靠背靠背靠背靠背靠背冠军的凯尔特人已经对各种激发积极性的小花招感到麻木了，“我们必须为汤米·海因松夺冠，这是他最后一年了！”是他们在拉塞尔的呕吐、奥尔巴克的吼叫和季后赛奖金外仅有的动力了。两年之后的76人则有机会拿下首冠、终结凯尔特人王朝，再加上试图击败拉塞尔、证明自己也可以成为团队球员的威尔特；这种一期一会的强大信念帮助他们获得了68胜（比65凯尔特人多赢6场），9.4的净胜分（比65凯尔特人高1分），12胜4负的季后赛纪录（比凯尔特人多赢4场，但后者只打了两轮）。而65凯尔特人还不是拉塞尔天赋最强的球队：1960、1961、

1962赛季的阵容更好。[1]如果把拉塞尔的凯尔特人比作罗伯特·德尼罗的生涯，65凯尔特人会是《盗火线》（*Heat*）。了不起的电影，标志性的电影，异常耐看的电影，但并非他最好的作品。

再看看这个：1967赛季有一支新扩军球队（芝加哥）和一支完全无望的大烂队（20胜的子弹）；费城在他们身上获得了16胜2负，但是面对唯一一支胜率超过55%的对手（60胜的凯尔特人）[2]只有4胜5负。65凯尔特人只有一支菜鸡可虐（对17胜的勇士9胜1负），却有三支强敌：49胜的湖人（韦斯特和埃尔金），48胜的皇家（巅峰奥斯卡），40胜的费城（在1月中旬从旧金山偷来威尔特后变得有竞争力）。波士顿对辛辛那提和洛杉矶总计15胜5负，对有威尔特的76人3胜3负。哪一个更让人印象深刻——是背靠背靠背靠背靠背靠背冠军在一个更势均力敌、竞争力更强的联盟中获得62胜，还是动力满满的费城在一个更弱的联盟中获得68胜?

“最有动力的赛季”取决于进取心和时间点。96公牛在一次沮丧的季后赛失利后想要卷土重来。71雄鹿和83费城要为奥斯卡和“博士”/摩西夺下第一座冠军。86凯尔特人被比尔·沃尔顿重新激活，并希望给挥霍掉的1985年总决赛报一箭之仇。87湖人想要证明他们还没有完蛋。67费城有幸拥有一门1960—1966年间的凯尔特人都不具备的秘密武器：熊熊燃烧的企图证明自己、实现从未完成之事的欲望。而另一方面，拉塞尔生涯最大的悲剧就是赛尔维在1962年总决赛中错失制胜一投。[3]想象一下，一

---

① 原注：65凯尔特人除了年纪已大的K. C. 琼斯外没有别的纯控卫，而琼斯是一个比迪克·切尼（Dick Cheney）更烂的射手。在最后关头，萨姆和“洪多”负责控球。你能在科比和皮尔斯充当球队控球者的情况下赢得2009年总冠军吗？有点难，是吧？（译注：切尼，小布什时期的副总统；曾经在一次猎鹌鹑时开枪打到同伴。）

② 原注：1967赛季的10支球队中有6支在30～39胜之间；巴尔的摩只赢了20场；旧金山面对波士顿/费城5胜13负，面对其他球队39胜24负；波士顿/费城共计128胜34负。（等等，下面是一个恰好同时代的流行文化比喻……）那个赛季简直比简恩·曼斯菲尔德更上重下轻！（译注：Jayne Mansfield，二十世纪五六十年代好莱坞性感女星，以胸部丰满，双腿纤细著称。）

③ 原注：另一件类似的事情：2007年赛季不败的爱国者队在第13周面对巴尔的摩（Baltimore Ravens）时死里逃生。如果他们弄砸了那场比赛，那会是他们所需要的一针兴奋剂。他们也就不会丢掉第42届超级碗。至少我是一直这么跟自己说的。稍等片刻，我现在要去拿BB枪对普拉克斯·伯雷斯的娃娃扫射一会儿。去去就来。

支整装待发的63凯尔特人宣布进入战争状态，打出72胜8负之类的战绩。他们有全盛期的拉塞尔，新晋联盟前十的萨姆·琼斯，仍然给力的库西和海因松，在防守端磨牙吮血的萨奇和K. C.，板凳席上还有拉姆齐和哈夫利切克……不幸的是，63凯尔特人除了“我们要给生涯最后一年的库西赢下一座冠军”和“我们需要季后赛奖金来付烟钱和房租”外缺乏别的动力。

我们也不能忽视最强球队身后跟着的强大竞争对手的恩惠——是的，就是这个词。这一因素帮助86凯尔特人、87湖人和67费城达到了他们原本可能达不到的高度。举个例子，67凯尔特人打出了14胜2负的开局，然后被26胜2负的76人反超。费城在1月份把战绩提升到了46胜4负，凯尔特人立刻打出了一波十一连胜，紧紧追在身后，让费城不敢放松。如果波士顿只赢了45场而非60场呢？76人还会像贝尔蒙的秘书处①那样一路狂奔吗？与之相对的是60凯尔特人（30胜4负开局，领先第二名8场，接下去8战6负）和65凯尔特人（46胜9负，领先全联盟两位数胜场，之后“跌跌撞撞”地14胜9负收场）的无聊赛季。为什么他们无法保持下去呢？因为他们觉得无聊了！那时候没有人关心“哇，他们可能70胜呢”之类的事情；联盟存在的时间还太短，还没能学会正视这样的成就。直到1967赛季情况才发生改变。所有人都盼着费城终结波士顿王朝，打破70胜大关（或者逼近）；再加上一直追在费城脖子后头喘着气的波士顿，突然间，NBA出现了一支从未有过的、无比饥渴的常规赛球队。②再说一次，这些“史上最具动力的球队”的玩意儿都完完全全、彻彻底底依赖于当时周围的环境。于是史上最好的20个球队赛季（别急，我们会说到的）可以分为以下三类。

---

① 原注：秘书处，著名赛马，1973年曾获美国三冠赛满贯，三站成绩都创下纪录并至今无马打破。在三冠赛最后一场的贝尔蒙锦标赛上最后领先第二名31个马位。

② 原注：如果你不觉得主流媒体对NBA的兴趣因为此事而被推上了一个新的高度的话，你就是疯了。记住，那时的媒体形式和现在不同——那时候只有报纸、当地新闻报道和《体育画报》。他们只是报道体育，而没有各种鼓吹。但到了20世纪60年代后期，情况开始有了改变，我们亲历了“费城能否70胜”的大事件。媒体们不再只记述已经发生的事情，而开始关心将要发生的事情。而现在？我们开始创造都还没影儿的事情！我们走过了多长的一段旅程啊。

第一级：寻求第一个总冠军的球队

想象一下攀登一座高峰：你不知道你自己是否做得到，你有一百次差点儿掉了下去，你凿得比你觉得自己能做到的要更深，你爆发出你不知道自己居然拥有的激情，你还没完全相信这事真的会发生……然后它就发生了。举个例子，假设你很帅，风趣幽默，打扮时髦，腰缠万贯——就像我，不过是个单身版本的我。[①]然后有人介绍你参加凯特·博斯沃思（Kate Bosworth）在曼哈顿的鸡尾酒派对。于是你脑子里想着："我的天哪，我要跟凯特·博斯沃思说话了！"压根不觉得有机会能跟她在一起。你会觉得自己晚上有机会跟她坐同一辆出租车回家吗？不可能。现在，再假设你跟梅多·索普拉诺（Meadow Soprano）[②]约会了3个月，与某位奥尔森上过床，从迈耶和杰特（Derek Jeter）手中勾走了明卡·凯利（Minka Kelly）[③]……然后有人把你介绍给博斯沃思。你有过与女星们在一起的经历。你已经越过了那一关。你获得了其他情况下你无从获得的自信。更重要的是，她还知道你跟明卡·凯利的事，觉得你也算是一个小名人了。她不用担心你会在风流缠绵之后激动得上蹿下跳，或者等到她睡着之后掏出手机给她拍照然后发到朋友圈上。[④]

所以，谁更有机会跟凯特·博斯沃思在一起：是有着完美条件的你，还是有着完美条件还充满自信的你？第二个。太明显了。好吧，篮球也是这么一回事。纸面上完美的球队永远不可能跟纸面上完美且充满自信的球队一样好。

---

① 原注：这是在开玩笑——我的打扮并不时髦。

② 译注：杰米-林恩·西格勒（Jamie-Lynn Sigler）在《黑道家族》中扮演的角色。

③ 译注：好莱坞女星。迈耶，四度格莱美最佳流行男歌手；吉特，纽约洋基队队长。两人都曾是明卡的前男友。

④ 原注：我是在一次黑莓派对上想到这个比喻的。当时我跟我的朋友威利（Willy）在一起，他在波士顿是个非常棒的家伙，但是在洛杉矶却没法鼓起勇气去接近博斯沃思，主要是因为她的两条腿实在太美了，我们就像两条比特犬盯着烤牛排一样直愣愣地盯着那两条腿。她就像德韦恩·韦德和德怀特·霍华德——只有见到她真人你才会真正明白她有多漂亮。

第二级：卫冕球队

当然，他们可能会对常规赛觉得无聊，要克服自负心理，要与“贪多症”做斗争，而且找不到前一年驱动他们的那种激情……但是只要事关金钱或自尊心，他们就会“啪”的一下切到“你们没机会了，我们才是冠军”的模式。在78开拓者灭掉费城后，劳埃德·尼尔在更衣室里大吼：“这就是为什么我们是冠军！”这是一个典型的第二级状态。M. J. 1992年总决赛第1场的三分秀是一场典型的“这就是为什么我们是冠军”比赛。洛杉矶席卷了2001年季后赛是一次典型的“这就是为什么我们是冠军”季后赛。①

第三级：开了“杀死你们”模式的伟大球队

这只有在一种情况下才会出现，我要用一个长句子来描述：你需要一支拥有一名处于全盛期的超级明星的在经历了一次令人失望的季后赛失利后进行了重新整合和必要的微调把自己关进瑟泽模式关了8个月一直想着要翻过那座山夺回属于自己的东西一扫上一次失败带来的挫败感的精英级冠军球队。想想看86凯尔特人和96公牛吧。

一支属于第一级的球队没法进入瑟泽模式。一丝丝的怀疑都会抵消掉其他全部东西。*我们有那么好吗？我们真的能赢吗？我们不会搞砸的，我们会吗？*91公牛是最好的例子：纸面上看，不管用什么数据统计，他们都是史上最强的六到七支球队之一。但我是亲历者。我可以非常确定地说，

---

① 原注：而当卫冕冠军走上错路时，他们就像是一个跟博斯沃思约会了几个礼拜、于是穿着和行为都开始变得像个傻瓜、每次跟兄弟们出去喝酒时都得意地给他们看自己黑莓上的联系人名单的蠢货。

当时绝大多数“专家”（包括我在内）[1]都认为湖人会在总决赛中击败他们。你懂的，老一套的“经验战胜年轻”的东西。当公牛队在主场丢掉第1战后，没有人会觉得芝加哥能连下之后4场比赛。甚至迈克尔·乔丹都不能。（我清楚地记得第1战后看好湖人队夺冠的赔率是5赔2。）你知道真相是什么吗？他们在第5战的最后几分钟才真正变成了一支伟大球队，当时菲尔·杰克逊终于说服了乔丹去相信一次队友——就是那个著名的“迈克尔，谁有空位？”的故事[2]——然后公牛队接管了比赛。

第二级和第三级的球队？那是另一回事了。那些球队知道怎样接管比赛。他们知道什么管用。他们*知道*如何取胜。他们*知道*攀登是怎样一种感觉，知道如何攀上顶峰。而现在，我们要讨论的是程度了。哪一个更让人印象深刻：一支被赶下王位的球队把全部的怒火都集中在下个赛季上，大杀四方，还是一支卫冕冠军迎接每一位来访者，享受每一次挑战，开发出一种无敌/超凡的气场，面对所有人时都是一副“倒让我看看你有什么花样”的姿态？幸运的是，我们有着完美的案例（96和97公牛），还有完美的人选来回答这一问题（史蒂夫·科尔，在这两支球队中都是关键得分手，最思虑缜密的退役球员之一，真正深入考虑过这一问题）。从纸面上说，96和97公牛比你记忆中的更加接近。

1996公牛：72胜10负（常规赛），15胜3负（季后赛），净胜分13.4分
1997公牛：69胜13负（常规赛），15胜4负（季后赛），净胜分12.0分

几个关键点：

---

① 原注：第3战（芝加哥加时力克洛杉矶）是我最惨痛的赌球失败；相信我，我现在*不用查*都还记得当时的盘口（洛杉矶让3分）或最后比分（公牛104，洛杉矶96）。我跟好哥们儿杰夫（Geoff）一起在他妈家里看球，比赛结束后呆坐了20分钟，然后开始讨论要不要偷偷摸进她的办公室伪造一张支票出来。永远的教训：大学时代别赌博。

② 译注：当时菲尔·杰克逊质问乔丹：“迈克尔，谁有空位？”乔丹沉默不语。菲尔再问，乔丹才回答：“帕克森。”菲尔说：“好，那就去找到他。”然后乔丹多次包夹分球给空位的帕克森，帕克森连续命中。

●芝加哥1996年季后赛的战绩容易受人误解，因为东部决赛本来饱受人们期待，但与奥兰多的再次对决这回却出了点状况，霍勒斯·格兰特（奥兰多最好的篮板手）在第1战中左肘受伤、整个系列赛报销。随着尼克·安德森（1995年时配得上做乔丹的对手）在第3战中受伤，公牛轻松地横扫了魔术这一本来很有价值的对手。记住，“便士”当年曾入选NBA最佳阵容一队；公牛没有能防住沙克的人；而且奥兰多曾经击败过他们一次。①

●97公牛在冲刺阶段签下了布赖恩·威廉姆斯（Brian Williams），②为他们提供了1996赛季缺乏的东西：一个可以背身取分的左手将。威廉姆斯在1997年季后赛里把比尔·温宁顿（Bill Wennington）的出场时间完全抢走了。你看过比尔·温宁顿的比赛，对吧？这是个比阿什顿·库彻把布里塔妮·墨菲（Brittany Murphy）换成德米·穆尔③（Demi Moore）更大的升级。

●1997年的联盟更强，犹他也是一个更有经验的总决赛对手，96超音速则是一副“能打到这里就挺开心了”的样子。1997年季后赛15胜4负不比在1996年15胜3负来得差。

在我问科尔“谁更强”的问题之前，我曾经倾向于97公牛。我邮件的最后一部分如下：“这么想吧，你们在1997赛季并没有进入‘杀死你们’模式，因为前一年你们已经登上了那座山，但是你们还是继续开足马力，踢遍了所有人的屁股，做得有前一年的98.9%那么好，所以在我心里，这是比在1996赛季拥有全部所需动力的情况下赢得冠军更大的成就。我这么

---

① 原注：多么遗憾，我们没能看到奥兰多-芝加哥的浴血大战。这是90年代季后赛中最重大的损失。而与此同时，我们还要看上整整738场尼克斯对热火的比赛。

② 原注：澄清一下，我说的是那个亚利桑那大学毕业、一直否认同性恋流言、把名字改成了拜森·德莱（Bison Dele）、早早地退役、在黎巴嫩投资海水淡化、据信在坐船环球航行时被他的哥哥谋杀（虽说没有正式的审讯结果，因为他哥哥也自杀了，但是所有证据都指向他）的家伙……不是那个NBC新闻主播。我们还应该提一下我的1999赛季和2000赛季范特西篮球队名就叫“拜森·德莱”。（译注：拜森是“野牛”的意思，德莱是一个尼日利亚常用名，布赖恩·威廉姆斯将自己的名字改为拜森·德莱是为了向印第安原住民和非洲黑人祖先致敬。）

③ 译注：三人均为演员。布里塔妮是库彻的前女友；库彻后来与德米结婚。

说合理吗？”

科尔的回复：

很有意思。我猜这个问题就是，如果一支球队有着更少的动力，你是要为此给它加分还是减分？我的结论是，1996年的队伍更好，因为我们有着更强的动力。那一年我们非常的饥渴，那使得我们成为了一支伟大的球队。当我比较这两支队伍时，我想到了两件事。第一件是布赖恩·威廉姆斯的因素。我们（在最后17场比赛）得到了他，他对我们来说非常重要。一个正统低位得分手兼有运动能力的盖帽手，这是我们此前不曾拥有过的。第二，当你拿到总冠军后，你会有一种此前没有的优越感和无敌感。伟大的球队会善加利用这种感觉，我们就是这么做的。和1996赛季的“杀死你们”模式不同，那更像是“对上我们你没一点机会”模式。我们从上一次夺冠中获得了巨大的自信，我们知道今年我们可以碾过所有人。显然，如果你的球队不够成熟，这种心理是有点危险。你很容易就停下继续努力的脚步。但是有M. J. 和许多老兵，这种情况不会出现。总之，不管怎么说，我觉得1996年的球队更好，因为我们有那种气势。“杀死你们”是一种很强的力量。不过1997年的球队在纸面上更强。①

精彩！谢谢你，史蒂夫·科尔。我们没法找到能回答得更好的人了。这就是为什么我把“杀死你们”模式排在第三极，而“优越感/无敌感”模式要低一级：因为科尔亲历过那两个赛季，而且非常智慧，所以我们完

---

① 原注：科尔拥有史上最伟大的两个三分球赛季，1995赛季52.4%（史上第1），1996赛季51.5%（史上第5），整个生涯三分球45.4%（史上第1）。他有5枚戒指，投进过一记总决赛绝杀（1997年第6场），拥有一场入选ESPN 经典频道的代表性比赛（2003年圣安东尼奥对达拉斯第6场）。他跟M. J.、邓肯、沙克、皮彭、罗宾逊还有2002年的监狱开拓者都做过队友，被菲尔·杰克逊和格雷格·波波维奇执教过。他曾经在训练中和M. J.打过架，而且没有退让。他15年中赚到了1600万美元。他在TNT与马夫·艾伯特共事。他被菲尼克斯聘用出任GM，围绕“秘密”打造了球队（虽说并非有意为之）并打进了2010年西部决赛。现在他在史上第二伟大的NBA著作——至少也是最长的一本——中有一段关键的语录。这，才算得上是一段生涯嘛。

全可以相信他。所以，如果我们要找出史上单个赛季中最不可击败的篮球队，说真的，有且只有三个选项：86凯尔特人，87湖人和96公牛……不过我们还是要排出前十来，因为上帝不允许我把这本书缩短。另外还有一条斯坦利·罗伯茨[①]那么大的免责声明：在谈到“最不可击败”的问题时，别忘了NBA的竞争激烈程度在1984—1993年到达了巅峰，比合并要晚上几年，比过度扩军、工资爆炸、低年级生涌入选秀要早上几年。看看84凯尔特人的球员名单吧，他们两次在抢七中获胜，拿下队史第十五冠，击败了一支看起来无懈可击的湖人，但我从来没有考虑过把他们排进我的前十名：

主力：拉里·伯德（三连MVP的第一年），塞德里克·马克斯韦尔（1981年总决赛MVP），罗伯特·帕里什（金字塔前五十五的球员），丹尼斯·约翰逊（金字塔前五十五的球员，1979年总决赛MVP），杰拉尔德·亨德森（好到可以在下个夏天单换西雅图的一个无保护首轮签）[②]

板凳：凯文·麦克黑尔（金字塔前四十的球员，史上最佳第六人），丹尼·安吉（一届全明星，14年老兵），M. L. 卡尔（联盟中最好的替补之一），斯科特·韦德曼（两届全明星，1981年那支打进西部决赛的国王队中最好的球员），奎因·巴克纳（Quinn Buckner）（前十顺位，十年老兵）

而当联盟开始增加球队、冲淡球队天赋时，打造一支伯德-“魔术师”时代式的超级球队几乎成了不可能的事。过去15年中，我们只见过两支具备竞争力的怪兽级球队：乔丹后棒球时期的芝加哥，沙克-科比三连冠中的头两年。现在，联盟拥有30支球队，几乎每个制服组都知道该做什

① 译注：NBA中锋，体重285磅。

② 原注：那个签位后来变成了伦尼·拜厄斯。我现在准备到早高峰的大马路中央去散会儿步。

么，[1]老板们成天为工资帽和奢侈税而忧虑，你再也不可能打造一支有三届MVP、三届总决赛MVP、四位金字塔球员、板凳上坐着麦克黑尔、安吉充当第三后卫、韦德曼打第八人的球队了。你不可能一直幸运下去；这样的概率太小了。

所以，考虑到这一章的主旨，我决定无视1960年之前的球队（缺乏足够的黑人球员、防守和投射能力），给1970—1976年的球队（扩军/ABA的双重伤害）和前1970的球队（因为我看过那时比赛的录像，你不能一本正经地告诉我说65凯尔特人和67费城不会被01湖人场均25分横扫）狠狠地减分，还要给后M. J. 时代的球队打个折扣（因为在一个有着工资帽/奢侈税的30支球队的联盟里不可能打造出一支超级有天赋的球队）。然后我们要从有且仅有的四个方面考察所有的球队。

1. 在当时不可击败，所有人都甘愿认输："我们对上这些人时毫无机会。"这是一个很清楚的是或不是的问题。你可以很容易地从赛季中和总决赛后的文章里读出来。如果写手们为这支球队所倾倒，急切地想要讨论他们的历史地位，如果他们的对手也在滔滔不绝地称赞他们，那么那确实是一支魔幻队伍。

2. 从10月至次年6月的持续性/稳定性/卓越性的级别。这你可以从常规赛/季后赛战绩、连胜上双、高净胜分、季后赛很少失利和晋级战大比分屠杀中看出来。最后一项是我最喜欢的：当一支不可战胜的球队嗅到血腥味时，他们会进入"我们不仅要赢球，我们还想着要摧毁他们接下去5年的自信心，给我们的球迷留下终生难忘的记忆"模式。

3. 之后他们是如何守护那个"伟大赛季"的。如果你刚刚打出了一个可能永载史册的赛季，这难道不对所有的成员来说意义重大吗？展示出你们的尊严。保卫你们的冠军。让我们觉得你宁愿死也不愿丢掉冠军腰带。

---

① 原注：我不得不加上"几乎"，因为有克里斯·穆林、布赖恩·科兰杰洛、厄尼·格伦费尔德和其他一些人的存在。如果这本书里有一章"蠢货GM峰会2"的话，他们肯定会有一席之地。或许下本书里该加上这一章。

光赢下一座你没法守住的总冠军，那能说明什么？

4. 不管穿越到哪个时代都可以获得成功的能力。没错，这是最难判断的一个方面；我们会淘汰掉1980年前的几乎所有球队，原因都写在“我们如何抵达这里”那章里了。上帝保佑拉塞尔的凯尔特人，但是光靠“洪多”和萨姆·琼斯持球，他们是没法击败M. J. 的公牛的；他们也绝对不可能在拿汤米·海因松防凯文·麦克黑尔的情况下战胜伯德的凯尔特人。而其中假设的部分，你们只要信任你们的专家就好了。你都读了这么多了。

依我愚见，只有20支NBA冠军球队有资格在这一章中获得特别嘉奖。我把他们分成了10支荣誉提名和精英十强。

荣誉提名

61凯尔特人（57胜22负，季后赛8胜2负）

拉塞尔最具统治力的球队，他自己当时身处巅峰（季后赛19+30+5），队中有8位名人堂球员，他们统治了季后赛……但是57胜22负的战绩仿佛是“季后赛什么时候开始啊”的尖叫。如果要给他们辩护上几句的话，他们已经是背靠背总冠军了，打了不知道多少场表演赛/常规赛——在24个月里打了240～250场比赛，坐大巴或火车出行（有时甚至更糟，坐飞机经济舱，还要转机）——也没有现代化的训练、健身器材、医疗设施、食谱等东西。再说一次，你可以选个时候看看《广告狂人》的前两季，想象一下那时候的篮球。给61凯尔特人配上包机、詹姆斯·安德鲁斯医生、一个营养学家和戒烟贴片，上帝知道他们会搞出什么名堂来。

65凯尔特人（60胜22负，季后赛8胜4负，16连胜）

最能体现“一切都跟时间点正确与否有关”的例子。如果旧金山到下个夏天才把威尔特包好送到费城，凯尔特人在东部决赛的对手就会是48胜的皇家队（他们那年对辛辛那提8胜2负），在总决赛对上没有埃尔金的湖人。结果，他们与威尔特的76人浴血奋战7场，总算死里逃生，而大家都记住了那句“哈夫利切克抢断了！”。如果你讨论的是最最伟大的事情，那就不该有“总算死里逃生”这样的词。除非你说的是乌拉圭橄榄球队。①

67费城（68胜13负，季后赛12胜4负）

除了身处1970年之前和当季联盟竞争力薄弱之外，他们还因为以下几个原因而被高估：第一，他们抓住了拉塞尔时代最完美的时间点，就在奥尔巴克退休之后、拉塞尔还在球员兼教练的位置上努力适应之时。第二，费城赛季最“特别”的部分就是他们的68胜13负……但说真的，能打到68胜，全都是因为波士顿紧追在后，再加上全国媒体不知道为什么都催着他们向70胜进发。②第三，他们只有3名金字塔球员（威尔特，格里尔，尚是新秀的坎宁安），你想想好了，一支号称NBA头35年最伟大的球队怎么能只有3名金字塔球员呢？第四，如果所有历史顶级球队凑到一起打一次循环赛的话，威尔特糟糕的罚球会成为一个完全暴露的弱点；他还臭名昭著地在最后两分钟躲着球不敢接，于是他们队接管比赛的人就成了格里尔或坎宁安，而别的队有的都是乔丹、科比、伯德之类的人。第五，这支据说很“伟大”的球队，却没能再夺哪怕一个冠军，对阵68凯尔特人时在3：1领先的情况下输掉系列赛（随后一个夏天威尔特就要求交易）。关于这支35周年最佳球队，我们就说这么多。

---

① 原注：听着……这都是39年前的事了！时间一长，再残酷的事情也可以变成哏的。（译注：1972年的安第斯空难。机上人员是一家乌拉圭橄榄球俱乐部的成员及其亲友。全机45人共16人生还。）

② 原注：如果1960—1963年的任意一支凯尔特人能遇到这种事（背后的追兵和全国的关注），他们很有可能自我提升一个等级，冲上70胜。你懂的。而且，反正你也没法证明我的猜想是错的，那就承认好啦。

70尼克斯（60胜22负，季后赛12胜7负）

他们的优势包括：3人入选当季最佳防守阵容一队、且都是金字塔前四十五的球员（里德、弗雷泽和德布舍尔），常规赛10+的净胜分，真正现象级的主场观众，对“秘密”彻彻底底的领悟，18连胜，一些我们见过的最美的转移球和外围投射。但是他们的季后赛表现相当不给力，[①]而且你不能忘了他们卫冕失败（在MSG抢七输给巴尔的摩）。再考虑到拉塞尔（退役）、威尔特（只打了6场常规赛）、奥斯卡（在辛辛那提自我沉沦中）、卡里姆（新秀）和扩军（1967赛季以来新增5支球队）等情况，只能说70尼克斯鞭笞我的力度还不够强，还不能让我说喜欢。好消息是，已经有20785本关于他们的书了。他们有那些就足够了。

82湖人（57胜25负，季后赛12胜2负）

与01湖人一样，是我最喜欢的“本来可以变得更伟大”的球队，却被“贪多症”所伤害。等到那年春天（他们更换完教练，搞定了化学反应，再次激活了“魔术师”），他们手上有这些王牌：史上前五伟大球员中的两个；以卡里姆为核心的毁灭性的半场进攻；由两名控卫（“魔术师”和诺姆·尼克松）引导的十年一见的快攻；领先时代的1–3–1联防小球阵容，麦卡杜守在最后，诺姆·尼克松顶在前头，贾马尔·威尔克斯、“魔术师”和迈克尔·库珀覆盖中部。他们是如此不可阻挡，终于在季后赛中激起了“史上最强”的讨论——在总决赛第3战前10胜0负——费城赢下了之后两场，湖人最终6场夺冠，然后被所有人在5秒钟之内就遗忘了，因为那个系列赛的大部分比赛都由CBS延时录播。但是，如果你挑出32支史上最强球队，单场晋级，弄成一个疯狂三月式的锦标赛，那么82湖人会是我心中最大的黑马。对几乎所有对手来说都是梦魇般的对位。[②]

---

① 原注：他们8个客场输了6场，季后赛净胜分只有3.9，第一轮被巴尔的摩拖入抢七。

② 原注：一种击败他们的思路：当时是可卡因的巅峰时代，而82湖人的九人轮换中有好几位“嫌疑人”。如果当时我是别队的GM，每次湖人队开赛后派对，我都会往那儿寄价值10000美元的失足少女和可卡因。

85湖人（62胜20负，季后赛15胜4负）

必须一提，因为他们有令人印象深刻的季后赛数据（场均127.1分，胜利场次16.3分净胜分，54.3%命中率，11次两位数获胜，终结战净胜16、19、44、9分），虽说我们还不清楚最终夺冠的是否是最好的球队。（备注：就是这年春天，伯德在一次酒吧斗殴中弄伤了投篮手，在总决赛中表现稀烂。）85湖人是第一支用小球阵容夺冠的球队：卡里姆不再能持续地抢篮板球，他们缺乏精英大前锋，最好的阵容是卡里姆–沃西–库珀–斯科特–“魔术师”。就算伯德有伤，就算塞德里克·马克斯韦尔整个赛季都没什么表现，[①]还是很难想象一支拥有巅峰伯德、帕里什和麦克黑尔的球队怎么会没能在低位把湖人揍出屎来。（即使20多年后，麦克黑尔和安吉仍然在那儿吹牛，说凯尔特人挥霍了一个金子般的卫冕机会。如果湖人真的是一支非常伟大的球队，他们的总决赛对手是不会在多年之后抱怨和惋惜错失的机会的。顺便，这句话同样适用于84凯尔特人）他们最大的问题在于篮板球——一年之后，86火箭通过抢篮板打爆了湖人。为什么85凯尔特人没能做到这一点？我不知道。不过大概有得必有失吧：洛杉矶浪费掉了1984年总决赛，波士顿浪费掉了1985年总决赛，就是这样。

92公牛（67胜15负，季后赛15胜7负）

有潜力成为史上最佳，却没能实现，原因正如科尔之前说到第二级球队的优越感/无敌感时提到的：“很显然，如果你的球队不够成熟，这种心理有点危险。”太对了。这本来应该是乔丹最好的球队：M. J. 的身体素质正处于巅峰，皮彭也同样如此，他们还有M. J. 时代公牛队最好的九人轮换。他们面对任何问题都有解决的方法。但是季后赛……啊啊啊啊啊。

---

① 原注：马克斯在1985赛季贴了张邮票把它寄走了。他接受了一个本来会让他休战6周的膝盖小手术，却迟迟未能康复。于是奥尔巴克报复性地把他拿去交易沃尔顿；即使过了20年，波士顿的新老板要退役马克斯的31号球衣时（“我们刚买下了球队，退役件谁的球衣会不会很好玩呀”的无理逻辑），“红头”还是非常生气地坚决反对。只有11个波士顿的球衣号码应该退役：拉塞尔、伯德、“洪多”、库西、夏曼、考恩斯、麦克黑尔、海因松、帕里什、萨姆·琼斯、（未来某天）皮尔斯。

你们不应该要用7场才搞定92尼克斯。你们不应该要用6场才干掉92开拓者。你们不应该在夺冠战中在主场挖一个15分的大坑。

“贪多症”的毛病在这些家伙身上造成了严重的破坏。皮彭先是签了一份短视的长约，然后得知公牛队给托尼·库科奇的合同更大，于是非常懊恼。格兰特很不开心，因为他做了所有脏活却没有得到足够的称赞。几门年轻的火炮，斯泰西·金、BJ·阿姆斯特朗和克利夫·莱文斯顿（Cliff Levingston）都觉得自己应该打首发。而到了1992年1月，萨姆·史密斯撰写的包含大量第一冠期间幕后故事的《乔丹法则》出版后，情况完全崩盘。我们从中知道了乔丹过重的好胜心，巨大的自我，“自私”的天性，[①]总是用尖酸刻薄的方法来刺激其他队友；大家都吓了一跳，因为此前我们只能通过极富创意的耐克广告和口齿伶俐的采访去认识他。乔丹大发雷霆，认为自己被从背后捅了一刀，而且觉得有内部人士为这本书提供了材料——据说包括格兰特、菲尔·杰克逊和杰里·莱因斯多夫（Jerry Reinsdorf）[②]——于是他开始变得不与人交谈，这种状态一直到3年后他开始为伯明翰男爵队打棒球时才有所改变。这就是为什么芝加哥在季后赛中表现得时好时坏。悲剧的是，那年的公牛拥有除82湖人、86凯尔特人和01湖人外最高的上限；看看总决赛第1场好了，不仅看乔丹如何完全打爆了克莱德·德雷克斯勒，更看看公牛在防守端是如何绞杀波特兰的。然后他们又放松了，浪费掉了第2战。这就是那个赛季的公牛的写照：无数的潜力，大部分实现了……但不是全部。正如我们最后发现的那样，唯一能阻止92公牛的人就是萨姆·史密斯。[③]

---

① 原注：我打了引号，因为史密斯的前提并不一定正确。M. J. 做了一切能帮助球队取胜的事情，而且，说真的，在他最初的几个公牛赛季里，他的帮手实在烂透了。你还想让他怎样，把绝杀球传给布拉德·塞勒斯，还是凯尔·梅西（Kyle Macy）？早期M. J. 唯一的错误就是在一些时候蔑视队友、伤害他们的自信心。这算是自私吗？我觉得倒不如说他是个贱人。这两者有很大的区别。

② 译注：公牛队老板。

③ 原注：如果我给你们看萨姆·史密斯的照片的话，这句话可能读起来会更好笑。他长得就像以前唐恩都乐甜甜圈广告里说“是时候做甜甜圈啦”的那个人的瘦兄弟。

00湖人（67胜15负，季后赛15胜8负，19连胜）

多么可惜啊，我们不能把他们2000赛季的常规赛和2001赛季的季后赛（15胜1负）合在一起变成一支超级球队。证据确凿：他们在2000年季后赛中先是11胜6负（呸），然后又花了6场击败印第安纳；如果不是联盟历史上最骇人的一次末节崩盘，波特兰本来可以干掉他们的。开拓者投丢了几个球，开始紧张，开始得不到哨子，最后被教练的几个愚蠢决定彻底毁掉了。多么触目惊心的一场比赛。更触目惊心的是：在那之后，居然又有另一支球队聘用了迈克·邓利维去执教。可怜的快船队拿喷水器接上消防龙头朝着邓利维喷了10小时，希望能把2000开拓者的邪恶血液冲出他的身体；他们在这么干的时候真应该想想要不要找找别的候选人。

07马刺（58胜24负，季后赛16胜4负）
08凯尔特人（66胜16负，季后赛16胜10负）

马刺缺常规赛说服力，凯尔特人缺季后赛说服力，但是他们都依赖于同一套公式：三名精英级球员（圣安东尼奥的邓肯–帕克–吉诺比利，波士顿的加内特–皮尔斯–阿伦），一群关键时刻得分手，高效的角色球员，窒息性的防守。考虑到比赛计划、赛前报告、训练、防守智商、数据分析、录像分析、装备、医疗、身体护理、网络/移动设备、高中篮球训练营等种种东西，你可以说，这两支总冠军球队的配置并没有伯德–“魔术师”时代的那么好，但他们无疑准备得更充分，防守端更合理。①在1984年，K. C. 琼斯在被爆3场之后才终于明白应该让丹尼斯·约翰逊整场追着“魔术师”跑，这就算是最重大的教练调整了。②2008年？教练和球探们一丝不苟地把事情分成许多小块，他们会告诉你迫使拉马尔·奥多姆走右边比

---

① 原注：2008年最大的不同：球队如何有效地拉开空间和运用底角三分。这是所有20世纪80年代顶级球员（除了伯德）都没有考虑过的巨大优势——进攻端是运动战中最高效的投篮，防守端是无论何时都必须防范的点。

② 原注：K. C. 琼斯常常一拍脑门想出一个不知是好是坏的奇招，所以他的执教能力一直在很大的范围内上下浮动。我记得我们在150页之前就黑过他了。还有，没错，他就是最适合执教86凯尔特人的那个人——只要发出球来，让他们自己去打就好了。

放他走左边到底要好多少——甚至可以细到具体的百分之几。当我们比较不同时代的队伍时，情报和分析上的差距有没有意义？当然有。这是属于这个时代的优势，就像抽烟、低帮鞋、缺乏健康和很不完善的性病治疗是属于拉塞尔时代的劣势一样。但是这不能改变以下事实：肯德里克·珀金斯永远都防不住卡里姆，“魔术师”可以生吞活剥了波士顿的控卫，乔丹会把07马刺撕得粉碎。

如果你仍不相信这个时代最好的球队没法搞定伯德-“魔术师”-乔丹时代最好的球队，那么考虑一下，在前扩军时代，你的九人轮换中还能再多两个靠谱球员，再想想：如果1986凯尔特人跳进了时间机器，变成了2010年的一支扩军球队，要在现有的工资帽/奢侈税规则（假设说7000万美元工资帽）下重组，你觉得他们会亏损多少钱？[①]下面我要对他们在工资帽下能领多少钱做一个保守估计，然后再把全部的合同金额加起来：

拉里·伯德：2000万（6年1亿2000万）
凯文·麦克黑尔：1550万（6年9300万）
罗伯特·帕里什：1500万（5年7500万）
丹尼斯·约翰逊：1300万（5年6500万）
丹尼·安吉：900万（5年4500万）
比尔·沃尔顿：700万（3年2100万）
斯科特·韦德曼：550万（5年2750万）
杰里·西斯廷：180万（2年360万）
萨姆·文森特（Sam Vincent）：170万（4年680万）
格雷格·凯特（Greg Kite）：170万（4年680万）
大卫·瑟德基尔（David Thirdkill）：120万（1年120万）

① 原注：超出工资帽的球队必须要付跟超出金额同样数目的税给联盟。如果税线是6000万美元，你花了8000万美元，你就要付2000万美元的税。而且你就不能参与奢侈税分红了。好痛的二连击。

里克·卡莱尔（Rick Carlisle）：40万（3年120万）①

总计：9280万美元

记住，这里才只有12个球员，而每支现代球队都有15人，所以我们还得再加上个150万～300万；帕里什/麦克黑尔的工资是为了保证他们在自由市场上不会被其他清理出巨额薪金空间的球队（就像奥兰多对拉沙德·刘易斯做的那样）用一纸1100万～1200万的合同签下（他们肯定会出这种价格）；韦德曼的工资可能有些低了，你可以想想像贾森·卡波诺（Jason Kapono）和弗拉德·拉德马诺维奇这些差不多的投手在自由市场上都拿什么价（而且韦德曼比他们更强）。不管怎么说，我对他们24年后的工资的“理性”估计，最终全队预计会达到9500万美元。9500万！86凯尔特人在2009年不仅会亏损；他们会*亏得触目惊心，亏到危及生命*，而且你还要算上3000万～3500万美元的奢侈税。换句话说，他们不可能留住他们的核心。也就是说，他们被迫要交易帕里什或麦克黑尔——把事情搞大一点，假设他们把麦克黑尔交易去达拉斯换来萨姆·珀金斯、德里克·哈珀（Derek Harper）和一个未来的首轮签——他们在1986年可以把马克斯韦尔和一个首轮签送去快船交易比尔·沃尔顿，但在2009年他们则不得不把马克斯韦尔②和那个首轮签（可能还要再搭一个首轮签）送去某支拥有薪金空间的球队，只为了释放掉马克斯的薪金空间。

所以再看看我们在2009年规则下优化过的、税额不那么高的86凯尔特人阵容：

---

① 原注：实际上的1986年工资数额：伯德（180万美元），麦克黑尔（100万美元），约翰逊（78.25万美元），帕里什（70万美元），安吉（55万美元），沃尔顿（42.5万美元），韦德曼（40万美元），凯特（15万美元），西斯廷（12.5万美元），卡莱尔（9万美元），文森特（8.75万美元），瑟德基尔（不详）。

② 原注：马克斯在1984年总决赛的大爆发后变成了自由球员。在现代，波士顿不可能有钱留下他，而某个别队的白痴GM会给他出一份溢价的5年5800万美元之类的合同（实际上波士顿给他了一份4年、每年大约80万美元的合同）。所以在现代的情况下，86凯尔特人不可能搞到沃尔顿这一非常重要的队员，而正是沃尔顿把他们从“史上前十”变成了“可能史上第一”。

拉里·伯德：2000万美元（6年1亿2000万）

罗伯特·帕里什：1500万（5年7500万）

丹尼斯·约翰逊：1300万（5年6500万）

丹尼·安吉：900万（5年4500万）

斯科特·韦德曼：550万（5年2750万）

萨姆·珀金斯：400万（4年1600万）

德里克·哈珀：300万（4年1200万）

杰里·西斯廷：180万（2年360万）

萨姆·文森特：170万（4年680万）

格雷格·凯特：170万（4年680万）

大卫·瑟德基尔：120万（1年120万）

里克·卡莱尔：40万（3年120万）

总计：7730万美元

解释一下：即使做了上面的操作，他们还是每年要亏损1200万～1500万美元，除非他们能打到第2轮。如果他们的老板害怕出这笔钱，他们可能会再做一笔对工资总额有利的交易，送出韦德曼或安吉，换来一名便宜球员或到期合同，而这又会进一步削弱球队的实力。我煞费苦心地说了这么多，就是要说明，如果1986凯尔特人在2010年的规则下打球，他们就绝对不会成为我将来某天把孙子孙女抱到膝上、跟他们讲的故事中的主角。这也就是为什么我们在这章里必须要给21世纪球队的实力打一些折扣。规则的变化就是不利于他们。毫不夸张。①

闲话少叙，史上前十球队。

---

① 原注：对87湖人同样做番计算：卡里姆2000万美元，“魔术师”2000万，沃西1400万，汤普森1100万，库珀750万，兰比斯600万，斯科特550万，格林180万，马修斯（Wes Matthews）120万。9个人花了9600万美元。顺便，只要他们还是人类，就不可能搞到迈克尔·汤普森。

精英十强

10. 91芝加哥公牛

常规赛（61胜21负）：主场35胜6负，9.0净胜分（110：101），51%的命中率，76%的罚球命中率，36%的三分命中率，对50胜以上球队9胜12负，最后71场56胜15负，最长连胜数：11+9

季后赛（15胜2负）：主场8胜1负，11.7净胜分（103.9：92.2），场均进球51.4个（第1），场均被进球45.0个（第2），9.5次抢断，9场两位数胜利，两场输球共计输4分，终结战净胜分：9、5、21、7，后一个赛季：夺冠（6场击败波特兰）

卡司：迈克尔·乔丹（超级超级巨星）；斯科蒂·皮彭（超级超级辅助）；霍勒斯·格兰特（辅助）；比尔·卡特赖特，约翰·帕克森，BJ·阿姆斯特朗，斯泰西·金，克利夫·莱文斯顿（角色球员），菲尔·杰克逊（教练）

他们能获得这样的历史地位，是因为他们在一个竞争特别激烈的赛季中打出了相当强大的季后赛战绩和净胜分，此外还有以下事实：他们横扫了背靠背总冠军，杀死了以赛亚时代；他们赢下了最后4场总决赛，是谋杀“表演时刻”的帮凶；①他们输掉的两场季后赛，一场是加时赛（对巴克利的76人的第3战），一场被萨姆·珀金斯三分绝杀（总决赛第1场）。你有没有意识到两场比赛乔丹都错失了可以赢下比赛的空位跳投？我们一直听人说起费城的“Fo-Fo-Fo”季后赛，但那并不比91公牛所做到的更令人印象深刻。他们的扣分点是之前提过的第一级的问题：如果你在一切没结束之前都还不确定自己是否伟大，那你就还不够伟大，而91公牛直到最后一场比赛的最后6分钟才找到了答案。②

---

① 原注：我知道，我知道：HIV才是干掉“表演时刻”的凶手。但是91公牛也帮忙加快了其进程。好吧，算我用错词了。轻打脸。

② 原注：读读《乔丹法则》中的幕后故事会很有趣。3月份，芝加哥的化学反应还是一团糟，因为M. J. 对队友太严苛了。然后他们打出了一波连胜，皮彭进入了顶尖状态，M. J. 平和了下来。剩下的就是历史了。

9. 72洛杉矶湖人

常规赛（69胜13负）：一度67胜12负，主场37胜5负，12.3净胜分（121.0：108.7），得分、篮板、助攻均联盟第一，命中率（49%）和命中率压制（43%）均联盟第二，对49胜以上球队20胜6负，最长连胜数：33（历史纪录）

季后赛（12胜3负）：主场6胜2负，3.3净胜分（106.6：103.4），6场两位数胜利，3场两位数失利，42.9%的命中率，75.0%的罚球命中率，终结战净胜分：11、4、14，后一个赛季：总决赛失利（5场输给尼克斯）

卡司：杰里·韦斯特，威尔特·张伯伦（超级巨星）；盖尔·古德里奇（超级辅助）；吉姆·麦克米立安（Jim McMillian），勒罗伊·埃利斯（Leroy Ellis），哈皮·海尔斯顿，帕特·莱利（角色球员）；比尔·夏曼（教练）

如果你保持2008凯尔特人的阵容原封不动，踢掉联盟里所有的外国人，再踢掉12支球队另组一个联盟，再让凯尔特人肆虐剩下的那个稀烂的NBA，再让他们的总决赛对手缺了中锋兼队长（2008年版的威利斯·里德），他们能打出81胜16负以上的战绩吗？能。答案是能。所以说你不能忘记那个时代有多弱。在3个赛季中，70尼克斯、71雄鹿和72湖人打出了史上前八长的连胜中的三次（33，20，18）。[①]只要你的阵容有一点儿强，在那个正忙着补充年轻天赋的水联盟里，你就会显得超级超级超级超级强。即使这样，他们的33连胜还是足够惊人，他们的常规赛也确实非常给力。季后赛？就不那么给力了。此外，他们最好的两个队员——韦斯特和威尔特——都已在生涯末期的事实也不大能让我信服。甚至不是巅峰末期……是生涯末期。这有点儿像斯托克顿–马隆时代在末期才迎来巅峰，而原因与斯托克顿或马隆自身都没有关系。不管怎么说，我本来会把他们

---

① 原注：60凯尔特人保持着17连胜的纪录；从1970—1972赛季，这个纪录连续3年被破。当时的联盟已经水得应该撤掉韦斯特的logo换成卡尔·斯帕克勒（Carl Spackler）。（译注：斯帕克勒是电影《疯狂高尔夫》里的人物。）

排进“荣誉提名”，但是他们拥有一波不可思议的连胜。如果没有人能达到你纪录的70%，那这个纪录永远也不会被人遗忘。

8.83费城76人

常规赛（65胜17负）：一度57胜9负，主场35胜6负，7.7净胜分（112.1：104.4），对50胜以上球队13胜7负，最长连胜数：14+10

季后赛（12胜1负）：主场7胜0负，5.9净胜分（105.8：99.9），4场两位数胜利，终结战净胜分：3、12、7，后一个赛季：首轮出局（5场输给篮网）

卡司：摩西（超级超级巨星）；朱利叶斯·欧文，安德鲁·托尼（超级辅助）；莫·奇克斯（辅助）；博比·琼斯（第6人）；克林特·理查德森（Clint Richardson），克莱蒙·约翰逊（Cleamon Johnson），马克·艾瓦罗尼（Mark Iavaroni）（角色球员）；[1]*比利·坎宁安（教练）*

我心中最被高估的伟大球队。当时发生了下面这些事情：凯尔特人在忙着反对脾气粗暴的比尔·菲奇教练；[2]詹姆斯·沃西断了腿，错过了湖人最后两个月的比赛[3]；拉里·布朗在常规赛还剩6场时跑去了堪萨斯大学，毁掉了那支49胜的篮网；另外三支49胜以上的球队（密尔沃基、圣安东尼奥和菲尼克斯）都算不上威胁；可卡因毁掉了联盟，伤害了几名关键球星的天赋；76人是一支典型的第一级球队。说完了那个赛季，再说说他们的上限；当你想到，费城有巅峰的摩西，生涯末期的“博士”和博比，

---

① 原注：克林特·理查德森，厄尔·丘尔顿（Earl Cureton），克莱蒙·约翰逊？这套板凳阵容简直全是饮水机管理员。

② 原注：他们在第2轮中被雄鹿下克上横扫。除了菲奇外最主要的问题：83凯尔特人有太多人了。你要怎么把时间分配给伯德、帕里什、马克斯韦尔、亨德森、“小个子”、麦克黑尔、安吉、韦德曼、巴克纳、M. L. 卡尔和里克·罗比？一半的人觉得不开心，所有人都痛恨教练。第二年，K. C. 上任，罗比被送走换来D. J. ，“小个子”退役，卡尔负责专职挥毛巾，然后他们夺冠了。永远的教训：你只需要9个人。2008年10月，我一直在警告达里尔·莫雷（休斯敦GM）这件事，而他一直开我的玩笑：“太多人？这怎么会是一件坏事？”4个月后，他疯狂地想要在交易截止日前做成一笔4换1交易。

③ 原注：对湖人来说是一个重大的损失。

托尼开始变成无可阻挡的进攻杀器，莫·奇克斯做了各种莫·奇克斯式的事，再加上多到溢出的动力，当然了，他们那年看起来无与伦比。尤其考虑到他们的对手简直是一份大礼——伤亡惨重的湖人队在总决赛第4场时没有沃西、尼克松*和*麦卡杜。你懂的，不过是少了最强五人中的三个嘛。

我们有一个必须问的问题：把76人从那个赛季拿出来，让他们对上其他的超级球队，会发生什么？他们的防守显然不那么好；只有奇克斯和琼斯在平均水平以上，而且琼斯都快累死了。（别问我这支队上谁会负责防守麦克黑尔、邓肯、乔丹、科比或伯德，因为我毫无头绪。）摩西可能是史上最好的篮板手之一（季后赛场均骇人的26+16），但是任何一支有身高的球队（举个例子，比如说86凯尔特人）都可以戏耍费城，因为他们没有别的大个子了。他们的外围投射不是一般的凑合；只有奇克斯和托尼可以在15英尺外出手，没有人有三分射程。关于他们寒酸的替补就先不多说了，但我们有没有提过83费城首发了马克·艾瓦罗尼，一个6年后就混不进任何一支球队的九人轮换的乞丐版柯特·兰比斯？

我们如何知道83费城被高估了？看看他们的冠军“卫冕”过程吧，他们在最强八人都留在队中的情况下没能越过首轮。而且还不是说他们输给了84凯尔特人。不，击败他们的是迈克·格明斯基、艾伯特·金、巴克·威廉姆斯和难得清醒几周的迈克尔·雷·理查德森……而且篮网在光谱球馆[1]赢下了抢五。成为一支伟大冠军的一部分就是守住总冠军，是吧？还有什么比在健康的情况下第一轮输给“甜糖”和篮网更糟糕的？这是不是过去35年中最逊的卫冕表现[可能要除掉铁酋长（Iron Sheik）在5周之后就丢掉了WWE冠军]？[2]考虑到联盟在1984赛季要强得多——洛杉矶重新拥有了沃西（还有新秀拜伦·斯科特），凯尔特人再次火力全开，伯纳德和“甜糖”让纽约地区的两支球队恢复了活力，底特律、达拉斯和

---

① 译注：76人1967—1996年间的主场。

② 原注：费城球迷肯定会反击：“我们变老了！”对不起，数据并不支持这一观点。摩西是有一点下滑（1983季25+15，1984赛季23+13），但是“博士”/托尼/奇克斯的数据都变好了一点点，板凳的贡献也差不多。他们就是没有好到可以在一个大幅变强的联盟中战胜“次年综合征”。否则你怎么会在没有重大伤病的情况下从77胜18负掉到54胜33负？

亚特兰大等年轻的劲旅开始跳了出来——费城在1984年屎一样的表现必须要算到83费城的头上。他们是典型的出现在了正确时间和正确地点的球队，这你绝不能否认。

7. 71密尔沃基雄鹿

常规赛（66胜16负）：一度64胜11负，主场34胜2负，12.2净胜分（118.4：106.2），命中率（51%）、命中率压制（42%）、得分（9710）、助攻（27.4）均联盟第一，对48胜以上球队13胜8负，①最长连胜数：20+16

季后赛（12胜2负）：主场8胜0负，14.5净胜分（109.1：94.6），11场两位数胜利，命中率49.7%，罚球命中率72.1%，终结战净胜分：50、18、12，后一个赛季：西部决赛出局（6场输给湖人）

卡司：卡里姆·阿卜杜勒-贾巴尔（超级超级巨星，32+16+3）；奥斯卡·罗伯逊（超级辅助）；博比·丹德里奇（辅助）；乔恩·麦格洛克林，格雷格·史密斯（Greg Smith），鲍勃·布泽尔（Bob Boozer），卢修斯·艾伦（角色球员）；拉里·科斯特洛（教练）

一直以来，这都是NBA历史上纸面上最伟大的赛季。他们有史上前十篮球运动员中的两位，一个刚过巅峰一点点点点点点儿（奥斯卡），另一个正接近巅峰（卡里姆）。在常规赛，他们在每一项重要数据上都领先联盟，打出史上第三高的净胜分，还有两波连胜杀戮；要不是早早锁定了联盟第一，他们本可以轻松地打出70胜。他们摧毁了所有季后赛对手，创造了至今未破的季后赛净胜分纪录。②他们横扫了总决赛，每场比赛都至

---

① 原注：包括对尼克斯的1胜4负。尼克斯没能出现在总决赛中，真是该死。真该死，真该死！

② 原注：他们输的两场：首轮对旧金山的第4战（输2分），对洛杉矶的第3战（输12分）。对旧金山的系列赛非常奇怪：第1战和第4战在旧金山打（因为密尔沃基球馆的日程安排有冲突），于是两支球队5场比赛里要往返4次。我爱过去那些NBA的日程安排会有冲突的日子。“对不起，我们没法安排第4战——周末我们要举行拖拉机比赛。”

少赢了8分。他们一整年只在密尔沃基输过两场主场比赛，仅次于86凯尔特人。多漂亮的简历！整整9个月里，没有人能真正挑战他们。当然了，NBA35周年纪念委员会认为67费城而非71雄鹿才是前35年最佳球队，因为……呃……我实在没法告诉你为什么。这是个蠢上加蠢的选择，因为拉塞尔的凯尔特人才是唯一符合逻辑的答案，而如果你蠢到想做别的选择，那么你就一定要选71雄鹿。

为什么不把他们排得更高？因为那个1969—1976的稀烂时代对任何拥有两名伟大球员（卡里姆-奥斯卡，威尔特-杰里，考恩斯-“洪多”等等）的球队都是一份大礼。因为那时的篮球还没有那么快，还没有那么强的运动能力。因为他们那年抓住了一些重大的机会：湖人队在季后赛中失去了埃尔金和韦斯特，凯尔特人还没准备好，卫冕冠军在东部决赛中在主场演砸了，进入总决赛的是缺少受伤的格斯·约翰逊的42胜40负的子弹队。考虑以上所有事，71雄鹿可能没有纸面上看起来的那么伟大。没关系。我们不能把他们排得比第七更低了。

6. 97芝加哥公牛

常规赛（69胜13负）：一度68胜10负，主场39胜2负，10.8净胜分（103.1：92.3），对50胜以上球队19胜9负，最长连胜数：12+9

季后赛（15胜4负）：主场10胜1负，5.5净胜分（92.5：87.0），6场两位数胜利，命中率43.2%，三分命中率31.9%，终结战净胜分：1、15、13、4，后一个赛季：夺冠（6场击败爵士）

卡司：迈克尔·乔丹（超级超级巨星，32+16+3）；斯科蒂·皮彭（超级辅助）；丹尼斯·罗德曼（辅助）；托尼·库科奇，布赖恩·威廉姆斯，卢克·朗利（Luc Longley），史蒂夫·科尔，罗恩·哈珀（角色球员）；菲尔·杰克逊（教练）

他们没能进入前五是因为我在10秒之前刚编了一条“前五不能有连续两年的同一支球队”的规则。他们在总决赛里劳累不堪，因为他们在20个月里打了200场比赛（还不算季前赛）。他们背上有着巨大的靶心。每一支有竞争力的球队都盯着他们。在全国的每个球馆，球票都卖得精光，球迷们高兴地说："我今天晚上要去看公牛队！"如果你还记得，在当时，与其他体育项目相比，乔丹（以及整支球队，不过程度稍弱）显得多么伟大——冰球正在死去，棒球还在从严重打击中慢慢恢复，大学篮球被提早离开的低年级生毁了，网球什么人也没有，泰格刚刚进入高尔夫球坛但还没有真正成为泰格·伍兹，①只有橄榄球还有真正的球星（埃尔韦，法夫，桑德斯，等等）——97公牛对体育世界的意义比大家记忆中的来得更加重大。如果说他们像摇滚明星（从很多角度上来看，确实如此），那两个赛季就像U2历时20个月、横扫35个国家和两百座城市的巡回演唱会。他们在巡回演唱的最后阶段（1997总决赛）已经累垮了。如果ESPN经典频道或NBA TV在重放爵士和公牛的比赛，你可以仔细观察这一点。在你看卡尔·马隆的愚蠢表现看厌了的时候。

5. 01洛杉矶湖人

常规赛（56胜26负）：主场31胜10负，3.4净胜分（100.6：97.2），最长连胜数：8

季后赛（15胜1负）：12.8净胜分（103.4：90.6），命中率46.7%，三分命中率38.6%，罚球命中率67.6%，15.0抢帽，9场两位数胜利，唯一一场失利：加时赛（对费城的第1战），后一个赛季：夺冠（4场击败篮网）

卡司：沙克（超级超级巨星）；科比（超级巨星）；罗伯特·霍里，德里克·费舍尔，里克·福克斯，布赖恩·肖，泰龙·卢（Tyronn Lue），罗恩·哈珀，霍勒斯·格兰特（角色球员）；菲尔·杰克逊（教练）

湖人队的常规赛遭遇了"贪多症"、伤病的坏运气（沙克和科比合计缺阵22场）和太容易预测到所以大家都不以预测到为荣的球队老大之争

① 原注：我的意思是"还没有成为史上最伟大高尔夫球手之一"，不是"还没有成为一边拿下好几座四大赛冠军一边与无数脱衣舞娘和女服务员们约会的那个他"。

（科比第一次进入了疯狂球霸模式）的困扰。[①]到了3月份，全员恢复健康，杰克逊在心理上迫使/洗脑科比重新回归团队，于是从4月份开始，湖人队一路开启了历史级的凯泽·瑟泽模式，最后24战23胜，唯一的失利出现在总决赛的一场加时中，几乎横扫了整个季后赛。[②]所以，如果我们希望找到史上最不可击败的一支球队，而且有很多正当理由来说明湖人为什么好了好几个月才进入状态……我的意思是，*你*愿意在那年春天对上这些家伙吗？我们从没见过有谁能接近2001年季后赛的“沙嗑比”；[③]这是NBA历史上唯一一次两个金字塔前二十的球员在接近或正处巅峰期时组成了内外连线。看看“沙嗑比”常规赛和季后赛的数据吧。

季后赛	得分	命中率	出手	罚球命中率	罚球出手	篮板	助攻	42俱乐部
沙克	30.4	55.5%	21.5	52.5%	12.5	15.4	3.2	49.0（入选）
科比	29.4	46.9%	22.4	82.1%	9.3	7.3	6.1	42.8（入选）

常规赛	场数	得分	命中率	出手	罚球命中率	罚球出手	篮板	助攻	42俱乐部
沙克	74	28.7	57.2%	19.2	51.3%	13.1	12.7	3.7	45.1（入选）
科比	68	28.5	46.4%	22.2	85.3%	8.2	5.9	5.0	39.4（未入选）

上帝啊！一支冠军队里有两个42俱乐部成员？这是史上唯一一次出现这种情况。为了好玩，让我们来比较一下自1967年季后赛张伯伦和格里尔刷到令人吓掉下巴的49.3之后所有其他总决赛球队中最强二人组的平均42俱乐部数据。只有下面十组超过了37.5：

---

① 原注：菲尔·杰克逊《不只是比赛》（*More than a Game*）的前言中讲述了他2001年与科比的争论，科比当时差不多在想：“对不起，我真的不喜欢三角进攻，现在我要开始无视战术、自己刷分了。”有点像迪尔克·迪格勒“只有我心情不错、准备完毕时我们才开拍，我可是这里最大的明星”的任性做法，只是持续了整整一个常规赛季。

② 原注：唯一一场失利：总决赛第1战，艾弗森发飙了（48分），差点踩掉了泰龙·卢的脑袋。

③ 原注：我刚刚发明了这个词。就像“本妮弗”或“布兰吉丽娜”。而且跟这两对一样注定会掰掉。我们2002年的时候怎么没想到这个词。（译者注：本妮弗，本·阿弗莱克和詹妮弗·洛佩兹。布兰吉丽娜，布拉德·皮特和安吉丽娜·朱莉。）

季后赛组合	场数	得分	篮板	助攻	命中率	罚球命中率	42俱乐部
“沙嗑比”	16	29.9	11.3	4.7	51.1%	65.2%	45.9（入选）
卡里姆+“魔术师”（1980）	15.5	25.9	10.0	6.4	55.2%	79.6%	42.3（入选）
“洪多”+拉塞尔（1968）	19	20.2	15.7	6.4	43.6%	71.5%	42.2（入选）
威尔特+韦斯特（1969）	18	22.4	14.3	5.0	48.7%	63.1%	41.7（未入选）
M. J. +皮彭（1992）	22	27	7.5	6.2	48.8%	81.4%	40.7（未入选）
“沙嗑比”（2002）	19	27.6	9.2	3.7	47.9%	69.4%	40.5（未入选）
哈基姆+克莱德（1995）	22	26.8	8.6	4.8	51.3%	72.9%	40.4（未入选）
M. J. +皮彭（1993）	22	27.6	6.8	5.8	47.1%	73.7%	40.2（未入选）
卡里姆+奥斯卡（1971）	14	22.4	12.0	5.7	50.3%	70.6%	40.1（未入选）
伯德+麦克黑尔（1986）	18	25.4	9.0	5.5	54.6%	85.2%	39.9（未入选）

一个可以说明“沙嗑比”的2001季后赛有多荒谬的好例子：你可能还记得，他们在第2轮里横扫了一支很有实力的国王队。他们在第1战赢了3分，沙克爆砍44分（32投17中）、21个篮板、7个盖帽。他们以6分之差赢下第2战，沙克再次爆发，43+20+3。在萨克拉门托的第3战，科比得到36分，沙克再悄悄地加上21+18，球队22分大胜。他们最后一场赢了6分，完成了横扫，科比打出了生涯中最佳的全面表现：48分，16个篮板，运动战29投15中，罚球19投17中，更不要说是在道格·克里斯蒂（Doug Christie，2001—2004年一次最佳防守阵容一队、三次二队）的防守下拿到的。再说一遍，这是一支很强的国王队，还有着全联盟最好的观众……但湖人队还是像放屁侠①一样把他们赶出了球馆。事实上，01湖人横扫了50胜的开拓者（前一年春天几乎击败了他们）、55胜的国王（12个月后差点击败了他们）、58胜的马刺（接下去6年里三次夺冠），②离横扫56胜的76人只差一场加时赛失利，于是成为NBA历史上仅有的两支在季后赛

① 译注：脱口秀演员霍华德·斯特恩扮演的超级英雄。

② 原注：简直是变态的横扫：湖人队甚至没有主场优势，但4场还是赢了14、7、39、29分。在那个时代打爆西部可不是说笑：从2000—2005年，西部有31支50胜球队和5支60胜球队；而东部只有12支50胜球队和一支60胜球队。

里连续干掉4支50胜球队的冠军球队（另一支：95火箭）。现在这个15胜1负听上去如何？

另一件事：如果要打造一支完美的“沙嗑比”球队，你就该在他俩身边配上霍里、福克斯、费舍尔、肖和格兰特这样的精英角色；你会选择菲尔·杰克逊那套禅/和谐的东西；你肯定会挑2000或2001年的沙克；你会想要2001年的科比（才22岁，有一枚戒指和宝贵的季后赛经验，还没有爆发出过大的自我意识，比起青年M. J. 来，他更像青年皮彭）。2001年的科比可能是历史上最伟大的二当家；把他和28岁的沙克放到一起简直是残暴。如果他们对上96公牛：

中锋：沙克vs朗利

前锋：霍里+哈珀vs罗德曼+皮彭

后卫：科比+费舍尔vs乔丹+哈珀

板凳：格兰特+卢+肖+福克斯vs库科奇+科尔+温宁顿+比希勒（Jud Buechler）

教练：杰克逊vs杰克逊

你会在这个系列赛中选01湖人吗？我觉得我会——他们就像是曾经击败公牛的95魔术的优化版。但是说到86凯尔特人？

中锋：沙克vs帕里什

前锋：霍里+哈珀vs伯德+麦克黑尔

后卫：科比+费舍尔vs约翰逊+安吉

板凳：格兰特+卢+肖+福克斯vs沃尔顿+韦德曼+西斯廷+凯特

教练：杰克逊vsK. C. 琼斯[1]

---

① 原注：我要飙泪了。这简直就像让斯嘉丽·乔汉森和奥尔森姐妹穿着湿透的T袖来比拼。

你不觉得86凯尔特人会轻松打爆他们吗？他们有两个名人堂中锋可以对付沙克，一个名人堂防守后卫来盯住科比，还有伯德/麦克黑尔这组无论罗伯特·霍里去防谁、剩下那个人就是错位的得分点。86凯尔特人在快速控卫和有运动能力的小前锋面前非常脆弱，但01湖人队中没有任何符合这一描述的人。总之，虽然他们觉醒得有些晚，他们仍是过去12年中最强、历史前五的球队。见鬼，我们人生中还有没有机会看到两个金字塔前二十的球员在巅峰期在同一支球队打球？[①]

4. 89底特律活塞

常规赛（63胜19负）：主场37胜4负，5.8净胜分（106.6：100.8），命中率49.4%，命中率压制44.7%，对50胜以上球队16胜12负

季后赛（15胜2负）：主场8胜1负[②]，6场两位数胜利，9.5净胜分（100.6：92.9），终结战净胜分：15、2、9、8（均在客场），后一个赛季：夺冠（5场击败波特兰）

卡司：以赛亚（超级巨星）；乔·杜马斯，丹尼斯·罗德曼（辅助）；文尼·约翰逊（第6人）；比尔·兰比尔，约翰·萨利，詹姆斯·爱德华兹，里克·马洪，马克·阿瓜伊尔（角色球员）；查克·戴利（教练）

严格意义上来说并非第一级的球队，因为在87（对波士顿）和88（对湖人）赛季连续险败后，他们已经变得冷酷无情。没有其他NBA总冠军比他们更能适应多种情况，更坚韧、强硬；他们的快攻和半场进攻都打得一样好；他们的防守仅次于08凯尔特人和96、97公牛；他们控制了篮板；

---

① 原注：为了喜剧效果，我在平装本里没有删掉这个问题。你还记得过去那些联盟前3球员中的两个不可能加盟同一支球队的好时光吗？

② 原注：他们那时候的主场已经不在银色穹顶（Silverdome）了。两年之前，那是属于银色穹顶的一年：摔跤狂热3（安德烈-浩克，外加萨维奇-斯蒂姆波特[Ricky Steamboat]大战的分水岭），伯德-兰比尔/罗德曼大战（第4战）。没错，安德烈、浩克、“花大少”篮球耶稣的重大时刻，仅仅一年之内！

他们有各种错位可以利用；他们看上去时刻都能保持场上有两个人手感火热。球迷们不公平地低估了以赛亚的活塞，因为他们没能打败巅峰波士顿和湖人——虽然他们打败了乔丹的公牛两次，赢下了背靠背总冠军——而且缺少统治力中锋或超级超级巨星（这一点让那些平时不怎么看篮球的人感到万分疑惑）。我痛恨这帮暴徒，但是后来渐渐开始尊敬他们那股顽强的傲气；他们从不允许人上篮或扣篮，寸土不让，永不停止对抗，只要能带来胜利，他们根本不在乎把你搞伤。他们无尽的好胜心逼出了对手最糟糕的一面；虽然卷入过很多次斗殴，但活塞队从来不是第一个挥拳的，或是在争斗中最恼羞成怒的，这一点总是让我觉得很有趣。如果你还记得的话，87凯尔特人和88湖人耗费了非常多的能量来抵御他们，以至于竞技水平大不如前。

活塞队能取得如此的成就，都是因为他们一直恫吓他人，为了胜利什么都肯做，即使这意味着故意踩踏麦克黑尔受伤的脚（这正是马洪在1987赛季反复做的）或在乔丹和皮彭突破的路径上狠狠地痛击他们。如果你在他们的肘击和推撞下变得垂头丧气，如果每次你突向篮筐时都担心被打，如果你满脑子想着打兰比尔一拳、而不是用场上的表现击败他……那你就中了他们的计了。那正是他们想要的。你可以说他们找到了系统中的一个漏洞，而在帕特・莱利和他的恶霸尼克斯对这个漏洞挖掘得更深之后，NBA终于往前迈进了一步，制定了对挑衅/打架的处罚和恶意犯规体系。① 如果我们在讨论89活塞对上其他里程碑球队的情况，那就会有一个问题：在2009年的规则下他们还能那么成功吗？很可能不会。但是他们是那么富于理解力、充满好胜心、通用多种方面、残忍嗜血，这些都是在任何时代都通用的特质。

---

① 原注：虽说他们此前还试图炒作底特律的风格，发行了臭名昭著的《坏孩子》录像带（1989），那部片子里的恶劣言行比一整季的杰里・斯普林格脱口秀还要多。很明显，这盘录像带的所有拷贝现在都被销毁了：你在哪儿都找不到。史上任何体育联盟做过的最伪善的事情之一，仅次于棒球在麦圭尔（Mark McGwire）–索萨（Sammy Sosa）时代故意对______（你随便说一种兴奋剂好了）视而不见。（译注：马克・麦圭尔和萨米・索萨均为20世纪90年代棒球明星，两人都在2005年承认曾使用PED。）

一个扣分点：1989—1990年是一个过渡时期，伯德时代正在结束，卡里姆时代已经结束，乔丹时代还没有完全开始，斯托克顿–马隆时代一直熄火，哈基姆时代还在挣扎，尤因/罗宾逊/巴克利的巅峰都还在数年之遥，只有公牛和开拓者算是真正的竞争者。活塞队填补上了那个勉强可称虚空的时代，成为了NBA冠军中的拉里·霍姆斯（Larry Holmes）：被人们厌恶，被人们憎恨，终于，被人们遗忘。我们希望他滚得越远越好，他们最终也确实这么做了，就和霍姆斯一样。但是，也和霍姆斯一样，如果你翻看老录像带，最后你会想："老兄，这些家伙*真的*很棒。"①

3. 87洛杉矶湖人

常规赛（65胜17负）：一度65胜15负，主场37胜4负，9.3净胜分（117.8：108.5），对50胜以上球队12胜6负，命中率51.6%，罚球命中率78.9%，最长连胜数：11+10

季后赛（15胜3负）：主场10胜0负，11.4净胜分（120.6：109.2），10场两位数胜利，命中率52.2%，罚球命中率78.5%，三分命中率36.1%，28.2次助攻，14.4次抢帽，终结战净胜分：37、12、31、13，后一个赛季：夺冠（7场击败底特律）

卡司："魔术师"（超级超级巨星）；卡里姆，沃西（超级辅助）；迈克尔·库珀（第6人）；拜伦·斯科特，AC·格林，迈克尔·汤普森，柯特·兰比斯（角色球员）；帕特·莱利（教练）

我们何以得知这是"魔术师"最好的一支湖人队呢？他在总决赛后自己说了："毫无疑问这是我待过的最好的球队。我们很快，能投篮，能抓板，有内线，要什么有什么。我之前从来没有在一支什么都具备的球队待过。"他漏了最重要的原因："魔术师"猛升了一个等级，拿下了他的首座MVP，交出了自己数据最好的一年（常规赛24+6+12；季

① 原注：我最尊敬89和90活塞队的一点：他们的客场比赛非常给力，8个系列赛中有6次在客场晋级，在总决赛中客场5胜0负。

后赛22+8+12，53%的命中率，在总决赛中助攻失误比是不可思议的78：13），从下坡路上的卡里姆手上和平接过了球队控制权。前一年输给火箭队的耻辱性经历让他们进入了第三级；他们还选择了加速而非堆积身高，放弃了莫里斯·卢卡斯和米奇·库普恰克，把他们的上场时间给了格林和兰比斯，经常性地派上“魔术师”–斯科特–库珀–沃西–卡里姆的小球阵容。无论是杂耍般的转换进攻还是阵地战他们都很精通，先不断奔跑创造各种机会，不奏效的话就等着卡里姆拖着屁股慢慢来到前场。然后他们就有了三个致命选项：卡里姆的低位，“魔术师”的低位（新技能），沃西面筐单打对方脚步较慢的前锋。至于他们的两个明显弱点（防守快速控卫和有统治力的低位得分手），其中一个被不可思议地解决了：圣安东尼奥把迈克尔·汤普森打包好快递给了他们，助他们打出了一波连胜。

如果汤普森的交易发生在今天，肯定会激起一次网络骚乱（想想看大家在保·加索尔的打劫交易后都是什么反应，再平方一下）：18胜31负的马刺队当时考虑为了得到大卫·罗宾逊而彻底摆烂，同时不愿意给汤普森和老得不行了的阿蒂斯·吉尔摩支付两人共计140万美元的薪水。湖人GM杰里·韦斯特花了整整一个月缠着他们要汤普森，终于完成了一次超级打劫交易，用弗兰克·布里考斯基（Frank Brickowski）、彼得·格维兹门松（Petur Gudmundsson）、1987年首轮签（最终成了末位签）和现金换来了他。这交易把所有人都搞疯了，这样的反应确实很合理：汤普森曾经是状元秀，联盟中最好的低位防守者之一。①交易后一周，汤普森在一场CBS直播的对费城的比赛中在最后时刻留在了场上，所有人都觉得：“老天，到底发生了什么？”在季后赛中，汤普森场均上场22分钟，给了卡里姆大量的休息时间，让麦克黑尔吃了很大的苦头，还制造了整个总决赛中最被低估的一个球：在第4战中，他压住帕里什和麦克黑尔起跳（犯

① 原注：这对波士顿是双倍打击：汤普森跟麦克黑尔是大学校友，了解他的每个动作；他是20世纪80年代唯一可以单防麦克黑尔的球员。同时，这还是第一笔钻了工资帽空子的交易：库普恰克退役后，他的工资（115万美元）只有一半计入工资帽，湖人可以把剩下的一半用在其他球员身上。球迷们当时完全被搞晕了：“工资帽数字、特例、一半……都什么玩意儿？”

规了！犯规了！），导致卡里姆的关键罚球篮板从他们手上飞出了界，让“魔术师”有机会完成那记令人痛心的小勾手。[①]其他利于湖人的事情还有伦尼·拜厄斯的突然死亡，波士顿遭遇到的大量伤病，休斯敦提前到来的死亡，处于上升期的小牛（55胜，对湖人队3胜2负）出乎意料地在第1轮对阵西雅图时掉链子了。[②]自1977年季后赛球队变为16支以来，87湖人是所有总决赛球队中分区对手最弱的：37胜的掘金（第1轮），42胜的勇士（第2轮），39胜的超音速（第3轮）。与此同时，饱受伤病困扰的凯尔特人要面对乔丹的40胜公牛，再与经验丰富的50胜雄鹿及52胜活塞分别鏖战7场。我去，你觉得谁在总决赛里的状态会更好?

这也就是为什么给87湖人排名是一件很难的事情。没错，他们是一支伟大的队伍，由一名正处巅峰期的史上前五球员带队。没错，他们拥有一位真正能起作用的教练。没错，这是“魔术师”时代最好的湖人队。没错，他们抓住了许多空隙。没错，他们有一些瑕疵。说到底，他们因为两件事而排在了第三：

- 他们的防守大概处在还行和不错之间——命中率压制排第六，得分压制排第十二，迫使失误排第十四，防守篮板联盟*最差*[③]。卡里姆和“魔术师”的防守不太行。拜伦·斯科特还行。格林和沃西算好，但算不上非常好。只有库珀和汤普森是精英级的。他们没法锁死对手或者横扫篮板，经常被快速控卫爆成我们都没见过的惨象……哦，不对，我们每天都可以看到贾森·基德和史蒂夫·纳什防守的人这么做。还记得“沉睡者”·弗洛伊德在87湖人头上打出的史上最令人难忘的攻击波吗：第4战最后11分钟得到34分，运动战14投13中，没有三分球，没有15英尺以上的投篮，8

---

① 原注：马刺队是摆烂报应之神不存在的活生生的证据：他们两次摆烂都拿到了状元（1987年的罗宾逊，1997年的邓肯）。

② 原注：一年之后的小牛把湖人逼进了抢七，然后罗伊·塔普利开始对可卡因上瘾，于是他们也就完蛋了。我有点怀疑莱利和韦斯特有没有把可卡因匿名送给20世纪80年代的每一个对手，希望搞死他们。塔普利、拜厄斯、卢卡斯/威金斯/劳埃德……

③ 译注：此处严重错误。此处应该是湖人队对手的防守篮板联盟最少。

个球在3英尺以内（6个是突破）？[1]还有此后几年里斯托克顿、以赛亚、杜马斯、K. J. 和哈达威在他们头上发飙的事？“魔术师”在进攻端造成了多少错位，他在防守端也就留下了多少错位。面对87凯尔特人或87超音速的高大后场时，这不算是个问题。面对精英突破手/分球手时呢？问题就大了。库珀和斯科特防不了那类人；“魔术师”更不行了。所以你们要怎么办？在防守端承受打击，到进攻端去得到更多分数。绝大部分时候，湖人队就是这么做的。但这确实是个非常明显的弱点，不是吗？我们还没说到卡里姆在面对哈基姆/塔普利类型的爆炸型球员（湖人在1987年季后赛里一个都没遇到）时是多么脆弱。我知道这是在鸡蛋里挑骨头，但是在任何想成为NBA史上最强的球队身上我们都不应该看到“明显的弱点”这个词。

● 虽说伯德拖进1987年总决赛的是一具只有11名球员的残架子（最强七人中有5人带伤或不能打），[2]波士顿还是差一点儿就把系列赛扳成了2∶2平，只是因为末节崩盘、一次抢篮板时的松懈、两个值得怀疑的吹罚和伯德绝望之际投出的只差1/55000英寸的三分球而才输掉了比赛。你可以说是花园的意志帮助凯尔特人拿到了总决赛的两场主场胜利。但是考虑一下波士顿当时的身体状况——我是说，都轮到达伦·戴耶（Derren Daye）（对密尔沃基的第4战）和格雷格·凯特（总决赛第3战）来为87凯尔特人奉献季后赛关键时刻了——很难理解为什么“魔术师”时代最强的湖人队没有横扫他们，或者至少5场解决战斗。总决赛后，他们立刻就收到了杰克·麦卡勒姆刻薄的批评：“他们可能不会是‘史上最强球队之一’，虽说在他们前两战击败卫冕冠军凯尔特人后很多人都那么说。实际

---

① 原注：我在2004年曾经用了一整篇专栏文章来写这场比赛。“沉睡者”在某个时间点真的化身成了一个火球。

② 原注：伯德23场季后赛打了1015分钟（场均44.1分钟）。这是史上单赛季季后赛场数超过20场的情况下第三高的场均出场时间，仅次于2001年的艾弗森（22场1016分钟）和1993年的“雷霆”丹·马尔利（24场1071分钟）。伯德的1987年季后赛排在历史单季得分第15、罚球第5、助攻第24（前锋第一）、篮板第83。当然咯，这排不进霍林格根据PER排的历史前50，虽说伯德场均27+10+9，用NBA历史上最伟大的抢断拯救了赛季，上场时间简直非人类，差点儿靠一人之力赢下了总决赛。知道我为什么不信任PER了吧。

上，他们只是联盟本赛季最好的球队。”黑得漂亮。事实上，我觉得87湖人没他说的那么差；没有哪支球队能更好地结合转换进攻和半场进攻，再加上进化为顶级冷血杀手的“魔术师”。但是他们没法击败下面这两支球队。

2. 96芝加哥公牛

常规赛（72胜10负）：一度71胜9负，主场39胜2负，12.3净胜分（105.2∶92.9），得分第1，得分压制第2，命中率47.8（第7），罚球命中率74.6%（第14），44.7个篮板（第4），24.7次助攻（第7），对49胜以上球队12胜4负，2场两位数失利（史上最少），最长连胜数：18+13

季后赛（15胜3负）：主场10胜0负，10.6净胜分（97.4∶86.8），得分第4，得分压制第1，10场两位数胜利，命中率44.3%（第8），罚球命中率73.8%（第7），三分命中率30.4%（第11），35.7个篮板，22.7次助攻，13.7次抢帽，终结战净胜分：21、13、5、12，后一个赛季：夺冠（6场击败犹他）

卡司：迈克尔·乔丹（超级超级巨星）；斯科蒂·皮彭（超级辅助）；丹尼斯·罗德曼（辅助）；托尼·库科奇，卢克·朗利，史蒂夫·科尔，罗恩·哈珀，比尔·温宁顿（角色球员）；菲尔·杰克逊（教练）

“第二？”你在想，“第二？一支87胜13负的球队？你认真的吗？你那么护犊子吗？”说真的，当我在金字塔里把伯德排在“魔术师”之后你还要质疑我吗？公牛掉到第2有几个具体的原因，包括……

● 他们完美地利用了那个“过度扩军、所有人都溢价”的时代（1994—1999）。芝加哥拿下72胜的那个赛季恰逢（1）联盟扩军到温哥华和多伦多，（2）6支球队只赢了不到26场（1986年只有两支），这只是个巧合吗？你又怎么解释犹他从1991—1993赛季的平均52胜上升到了1996—1998赛季的平均61胜……在他们的球队阵容变差、两个当家球星都已经

30多岁了的情况下？正如伯德1997年跟《体育画报》说的那样："这个联盟比我那时候水多了；这年头，如果你有一个迈克尔·乔丹这样的球星，你就可以统治联盟。一旦他离开，一切就差了好几个等级。"

● 乔丹那个赛季33岁了，在NBA已经打了超过800场比赛（季后赛也算在内）。皮彭30岁，在赛季中打了第800场。罗德曼35岁。罗恩·哈珀32岁。他们最强的5个人中，只有库科奇尚在巅峰。这也就是为什么即使是死忠公牛球迷也会承认乔丹–皮彭时代的西斯廷教堂坐落在1992赛季，那支更年轻、板凳深度更好的公牛打出过两场堪称完美的比赛：对纽约的第7战（110：81，M. J. 得到42分，斯科蒂17+11+11，58%比38%的命中率）和对波特兰的第1战（122：89，M. J. /皮彭共获得63分和21次助攻）。96公牛有一些季后赛大胜；但没有能跟这两场相比的。这就是个年龄的问题：皮彭和乔丹在1992赛季就是更强。他们1996年的季后赛都没有几场被人们记住的，因为他们面对的反抗都很弱，但也有乔丹和皮彭的表现不再那么惊心动魄的原因（实际上，就像1972赛季的威尔特和韦斯特）。他们在比赛和身体上都变得更聪明了，成了更好的队友和领袖，在各个方面都更加高效，防守端令人闻风丧胆……但是乔丹的巅峰是1991—1993赛季，皮彭的是1992—1994赛季。数据和录像带都能支持这一点。

● 公牛队在季后赛里打得并不怎么好（相对他们自己而言），投丢了70%的三分球，皮彭（39%的命中率，64%的罚球命中率）、库科奇（39%的命中率，三分68投55铁）、科尔（32%的三分命中率）的进攻表现都在平均水准之下。①甚至乔丹也交出了他所有夺冠赛季中最糟糕的季后赛数据（31+5+4，46%的命中率）。我希望我的史上最强球队在季后赛后让我觉得："不仅是他们自己不可能表现得更好了，甚至可能在我的人生中都不会再看到另一支更好的球队了。"在1996年季后赛后，你在公牛身上没有这种感觉。要说什么的话，你可能还会好奇如果超音速从系列

---

① 原注：他们最好的7个人中，只有罗德曼的数据在季后赛提升了：总决赛场均14.9个篮板（88个篮板中41个是进攻篮板），与状态炽热的肖恩·肯普对阵，在两场胜利中是球队的最佳球员（第2战和第6战）。考虑到M. J. 在最后三战中的挣扎表现（60投22中），他本来可以赢下总决赛MVP的——如果你要使用跟07帕克和81马克斯韦尔同样的标准的话，你懂的。

赛一开始就让加里·佩顿防乔丹的话他们能不能拖到抢七。

●你的史上最强球队中真的应该有那么多角色球员、过时球员、被淘汰的球员、被抛弃的球员？他们的第三得分手是库科奇，一个有着众多天赋（完美的传球手，不稳定的三分手，有低位能力）却从来没有将它们真正实现的软蛋前锋。[①]他们的中锋组合？朗利和温宁顿。（如果你跟我说，NBA史上最强球队应该有一对场均合计14分、7个篮板、没有任何低位威胁、几乎没有盖帽能力、在与乔丹/皮彭做队友之前之后都一事无成的中锋组合，那你的期望值比我的低太多了。）科尔经常在最后时刻留在场上，这没问题，因为他能拉开防守，还是个名人堂级别的冰封手……但是他同样在与皮彭/乔丹做队友之前之后都非常挣扎。[②]哈珀是个非常棒的防守者，但只能拖着受伤的膝盖一瘸一拐（球员们甚至戏称他为“木头假肢”），不能投三分也不能自己创造投篮机会。他们的第九人和第十人是贾德·比希勒和兰迪·布朗（Randy Brown）。没什么好多说的。也就是说，他们十人轮换中有七人从未进过全明星、场均篮板从未超过7、生涯辗转过至少4支球队。[③]

●想一想鲍勃·瑞安的饱经时间考验的火星人假设——即，一支技艺精湛的外星人球队来到地球，要求我们跟他们打一个七局四胜的系列赛，以人类的未来为赌注——你真的想说你希望在朗利和温宁顿打中锋的情况下上战场？乔丹的6个总冠军（24个系列赛）有一个黑暗的小秘密，那就

---

① 原注：库科奇拿下了那年的最佳第六人，但是在季后赛里一塌糊涂。芝加哥把后皮彭/M. J. 时代的球队交到了他手上，结果是13胜37负。被炒作了这么多年，库科奇却连一次全明星都没进过。

② 原注：我曾经给M. J. 的队友创造了一个林戈·斯塔尔（Ringo Starr）理论：如果角色球员待在一个能让其他所有人变好的家伙身边，你就很难对他们做出准确的判断。阿姆斯特朗、朗利、格兰特、科尔、威廉姆斯在芝加哥的时候看起来都比他们的真实水平表现得更好（问问那些后来给他们开出溢价合同的球队好了）。同样的还有“魔术师”身边的斯科特、格林、兰比斯和尼克松，伯德身边的安吉、马克斯韦尔、罗比和亨德森。（译注：林戈·斯塔尔是披头士乐队的鼓手。）

③ 原注：好消息：芝加哥可以抛出一桶惊人的白色涂料——温宁顿和朗利的香草双塔，库科奇、科尔和贾德·比希勒担任外线，杰克·哈利（Jack Haley）穿着便服在板凳席上加油助威。白得犹如一场暴雪。

是在对手的中锋方面他们有着惊人的运气：尤因（4次），布拉德·多尔蒂（2次），阿朗佐·莫宁（2次），格雷格·奥斯特塔格（Grege Ostertag，2次），弗拉德·迪瓦茨（2次），迈克·格明斯基，比尔·兰比尔，罗尼·赛卡利，凯文·达克沃思，凯文·威利斯，马克·韦斯特，沙克，萨姆·珀金斯，格奥尔基·穆雷尚，迪肯贝·穆托姆博，贾森·威廉姆斯和里克·斯米茨。他从来没有跟那十年最具统治力的两个大个子（哈基姆和罗宾逊）交手过，和第三（沙克）只交手过两次。芝加哥从1991—1998最艰难的4个系列赛都对上了强力的低位中锋：尤因（1992和1993赛季）、沙克（1995赛季，公牛输掉了系列赛）和斯米茨（1998赛季），这是否只是个巧合？沙克、哈基姆和罗宾逊跟96公牛打了8场比赛（包括季后赛），场均27+11、58%的命中率。47胜的尼克斯在第2轮面对他们时打得惊人地顽强——输了7、11、3、13分，第3战加时获胜——膝盖负伤的尤因场均23+11。前一年春天，奥兰多击败他们的系列赛中，沙克在最关键的两战中分别砍下23+22和27+13，6场比赛场均24+14，罚了83个球。那么，假如火星人有一个类似巅峰沙克或摩西的家伙会怎么样？2001年的沙克难道不会像对托德·麦卡洛克、弗拉德·迪瓦茨或其他类似的可怜人那样生吞活剥了朗利/温宁顿吗？我觉得他会的。而且，如果你要讨论火星人假设，你肯定得假设火星人要比2001湖人要强。我就是没法接受中锋的问题。我就是做不到。

考虑到上面这些事儿，72胜10负的纪录实在不合理……直到你回忆起94火箭如何在那个“过度扩军、所有人都溢价”的时代崛起。你需要良好的化学反应和一个好教练，你需要保持健康，你需要打出高水平的防守，而在此之外，你还需要联盟中最有统治力的球员。这就够了。我并没有要贬低公牛队的意思；他们41胜3负的开局是NBA史上最“我的苍天”的纪录之一，我们在皮彭的金字塔那节里也提到过，亲眼看他们打球是一种真正独特的体验。他们的神勇防守和集体自信几乎无人可比；他们在日渐变成流行文化焦点——从没有一支NBA球队面对过那么大的集中监视、媒体曝光和别队球迷歇斯底里的崇拜，以至于乔丹在客场旅行时像披头士成员一样被堵在酒店里——的过程中仍能保持注意力/饥饿感，这种能力是他们最突出、最令人印象深刻的特质。

若非一件无可否认的事实——那个赛季你要想阻止乔丹夺冠的唯一方法就是拿一柄猎象枪轰他——我可能会因为之前提的那些原因把96公牛降到第四，而且他们只比96超音速多赢了8场比赛。我喜欢佩顿、肯普、赫西·霍金斯、德特勒夫·施伦普夫和过气的萨姆·珀金斯组成的首发……但是在没有板凳的情况下拿到64胜18负？①这怎么可能？还有靠着罗宾逊、埃利奥特、埃弗里·约翰逊、文尼·德尔尼格罗、威尔·珀杜、过气的查克·珀森和老得不行的查尔斯·史密斯赢下五十胜的圣安东尼奥？我没法释怀这些事。96公牛拥有最伟大的赛季和最伟大的球员，但这不意味着他们有着史上最强的球队。

1. 86波士顿凯尔特人

常规赛（67胜15负）：一度64胜13负，主场40胜1负，9.4净胜分（114.1：104.7），29.1次助攻（第2），46.4个篮板（第1），命中率50.8%（第2），三分命中率35.1%（第1），罚球命中率79.4%（第2），命中率压制46.1%（第1），对49胜以上球队18胜2负，3场两位数失利（史上第2少），最长连胜数：14+13

季后赛（15胜3负）：主场10胜0负，10.6净胜分（11.4：104.1），得分第4，得分压制第1，11场两位数胜利，命中率50.7%（第2），罚球命中率79.4%（第1），三分命中率39.1%（第2），15.0次抢帽，45.1个

---

① 原注：96超音速的替补：文斯·阿斯库（Vince Askew）、内特·麦克米兰、弗兰克·布里考斯基、埃尔文·“不是魔术师”·约翰逊（我最喜欢的绰号之一）。埃尔文有一张长长的、香农·夏普（Shannon Sharpe）般的脸，完美适合“嘿，埃尔文，干吗拉长个脸啊”的嘲讽。这提醒了我，在波士顿的M. L. 卡尔和皮蒂诺时代，我可花了大把的时间在嘲讽球员上（大部分时候都带着怨气和醉意）。NBA球馆那时还没进入“让我们连着三个小时都发出噪声来”的时代，所以如果你在一场沉闷的比赛里坐在前10排，你可以听见球鞋摩擦的声音，可以跟球员对话，嘲讽。一场死气沉沉的热火的比赛，我在20英尺外朝帕特·莱利大喊“离开了‘魔术师’你就从来没赢过”喊了整整4节比赛。（你听见了，帕特。我知道你听见了。）

篮板，28.4次助攻（第2），终结战净胜分：18、33、13、17，后一个赛季：总决赛失利（6场败给洛杉矶）

卡司：拉里·伯德（超级超级巨星，26+10+7+2，50%+90%+42%）；凯文·麦克黑尔（超级辅助，26+10，60%的命中率）；罗伯特·帕里什，丹尼斯·约翰逊（辅助）；比尔·沃尔顿（超级超级第六人）；丹尼·安吉，斯科特·韦德曼，杰里·西斯廷（角色球员）；KC·琼斯（教练）

来用我在37秒前刚做好的“史上最强球队一览表”核对一下看看……

金字塔球员　86凯尔特人有5位前六十的球员，此外第5名和第34名的球员都在那年春天达到了巅峰：18场季后赛合计50.8分、17.9个篮板、10.9次助攻、54%的命中率、45次抢断、53个盖帽。伙计们，这简直是“最伟大内外线组合”的终生冠军腰带。严肃地说，你要怎么阻止他们？伯德的向内传球是世界级的，此外还是个冷血神射手。麦克黑尔有着世界级的低位动作，总能吸引两人或三人包夹。你能做什么？其他球队总是小气地只派一个后卫去夹击麦克黑尔，再让一个人紧盯着伯德，于是约翰逊和安吉就整场都拥有投15英尺大空位的机会。（不是三分空位……是15英尺大空位。）再加上帕里什/沃尔顿的中锋组合（合计24.9分，15.2个篮板，3.1次助攻，42个盖帽），凯尔特人就像在宣示：“我们的前场要合砍75分、33个篮板，保护篮筐，出手50次，整场都在命中空位投篮和切入；不管你包夹谁都会让自己看起来像个白痴，而且4节比赛你都没有一个休息的机会……祝你好运。”①

---

① 原注：在我看过的几百盘录像带里，没有一名后合并时代的球员能在季后赛里像86麦克黑尔那样轻松随意地砍分：场均39分钟，24.9分，58%的命中率，79%的罚球命中率，16.1次出手，7.8次罚球出手。他几乎一滴汗都没出。熊猫快餐的低位菜单点起餐来就像上了发条一样，根本停不下来：“谁想要3号？我能向您建议2号套餐吗？务必来一份上下步蛋卷，我坚决推荐！”

竞争激烈程度 1986年的联盟比1996年的更难搞（球队更少，深度更深，工资更低），所以想一下，86凯尔特人只比96公牛少赢5场（87胜13负vs82胜18负），这5场胜利是否要归功于球队在一个很水的联盟打球、还拥有着无疑是史上最好的球员（爆发着病态的好胜心）？当然。不过，86凯尔特人只会在一个高质量的赛季里爆发；他们对49胜以上球队18胜2负（算上季后赛是30胜5负），[①]但是虐菜时比较懈怠。如果对上1996赛季的那些稳定的弱旅，伯德会无聊得花上几个礼拜看看自己能命中多少30英尺投篮或者只用左手投篮。

长时间的统治力 在1月份之前，因为伯德的背伤，凯尔特人还没有进入状态。当他恢复状态后，他们接下来39胜5负，包括面对湖人、76人、雄鹿、老鹰和火箭的11连胜（对每队都赢了至少一场客场）。我想说这绝对算得上是一波高潮。

季后赛征程 好得惊人，尤其考虑到那个赛季的天赋。乔丹在首轮里发疯了（第1战49分，第2战63分），但是凯尔特人还是横扫了系列赛。第2轮面对能飞善走的老鹰（50胜，超级的运动能力，MVP票选第二名带队），他们错失了横扫的机会，于是在第5战用一场史上最激爽的终结战完成了复仇。他们在东部决赛里横扫了57胜的雄鹿，在总决赛里令人信服地搞定了有点骇人的火箭队。在他们的季后赛征程结束后你会想："哇哦，这些家伙不能做得比这更好了。"这才是我们想要的，是吧?

主场优势 暂时先忘掉创纪录的50胜1负（包括季后赛在内）。你知

---

① 原注：对密尔沃基、亚特兰大、洛杉矶和休斯敦15胜0负，对费城3胜2负（一场输了6分，另一场被"博士"打板三分压哨绝杀），但是与胜率不过半的球队交手时输了10场，包括26胜的印第安纳，29胜的克利夫兰，30胜的（没有M. J. 的）芝加哥，23胜的尼克斯。彼得·梅的《最后的旗帜》（*The Last Banner*）不断传达出一个主题：球员们非常遗憾他们浪费了一个70胜的机会，因为他们太容易感到无聊了。他们还有一个四加时和另外两场比赛被压哨绝杀，其中两场伯德都错失了最后时刻的罚球，虽说他是联盟罚球命中率第一。所以这是一个有点儿运气的67胜赛季；他们本可以轻松达到71或72胜。

道凯尔特人的主场不败纪录维持了几乎整整12个月吗？在1985年12月6日输给波特兰后，他们主场55连胜（包括季后赛和下个赛季的头七场在内），直到1986年12月2日输给华盛顿。在55场胜利中，只有3场净胜分在4分以内；55场中40场分差达到两位数，11场达到20分，5场达到30分。1986年季后赛中，要不是乔丹的63分之战，凯尔特人本有机会10个主场全都以两位数获胜。如果我说没有人能动主场的他们一根汗毛，那我的意思就是，真的没有人能动主场的他们一根汗毛。在豪华包厢时代，你再看到一个有那么多人烫头的NBA教练组的机会都比在看到一支主场55连胜的NBA球队的机会大。不可能了。这不可能重现。①

无心喜剧 凯尔特人在三个方面设立了标准：史上最佳白人组合（沃尔顿、伯德、麦克黑尔、安吉和韦德曼，替补席上有西斯廷、凯特和卡莱尔），史上长相最奇怪的冠军队，史上最滑稽笨拙的击掌。这一切的最高潮发生在1986年总决赛第6场将近结束时沃尔顿和麦克黑尔一次令人难忘的击掌/半抱/不抱。这是长得夸张的四肢、大板牙、糟糕发型、毛茸茸的胳肢窝和高加索人式的尴尬的一次集中大爆发；真不敢相信他俩居然没有撞到对方脑袋、双双晕倒在地。

防守/篮板能力 两项都是顶级。你没法在低位或篮板上击败86凯尔特人。句号。即使是哈基姆/拉尔夫或查克/摩西组合都不行。

标志性的季后赛表现 他们有3场ESPN经典频道级的比赛——对芝加哥的第2战（乔丹63分），对密尔沃基的第4战（伯德在最后4分3秒内投中4记三分完成横扫），对休斯敦的第4战（超级激烈）——还有3场西斯廷教堂级的比赛，包括1986总决赛第6战（赛季终结战），对密尔沃基的

① 原注：那个赛季，助教吉米·罗杰斯（Jimmy Rogers）和克里斯·福特留着可怕的烫发。真的是可怕。他们就像来自迈克·弗拉泰洛展。福特甚至留了一副成人片男演员式的小胡子，穿的都仿佛是菲利普·迈克尔·托马斯（Philip Michael Thomas）的房地产销售公司的20世纪80年代西服。

第1战（128：96），以及对亚特兰大的第5战，现代季后赛历史上最残暴的屠杀：第3节36：6，特别是一波24：0，NBA历史上持续时间最长的起立鼓掌。《环球报》的鲍勃·瑞安说他们“才华横溢地展示着内线防守、转换进攻和哈林篮球队式的杂耍传球，把比赛变得类似于一次羞辱，却没有成为一场低俗闹剧……为老鹰队说一句：在那个超现实的第3节，他们从没有失去尊严。他们在攻守两端都努力地尝试着。他们只是无法避免成为篮球史上的一场事故。”

在录像带上重看那场比赛，会发现在观众（如痴如醉）、传球（随心所欲）和防守（振奋激昂）之外，最突出的一点在于他们对亚特兰大逐渐产生的影响力。迈克·弗拉泰洛叫了3个暂停，试图阻止惨剧；节末休息时，老鹰球员蹒跚地走回板凳，仿佛5个刚刚从一场酒吧大混战中逃出来的家伙。（麦克黑尔事后说：“我不觉得你人生中会再看到这样一节篮球。我是说，看看老鹰球员在赛后离场时的表情吧，就像他们刚刚被卷入了战争。就像得了炮弹休克症。我觉得他们等不及要离开了。这将是你能看到的最接近完美的表现。”）也不能说这支老鹰是支烂队；他们打得非常好，因为波士顿在防守威尔金斯和“土豆”·韦布上很头痛。①但是没用。他们被从球馆里打跑了。安吉后来跟彼得·梅（Peter May）说：“这称之为‘篮球最应该的理想打法’。这可能是有史以来最让人印象深刻的一节比赛了。亚特兰大没有一丝机会。”录像带能证实这一说法。真正伟大的球队会嗅到血腥味，然后把伤口再撕裂一个等级；你看到了这一切的发生，球迷们意识到了，主播意识到了，板凳席上的球员意识到了，甚至场上的球员也意识到了。有个球，D. J. 完成了一记上篮，然后高兴地又蹦又跳，就像*他*都不敢相信正在发生的一切。伟大的时刻，超凡的一节，难忘的球队。

---

① 原注：常规赛里，亚特兰大对他们0胜6负，但是每场比赛的比分都很接近（都在3～7分之间）。在1月初有一场令人难忘的比赛，老鹰在上半场领先了24分，说了些脏话，然后下半场被凯尔特人开启凯泽·瑟泽模式屠杀了，波士顿最终在加时赛中获胜，伯德47分、7个篮板、6次助攻、3次抢断、2个盖帽。别对86凯尔特人说脏话。

最大的缺陷 西斯廷/瑟德基尔这个位置可以再加强。K. C. 琼斯倒是没造成什么破坏，除了毁掉了萨姆·文森特的自信心。但我们是在鸡蛋里挑骨头。如果他们去参加历史顶级球队循环赛的话，我最大的担心是他们的三分出手太少了。20世纪80年代中期没人投三分；那么现代的防守球队会不会更快地包夹麦克黑尔和伯德呢？不过，伯德和安吉*后来成*了三分杀手，韦德曼显然也有射程，所以在虚拟的比赛里，他们也会想办法适应的。是吗？我开始头痛了。

迪尔克·迪格勒因素 换句话说，他们能否高矮不忌、胖瘦通吃？答案是能。他们有一招可以折磨对手：超级大个阵容，前场有帕里什、麦克黑尔和沃尔顿，伯德在进攻端打后卫（可以这么做是因为麦克黑尔这个怪胎可以防守几乎所有二号位）。每当他们同时上这四人，你会忍不住想站起来。他们还可以打伯德–D. J. –安吉–韦德曼–麦克黑尔的小球阵容，又甚至用西斯廷代替韦德曼，D. J. 打小前锋。不管你从历史上找什么球队来当对手，没有他们不能对付的。就像迪尔克·迪格勒。①

联盟第一人 从1月至6月，伯德达到了作为篮球运动员的巅峰。甚至他自己在总决赛第6场赛后也承认道："这是唯一一场我觉得自己完全准备好了的比赛。就我所知，没有比这场打得更好的了。从来没有。我应该现在就退役。"你觉得33岁的M. J. 能在1996年的某个时刻这么说吗？

卫冕 1987年季后赛基本上设立了"要想干掉我们，你们最好要像对付《黑色星期五》里的贾森那样拧下我们的脑袋，否则我们决不会倒下"的冠军卫冕历程的标准。至于那些沐血奋战的细节，请看序章。

---

① 原注：韦德曼在对雄鹿系列赛的第3场里断了两根肋骨，然后他们在第4场里打了很长时间的小球阵容（西斯廷、安吉、D. J. 、伯德和麦克黑尔），然后在最后时刻切换成了超级大球阵容（安吉、伯德、麦克黑尔、帕里什和沃尔顿）来终结比赛。太令人不可思议了。

化学反应和放肆气质 无可比拟。没有球队比这群家伙更爱放肆嘲弄的了。他们大加取笑沃尔顿的口吃，拿麦克黑尔的滑稽身材开玩笑，像使唤小弟那样招呼安吉，打趣韦德曼的素食食谱……球队里没有一个会惹事的家伙，所有人都对自己在球队层级中的角色有着准确的认识。而让一切变成顶级的是麦克黑尔和安吉（史上最搞笑的球员之二）、伯德（史上第一垃圾话高手）和沃尔顿（他的勃勃生气为那个赛季下了定义）。①非要说什么的话，他们有时候太扬扬得意了，有时候需要被别人刺激一下。最具代表性的时刻：对密尔沃基系列赛的第4场，伯德不屑一顾地命中了4分钟内的第4记三分球（最早的“去死”模式三分球），然后一脸得意地小跑下场。那个赛季的纪录片里，沃尔顿冲进更衣室，高喊着：“拉——里——伯德！拉——里——伯德！”我们见过很多球队可以赢到那个级别，但我不记得还有谁有那么强大。

必杀技 我不能说是传球，因为“魔术师”的湖人队在这方面同样令人难忘。那就是这个了：还记得胡里奥·塞萨尔·查韦斯（Julio Cesar Chavez）或伯纳德·霍普金斯（Bernard Hopkins）这样的拳击手吗，他们会在前几个回合逐渐迫近对手，到了第8个回合，对方突然间就像被逼进了电话亭，完全挪不了地方。凯尔特人在进攻端就是这么做的。他们会打到低位，不断地让伯德/麦克黑尔/帕里什/沃尔顿攻击低位，不断地转移球，不断地错位攻击，不断地得到20英尺空位投篮机会——他们还会一寸一寸地迫近，到下半场时，那些20英尺空位突然变成15英尺空位机会了。（就像一支冰球队撤下守门员，在对方门前堆满前锋，只不过是把球门换成篮筐。）有趣的点在于，如果这支队伍晚出现几年，安吉和伯德会欢快

---

① 原注：那个赛季最有趣的化学反应故事：伯德以为他已经锁定了罚球命中率第一；但是在结果毫无意义的第82场比赛前，安吉意识到，如果他可以15罚13中，他的罚球得分数就可以达标，就可以超越伯德。下半场，丹尼开始不停地冲击篮筐，做假动作，企图造犯规——完全不是他的风格——大家直到第4节才搞明白了这是怎么回事，此时K. C. 琼斯还没法把安吉换下场，因为他一直在走上罚球线。麦克黑尔甚至还准备在罚球时故意提前进线来阻止安吉，不过裁判先响了哨，于是琼斯连忙换下了安吉。顺便说一句，以上这一切都是为了好玩，整个过程中大家都一直乐个不停。

地投起空位三分，空间会拉开得更好，而前述的拳击/冰球比喻就不会出现。那会让他们在进攻端更有效率吗？可能吧。但这种压迫更让人难忘。我们再也不会看到这样的场面了。这年头人们直接就投三分球了。

最大的享受　每当沃尔顿第一次离开板凳席时，观众们都会起立欢呼——部分是因为我们喜欢他，部分是因为这意味着他和伯德要使出他们的“今夜即兴秀”了。整个赛季他们都在试验不看人传球、挡拆和其他各种“只有我们开了航空模式、能看到这些角度”的进攻战术；甚至在20年后看他们的录像带，都有种看到一盘罕见的Biggie和阿姆（Eminem）一起即兴说唱的录像带的感觉。他们最爱的战术？伯德把球交给沃尔顿，然后从他身侧跑向篮筐，装作要给沃尔顿清空单打，但是沃尔顿会迅速把球从头上扔给伯德轻松上篮。如果对方没有上当，他们会把战术稍微变一下——这次伯德会利用沃尔顿（持球中）来挡掉防守人，下一步怎么传取决于他要从沃尔顿的左侧还是右侧跑（每一次，两个防守人都会犹豫）。这招无人可挡。①如果对方要派第三个防守人来阻止他们，其他的人（一般来说是麦克黑尔）会切向篮筐，接沃尔顿的传球轻松上个篮。这个战术就是这么运作的。沃尔顿场均只有18分钟、8分、7个篮板，而这正是数据不能完全说明事实的第759个理由。如果把这支球队比喻成史上最伟大的吉士汉堡，那观看两个篮球天才把他们各自十年一遇的传球技巧组合在一起无疑是其中最美味的酱黄瓜。

杀手本能　在他们4场系列赛终结战中，有3场在第4节一度领先30分。另一场？伯德用一堆三分撕碎了密尔沃基的心。如果这还不够的话，他们对上西部主要威胁（湖人）时两次都以两位数获胜，对阵东部主要威胁（亚特兰大、密尔沃基和费城）时25战22胜。够了。

---

① 原注：这不是玩笑：当86凯尔特人状态正佳时，每次伯德把球交给沃尔顿，观众都有一种等不及要从座位上站起来的激动感。*他们这次要玩什么花样了?*

偶像意义（当时） 有。

偶像意义（现在） 不比当初了。我们需要一本这样的书的又一个原因。①

---

① 原注：另一个原因：因为我需要一个借口来向我的NBA朋友赫希索要尽可能多的86凯尔特人的比赛录像。如果我哪天离婚了，我向你保证，“他逼我看了太多86凯尔特人比赛录像”会是她提出的最无法调解的矛盾之一。

十三　酒　窖

是时候把拼图拼到一块儿去，来解决一个新的谜题了。

这个谜题的核心是“火星人”。如果说爱打篮球的外星人来到了地球，像《独立日》（*Independence Day*）里那样大肆破坏，然后向我们发起挑战，要用一个7场4胜的系列赛来决定谁能成为宇宙的主宰。而这时我们又搞到了《迷失》里的那种时间机器，我们可以像莎拉·康纳[①]一样回到过去，抓来12个1946—2010年之间的NBA传奇球星，把他们传回现在，集训8周，然后迎来终极决战。再说一遍，我们*必须*获胜，不然地球就要完蛋了。你会选择哪12个球员？

如果在这本书里，除了“西蒙斯完全不懂得怎么缩减自己的稿子”和“里克·巴里在1975—1976赛季里戴着一顶伯特·雷诺兹式的假发”之外你还真学到了什么东西，我希望你学到的是这个：与挑选最伟大的12个球员相比，你更应该做的是挑选12个能以最好的方式相互配合、相辅相成的球员……是吧？（请点头。谢谢。）你需要的是一支*球队*。一群洞晓“秘密”的人。一队既有伟大人格又有无上天赋的家伙，没有什么无赖球员胆敢出言顶撞。一组在关键时刻依然可靠的家伙，要有一个话语上的领袖、一个行动上的领袖和一个无可置疑的老大。板凳球员们要甘愿接受角色球员的身份，不在乎上场时间。大名单要足够灵活，可以在不同的高度、风格和运动能力之间调节。至少要有4个白人，这样我们才能卖出更多球衣和海报。（啊哦，我搞错了——这一条是92梦之队的挑人逻辑。快把这段删了。）总而言之，我们的最佳12人只关心胜利和团结。

我称之为“酒窖之队”，原因如下：每当有人要选出一套史上最强阵容时，他们只是随意地报几个名字，而不关心其中的联系。*我会选伯德、“魔术师”、乔丹、卡里姆、勒布朗*……你要表达什么？你喜欢退役去打

① 译注：“终结者（*The Terminator*）”系列的女主角。

棒球之前的乔丹还是之后的？你喜欢球队老大的“魔术师”还是那个无私的“魔术师”？我需要更多的信息。要像一个酒徒一样思考，要把球员们看成是某一年的某种葡萄酒，而不是某一个牌子的。随便问一个品酒高手，过去75年中最好的十款波尔多葡萄酒是什么，他可不会说：“穆桐-罗斯柴尔德、拉菲、奥比安、拉图……”他会告诉你准确的年份。*1959年的穆桐-罗斯柴尔德。1953年的拉菲。1982年的奥比安。1961年的拉图。*如果你使出激将法，他更会开心地接受挑战。“我给你五份不同的菜单，你给我十款波尔多葡萄酒，每份菜单两种，要能跟食物完美搭配。”这是做一个品酒高手必需的一部分——不仅是了解酒，还要了解每个年份，以及它们和哪些食物更搭。他们会花上好多时间来讨论这个。①

这听来是不是很像篮球？年份非常重要。我爱看伯德打球，不过我*爱死*看1986年的伯德打球了。为什么？他的队友在1986年达到了巅峰，这就允许他在他的巅峰期中可以打得随意、开发出很多新花样，否则这是不可能的。你可以说他的生涯年非常特殊，依赖于运气和正确的时间点。而对于葡萄酒来说，最佳年份的决定性因素同样是运气和正确的时间点——比如说1947年，在法国那是一个热得不同寻常的夏天，因此酿出来的葡萄酒有着特别高的酒精度和特别低的酸度。所以1947年的白马脱颖而出成了名酒，同时也是那个酒庄产过的最好的酒……你懂的，就像1977年的比尔·沃尔顿。并非每个决定都那么简单。穆桐-罗斯柴尔德在1982年、1985年和1961年都达到了巅峰……你懂的，就像“魔术师”在1982年、1985年和1987年都达到了巅峰。品酒高手们对哪年的穆桐-罗斯柴尔德最好有不同的意见，就像我们对哪年的“魔术师”最好也有分歧一样。1987年是他得分能力最强的赛季，不过我的“酒窖之队”的得分火力已经溢出了。如果我已经准备要来一瓶乔丹（1992年的或1996年的）和一瓶1986年的伯德，而且我肯定还要再来一些得分手，那我为什么还要“魔术师”

① 原注：我完全搞不懂品酒这回事。这太主观了——每个人适合不同的葡萄酒，没有理由要花上几个小时来讨论哪种酒更好。一口干掉，然后就闭嘴吧。没有什么比待在一个房间里听别人发表奇怪的评论、试图证明不可能证明的事情、逼你承认他们的谬论更糟糕的事情了。《篮史通鉴》除外。如果是这本书那就一点儿问题都没有。

来承担得分的任务呢？为什么不让1985年的“魔术师”（无私控卫的终极版本）首发呢，又或者甚至可以把1982年的“魔术师”（更年轻，防守更好，可以打4个位置，天赋异禀到可以场均准三双）放在板凳上来当我的第六人？

说真的，“酒窖之队”是个拼图难题。我定下了三条基本规则，来让自己的决定可以更容易些：

1. 只选取我亲眼见证过的年份。于是ABA-NBA合并的赛季就成了分界线，我们的选择范围变成了1977—2010赛季。①

2. 以史上最好的球队（86凯尔特人）为模板，不仅是他们的天赋，更是他们的无私和“我们什么都能应对”的灵活性。

3. 记住，“无私+性格+防守+篮板+M. J.”的无敌公式可以把火星人干得屁滚尿流逃出体育馆，除非他们有一个我们不知道的8尺3寸的中锋。②

从现在起，我要慢慢开动了，先从那些不得不选的家伙们开始，他们在下面每一项里都打上了勾：完完全全的无私，超棒的队友，以让他人更好为乐，高得不可思议的篮球智商，对“秘密”彻彻底底地理解。下面有3个这样的球员：

86拉里·伯德

季后赛：场均25.8分，9.3个篮板，8.2次助攻，2.1次抢断，52%-93%-41%的命中率（18场）

---

① 原注：严格一点儿，我们的时间机器会正好飞到球员的那个赛季结束的一刻。

② 原注：仅供参考：我们要把终极决战放在麦迪逊广场花园，还要卖票，搞出各种玩意儿。我可不想重犯洛奇犯过的错误：他在圣诞节在俄罗斯和德拉戈打了一场比赛，居然是免费的。[这一段荣登《洛奇4》最愚蠢时刻，力压以下情节：阿波罗在拳击台上死去，整整10分钟都没得到任何医疗救助，虽然拳击台周围有超过100名观众；洛奇只穿了一双雪地靴和一件大衣，就翻越了俄罗斯境内一座20000英尺的高山；苏联观众在比赛时突然倒戈，猛烈攻击德拉戈（Drago），转而支持洛奇。]如果世界的未来处于危机之中，我们也要想办法从中获利。顺便，我希望终极决战的结局会像《洛奇4》一样，酒窖之队和火星队建立了惺惺相惜的深厚情谊，“魔术师”约翰逊对球迷们演说道：“你们刚才看到了12个人类和12个外星人几乎想要杀了对方……不过我想这至少比上百亿人之间的战争要好。”“如果火星人能做出改变，人类能做出改变，*那么每个人都能做出改变！*”

给他超级队友，他就会重新开发自我，变成一个填充性的球员，投几个三分，低位单打小个对位球员，防守时像个自由卫似的到处游弋，让每个人都变得更好，在你需要的时候接管比赛。迈克·弗拉泰洛曾经执教过1988年全明星赛，当场伯德得到6分，而乔丹和尼克联手得到69分；他在赛后这么总结伯德的“在与伟大球员共事时会变得更好”特质：“迈克尔打得很好，多米尼克打得很好，但真正让我印象深刻的是拉里·伯德是如何抑制他自己的。拉里·伯德今天向我展现了绝大部分人不会注意到的东西。从一个教练的角度来看，你肯定会很高兴见到一个人做到他所做的那些事情——来几个关键的抢断，持续不断地参与防守，破坏了对面的快攻至少5次。对我来说，他就像是在跳出比赛来看比赛。他看出了我们需要什么，然后据此开始行动。”是的。我们需要一个能跳出比赛来看比赛的人。那就是伯德。

03蒂姆·邓肯

季后赛：场均24.7分，15.4个篮板，5.3次助攻，3.3个盖帽，53%-68%的命中率（24场）

史上最强大前锋，一支历史顶级的全能攻防球队的指挥官，终极好队友，我们打小个阵容时可以让他打中锋。符合我们想要的一切。升级版86麦克黑尔。

85“魔术师”·约翰逊

季后赛：场均17.5分，7.1个篮板，15.2次助攻，51%-85%的命中率（19场）

我们之前在说到穆桐-罗斯柴尔德时已经说过了。和伯德一样，他致力于让其他所有人变得更好。

这就是我们的基础三人组，然后再加上乔丹。不过，哪个乔丹？他在1991年达到了运动能力和数据的巅峰，1992年在自信程度上达到了巅峰，1993年是作为一个竞争者和赢家的巅峰……不过这3年的乔丹的好胜心有点太强了。虽然宇宙的未来就系于这一场赌局，这也无法阻止他毁灭某些队友的自信（想象一下他和科比或勒布朗一同集训的样子），把每一次练习都变成一场战争，以此来巩固自己的老大地位。我们是不是更应该选择1996年的乔丹？你知道，一个在棒球生涯之后变得谦和了的家伙，更能理解自己的天赋，一个更解人意、更能提供帮助的队友，和过去一样富有好胜心和饥渴，稍微少了一丁点儿的爆炸力但是更有效率，对自己的极限更有概念，一个完完全全懂得“秘密”的人？嗯嗯嗯嗯嗯嗯。来吧。

92迈克尔·乔丹

季后赛：场均34.5分，6.2个篮板，5.8次助攻，2.9次抢帽，50%-86%-39%的命中率（22场）[①]

原因如下：棒球生涯前的乔丹只是在与屎一样的队友共事时才有问题。在“酒窖之队”里，他可不是在跟布拉德·塞勒斯和威尔·珀杜做队友。如果他没有在梦之队制造麻烦，他也不会在这支史上最强的球队里制造麻烦。我们希望自己的最佳得分手刚拿完第二个冠军，在能力上处于巅峰；想想那个86凯尔特人的模板，想象一下把丹尼·安吉换成乔丹。哦耶。而且我们还要让集训公开并收费，来给被火星人毁灭的城市筹钱重建，这下所有的死忠球迷都会掏钱来看他教训青年勒布朗、青年韦德和青年科比，整整8周。[②]

在中锋位置上，我可不能在世界的未来处于危机时囿于私怨。我需要最稳当的两分。我需要天勾。我需要卡里姆。我对他是否理解“秘密”的

---

① 原注：他最被低估的一年季后赛：先和尼克斯那帮杀人放火的暴徒打了7场恶战，又与非常卓越的骑士队来了6场激烈的比赛，再和疯狂的开拓者队打了6场……而他的状态没有出现一丝一毫的滑坡。

② 原注：值得一书：我在1992 M. J. 和1996 M. J. 之间摇摆了17～700次。我现在都不确定自己的选择是否正确。1992 M. J. 在运动能力上更好，对“秘密”有90%的掌握；1996 M. J. 只有前者的90%那么好，但完完全全地掌握了“秘密”。太难了。搞不懂啊。该死。

疑问都在1980年的一篇《体育画报》的文章中消散了，他当时在解释为什么在严重的偏头痛后还要上场："这些家伙是我的队友，不过他们也是我的朋友。他们需要我。"漂亮！听起来像拉塞尔会说的话。那么……

77卡里姆·阿卜杜勒-贾巴尔

季后赛：场均34.6分，17.7个篮板，4.1次助攻，5.2次抢帽，61%-73%的命中率（11场）

这就是我们的首发5人：86伯德，03邓肯，85"魔术师"，92乔丹，77卡里姆。你不可能在现代球员中找出更好的五人组了。我们的五人组可以在任何方面（当然，包括在对"秘密"的理解方面）完爆别人。

86凯文·麦克黑尔

季后赛：场均24.9分，8.6个篮板，2.7次助攻，2.4个盖帽，58%-79%的命中率（18场）

史上最高效的低位得分手。麦克黑尔上场，我们让他去低位单打，每十次他可以得分6次（还不考虑博到犯规）。另外，他可以从6尺4寸防到7尺4寸，可以打大前或中锋，适应任何一种风格。火星人必须要有对付麦克黑尔的专门计划。事实上，他们可能看着他的身材，以为他也是个外星人。

92斯科蒂·皮彭

季后赛：场均19.5分，8.8个篮板，6.7次助攻，3.0次抢帽，47%-76%的命中率（22场）

史上最佳外线大闸，世界级的运动能力，可以打前锋和后卫，甚至可以打组织前锋。如果某个火星人手感发烫，我会放出乔丹或皮彭来咬死他。同样地，我们需要他来进行"谋杀紧逼"。我们会在大概15段之后提到这玩意儿，到时一定改变你的三观。

77比尔·沃尔顿

季后赛：场均18.2分，15.2个篮板，5.5次助攻，3.4个盖帽，51%–69%的命中率（19场）

没有任何现代中锋能像他那样对队友产生影响。我们需要一个能抢篮板、能盖帽、能传球的家伙；他一定会很高兴能加入史上天赋最好的一支球队。而且我们已经在1986年明白了，沃尔顿的经验可是只要一针就能立刻见效。①

05罗恩·阿泰斯特

季后赛：DNP

开个玩笑。他应该在银河大乱斗中首发。我们需要一个M. J. 的替补。这个怎么样……

01科比·布莱恩特

季后赛：场均29.4分，7.3个篮板，6.1次助攻，47%–82%–32%的命中率（16场）

最好的情况：青年科比给M. J. 留下了良好的印象，成为了乔丹的替身。这是有可能的，因为这时的他还没有“狼人”化，还足够年轻，能明白自己到底排行老几。如果我们让他每场打15分钟，在防守端玩儿命，在训练中成为乔丹的动力，在比赛中当乔丹的副手，青年科比很有可能会同意。后来的科比会想：“等等，为什么我要当迈克尔的备胎？老子和他一样好！”这就是为什么我们需要年轻的科比。

① 原注：我考虑过让92大卫·罗宾逊出现在这里，他场均能拿下23+12，此外还有6.8次抢帽（4.5个盖帽，2.3次抢断），是自1973年以来最高的。没有比他更好的队友了，也没有比他更好的替补中锋了。但是罗宾逊有在关键时刻变身软蛋的倾向，要是卡里姆出了什么事儿的话……

最坏的情况：青年科比一直在跟“我要证明我和乔丹一样好”的想法纠缠，在比赛中浪投爆射，在训练中不断挑战乔丹，到最后我们不得不让他们在集训中待在同一队。

（实际上，为什么我要冒这个险？难道我们不能这样吗？）

09德韦恩·韦德

常规赛：场均30.2分，7.5次助攻，5.2个篮板，2.2次抢断，49%-77%-32%的命中率（79场）

五个理由：（1）09韦德与乔丹最为相似；（2）他在2008奥运会上出任替补大杀四方的表现令人难忘；（3）我不用担心球队的化学反应；（4）他可以在短时间内充当控卫；（5）湖人球迷一定会因为我踢掉了科比而气疯的。这简直是五赢的选择。对不起，科比。记住，这一切不是我干的……是*你自己*干的。①

09克里斯·保罗

常规赛：场均22.9分，11.0次助攻，5.5个篮板，2.8次抢断，50%-87%-36%的命中率（77场）

进化版的以赛亚，我们“谋杀紧逼”的先锋，完美的“魔术师”替补（可以防住任何一个小个控卫），最后30秒我们需要保住领先优势时的2号运球人/关键杀手。②

最后两个位置，我们可以奢侈一点……

---

① 原注：这句话借自我朋友戴夫·戴姆舍克，他是个电台主播，主持一档名叫“蠢蛋排行榜（Jerk List）”的一周一次的栏目。每次开播时他都会用这句话开头：“记住，这一切不是我干的……是*你自己*干的。”

② 原注：亲眼看到纳什在2010年的太阳队身上展示了“秘密”之后，我几乎就用07纳什替掉09保罗在酒窖之队里的位置了。我改变了主意整整20次。最后还是选了保罗，原因不过是以防万一，说不定火星人有一个5尺11寸的小家伙会运球肆虐我们的防线。你永远说不准。

10勒布朗·詹姆斯

常规赛：场均28.4分，7.6个篮板，7.2次助攻，1.69次抢断，49%-78%-34%的命中率（82场）

我之前考虑过89丹尼斯·罗德曼，不过后来我意识到他违反了我的“只能有一个疯子”规则（你可以带上一个疯子，但是如果带上两个，他俩会毁掉这一切）和“酒窖之队成员绝不能参加过《飞黄腾达名人版》（*Celebrity Apprentice*）①”规则。10勒布朗给了我们更多的打小球的选择，超凡的运动能力，可以打4个位置（就像82“魔术师”），“谋杀紧逼”的最后一块拼图——这玩意儿会亮瞎你的狗眼的。②而且从“决定”中我们也可以明白，他会很高兴可以在一支伟大球队中担任辅助性角色。即使这意味着让整个国家都转向反对他。

01雷·阿伦

季后赛：场均25.1分，4.1个篮板，6.0次助攻，48%-92%-47%的命中率（11场）

险胜雷吉·米勒，成功成为我们的官方三封手（“三分投手兼比赛结束时的冰封手”的简称）③。再看一眼那些命中率吧！你敢信?

所以这就是“酒窖之队”的最终版本了：77卡里姆，03邓肯，86伯德，92乔丹，85“魔术师”（首发）；86麦克黑尔，92皮彭，09韦德，77沃尔顿，10勒布朗，09保罗，01阿伦（板凳）。来看看我们用这12个家伙可以有哪些选项吧。

---

① 译注：名人真人秀节目。

② 原注：当《篮史通鉴》出第二版的时候，勒布朗肯定会替掉“传奇”拉里或邓肯的首发位置，除非他遭遇了极大的伤病，或者有人下套构陷他。不过现在嘛，我希望一个有更多无形作用的人出现在我的替补小前锋位置上，我还是要选皮彭。我们暂时先把勒布朗停到车库里，盖上一层布，就像一辆全新的特斯塔罗莎。

③ 原注：当你看到我要为简称再创造简称（三封手/冰封手）的时候，你就知道这本书已经拖得太长了。别慌，我们马上就要结束了。我知道你现在就像一个濒临极限的马拉松选手跑到了第26英里（译注：马拉松全程约26英里385码）。

最好的关键时刻阵容：卡里姆，伯德，邓肯/麦克黑尔，乔丹，“魔术师” 还要加上下列使用说明：如果麦克黑尔手感火热，或许我们就应该让他替代邓肯……如果伯德/“魔术师”在防守端被爆了，或许我们应该换上皮彭/勒布朗或保罗/韦德……如果我们想要打小球，我们可以让邓肯/麦克黑尔打中锋，用勒布朗或者韦德替下卡里姆。如果我们需要得分，我们可以给乔丹跑一个战术，或者让伯德/卡里姆打一个里外里。如果需要，我们还可以让邓肯来到高位打个战术。我们还有“魔术师”，总能在伯德、邓肯和乔丹被放空的瞬间送出妙传。我们有好多选项。

最佳防守阵容（大个阵容）：麦克黑尔/邓肯/卡里姆（3选2），皮彭，乔丹，韦德/保罗 你没法在这帮人头上拿分的。一段时间内。

最佳防守阵容（小个阵容）：麦克黑尔/邓肯，勒布朗，皮彭，乔丹，韦德/保罗 同上。①

最佳快攻阵容：沃尔顿/邓肯，伯德，勒布朗/皮彭，乔丹/韦德，“魔术师”/保罗 我的天哪。一大堆可选的。我们几乎可以在队里随便选人来搭配。

最佳小个阵容：勒布朗，皮彭，乔丹，韦德，保罗/“魔术师” 简直令人神魂颠倒，因为用这个阵容你可以疯狂提速，然后在场上的任何一个地方实行夹击（就像嗑了药的07勇士）。承认吧，换上这个阵容，你就不会再坐着看比赛了。你还可以用“魔术师”来替下韦德或者皮彭，如果你想要重现“魔术师”/尼克松连线的话。

---

① 原注：本来我可以选择1992年或1993年最佳防守阵容一队的全部5个人：皮彭、罗德曼、M. J. 、杜马斯、罗宾逊（1992）或哈基姆（1993），然后用勒布朗代替M. J. 来执行我的谋杀紧逼。不过这就意味着用罗宾逊/哈基姆替掉沃尔顿，杜马斯替掉韦德，罗德曼替掉雷·阿伦……太冒险了。你不会相信我花了多少时间在思考这支球队上的。我们讨论了无数个小时。每次我都想：“这真要了我的老命了。”然后我又想：“嘿，这可是为了我自己的书！”那样就好。

最佳大个阵容：卡里姆，沃尔顿/邓肯，麦克黑尔，勒布朗/皮彭，伯德 勒布朗或者皮彭出任组织前锋。是的，你可以让这些人一起打球而且可以成功——跟1986年季后赛中沃尔顿、帕里什、麦克黑尔、伯德和D. J.的阵容一个道理。事实上，这可能是我最喜欢的阵容。

最佳三分阵容：勒布朗，伯德，乔丹，阿伦，保罗 我最不喜欢的阵容，因为我只有两个致命投手，我至少想要三个。（给史蒂夫·纳什的备注：你几乎进入了“酒窖之队”，一个升级版的96史蒂夫·科尔。）不过另一方面，我有拉里·伯德和雷·阿伦。所以也没什么区别啦。

最佳罚球阵容：伯德，乔丹，保罗，“魔术师”，阿伦 都在85%以上，两人在90%以上。我们绝不会在最后45秒挥霍掉领先优势。

最迷人阵容：沃尔顿，伯德，勒布朗，“魔术师”，乔丹 4个超级传球手加一个乔丹。我会看晕的。

谋杀紧逼：邓肯，勒布朗，皮彭，韦德，保罗 这个概念是我从里克·皮蒂诺那儿借来的，他对马尔科姆·格拉德韦尔说过，如果他能重回NBA执教，他会挑5个替补球员，专门练习全场紧逼，比赛时上下半场各有4–5分钟祭出这招。这招的目的就是要制造混乱，累死对手，压迫对方的板凳球员，改变球场大势。他们能做到的。面对这样5个像猎豹一样到处乱窜的家伙，你还想在他们的紧逼下带球过半场吗？那就像是在虐中学生一样，是吧？①

下面是时间的大致分配。记住，我们希望这些家伙每时每刻都拼尽全力。

---

① 原注：等一等……我刚才从里克·皮蒂诺——现代篮球史上最失败的NBA教练/总经理之一——那里偷了个点子？我*真的*要快点儿结束这本书了。

__第一节__　乔丹、伯德、“魔术师”、邓肯、卡里姆首发。6分钟的时候，麦克黑尔替下邓肯。在3分钟的官方暂停时换成保罗–韦德–皮彭–麦克黑尔–沃尔顿的五人组。

__第二节__　4分钟的地狱致命紧逼（邓肯–勒布朗–皮彭–韦德–保罗）。8分钟的时候，沃尔顿、伯德、“魔术师”、乔丹回到场上，勒布朗出任大前锋，来一小段“哎呀我去，看那传球”的表演秀。最后4分钟，卡里姆替下沃尔顿，麦克黑尔替下勒布朗。

__第三节__　同样的首发。6分钟的时候，麦克黑尔替下邓肯，沃尔顿替下卡里姆。3分钟的时候，保罗–韦德–勒布朗–麦克黑尔–沃尔顿。

__第四节__　再来4分钟的地狱致命紧逼（邓肯出任大锚）。8分钟的时候，乔丹、卡里姆、伯德、“魔术师”和麦克黑尔回归。在最后4分钟的时候换上邓肯，除非麦克黑尔正在打爆他的对位球员而对方束手无策。

*__时间分配：__乔丹（34），伯德（34），“魔术师”（34），卡里姆（27），邓肯（24），麦克黑尔（20），勒布朗（15），韦德（14），保罗（14），沃尔顿（13），皮彭（11），阿伦（0）。*①

（我们要干翻那帮火星人！从我们的家里滚出去！烧他全家！打他妈妈！）

最艰难的落选者：92罗宾逊，01科比，89罗德曼，07纳什和96科尔（三分手、罚球手），79格文（即插即用的得分手），84伯纳德（同上），04加内特（代替勒布朗），83托尼（代替韦德），89杜马斯（防守和其他无形的支持），79摩西（纯粹为了他的篮板），87巴克利（代替勒布朗，不过我们不能用他去紧逼），87以赛亚（代替保罗）。②最最艰难的落选者？我不敢相信自己会这么说……然而是罗德曼。我们本来可以

---

①　原注：对不起，阿伦。你是件奢侈品。没有人会打十二人轮换；那不合理。如果你有怨言，我们就会立刻给纳什和科尔打电话。你想说什么就说吧。顺便，如果勒布朗占据了韦德的时间出任替补分卫，我完全没意见。希望想象中的第一人能在想象中获胜。

②　原注：可怜的以赛亚，甚至被酒窖之队拒之门外（这次有一个正当的理由：三分球）。不过考虑到M. J. 恨他恨到不让他参加梦之队，难道他不会这样想吗：“嘿，看着地球毁灭是不是也好过跟那个家伙当队友？”我觉得答案会是“是的”。

用他打谋杀紧逼，好吧。

主教练位置上，我会抓来07格雷格·波波维奇（完美的幽默感，已经被证明可以带领老兵球队取得成功），而不是任何一年的菲尔·杰克逊或帕特·莱利，因为在这么好的一支队伍里我们就不需要他们那套故弄玄虚激励球员的那套把戏了。波波的助教：06迈克·丹东尼（负责进攻），09迈克·布朗（Mike Brown）（负责高位挡拆防守和正确进行轮换），88里克·皮蒂诺（从大学里抓出来，负责搞定我们的致命紧逼）①，77威利斯·里德（内线教练，万一哪个外星人要发起一场板凳席的打斗的话也用得着他）。同时，我们还要1984年的“红头”·奥尔巴克参与进来——我们要让他担任球队领队，只是为了可以有一个暴脾气老头赛后在喧闹的更衣室里开心地接过“宇宙杯”，然后说些风凉话：“我一直听人说外星人在每个方面都更强……（高举起奖杯）不过这个玩意儿现在在我手上啦。”

说到“红头”，如果在同样的规则下组建一支合并前的球队会怎么样？你没有合并后的那种运动能力了——那么，就没法让替补们玩紧逼了——你的外围投篮也面临着严峻的问题，因为那时候没有人会持续训练20～22尺外的投篮。所以我要换一种思路了。看清楚了。

首发：74卡里姆（头号得分选择）；64拉塞尔（改打大前锋，领袖、盖帽手和篮板手），72哈夫利切克（万能胶）；66韦斯特（微微贫穷版的M. J.）；64奥斯卡（指挥）。这是我最好的5个球员，也是1977年前最“现代化”的家伙。我希望他们能在一起一直打下去。②

---

① 原注：我选择了1988年的皮蒂诺而不是1996年的，因为1996年的皮蒂诺已经自负得夸张了，他绝不会当任何人的助教。他甚至写过一本书——《走向成功：事业和人生中伟大领导力的十大特征》，那是在他毁掉凯尔特人队、全联盟球队都不要他的一年之后。

② 原注：如果你觉得拉塞尔和威尔特应该同时首发，那么他们确实这样做过，在1961年和1962年的全明星赛上，总计输了41分。拉塞尔在全明星赛上只能打打酱油（10+12，28分钟），直到威尔特在1963年去了西部，然后拉塞尔的球队连赢3年（拉塞尔：16+19+4，威尔特：19+18+1）。1966年威尔特回归后，东部在之后3年中赢了两次，然后在威尔特去洛杉矶后在1969年再胜一场（拉塞尔和威尔特都在打酱油）。所以拉塞尔在全明星赛中对战威尔特4胜0负，做队友时2胜3负。

板凳：前1977年的球员们不像现在这样能灵活适应多种风格，也缺乏高度，因为邓肯/K. G. 这样类型的球员还没有出现。所以我们该怎么办？我想过打跑轰，61埃尔金、59库西、62威尔特、76“博士”和73考恩斯，不过他们没有三分球，而且会在防守端被吃掉。那么，如果我们不去束缚威尔特，而是围绕他组建替补，尽量重现67费城或72湖人，那又会怎么样？我们可以这样跟67威尔特说：“听着，你不会首发。你永远不会首发。你也永远不会在比赛结束时留在场上。我们只需要你做到这些：上下半场各6分钟的时间里，我们希望你能拿多少分就拿多少分。你是我们在那12分钟里的头号选择。我们只管把球交给你然后尽力防守就好了。就这样。不然就不带你玩了，你就没法见识到未来是什么样子。你到底接受不接受？”我觉得威尔特会接受的。然后我们围绕他打造替补，要与67费城尽量相似：70弗雷泽（非常合理的奥斯卡的替身，赛后威尔特去风流时的搭档）；70德布舍尔（篮板、防守和三分球）；75巴里（传球，长距离投射，最后时刻的冰封手）；65萨姆·琼斯（我们知道他能从板凳席上站起来得分）。而且，在场下，我要让巴里一个人待着，就像对待一个杀人犯一样，确保他不会在任何情况下影响队友。我们要像对待汉尼拔·莱克特一样对他：把他关在隔间里，戴上金属面具，只在训练和比赛的时候把他放出来。这一定能奏效。

边缘替补：75麦卡杜（长距离投篮，我们需要时可以增加场上高度）；73马拉维奇（三分专家，罚球手，垃圾时间上场秀花活儿）。

教练：65奥尔巴克。

最艰难的落选者：70威利斯（会是靠谱的执行者/搏斗者）；76“博士”（我不需要更多的得分手了）；59库西（平均水平以下的防守和外围投射）；58佩蒂特（臭脾气老编辑会杀了我的）；76卡尔文·墨菲（得分手，关键杀手，给球队带来奇怪的身高对位）；70坎宁安（乱战达人）；73考恩斯（完美的能量男）；64萨奇·桑德斯（罗德曼类型的防守高手）；61埃尔金（实在没法给他找到一个合适的位置）。最最艰难的落选者？“博士”和埃尔金。我们已经有足够多的得分手了。不好意思了哥们儿。

如果我们让1977年前的队伍和1977年后的队伍打上一轮比赛来决定谁可以代表地球革跟火星人参战，结果会怎么样？我想不出前77队伍有什么方法可以搞定乔丹；他绝对会打爆韦斯特的，因为“魔术师”会一直在他耳边叨叨说韦斯特才是真正的“关键先生”。后77队可以派上4个足够高的大个子来对付卡里姆和威尔特，还能用全场紧逼来肆虐弗雷泽/琼斯的后场组合。[①]如果后77队想要保住领先优势，他们可以派上沃尔顿–麦克黑尔–皮彭–乔丹–韦德的阵容，冻结除74卡里姆外的所有对手，然后他们会对卡里姆一直进行双人夹击，放空拉塞尔（让他投篮好了）。前77队没法有效地利用三分线，除非他们同时派上韦斯特、马拉维奇、麦卡杜和巴里……后77队则可以放出乔丹–韦德–勒布朗–皮彭来盯住他们，然后一直攻击马拉维奇这一点。如果他们让奥斯卡主导每一次进攻，后77队可以让皮彭、勒布朗或韦德满场追着他跑。还有，再问一遍，谁去防乔丹？或者韦德？又或者是勒布朗？我看不到前77队赢下哪怕一场的可能性。

如果你想让两个时代结合起来，如果你执意要走学院派，我觉得可以让64拉塞尔替代77沃尔顿，66韦斯特替代09韦德，72哈夫利切克替代10勒布朗。不过也就是这样了。我需要做这些替换吗？除了拉塞尔外，我应该都不会考虑。

所以这就是现在的“酒窖之队”了。我在2009年4月中旬写完了这本书。到2016年出版《篮史通鉴2：圈钱之作》时，或许勒布朗就替代了伯德的首发位置了。或许凯文・杜兰特挤掉了雷・阿伦。或许德怀特・霍华德变成了一头怪兽，挤掉了沃尔顿。或许2012勒布朗会取代1992 M. J. 的

---

① 原注：一开始，我还在担心74卡里姆和77卡里姆该怎么对位，因为他们不能在同一个时间出现在同一个地方。我差不多是这么想的。因为《迷失》的第五季证明了，他们可以出现在同一个地方，只要我们不去干扰那之前的过去。同时，这件事情若要发生，那只可能是因为它注定要发生。所以如果这真的发生了，也就一位置，甚至在想到前1977后1977的这轮系列赛之前，我就已经更改了卡里姆1974和1977年的命运，未来的比尔会回到我的时间机器里，在他生命中的两个时间点把他抓走。所以，虽然我去年才想到这主意，74和77卡里姆仍然注定将会拥有时间旅行、相互对位的经验了。这说得通吗？（等待）。什么，你质疑我怎么敢把你说得头晕了？你好大的胆子！

球队老大位置。无论会发生什么，我都已经准备好了。我是个篮球迷。我总是做好了迎接下一个惊喜的准备。你永远不知道什么时候哪个伟大巨星会突然从角落里冒出来。只要记得别淡忘了那些已经冒出来过的人就好了。

终章　“秘密”背后的人生

2009年6月30日

威廉·西奥多·沃尔顿三世住在一座大房子里，里头堆满了许许多多的书、照片、纪念品、艺术品，还有其他种种比尔·沃尔顿的房子里应该有的东西。向左转，你可能会看到一本关于越南的书[①]，边上是亨特·S.汤普森（Hunter S. Thompson）[②]的作品。往右转，你会看到一张比尔和鲍勃·迪伦[③]的照片，然后是比尔和约翰·伍登（John Wooden）[④]的照片。作为全美国最美丽城市的终身定居者，沃尔顿的家是西班牙风格的，会让你觉得："我现在确定一定以及肯定就在圣迭戈。"这房子有半个篮球场，还有一个游泳池，住着他，他可爱的妻子洛丽，两条分别叫作安妮和沙斯塔的狗，还有一只叫查科尔的黑猫。

没错，一只黑猫。

这一点给了我深刻的印象。比尔·沃尔顿应该是世界上最不该冒险养一只黑猫的人。他本应该跟拉塞尔、威尔特和卡里姆们相提并论，但最终人们只记住了他的坏运气，以及他本可以如何如何。在他饱受伤病折磨的生涯结束22年后，他的身体仍然在付出代价；他在背部大手术后卧床了几个月，直到最近才能起身溜达溜达。他的双脚严重地背叛了他；我在他身边坐了不到10分钟，无意间瞥见了他肿大的、吓人的、几乎难以辨认的右脚，着实被吓了一跳，脑中的思绪一下子全部消散了。沃尔顿的天赋受过祝福，但他被诅咒的身体却难以承受其天赋。诅咒击败了祝福。作为仅有的几位完完全全、彻彻底底理解了"秘密"的球员之一，可怜的沃尔顿却

---

① 译注：沃尔顿年轻时曾是嬉皮士，曾积极反对越战。

② 译注：美国荒诞新闻之父，20世纪六七十年代美国愤青的偶像。

③ 译注：美国最伟大的民谣歌手，20世纪六七十年代美国愤青的偶像。

④ 译注：名人堂教练，沃尔顿在UCLA的恩师。

没有多少收获的机会。

他为什么会想要一只黑猫？那干吗不雇斯潘塞·海伍德来当男佣，或者在每道门前都建个楼梯[1]？这是我计划问他的众多问题之一。我们见面前15天，湖人刚刚夺得了2009年总冠军，把我的书搞得一片大乱。我在季后赛开打前上交了原稿，接下去10周时间，我都在祈祷千万别发生什么会影响金字塔或“秘密”的事情。你懂的，比如勒布朗的球队华丽丽地坠落，导致许多人开始怀疑他在克利夫兰的未来。（该死。）比如德怀特·霍华德不可思议地带领奥兰多挺进总决赛，得到了一个金字塔的位置。（我去。）科比赢得了第一个属于他的总冠军，超越了韦斯特和奥斯卡，在很多写手和球迷心中转变成了一名团队球员。（见鬼。）虽说湖人显然是作为一个团队夺冠的，保·加索尔（联盟最具天赋的进攻中锋）、拉马尔·奥多姆（很有天赋的全能前锋）、特雷弗·阿里扎（一个迎来爆发的翼侧球员，身体里有一点罗伯特·霍里的东西）、德里克·费舍尔（命中了总决赛最关键的两记投篮）都在季后赛中星光闪耀，但媒体都笃信洛杉矶的胜利是因为“科比真的、真的很渴望”和“科比终于信任了队友”。可惜关键场均数据并不支持那些华丽的文藻。[2]

非要说什么的话，科比的环境改变了。波士顿、圣安东尼奥和休斯敦受制于凯文·加内特、马努·吉诺比利和姚明的赛季报销。克利夫兰做了一个令人恼火的、毫无道理的决定，在交易截止日前什么都没有做。[3]与此同时，阿里扎的成熟把湖人推上了一个新的等级。我是那么认为的。再说一遍，我是个波士顿死忠球迷。我认为科比作为队友的“成长”只不过是烟幕和幻象，这是因为我有偏见，还是因为这是真的？这就是为什么我给沃尔顿打了电话。他的儿子在2003年加入湖人后，卢克和比尔可能已经

---

① 译注：西方人认为看见黑猫和从楼梯下经过都会带来坏运气。

② 原注：2008科比（21场季后赛）：30.1分，5.7个篮板，5.6次助攻，3.3次失误，22.0次出手，9.2次罚球出手，47.9%的命中率，81%的罚球命中率，30%的三分命中率，41.1分钟。2009科比（23场季后赛）：30.2分，5.3个篮板，5.5次助攻，2.6次失误，23.0次出手，8.6次罚球出手，45.7%的命中率，88%的罚球命中率，35%的三分命中率，40.9分钟。

③ 原注：骑士本来可以拿沃利·泽比亚克的到期合同去交易沙克、安托万·贾米森或文斯·卡特，但是愚蠢地按兵不动。在被奥兰多在东部决赛中击败之后4周，他们交易来了沙克。这就像是在房子被洗劫4周后去买了房主保险。

就科比·布莱恩特进行了无数次谈话了。[1]在所有还在世的、能理解和实践“秘密”的球员中——不妨称之为“秘密”俱乐部——沃尔顿可能对科比有着最立体的认识。至少我是这么希望的。否则我就要想办法挤晚高峰开回家了。

我们坐在沃尔顿家的客厅里，查科尔喵呜喵呜地拍着我，跳上我的膝盖，趴在我的肚子上。最后沃尔顿把她赶走了。你会觉得这有点儿反讽。我们花了前30分钟聊篮球，然后我向他解释了“秘密”。我跟他说了以赛亚/拉斯维加斯的故事，还给他读了《球队》中的那两段。沃尔顿盯着前方，玩味了一会儿。最后……

“那不是秘密，”沃尔顿说道，“倒不如说是选择。想想那些与这选择作对的力量。想想那些迫使你做出别的选择——错误的选择——的力量。这些都与你有关。与对物质的渴求、肉体的喜悦、数据和镁光灯都有关。不管你去哪儿，你都会被无数并不真正重要的信息所淹没。你甚至都不知道什么是真正重要的，除非你跟正确的球员、正确的教练一起打过球：伍登们，奥尔巴克们，拉姆齐们，拉塞尔们，伯德们。有多少人有那么幸运？拥有菲尔·杰克逊是科比之幸，他最后也终于意识到了。待在一名真正伟大的教练身边，不意味着图表，不意味着战术，不意味着训练，而意味着一段超越历史的时间。教练们对身边人的生命就有着这样的影响力。这就是菲尔对科比所做的。大部分人都需要一辈子的时间去领悟。大部分时候，答案都来得太晚了。这是真正令人泄气的事情——那些被挥霍的机会再也回不来了。科比领悟了。他花了一段时间，但最终还是领悟了。”

完美。没有比这更好的反驳了。虽说沃尔顿抢走了我的假设并将之重命名为“选择”。（我必须承认，这个新名字听上去不错。）杰克逊显然在漫长的岁月中不断打磨着科比——就像安迪·杜弗伦，相信他的小岩锤计划可以让他穿越肖申克的墙壁（时间和压力，还记得吗？）——这种微妙的压力让湖人队团结一心。这就够了。这再次说明了为什么“最伟大

---

① 原注：2009年总决赛后，卢克和比尔成为了第三对NBA总冠军父子，前两对是巴里家（里克和布伦特）和古奥卡斯家[马特（Matt Guokas）和马特（Matt Guokas）]。我本来想要开一个尼克/特雷莎·威瑟斯庞（译注：Nick/Teresa Weatherspoon，特雷莎·威瑟斯庞，WNBA球员）的笑话——一个烂笑话——但他俩没有亲属关系。

NBA教练”的冠军腰带戴在杰克逊身上：他驾驭了联盟历史上除威尔特外最为复杂的超级巨星。杰克逊每年都在这么做，整整10年，甚至中间还故意离开了一次。他最值得称赞的不是从根本上挑战科比，而是把科比推到了正确的方向上，帮他找到统治和胜利之间的平衡。科比在领悟之后所做的一切，说到底，都要归功于他。还记得我写过NBA教练中的绝大部分实际上都不大重要吗？杰克逊就很重要。

2009年总决赛我最喜欢的画面是菲尔看到科比在第2场末尾时强行一打四出手（无视了三位处于完全空挡的队友）结果还被无情封盖之后的表情。比赛很有可能被拖入加时，科比朝着板凳席大发雷霆，杰克逊就坐在几个位子之外，那个时刻他看起来有一点儿想笑，有一点儿恶心，还有彻彻底底的不情愿。[①]你知道这让我想起了什么吗？婚姻。跟一个人在一起待了足够多的时间，你接受了他所有的优点和缺点。举个例子来说，我很邋遢。我会把衣服丢在地板上。早上起来我做咖啡，会不小心把渣滓倒在了桌面上，结果忘了去擦。我就是这样的人，只顾自己，心不在焉。3年前，我的妻子停止了抱怨。现在我再做出这些事情，她就会露出菲尔·杰克逊的表情。*见鬼。我已经跟这家伙绑在一起了。没必要再就这个问题争吵。好事总是多过坏事。还是向前看吧。*杰克逊从来没有给他第一任妻子（M. J.）摆过这副表情；在第二任妻子（科比）身边，他就会经常这么做。你可以说他们两人的结合并不完美，如果你想要把这个家庭比喻继续下去，他们甚至在经过几年不愉快的时光后在2004年依法分居了。现在他们可能就会这样一直过下去。假如一个教练跟一个球星待久了，他们*真的*会像是一对夫妻。[②]

---

① 原注：第二天的专栏里，我称之为“菲尔·杰克逊的‘我该不该指出这种情况下M. J.绝对会传球？不不不不’表情”。

② 原注：拉塞尔和奥尔巴克是克利弗夫妇。哈夫利切克和海因松是邦克夫妇。“魔术师”和莱利是哈克斯泰布尔夫妇。乔丹和杰克逊是辛普森夫妇。邓肯和波波维奇是巴龙夫妇。菲尔和科比？他们绝对是索普拉诺夫妇。我都不需要告诉你谁是托尼。[译注：均出自电视剧/动画。克利弗夫妇，出自《天才小麻烦》（*Leave it to Beaver*）。邦克夫妇，出自《全家福》（*All in the Family*）。哈克斯泰布尔夫妇，出自电视剧《科斯比秀》。辛普森夫妇，出自《辛普森一家》。巴龙夫妇，出自《人人都爱雷蒙德》（*Everyone Loves Raymond*）。索普拉诺夫妇，出自《黑道家族》。]

甚至科比也会承认，是杰克逊让他实现了自己的潜能。他变得对队友更加宽容，更加寄希望于他们的个人成功。他把自己的身体逼到了一个新的等级，雇用训练师蒂姆·格洛弗全程陪他旅行，不断地调整自己的比赛，希望自己的职业道德能促使队友一同努力。他交出了一份足以展现人类意志的难忘表现，从2007年万圣节到2009年6月，他带领球队两次打入总决赛，赢得一座NBA总冠军，打满164场常规赛和44场季后赛，并放弃了夏季休假去参加奥运会。他就是终结者。他就是刀枪不入的施瓦辛格。我在这位评价非常两极分化的球员身上发现了一件有趣的事，那就是许多尚在人世的篮球传奇（沃尔顿、拉塞尔、韦斯特、伯德、“魔术师”、随手举五个例子）都对科比的天赋表现出深深的赞赏。顶级的篮球运动员就像顶级厨师、作家或歌手——他们会本能地知道某人已经达到了他们的级别。如果伯德或沃尔顿都说了，没错，科比·布莱恩特非常之棒，那你就不能否认。①但我还是相信科比只能用他的方式来达到伟大。他愿意做出牺牲，只要他能收获最多的赞誉和关注。非要说什么的话，他的队友和教练才是理解“秘密”的人——他们允许自己被当作和声歌手，专注扮演自己的角色，帮助科比绽放，交出镁光灯，从不抱怨。非常勉强的安排。这就像克林顿夫妇一度看着对方，最终决定：“可能这不是最理想的，但我们确实能给对方最佳的胜利机会。”科比可能是做了一些让步，我对沃尔顿说，但他的队友让步了更多。一旦“贪多症”的病症出现，他们可能就不再那么情愿了。②

“科比想要的只有胜利，”沃尔顿反驳道，“动机是什么，比赛风格有什么不同，他是否会被认为是正确的或可接受的，这些对他来说都不重

---

① 原注：伯德甚至公开赞美科比是他最喜欢的现役球员。我现在就要扒了自己的皮。

② 原注：就在我拜访沃尔顿之后不到36小时，湖人队允许阿里扎跟休斯敦签约了，代之以罗恩·阿泰斯特，一个我行我素、想要得到一切关注、喜欢在错误的时间选择糟糕的出手的家伙。这不会有好结果的。

原注：我本应该写“这不会有好结果的……对凯尔特人来说”。阿泰斯特最终在2010年总决赛中锁死了皮尔斯，命中了第7场最关键的三分球，而后在ESPN多丽丝·伯克（Doris Burke）欢乐的赛后采访中感谢了他的精神病医师，展望了自己未来的纪录。再说一遍好了：这对湖人和美国喜剧来说都是个好结果。

要。这十年来，我们已经看过他身上的方方面面了，而他现在真的非常非常棒。听着，你希望他变成你认为的完美。这就又要说回到你的选择了——你的英雄们是哪些人。你选择把某种特定类型的球员看得比另一些更有价值。但他也有做他的选择的权利。”

一击命中，见血封喉。好一个沃尔顿。

“我觉得你是对的，”我告诉他，“科比选择去那样打球，而我也选择不去喜欢那种方式。但我还是相信他可以变得更好。我希望他能走到那一步，让我看他打球的时候会觉得，他不在乎荣誉归于谁，只在乎胜利属于谁。我在总决赛后没有这种感觉。这么说合理吗？”

“合理，”沃尔顿点点头，“你不喜欢科比打球的方式，所以你不会为湖人队的总冠军而高兴。像伯德、‘魔术师’、拉塞尔这样的家伙，他们打球的方式，甚至对方球迷也会欣赏，最终爱上。”

“还有你。”我补充道。

“这个嘛……”

沃尔顿低头看向了地板。他讨厌谈论自己的生涯，却喜欢谈论跟他做过队友的人。跟沃尔顿提起伯德，他就会滔滔不绝地讲述“传奇”拉里的故事。跟沃尔顿提起1977年季后赛他在卡里姆头上的暴扣，他的反应就会像是等着结肠镜出结果。他就是这样的人。32年过去了，他仍然希望人们相信，莫里斯·卢卡斯是77开拓者的心脏和灵魂。即使在退役后，他仍然毫无私心。①

我提到我们可能刚刚找到了篮球的终极境界——一支球队作为整体打得如此之好，以至于对方球迷都愿意认负。“我会说，虽然我们被踢爆了屁股，但这场比赛仍然赏心悦目。”“魔术师”的湖人就像这样。伯德的凯尔特人就像这样。96公牛和70尼克斯就像这样。

“你曾在两支这样的球队中打过球，”我跟他说，“1986年和

---

① 原注：沃尔顿相信，篮球的最高境界取决于一个问题：“你是否愿意选择从别人的成功中获得你的快乐？”然后他补充道：“比赛中我最喜欢的部分就是发起快攻。”他知道他自己的做法就是最好的做法，但他只愿意用这种方式来表达。

1977年。”

“是的，”他说，“确实如此。”

他转移了话题，因为这就是比尔·沃尔顿在讨论这些事时的做法。他说最近他看了很多国际足球赛。这很有趣，因为我也同样如此。一支世界级的足球队和一支世界级的篮球队的成功都来自同样的原因：他们能控制比赛进程的走势。在足球里，最好的球员经常是中场，就像巴西队的卡卡（Ricardo Kaka），他不需要进球也可以统治进攻端。像卡卡这样的球员有着不可思议的技艺。[①]他们能看见别人看不见的角度。他们总是比场上别的队员们快上一秒。他们的无私会扩散到所有队友身上。如果你看得够仔细，你就会看到卡卡和一名队友时常打出跟当年沃尔顿和伯德一样的默契配合。你懂的，那套“超感知”战术。这在现在的篮球里已经不大看得到了。我们已经看过多少次球队老大在离筐25英尺外毫无目的地运着球而他的队友都站在一边看着他的场面了？或许这就是为什么比尔·沃尔顿和我都开始被足球所吸引。有一点儿。

“这一切都开始于走势，”沃尔顿说，“再加上表演的角度，然后你就准备好了。拉里·伯德打球时有激情，有毅力，还有目的。他的表演都有意义。跟鲍勃·迪伦、尼尔·杨（Neil Young）[②]、杰里·加西亚（Jerry Garcia）[③]、乔丹、‘魔术师’一样……那对他们很重要，于是也变得对我们很重要。领袖的人格带来了许多的责任。不只是一份工作，而是一种生活的方式。有拉里时，人们甚至愿意买票坐在看不见比赛的地方。被挡住的位置……只是为了去那儿！人们只希望能在球馆里，感受那抹金辉。他是无与伦比的。他可以做别人想都想不到的事情，而且他会在最大的舞台上、在最重大的时刻去做。那就是对走势的掌控。走势加上意义，就等于表演。”

“而科比用他的方式控制了走势，”我补充道，“可能对你我这样的

① 原注：当你不再注意到卡卡的名字有多搞笑的时候，你就知道自己已经看了太多足球了。我现在听到解说大喊“伟大的卡卡来了”时眼都不眨。

② 译注：与鲍勃·迪伦齐名的加拿大摇滚英雄。

③ 译注：“死者报恩”乐队的主唱。

人来说，并非是篮球最理想的方式，但无论如何，他还是控制了走势。"

"太对了。"比尔·沃尔顿说。

我们已经聊了两个小时了。我们之前聊到过77开拓者，当时我提到了《比赛间隙》中的一段逸事，沃尔顿的反应像是他从没听过这故事。他确实没有。我这才知道，比尔·沃尔顿，我人生中见过的读书最多的运动员，史上最佳体育著作的焦点人物，从来没有读过这本书。《间隙》于1982年出版。沃尔顿在它刚出来的时候试着读过。他没能读下去。几个月后他又试了一次。还是不行。在过去的30年中，沃尔顿估计自己曾经15次打开《间隙》。他从来没有读完过前5页。①

"太遗憾了，"他留恋地说道，"我生命中多么特殊的一部分。宛若梦幻。"

"等等，这不会让你有想读的欲望吗？"

"我知道故事是怎么结束的。"沃尔顿严肃地说。

当时他看起来有点累得不行了，所以我连忙岔开了话题。而现在，两个小时之后，我又回到了这一话题。我必须如此。真相是，我并不真正在乎科比。我以为我在乎……其实我没有。我一路开到圣迭戈来找比尔·沃尔顿不是来问科比·布莱恩特的。我有别的理由。虽然我并不想承认。

"只有大概十四五个球员能像你那样理解篮球，"我告诉他，"你称之为选择，我称之为秘密，但是不管它叫什么名字，这都是一家审核严格的俱乐部。而你是唯一一个没有实际用上这一天赋的人。现在我们有两代人不把你当成史上最好的中锋之一。"

"谁叫我是卢克的父亲。"沃尔顿打趣道。

但是这不好笑。这下我有点生气了。我看着他伤痕累累的双脚。我想要责难它们。我想要大喊："看看你们干了什么！**你们干了什么！**"但我没有。我只是拿后期的杰里·加西亚——沃尔顿最喜欢的乐队的前主唱——打了个尴尬的比喻，说沃尔顿只打了517场职业比赛，就像是死者

---

① 原注：我买了两张86凯尔特人的DVD，想要跟沃尔顿一起看：对亚特兰大第5战的第3节，对密尔沃基第4战的第4节。很显然，我根本没从包里把它们掏出来。

报恩乐队的生涯因为加西亚喉咙出问题而缩短。[①]即使30年后再看，这还是很残酷。再加上一个无可否认的事实：没有人——在人类的历史上，从来没有人——比沃尔顿更公然享受和珍惜在那几支特别的球队打球的经验，于是这更显出悲剧来了。“秘密”不应该遭遇这么暴虐的命运。是吧？

“我不会去想这些，”沃尔顿简单地解释，“我只会去想未来的事情。”

这就是他的处理方式……不去想它。沃尔顿不会看任何他打球时的录像。他不会去读一本关于他竞技生涯巅峰的绝妙好书。在经历了20次手术后，比尔·沃尔顿仍然很健康。他面朝未来，而不是身后。这就是为什么他养了一只黑猫。他是在跟厄运之神说：“即使经历了发生的一切，你还是干不掉我。”我爱死沃尔顿这一点了。我爱死他养黑猫这件事了。我太爱这件事了。

另一方面，我突然很担心他不会读我的书。我希望他能读我的书。我把这事儿跟他说了。

“我当然会读的，”他说，“你写的东西我都读。”

“是的，但是书里有你，你说你不喜欢去想——”

“我绝对会读你的书的。”比尔·沃尔顿又说了一次。我希望我能相信他。[②]

过了几分钟，我们相互道别。在我回家的路上，我给父亲打电话，跟他详述了整个过程，具体到是沃尔顿的哪个儿子（亚当）开的前门来欢迎我。

“哇哦，还记得看那些小家伙在花园里相互追跑打闹吗？”我父亲说，“你告诉他们我们当时就在现场了吧，你有说吗？”

我说了。

“那是怎样的一年啊，”我父亲说，“现在对我来说，我们所有的凯

---

① 原注：一个更好的比喻：斯普林斯廷，他跟沃尔顿一样公开享受与其他人共同登台演出。想象一下，布鲁斯只在15年里出现在517场演唱会的舞台上。想象一下，他留恋地回忆起那些跟史蒂夫·汪德抢话筒、在上面快乐地喷着唾沫的时光，疑惑为什么他只开了517场演唱会而不是5000场。令人沮丧，是吧？

② 原注：一年之后，沃尔顿承认他没有读，补充道：“我不能读关于我自己的书，我就是不能。”我就知道。

尔特人年月都混在一起了，但我还能记得1986赛季的每一件事。你有跟他说这个吗？”

我说了。

就在几周前，父亲刚刚第36次更新了他的季票。在经历了多年苦痛的经济舱岁月后，他终于回到了头等舱：凯尔特人赢得了2008年总冠军，还会保持竞争力至少几年。人生的轨迹真的很奇妙。我们挂断了电话，因为我要关上敞篷车顶、进高速了。我离开了圣迭戈，脑子里已经写好了后记，比尔·沃尔顿的房子在我的身后，太平洋在我左方，阳光灿烂，碧空万里，家人们正在等着我回去。想象我纵情肆意的样子。

致　谢

这本书的写作完全出于热爱，如果没有ESPN的约翰·斯基珀（John Skipper）、约翰·沃尔什（John Walsh）、加里·赫尼希（Gary Hoenig）、加里·贝尔斯基（Gary Belsky）和罗布·金（Rob King）等人坚定的支持，此书绝对不可能完成。他们很相信这个计划，给我提供了日程安排上的充分灵活性。感谢他们。尤其要感谢赫尼希，他是史上最伟大的脾气最臭的老编辑。他的热情和理解帮助我度过许多难熬的时刻。

感谢马尔科姆·格拉德韦尔的前言、建议、友谊和反馈。他是我最喜爱的700位混血加拿大人之一。感谢威廉·戈德曼和查克·克洛斯特曼为本书写作了一些精巧而重要的片段。（我会永远记得戈德曼在电话里把他的草稿念给我听。我生涯中最高光的时刻之一。）

感谢以赛亚·托马斯、史蒂夫·科尔，尤其是比尔·沃尔顿，他们让这本书变得更好。

向NBA娱乐的保罗·赫希海默致以一千次的感谢，他从本书开始写作之初就一直在密切关注，帮助本书的质量提升了9.33%。感谢大卫·斯特恩、亚当·肖华（Adam Silver）、马特·伯恩（Matt Bourne）、约翰·哈雷亚斯（John Hareas）和大卫·祖布里茨基（David Zubrzycki）。

感谢赫希和我的哥们儿乔·豪斯，他们为各个章节和金字塔的排名提供了早期的反馈。豪斯配得上特别的褒奖，我们聊了21年的NBA，在某种程度上决定了本书的成形。此外，还要感谢沃利和格斯·拉姆齐父子俩，为30年的友谊，以及我们开车去谢伊体育场时创造出“金字塔”的那个幸运的日子。

感谢一群难忘的朋友（其中有些人的连珠妙语写进了这本书），潜移默化地让我变成了一个风趣的人。特别要感谢约翰·奥康奈尔（John O'Connell）、凯文·怀尔兹（Kevin Wildes）、戴夫·雅各比（Dave Jacoby）、康纳·谢尔（Connor Schell）、杰米·霍罗威茨（Jamie Horowitz）和豪斯，在我发去电子邮件、问一些跟脚注相关的“谁是史上最最糟糕的名人老爸？”之类的问题时总能给出珍贵的意见。感谢我的老上司——吉米·基梅尔，为7年的友谊和生涯指导，还有肖恩·沙利文（Shawn Sullivan）（我婚礼上的MVP）和罗布·斯特里克韦达（Rob Strikwerda），为他们的友谊以及对凯尔特人/快船队的帮助。感谢我的朋友拉塞尔·谢尔曼（Russell Sherman）提供了本书的标题。感谢所有曾经花时间给我写电子邮件的读者，特别是那些出现在本书中的。

感谢尼尔·法恩（Neil Fine）、凯文·杰克逊（Kevin Jackson）、大卫·舍恩菲尔德（David Schoenfield）、迈克尔·菲尔布里克（Michael Philbrick）、迈克尔·尼斯利（Michael Knisley）、杰伊·洛文格（Jay Lovinger）和马克·加尔斯（Mark Giles）等人在2001—2009年间的编辑帮助。感谢加里·舒伦蒂奇（Gary Sulentic）、鲍勃·霍姆斯（Bob Holmes）和约翰·威尔珀斯（John Wilpers）在许多年前为我提供的机会。

感谢兰登书屋的马克·塔瓦尼（Mark Tavani），为他的帮助，以及说服我相信这本书不会像我的第一本书那样搞砸。感谢兰登书屋的其他所有人，以及史蒂夫·伍尔夫（Steve Wulf）、桑迪·德尚（Sandy DeShong）和ESPN出版社的所有人。感谢我的经纪人——传奇的詹姆斯·“洋娃娃”·迪克逊（James“Baby Doll”Dixon），我多么希望他在2009年之前就成为我的队友。感谢刘易斯·凯伊（Lewis Kay）、丹·克洛尔斯和埃利·赛弗特（Ellie Seifert）。感谢所有曾经激励和启迪过我的写手和老师（实在列不完）。感谢比尔·拉塞尔、拉里·伯德、鲍勃·瑞安，还有后来的大卫·哈尔伯斯塔姆，教会了我最初的篮球ABC。

感谢我的父母、养父母和大家庭的从未动摇的支持。你们都很了解我父亲如何影响了这本书，但我可怜的母亲没有得到足够的赞誉，她给了我写作的基因，是我独一无二的最大粉丝。

感谢我完美的妻子——卡丽（Kari），在过去3年中对我的容忍。她说："谢天谢地，生活终于回归正常了。如果你还想再写一本700页的书，我一定会在你睡觉时杀了你的。总之，我多么希望自己能嫁给扎克·加利菲亚纳基斯（Zach Galifianakis）[①]。"感谢提醒。

感谢本（Ben），为未来将要发生的一切。我们正在试图变成对方最好的朋友。

最后，感谢佐伊（Zoe）。过去3年中我本来有可能会变成《闪灵》中的杰克·尼科尔森，多亏了我美丽的女儿为我加油，逗我开心，总是能让我的脸上泛出微笑。几年后她可能会忘掉这些事，所以我想在这里提一下。我希望我能了解她的秘密。

比尔·西蒙斯
2009年7月4日

---

① 译注：著名谐星。

参考书目

为了写成本书，我钻研了接近100本著作。下面是根据它们的内容和对本书的影响所分的类：

影响很大、必读：《此生路途》（比尔·布拉德利）、《比赛》（*The Game*，肯尼·德里登）、《再等来年》（威廉·戈德曼和迈克·卢皮卡）、《比赛间隙》和《永不停息》（*Playing for Keeps*）、（大卫·哈尔伯斯塔姆）、《24秒》（伦纳德·科佩特）、《未尽的事业》（杰克·麦卡勒姆）、《无主之球》和《奇闻异谈》（特里·普鲁托）、《复苏之力》[比尔·拉塞尔和泰勒·布兰奇（Taylor Branch）]、《球队》（卡梅伦·斯陶斯）

很有帮助、非常好看：《城市运动》[*The City Game*，皮特·阿克斯特海尔姆（Pite Axthelm）]、《威尔特》[威尔特·张伯伦和大卫·肖（David Shaw）]、《滞空时刻》[*Hang Time*，鲍勃·格林（Bob Greene）]、《神圣的篮筐》（*Sacred Hoops*，菲尔·杰克逊）、《威尔特，1962》（*Wilt, 1962*，加里·波梅兰茨）、《乔丹法则》（萨姆·史密斯）、《犯规！》（大卫·沃尔夫）

非常非常有帮助：《谁更好谁更强》（*Who's Better, Who's Best in Basketball?*，埃利奥特·卡尔布）、《表演时刻》（帕特·莱利）、《大O》（奥斯卡·罗伯逊）、《NBA50大》（*The NBA's Top 50*，

肯·舒勒）、《金色男孩》（卡梅伦·斯陶斯）、《2008—2009NBA注册表》《2008—2009NBA裁判手册》

很好看的书、略有帮助：《密歇根五虎》（*The Fab Five*，米奇·阿尔博姆）、《他们的一切》（*Everything They Had*，大卫·哈尔伯斯塔姆）、《世纪最佳美国体育作品选》（*The Best American Sports Writing of the Century*，大卫·哈尔伯斯塔姆编订）、《父子游戏》（*Fathers Playing Catch with Sons*，唐纳德·霍尔）、《最后一季》[*The Last Season*，菲尔·杰克逊和查利·罗森（Charley Rosen）]、《手枪》[*Pistol*，马克·克里格尔（Mark Kriegel）]、《最佳座位》（*Best Seat in the House*，斯派克·李和拉尔夫·怀利）、《7秒进攻》（*07 Seconds or Less*，杰克·麦卡勒姆）、《球队》[迈克尔·麦坎布里奇（Michael McCambridge）]、《我在哪里》[*A Sense of Where You Are*，约翰·麦克菲（John McPhee）]、《短赛季》[*The Short Season*，约翰·鲍尔斯（John Powers）]、《二十世纪的体育财富》[*The Twentieth Century Treasury of Sports*，阿尔·西尔弗曼（Al Silverman）和布赖恩·西尔弗曼（Brian Silverman）编订]、《怀利精选集》（*Classic Wiley*，拉尔夫·怀利）

有帮助、不算完全浪费时间：《巨人的脚步》（卡里姆·阿卜杜勒-贾巴尔）、《动力》（拉里·伯德和鲍勃·瑞安）、《开球》（*Tip Off*，菲利普·邦迪）、《完美球队》（*The Perfect Team*，查克·戴利所作的前言）、《比赛之内》[*The Inside Game*，韦恩·恩布里和玛丽·施密特·博耶（Mary Schmit Boyer）]、《马拉维奇》[*Maravich*，韦恩·费德曼（Wayne Federman）和马歇尔·特雷尔（Marshall Terrell）]、《洪多》（*Hondo*，约翰·哈夫利切克和鲍勃·瑞安）、《吃我一勾》[汤米·海因松和乔·费茨杰拉德（Joe Fitzgerald）]、《不只是比赛》（菲尔·杰克逊和查利·罗森）、《我的人生》[*My Life*，"魔术师"·约翰逊和比尔·诺瓦克（Bill Novak）]、《歌利亚》（比尔·利比）、

《强者运强》[*Only the Strong Survive*，拉里·普拉特（Larry Platt）]、《“红头”和我》[*Red and Me*，比尔·拉塞尔和阿兰·斯坦伯格（Alan Steinberg）]、《48分钟》（鲍勃·瑞安和特里·普鲁托）、《吹罚比赛》（*Calling the Shots*，厄尔·斯特罗姆）、《对决》（约翰·泰勒）

不是特别有帮助：《漫长的赛季》[*The Long Season*，里克·阿德尔曼和德怀特·杰恩斯（Dwight Jaynes）]、《奥尔巴克谈奥尔巴克》（*Auerbach on Auerbach*）、《场上场下》（*On and Off the Court*）、《“红头”奥尔巴克》（*Red Auerbach*，“红头”·奥尔巴克和乔·菲茨杰拉德）、《一位篮球流浪儿的告白》（里克·巴里和大卫·沃尔夫）、《出界》[*Out of Bounds*，杰夫·本尼迪克特（Jeff Benedict）]、《最后的吼声》（鲍勃·库西）、《科弗特：我的黑帮卧底岁月》[*Covert: My Years Infiltrating the Mob*，鲍勃·德莱尼（Bob Delaney）]、《一击》（*The Punch*，约翰·费恩斯坦）、《难忘的冠军》[*Champions Remembered*，雷·菲茨杰拉德（Ray Fitzgerald）]、《篮板》（*Rebound*，鲍勃·格林）、《一跃》[*The Jump*，伊恩·奥康纳（Ian O'Connor）]、《其他都不再重要》[*When Nothing Else Matters*，迈克尔·莱希（Michael Leahy）]、《三巨头》（*The Big Three*）、《最后的旗帜》（*The Last Banner*，彼得·梅）、《内心的动力》[*The Drive Within Me*，鲍勃·佩蒂特和鲍勃·沃尔夫（Bob Wolff）]、《失宠》（*Falling from Grace*，特里·普鲁托）、《他们无法击败我们》[*Butt They Can't Beat Us*，兰迪·罗伯茨（Randy Roberts）]、《职业比赛》（*The Pro Game*，鲍勃·瑞安）、《黑色星球》[*Black Planet*，大卫·希尔兹（David Shields）]、《我能把球衣留下吗？》（*Can I Keep My Jersey?*，保罗·舍利）、《再临》（*Second Coming*，萨姆·史密斯）、《此生常绿》（*Evergreen*）、《看透“红头”》[*Seeing Red*，丹·肖内西（Dan Shaughnessy）]、《篮球，我的路》（*Basketball My Way*，杰里·韦斯特和比尔·利比）、《关键先生》（*Mr. Clutch*，杰里·韦斯特）

此外，我还阅读了《体育画报》从1954—2000年的所有文章，以及同样时间跨度内的《纽约时报》和《波士顿环球报》的无数报道。它们都可以在《时报》《环球报》的网站和www.SIVault.com上找到。1980—1984的《体育内幕》（*Inside Sports*）上的老文章非常有用。Basketballreference.com和ESPN.com简直不能更有用了。在参考视频方面，从2002—2007年我从NBA TV和ESPN经典频道上录了超过300场比赛的DVD，还在网上买了一些比赛，此外还如饥似渴地看完了NBA娱乐慷慨地赠予我的近百场稀有比赛。《NBA伟大比赛》（ESPN2台）、《NBA档案室》（ESPN）、《体育世纪》（ESPN经典频道）、《超越荣光》（福克斯体育台）等节目同样弥补了不少漏洞。另外一件不可思议的帮助：YouTube这个宝箱中的各种访谈、集锦和无删节版比赛。如果放在短短5年之前，要写出这本书也是不可能的事。感谢以上这一切。

最后一条备注：在本书发行之前，我希望能在www.thebookofbasketball.com上整理汇编出各章各页内容对应的超级链接和YouTube视频。

单位换算

英制身高	公制身高	球员
7英尺6英寸	2.29米	姚明
7英尺5英寸	2.26米	
7英尺4英寸	2.24米	拉尔夫·桑普森、斯米茨
7英尺3英寸	2.21米	萨博尼斯、伊尔高斯卡斯
7英尺2英寸	2.18米	卡里姆·阿卜杜勒–贾巴尔、希伯特
7英尺1英寸	2.16米	张伯伦、奥尼尔
7英尺	2.13米	奥拉朱旺、诺维茨基
6英尺11英寸	2.11米	瑟蒙德、邓肯、加内特
6英尺10英寸	2.08米	拉塞尔、摩西·马隆、安东尼·戴维斯
6英尺9英寸	2.06米	伯德、“魔术师”、卡尔·马隆、杜兰特
6英尺8英寸	2.03米	皮彭、勒布朗·詹姆斯
6英尺7英寸	2.01米	朱利叶斯·欧文、保罗·皮尔斯
6英尺6英寸	1.98米	乔丹、巴克利、科比
6英尺5英寸	1.96米	贝勒、罗伯逊、哈夫利切克、哈登
6英尺4英寸	1.93米	萨姆·琼斯、韦德
6英尺3英寸	1.91米	厄尔·门罗、斯蒂芬·库里
6英尺2英寸	1.88米	杰里·韦斯特、帕克
6英尺1英寸	1.85米	库西、以赛亚·托马斯、康利
6英尺	1.83米	艾弗森、克里斯·保罗

译者后记

感谢我的中学母校杭州外国语学校。我还记得自己在学校的书店里读完了整本《谁更好谁更强》，那可以算是我的篮球史启蒙教材。我到现在都想不通，为什么这书从来没人提起，而且现在买都买不到。

感谢我的中学英语老师——胡跃波老师。如果有人会让我紧张到希望他/她别读这本书，大概就是Ms.Hu了。

感谢虎扑上许多愿意分享篮球知识的真球迷。我曾在中学的某年暑假读完了张佳玮在虎扑的所有帖子。如果没有他们，我不可能对篮球产生如此浓厚的兴趣。特别要感谢LittleSpark等人当年组成的篮史通鉴翻译团队。

感谢老狒和卜燕楠——两位顶尖外国语大学的翻译专业高才生，给了我许多的帮助。

接下来，我不知道该感谢谁，总之是虎扑首页的管理员，可能是申少鹏？我在虎扑，最初没有加入任何翻译团体，自己发了第一个翻译帖，就被推送上了虎扑首页。这对当时的我，是自信心上的极大鼓励。同样还要感谢在那个帖子后马上把我拉进联合工地的hanze84。

感谢谷歌、维基百科、UrbanDictionary、YouTube等网站，还有超稳定的Astrill，本书中那么多关于美国生活方方面面的典故，没有这些工具的帮助，根本啃不下来。还有豆瓣和中文维基，几乎所有电影、电视剧的中文名都来自这两个网站。

差点儿忘了。Basketball-Reference——最棒的篮球数据网站——甚至提供了不少球员名字的读法。

感谢Akadimer，在我知之甚少的棒球领域给了我巨大的帮助。

感谢jhyjhyjhy，给本书做了第一遍校对。

非常非常感谢虎扑的阿凡和Tristan，帮我联系上了出版社。非常感谢出版社的邓东文老师。我期待能有更多的合作。

校对的过程让我很痛苦。说真的，随手翻翻书是一回事，一个字一个字从头到尾读一遍，又是另一回事情。想来编辑遇到这样的题材、这样的大部头，只会更受折磨。感谢我的编辑们。尤其是张盼和张海明编辑。

ESPN网站20周年时，比尔・西蒙斯做了一期广播节目，介绍自己是怎么一步一步走过来的。虎扑上有全文的听译，名为“比尔・西蒙斯：ESPN.com二十周年，我的故事”。我在写译者序时大量参考了这篇翻译。感谢译者米悠miu。

以上都是跟本书的翻译、出版有关的人物。而在生活中，值得感谢的人就太多了。现在回想起来，从动手翻译第一个段落开始，到2014年秋天完工，再到联系出版社、最终出版，这两三年里，自己身上真的发生了太多事情。正如披头士（Beatles）的那首歌——《蜿蜒长路》（*What a Long and Widing Road*）。我实在无法一个个地罗列出你们的名字，但真的很感谢你们。

感谢我的父母。父亲是个看上去有些严肃的作家，跟戴着金链子、边撸串边喝酒边不着边际地吹牛的大哥形象相去甚远，我偶尔看到他吹牛都是在吹我。特别要提一下母亲，因为这会让她很激动。小学的某年暑假，她把我送去学篮球，我猜想其中的部分原因是希望我能长高。然而事与愿违，我的个子一直不高，而且可能还因此走到篮球媒体/篮球文化的歧途上去了。无论如何要感谢她，如西蒙斯所说，“我独一无二的最大粉丝”。

感谢我的女朋友。她在被迫陪我看了无数老鹰队的球赛后终于认出了球队的logo是只鸟而不是吃豆人或沙县小吃。

还要感谢一位已经不在人世的好姑娘。这本书的成稿跟她有莫大的关系。

最后，感谢一下买了这本书的你。买球鞋、买球衣的人不少，几千几百地出手，但愿意买一本关于篮球的书的人却不多。我希望这本书能卖得好，不是因为钱，而是希望能有更多的人对篮球、篮球史、体育、体育史产生更理性的兴趣，愿意去学习和了解更多东西。在美国，关于NBA的书太多太多，但国内基本上只翻译了极少一部分传记，许多专题性质的好书都被略过了。如果你买下这本书，甚至向同学、朋友推荐，就是对译者和出版方最大的支持及鼓舞，也就更有可能迎来下一本篮球、体育领域的好书。

钟觉辰　三　猎

2016年10月，于杏坛路